FENÊTRES OUVERTES

Livre unique

Français

PROGRAMME 2011

4e

Sous la direction de
Catherine LACHNITT
Agrégée de Lettres modernes,
Académie de Lyon

Fabrice CARNET
Certifié de Lettres modernes,
Collège Paul-Émile Victor,
Rillieux-la-Pape

Nicole CONSTANTIN
Agrégée de Lettres classiques,
Collège Jacques Prévert,
Saint-Symphorien-d'Ozon

Catherine DAUMAS
Agrégée de Lettres classiques,
Académie de Lyon

Sandra DORR
Agrégée de Lettres modernes,
Collège Les Servizières, Meyzieu

Nadia MEKHTOUB
Agrégée de Lettres modernes,
Formatrice à l'académie de Créteil

Élisabeth MONNIER
Certifiée de Lettres modernes,
Collège Georges Clémenceau,
Lyon

Catherine PIERRE
Agrégée de Lettres classiques,
Formatrice à l'académie de Lyon

Pierre PUECH
Certifié de Lettres classiques,
Collège Lucie Aubrac, Ceyzériat

Brigitte RÉAUTÉ
Certifiée de Lettres classiques,
Académie de Créteil

Coordination de la partie Étude de la langue
Claude CARPENTIER
Agrégée de Lettres modernes,
Académie de Lille

Hélène LENTIEUL
Agrégée de Lettres modernes,
Collège Albert Ball, Annoeullin

Martine MOLINA
Certifiée de Lettres modernes,
Académie de Lille

Avec la collaboration de la **Compagnie Colette Roumanoff**
www.theatre.roumanoff.com

Bordas

Édition : Catherine Gaschignard,
Maguelone Roch, Lucile Piriou
Mise en pages : Jean-Marc Vaudey, Pictorus
Couverture : Jean-François Saada
Conception maquette : Frédéric Jély
Coordination artistique : Pierre Taillemite
Iconographie : Frédéric Mazuy
Relecture : Sergine Greley
Fabrication : Jean-Philippe Dore
Photogravure : IGS

ISBN 978-2-04-732774-6

AVANT-PROPOS

Fenêtres Ouvertes 4ᵉ est conçu avec le souci premier de mettre en évidence les éléments propres aux nouveaux programmes de français du collège (publiés au BO spécial n° 6 du 28 août 2008), qui intègrent les exigences du **socle commun de connaissances et de compétences**, dont la maîtrise est nécessaire pour l'obtention du Diplôme national du Brevet.

Les programmes poursuivent le double objectif, d'une part de la constitution d'une **culture humaniste** fondée sur la lecture de textes patrimoniaux, d'autre part de la **maîtrise de la langue**.

Nous nous sommes efforcés d'intégrer les éléments nouveaux, ou du moins mis en avant par les nouveaux programmes : le **lexique**, l'**écriture**, l'**Histoire des arts**.

Le travail sur le **lexique** est présent sur chaque texte, à la fin de chaque chapitre, mais aussi avec des fiches dédiées au vocabulaire en fin d'ouvrage. Afin de rendre possible « une pratique constante, variée et progressive de l'**écriture** », celle-ci est également présente à chaque étude de texte et occupe aussi une place importante dans chaque chapitre.

Quant à l'**Histoire des arts** (BO n°32 du 28 août 2008), nous nous sommes efforcés de mettre en évidence et en relation différents champs artistiques : littérature, peinture, sculpture, architecture, musique, danse, septième art, en vue de donner à chaque élève « les éléments maîtrisés d'une culture nécessaire à la compréhension des œuvres littéraires, cinématographiques, musicales et plastiques ». Chacun des 9 chapitres contient une double page d'**Histoire des arts** (le réalisme, le retour à l'Antique, la légende napoléonienne, le Paris haussmannien…). En outre 3 dossiers proposent des ressources pour l'Histoire des arts : le mythe des loups-garous, la caricature (au service de la critique sociale et politique au XIXᵉ), *Cyrano de Bergerac*.

Enfin, pour tenir compte de l'exigence d'évaluer la maîtrise du **socle de commun de connaissances et de compétences**, chaque chapitre contient un texte support d'une évaluation de différentes compétences.

LA PARTIE TEXTES

Chacun des **neuf chapitres** est constitué par un groupement de textes divers, réunis pour représenter un genre (la nouvelle réaliste et fantastique, le roman, le genre épistolaire, la poésie, le théâtre), ce qui permet de poursuivre « l'étude des genres et formes littéraires » initiée depuis la 6ᵉ. Rien n'oblige à suivre l'ordre des chapitres.

Chacun d'eux commence par une double page de **Repères**, qui éclaire le contexte **historique et culturel des textes**, et s'achève par une **synthèse**, qui récapitule les marques formelles d'un genre. Entre les deux, des études de textes, une double page d'Histoire des arts, quatre pages consacrées à l'étude de la langue (grammaire, orthographe, vocabulaire, expression écrite et orale), une évaluation et des lectures personnelles, qui font droit à la littérature jeunesse.

Quatre **lectures ouvertes** proposent des parcours de lecture destinés à accompagner la lecture cursive d'œuvres intégrales.

LA PARTIE ÉTUDE DE LA LANGUE

34 fiches permettent l'acquisition systématique des notions de langue au programme. Chaque fiche est organisée de façon très progressive :

- un temps d'**observation** ;
- une **leçon**, qui récapitule ce que l'élève doit retenir ;
- une série d'**exercices** pour s'entraîner ;
- un exercice d'**évaluation**.

Le professeur trouvera sur le site des exercices de **remédiation** pour chaque fiche.

Fenêtres Ouvertes souhaite être un outil aussi utile qu'agréable pour les professeurs comme pour les élèves.

Les auteurs

À la découverte de votre manuel

Des textes

Contrepoint

un zoom **Histoire des arts**

des questions de **vocabulaire**

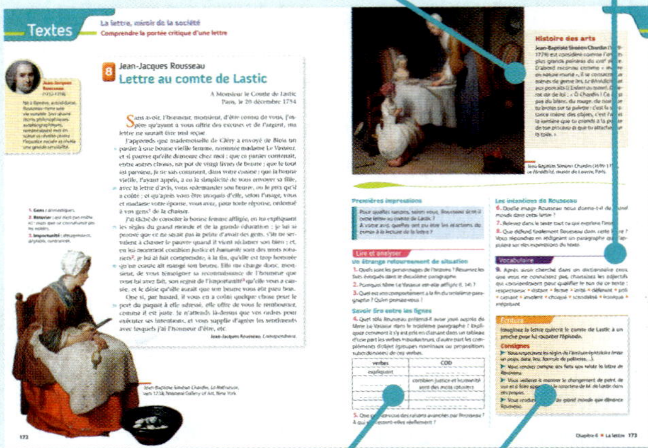

un questionnaire pour **analyser** l'extrait

un **exercice d'écriture** guidé

en contrepoint, des textes pour **découvrir d'autres genres** et **d'autres époques**

Des ressources pour l'Histoire des arts

une double page **thématique** par chapitre

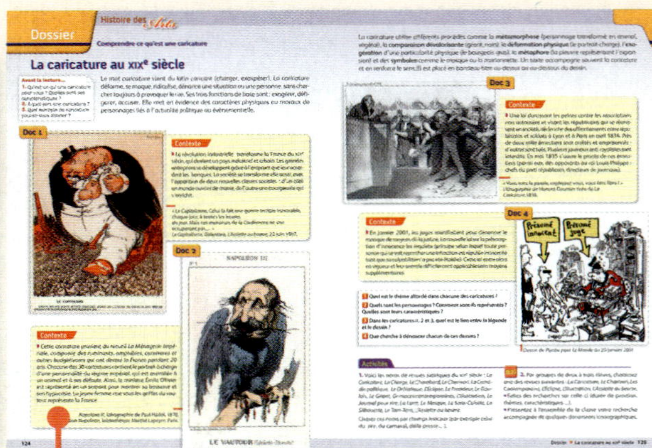

3 dossiers transversaux (le mythe du loup-garou, la caricature au XIXe siècle, *Cyrano de Bergerac*)

Un accent mis sur l'écriture

des exercices de **grammaire** et de **vocabulaire** qui préparent à une **activité d'écriture** très guidée

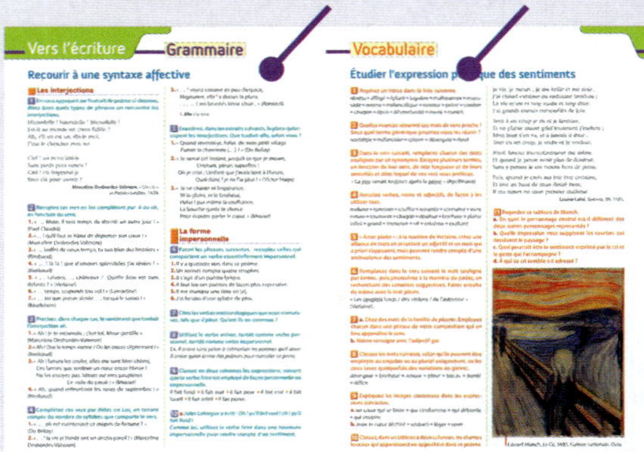

des activités pour s'exprimer à l'oral

Des repères pour remettre le chapitre en contexte

une frise chronologique

Des synthèses qui récapitulent ce que l'élève doit retenir

des suggestions de lecture

Des évaluations pour préparer au brevet et évaluer les compétences du socle commun

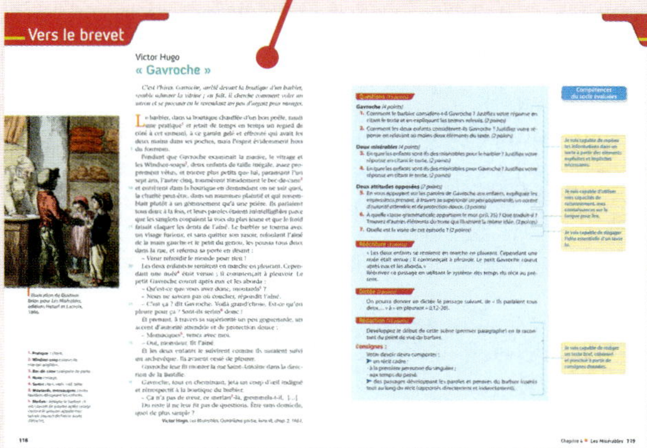

4 lectures ouvertes pour accompagner la lecture cursive d'œuvres

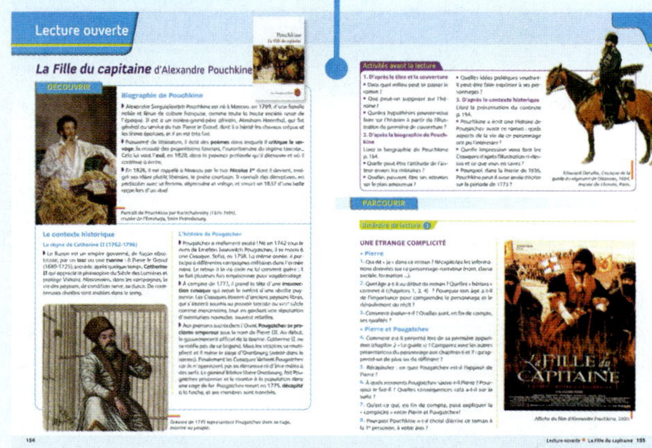

34 fiches pour l'étude de la langue

une phase d'observation

une leçon

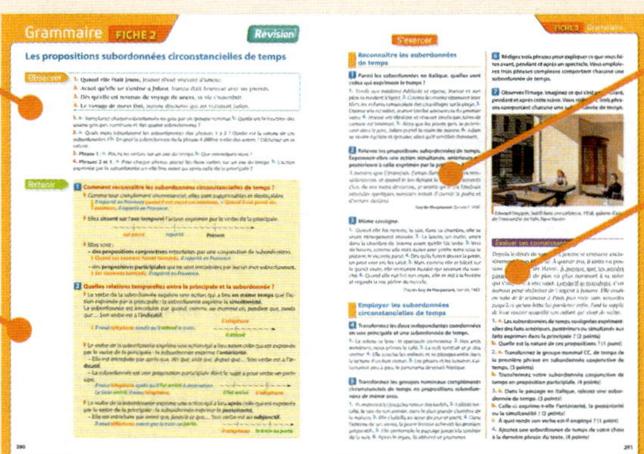

des exercices de mise en pratique

un exercice pour évaluer ses acquis

Sur le site et le manuel numérique, des exercices d'approfondissement et de consolidation pour apprendre à son rythme

Des ressources numériques sur le site et sur le manuel numérique

- 9 vidéos *D'Art d'Art*
- 6 vidéos extraites de *L'Avare* de Molière et du *Cid* de Corneille (Cie Colette Roumanoff)
- 27 animations d'images pour l'Histoire des arts
- plus de 140 œuvres projetables en classe
- des exercices interactifs pour l'étude de la langue

SOMMAIRE

Pour faire le lien entre la 5e et la 4^e

1

Une nouvelle réaliste, « La Parure » .... p. 16

→ Découvrir les caractéristiques de la nouvelle réaliste au XIXe siècle

2

La nouvelle fantastique .... p. 42

→ Étudier les caractéristiques du genre fantastique

3

La fabrique du héros dans le roman .... p. 70

→ Comprendre comment se construit le personnage du héros au XIXe siècle

4

Les Misérables .... p. 96

→ **Découvrir une œuvre phare de la littérature française**

5

Le roman et l'Histoire .... p. 130

→ **Connaître les caractéristiques et les enjeux du roman historique**

6

La lettre p. 158

→ Découvrir les formes et les fonctions du genre épistolaire

7

Masques, malentendus et quiproquos au théâtre p. 192

→ Découvrir le texte de théâtre, par le biais du jeu théâtral

8

Le conflit au théâtre, entre rire et émotion ... p. 220

→ **Étudier le genre théâtral en analysant une situation dramatique : le conflit**

9

La poésie ... p. 254

→ **Découvrir la poésie de l'intime**

Histoire des Arts

Contrepoint

Synthèse

À la fin de chaque chapitre, des activités de langue pour travailler l'écriture et l'expression orale.

Grammaire

Vocabulaire

Atelier d'écriture

Expression orale

Étude de la langue

Grammaire

Orthographe

Vocabulaire

Le sumo qui ne pouvait pas grossir

Avant la lecture...
Qu'est-ce que le sumo ? Qu'est-ce qu'un sumo ? Quel pays évoque ce mot ?

Éric-Emmanuel Schmitt
(Né en 1960)

Romancier et auteur de théâtre, il a écrit notamment *Oscar et la Dame rose* (Voir p. 188-191). *Voir biographie p.188.*

Le jeune Jun, adolescent en pleine révolte, erre dans les rues de Tokyo… Une rencontre l'entraîne, malgré lui, à un spectacle de sumos.

Lorsque, guidés par le son des claquoirs[1] et la rumeur qui scandait leur nom, les lutteurs adipeux[2] se réunirent sur la piste pour le salut rituel, mastodontes[3] dénudés ceints de tabliers brodés chatoyants, je crus que j'avais débarqué chez les fous. Autour de moi, les spectateurs, par milliers, des centaines debout parce que tous les fauteuils avaient été vendus, hurlaient leur enthousiasme pour ce chapelet de saucisses multicolores.

Puis, sous un toit de bois suspendu à des câbles qui rappelait les sanctuaires shinto[4], les combats s'enchaînèrent, ne durant guère plus de vingt secondes, les vingt secondes nécessaires pour qu'un lutteur, sur le ring d'argile couvert d'une fine couche de sable, éjecte son adversaire hors du cercle délimité par les cordes en paille ou envoie au sol une autre partie du corps que ses pieds.

Je trouvai ce jeu si débile que je n'arrivais pas à croire que j'en avais compris les règles. D'autant qu'il y avait une profonde inégalité de chances entre les concurrents puisqu'un homme de cent kilos pouvait en affronter un de deux cents.

Cette nuit-là, si l'intelligence consiste à changer d'avis, je fis preuve d'intelligence. À cette compétition, j'étais entré hostile ; j'en sortis conquis. Alors que j'avais commencé à regarder avec mes propres yeux, au cours de la soirée, j'empruntai les yeux des autres, ce qui bouleversa le spectacle.

Avec mes yeux, parmi ces sumos dont le plus léger pesait quatre-vingt-quinze kilos et le plus lourd deux cent quatre-vingts, je ne vis d'abord que des malades, des infirmes en surpoids, des obèses qu'on devait d'urgence interner en clinique ; avec les yeux de mes voisins masculins, lesquels, volubiles, commentaient coups, performances, tactiques des joueurs, je me mis à apercevoir des lutteurs sous les monstres, des athlètes sous les boudins. Leur visage placide dissimulait la ruse, leur calibre monumental n'excluait pas la vivacité, leur volume recelait force et muscles. De combat en combat, ils

1. **Claquoirs :** ou claquettes, petits instruments formés de deux planchettes à charnière que l'on frappe l'une contre l'autre.
2. **Adipeux :** gras.
3. **Mastodonte :** personne d'une taille ou d'une corpulence énorme.
4. **Shinto :** religion officielle du Japon jusqu'en 1945.

Lutteurs de sumo, photographie de Felice Beato (1835-1906).

5. **Embonpoint :** état d'une personne bien en chair, un peu grasse.

6. **Glabre :** dépourvu de poils.

7. **Suprématie :** supériorité.

transformaient l'inutile en utile, leur masse devenait une arme, leur embonpoint[5] une puissance, leur lard un marteau ou un bouclier.

Avec mes yeux, parmi ces sumos au corps lisse, à la peau glabre[6], aux cheveux huileux arrangés en chignon tartignolle, je ne voyais que des bébés géants, de repoussantes poupées vivantes en couches-culottes ; avec les yeux de mes voisines, je soupçonnai qu'ils étaient des hommes, peut-être des mâles attirants, séduisants, voire d'authentiques sex-symbols selon certaines jeunes filles qui ne cachaient pas leur désir. Cette découverte fut sans doute celle qui me déconcerta le plus.

Au fur et à mesure que chaque lutteur tentait d'éjecter son adversaire du cercle de jeu, je luttais, moi, contre mes préjugés, puis les éjectais un par un. Non, je ne pouvais pas mépriser des individus qui dévouent leur vie au combat, qui sculptent leur corps, qui prouvent autant d'ingéniosité que de force ; car la masse n'induisait pas la suprématie[7]; parfois la technique, l'agilité, l'astuce octroyaient la victoire au plus léger. En moi s'esquissait une passion pour ces rencontres, je me surprenais à parier, à classer mes favoris. À la fin, je me levai avec les spectateurs de ma rangée et j'applaudis avec enthousiasme, sans remords, le vainqueur, le fulgurant Ashoryu, devenu mon héros.

D'autant qu'Ashoryu, nommé yokozuna – champion des champions – par la fédération, était japonais et qu'il conservait son titre contre deux redoutables ozekis – les meilleurs après le yokozuna –, un Mongol, un Bulgare. Nous avions l'impression qu'en l'emportant sur des étrangers, il maintenait le sumo dans le sanctuaire de notre île et qu'il sauvait notre honneur, à nous, les Japonais, inventeurs de cet art.

Éric-Emmanuel Schmitt, *Le sumo qui ne pouvait pas grossir*, © éd. Albin Michel, 2009.

Premières impressions

Quelle phrase du texte en donne un résumé ?

Lire et analyser

Un double combat

1. Relevez le champ lexical du combat en distinguant ce qui concerne les hommes, l'action et les ressorts du combat (ressources, qualités…).

2. Relisez les lignes 37-39 : « Au fur et à mesure […] un par un. » Montrez, en vous appuyant sur des points précis du texte, la correspondance entre l'affrontement des sumos et l'opinion du narrateur.

Deux points de vue opposés

3. Expliquez l'image : *ce chapelet de saucisses multicolores* (l. 6).

VOCABULAIRE Trouvez dans la suite du texte deux autres termes appartenant au champ lexical de la nourriture. Que traduisent ces expressions ?

4. Observez le sixième paragraphe : à quel autre domaine sont empruntées les images ?

5. Comment les spectateurs avertis voient-ils ces sumos ? Justifiez votre réponse.

Un changement de regard

6. Quelle phrase du premier paragraphe montre l'incompréhension de Jun devant ce spectacle ?

7. Quels verbes marquent son changement d'opinion sur les sumos ? Par quel adjectif qualificatif pourriez-vous caractériser ce changement ?

8. Quels indices lexicaux montrent dans le dernier paragraphe qu'il est désormais un spectateur averti ?

9. Qu'est-ce qui a permis à Jun de réviser son jugement ?

Écriture

Vous vous trouvez en face d'une œuvre (littérature, peinture, sculpture…) qui au premier abord ne vous plaît guère. Mais peu à peu vous vous laissez séduire. Racontez grâce à quoi votre regard a fini par changer.

Consignes

- Votre récit sera écrit à la première personne, aux temps du passé.
- Vous insérerez des passages descriptifs utilisant des métaphores et des comparaisons.

Chapitre 1

Une nouvelle réaliste, « La Parure »

→ **Découvrir les caractéristiques de la nouvelle réaliste au XIXe siècle**

SOCLE COMMUN de compétences

Lire l'image

1. Quelle impression d'ensemble se dégage de ce tableau?
2. Quelles remarques pouvez-vous faire concernant les tenues des hommes et des femmes?

Histoire des arts

- **Jean Béraud** (1849-1935) a peint de très nombreuses scènes de la vie parisienne dans les rues, dans les cafés, à l'opéra ou au théâtre. Il a représenté en particulier les divertissements de la société mondaine, sujet qui l'éloigne des préoccupations des peintres réalistes de son époque, mais avec une précision et une exactitude certaines.

Jean Béraud (1849-1935), *Une soirée*, 1878, 38 x 53 cm, musée d'Orsay, Paris.

Repères

Le réalisme à l'époque de Maupassant

Guy de Maupassant (1850-1893)

- Guy de Maupassant naît le 5 août 1850, en Haute-Normandie.
- De 1872 à 1880, il travaille dans des ministères. Il se lie d'amitié avec **Flaubert**. Maupassant lui montre ses premiers écrits, Flaubert le conseille et le corrige. Il lui apprend qu'il faut observer, disséquer du regard, avant d'écrire. Grâce à son mentor, Maupassant entre aussi en relation avec les grands écrivains du moment. Il abandonne son travail au ministère et devient **journaliste et écrivain**.
- 1880 est l'année de sa **consécration**. Il publie *Boule de suif*. Désormais Maupassant peut vivre de sa plume. En 1885, il ne publiera pas moins de trente contes et nouvelles.
- Mais Maupassant est malade, atteint de la syphilis. En 1891, son état physique est tel qu'il avoue à son médecin : « Dieu que j'en ai assez de la vie. » Un an après, sa maladie le conduit à la **folie** ; il tente de se suicider. Les médecins décident de l'interner, et c'est à la clinique qu'il meurt le 6 juillet 1893, âgé de 43 ans, après de longs mois de délires et d'isolement.

Couverture du roman *Bel-Ami* de Maupassant, Paul Ollendorff, éditeur, 1886.

Questions

1. **En quelle année est publiée « La Parure » ?**
2. **Dans quelle période de sa vie est alors Maupassant ?**

Couverture du journal *Gil Blas*, le 8 octobre 1893.

Le genre de la nouvelle au XIXe siècle

- Une nouvelle est un **récit bref**, qui se limite le plus souvent à quelques pages. Ce genre narratif s'impose au XIXe siècle, en lien avec le **développement de la presse**. En effet, ces petits récits étaient bien adaptés à la place disponible dans les journaux pour les publier : le lecteur pouvait lire une histoire complète contenue en quelques colonnes.
- « La Parure » n'échappa pas à la règle ! Cette nouvelle fut d'abord publiée dans un journal, *Le Gaulois*, le 17 février 1884, avant d'être intégrée dans un recueil intitulé *Contes du jour et de la nuit*, un an plus tard.
- La nouvelle peut être **réaliste** ou **fantastique**, et dans ce dernier cas, on la nomme plus généralement « conte ». Chez Maupassant, elle apparaît sous les deux formes.
- D'autres auteurs très connus ont contribué au succès de ce genre : Théophile Gautier, avec ses *Contes fantastiques*, Prosper Mérimée (« Mateo Falcone », « La Vénus d'Ille »), Émile Zola (« Madame Sourdis », « Un mariage d'amour », « Le Grand Michu ») ou encore l'illustre Balzac (« L'Auberge rouge », « Le Colonel Chabert »).

Le réalisme en littérature

- Le réalisme naît dans la deuxième partie du XIXe siècle, d'abord en peinture puis en littérature. Ce courant littéraire s'illustre dans des récits mettant en scène des personnages de toutes les classes sociales, avec une prédilection pour les milieux les plus simples.
- Stendhal envisage alors la littérature comme un « miroir » de la réalité. Pour Balzac et Zola, comme pour Flaubert, l'écriture doit obligatoirement être préparée par un important travail documentaire.
- En effet, le goût de l'époque pour les sciences influence peu à peu la vision d'auteurs comme Balzac et Zola, qui s'imposent dans leur travail une exigence scientifique dans l'**observation du réel** et une précision méthodique dans l'exercice d'écriture.

Maupassant, Préface de *Pierre et Jean*, 1887.

Leur théorie semble pouvoir être résumée par ces mots : « Rien que la vérité et toute la vérité. » [...]

Raconter tout serait impossible, car il faudrait alors un volume au moins par journée, pour énumérer les multitudes d'incidents insignifiants qui emplissent notre existence. [...]

Faire vrai consiste donc à donner l'illusion complète du vrai, suivant la logique ordinaire des faits, et non à les transcrire servilement dans le pêle-mêle de leur succession.

J'en conclus que les Réalistes de talent devraient s'appeler plutôt des Illusionnistes.

Question

1 Quelle est la qualité première d'un écrivain réaliste, selon Maupassant ? Cela vous paraît-il logique ?

Gustave Caillebotte, *Les Raboteurs de parquet*, 1875, musée d'Orsay, Paris.

Règne de Louis-Philippe	IIe République	Second Empire Napoléon III empereur	IIIe République
1830-1848	1848-1852	1852-1870	1870-1940

- **1839** : Naissance du « daguerréotype », ancêtre de la photographie.
- **1849-1850** : Courbet, *Un enterrement à Ornans*
- **1857** : Champfleury, *Le Réalisme* ; Flaubert, *Madame Bovary*
- **1857-1859** : Millet, *L'Angélus*
- **1875** : Caillebotte, *Les Raboteurs de parquet*
- **1880** : Parution de *Boule de Suif*
- **1884** : Parution de « La Parure » dans *Le Gaulois*
- **1885** : Parution de *Bel-Ami*

Reconnaître une situation initiale réaliste

Avant la lecture...
Qu'est-ce qu'une nouvelle ?

Guy de Maupassant (1850-1893)
Auteur français né en Haute-Normandie, il est le maître de la nouvelle réaliste et fantastique. Entre 1880 et 1890, il a publié six romans et trois cents contes et nouvelles.
Voir biographie p. 18.

1

Guy de Maupassant

La Parure (extrait 1)

C'était une de ces jolies et charmantes filles, nées, comme par une erreur du destin, dans une famille d'employés. Elle n'avait pas de dot, pas d'espérances[1], aucun moyen d'être connue, comprise, aimée, épousée par un homme riche et distingué ; et elle se laissa marier avec un petit commis[2] du ministère de l'Instruction publique.

Elle fut simple, ne pouvant être parée, mais malheureuse comme une déclassée ; car les femmes n'ont point de caste ni de race, leur beauté, leur grâce et leur charme leur servant de naissance et de famille. Leur finesse native, leur instinct d'élégance, leur souplesse d'esprit sont leur seule hiérarchie, et font des filles du peuple les égales des plus grandes dames.

Elle souffrait sans cesse, se sentant née pour toutes les délicatesses et tous les luxes. Elle souffrait de la pauvreté de son logement, de la misère des murs, de l'usure des sièges, de la laideur des étoffes. Toutes ces choses, dont une autre femme de sa caste ne se serait même pas aperçue, la torturaient et l'indignaient. La vue de la petite Bretonne qui faisait son humble ménage éveillait en elle des regrets désolés et des rêves éperdus[3]. Elle songeait aux antichambres muettes, capitonnées[4] avec des tentures orientales, éclairées par

1. **Avoir des espérances :** attendre un héritage.
2. **Commis :** petit employé.
3. **Éperdus :** fous, passionnés.
4. **Capitonnées :** tapissées.

Edgar Degas, *Mademoiselle Dobigny*, 1869, Hambourg, Kunsthalle.

Histoire des arts

▸ Degas (1834-1917) est un peintre du mouvement : courses de chevaux, danseuses en répétition, en coulisses ou sur scène, femmes faisant leur toilette... Il aime peindre des scènes comme prises sur le vif. Ce portrait en témoigne. Mademoiselle Dobigny n'a pas l'air de poser, elle ne regarde pas l'artiste et ne se sent pas observée par lui.

de hautes torchères[5] de bronze, et aux deux grands valets en culotte courte qui dorment dans les larges fauteuils, assoupis par la chaleur lourde du calorifère[6]. Elle songeait aux grands salons vêtus de soie ancienne, aux meubles fins portant des bibelots inestimables, et aux petits salons coquets, parfumés, faits pour la causerie de cinq heures avec les amis les plus intimes, les hommes connus et recherchés dont toutes les femmes envient et désirent l'attention.

Quand elle s'asseyait, pour dîner, devant la table ronde couverte d'une nappe de trois jours, en face de son mari qui découvrait la soupière en déclarant d'un air enchanté : « Ah ! le bon pot-au-feu ! je ne sais rien de meilleur que cela... », elle songeait aux dîners fins, aux argenteries reluisantes, aux tapisseries peuplant les murailles de personnages anciens et d'oiseaux étranges au milieu d'une forêt de féerie ; elle songeait aux plats exquis servis en des vaisselles merveilleuses, aux galanteries chuchotées et écoutées avec un sourire de sphinx, tout en mangeant la chair rose d'une truite ou des ailes de gélinotte[7].

Elle n'avait pas de toilettes, pas de bijoux, rien. Et elle n'aimait que cela ; elle se sentait faite pour cela. Elle eût tant désiré plaire, être enviée, être séduisante et recherchée.

Elle avait une amie riche, une camarade de couvent qu'elle ne voulait plus aller voir, tant elle souffrait en revenant. Et elle pleurait pendant des jours entiers, de chagrin, de regret, de désespoir et de détresse.

Or, un soir, son mari rentra, l'air glorieux et tenant à la main une large enveloppe.

Guy de Maupassant, « La Parure », 1884.

5. **Torchères :** grands chandeliers.

6. **Calorifère :** appareil qui diffuse de la chaleur.

7. **Gélinotte :** oiseau sauvage, proche de la perdrix.

Premières impressions

Cette jeune femme vous paraît-elle vraiment malheureuse ? Nuancez.

Lire et analyser

Un personnage réaliste

1. VOCABULAIRE *Elle n'avait pas de dot* (l. 2) : expliquez cette expression. Donnez deux mots de la même famille.

2. Dans quel milieu social la jeune femme est-elle née ?

3. VOCABULAIRE Comment le mot *déclassée* est-il construit (ligne 6) ? Que signifie-t-il ? Donnez un synonyme.

4. À qui la jeune femme s'est-elle mariée ?

5. Pourquoi, selon vous, le narrateur ne nous donne-t-il pas encore le nom de cette jeune femme ? Pensez-vous que la situation de ce personnage pouvait être courante au XIXe siècle, ou bien qu'elle était exceptionnelle ?

Une femme qui souffre

6. Relevez le champ lexical de la souffrance. Expliquez ensuite de quoi souffre le personnage.

7. De quoi rêve-t-elle ? Donnez trois éléments de son rêve et montrez qu'ils s'opposent à la réalité décrite, en citant le texte.

8. Quel monde est décrit avec le plus de détails : le monde du rêve ou celui de la réalité ? Que veut ainsi montrer le narrateur ?

Écriture

Question de synthèse

D'après ce que vous apprenez dans les pages « Repères » et « Synthèse », le début de cette histoire vous paraît-il réaliste ? Justifiez.

Imaginer la scène

D'après vous, que peut comporter l'enveloppe qu'apporte le mari ? Racontez la scène telle que vous l'imaginez.

Consignes

- Dans un premier paragraphe, vous raconterez le moment où la femme ouvre la lettre, en indiquant ce qu'elle ressent et ce à quoi elle s'attend.
- Vous rédigerez ensuite le contenu de la lettre elle-même.
- Enfin, vous insisterez sur la réaction des deux personnages.

Avant la lecture...
À votre avis, que contient la lettre que rapporte M. Loisel ?

2 Guy de Maupassant
La Parure (extrait 2)

2me Série. — N° 141. Le numéro (15 pages de texte) : 15 cent. JEUDI 7 MAI 1885.

LA VIE POPULAIRE

LA VIE POPULAIRE PARAIT DEUX FOIS PAR SEMAINE LE JEUDI ET LE DIMANCHE Elle est mise en vente tous les Mercredis et tous les Samedis

DIRECTION : 18, rue d'Enghien, 18

ABONNEMENTS : Paris et Dép^ts, 6 m., 9 fr. — 12 m., 16 fr. Union postale. » 11 fr. — » 20 fr. On s'abonne sans frais dans tous les bureaux de poste

SOMMAIRE : I. Histoire de la semaine : Le Bohémien, par Ch. Frémine. — II. La Parure, par Guy de Maupassant. — III. Le rêve de madame la douairière, par Charles Jacob. — IV. Le treizième juré, par Albéric Second. — V. Cruelle énigme, par P. Bourget. — VI. Le roi des montagnes, par Edmond About. — VII. Germinal, par Émile Zola. — Avis et communications.

LA PARURE

Elle l'attacha autour de sa gorge, sur sa robe montante, et demeura en extase devant elle-même. (*Voir page 579.*)

« La Parure », publiée en feuilleton dans *La Vie populaire* le 7 mai 1885.

— Tiens, dit-il, voici quelque chose pour toi.

Elle déchira vivement le papier et en tira une carte imprimée qui portait ces mots :

« Le ministre de l'Instruction publique et Mme Georges Ramponneau prient M. et Mme Loisel de leur faire l'honneur de venir passer la soirée à l'hôtel du ministère, le lundi 18 janvier. »

Au lieu d'être ravie, comme l'espérait son mari, elle jeta avec dépit[1] l'invitation sur la table, murmurant :

– Que veux-tu que je fasse de cela ?

– Mais, ma chérie, je pensais que tu serais contente. Tu ne sors jamais, et c'est une occasion, cela, une belle ! J'ai eu une peine infinie à l'obtenir. Tout le monde en veut ; c'est très recherché et on n'en donne pas beaucoup aux employés. Tu verras là tout le monde officiel[2].

Elle le regardait d'un œil irrité, et elle déclara avec impatience :

– Que veux-tu que je me mette sur le dos pour aller là ?

Il n'y avait pas songé ; il balbutia :

– Mais la robe avec laquelle tu vas au théâtre. Elle me semble très bien, à moi...

1. **Dépit :** colère mêlée de déception.

2. **Le monde officiel :** les gens qui appartiennent au gouvernement.

Il se tut, stupéfait, éperdu, en voyant que sa femme pleurait. Deux grosses larmes descendaient lentement des coins des yeux vers les coins de la bouche ; il bégaya :

– Qu'as-tu ? qu'as-tu ?

Mais, par un effort violent, elle avait dompté sa peine et elle répondit d'une voix calme en essuyant ses joues humides :

– Rien.Seulement je n'ai pas de toilette et par conséquent, je ne peux aller à cette fête. Donne ta carte à quelque collègue dont la femme sera mieux nippée[3] que moi.

Il était désolé. Il reprit :

– Voyons, Mathilde. Combien cela coûterait-il, une toilette convenable, qui pourrait te servir encore en d'autres occasions, quelque chose de très simple ?

Elle réfléchit quelques secondes, établissant ses comptes et songeant aussi à la somme qu'elle pouvait demander sans s'attirer un refus immédiat et une exclamation effarée[4] du commis économe.

Enfin, elle répondit en hésitant :

– Je ne sais pas au juste, mais il me semble qu'avec quatre cents francs je pourrais arriver.

Il avait un peu pâli, car il réservait juste cette somme pour acheter un fusil et s'offrir des parties de chasse, l'été suivant, dans la plaine de Nanterre, avec quelques amis qui allaient tirer des alouettes, par là, le dimanche.

Il dit cependant :

– Soit. Je te donne quatre cents francs. Mais tâche d'avoir une belle robe.

Le jour de la fête approchait, et Mme Loisel semblait triste, inquiète, anxieuse. Sa toilette était prête cependant. Son mari lui dit un soir :

– Qu'as-tu ? Voyons, tu es toute drôle depuis trois jours.

Et elle répondit :

– Cela m'ennuie de n'avoir pas un bijou, pas une pierre, rien à mettre sur moi. J'aurai l'air misère comme tout. J'aimerais presque mieux ne pas aller à cette soirée.

Il reprit :

– Tu mettras des fleurs naturelles. C'est très chic en cette saison-ci. Pour dix francs tu auras deux ou trois roses magnifiques.

3. Nippée : habillée (mot familier).

4. Effarée : très troublée et effrayée.

Image du téléfilm réalisé par Claude Chabrol en 2006, avec Cécile de France (Mathilde Loisel).

Elle n'était point convaincue.

– Non... il n'y a rien de plus humiliant que d'avoir l'air pauvre au milieu de femmes riches.

Mais son mari s'écria :

– Que tu es bête ! Va trouver ton amie Mme Forestier et demande-lui de te prêter des bijoux. Tu es bien assez liée avec elle pour faire cela.

Elle poussa un cri de joie.

– C'est vrai. Je n'y avais point pensé.

Le lendemain, elle se rendit chez son amie et lui conta sa détresse. Mme Forestier alla vers son armoire à glace, prit un large coffret, l'apporta, l'ouvrit, et dit à Mme Loisel :

– Choisis, ma chère.

Elle vit d'abord des bracelets, puis un collier de perles, puis une croix vénitienne, or et pierreries, d'un admirable travail. Elle essayait les parures[5] devant la glace, hésitait, ne pouvait se décider à les quitter, à les rendre. Elle demandait toujours :

– Tu n'as plus rien d'autre ?

– Mais si. Cherche. Je ne sais pas ce qui peut te plaire.

Tout à coup elle découvrit, dans une boîte de satin noir, une superbe rivière de diamants[6] ; et son cœur se mit à battre d'un désir immodéré. Ses mains tremblaient en la prenant. Elle l'attacha autour de sa gorge, sur sa robe montante, et demeura en extase devant elle-même.

Puis, elle demanda, hésitante, pleine d'angoisse :

– Peux-tu me prêter cela, rien que cela ?

– Mais oui, certainement.

Elle sauta au cou de son amie, l'embrassa avec emportement, puis s'enfuit avec son trésor.

Guy de Maupassant, « La Parure », 1884.

5. Parures : bijoux.

6. Rivière de diamants : collier de diamants.

Premières impressions

Que pensez-vous de Mathilde ?

Lire et analyser

Une femme compliquée

1. Quelle est la réaction de Mathilde à la lecture de l'invitation ?

2. À quel moment, ensuite, a-t-elle la même attitude ?

3. Dans les deux situations, comment réagit son mari ?

4. Pour quelle raison Mathilde n'est-elle jamais satisfaite ? Que craint-elle ?

Chez Mme Forestier

5. VOCABULAIRE *Elle essayait les parures devant la glace* (l. 65-66), que signifie ici le mot *parure* ? Donnez au moins deux mots de la même famille.

6. Montrez que Mathilde ne trouve pas tout de suite ce qu'elle cherche chez Mme Forestier.

7. VOCABULAIRE Relevez tous les mots appartenant au même champ lexical que le mot *parure* dans ce texte.

8. Relevez les sentiments de Mathilde à partir du moment où elle découvre la rivière de diamants.

9. Sait-on ce que pense Mme Forestier au même moment ? (Pour le point de vue, voir la « Synthèse », p. 38)

Écriture

Imaginez que M. Loisel ait accompagné sa femme chez Mme Forestier. Il la regarde essayer les bijoux. Racontez la même scène, mais du point de vue de M. Loisel : faites part de ses sentiments et pensées.

Consignes

➤ Quand Mathilde essaie les bijoux de son amie, vous respecterez les mêmes étapes que le texte, en commençant par *M. Loisel regarda sa femme aller vers l'armoire à glace…*

➤ Vous insisterez sur le point de vue de M. Loisel regardant sa femme (voir la « Synthèse » p. 38). Il peut l'admirer, être amusé, ou encore être agacé.

Avant la lecture...
Quel conte de fées raconte aussi l'histoire d'une belle jeune fille qui se rend au bal ?

3 Guy de Maupassant
La Parure (extrait 3)

Le jour de la fête arriva. Mme Loisel eut un succès. Elle était plus jolie que toutes, élégante, gracieuse, souriante et folle de joie. Tous les hommes la regardaient, demandaient son nom, cherchaient à être présentés. Tous les attachés du cabinet voulaient valser avec elle. Le Ministre la remarqua.

Elle dansait avec ivresse, avec emportement, grisée par le plaisir, ne pensant plus à rien, dans le triomphe de sa beauté, dans la gloire de son succès, dans une sorte de nuage de bonheur fait de tous ces hommages, de toutes ces admirations, de tous ces désirs éveillés, de cette victoire si complète et si douce au cœur des femmes.

Elle partit vers quatre heures du matin. Son mari, depuis minuit, dormait dans un petit salon désert avec trois autres messieurs dont les femmes s'amusaient beaucoup.

Il lui jeta sur les épaules les vêtements qu'il avait apportés pour la sortie, modestes vêtements de la vie ordinaire, dont la pauvreté jurait avec l'élégance de la toilette de bal. Elle le sentit et voulut s'enfuir, pour ne pas être remarquée par les autres femmes qui s'enveloppaient de riches fourrures.

Loisel la retenait :

– Attends donc. Tu vas attraper froid dehors. Je vais appeler un fiacre[1].

Mais elle ne l'écoutait point et descendait rapidement l'escalier. Lorsqu'ils furent dans la rue, ils ne trouvèrent pas de voiture ; et ils se mirent à chercher, criant après les cochers qu'ils voyaient passer de loin.

Ils descendaient vers la Seine, désespérés, grelottants. Enfin, ils trouvèrent sur le quai un de ces vieux coupés[2] noctambules[3] qu'on ne voit dans Paris que la nuit venue, comme s'ils eussent été honteux de leur misère pendant le jour.

Il les ramena jusqu'à leur porte, rue des Martyrs, et ils remontèrent tristement chez eux. C'était fini, pour elle. Et il songeait, lui, qu'il lui faudrait être au Ministère à dix heures.

Elle ôta les vêtements dont elle s'était enveloppé les épaules, devant la glace, afin de se voir encore une fois dans sa gloire. Mais soudain elle poussa un cri. Elle n'avait plus sa rivière autour du cou !

Son mari, à moitié dévêtu déjà, demanda :

– Qu'est-ce que tu as ?

Elle se tourna vers lui, affolée :

– J'ai... j'ai... je n'ai plus la rivière de Mme Forestier.

Il se dressa, éperdu :

– Quoi !... comment !... Ce n'est pas possible !

Et ils cherchèrent dans les plis de la robe, dans les plis du

1. Fiacre : voiture tirée par un cheval.

2. Coupé : voiture fermée, à un ou deux chevaux, à quatre roues et généralement à deux places.

3. Noctambules : qui roulent la nuit.

Auguste Renoir, *La Danse à la ville*, 1883, musée d'Orsay, Paris.

manteau, dans les poches, partout. Ils ne la trouvèrent point.

Il demandait :

– Tu es sûre que tu l'avais encore en quittant le bal ?

– Oui, je l'ai touchée dans le vestibule[4] du Ministère.

– Mais si tu l'avais perdue dans la rue, nous l'aurions entendue tomber. Elle doit être dans le fiacre.

– Oui. C'est probable. As-tu pris le numéro ?

– Non. Et toi, tu ne l'as pas regardé ?

– Non.

Ils se contemplaient atterrés. Enfin Loisel se rhabilla.

– Je vais, dit-il, refaire tout le trajet que nous avons fait à pied, pour voir si je ne la retrouverai pas.

Et il sortit. Elle demeura en toilette de soirée[5], sans force pour se coucher, abattue sur une chaise, sans feu[6], sans pensée.

Son mari rentra vers sept heures. Il n'avait rien trouvé.

Il se rendit à la Préfecture de police, aux journaux, pour faire promettre une récompense, aux compagnies de petites voitures, partout enfin où un soupçon d'espoir le poussait.

Elle attendit tout le jour, dans le même état d'effarement devant cet affreux désastre.

Loisel revint le soir, avec la figure creusée, pâlie ; il n'avait rien découvert.

– Il faut, dit-il, écrire à ton amie que tu as brisé la fermeture de sa rivière et que tu la fais réparer. Cela nous donnera le temps de nous retourner.

Elle écrivit sous sa dictée.

Au bout d'une semaine, ils avaient perdu toute espérance.

Et Loisel, vieilli de cinq ans, déclara :

– Il faut aviser à[7] remplacer ce bijou.

Ils prirent, le lendemain, la boîte qui l'avait renfermé, et se rendirent chez le joaillier[8], dont le nom se trouvait dedans. Il consulta ses livres :

– Ce n'est pas moi, madame, qui ai vendu cette rivière ; j'ai dû seulement fournir l'écrin.

4. **Vestibule :** pièce d'entrée.

5. **Toilette de soirée :** robe de soirée.

6. **Sans feu :** sans énergie.

7. **Aviser à :** penser à.

8. **Joaillier :** bijoutier.

Ramon Casas y Carbo, *Après le bal*, 1895, museo de la Abadia, Montserrat (Catalogne).

Alors ils allèrent de bijoutier en bijoutier, cherchant une parure pareille à l'autre, consultant leurs souvenirs, malades tous deux de chagrin et d'angoisse.

Ils trouvèrent, dans une boutique du Palais-Royal, un chapelet de diamants qui leur parut entièrement semblable à celui qu'ils cherchaient. Il valait quarante mille francs. On le leur laisserait à trente-six mille.

Ils prièrent donc le joaillier de ne pas le vendre avant trois jours. Et ils firent condition qu'on le reprendrait, pour trente-quatre mille francs, si le premier était retrouvé avant la fin de février.

Loisel possédait dix-huit mille francs que lui avait laissés son père. Il emprunterait le reste.

Il emprunta, demandant mille francs à l'un, cinq cents à l'autre, cinq louis[9] par-ci, trois louis par-là. Il fit des billets[10], prit des engagements ruineux, eut affaire aux usuriers[11], à toutes les races de prêteurs. Il compromit[12] toute la fin de son existence, risqua sa signature sans savoir même s'il pourrait y faire honneur, et, épouvanté par les angoisses de l'avenir, par la noire misère qui allait s'abattre sur lui, par la perspective de toutes les privations physiques et de toutes les tortures morales, il alla chercher la rivière nouvelle, en déposant sur le comptoir du marchand trente-six mille francs.

Quand Mme Loisel reporta la parure à Mme Forestier, celle-ci lui dit, d'un air froissé :

– Tu aurais dû me la rendre plus tôt, car je pouvais en avoir besoin.

Elle n'ouvrit pas l'écrin, ce que redoutait son amie. Si elle s'était aperçue de la substitution, qu'aurait-elle pensé ? Qu'aurait-elle dit ? Ne l'aurait-elle pas prise pour une voleuse ?

Guy de Maupassant, « La Parure », 1884.

9. **Un louis** est une pièce d'or.

10. **Billets :** engagements écrits de payer une certaine somme.

11. **Usuriers :** personnes qui prêtent de l'argent avec un taux d'intérêt élevé.

12. **Compromettre :** mettre en danger.

Premières impressions

Quel(s) sentiment(s) vous inspire ce passage ?

Lire et analyser

Cendrillon au XIXe siècle

1. Rappelez-vous l'histoire de Cendrillon. Que se passe-t-il à la fin du bal à minuit pour Cendrillon ? Et pour Mathilde ?

2. Comment Cendrillon rentre-t-elle chez elle ? Et Mathilde ?

3. a. Que perd Cendrillon en sortant du bal ? Quel parallèle pouvez-vous établir avec Mathilde ?
b. Quelle conséquence a cette perte, dans chacun des cas ?

4. Dans quelle rue habite le couple Loisel ? Que peut vouloir nous annoncer ce détail ?

Le désastre après la fête

5. **VOCABULAIRE** Relevez le champ lexical de la panique, à partir de *Son mari, à moitié dévêtu déjà…* (l. 38) jusqu'à *dictée* (l. 68).

6. Quelle ponctuation et quels types de phrases traduisent l'affolement des Loisel quand ils constatent la disparition de la parure ? Quelle remarque pouvez-vous faire sur la longueur des phrases à ce moment de l'histoire ?

7. Quelle décision prend le couple après le constat de la disparition définitive de la parure, vis-à-vis de Mme Forestier ? Quelle autre décision auraient-ils pu prendre ?

8. Quelle remarque pouvez-vous faire concernant la longueur des phrases au moment où sont énumérés tous les emprunts effectués ? Qu'exprime-t-elle ?

Écriture

Imaginez la fin de cette histoire.

Consignes

- Vous tiendrez compte de tout ce que vous avez remarqué, en comparant l'histoire de Mathilde à celle de Cendrillon : restez dans la logique réaliste de la nouvelle de Maupassant !
- Vous ne rajouterez pas de personnage.
- Vous limiterez le nombre d'actions que vous allez raconter.

Étudier la vitesse du récit court et la chute

Avant la lecture...
Peut-on s'attendre à une fin heureuse ?

4

Guy de Maupassant

La Parure (extrait 4)

Mme Loisel connut la vie horrible des nécessiteux. Elle prit son parti, d'ailleurs, tout d'un coup, héroïquement. Il fallait payer cette dette effroyable. Elle payerait. On renvoya la bonne ; on changea de logement ; on loua sous les toits une mansarde[1].

Elle connut les gros travaux du ménage, les odieuses besognes de la cuisine. Elle lava la vaisselle, usant ses ongles roses sur les poteries grasses et le fond des casseroles. Elle savonna le linge sale, les chemises et les torchons, qu'elle faisait sécher sur une corde ; elle descendit à la rue, chaque matin, les ordures, et monta l'eau, s'arrêtant à chaque étage pour souffler. Et, vêtue comme une femme du peuple, elle alla chez le fruitier, chez l'épicier, chez le boucher, le panier au bras, marchandant, injuriée, défendant sou à sou son misérable argent.

Armand Désiré Gautier (1825-1894), *Femme repassant*, musée des Beaux-Arts, Caen.

Il fallait chaque mois payer des billets, en renouveler d'autres, obtenir du temps.

Le mari travaillait, le soir, à mettre au net les comptes d'un commerçant, et la nuit, souvent, il faisait de la copie[2] à cinq sous la page.

Et cette vie dura dix ans.

Au bout de dix ans, ils avaient tout restitué, tout, avec le taux de l'usure[3], et l'accumulation des intérêts superposés.

Mme Loisel semblait vieille, maintenant. Elle était devenue la femme forte, et dure, et rude, des ménages pauvres. Mal peignée, avec les jupes de travers et les mains rouges, elle parlait haut, lavait à grande eau les planchers. Mais parfois, lorsque son mari était au bureau, elle s'asseyait auprès de la fenêtre, et elle songeait à cette soirée d'autrefois, à ce bal où elle avait été si belle et si fêtée.

Que serait-il arrivé si elle n'avait point perdu cette parure ? Qui sait ? Qui sait ? Comme la vie est singulière[4], changeante ! Comme il faut peu de chose pour vous perdre ou vous sauver !

Or, un dimanche, comme elle était allée faire un tour aux Champs-Élysées pour se délasser des besognes de la semaine, elle aperçut tout à coup une femme qui promenait un enfant. C'était Mme Forestier, toujours jeune, toujours belle, toujours séduisante.

Mme Loisel se sentit émue. Allait-elle lui parler ? Oui, certes. Et maintenant qu'elle avait payé, elle lui dirait tout. Pourquoi pas ?

Elle s'approcha.

– Bonjour, Jeanne.

L'autre ne la reconnaissait point, s'étonnant d'être appelée ainsi familièrement par cette bourgeoise.

Elle balbutia :

1. **Mansarde :** pièce aménagée sous les toits.
2. **Faire de la copie :** recopier à la main des écrits officiels, souvent pour des notaires.
3. **Taux de l'usure :** taux d'intérêt excessif.
4. **Singulière :** étonnante.

– Mais... madame !... Je ne sais... Vous devez vous tromper.

– Non. Je suis Mathilde Loisel.

Son amie poussa un cri :

– Oh !... ma pauvre Mathilde, comme tu es changée !...

– Oui, j'ai eu des jours bien durs, depuis que je ne t'ai vue; et bien des misères... et cela à cause de toi !...

– De moi... Comment ça ?

– Tu te rappelles bien cette rivière de diamants que tu m'as prêtée pour aller à la fête du Ministère.

– Oui. Eh bien ?

– Eh bien, je l'ai perdue.

– Comment ! puisque tu me l'as rapportée.

– Je t'en ai rapporté une autre toute pareille. Et voilà dix ans que nous la payons. Tu comprends que ça n'était pas aisé pour nous, qui n'avions rien... Enfin c'est fini, et je suis rudement contente.

Mme Forestier s'était arrêtée.

– Tu dis que tu as acheté une rivière de diamants pour remplacer la mienne ?

– Oui. Tu ne t'en étais pas aperçue, hein ! Elles étaient bien pareilles.

Et elle souriait d'une joie orgueilleuse et naïve.

Mme Forestier, fort émue, lui prit les deux mains.

– Oh ! ma pauvre Mathilde ! Mais la mienne était fausse. Elle valait au plus cinq cents francs !...

Guy de Maupassant, « La Parure », 1884.

Premières impressions

Mathilde est-elle plus malheureuse à la fin de ce récit qu'elle l'était au début ?

Lire et analyser

La vitesse du récit (voir p. 38)

1. Repérez les trois étapes de cet extrait et indiquez la durée de chaque étape dans la vie de Mathilde.

2. Pourquoi le narrateur varie-t-il la vitesse de son récit ?

La chute (voir p. 38)

3. Quel effet produit la fin de cette nouvelle ?

4. Pourquoi, selon vous, la nouvelle s'arrête-t-elle avant qu'on ne lise la réaction de Mathilde ?

5. Repérez des indices, dans les pages précédentes, qui auraient pu nous alerter sur le peu de valeur de la parure.

Une femme incorrigible

6. Pourquoi, selon vous, Mathilde décide-t-elle de tout révéler à Mme Forestier ? Est-ce le signe d'une qualité ou d'un défaut de sa part ? Qu'est-ce qui, dans ses paroles, vous le prouve ?

7. Est-ce que ses dix ans de vie miséreuse lui ont appris à ne plus faire preuve d'orgueil ? Justifiez en citant le texte.

8. Que dénonce cette nouvelle ? Quelle morale pourrait-on écrire à la fin ?

Vocabulaire

9. Dans les deux premiers paragraphes, trouvez un synonyme du mot *travail*.

10. Dans les deux premiers paragraphes, trouvez deux mots qui appartiennent au champ lexical de la pauvreté.

Écriture

Imaginez la suite de la vie de Mme Forestier à partir de ce moment, en respectant les étapes suivantes (qui sont les mêmes dans l'extrait 4).

Consignes

➤ Vous raconterez d'abord la vie aisée et insouciante que mène Mme Forestier pendant des années, sous la forme d'un **sommaire**.

➤ Vous raconterez ensuite une **scène** dans laquelle Mme Forestier rencontre un jour un autre personnage de votre choix, dont vous ferez un court portrait.

➤ Vous écrirez un dialogue dans lequel elle apprend par ce personnage qu'elle est ruinée... Soignez votre effet de **chute** !

5 Paul Fournel
La Danseuse

Les timides ont commencé à danser sur le bord de la piste, puis ils ont suivi l'exemple du maire et de la mairesse. Ils sont maintenant tous entassés au milieu. [...]

Jeannette Ferrachat a trente-quatre ans ; même s'il en a dix de plus qu'elle, elle l'épousera. Il n'est jamais venu au bal du village, car il ne va que dans des endroits chics. Il ne s'imaginait pas qu'on pût y trouver une perle. Elle ne l'épousera pas pour son argent. Pas seulement pour sa beauté non plus. Elle l'aime de toutes ses forces et il se trouve qu'il est beau et riche. C'est tout.

Les autres filles dansent maintenant. L'une d'entre elles lutte pour ne pas se coller sur le ventre de son cavalier. Elle a glissé son avant-bras devant sa poitrine, et pousse de toutes ses forces. Pourquoi a-t-elle accepté ? Il n'est pas possible qu'elle aime seulement danser.

Elle décroise les jambes et pose ses mains à plat sur ses cuisses. Ses mollets sont lourds et ses pieds gonflés. [...]

Elle ne voudrait pas avoir la paume moite lorsqu'il lui tendra la main, elle prend dans son sac de satin sa pochette en dentelle et s'essuie. Elle écarte un peu aussi les bras pour que la sueur ne fasse pas d'auréole sur sa robe.

La nuit est claire et la lune brille haut sur la colline. Le ciel est plein d'étoiles. Il fera beau demain.

Il porte un costume bleu marine avec de fines rayures blanches. Un peu trop sombre pour un mariage, idéal pour le bal de la fête votive. Il ne ressemble à aucun homme de par ici.

Le petit dernier de chez Frachon se serre de toutes ses forces contre la petite Bouvier, leurs ventres se mélangent. Il essaie même de glisser discrètement la main sous son corsage pour lui toucher les seins, elle ne dit pas non, elle lance seulement par-dessus son épaule des regards inquiets vers la table de ses parents. Le père est déjà trop saoul pour se rendre compte. De toute façon, à la place du petit Frachon, il en ferait autant.

Il ne l'épousera pas pour son argent, puisqu'il en a !

Et puis c'est pas les deux trois terres qu'elle possède à gauche et à droite qui changeront grand-chose. Une goutte dans l'océan de sa fortune à lui. Elle cligne des yeux parce que les lumières se rallument.

Les hommes se précipitent vers le bar en rajustant leur pantalon, les femmes défroissent leur robe.

Sous l'œil sévère de la mairesse, la grande Simone sert des petits rouges.

Jeannette boit deux gorgées de limonade. Ses chaussures la serrent. L'orchestre a pris une petite pause. Des enfants courent sur la piste. Leurs mères les poursuivent pour les rhabiller et les conduire au lit. La lune n'est plus au-dessus de la colline.

Ils auront quatre enfants, une nurse et une bonne.

La farandole s'organise. C'est à qui prendra la plus jolie main.

Paul Fournel

Né en 1947, Paul Fournel est lié à Raymond Queneau. Comme lui, il aime inventer, s'étonner, et explorer le réel à travers les mots, sans jamais tout expliquer. Ses nombreuses œuvres sont teintées d'humour, mais aussi parfois de nostalgie...

D'un geste discret du bras, il la retient. Ils n'iront pas se mêler à la joie bruyante des autres, ils resteront spectateurs avec un demi-sourire. Sans rien dire, elle lui redressera son nœud papillon qui penche sur le côté.

Quand la chenille passe devant elle, le bas de sa robe se soulève. L'oncle Ferrachat, qui boit comme un trou, essaie de profiter du tumulte pour toucher les fesses maigres de Mme Wasserman.

Il se penchera sur elle très gentiment et lui caressera la joue.

[...] Il ne reste plus guère que deux ou trois danseurs. Les étoiles pâlissent. Jeannette quitte sa deuxième chaussure. Mlle Thérèse bâille et monte se coucher au premier. Le chanteur annonce que la nuit se termine, il remercie et donne rendez-vous aux danseurs cinq mois plus tard, pour la Saint-Sylvestre.

Il viendra. Il arrivera in extremis.

Les musiciens plient bagage. Le chef d'orchestre, au milieu de la cour, a reculé la camionnette.

Simone finit de ranger les verres dans un carton. Le boulanger finit son rouge.

Au fond, là-bas, la porte des cabinets claque une dernière fois.

Le musicien a du mal à faire rentrer sa contrebasse dans le camion. Il bâille.

Le marchand de légumes, comme une ombre, piétine dans la cour.

La camionnette s'en va. Le guitariste a les yeux cernés.

La grande Simone a empoigné le balai et repousse le plus gros des cotillons et des confettis sous le préau au cas où il pleuvrait.

Le ciel blanchit derrière la colline, et déjà on peut apercevoir sur le fond sombre des sapins la masse noire de la Grande Maison.

Le marchand de légumes s'avance.

– Dépêche-toi, Simone, il va faire jour, je veux pas qu'on me voie. Ma voiture est juste là.

– Je ne dis pas non, mais il faut que je finisse le travail d'abord.

Il enfonce les poings dans ses poches et attend. Le nouveau menuisier passe, furtif, en rasant les murs et monte chez Thérèse. Simone ne le regarde même pas. Le temps passe.

– Soulevez vos pieds, mademoiselle Jeannette, et faites attention que je balaie pas vos chaussures. Vous êtes encore bonne dernière, cette année !

Jeannette se baisse. Ses genoux craquent. Elle prend un escarpin doré dans chaque main, se lève et traverse lentement la cour. Il fait presque jour et les graviers lui meurtrissent les pieds.

Le temps qu'elle arrive chez elle, ce sera le matin et ses bas fins seront déchirés. Elle en rachètera d'autres pour la Saint-Sylvestre.

Paul Fournel, « La Danseuse » in *Les Grosses Rêveuses*,© éd. du Seuil, coll. « Points » 1981.

Questions

1. Repérez toutes les phrases qui appartiennent aux pensées de Jeannette.

2. Expliquez en quoi le rêve de Jeannette s'oppose à la réalité grossière du bal auquel elle assiste.

3. Qu'est-ce qui est réaliste dans cette scène de bal musette ?

Histoire des *Arts*

Du réalisme à l'hyperréalisme

Les peintres réalistes, au XIXe siècle, ont pour ambition de peindre la réalité telle qu'ils la voient, sans flatter le spectateur ni idéaliser le monde. Ils mettent les gens du peuple au centre de leurs tableaux. Cette nouvelle conception de l'art comme miroir du monde se prolonge ensuite au XXe siècle et au-delà.

Le réalisme de Degas (1834-1917)

Edgar Degas, *Dans un café*, dit *L'Absinthe*, 1876, huile sur toile, 92 x 68,5 cm, musée d'Orsay, Paris.

1 **Qu'exprime le personnage féminin au centre du tableau ?**

2 **D'où, selon vous, peut provenir le sentiment qu'elle exprime ?**

3 **Relevez tous les éléments qui mettent sa solitude en valeur (disposition dans l'espace, couleurs, etc.).**

4 **Comment cette scène est-elle cadrée ? Quelle impression ce cadrage donne-t-il ? De quel appareil actuel pourrait-il provenir ?**

Retenir

- Edgar Degas (1834-1917) aimait représenter des scènes ordinaires, auxquelles chacun pouvait assister, à Paris, tous les jours, et il exposait sans fard les réalités de son époque. Ici, point de misère sociale mais une grande souffrance morale.
- Assis dans un café, qui est pourtant un lieu de rencontre, un couple est enfermé dans son silence. La femme a devant elle un verre d'absinthe, un alcool si violent et nocif qu'il sera plus tard interdit.
- Cette scène semble avoir été reproduite sur le vif, mais il n'en est rien. Ce tableau est le résultat d'une minutieuse élaboration puisque Degas a fait poser deux modèles dans son atelier…

Le réalisme de Hopper (1882-1967)

Edward Hopper, *Automat*, 1927, huile sur toile, 71,4 x 91,4 cm, Des Moines art center, Iowa.

Retenir

◗ Au XXe siècle, très influencé par la peinture de Degas, le peintre américain Edward Hopper aimait peindre la vie quotidienne des classes moyennes à New York. Ici, une femme est assise dans un « automat », un restaurant self-service qui rencontre alors un immense succès. Pourtant, elle est seule. Elle tourne le dos à une immense fenêtre noire qui n'ouvre que sur le cœur de la nuit. Edward Hopper montre ainsi la difficulté de s'intégrer dans la société moderne.

1 Où se situe cette scène ? Justifiez votre réponse par une description du tableau.

2 Quelles remarques concernant le cadrage et les couleurs pouvez-vous faire ?

3 Quel détail souligne la solitude de cette femme ?

L'hyperréalisme de Hanson (1925-1996)

Duane Hanson, *Supermarket Shopper*, 1970, sculpture en polyester et fibre de verre, Ludwig Forum, Aix-la-Chapelle.

Retenir

◗ L'hyperréalisme est un mouvement artistique américain des années 1960, influencé par la photographie. Il apparaît d'abord en peinture (où il s'agit de reproduire une photographie à l'identique), puis s'étend à la sculpture (avec des sculptures de taille réelle, portant de véritables vêtements).

◗ Cette femme au supermarché, un lieu alors nouveau dans les années 1960, est le symbole grotesque d'une Amérique enlisée dans la consommation à outrance.

1 **En quoi cette sculpture peut-elle être qualifiée d'« hyperréaliste » ? D'où provient l'impression que cette femme a été photographiée sur le vif ?**

2 **Qu'est-ce que ce personnage a de commun avec ceux de Degas et de Hopper ?**

Raconter et décrire

Employer le passé simple et l'imparfait

1 **À quel temps de l'indicatif sont conjugués les verbes soulignés ? les verbes en gras ? Lesquels expriment l'arrière-plan ? Lesquels expriment une action principale ?**

C'était elle qui **nettoyait** la vaisselle et les montées, qui **frottait** la chambre de Madame, et celles de Mesdemoiselles ses filles ; elle **couchait** tout au haut de la maison, dans un grenier, sur une méchante paillasse, pendant que ses sœurs **étaient** dans des chambres parquetées, où elles **avaient** des lits des plus à la mode, et des miroirs où elles se **voyaient** depuis les pieds jusqu'à la tête. [...] Il arriva que le fils du roi donna un bal, et qu'il en pria toutes les personnes de qualité : nos deux Demoiselles en furent aussi priées, car elles faisaient grande figure dans le pays.

D'après **Charles Perrault**, *Cendrillon*, 1697.

2 **Choisissez le temps qui convient, selon qu'il s'agit de l'arrière-plan ou de l'action principale.**

On (*envoyer*) quérir la bonne coiffeuse, pour dresser les cornettes à deux rangs, et on (*faire*) acheter des mouches[1] de la bonne Faiseuse : elles (*appeler*) Cendrillon pour lui demander son avis, car elle (*avoir*) le goût bon. Cendrillon les (*conseiller*) le mieux du monde, et (*s'offrir*) même à les coiffer ; ce qu'elles (*vouloir*) bien. Une autre que Cendrillon les aurait coiffées de travers ; mais elle (*être*) bonne, et elle les (*coiffer*) parfaitement bien. Elles (*être*) près de deux jours sans manger, tant elles (*être*) transportées de joie.

D'après **Charles Perrault**, *Cendrillon*, 1697.

1. **mouche :** petit morceau de taffetas noir que les femmes se mettaient sur le visage.

3 **Choisissez le temps qui convient, selon qu'il s'agit d'une description, d'une habitude ou d'une suite d'actions, de l'arrière-plan ou de l'action principale.**

Le fils du roi (*faire*) publier à son de trompe qu'il épouserait celle dont le pied serait bien juste à la pantoufle. On l'(*apporter*) chez les deux sœurs, qui (*faire*) tout leur possible pour faire entrer leur pied dans la pantoufle, mais elles ne (*pouvoir*) en venir à bout. Cendrillon qui les (*regarder*), (*dire*) en riant : « Que je voie si elle ne me serait pas bonne ! » Ses sœurs se (*mettre*) à rire. Le gentilhomme qui (*faire*) l'essai de la pantoufle, (*dire*) que cela (*être*) juste, et qu'il (*avoir*) ordre de l'essayer à toutes les filles. Il (*faire*) asseoir Cendrillon, et approchant la pantoufle de son petit pied, il (*voir*) qu'elle y (*entrer*) sans peine, et qu'elle y (*être*) juste comme de cire. L'étonnement des deux sœurs (*être*) grand, mais plus grand encore quand Cendrillon (*tirer*) de sa poche l'autre petite pantoufle qu'elle (*mettre*) à son pied.

Charles Perrault, Cendrillon, 1697.

Faire avancer l'action

4 **Dites si les indications temporelles expriment la simultanéité des actions ou leur succession.**

Au bal, Cendrillon discute incognito avec ses deux belles-sœurs.

Lorsqu'elles causaient ainsi, Cendrillon entendit sonner onze heures trois quarts : elle fit aussitôt une grande révérence à la compagnie, et s'en alla le plus vite qu'elle put. **Dès qu'elle fut arrivée**, elle alla trouver sa marraine, et **après l'avoir remerciée**, elle lui dit qu'elle souhaiterait bien aller encore **le lendemain** au bal, parce que le fils du roi l'en avait priée. **Comme elle était occupée à raconter à sa marraine tout ce qui s'était passé au bal**, les deux sœurs heurtèrent à la porte ; Cendrillon leur alla ouvrir.

D'après **Charles Perrault**, *Cendrillon*, 1697.

5 **Dites si les indications temporelles en gras introduisent un sommaire ou une ellipse.**

Le **lendemain** les deux sœurs furent au bal, et Cendrillon aussi, mais encore plus parée que la première fois. **Pendant toute la soirée**, le fils du roi fut toujours auprès d'elle, et ne cessa de lui conter des douceurs. Quand elle entendit sonner le premier coup de minuit, elle se leva et s'enfuit. Elle laissa tomber une de ses pantoufles de verre, que le prince ramassa bien soigneusement. **Plus tard**, Cendrillon arriva chez elle bien essoufflée, sans carrosse, sans laquais, et avec ses méchants habits. **Plusieurs heures durant**, on chercha la princesse. On demanda aux gardes de la porte du palais s'ils ne l'avaient point vu sortir ; ils dirent qu'ils n'avaient vu sortir personne, qu'une jeune fille fort mal vêtue. **Quand ses deux sœurs revinrent du bal**, Cendrillon leur demanda si elles s'étaient encore bien diverties, et si la belle dame y avait été ; elles lui dirent que oui, mais qu'elle s'était enfuie lorsque minuit avait sonné.

D'après **Charles Perrault**, *Cendrillon*, 1697.

Vocabulaire

Employer un vocabulaire propre au réalisme

Misère et bonheur

1 **a. Classez les noms suivants, selon qu'ils expriment la misère ou la richesse.**
indigence • pauvreté • fortune • pénurie • opulence • dénuement • vicissitudes • profusion • disette • foisonnement • aisance • humilité • prospérité • sobriété • affres
b. Pour chacun de ces noms, donnez un mot de la même famille, quand c'est possible.

2 **Classez ces habitations de la plus pauvre à la plus riche.**
chaumière • hutte • demeure • palais • gentilhommière • masure

3 **Classez les noms de vêtements suivants selon qu'ils ont un sens péjoratif, mélioratif ou neutre.**
accoutrement • habits • guenilles • parure • tenue • toilette • haillons • vêtements • défroques • mise

4 **Associez les mots suivants à l'une des trois définitions.**
crapuleux • crasseux • infâme • rustre • insalubre • sordide • grossier • rudimentaire • ignoble
1. Qui manque de finesse, d'élégance esthétique
2. Qui est d'une saleté répugnante
3. Dont les défauts moraux sont méprisables

Rêve et illusion

5 **Classez ces synonymes du mot rêve selon qu'ils ont un sens péjoratif ou mélioratif.**
songe • cauchemar • illusion • chimère • hallucination • obsession • fantasme • divagation • projet

6 **Dans les phrases suivantes, remplacez le mot souligné par un synonyme choisi dans la liste proposée.**
mirage • divagations • tourment • dessein • imagination
1. C'est un visionnaire : il a toujours un projet à accomplir.
2. Il croit qu'il va réussir, mais c'est une illusion.
3. Maupassant souffrait de graves hallucinations à la fin de sa vie.
4. Elle est toujours plongée dans une rêverie sans fin.
5. Sa vie est un cauchemar permanent !

Surprise et déception

7 **Voici quatre exemples et quatre définitions du verbe *surprendre*. Associez à chaque exemple la définition qui convient.**

EXEMPLES
A. Il n'a pas tout dévoilé et il pourrait encore nous surprendre !
B. Je me suis surpris à pleurer comme un enfant.
C. J'ai surpris leur conversation.
D. Ils espéraient surprendre la ville en arrivant la nuit.

DÉFINITIONS
1. S'emparer d'une chose ou d'un lieu par une attaque inattendue.
2. Découvrir malgré quelqu'un ce qu'il pense ou ce qu'il éprouve.
3. Étonner, déconcerter.
4. Manifester tout à coup un sentiment ou une pensée qu'on ne maîtrise pas.

8 **a. Classez ces synonymes du mot *déception* du plus faible au plus fort.**
désintérêt • désespoir • découragement • dégoût • dépit
b. Comment sont construits tous ces mots ? Quel est l'intrus ?

Savoir utiliser les adjectifs dans un portrait

9 **Donnez la fonction des adjectifs soulignés : épithète, attribut ou apposé.**
Ainsi parée, elle était charmante. Ses joues pâles, ses lèvres roses et ses longs cils baissés sous sa frange brune lui donnaient une expression mélancolique et pensive. Ses longs cheveux dénoués tombaient sur ses épaules. Ses belles mains, longues et blanches, se posaient sans cesse sur son éclatant collier. Elle paraissait lointaine et son mari, absorbé par sa beauté, ne pouvait détacher ses yeux d'elle.

10 **a. Recopiez le texte en le complétant par les adjectifs de votre choix puis donnez la fonction de ces adjectifs.**
Son amie était ...... et ...... Elle avait une allure ......, et ...... Son regard, ..., paraissait ...... Elle dégageait, en passant, une ...... odeur et sa ...... chevelure dansait à chacun de ses pas.
b. Poursuivez ce portrait en quelques lignes.

Écrire une nouvelle réaliste à partir d'un conte merveilleux

Rédigez une nouvelle à partir d'un conte, pour le rendre réaliste, à la manière de « La Parure ».

Étape 1 Lire le résumé d'un conte merveilleux

Le joueur de flûte de Hamelin

En 1284, la ville d'Hamelin fut envahie par les rats. Les habitants n'arrivaient pas à s'en débarrasser. C'est alors qu'un troubadour se présenta au maire et proposa de libérer la ville des rats en échange d'une somme d'argent, ce qui fut accepté. Le jeune homme se rendit sur la place de la ville et joua de la flûte. La mélodie attira tous les rats et le joueur de flûte les mena à la rivière où les rats se noyèrent. Mais de retour en ville, il ne reçut pas la récompense espérée et jura de se venger. Dans la rue, il joua de nouveau de sa flûte et attira cette fois tous les enfants de la ville, qui le suivirent jusqu'à une grotte où ils furent enfermés.

D'après **les frères Grimm.**

Aquarelle de Winifred Donne, 1920, coll. particulière.

Étape 2 Faire un résumé de votre trame narrative

1 Transposez le conte à l'époque actuelle pour en faire une nouvelle réaliste contemporaine : choisissez des personnages, un lieu, une époque…

2 Pensez à raconter des petits faits vrais, à donner des détails de la vie quotidienne. Prenez par exemple pour cadre un immeuble.

3 Rendez réaliste le conte merveilleux :
Transformez l'élément magique (la flûte) par une explication réaliste.
Trouvez un moyen réaliste pour le dératiseur de se venger des habitants.

4 Trouvez une fin réaliste : Qu'arriverait-il en réalité au dératiseur qui tente de se venger ? Essayez de produire une fin surprenante.

Étape 3 Rédiger la nouvelle

1 Insérez un portrait initial valorisant de l'honnête travailleur, qui s'opposera à un deuxième portrait dégradé à la fin de la nouvelle.

2 Faites varier le rythme.
- Commencez par résumer l'état de l'immeuble envahi par les rats et l'attitude des habitants.
- Ensuite, vous pourrez insérer le portrait valorisant du jeune homme (pause descriptive).
- Vous raconterez dans le détail la scène de la rencontre entre le jeune homme et le maire (ou le concierge de l'immeuble) ainsi que leur dialogue.
- Vous résumerez la méthode utilisée par le jeune homme pour dératiser l'immeuble.
- Vous varierez le rythme jusqu'à la fin, pour insister davantage sur les moments importants et ne pas lasser le lecteur avec des éléments moins intéressants.

Opposer une description réaliste à une description idéalisée

Les mansardes des poètes

Voici à peu près le procédé employé par les poètes pour décrire une mansarde :

Une petite chambre au septième ou au huitième, gaie et avenante. Pas de papier, mais des murs blanchis à la chaux. Un violon accroché au mur (en cas de masculin), un rosier fleuri (en cas de féminin). Un rayon de soleil vient tous les jours faire sa promenade dans la chambrette. On a vue sur le ciel ou sur un jardin garni de grands arbres dont les odeurs volent à la mansarde.
Il est bien convenu qu'une mansarde n'est jamais solitaire, et qu'elle a un pendant. Dans la mansarde d'en face se trouve une voisine, un voisin, suivant le sexe du héros du roman ; on se dit bonjour ; on s'envoie des baisers ; les baisers sont rendus ; on se rencontre dans la rue ; Un jour, la mansarde numéro 1 va rendre visite à la mansarde numéro 2. Et voilà une nouvelle paire d'amoureux...
On rit, on chante, on boit dans les mansardes des poètes. Quelques vaudevillistes audacieux y font sabler le champagne.
Les commis voyageurs ont chanté partout : « Dans un grenier qu'on est bien à vingt ans ! »

Les mansardes réelles

Voici ce que pourraient écrire les poètes, s'ils avaient l'amour de la réalité :

Une petite chambre au septième ou au huitième, triste et sale. Pas de papier, mais des murs jaunis, album mural qui porte les traces de tous les locataires. Le soleil n'y vient jamais, ou quand il y vient, c'est pour convertir la mansarde en plomb de Venise. On a quelquefois une vue, mais on n'aperçoit que des cheminées, des ardoises, des toits, et des gouttières. En hiver, les mansardes sont aussi humides qu'un marais. Le plus souvent la mansarde est isolée, et l'on n'aperçoit guère que d'horribles créatures, des vieilles femmes, des chats maigres, des enfants déguenillés, jaunes et hâves ; la musique qui sort de là est le cri d'un enfant au berceau qui semble se plaindre d'être né.
Souvent il fait faim dans les mansardes ; on y chante peu, on y boit moins encore. Peut-être pourrait-on trouver à boire des larmes.
Malgré ce qu'a dit Béranger : Dans un grenier qu'on est mal à vingt ans !

Jules Champfleury, *Chien-caillou*, 1847.

Étape 1 Lire de façon expressive

Par deux, entraînez-vous à lire ce texte, en vous partageant la parole de la manière que vous voulez. Le but est de mettre en valeur l'opposition de ces deux descriptions. N'hésitez pas à exagérer vos intonations !

Étape 2 Défendre son opinion

Quelle description préférez-vous ? Dites pourquoi et défendez votre avis face à un camarade qui ne pense pas comme vous. Écoutez votre camarade contradicteur et répondez précisément à son argument avant d'en donner un autre.

Étape 3 Décrire à la manière de Champfleury

Choisissez une situation à décrire : l'enfance, l'adolescence, les vacances, l'école…
À la manière de Champfleury, décrivez oralement la situation idéalisée, embellie, puis décrivez la même situation dans sa dure réalité. Vous pouvez noter vos idées au brouillon, mais ne lisez pas ! Votre oral doit rester vivant, comme improvisé.

Jean Béraud,
L'Attente, rue de Chateaubriand à Paris,
1890, musée d'Orsay, Paris.

L'art de la nouvelle

L'écriture réaliste

- Elle développe les procédés qui produisent un **effet de réel**, une illusion de réalité, et multiplie les petits faits vrais. Les écrivains se fondent en effet sur une observation précise du monde dans lequel ils vivent, sans craindre de montrer ce qui peut paraître médiocre, laid ou vulgaire, et sans le souci d'embellir la réalité.

- Un **lieu reconnaissable** (comme le nom d'une rue), une **époque précise** (généralement contemporaine de l'auteur), des **personnages** et des **faits** qui appartiennent à la **réalité quotidienne**, contribuent à créer l'impression de réel.

La construction et la vitesse du récit

- La **brièveté** de la nouvelle impose certaines contraintes d'écriture. Il faut dire l'essentiel en quelques pages seulement. L'**action** est souvent **resserrée** sur un moment de la vie d'un personnage, un moment de crise. De même, les lieux sont peu nombreux.

- Un événement peut être raconté à la même vitesse que dans la vie réelle, comme dans un dialogue, par exemple. C'est ce qu'on appelle une **scène narrative**.

- Un long moment de l'histoire peut être résumé, c'est-à-dire raconté en quelques lignes à peine, alors qu'il serait plus long dans la réalité. On parle alors d'un **sommaire**. Le but est d'accélérer le rythme du récit pour ne pas lasser le lecteur.

- À l'inverse, un très court moment de l'histoire peut être raconté en plusieurs lignes, comme si le temps s'arrêtait. On parle alors d'une **pause**. C'est souvent le cas dans une description ou un commentaire du narrateur.

- Des événements peuvent ne pas être racontés du tout, soit pour augmenter le suspense en cachant des informations au lecteur, soit parce qu'il ne se passe rien d'intéressant. Il s'agit d'une **ellipse**.

- Il faut soigner la fin, souvent préparée dès le début. Quand elle est surprenante et qu'elle semble renverser la situation, on parle de **chute**.

Le point de vue

- Il faut n'employer qu'un nombre limité de personnages et varier le point de vue.

- Dans un récit à la 3e personne, le narrateur peut adopter différents points de vue :

le point de vue omniscient (du latin *omnis*, « tout » et *sciens* « sachant »)
Le narrateur sait tout : il a accès aux pensées et aux sentiments des différents personnages, ainsi qu'à leur passé. Il peut aussi raconter ce qui se passe en des lieux différents.

le point de vue interne
Le narrateur voit à travers les yeux d'un seul personnage. La connaissance du lecteur est limitée à ce que voit le personnage. On ne sait pas ce que pensent les autres personnages.

le point de vue externe
Les personnages et les événements sont vus de l'extérieur. Le narrateur ne montre que ce qu'il voit. On n'entre jamais dans les pensées des personnages.

Lectures personnelles

Annie Saumont
Qu'est-ce qu'il y a qui t'intéresse tellement ?
© éd. Joëlle Losfeld, 2006.

Pour Annie Saumont, spécialiste de la nouvelle réaliste contemporaine, la nouvelle est « un texte court avec une intensité dramatique forte, une chute définitivement fermée et des événements qui ne se racontent pas tous ; il revient au lecteur de reconstruire les passages manquants… »

Danièle Sallenave
Un printemps froid
© éd. Gallimard, Folio, 2006.

Les personnages, humbles ou célèbres, des 11 récits de ce recueil, sont saisis à un moment de leur vie où ils participent à une sorte de mystère qui les dépasse et leur donne le vertige…

Anna Gavalda
Je voudrais que quelqu'un m'attende quelque part
© éd. J'ai Lu, 2001.

Les personnages de ces 12 nouvelles sont pleins d'espoirs futiles ou de désespoir grave. Ils ne cherchent pas à changer le monde, ne sont pas héroïques… Simplement humains !

ZOOM sur …

Jeanne Benameur,
Une auteure contemporaine incontournable…

■ L'auteur
Née en Algérie, en 1952, d'un père tunisien et d'une mère italienne, elle arrive en France à 5 ans.
Sa triple, voire quadruple origine est l'une de ses sources d'inspiration et lui suggère des réflexions constantes sur la langue, même si elle n'écrit qu'en français.
Elle passe volontiers de la littérature dite « générale » à la « littérature pour la jeunesse »… va-et-vient qui constitue pour elle une continuité : ses textes sont des tableaux brefs, comme des flashes de mémoire et d'émotion. Elle restitue les sensations à l'état brut.

■ Des titres à découvrir

Les Demeurées
© éd. Gallimard, Folio, 2002.
Une idiote de village et sa fille… nulle parole entre ces deux êtres. Un amour silencieux, une vie recluse et solitaire… mais la petite Luce prend le chemin de l'école…

Une heure, une vie
© éd. Thierry Magnier, 2006.
Après le divorce de ses parents, dans le train qui l'emmène régulièrement chez son père, Aurélie s'invente des vies imaginaires qu'elle raconte aux passagers qui l'entourent. Jusqu'au jour où… une rencontre va changer sa vie…

Le Ramadan de la parole
© éd. Actes Sud junior, 2007.
Trois textes, trois adolescentes en révolte contre l'asservissement de la femme, contre tout ce qui entrave sa liberté.

Guy de Maupassant

Les Bijoux

Broche à motif d'œillet (argent, grenat, topaze, émeraude), 1710, musée des Arts décoratifs, Paris.

Après la mort de sa femme, qui avait pour seul défaut d'aimer les faux bijoux et le théâtre, M. Lantin est inconsolable. Confronté à des problèmes financiers, il finit par se décider à vendre les faux bijoux de sa femme.

Et il pénétra chez un autre marchand, à l'entrée de la rue de la Paix. Dès qu'il eut aperçu le bijou, l'orfèvre s'écria :

– Ah ! parbleu, je le connais bien, ce collier ; il vient de chez moi.

M. Lantin, fort troublé, demanda :

– Combien vaut-il ?

– Monsieur, je l'ai vendu vingt-cinq mille. Je suis prêt à le reprendre pour dix-huit mille. [...]

Cette fois, M. Lantin s'assit perclus d'étonnement[1]. Il reprit :

– Mais..., mais, examinez-le bien attentivement, Monsieur, j'avais cru jusqu'ici qu'il était en... en faux.

Le joaillier reprit :

– Voulez-vous me dire votre nom, Monsieur ?

– Parfaitement. Je m'appelle Lantin, je suis employé au ministère de l'Intérieur, je demeure 16 rue des Martyrs. [...]

Et les deux hommes se regardèrent dans les yeux, l'employé éperdu de surprise, l'orfèvre flairant un voleur.

Celui-ci reprit :

– Voulez-vous me laisser cet objet pendant vingt-quatre heures seulement, je vais vous en donner un reçu.

M. Lantin balbutia :

– Mais oui, certainement. Et il sortit en pliant le papier qu'il mit dans sa poche.

Puis il traversa la rue, la remonta, s'aperçut qu'il se trompait de route, redescendit aux Tuileries, passa la Seine, reconnut encore son erreur, revint aux Champs-Élysées sans une idée nette dans la tête. Il s'efforçait de raisonner, de comprendre. Sa femme n'avait pu acheter un objet d'une pareille valeur. – Non, certes. – Mais alors, c'était un cadeau ! Un cadeau ! Un cadeau de qui ? Pourquoi ?

Il s'était arrêté et il demeurait debout au milieu de l'avenue. Le doute horrible l'effleura. – Elle ? – Mais alors tous les autres bijoux étaient aussi des cadeaux ! Il lui sembla que la terre remuait ; qu'un arbre, devant lui, s'abattait ; il étendit les bras et s'écroula, privé de sentiment.

Il reprit connaissance dans la boutique d'un pharmacien où les passants l'avaient porté. Il se fit reconduire chez lui, et s'enferma.

Jusqu'à la nuit il pleura éperdument, mordant un mouchoir pour ne pas crier. Puis il se mit au lit accablé de fatigue et de chagrin, et il dormit d'un pesant sommeil.

Un rayon de soleil le réveilla, [...] il s'habilla et sortit.

Il faisait beau, le ciel bleu s'étendait sur la ville qui semblait sourire. Des flâneurs allaient devant eux, les mains dans leurs poches.

Lantin se dit, en les regardant passer : « Comme on est heureux quand

1. Perclus d'étonnement : paralysé par l'étonnement.

on a de la fortune ! Avec de l'argent on peut secouer jusqu'aux chagrins, on va où l'on veut, on voyage, on se distrait ! Oh ! si j'étais riche ! »

Il s'aperçut qu'il avait faim, n'ayant pas mangé depuis l'avant-veille. Mais sa poche était vide, et il se ressouvint du collier. Dix-huit mille francs ! Dix-huit mille francs ! C'était une somme, cela !

[...] Il se décida brusquement, traversa la rue en courant pour ne pas se laisser le temps de réfléchir, et il se précipita chez l'orfèvre.

Guy de Maupassant, « Les Bijoux », 1883.

Questions *(15 points)*

Compétences du socle évaluées

Une situation réaliste *(3 points)*

1. Où se passe cette histoire ? Relevez tous les noms de lieux. *(1 point)*
   Ces lieux existent-ils vraiment ? *(0,5 point)*
2. Quelle est la profession de M. Lantin ? *(0,5 point)*
3. En quoi ces détails indiquent-ils que nous lisons un récit réaliste ? *(1 point)*

Des révélations surprenantes *(6 points)*

4. Quel signe de ponctuation traduit l'étonnement de M. Lantin quand il apprend la véritable valeur du collier ? *(1 point)*
5. Qu'expriment les passés simples des lignes 23 à 25 ? *(1 point)*
6. Quand M. Lantin sort de la boutique du bijoutier (l. 21), quel est le point de vue adopté ? Expliquez votre réponse. *(1,5 point)*
7. Quel est ce « doute horrible » dont il est question (l. 29-30) ? *(1,5 point)*
8. Quels signes de ponctuation expriment la surprise de M. Lantin devant cette deuxième révélation ? *(1 point)*

L'argent n'a pas d'odeur ! *(6 points)*

9. Quelle décision prend finalement M. Lantin concernant le collier ? Expliquez son choix. *(1 point)*
10. Quelle est la vitesse du récit adoptée dans la phrase de la ligne 35 ? *(1 point)*
11. Qu'expriment les imparfaits des lignes 39-40 ?*(1 point)*
12. Qu'a d'étonnant pour le lecteur le réveil de M. Lantin ? *(1 point)*
13. Quelle autre décision M. Lantin aurait-il pu prendre, connaissant la provenance douteuse de ce collier ? *(1 point)*
14. Croyez-vous, selon la logique de cet extrait, qu'il va repenser à sa femme par la suite ? *(1 point)*

Je suis capable de comprendre un texte et de dégager l'idée essentielle du texte lu.

Réécriture *(4 points)*

À partir de *Il reprit connaissance*...(l. 33) jusqu'à *et sortit* (l. 38), remplacez *il* par *ils*, en imaginant que M. Lantin est accompagné. Faites toutes les transformations nécessaires.

Je maîtrise la conjugaison des verbes.

Dictée *(6 points)*

On pourra donner en dictée le passage suivant : l. 33 à 38.

Je suis capable d'écrire lisiblement et correctement un texte sous la dictée.

Rédaction *(15 points)*

Imaginez une fin à cette nouvelle, en forme de chute.

Je suis capable de rédiger un texte en respectant des consignes imposées.

Consignes

- Variez la vitesse de votre récit : ne vous perdez pas dans les détails inutiles, mais choisissez de ralentir votre récit à l'approche de la chute !
- Inventez une fin surprenante mais qui reste réaliste.

Chapitre 2

La nouvelle fantastique

→ **Étudier les caractéristiques du genre fantastique**

Lire l'image

1. Quelle impression ressentez-vous à la vue de ce tableau ? Pouvez-vous expliquer pourquoi ?

2. Quel effet produit l'accumulation des objets ?

3. Le masque est un motif très fréquent dans l'œuvre de James Ensor. L'un d'entre eux est-il vraiment particulier ? Développez votre réponse.

James Ensor (1860-1949), *Nature morte dans l'atelier,* Bayerische Staatsgemäldesammlungen, Munich.

Repères

Historique du genre fantastique

Questions

1 **Que signifie l'adjectif *occulte* ? et l'expression *sciences occultes* ?**

2 **Le genre fantastique ne concerne-t-il que la littérature française ?**

3 **Expliquez la différence entre deux genres, la fantasy et le fantastique.**

Petite histoire du fantastique

1. Fin du XVIIIe siècle, début du XIXe siècle, le roman noir

▸ Dès la fin du XVIIIe siècle s'épanouit le roman gothique, ou roman noir, appelé *gothic novel* en Angleterre, plein de châteaux hantés, de bandits de grands chemins, de cimetières, de moines étranges, d'apparitions terrifiantes et démoniaques, comme dans les romans des auteurs anglais M.G. Lewis (*Le Moine*) ou Ann Radcliffe (*L'Italien ou Le Confessionnal des pénitents noirs*).

2. XIXe siècle, apogée du fantastique

▸ Mais vers 1830 apparaît un nouveau genre, porté par les romantiques, le fantastique, dont l'écrivain allemand Hoffmann fut considéré comme l'initiateur, avec la parution en France de son premier recueil de nouvelles, les *Contes fantastiques*, en 1929.

▸ Le succès du mot *fantastique* est immédiat : il est synonyme de provocation, de remise en cause des valeurs établies. Charles Nodier, Théophile Gautier, Prosper Mérimée écrivent à leur tour des récits courts, des contes ou nouvelles fantastiques.

▸ L'engouement extraordinaire pour le fantastique au XIXe siècle tient à plusieurs raisons : une crise des valeurs et le développement de la science. On se passionne pour les découvertes de la biologie et les sciences occultes.

▸ L'homme du XIXe siècle n'y voit aucune contradiction : sa foi dans les progrès de la science est telle, pour lui, qu'un phénomène « occulte » n'est pas inexplicable, mais tout simplement pas encore expliqué.

▸ Le fantastique sert l'expression des nouvelles angoisses de l'homme face à lui-même, à la folie, à la mort, comme dans les nouvelles d'E. A. Poe, R.-L. Stevenson, A. Pouchkine, Villiers de L'Isle-Adam, ou Guy de Maupassant.

3. XXe siècle, déclin et réapparition

▸ Au début du XXe siècle, le fantastique décline, considéré comme une para-littérature. La deuxième moitié du XXe siècle voit le renouveau du genre. Le contexte de l'époque s'y prête : guerre mondiale, dictature... L'Américain Robert Matheson, l'Italien Dino Buzzati, l'Argentin Julio Cortàzar, ou le Français Claude Seignolle en sont quelques représentants.

▸ Dans les dernières décennies se développe le roman d'épouvante, avec Stephen King, déjà annoncé par H. P. Lovecraft ou Philip K. Dick. Aujourd'hui le roman fantastique est en pleine expansion.

Contes fantastiques d'Hoffmann illustrés par Gavarni, XIXe s.

Affiche du film *Inception* réalisé par Christopher Nolan, 2010.

Avatars d'un mot : fantastique

◗ Dans l'Antiquité tardive, l'adjectif latin *fantasticus* (« irréel, imaginaire ») est très employé.

◗ Au Moyen Âge, concurrencé par *fantasial*, *fantasique*, son sens se restreint à « insensé », « possédé ».

◗ Au XVIIe siècle, on ne l'emploie plus guère et il signifie « imaginaire, qui n'a que l'apparence », ou de façon péjorative « invraisemblable, bizarre, hors de la réalité ».

◗ Au XIXe siècle, il équivaut à « chimérique ». Il est donc le support idéal pour recevoir un sens nouveau, en rapport avec l'imaginaire. Aussi a-t-il beaucoup plu aux romantiques lorsque paraissent en France (1829) *Fantasiestücke*, de E.T.A. Hoffmann, sous le titre *Contes fantastiques*. Le titre est dû à Loève-Veimars, le traducteur, qui souligne le caractère « bizarre », « inquiétant », « réel mais étrange », bref fantastique de l'univers d'Hoffmann. Dès 1830, on ne jure plus que par ce mot. Berlioz compose une *Symphonie fantastique* et, en 1831, Musset fonde une *Revue fantastique*.

◗ Les romantiques en ont fait un substantif, qui désigne un genre faisant appel au surnaturel.

Affiche du film *Alice au pays des merveilles* réalisé par Tim Burton, 2010.

Fantastique et autres genres

1. Le merveilleux

◗ Dans la littérature faisant appel au merveilleux, les fées, les sorcières, le diable et toutes sortes de créatures surnaturelles font partie intégrante du réel. Il en va ainsi dans les romans de chevalerie, les contes de fées, etc.

2. La science-fiction

◗ Elle développe l'imaginaire du futur, à partir des angoisses du présent poussées à leur paroxysme. Le phénomène surnaturel est admis : existence de mondes parallèles, robots remplaçant les humains, voyages interplanétaires, etc. Science et technique ont le premier rôle. *Les Chroniques martiennes* de Ray Bradbury, *1984* de George Orwell sont deux œuvres majeures du genre.

3. La fantasy

◗ Puisant sa source dans *Alice au pays des merveilles* de L. Carroll, ou *Peter Pan*, de J. M. Barrie, ce nouveau genre, multiforme, s'impose avec *Le Seigneur des Anneaux* de J. R. R. Tolkien en 1954.

Le fantastique en quelques dates

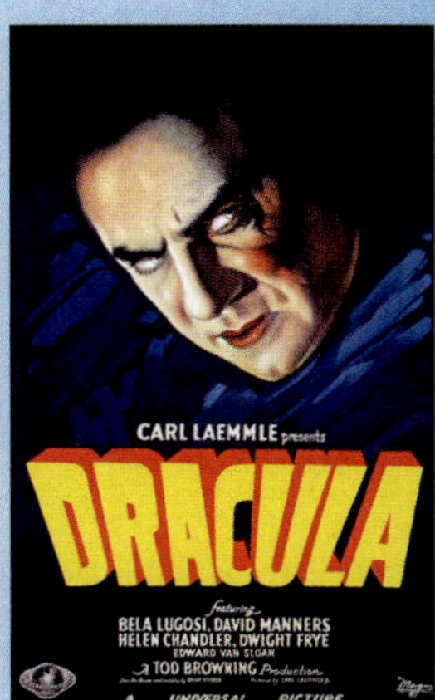

- **1808-1815** E.T.A. Hoffmann, *Fantasiestücke*
- **1831** Théophile Gautier, *La Cafetière*
- **1837** Prosper Mérimée, *La Vénus d'Ille*
- **1839** E.A.Poe, *Histoires extraordinaires* (premier recueil, traduit par Baudelaire en 1856)
- **1886** R.L. Stevenson, *L'Étrange Cas du Dr Jekyll et de Mr Hyde*
- **1887** Guy de Maupassant, *Le Horla*
- **1897** Bram Stoker, *Dracula*
- **1956** Robert Matheson, *Je suis une légende*
- **1965** Claude Seignolle, *Le Faucheur*
- **1970** Philip K. Dick, *Le Jeu du bouton*

Avant la lecture...
Que signifie pour vous le terme *fantastique* ?

1 Edgar Allan Poe
Le Portrait ovale

Le narrateur, blessé, est porté par son domestique, Pedro, dans un château perdu des montagnes italiennes, récemment abandonné. Il va passer la nuit dans l'une des chambres.

Elle était située dans une tour écartée du bâtiment. Sa décoration était riche, mais antique et délabrée. Les murs étaient tendus de tapisseries et décorés de nombreux trophées héraldiques[1] de toute forme, ainsi que d'une quantité vraiment prodigieuse de peintures modernes, pleines de style, dans de riches cadres d'or d'un goût arabesque[2]. Je pris un profond intérêt, ce fut peut-être mon délire qui commençait qui en fut cause, je pris un profond intérêt à ces peintures qui étaient suspendues non seulement sur les faces principales des murs, mais aussi dans une foule de recoins que la bizarre architecture du château rendait inévitables ; si bien que j'ordonnai à Pedro de fermer les lourds volets de la chambre, puisqu'il faisait déjà nuit, d'allumer un grand candélabre[3] à plusieurs branches placé près de son chevet, et d'ouvrir tout grands les rideaux de velours noir garnis de crépines[4] qui entouraient le lit. Je désirais que cela fût ainsi, pour que je pusse au moins, si je ne pouvais pas dormir, me consoler alter-

Edgar Allan Poe
(1809-1849)

Auteur américain avant tout connu pour ses nouvelles fantastiques, il fut aussi poète, romancier, éditeur et critique littéraire. Traduites par Baudelaire, ses *Histoires extraordinaires* entraînent ses lecteurs dans des décors baroques pour les faire frissonner de peur.

1. **Héraldique :** portant des blasons et des armes.
2. **Arabesque :** décoré de formes sinueuses, dans le style des motifs décoratifs arabes.
3. **Candélabre :** chandelier.
4. **Crépine :** frange décorative, souvent dorée.

Histoire des arts

Max Ernst (1891-1976), comme tous les surréalistes, fut fasciné par les pouvoirs du rêve. Son œuvre est peuplée de figures étranges, proches de l'univers fantastique : êtres chimériques, objets métamorphosés…

Max Ernst, *Monsieur M.*, 1924, collection privée, Suisse.

nativement par la contemplation de ces peintures et par la lecture d'un petit volume que j'avais trouvé sur l'oreiller et qui en contenait l'appréciation et l'analyse.

Je lus longtemps, longtemps ; je contemplai religieusement, dévotement[5] ; les heures s'envolèrent rapides et glorieuses, et le profond minuit arriva. La position du candélabre me déplaisait, et, étendant la main avec difficulté pour ne pas déranger mon valet assoupi, je plaçai l'objet de manière à jeter les rayons en plein sur le livre.

Mais l'action produisit un effet absolument inattendu. Les rayons des nombreuses bougies (car il y en avait beaucoup) tombèrent alors sur une niche[6] de la chambre que l'une des colonnes du lit avait jusque-là couverte d'une ombre profonde. J'aperçus dans une vive lumière une peinture qui m'avait d'abord échappé. C'était le portrait d'une jeune fille déjà mûrissante et presque femme. Je jetai sur la peinture un coup d'œil rapide, et je fermai les yeux. Pourquoi, je ne le compris pas bien moi-même tout d'abord. Mais pendant que mes paupières restaient closes, j'analysai rapidement la raison qui me les faisait fermer ainsi. C'était un mouvement involontaire pour gagner du temps et pour penser, pour m'assurer que ma vue ne m'avait pas trompé, pour calmer et préparer mon esprit à une contemplation plus froide et plus sûre. Au bout de quelques instants, je regardai de nouveau la peinture fixement.

Je ne pouvais pas douter, quand même je l'aurais voulu, que je n'y visse alors très nettement ; car le premier éclair du flambeau sur cette toile avait dissipé la stupeur rêveuse dont mes sens étaient possédés, et m'avait rappelé tout d'un coup à la vie réelle.

Edgar Allan Poe, « Le Portrait ovale »,1842, in *Nouvelles Histoires extraordinaires*, traduit de l'anglais par Ch. Baudelaire, 1857.

5. **Dévotement :** avec ferveur.
6. **Niche :** recoin, renfoncement dans le mur.

Premières impressions

Aimeriez-vous passer une nuit dans cette chambre ? Pourquoi ?

Lire et analyser

Un décor ancré dans le réel

1. Relevez les éléments qui donnent à cette chambre un caractère réaliste.

2. Quel élément du décor est particulièrement mis en valeur ? Selon vous pourquoi ?

3. Trouvez un adjectif pour caractériser au mieux cette chambre en expliquant votre choix.

Un sentiment de malaise

4. Quels éléments de ce lieu peuvent être inquiétants ?

5. Relevez dans le deuxième paragraphe les indices de temps. Quel effet produisent les expressions employées ?

6. Quel événement fait basculer le récit ?

La stupeur du narrateur

7. Relevez les différentes réactions du narrateur quand il aperçoit *le portrait ovale*. Classez-les en deux colonnes.

8. En vous appuyant sur l'expression finale, dites quelle révélation s'impose au narrateur quand il contemple ce tableau.

9. Faites le résumé de cette histoire et dites quelle fin on peut attendre.

Vocabulaire

10. Possédé : de *posséder*, « avoir en sa possession » ou « être maître de ».
Quel sens choisissez-vous ici ? Imaginez une phrase où ce verbe aura un sens différent de celui du texte.

11. Stupeur : du latin *stupere*, « être paralysé » (idée d'immobilité liée à un étonnement très fort ou à de l'admiration). Trouvez deux expressions synonymes.

Écriture

Écrivez le paragraphe qui suit immédiatement ce texte, sans vouloir terminer la nouvelle.

Consignes

- Vous respecterez les personnages, le lieu.
- Vous écrirez votre récit au passé.
- Vous tiendrez compte de l'état d'esprit du narrateur.

Avant la lecture...
Qui était Vénus ? Que signifie : *fasciner* ?

2 Prosper Mérimée
La Vénus d'Ille

Prosper Mérimée
(1803-1870)
Historien, archéologue, un des premiers à s'intéresser au patrimoine architectural français, il fut aussi l'auteur de nombreux écrits, comme la très célèbre nouvelle fantastique *La Vénus d'Ille*.

Le narrateur, expert en Antiquités, arrive chez M. de Peyrehorade, dont les ouvriers ont découvert une statue antique. Malgré le rejet de tous pour « l'idole », son hôte a fait installer sa Vénus dans son parc. Il brûle d'avoir l'avis d'un spécialiste.

C'était bien une Vénus, et d'une merveilleuse beauté. Elle avait le haut du corps nu, comme les Anciens représentaient d'ordinaire les grandes divinités ; la main droite, levée à la hauteur du sein, était tournée, la paume en dedans, le pouce et les deux premiers doigts étendus, les deux autres légèrement ployés. L'autre main, rapprochée de la hanche, soutenait la draperie qui couvrait la partie inférieure du corps. L'attitude de cette statue rappelait celle du Joueur de mourre[1] qu'on désigne, je ne sais trop pourquoi, sous le nom de Germanicus. Peut-être avait-on voulu représenter la déesse jouant au jeu de mourre.

Quoi qu'il en soit, il est impossible de voir quelque chose de plus parfait que le corps de cette Vénus ; rien de plus suave, de plus voluptueux que ses contours ; rien de plus élégant et de plus noble que sa draperie. Je m'attendais à quelque ouvrage du Bas-Empire ; je voyais un chef-d'œuvre du meilleur temps de la statuaire. Ce qui me frappait surtout, c'était l'exquise vérité des formes, en sorte qu'on aurait pu les croire moulées sur nature, si la nature produisait d'aussi parfaits modèles.

La chevelure, relevée sur le front, paraissait avoir été dorée autrefois. La tête, petite comme celle de presque toutes les statues grecques, était légèrement inclinée en avant. Quant à la figure, jamais je ne parviendrai à exprimer son caractère étrange, et dont le type ne se rapprochait de celui d'aucune statue antique dont il me souvienne. Ce n'était point cette beauté calme et sévère des sculpteurs grecs, qui, par système, donnaient à tous les traits une majestueuse immobilité. Ici, au contraire, j'observais avec surprise l'intention marquée de l'artiste de rendre la malice arrivant jusqu'à la méchanceté. Tous les traits étaient contractés légèrement : les yeux un peu obliques, la bouche relevée des coins, les narines quelque peu gonflées. Dédain, ironie, cruauté, se lisaient sur ce visage d'une incroyable beauté cependant. En vérité, plus on regardait cette admirable statue, et plus on éprouvait le sentiment pénible qu'une si merveilleuse beauté pût s'allier à l'absence de toute sensibilité.

« Si le modèle a jamais existé, dis-je à M. de Peyrehorade, et je doute que le ciel ait jamais produit une telle femme, que je plains ses amants ! Elle a dû se complaire à les faire mourir de désespoir. Il y a dans son expression quelque chose de féroce, et pourtant je n'ai jamais vu rien de si beau.

– C'est Vénus tout entière à sa proie attachée ! » s'écria M. de Peyrehorade, satisfait de mon enthousiasme.

Cette expression d'ironie infernale était augmentée peut-être par le

1. Jeu de mourre : Deux joueurs se montrent simultanément un certain nombre de doigts en annonçant le chiffre présumé correspondant à ce nombre. Qui donne le bon chiffre gagne.

D'après Praxitèle, Aphrodite dite *Vénus d'Arles*, sculpture en marbre, 360 av. J.-C., musée du Louvre, Paris.

contraste de ses yeux incrustés d'argent et très brillants avec la patine d'un vert noirâtre que le temps avait donnée à toute la statue. Ces yeux brillants produisaient une certaine illusion qui rappelait la réalité, la vie. Je me souvins de ce que m'avait dit mon guide, qu'elle faisait baisser les yeux à ceux qui la regardaient. Cela était presque vrai, et je ne pus me défendre d'un mouvement de colère contre moi-même en me sentant un peu mal à mon aise devant cette figure de bronze.

« Maintenant que vous avez tout admiré en détail, mon cher collègue en antiquaillerie, dit mon hôte, ouvrons, s'il vous plaît, une conférence scientifique. Que dites-vous de cette inscription, à laquelle vous n'avez point pris garde encore ? »

Il me montrait le socle de la statue, et j'y lus ces mots : CAVE AMANTEM.

« *Quid dicis, doctissime*[2] ? me demanda-t-il en se frottant les mains. Voyons si nous nous rencontrerons sur le sens de ce *cave amantem* !

– Mais, répondis-je, il y a deux sens. On peut traduire : « Prends garde à celui qui t'aime, défie-toi des amants. » Mais, dans ce sens, je ne sais si *cave amantem* serait d'une bonne latinité. En voyant l'expression diabolique de la dame, je croirais plutôt que l'artiste a voulu mettre en garde le spectateur contre cette terrible beauté. Je traduirais donc : « Prends garde à toi si elle t'aime. »

Prosper Mérimée, *La Vénus d'Ille*, 1837.

2. ***Quid dicis, doctissime ?*** : phrase en latin signifiant *Que dis-tu, toi qui es très savant ?*

Premières impressions

Quels adjectifs emploieriez-vous pour caractériser cette statue ?

Lire et analyser

Une statue fascinante

1. Essayez de prendre la pose de cette statue.

2. Relevez dans les lignes 10 à 16 les adjectifs qui la qualifient. Que remarquez-vous pour cinq d'entre eux ? Quelle caractéristique de la statue mettent-ils en évidence ?

3. Dans les lignes 19 à 25, retrouvez les éléments mis en relation par *au contraire*. Pourquoi le narrateur trouve-t-il à cette Vénus un *caractère étrange* ?

4. Quels sentiments peut-on lire sur le visage de la statue ? Dans les lignes 27 à 30, relevez les groupes nominaux qui expriment ces sentiments et les groupes nominaux auxquels ils s'opposent.

Le trouble du narrateur

5. Relevez le groupe nominal qui désigne la statue au début du texte et celui employé à la fin (l. 45). Quel sentiment éprouvait le narrateur en découvrant la statue ? Et à la fin de la description ?

6. Sur quelle figure de style est construite toute cette description ?

7. Quels éléments physiques s'opposent dans les lignes 39-40 ? À quoi vous fait penser chacun d'eux ?

8. Quelle est donc l'autre source de trouble pour le narrateur ? Reliez-la à la dernière expression du texte.

9. Peut-on dire de ce texte qu'il appartient au genre fantastique ? Développez votre réponse.

Vocabulaire

10. L'adjectif *étrange* vient du latin *extraneus* : qui n'est pas de la famille, qui vient du dehors, qui vient d'ailleurs, étranger.

Premier sens : *insolite*. Retrouvez les éléments qui composent ce mot ; donnez son sens exact et trouvez trois synonymes.

Deuxième sens : *inquiétant*. Sachant qu'en latin, *quies, quietis*, signifie « la tranquillité », expliquez le sens premier de ce mot.

Écriture

Décrivez, en quelques lignes, un objet de votre quotidien, (objet décoratif, CD, taille-crayons…) qui laissera sur la fin l'impression bizarre qu'il pourrait devenir dangereux.

Consignes

➤ Comme Prosper Mérimée, vous mettrez d'abord en valeur son aspect positif, en employant du vocabulaire mélioratif.

➤ Vous insisterez ensuite sur un autre point, contradictoire, qui efface la première impression.

Comprendre l'apparition du phénomène surnaturel

Avant la lecture...
Que signifient pour vous les expressions *allumer l'imagination* et *sommeil de plomb* ?

Alexandre Pouchkine (1799-1837)

Écrivain russe, il explore dans sa nouvelle fantastique *La Dame de pique*, le poids de la culpabilité sur l'âme humaine.

3 Alexandre Pouchkine
La Dame de pique

Hermann, un jeune officier passionné par le jeu, a voulu extorquer à une vieille comtesse le secret de sa fortune : une combinaison de cartes gagnantes. Mais elle meurt de terreur avant d'avoir parlé. Hermann, trois jours plus tard, se rend aux obsèques de la comtesse.

Photographie de Julie Bourges, *Le Fantôme*, 2004.

Hermann s'avança vers le cercueil. Il s'agenouilla un moment sur les dalles jonchées de branches de sapin. Puis il se leva, et, pâle comme la mort, il monta les degrés du catafalque[1] et s'inclina... quand tout à coup il lui sembla que la morte le regardait d'un œil moqueur en clignant un œil. Hermann, d'un brusque mouvement se rejeta en arrière et tomba à la renverse. On s'empressa de le relever. Au même instant, sur le parvis de l'église, Lisabeta Ivanovna[2] tombait sans connaissance. Cet épisode troubla pendant quelques minutes la pompe[3] de la cérémonie funèbre ; les assistants chuchotaient, et un chambellan chafouin[4], proche parent de la défunte, murmura à l'oreille d'un Anglais qui se trouvait près de lui : « Ce jeune officier est un fils de la comtesse, de la main gauche[5], s'entend. » À quoi l'Anglais répondit : « Oh ! »

Toute la journée, Hermann fut en proie à un malaise extraordinaire. Dans le restaurant solitaire où il prenait ses repas, il but beaucoup contre son habitude, dans l'espoir de s'étourdir ; mais le vin ne fit qu'allumer son imagination et donner une activité nouvelle aux idées qui le préoccupaient. Il rentra chez lui de bonne heure, se jeta tout habillé sur son lit, et s'endormit d'un sommeil de plomb.

Lorsqu'il se réveilla, il était nuit, la lune éclairait sa chambre.

Il regarda l'heure ; il était trois heures moins un quart. Il n'avait plus envie de dormir. Il était assis sur son lit et pensait à la vieille comtesse.

En ce moment, quelqu'un dans la rue s'approcha de la fenêtre comme pour regarder dans sa chambre, et passa aussitôt. Hermann y fit à peine attention. Au bout d'une minute, il entendit ouvrir la porte de son antichambre. Il crut que son denschik[6], ivre selon son habitude, rentrait de quelque excursion nocturne ; mais bientôt il distingua un pas inconnu. Quelqu'un entrait en traînant doucement des pantoufles sur le parquet. La porte s'ouvrit, et une femme vêtue de blanc s'avança dans sa chambre. Hermann s'imagina que c'était sa vieille nourrice, et il se demanda ce qui pouvait l'amener à cette heure de la nuit ; mais la femme en blanc, tra-

1. **Catafalque :** estrade décorée sur laquelle on place un cercueil.
2. **Lisabeta Ivanovna :** demoiselle de compagnie de la comtesse.
3. **Pompe :** déploiement de faste.
4. **Chafouin :** sournois, rusé.
5. **De la main gauche :** hors mariage.
6. **Denschik :** soldat, domestique d'un officier.

versant la chambre avec rapidité, fut en un moment au pied de son lit, et Hermann reconnut la comtesse !

« Je viens à toi contre ma volonté, dit-elle d'une voix ferme. Je suis contrainte d'exaucer ta prière. Trois-sept-as gagneront pour toi l'un après l'autre ; mais tu ne joueras pas plus d'une carte en vingt-quatre heures, et après, pendant toute ta vie, tu ne joueras plus ! Je te pardonne ma mort, pourvu que tu épouses ma demoiselle de compagnie, Lisabeta Ivanovna. »

À ces mots, elle se dirigea vers la porte et se retira en traînant encore ses pantoufles sur le parquet. Hermann l'entendit pousser la porte de l'antichambre, et vit un instant après une figure blanche passer dans la rue et s'arrêter devant la fenêtre comme pour le regarder.

Hermann demeura quelque temps tout abasourdi [...].

Alexandre Pouchkine, « La Dame de pique »,
traduit du russe par P. Mérimée, in *Revue des Deux Mondes*, 1849.

Premières impressions

À votre avis, pourquoi Hermann se rend-il à l'enterrement de la comtesse ?

Lire et analyser

Le glissement vers l'étrange, la dilatation du temps

1. Lignes 23 à 29, puis lignes 30 à 42, relevez les indications temporelles.

2. Quel effet produit cette différence ?

L'irruption du phénomène surnaturel

3. Elle se fait en deux temps. Retouvez précisément la première manifestation de surnaturel. Quels indices signalent son apparition ? De quels événements est-elle suivie ?

4. Retrouvez la deuxième manifestation du phénomène surnaturel (l. 32 à 42).

- Recopiez le tableau suivant en ajoutant autant de lignes qu'il sera nécessaire.

Termes relevés	Nature grammaticale	Perception du narrateur
Quelqu'un (l. 32)	....	Perception fugace
....	....	....

- Dans la première colonne, relevez toutes les expressions qui désignent l'« apparition ». Indiquez la nature de chacune dans la deuxième colonne.

- Dans la troisième colonne, qualifiez ce qu'elle révèle de la perception du narrateur.

- Considérez l'ensemble du tableau. Expliquez en détail la progression observée. Cherchez les moments d'explications rationnelles (vérifiez le sens du mot *rationnel* dans le dictionnaire).

L'effet produit sur le personnage par « l'apparition »

5. Dans la première partie du texte (l. 1-28), relevez toutes les expressions qui caractérisent l'état d'esprit d'Hermann. Quels actes inhabituels accomplit-il ?

6. À partir de la ligne 29, Hermann peut-il croire à ce qui lui arrive ? Relevez toutes les indications qui pourraient rendre son témoignage crédible.

7. Que signifie *abasourdi* ? Pouvez-vous expliquer dans quel état se trouve Hermann à la fin de cet extrait ? Et vous, quelle est votre sensation ?

Vocabulaire

8. Dans le premier paragraphe, relevez les mots du champ lexical de la mort. Expliquez l'importance de ce champ lexical pour la suite de l'histoire.

9. Le mot latin *funus, funeris*, signifie :
a. les funérailles **b.** le corps du mort, la dépouille **c.** la mort, souvent violente **d.** (fig.) la perte, la fin **e.** ce qui cause la perte, le fléau
- Cherchez dans le dictionnaire le sens de *funérailles*.
- Retrouvez trois adjectifs de la même famille (formés sur le même radical) et cherchez leur sens précis.
- Employez chacun d'eux dans une phrase expressive.

Écriture

Vous vous êtes retrouvé(e) un soir seul(e) dans l'appartement familial. Racontez comment des bruits perçus ont pu provoquer votre peur. Vous décrirez vos sensations et expliquerez vos sentiments et ce que vous avez pu imaginer.

Consignes

➤ Comme dans les lignes 32 à 42, vous ferez monter la tension du personnage et du lecteur.
➤ N'oubliez pas qu'il doit y avoir la possibilité d'une explication rationnelle.

Avant la lecture...
Qu'est-ce qu'un trophée ?

Guy de Maupassant
(1850-1893)
Il est un auteur majeur de la deuxième moitié du XIXe siècle. Avec plus de trois cents nouvelles, il s'impose comme un maître du réalisme mais aussi du fantastique.
Voir biographie p. 18.

4 Guy de Maupassant
La Main

Le juge Bermutier raconte une aventure vécue en Corse près d'Ajaccio. Sir John Rowell, un Anglais solitaire, expert au pistolet, lui fait visiter sa maison. Il y conserve un trophée, la main de son « meilleur ennemi ».

Au milieu du plus large panneau, une chose étrange me tira l'œil. Sur un carré de velours rouge, un objet noir se détachait. Je m'approchai : c'était une main, une main d'homme. Non pas une main de squelette, blanche et propre, mais une main noire desséchée, avec les ongles jaunes, les muscles à nu et des traces de sang ancien, de sang pareil à une crasse, sur les os coupés net, comme d'un coup de hache, vers le milieu de l'avant-bras. Autour du poignet, une énorme chaîne de fer, rivée, soudée à ce membre malpropre, l'attachait au mur par un anneau assez fort pour tenir un éléphant en laisse. [...]

Une année entière s'écoula. Or, un matin, vers la fin de novembre, mon domestique me réveilla en m'annonçant que sir John Rowell avait été assassiné dans la nuit. Une demi-heure plus tard, je pénétrais dans la maison de l'Anglais avec le commissaire central et le capitaine de gendarmerie. Le valet, éperdu et désespéré, pleurait devant la porte. Je soupçonnai d'abord cet homme, mais il était innocent.

On ne put jamais trouver le coupable.

En entrant dans le salon de sir John, j'aperçus du premier coup d'œil le cadavre étendu sur le dos, au milieu de la pièce. Le gilet était déchiré, une manche arrachée pendait, tout annonçait qu'une lutte terrible avait eu lieu. L'Anglais était mort étranglé ! Sa figure noire et gonflée, effrayante, semblait exprimer une épouvante abominable ; il tenait entre ses dents serrées quelque chose ; et le cou, percé de cinq trous qu'on aurait dit faits avec des pointes de fer, était couvert de sang.

Empreinte préhistorique de main aborigène, Australie.

Un médecin nous rejoignit. Il examina longtemps les traces des doigts dans la chair et prononça ces étranges paroles :

– On dirait qu'il a été étranglé par un squelette.

Un frisson me passa dans le dos, et je jetai les yeux sur le mur, à la place où j'avais vu jadis l'horrible main d'écorché. Elle n'y était plus. La chaîne, brisée, pendait. Alors je me baissai vers le mort, et je trouvai dans sa bouche crispée un des doigts de cette main disparue, coupé ou plutôt scié par les dents juste à la deuxième phalange.

Puis on procéda aux constatations. On ne découvrit rien. Aucune porte n'avait été forcée, aucune fenêtre, aucun meuble. Les deux chiens de garde ne s'étaient pas réveillés. [...]

Je communiquai ce que je savais du mort aux magistrats et aux officiers de la force publique, et on fit dans toute l'île une enquête minutieuse. On ne découvrit rien.

Or, une nuit, trois mois après le crime, j'eus un affreux cauchemar. Il me sembla que je voyais la main, l'horrible main, courir comme un scorpion ou comme une araignée le long de mes rideaux et de mes murs. Trois fois, je me réveillai, trois fois je me rendormis, trois fois je revis le hideux débris galoper autour de ma chambre en remuant les doigts comme des pattes.

Le lendemain, on me l'apporta, trouvé dans le cimetière, sur la tombe de sir John Rowell, enterré là ; car on n'avait pu découvrir sa famille. L'index manquait.

Voilà, mesdames, mon histoire. Je ne sais rien de plus.

Guy de Maupassant, « La Main », in *Les Contes du jour et de la nuit*,1885.

Premières impressions

Vous êtes une des personnes qui écoutent le juge, comment réagissez-vous ?

Lire et analyser

Un singulier trophée

1. Pourquoi peut-on ici parler d'un *trophée* ?

2. Relevez dans le texte tous les groupes nominaux qui désignent la main ; quel effet produit l'ordre dans lequel ils apparaissent ?

3. Quelle question vous posez-vous concernant la présence de la chaîne ?

Un meurtre étrange

4. Qui se trouve sur le lieu du crime ? Quelle influence cela peut-il avoir sur le lecteur ? Retrouvez, un peu avant la fin de l'extrait, les deux groupes nominaux qui désignent ces personnes.

5. Dans quelles circonstances exactes s'est produite la mort de l'Anglais ? Relevez les indices présents dans le texte.

Une fin inexplicable

6. Quel coupable le lecteur est-il tenté de désigner ? Justifiez votre réponse.

7. De l'avis du juge Bermutier, qui est le coupable ?

8. Diriez-vous de cette nouvelle qu'elle est policière ou fantastique ?

Vocabulaire

9. Relevez tous les termes appartenant au champ lexical de l'enquête policière.

10. Parmi tous ces mots, il manque un terme essentiel, lequel ?

Écriture

L'Anglais sir John Rowell est attaqué par la main d'écorché. Racontez l'épisode.

Consignes

- Votre récit sera écrit à la 3ᵉ personne, et au passé.
- Il devra respecter tous les indices relevés dans le texte.
- Vous rapporterez des actions mais aussi les sentiments éprouvés par sir John Rowell.

Contrepoint

5 Claude Seignolle
Le Faucheur

Le narrateur, amateur de vitesse, vient de prendre à bord de sa DS un auto-stoppeur, sur la route dangereuse qui traverse l'immense plaine de la Champagne.

Je le fis monter et s'asseoir à côté de moi. C'était un homme âgé mais encore vert : long et sec, au nez en échine de lame de serpette, une tignasse plantée bas, une peau blette, épaisse et plissée comme une écorce, de la crasse dans chaque repli. Des vêtements d'honnête ouvrier agricole, de coupe nullement tributaire d'une mode : gros velours déteint par toutes les pluies et tous les soleils du ciel, mais inusable comme le Temps. Avec ça, une coriace odeur de terre juste remuée.

Il posa sur ses genoux un sac flasque, dans lequel s'entrechoquaient métal et bois, qu'il pressa tout de suite avec ses pesantes mains comme dans la crainte qu'il ne tombe. Un bout de manche démontable dépassait : celui d'une faux dont la lame, séparée du bois, piquait du nez à travers la toile de jute usée et cuite [...].

Je lui demandai où il comptait se louer. Il ne me regarda, ni ne me répondit. [...] Sa compagnie me pesa aussitôt. J'avais pris quelqu'un pour bavarder afin de délaisser la vitesse et je transportai un silence pire que la solitude conseilleuse de vitesse.

Je ne tardai donc pas à fouetter d'ardeur mes invisibles chevaux. Loin de s'en inquiéter, l'homme me parut à son aise, et, lorsque j'atteignis le 165, il regarda le compteur avec un plaisir qui colora son visage. Mais je suis bavard. Je ralentis et je monologuai à son intention, lui faisant aussitôt perdre son secret plaisir.

Il se trouvait que la veille, dans le jardin de ma belle-famille à Monthureux-sur-Saône, en fauchant la pelouse, j'avais rompu l'unique et vieille faux du jardinier. Aussi étais-je aussitôt allé en acheter une nouvelle, et le quincailler, heureux de montrer ses connaissances, m'avait tour à tour expliqué les avantages différents des cinq ou six sortes de faux qu'il me proposa. Avantages que j'étalai à mon tour dans l'oreille du faucheur silencieux qui, étonné, me consentit un bref mais cordial regard.

Je lui dis alors que pendant ma captivité, en Allemagne, j'avais débité à la machine à découper au moins dix mille lames de faux dans le meilleur acier qui soit : le suédois, dont le tranchant rasait avec le même bonheur ou joues, ou prairies.

Là, il me regarda un peu plus longuement et je vis qu'il ne lui déplaisait pas de m'entendre parler métier. Cependant il ne desserra pas les dents pour autant.

Comme il était d'une profession qui se perdait – si elle ne l'était déjà complètement ! – j'évoquai ensuite l'allure des grands coupeurs d'autrefois : ces faucheurs prodigieux qui allaient d'océans de céréales en mers de luzerne, animés d'une puissance d'abattage qui tenait du flux et du reflux imbattables. Et en connaissance de cause, puisqu'en Wurtemberg,

Claude Seignolle
(Né en 1917)

Auteur de nombreux contes et romans, il s'appuie toujours sur la réalité des provinces de France, les mœurs, les coutumes, le folklore des paysans, autant que sur d'autres aspects de la vie moderne.

j'avais moi-même fauché des mois durant avec de tels gaillards, j'avouai mon respect pour tout faucheur de qualité.

Cette fois, il me fixa avec intensité et me montra qu'il m'écoutait avec une réelle satisfaction. Si bien que je me fis la réflexion qu'en me taisant, je risquais de le peiner. Aussi lui racontai-je que saint Claude, un fier faucheur, était devenu le patron de la corporation depuis qu'emporté par son ardeur, il avait également fauché par mégarde, comme simples chardons, toute une rangée de peupliers. Mais, lorsque je lui eus avoué ma profonde nostalgie de voir disparaître aussi vite l'artisanat de fauchaison, il me sembla qu'il prenait une subite résolution. Il me montra impérativement l'aiguille du niveau d'essence. Je la regardai : elle était à zéro !

J'en fus surpris. Ne venais-je pas de faire le plein à moins de cinquante kilomètres ! Une fuite, sans doute ? Heureusement, nous étions à proximité d'une pompe. Je m'y arrêtai, demandai qu'on remplisse le réservoir et qu'on vérifie par où il perdait. Mais, au bout de quelques litres, l'essence nouvelle refoula et déborda. Le pompiste me fit alors la remarque que l'aiguille de contrôle devait être déréglée et, en venant vers le tableau de bord, il jeta un machinal regard professionnel sur une des roues avant.

Il eut tout de suite un vif sursaut et fit le geste de s'éponger le front. Je le rejoignis. À mon tour, à contre-peur, j'eus une suée d'émotion : le pneu, largement fendu, laissait passer une hernie de la chambre à air, distendue ! Nous n'eûmes pas à l'achever. Elle éclata d'elle-même, juste comme nous imaginions son éclatement.

– Cent mètres de plus, à la vitesse où vous rouliez, me dit le pompiste, et c'était votre mort... Vous pouvez vous vanter d'être un miraculé.

Avec un frisson, j'en convins et je lui avouai que je le devais à mon passager, ce voyageur muet, mais avisé, qui avait fermé juste à temps une des issues de mon destin.

– Quel voyageur ? s'exclama l'homme avec surprise, vous étiez seul en arrivant ici !

Je me retournai vers ma voiture. Le faucheur n'était plus là. Je me penchai à l'intérieur, à la recherche de quelques traces laissées. Rien !... Si, peut-être un rien de cette odeur de terre juste remuée...

Depuis mon étrange aventure, je pense à ceux qui ont pris à bord et véhiculé en toute confiance cet ouvrier de mort – réel ou imaginé – mais qui ne pourront jamais en témoigner comme je viens de le faire.

Claude Seignolle, « Le Faucheur », in *La Nuit des Halles*.
Intégrale des romans et nouvelles III, © éd. Phébus, 2002.

Questions

1. Résumez cette histoire. Vous mettrez en valeur plusieurs étapes et donnerez un titre à chacune.

2. Expliquez cette expression : *à contre-peur, j'eus une suée d'émotion* (l. 60).

3. Par quelle expression est désigné l'auto-stoppeur à la toute fin du texte ? Relisez sa description, dans les deux premiers paragraphes. Expliquez chacun des éléments de son portrait, en donnant à chaque fois une double explication, rationnelle ou surnaturelle.

Le retour à l'Antique

Depuis la Renaissance, l'Antiquité grecque et romaine est source d'inspiration pour les artistes. Mais en 1739, la redécouverte fortuite de Pompéi provoque en Europe un extraordinaire engouement. Les élites se passionnent pour la mise au jour des cités de Pompéi et Herculanum, ensevelies sous les cendres ou la lave par l'éruption du Vésuve en l'an 79. Au XIXe siècle surtout, peintres, écrivains, artistes, se pressent sur le site qui deviendra le sujet de leur œuvre ou le cadre de leurs récits.

Jacques-Louis David, *Mars désarmé par Vénus*, 1824, huile sur toile, 308 cm x 265 cm, Musées Royaux des Beaux-Arts de Bruxelles.

1 Relevez les éléments inspirés de l'Antiquité. Où la scène pourrait-elle se situer ?

2 Nommez tous les attributs associés à chacune des divinités du premier plan. Que symbolise chaque dieu ?

3 Cherchez la définition de l'*allégorie*. Formulez clairement l'idée que veut exprimer David en peignant cette scène.

Retenir

- Le début du XIXe siècle est marqué par le néoclassicisme, mouvement artistique très inspiré par l'Antiquité, son histoire, sa mythologie, ses valeurs.
- En peinture, Jacques-Louis David (1748-1825), chef de file des néoclassiques, exalte le nouvel ordre rêvé par la Révolution française en peignant les épisodes vertueux de l'histoire gréco-romaine. Son style se caractérise par la sobriété, une perspective restreinte, un chromatisme simplifié, des figures humaines directement inspirées des statues grecques.

Le néoclassicisme domine en Europe de 1760 jusqu'en 1830. Il marque de son empreinte la peinture mais aussi la sculpture et l'architecture.

Façade du Palais-Bourbon, (Assemblée nationale).

1 Retrouvez sur le tableau chacun des éléments d'architecture correspondant aux noms cités dans le commentaire. Aidez-vous de votre dictionnaire.

Retenir

▸ Napoléon Ier reprend tous les emblèmes de la puissance à Rome et les attache à son style dit « style Empire ». L'Arc de triomphe du Carrousel du Louvre, ou celui de l'Étoile commémorent ses victoires. Les bâtiments édifiés à cette époque ont des allures de temples grecs et romains : colonnes aux chapiteaux corinthiens, bas-reliefs, frontons triangulaires, escaliers monumentaux, respect de la symétrie peuvent ainsi être observés sur l'église de la Madeleine, le palais Brongniart (la Bourse), ou encore le Palais-Bourbon, devenu le siège de l'Assemblée nationale.

Lawrence Alma Tadema, *Un amateur d'art romain*, 1870, huile sur toile, 73,5 cm x 101,6 cm, Milwaukee Art Center, États-Unis.

Retenir

▸ Au-delà du mouvement néoclassique et durant tout le XIXe siècle, l'Antiquité reste une référence constante, par sa mythologie, son architecture, ses techniques, ses formes artistiques et son histoire.

▸ En 1863, le peintre Lawrence Alma Tadema se rend sur les champs de fouilles lors de son voyage de noces.

▸ De très nombreuses photographies documenteront ses tableaux à son retour. Il peindra des scènes de la vie quotidienne sous l'Empire romain, en s'attachant à rendre les détails avec une précision presque archéologique.

1 Dans une maison romaine, qu'est-ce qu'un *atrium* ? Relevez tous les éléments du décor qui peuvent évoquer un *atrium*.

2 Ce Romain présente à ses amis une pièce de sa collection de sculptures. Qu'appelait-on une collection d'Antiques ? Faites une recherche sur la collection Borghèse.

Reconnaître reprise et substitution

Les procédés de reprise et leurs effets

Rappel : Reprise et substitution

- Un nom propre ou un nom commun est souvent repris dans un texte par un pronom (pronom personnel, démonstratif, possessif, indéfini…). Ces pronoms s'appellent des substituts du nom parce qu'ils remplacent le nom. Ex. *Ralph se leva. Il alla ouvrir la porte.*
- On parle de substitution lexicale lorsque le substitut est un groupe nominal organisé autour d'un nom commun. C'est un procédé qui permet d'assurer la cohérence du texte, d'enrichir et de faire avancer l'information en en introduisant de nouvelles.
- La progression de ces informations produit différents effets :
  - aller du plus indéterminé au plus précis : ex. de l'apparition de la comtesse dans *La Dame de pique* (voir texte 3) ;
  - souligner la dégradation d'un jugement : ex. de la perception de la statue de Vénus dans *La Vénus d'Ille* (voir texte 2) ;
  - dématérialiser une personne : ex. du jeune garçon Bubber dans *La Dame aux biscuits* (voir ci-dessous).

1 **a. Relevez dans le premier paragraphe de cet extrait tous les mots qui remplacent le nom Bubber. Quelle est leur nature ? Pourquoi changent-ils de forme ?**

Le jeune Bubber Surle vient de faire la lecture à une vieille dame. Or celle-ci s'est nourrie de son énergie et s'en trouve complètement rajeunie. L'enfant, lui, en ressort épuisé.

Sous les rafales du vent, Bubber rentrait péniblement chez lui. Il était tard ; le soleil était couché et le ciel sombre, nuageux. […] Le vent hurlait tout autour de lui et l'obligeait à faire des embardées. Il secoua la tête pour tenter de reprendre ses esprits. Quelle fatigue il ressentait dans ses membres, et comme il avait du mal à résister aux rafales qui le violentaient !

[…] Dehors, à la porte d'entrée, venait de retentir un faible tapotement. Ralf se leva. Dehors le vent ululait et gonflait les stores du premier étage.

« Je vais voir. » Il alla ouvrir la porte. Une chose grisâtre et desséchée raclait faiblement le plancher de la véranda, au gré des rafales, mais malgré ses efforts, Ralf ne put voir ce que c'était. Sans doute une grosse touffe de mauvaise herbe prise dans un paquet de vieux chiffons chassés par le vent. L'objet rebondit contre ses jambes, puis passa devant lui et s'éloigna le long du mur extérieur. Alors il referma doucement la porte.

« Qu'est-ce que c'était ? » lança May.

– Le vent », répondit Ralf Surle.

Philip. K. Dick, « La Dame aux biscuits », in *Nouvelles, Tome 1 (1947-1952)*, © éd. Denoël, 1994.

b. À partir de *je vais voir* jusqu'à la fin du texte, relevez les expressions désignant ce qui provoque *le faible tapotement*. Que suggère la progression ? Pourriez-vous avancer une autre explication que « le vent » ? Dans ce cas, à quel être surnaturel la vieille dame pourrait-elle nous faire penser ?

2 **Réécrivez ce passage en remplaçant le nom du personnage principal par un pronom personnel à la forme qui convient. Donnez la fonction de chacun d'eux. Attention à la place du pronom !**

Claude tourna le dos pour ne plus voir, et s'éloigna à grands pas de l'effroyable vision. Quand [Claude] rentra dans les rues, les passants qui coudoyaient [Claude] aux lueurs des devantures de boutiques, faisaient [à Claude] l'effet d'une éternelle allée et venue de spectres autour de [Claude]. [Claude] avait des fracas étranges dans l'oreille. Des fantaisies extraordinaires troublaient son esprit.

D'après **Victor Hugo**, *Notre-Dame de Paris*, 1831.

3 **Réécrivez ce passage en remplaçant les pointillés par des substituts lexicaux du groupe nominal « l'être mystérieux ». Choisissez-les habilement pour faire progresser les informations.**

Quoique son cœur cognât dans sa poitrine, quoique sa main tremblât comme une ramille dans le vent, Frédéric réussit à ouvrir le tiroir de la table de nuit et à saisir le pistolet automatique… Dans ce moment, **l'être mystérieux** – le même, il en était sûr, que l'autre nuit – décrochait une arme de la panoplie et tendait le bras.

– …… ! gronda Frédéric.

Pendant un moment, tous deux visèrent, et les deux détonations partirent en même temps. Une balle s'enfonça dans la muraille, au-dessus du chevet ; …… fit un pas en avant, tournoya et roula sur le plancher… Frédéric alluma sa bougie et se demanda s'il aurait le courage de se lever. Il scrutait la pénombre où devait être ……, mais le bois du lit le cachait. Péniblement, il mit pied à terre, puis, pistolet au poing, il s'avança et vit …… . L'épouvante le paralysa. ……, vêtu d'une simple chemise, avec sur le visage une pâleur indescriptible, était exactement …… .

D'après **J.H. Rosny Aîné**, *L'Assassin surnaturel*, 1924.

Vocabulaire

Le vocabulaire de la peur et du fantastique

Le vocabulaire de la peur

Rappel

- La peur est une émotion qui accompagne la prise de conscience d'un danger, une émotion qui trouble, qui saisit, qui peut faire perdre le sang-froid.
- La peur peut varier dans son intensité : un récit fantastique provoque la peur, mais à des degrés variables, qui s'intensifient jusqu'à un point culminant.

1 a. À l'aide du dictionnaire, classez ces noms exprimant la peur, en trois colonnes, de l'émotion la moins intense à l'émotion la plus intense.
effroi • inquiétude • terreur • frayeur • épouvante • saisissement • anxiété • crainte • horreur • appréhension

Peur légère	Peur	Peur très intense

b. Cherchez dans le dictionnaire le sens exact de *panique*. Trouvez-lui un synonyme. À quel dieu grec faut-il associer ce nom ? Expliquez pourquoi.
c. Le nom *angoisse* vient du latin *angustia* : lieu resserré, étroitesse. Expliquez d'après cette origine le sens exact de ce nom.

2 a. Cherchez dans le dictionnaire le sens de *couardise*.
b. Quelle nuance s'ajoute à la peur ? Imaginez une phrase expressive qui mettra en valeur cette différence. Trouvez deux synonymes de *couardise*.
c. Quels sont les adjectifs correspondants à *couardise* et aux synonymes trouvés ?

3 a. En grec, la peur se dit *phobos*. Quel mot savant a-t-on formé sur cette racine ?
b. Trouvez quatre noms français formés à partir de ce dernier mot, répondant aux définitions suivantes. Aidez-vous du dictionnaire.
A. Peur des araignées. B. Peur de l'enfermement. C. Peur de l'eau. D. Peur de l'espace public.

4 Décrivez en quelques lignes les manifestations physiques que peut éprouver une personne en proie à la peur. Intégrez à votre paragraphe l'adjectif *blême* et les expressions *avoir des sueurs froides, avoir la chair de poule*.

5 Complétez ces expressions et donnez leur sens.
a. Avoir une peur … **b.** En être … pour la peur **c.** Avoir plus de peur que de …

6 Classez ces verbes en deux groupes, selon qu'ils signifient *avoir peur* ou *faire peur*.
apeurer • s'épouvanter • horrifier • effaroucher • trembler • inquiéter • s'alarmer • craindre • menacer • stupéfier • terroriser • intimider

Du rationnel au fantastique

7 En latin, *ratio, rationis* signifie *la raison*. Décomposez les adjectifs *rationnel* et *raisonnable* pour faire apparaître les éléments qui les constituent. Donnez leur sens. Trouvez leurs antonymes.

8 a. Trouvez quatre acceptions (sens différents) du mot *fantaisie*.
b. Pour chacune, composez une phrase expressive qui mettra ce sens en valeur.

9 Chassez l'intrus de chaque liste.
a. fantastique • prodigieux • surnaturel • sensationnel • chimérique
b. fantasque • insolite • excentrique • curieux • bizarre
c. capricieux • fantasque • extravagant • inconstant • versatile
d. étrange • inaccoutumé • bizarre • biscornu • inquiétant • baroque

10 a. De quels éléments cet animal mythologique célèbre est-il composé ?
b. Quel héros parvint à le vaincre ?
c. Au XXIe siècle, que signifie *chimérique* ?

Histoire d'un mot
- Au Moyen Âge, le mot *chimère* désigne tout animal fabuleux composé d'éléments disparates.
- Depuis le XVIe siècle, devenue nom commun (en 1461), une *chimère* désigne toute création vaine de l'imagination, et par suite, les idées fausses, les illusions, les rêves.

Sculpture de bronze étrusque, 400-350 av. J.-C., musée archéologique de Florence, Italie.

Écrire une nouvelle fantastique

Écrire une nouvelle fantastique en plusieurs étapes

Étape 1 Choisir le titre de la nouvelle

Choisissez un titre de nouvelle parmi ces quatre propositions :
Le Veston ensorcelé • *Cauchemar en rouge* • *Le Masque de la mort rouge* • *La Photo qui tue*

Étape 2 Choisir le lieu où se déroulera l'histoire

Rappelez-vous qu'une nouvelle fantastique a toujours un ancrage réaliste : le lieu que vous choisirez doit obéir à cette règle du genre fantastique.

Étape 3 Préparer l'écriture de l'histoire

Pour vous aider à écrire le début de votre histoire, qui sera la description du lieu choisi dans l'étape 2, lisez les textes ci-dessous.

a. Observez la description objective d'un lieu d'après Maupassant.

C'était l'hiver dernier, dans une forêt du nord-est de la France. La nuit vint. J'avais pour guide un paysan qui marchait à mon côté, par un tout petit chemin, sous une voûte de sapins. Entre les cimes, je voyais des nuages. Parfois, sous une immense rafale, toute la forêt s'inclinait dans le même sens ; et le froid m'envahissait, malgré mon pas rapide et mon lourd vêtement.

b. Observez maintenant la description subjective de ce même lieu écrite par Maupassant.

C'était l'hiver dernier, dans une forêt du nord-est de la France. La nuit vint deux heures plus tôt, tant le ciel était sombre. J'avais pour guide un paysan qui marchait à mon côté, par un tout petit chemin, sous une voûte de sapins dont le vent déchaîné tirait des hurlements. Entre les cimes, je voyais courir des nuages en déroute, des nuages éperdus qui semblaient fuir devant une épouvante. Parfois, sous une immense rafale, toute la forêt s'inclinait dans le même sens avec un gémissement de souffrance ; et le froid m'envahissait, malgré mon pas rapide et mon lourd vêtement.

Guy de Maupassant, *La Peur*, 1882.

c. Relevez les éléments qui permettent, dans le texte de Maupassant, le glissement vers l'étrange.

d. À quel champ lexical appartiennent la plupart de ces éléments ?

e. Quelle figure de style est utilisée dans la transformation des éléments naturels ?

Étape 4 Rédiger le début de l'histoire

a. Dans un premier temps, votre description sera réaliste et objective.

b. Enrichissez maintenant cette première version à la manière de Maupassant.
- Utilisez le même champ lexical et la même figure de style que Maupassant.
- Utilisez comme dans le texte support une narration à la première personne et le système des temps du passé.

Étape 5 Intégrer l'irruption du fantastique

a. Lisez les deux textes ci-dessous.

Je m'approchai du miroir d'un pas hésitant et y jetai un regard ; et aussitôt, il se passa quelque chose d'effroyable. Je blêmis, me mis à trembler de tous mes membres et poussai un cri.

D'après **Anton Tchekhov**, *Le Miroir déformant*, 1884.

Au fur et à mesure qu'il se rapprochait de moi, sa monstrueuse exubérance déchirait en lambeau le manteau de la nuit. Son œil jaune et fixe, dont l'éclat s'accentuait quand il accélérait son allure pour grimper une pente, faisait surgir brusquement une colline de l'ombre puis disparaissait au fond de quelque vallée […]

D'après **Ray Bradbury**, *Un remède à la mélancolie*, 1961.

b. Choisissez l'un des deux textes.

c. Intégrez-le à la suite de votre récit. Pour garder une cohérence à votre écriture, il sera nécessaire d'écrire un paragraphe de transition.

Étape 6 Rédiger la fin de la nouvelle

Écrivez une suite à ce texte qui sera aussi la fin de votre nouvelle, et laissera le lecteur dans l'hésitation.

Rappelez-vous que le phénomène doit pouvoir être compris de deux façons :
- l'une, rationnelle, qui s'inscrit dans le réalisme ;
- l'autre, irrationnelle, qui fait basculer dans le surnaturel.

Faire frissonner son auditoire

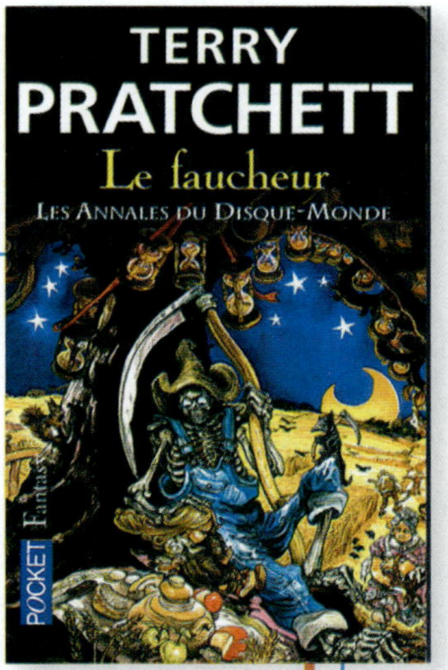

Couverture des *Annales du Disque-Monde* de Terry Pratchett, éd. Pocket, 2002.

Activité 1 Imaginer une histoire collective

Étape 1 Décrivez oralement le décor et le personnage principal

- Expliquez au cours de votre description les rapprochements que vous pouvez faire avec le personnage de la nouvelle *Le Faucheur*, de Claude Seignolle (p. 54-55). Cherchez tous les symboles du Temps que vous pouvez reconnaître.
- Imaginez chacun(e) l'histoire de la petite fille sous la main droite du personnage.

Étape 2 Partagez-vous en deux groupes

- L'un racontera l'histoire, l'autre écoutera et évaluera le récit fini.
- Racontez maintenant la scène avec subtilité, en lui gardant son caractère fantastique : votre auditoire doit rester dans l'hésitation.
- Un élève va commencer son récit… et s'interrompre en désignant l'élève qui devra prendre la suite.
- On passe ainsi la parole à l'intérieur du groupe pendant 4 minutes.

Étape 3 Échangez les rôles

- Au bout du temps fixé, on échange les rôles. Le groupe qui observait va raconter son histoire, différente de la première, selon les mêmes règles.
- On évalue le récit qui répond le mieux aux critères du fantastique : le groupe est déclaré *Maître du fantastique* !

Activité 2 Raconter le glissement vers l'étrange

Observez cette illustration de couverture d'un livre de Claude Seignolle, *Au château de l'étrange*.

- Un élève va d'abord la décrire en ne retenant que les éléments réalistes.
- Un autre fera à son tour la description d'un élément étrange de son choix.
- Un autre, ou plusieurs, tenteront de raconter la scène représentée.

La classe sera attentive au respect des consignes données.

Couverture illustrée par Casajordi d'*Au château de l'étrange* de Claude Seignolle, éd. du Castor Astral, 2011.

Activité 3 Mettre en voix un texte

Choisissez une nouvelle fantastique de votre manuel ou une autre. Entraînez-vous à lire la description d'un lieu au moment où se révèle son caractère étrange. Vous ferez ensuite cette lecture à la classe, en vous efforçant de rendre perceptible l'inquiétude qu'elle suscite.

Synthèse

Les caractéristiques du fantastique

Un ancrage dans la réalité

Des circonstances bien réelles

▸ Le **cadre** du récit fantastique doit être **réaliste**. Le lecteur comprend que l'histoire s'enracine dans une réalité ordinaire, presque banale, semblable en tous points à notre univers familier. L'histoire vécue par le personnage appartient à un passé récent, qu'il est possible de dater.

Le glissement vers l'étrange

▸ Mais progressivement, la perception du lieu dérape vers l'**étrange**, révèle un côté jusque-là caché, provoquant chez le personnage et chez le lecteur un **sentiment d'inquiétude**, de malaise, une attente. Dans *Le Portrait ovale* (E. A. Poe, p. 46), le décor semble changer avec la lueur des bougies.

L'intrusion d'un phénomène surnaturel

La dilatation du temps

▸ Certains moments sont plus favorables à l'apparition du phénomène surnaturel : la tombée du jour, le milieu de la nuit… L'obscurité, les ombres, les ténèbres, permettent de plonger dans le « hors-temps » du phénomène. Chaque instant est alors perçu avec intensité par le personnage qui vit l'expérience fantastique, et les indices temporels du récit sont nombreux. Dans *La Dame de pique* de Pouchkine (p. 50), l'apparition est suivie de minute en minute.

La nature du phénomène

▸ Le phénomène peut se manifester de différentes façons : **animation de l'inanimé** (l'objet devenant être vivant), **créature étrange** (fantôme, vampire, loup-garou…) ou « **chose** » **indéfinissable** qu'on ne peut nommer (*Le Horla* de Maupassant). Il provoque attirance et répulsion (la créature de *Frankenstein* de M. Shelley ; *Dracula* de Bram Stocker).

▸ Le phénomène, c'est avant tout l'**Autre**, qui peut être aussi l'autre nous-même, notre double, la part sombre qui habite en nous (*L'Étrange Cas du Dr Jekyll et de Mr Hyde* de R.-L. Stevenson ; *William Wilson* d'E. A. Poe).

Le doute du lecteur

La perception du narrateur

▸ **Le narrateur peut être différent du personnage.** Il est alors un témoin dont on ne peut mettre en doute les propos. Dans *La Main* (p. 52) de G. de Maupassant, le narrateur est un juge d'instruction ; dans *La Vénus d'Ille* (p. 48), de P. Mérimée, c'est un expert.

▸ **Le narrateur est le personnage** : le récit est à la 1re personne. Quand le narrateur entame son récit, tout est déjà fini. Il n'attend plus rien. Il sait aussi que le caractère incroyable de son histoire l'empêchera d'être cru (*Arria Marcella* de T. Gautier).

L'interprétation du lecteur

▸ Le lecteur est placé dans l'incertitude : il hésite entre une **interprétation logique** et une **interprétation surnaturelle**.

▸ Le genre fantastique peut donc se caractériser par un regard porté sur le réel qui fait hésiter le lecteur entre une interprétation rationnelle et une interprétation surnaturelle d'un phénomène finalement inexpliqué.

Lectures personnelles

Le fantastique

Cornelia Funke
Cœur d'encre

© éd. Gallimard jeunesse, Folio junior, 2010.

Premier tome d'une trilogie, ce roman nous entraîne dans un univers où les livres sont porteurs de secrets… Les mots auraient-ils un pouvoir ? Ce pouvoir fera-t-il basculer la vie de Meggie, adolescente passionnée de lecture et de son père ?

Richard Matheson
Je suis une légende

© éd. Gallimard, Folio SF n°53, 2001.

Le destin tragique du dernier homme sur Terre… Robert Neville est le survivant d'une pandémie contre laquelle il est immunisé, suite à une morsure de chauve-souris.
Le thème classique du vampirisme est ici réactivé…

Philip K. Dick
Nouvelles
Tome 1 / 1947-1953

© éd. Denoël, collection « Lunes d'encre », 2006.

Une ville qui se modifie au gré des désirs d'un de ses habitants, androïdes plus humains que les hommes… Des extraterrestres qui se confondent avec l'objet le plus anodin… Des machines à tuer qui ressemblent à un soldat blessé… Des morceaux de musique transformés en animaux…

ZOOM sur…

Marie Desplechin
Les Yeux d'or

© éd. L'École des loisirs, collection « Médium », 2008.

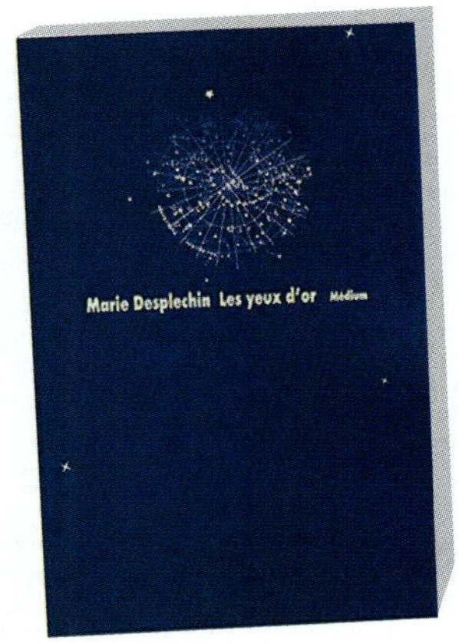

■ **L'auteur**
Marie Desplechin, écrivain française, est née à Roubaix en 1959. Après des études de Lettres, elle devient journaliste avant de se consacrer presque exclusivement à son rêve : l'écriture de romans et de nouvelles pour adultes et enfants.

■ **L'intrigue**
La police de tout le pays est mobilisée depuis dix jours. Un garçon de dix ans a disparu. La dernière fois qu'il a été aperçu, il était avec une certaine Edmée… Son père, directeur de l'Observatoire de Paris, qui l'élève seul, l'avait confié à cette opticienne-astronome. Edmée, aux dires de ses collègues est spéciale, silencieuse, secrète… Étrange !

La fantasy

Kristin Kladstrup
Le Livre des débuts d'histoires

© éd. Nathan poche, 2007.

Oscar a découvert le livre des débuts d'histoires… « …Un poème était imprimé sous le titre… qui le faisait frissonner :
« Prenez garde, vous qui écrivez dans ce cahier,
Prenez garde aux histoires que vous commencez…
Que ce livre rende son jugement souverain
Pour dire si et comment l'histoire prendra fin. » (p. 6)

La science-fiction

Carina Rozenfeld
Les Clefs de Babel

© éd. Syros, collection « Soon », 2009.

Depuis que le Grand Nuage a empoisonné la Terre, il y a mille ans, les Aériens vivent protégés dans les plus hauts étages de la Tour de Babel… Liram va devoir, à 14 ans, abandonner, seul, son univers douillet, pour une mystérieuse mission qui l'entraînera vers les étages inférieurs.

Théophile Gautier

La Cafetière

Le narrateur, invité à une partie de chasse dans un château, s'est retiré pour la nuit dans sa chambre meublée à l'ancienne mode. Et pourtant, des objets (peignes, tabatière, robes) semblent avoir encore servi la veille.

Je ne remarquai ces choses qu'après que le domestique, déposant son bougeoir sur la table de nuit, m'eut souhaité un bon somme, et, je l'avoue, je commençai à trembler comme la feuille. Je me déshabillai promptement, je me couchai, et, pour en finir avec ces sottes frayeurs, je fermai bientôt les yeux en me tournant du côté de la muraille.

Mais il me fut impossible de rester dans cette position : le lit s'agitait sous moi comme une vague, mes paupières se retiraient violemment en arrière. Force me fut de me retourner et de voir.

Le feu qui flambait jetait des reflets rougeâtres dans l'appartement, de sorte qu'on pouvait sans peine distinguer les personnages de la tapisserie et les figures des portraits enfumés pendus à la muraille.

C'étaient les aïeux de notre hôte, des chevaliers bardés de fer, des conseillers en perruque, et de belles dames au visage fardé et aux cheveux poudrés à blanc, tenant une rose à la main.

Tout à coup le feu prit un étrange degré d'activité ; une lueur blafarde illumina la chambre, et je vis clairement que ce que j'avais pris pour de vaines peintures était la réalité ; car les prunelles de ces êtres encadrés remuaient, scintillaient d'une façon singulière ; leurs lèvres s'ouvraient et se fermaient comme des lèvres de gens qui parlent, mais je n'entendais rien que le tic-tac de la pendule et le sifflement de la bise d'automne.

Une terreur insurmontable s'empara de moi, mes cheveux se hérissèrent sur mon front, mes dents s'entre-choquèrent à se briser, une sueur froide inonda tout mon corps.

La pendule sonna onze heures. Le vibrement du dernier coup retentit longtemps, et, lorsqu'il fut éteint tout à fait…

Oh ! non, je n'ose pas dire ce qui arriva, personne ne me croirait, et l'on me prendrait pour un fou.

Les bougies s'allumèrent toutes seules ; le soufflet, sans qu'aucun être visible lui imprimât le mouvement, se prit à souffler le feu, en râlant comme un vieillard asthmatique[1], pendant que les pincettes fourgonnaient dans les tisons et que la pelle[2] relevait les cendres.

Ensuite une cafetière se jeta en bas d'une table où elle était posée, et se dirigea, clopin-clopant, vers le foyer, où elle se plaça entre les tisons.

Quelques instants après, les fauteuils commencèrent à s'ébranler, et, agitant leurs pieds tortillés d'une manière surprenante, vinrent se ranger autour de la cheminée. […]

Toute l'assemblée[3] se leva. Les fauteuils se reculèrent de leur propre mouvement ; alors, chaque cavalier prit la main d'une dame, et la même voix dit :

« Allons, messieurs de l'orchestre, commencez ! »

Théophile Gautier, « La Cafetière », in *Le Cabinet de lecture*, 1831.

1. **Asthmatique :** qui souffre d'asthme, qui peine à respirer.
2. **Soufflet, pincettes et pelle :** instruments nécessaires à l'entretien du feu dans la cheminée.
3. **Assemblée :** les personnages représentés sur les tableaux sont sortis des cadres.

Questions *(15 points)*

Les circonstances *(3 points)*

1. Où se passe l'action ? Citez des éléments concrets du décor. *(1 point)*
2. À quel moment exact se déroule cette histoire ? Relevez dans le texte tous les indices. *(1 point)*
3. Quelle atmosphère ces éléments créent-ils ? *(1 point)*

Le phénomène étrange… *(3 points)*

4. Nommez en quelques mots ce phénomène étrange. *(0,5 point)*
5. Relevez et reformulez brièvement chacune de ses manifestations. *(1 point)*
6. Dans le passage relevé en question 5, quelle catégorie de verbes apparaît le plus fréquemment ? Quel effet produit ce choix ? *(1,5 point)*

Le trouble du narrateur *(7 points)*

7. Les sens du narrateur sont sollicités, et particulièrement sa vue. Quelles couleurs dominent dans ce passage ? Quel effet produisent-elles ? *(1 point)*
8. Quel autre sens du narrateur est évoqué ici ? *(0,5 point)*
9. Nommez le sentiment éprouvé par le narrateur. *(0,5 point)*
10. Citez les expressions qui désignent ce sentiment. Sont-elles toutes synonymes ? Expliquez l'effet produit. *(1,5 point)*
11. Relevez, dans l'ordre, les manifestations physiques produites par ce sentiment. Que constatez-vous ? *(1 point)*
12. Relevez les indices grammaticaux de présence du narrateur. *(1 point)*
13. Où apparaissent-ils ? Comment expliquez-vous cette répartition ? *(0,5 point)*
14. Comment ces indices grammaticaux soulignent-ils l'évolution du rôle du narrateur dans cette histoire ? *(0,5 point)*
15. Relevez les deux verbes au présent de l'indicatif : quelle est leur valeur d'emploi ? *(0,5 point)*

Question de synthèse *(2 points)*

16. Peut-on dire de ce texte qu'il est *fantastique* ? Justifiez votre réponse.

Réécriture *(4 points)*

Réécrivez le passage suivant au passé composé.

Les bougies s'allumèrent toutes seules ; le soufflet se prit à souffler le feu en râlant pendant que les pincettes fourgonnaient dans les tisons et que la pelle relevait les cendres.

Ensuite une cafetière se jeta en bas d'une table où elle était posée et se dirigea vers le foyer, où elle se plaça entre les tisons.

Dictée *(6 points)*

On pourra donner en dictée le passage des lignes 15 à 20.

Rédaction *(15 points)*

Imaginez la suite immédiate de ce texte, en lien avec le titre de la nouvelle *La Cafetière*.

Consignes :

- Votre récit sera au passé.
- Vous conserverez le même narrateur, le même décor, les mêmes personnages.
- Votre texte devra plonger votre lecteur dans l'hésitation.

Compétences du socle évaluées

- Je suis capable de prélever une information explicite dans un texte.
- Je suis capable d'organiser des informations explicites pour saisir et construire le sens d'un texte.
- Je suis capable de percevoir le déroulement chronologique d'un texte.
- Je suis capable d'utiliser mes capacités de raisonnement, mes connaissances sur la langue pour lire.
- Je suis capable de répondre à une question par un énoncé complet, construit et pertinent.
- Je suis capable d'écrire lisiblement un texte sous la dictée en respectant l'orthographe et la grammaire.

Découvrir les origines du mythe du loup-garou

Le mythe du loup-garou

« L'homme est un loup pour l'homme. »
Plaute, *Asinaria*, 212 av. J.-C.

Ce vers de l'écrivain latin Plaute (254-184 av. J.-C.) signifie que les hommes peuvent se montrer cruels entre eux. Dès l'Antiquité, une forme de parenté s'établit entre les deux créatures. Dans l'imaginaire, le loup va ainsi incarner la face sombre des êtres humains, le côté sauvage qui sommeille au fond de chacun et qui s'exprimerait s'il n'y avait pas les contraintes sociales. De l'homme au loup, il n'y aurait qu'un pas… de loup-garou.

DÉFINITIONS

Lycanthropie, n. f. • Terme du XVIe siècle emprunté au grec *lukanthropia*, de *lukos* (le loup) et *anthropos* (homme). Délire au cours duquel un homme se croit transformé en loup ou en bête sauvage.

Loup-garou, n. m. • Terme venant de l'ancien français et du dialecte picard. On trouve au XIe siècle, *leus warous*, puis au XIIe siècle, *leul garoul*. Ce sont des déformations du latin *lupus* (loup) et *vir* (homme) que l'on retrouve dans l'anglais *werewolf*, et l'allemand *Werwolf*.
• Créature qui, selon certaines superstitions populaires, possède pendant le jour une apparence humaine et se transforme en loup pendant la nuit, répandant la terreur dans les campagnes.

Doc 1 Un récit très ancien

Le Satiricon *est un des tout premiers romans européens. Un voyou, Encolpe, raconte ses étonnantes aventures. Au cours d'un banquet, un des convives, Nicéros, raconte l'étrange histoire qui lui serait arrivée alors qu'il se rendait chez son amie Melissa et qu'il voyageait avec un soldat.*

Nous nous mettons en marche au chant du coq. La lune brillait : on y voyait comme à midi. Nous tombons au milieu de tombeaux. Alors voilà mon homme qui se met à conjurer les astres. Je m'assieds en fredonnant et je m'amuse à compter les étoiles. Mais quand je me retourne vers mon compagnon, je le vois qui se déshabille et pose tous ses vêtements sur le bord de la route. J'en reste plus mort que vif, immobile comme un cadavre. Mais lui tourne autour de ses habits en pissant et aussitôt le voilà changé en loup. Ne croyez pas que je plaisante : je ne voudrais pas pour tout l'or du monde. Mais voyons, où en étais-je donc ? Ah ! Devenu loup il se mit à hurler et s'enfuit dans les bois. D'abord je ne savais même plus où j'étais. Ensuite je voulus aller prendre ses habits : ils étaient changés en pierre. Qui était mort de peur ? C'était moi. Pourtant, je mis l'épée à la main et de toutes mes forces je me mis à pourfendre les ombres. Je finis par arriver ainsi à la maison de mon amie. En franchissant le seuil, je tombai presque mort : la sueur me coulait sur le visage ; mes yeux étaient morts : on crut que je n'en reviendrais pas. Ma chère Melissa était toute surprise de me voir arriver si tard : « Si tu étais venu un peu plus tôt, me dit-elle, tu nous aurais donné un coup de main : un loup a pénétré dans la ferme et a massacré tous nos moutons. C'était une véritable boucherie. Il nous a échappé, mais il ne doit pas rire : notre valet lui a passé sa lance à travers le cou. » À cette nouvelle, j'ouvris de grands yeux. Mais, le soleil levé, je m'enfuis bien vite à la maison, comme un marchand dévalisé. En arrivant au lieu où j'avais laissé les vêtements, je ne vis plus rien que des taches de sang. À la maison, je trouvai mon soldat au lit, saignant comme un bœuf, avec un médecin qui lui pansait le cou. Je compris que j'avais eu affaire à un loup-garou et, depuis, je n'aurais voulu pour rien au monde manger un morceau de pain avec lui.

Pétrone, *Satiricon*, LXII.

1 **Indiquez précisément où, quand et dans quelles circonstances a lieu la métamorphose.**

2 **Relevez tous les passages faisant référence à l'animalité du soldat.**

3 **VOCABULAIRE En latin, loup-garou se dit *versipellis* : celui qui change (*versi*) de peau (*pellis*). Cherchez des mots français construits à partir de ces racines latines.**

Doc 2

Gravure sur bois de Cranach l'Ancien, vers 1512, Herzogliches Museum, Gotha, Allemagne.

1 **Décrivez ce loup-garou, en précisant bien ce qu'il a d'humain et ce qu'il a d'animal.**

Contexte

- Au Moyen Âge, le loup-garou est un thème merveilleux très courant. Il n'est pas toujours mauvais d'ailleurs. Dans les traditions païennes, on croyait que l'âme pouvait sortir du corps et s'incarner dans une sorte de double, un loup ou un autre animal.
- Mais progressivement, sous l'influence du christianisme, cette métamorphose est jugée démoniaque : l'être humain possédé par la bête devait alors être exorcisé. À la fin du Moyen Âge et durant toute la Renaissance, on fera ainsi des milliers de procès à des loups-garous.

« Il est très certain et cela arrivait souvent dans les temps anciens, que les hommes étaient transformés en loups-garous. C'est une bête farouche, qui habite les forêts ; sa rage est si grande que dans sa férocité, cette bête dévore les humains et cause les plus grands ravages. »

Marie de France, *Lai de Bisclavret* (vers 1160-1180).

Doc 3 Un cas de lycanthropie

En Franche-Comté, à la fin du XVIe siècle, un cas de lycanthropie fut officiellement répertorié dans les annales de la justice française.

En automne 1573, alors qu'une terrible famine sévissait, les villageois de la Dole furent terrorisés par des crimes commis sur des enfants retrouvés déchiquetés et dévorés. Il y avait des preuves d'attaques par des loups mais aucune prouvant qu'il s'agissait d'un être humain. Suite à une autorisation du Parlement dolois de « s'assembler avec épées, hallebardes, piques, arquebuses et autres bâtons », les soupçons se portent sur Gilles Garnier, un marginal qui vivait avec sa femme en pleine forêt à l'ermitage Saint-Bonnot. Il fut conduit par un groupe d'habitants au tribunal de Dole. Après ses aveux, les actes du tribunal du 18 janvier 1574 précisèrent le verdict : « Gilles Garnier, tombé en sorcellerie, ayant pris et occis plusieurs enfants de 6 à 12 ans tant avec ses mains semblant pattes qu'avec ses dents, la Cour le condamne à être aujourd'hui traîné à l'envers sur une claie[1] depuis la conciergerie de Dole jusqu'au tertre de ce lieu et y être brûlé vif... »

M. Daniel d'Ange, alors doyen de l'église de Sens, commenta ainsi le rapport du procès de Garnier : « Gilles Garnier, lycophile[2], comme il me plaît de l'appeler, menait une vie d'ermite jusqu'au jour où, ayant pris femme et n'ayant pas les moyens de nourrir une famille, il prit l'habitude ainsi qu'il arrive souvent à des êtres rudes, méfiants et désespérés, de parcourir les bois et les lieux sauvages. C'est là qu'il fit un jour la rencontre d'un fantôme à forme humaine qui lui dit pouvoir faire des miracles. Il prétendit qu'il pouvait lui enseigner l'art de se métamorphoser à son gré en loup, en lion ou en léopard, et le loup étant l'animal le plus commun dans ces contrées, Garnier choisit le loup. Il se déguisa en cet animal, en prit la forme au moyen d'un certain onguent[3], toutes choses qu'il a confessées avant sa mort, après avoir reconnu l'horreur de ses actions. »

1. **Claie :** treillage de bois sur lequel on traînait les condamnés au Moyen Âge.
2. **Lycophile :** mot créé par le doyen, formé sur *lyco-* (loup) et *-phile* (qui aime).
3. **Onguent :** pommade.

1 **Résumez les faits en une phrase.**

2 **Reformulez précisément l'acte d'accusation, le verdict et le châtiment.**

3 **À votre avis, Gilles Garnier est-il coupable des crimes qui lui sont reprochés ? Si vous répondez par la négative, pourquoi a-t-il été condamné ? Votre réponse sera argumentée et appuyée sur des passages du texte.**

Doc 4 Alexandre Dumas, *Le Meneur de loups*

Et Thibault tendit la main. Le loup noir leva la patte, mais il laissa la patte levée.
– Eh bien ? fit Thibault.
– Je réfléchis, dit le loup, que j'ai les griffes pointues, et que, sans le vouloir, je pourrais te faire grand mal. Mais je vois un moyen de conclure le marché sans aucun inconvénient. Tu as une bague d'argent ; moi, j'ai une bague d'or ; – troquons. – Tu vois que le marché est à ton avantage.
Et le loup montra sa patte, à l'annulaire de laquelle brillait, en effet, à travers le poil, une bague de l'or le plus fin.
– Ah ! dit Thibault, j'accepte.
L'échange des anneaux se fit.
– Bon ! dit le loup, nous voilà mariés.
– Oh ! fit Thibault, fiancés, messire loup. Peste ! comme vous y allez !
– C'est ce que nous verrons, maître Thibault. Et maintenant, retourne à ta besogne, je retourne à la mienne.
– Adieu, seigneur loup.
– Au revoir, maître Thibault.
À peine le loup avait-il prononcé ces mots au revoir, sur lesquels il avait appuyé d'une sensible façon, qu'il disparut comme une pincée de poudre à laquelle on met le feu, et, comme une pincée de poudre, laissant une odeur de soufre. Thibault resta un instant abasourdi. Il ne pouvait s'habituer à cette manière de faire sa sortie, comme on dit en terme de théâtre ; il regarda de tous les côtés : plus de loup. Le sabotier crut un instant qu'il avait été le jouet d'une vision. Mais, en abaissant les yeux, il vit la bague diabolique à l'annulaire de sa main droite. Thibault la tira de son doigt et l'examina. Il lui sembla qu'il y avait un chiffre gravé dans l'intérieur de la bague, et il reconnut qu'il se composait de deux lettres, un T et un S.
– Ah ! ah ! dit-il avec une sueur froide. Thibault et Satan, les noms de famille des deux parties contractantes. Ma foi, tant pis ! quand on se donne au diable, il faut s'y donner de bon cœur.
Et Thibault, pour se griser, entonna une chanson.

Alexandre Dumas, *Le Meneur de loups*, 1857.

1 **Relevez les termes appartenant au champ lexical du diable.**

2 **Quel adjectif convient le mieux pour qualifier la tonalité de ce texte : inquiétant ou amusant ? Justifiez votre choix.**

3 **Précisez l'état d'esprit de Thibault. Appuyez-vous sur des passages du texte.**

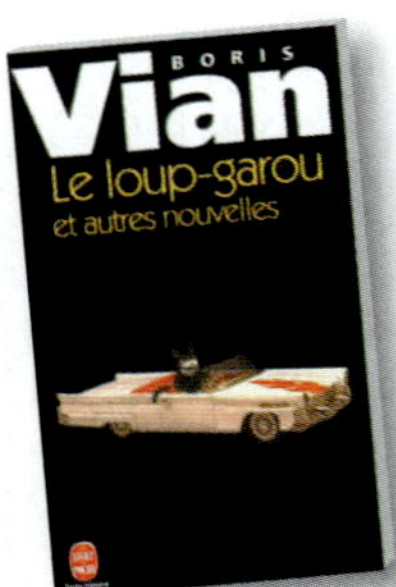

Boris Vian
Le Loup-Garou et autres nouvelles,

© éd. Le Livre de poche, 1999.

« Il habitait dans le bois de Fausses-Reposes, en bas de la côte de Picardie, un très joli loup adulte au poil noir et aux grands yeux rouges. Il se nommait Denis et sa distraction favorite consistait à regarder les voitures, venues de Ville-d'Avray… »

Denis va malheureusement se faire mordre par le Mage du Siam, qui se révèle être un loup-garou. Ainsi, un matin de pleine lune, Denis se réveille transformé en homme. Il en profite pour découvrir Paris, en une journée qui ne sera qu'une succession de découvertes sur le mauvais comportement humain.

Fred Vargas
L'Homme à l'envers

© éd. J'ai lu, 2002.

« L'homme à l'envers » désigne le loup-garou. Il est reconnaissable à son absence totale de poils à l'extérieur de son corps, puisque, selon la légende, les poils se trouvent en fait « en dedans », et sortent uniquement lors de la métamorphose nocturne.
Dans notre histoire, l'homme à l'envers, c'est Massart, un montagnard du Mercantour soupçonné de se servir d'un grand loup dressé pour assassiner sauvagement brebis et êtres humains. À Paris, devant son écran, le commissaire Adamsberg guette les nouvelles du Mercantour. Il ferme les yeux. Son enfance pyrénéenne, la voix des vieux… « Comme des tisons, mon gars, comme des tisons ça fait, les yeux du loup, la nuit. »

Affiche du film *The Wolf Man (Le Loup-garou)* de George Waggner, avec Lon Chaney Jr et Evelyn Ankers, 1941.

Doc 5

Doc 6

Image du film *The Wolfman* de Joe Johnston, avec Benicio del Toro, 2010.

1 **Comparez les images de ces deux films. Vous relèverez les points communs et des différences.**

2 **Laquelle est la plus impressionnante ? Pourquoi ?**

Activité Quelques caractéristiques du loup-garou

1. Lisez attentivement ce tableau.
2. Pour chacun des documents de ce dossier, dites quelles sont les caractéristiques qui s'appliquent.

Apparence physique sous sa forme de loup	Loup énorme marchant à quatre pattes, yeux étincelants, dents crochues, peau très dure.
	Humain à tête de loup marchant sur deux pattes.
Apparence physique sous sa forme humaine	Des poils à l'intérieur, sous la peau.
	Sourcils qui se rejoignent, système pileux développé.
	Redevenu homme, garde des traces des blessures subies lorsqu'il était animal.
Caractère et Comportement	Cruel, féroce, rusé. Ne se maîtrise plus.
	Choisit ses victimes de préférence chez les jeunes enfants.
	Quitte ses vêtements avant de se transformer. S'il ne les retrouve pas, il peut rester définitivement un loup.
Circonstances favorables	Se transforme, attaque, renforce ses pouvoirs les nuits de pleine lune.
Acquisition du caractère	Volontairement en pactisant avec le diable.
	Devient loup-garou.
	Transmission par morsure (rapprochement avec les vampires).

Chapitre 3

La fabrique du héros dans le roman

→ **Comprendre comment se construit le personnage du héros au XIXe siècle**

Lire l'image

1. Quels personnages sont ici représentés ?
2. Quelles sont leurs caractéristiques ?
3. D'après l'affiche de *Nana*, quelle fin le roman réserve-t-il au personnage principal ?
4. Que montrent ces images sur le héros dans le roman du XIXe siècle ?

Statue de Gaston Broquet pour le salon de 1914, *Vautrin sur un socle symbolisant l'argent, la justice, l'amour et la religion.*

Affiche pour la représentation de *Nana* d'après Émile Zola au théâtre de l'Ambigu, 1890.

Les héros, de l'Antiquité au XIXe siècle

Questions

1 Citez des héros de roman que vous connaissez.

2 Choisissez un des héros que vous avez cités, puis :
- dites à quelle époque il vit ;
- donnez son aspect physique ;
- définissez sa personnalité ;
- résumez une action remarquable qu'il a accomplie.

La dispute entre Ulysse et Ajax, vase grec, vers 520 av. J.-C., musée du Louvre, Paris.

Naissance du héros et héros antique

Le mot vient du grec ***hêrôs*** ; il désigne un « **chef de guerre** » chez Homère, un « demi-dieu » chez Hésiode. De même, lorsque le terme passe au latin classique, il désigne d'une part un **demi-dieu**, d'autre part, un **homme qui surpasse les autres** par sa valeur. Un demi-dieu est un homme qui a pour parents un dieu et une mortelle ou une déesse et un mortel, ainsi **Énée**, fils d'Anchise et d'Aphrodite/Vénus. Un destin exceptionnel s'offre à un tel être : Énée sera le fondateur de Rome.

Les **héros grecs antiques**, Hector ou **Ulysse**, personnages de l'*Iliade et* l'*Odyssée* d'Homère, même s'ils sont de simples mortels (à la différence d'Achille par exemple), bénéficient cependant de la **protection de tel ou tel dieu** ; ils sont aussi dotés d'une **force physique peu commune** et montrent une grande **force de caractère**. Le héros apparaît lorsque la société est en crise : ainsi pendant la guerre de Troie, qui oppose Troyens et Grecs, ces derniers gagneront finalement par la ruse (de même qu'Ulysse vaincra les pires obstacles par son intelligence). L'ordre et la paix revenus, les exploits du héros peuvent être peints, gravés, chantés dans l'**épopée**, ancêtre du roman. La première est celle de *Gilgamesh*.

Le héros devient **légendaire**, c'est à dire personnage principal (on ne sait plus s'il a réellement existé) du récit de ses exploits.

Le héros médiéval

Au Moyen Âge, les héros masculins sont **vaillants** et **vertueux**. En tant que chevaliers, ils aspirent à prouver leur valeur et leurs exploits sont rappelés dans les chansons de gestes (ainsi celle de Roland, qui combat pour Charlemagne). Les plus connus sont les chevaliers de la Table ronde, réunis autour du roi Arthur, qui se mettent en quête du Saint-Graal.

Un nouvel élément apparaît : l'**amour du héros** pour l'élue de son cœur, sa Dame, avec laquelle il entretient une relation qui est celle du vassal pour son seigneur (ou amour courtois). Les batailles ne font plus toute l'histoire : les sentiments, la peinture des caractères importent tout autant. Les textes mettent alors en scène non seulement les combats mais aussi les épreuves des couples amoureux.

Le Combat de Lancelot et de Méléagant, miniature extraite de *Lancelot du Lac*, vers 1475, BNF.

Le héros à l'époque classique

▸ Au XVIIe siècle, les **valeurs héroïques** (gloire, rivalité, conquête) sont davantage représentées dans le théâtre. Dans le roman, la « gloire » se manifeste au travers du sentiment amoureux ; elle consiste à ne pas se laisser égarer par les passions mais à gouverner l'amour par la **raison**, le sens du devoir. Le héros suit sa raison, il est capable de s'analyser avec lucidité.

▸ Les **femmes** deviennent alors des figures du roman : ainsi la princesse de Clèves, héroïne éponyme (du roman qui porte son nom, signé de Madame de La Fayette), qui préfère la **vertu** à la passion. Rappelons que le terme d'héroïne apparaît en 1540.

▸ Le héros attaché à la gloire est par la suite remplacé par l'idéal de « l'honnête homme » : **un homme sage, instruit** et expérimenté.

▸ Au XVIIIe siècle, le roman met en scène un personnage jeté sur les routes du monde et tâchant d'y faire sa place : c'est le récit picaresque d'un Le Sage, *Gil Blas de Santillane*.

Du héros romantique au personnage réaliste

Caspar David Friedrich, *Le Rêveur ou les Ruines d'Oybin en Allemagne*, 1835, musée de l'Ermitage, Saint-Pétersbourg, Russie.

▸ Après la Révolution française de 1789, le **héros romantique** tel Adolphe (B. Constant) ou René (Chateaubriand) est un homme qui a l'impression de vivre dans un monde en ruines. **Sensible**, il est tourmenté et fuit la réalité qui l'entoure. Même s'il est parfois ambitieux, il est condamné à l'échec : l'amour et le bonheur sont impossibles. Son **inquiétude** peut le conduire au désespoir.

▸ Au cours du XIXe siècle, le personnage suit l'évolution du roman, marqué par le **courant réaliste**. Il est à la fois fortement individualisé et, en même temps, il représente un **type social**, ainsi Coupeau, l'ouvrier zingueur de *L'Assommoir* ou Georges Duroy, le journaliste de *Bel-Ami*. Le lecteur assiste à l'échec du premier et à la réussite sociale du second, au mépris de la morale. Le héros vit et agit dans un **milieu social** selon la logique de son caractère, qui lui fait choisir le bien ou le mal. Il se caractérise par l'action ou le geste qu'il doit faire dans une situation donnée et qui sont le reflet de ses pensées, volontés ou hésitations.

Questions de synthèse

1 **Quelle est la caractéristique du héros antique et médiéval ?**

2 **Que devient ensuite le héros ? Quelles transformations subit-il ?**

3 **Quelles sont les particularités des héroïnes de roman ?**

- **VIIIe siècle av. J.-C.** **Homère,** *l'Iliade ; l'Odyssée*
- **Fin Xe siècle** **Turold,** *La Chanson de Roland*
- **Vers 1176-1181** **Chrétien de Troyes,** *Lancelot ou le Chevalier à la charrette*
- **1175 à 1250** **Anonyme,** *Roman de Renart*
- **1535** **Rabelais,** *Gargantua*
- **1678** **Madame de La Fayette,** *La Princesse de Clèves*
- **1753** **Abbé Prévost,** *Manon Lescaut*
- **1773** **Diderot,** *Jacques le fataliste et son maître*
- **1835** **Balzac,** *Le Père Goriot*
- **1857** **Flaubert,** *Madame Bovary*
- **1870** **Verne,** *Vingt Mille Lieues sous les mers*
- **1877** **Zola,** *L'Assommoir*
- **1883** **Maupassant,** *Une vie*

Caractériser un personnage héroïque

Avant la lecture...
Compte tenu de la situation donnée dans l'introduction, quel type de héros vous attendez-vous à découvrir ?

Jules Verne (1828-1905)

Il est surtout l'auteur de romans d'aventures et d'anticipation (*Voyage au centre de la Terre*, *Vingt Mille Lieues sous les mers*). Ses romans se caractérisent par une grande précision scientifique et technique.

1 Jules Verne

Michel Strogoff

Après l'invasion de la Sibérie (Russie orientale) par les troupes tartares[1]*, dirigées par le traître Ivan Ogareff, les lignes télégraphiques sont coupées entre Moscou et Irkoutsk. Le tsar craint pour la vie de son frère, le grand-duc, dont il est sans nouvelles. Il fait donc venir un courrier.*[2]

La porte du cabinet impérial s'ouvrit bientôt, et l'huissier annonça le général Kissoff.

« Ce courrier ? demanda vivement le czar[3].

– Il est là, sire, répondit le général Kissoff.

– Tu as trouvé l'homme qu'il fallait ?

– J'ose en répondre à Votre Majesté.

– Il était de service au palais ?

– Oui, sire.

– Tu le connais ?

– Personnellement, et plusieurs fois il a rempli avec succès des missions difficiles.

– À l'étranger ?

– En Sibérie même.

– D'où est-il ?

– D'Omsk. C'est un Sibérien.

– Il a du sang-froid, de l'intelligence, du courage ?

– Oui, sire, il a tout ce qu'il faut pour réussir là où d'autres échoueraient peut-être.

– Son âge ?

– Trente ans.

– C'est un homme vigoureux ?

– Sire, il peut supporter jusqu'aux dernières limites le froid, la faim, la soif, la fatigue.

– Il a un corps de fer ?

– Oui, sire.

– Et un cœur ?...

– Un cœur d'or.

– Il se nomme ?...

– Michel Strogoff.

– Est-il prêt à partir ?

– Il attend dans la salle des gardes les ordres de Votre Majesté.

– Qu'il vienne, » dit le czar.

Quelques instants plus tard, le courrier Michel Strogoff entrait dans le cabinet impérial[4].

Michel Strogoff était haut de taille, vigoureux, épaules larges, poitrine vaste. Sa tête puissante présentait les beaux caractères de la race caucasique[5]. Ses membres, bien attachés, étaient autant de leviers, disposés mécaniquement pour le meilleur accomplissement des ouvrages de force. Ce beau et solide garçon, bien campé, bien planté, n'eût pas été facile à déplacer malgré lui, car, lorsqu'il avait posé ses deux pieds sur le sol, il semblait

1. **Tartares :** descendants des Mongols.
2. **Courrier :** messager qui transportait les lettres.
3. **Czar (ou tsar)** nom donné à l'empereur de Russie.
4. **Cabinet impérial :** bureau de l'empereur.
5. **Caucasique :** du Caucase, ensemble montagneux situé au sud de la Russie.

Image du film de Carmine Gallone, avec Curd Jürgens (Michel Strogoff), 1956.

qu'ils s'y fussent enracinés. Sur sa tête, carrée du haut, large de front, se crêpelait une chevelure abondante, qui s'échappait en boucles, quand il la coiffait de la casquette moscovite[6]. Lorsque sa face, ordinairement pâle, venait à se modifier, c'était uniquement sous un battement plus rapide du cœur, sous l'influence d'une circulation plus vive qui lui envoyait la rougeur artérielle. Ses yeux étaient d'un bleu foncé, avec un regard droit, franc, inaltérable, et ils brillaient sous une arcade dont les muscles sourciliers, contractés faiblement, témoignaient d'un courage élevé, « ce courage sans colère des héros », suivant l'expression des physiologistes. Son nez puissant, large de narines, dominait une bouche symétrique avec les lèvres un peu saillantes de l'être généreux et bon.

[…] Michel Strogoff appartenait au corps spécial des courriers du czar, et il avait rang d'officier parmi ces hommes d'élite. Ce qui se sentait particulièrement dans sa démarche, dans sa physionomie, dans toute sa personne, et ce que le czar reconnut sans peine, c'est qu'il était « un exécuteur d'ordres ». Il possédait donc l'une des qualités les plus recommandables en Russie, suivant l'observation du célèbre romancier Tourgueniev, qualité qui conduit aux plus hautes positions de l'empire moscovite.

6. **Moscovite :** russe.

En vérité, si un homme pouvait mener à bien ce voyage de Moscou à Irkoutsk, à travers une contrée envahie, surmonter les obstacles et braver les périls de toutes sortes, c'était, entre tous, Michel Strogoff. [...]

Le czar, sans lui adresser la parole, le regarda pendant quelques instants et l'observa d'un œil pénétrant, tandis que Michel Strogoff demeurait absolument immobile.

Puis, le czar, satisfait de cet examen, sans doute, retourna près de son bureau, et, faisant signe au grand maître de police de s'y asseoir, il lui dicta à voix basse une lettre qui ne contenait que quelques lignes.

[...] Le czar, se relevant alors, dit à Michel Strogoff de s'approcher.

Michel Strogoff fit quelques pas en avant et demeura de nouveau immobile, prêt à répondre.

Le czar le regarda encore une fois bien en face, les yeux dans les yeux. Puis, d'une voix brève :

« Ton nom ? demanda-t-il.

– Michel Strogoff, sire.

– Ton grade ?

– Capitaine au corps des courriers du czar.

– Tu connais la Sibérie ?

– Je suis Sibérien.

– Tu es né ?...

– À Omsk.

– As-tu des parents à Omsk ?

– Oui, sire.

– Quels parents ?

– Ma vieille mère.

Le czar suspendit un instant la série de ses questions. Puis, montrant la lettre qu'il tenait à la main :

« Voici une lettre, dit-il, que je te charge, toi, Michel Strogoff, de remettre en mains propres au grand-duc et à nul autre que lui.

– Je la remettrai, sire.

– Le grand-duc est à Irkoutsk.

– J'irai à Irkoutsk.

– Mais il faudra traverser un pays soulevé par des rebelles, envahi par des Tartares, qui auront intérêt à intercepter cette lettre.

– Je le traverserai.

– Tu te méfieras surtout d'un traître, Ivan Ogareff, qui se rencontrera peut-être sur ta route.

– Je m'en méfierai.

– Passeras-tu par Omsk ?

– C'est mon chemin, sire.

– Si tu vois ta mère, tu risques d'être reconnu. Il ne faut pas que tu voies ta mère ! »

Michel Strogoff eut une seconde d'hésitation.

« Je ne la verrai pas, dit-il.

– Jure-moi que rien ne pourra te faire avouer ni qui tu es ni où tu vas !

– Je le jure.

– Michel Strogoff, reprit alors le czar, en remettant le pli au jeune cour-

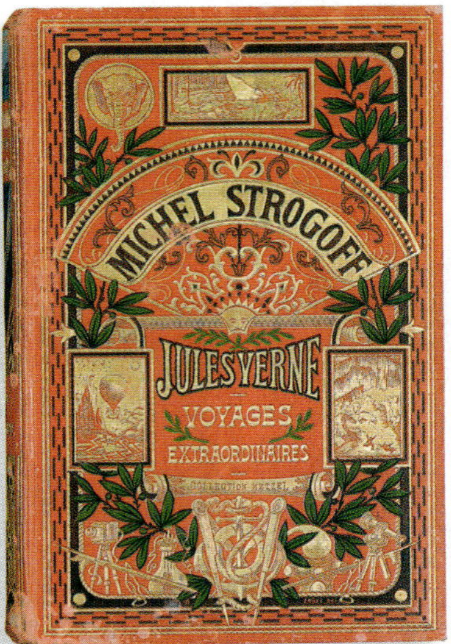

Couverture de l'édition originale Hetzel de *Michel Strogoff*, 1876.

rier, prends donc cette lettre, de laquelle dépend le salut de toute la Sibérie et peut-être la vie du grand-duc mon frère.

– Cette lettre sera remise à Son Altesse le grand-duc.

– Ainsi tu passeras quand même ?

– Je passerai, ou l'on me tuera.

– J'ai besoin que tu vives !

– Je vivrai et je passerai, » répondit Michel Strogoff.

Le czar parut satisfait de l'assurance simple et calme avec laquelle Michel Strogoff lui avait répondu.

« Va donc, Michel Strogoff, dit-il, va pour Dieu, pour la Russie, pour mon frère et pour moi ! »

Michel Strogoff salua militairement, quitta aussitôt le cabinet impérial, et, quelques instants après, le Palais-Neuf[7].

« Je crois que tu as eu la main heureuse, général, dit le czar.

– Je le crois, sire, répondit le général Kissoff, et Votre Majesté peut être assurée que Michel Strogoff fera tout ce que peut faire un homme.

– C'est un homme, en effet, » dit le czar.

Jules Verne, *Michel Strogoff*, 1876.

7. Palais-Neuf : palais impérial où réside le tsar.

Premières impressions

En quoi le texte correspond-il à ce que vous imaginiez de Michel Strogoff ?

Lire et analyser

L'action

1. En quoi consiste la mission confiée à Michel Strogoff ? Pourquoi est-elle prestigieuse ?

2. Quels dangers devra-t-il affronter ? Citez le texte.

L'image du héros

3. Recherchez dans le texte les expressions qui montrent le physique et le caractère de Michel Strogoff.

4. Quelles sont les qualités de ce personnage ?

5. Pourquoi les paragraphes commencent-il souvent par « Michel Strogoff » ? Quel est l'effet produit sur le lecteur ?

6. Comment Michel Strogoff répond-il aux questions que lui pose le tsar ? Quel trait de caractère affiche-t-il ?

7. Quelle est la seule faiblesse de Michel Strogoff ? Dites en quoi elle peut avoir une conséquence dans la suite de l'histoire.

Une scène dramatique

8. Comment se comporte le tsar envers le général Kissoff au début du texte ? envers Michel Strogoff à la fin du texte ? Que pouvez-vous en déduire sur son état d'esprit ?

9. Quels sont les procédés utilisés par le romancier pour donner un rythme rapide au texte ?

Question de synthèse

10. Sous la forme d'une réponse construite, précisez les caractéristiques de ce héros et indiquez dans quel genre de roman on peut le trouver.

Vocabulaire

11. Que signifient les deux expressions suivantes : *un corps de fer* (l. 24) et *un cœur d'or* (l. 27). Que pensez-vous de ces images ? Comment s'appellent-elles ?

Atelier oral

Jouez la scène du dialogue entre le tsar et Michel Strogoff après la remise de la lettre. Imaginez l'attitude des deux personnages et leur manière de parler.

Écriture

À partir de la situation orale que vous venez de travailler, réécrivez la scène du dialogue entre le tsar et Michel Strogoff.

Consignes

➤ Vous ajouterez des indications sur la voix des personnages, le ton utilisé, leur attitude, le moment de leur intervention.

➤ Vous ajouterez des verbes introducteurs. Vous vous efforcerez de varier leur sens et leur place dans la réplique.

➤ Vous veillerez à choisir les répliques qui vous paraissent les plus pertinentes pour faire ces ajouts.

Avant la lecture…
Quelle va être l'attitude de Jeanne à la fenêtre ?
À quoi peut-elle penser ?

Guy de Maupassant (1850-1893)

Il est l'auteur de nombreuses nouvelles réalistes (*Une vie*, *La Parure*) ou fantastiques (*Le Horla*, *Qui sait ?*). Il fit partie du groupe qui, autour de Zola, fonda l'école naturaliste. Il porte un regard souvent cruel sur la société de son temps et sur les troubles de la vie intérieure.

2 Guy de Maupassant

Une vie

Jeanne Le Perthuis des Vauds, jeune fille de dix-sept ans, vient de sortir du couvent dans lequel elle était élevée depuis l'âge de douze ans et se rend dans le vieux château de famille près d'Yport, en Normandie, pour y passer l'été. Une fois arrivée, ne parvenant pas à dormir, elle ouvre sa fenêtre et regarde…

La jeune fille s'abandonna au bonheur de respirer ; et le repos de la campagne la calma comme un bain frais.

Toutes les bêtes qui s'éveillent quand vient le soir et cachent leur existence obscure dans la tranquillité des nuits, emplissaient les demi-ténèbres d'une agitation silencieuse. De grands oiseaux, qui ne criaient point, fuyaient dans l'air comme des taches, comme des ombres ; des bourdonnements d'insectes invisibles effleuraient l'oreille ; des courses muettes traversaient l'herbe pleine de rosée ou le sable des chemins déserts.

Seuls quelques crapauds mélancoliques poussaient vers la lune leur note courte et monotone[1].

Il semblait à Jeanne que son cœur s'élargissait, plein de murmures comme cette soirée claire, fourmillant soudain de mille désirs rôdeurs, pareils à ces bêtes nocturnes dont le frémissement l'entourait. Une affinité[2] l'unissait à cette poésie vivante ; et dans la molle blancheur de la nuit, elle sentait courir des frissons surhumains, palpiter des espoirs insaisissables, quelque chose comme un souffle de bonheur.

Et elle se mit à rêver d'amour.

L'amour ! Il l'emplissait depuis deux années de l'anxiété[3] croissante de son approche. Maintenant elle était libre d'aimer ; elle n'avait plus qu'à le rencontrer, lui !

Comment serait-il ? Elle ne le savait pas au juste et ne se le demandait même pas. Il serait lui, voilà tout.

Elle savait seulement qu'elle l'adorerait de toute son âme et qu'il la chérirait de toute sa force. Ils se promèneraient par les soirs pareils à celui-ci, sous la cendre lumineuse qui tombait des étoiles. Ils iraient, les mains dans les mains, serrés l'un contre l'autre, entendant battre leurs cœurs, sentant la chaleur de leurs épaules, mêlant leur amour à la simplicité suave[4] des nuits d'été, tellement unis qu'ils pénétreraient aisément, par la seule puissance de leur tendresse, jusqu'à leurs plus secrètes pensées.

Et cela continuerait indéfiniment, dans la sérénité[5] d'une affection indescriptible.

Et il lui sembla soudain qu'elle le sentait là, contre elle ; et brusquement un vague frisson de sensualité lui courut des pieds à la tête. Elle serra ses bras contre sa poitrine, d'un mouvement inconscient, comme pour étreindre son rêve ; et, sur sa lèvre tendue vers l'inconnu, quelque chose passa qui la fit presque défaillir, comme si l'haleine du printemps lui eût donné un baiser d'amour.

Tout à coup, là-bas, derrière le château, sur la route, elle entendit marcher dans la nuit. Et dans un élan de son âme affolée, dans un transport

1. **Monotone :** régulière, sur la même tonalité.
2. **Affinité :** entente, attirance.
3. **Anxiété :** angoisse.
4. **Suave :** agréable, douce.
5. **Sérénité :** calme, tranquillité.

Carl Larsson (1853-1919), *Lisbeth aux pivoines*, 1908.

de foi[6] à l'impossible, aux hasards providentiels[7], aux pressentiments divins, aux romanesques combinaisons du sort, elle pensa : « Si c'était lui ? » Elle écoutait anxieusement le pas rythmé du marcheur, sûre qu'il allait s'arrêter à la grille pour demander l'hospitalité.

Lorsqu'il fut passé, elle se sentit triste comme après une déception. Mais elle comprit l'exaltation de son espoir et sourit à sa démence.

Alors, un peu calmée, elle laissa flotter son esprit au courant d'une rêverie plus raisonnable, cherchant à pénétrer l'avenir, échafaudant son existence.

Guy de Maupassant, *Une vie*, 1883.

6. **Foi :** croyance.
7. **Providentiels :** qui contribuent au bonheur de quelqu'un.

Premières impressions

Après avoir lu cet extrait, dites quel type de personnage représente Jeanne.

Lire et analyser

Un paysage symbolique

1. Quel est le point de vue adopté dans cette scène ? Relevez tous les indices qui le montrent.

2. Par quels sens Jeanne perçoit-elle la nature ? Justifiez votre réponse.

3. Quels éléments du paysage sont mis en évidence ? Quelle impression se dégage de celui-ci ?

4. Quel est le rôle du paysage sur Jeanne ? Que ressent-elle en le regardant ?

Une jeune fille rêveuse

5. À quoi rêve Jeanne ? Relevez les mots ou expressions qui désignent le rêve.

6. Qu'a de particulier ce rêve ? Expliquez.

7. Que provoque-t-il chez la jeune femme ?

Du rêve à la réalité

8. Quel événement survient à la fin de l'extrait ? Comment réagit Jeanne face à cet événement ?

9. Qu'annonce cet épisode sur la suite du roman ?

Question de synthèse

10. Sous la forme d'une réponse construite, dites quelles sont les caractéristiques de cette héroïne et dans quel genre de roman on peut la trouver.

Vocabulaire

11. Relevez dans le texte tous les mots qui se rapportent aux sensations, à l'amour.

12. Classez-les du moins fort au plus fort.

Écriture

« M. de Lamare, deux jours après, fit sa première visite. [...] Il parla du pays, qu'il déclarait très "pittoresque". De temps en temps ses yeux, comme par hasard, rencontraient ceux de Jeanne ; et elle éprouvait une sensation singulière de ce regard brusque où apparaissaient une admiration caressante et une sympathie éveillée. »

Imaginez la suite de cette scène, qui permet à Jeanne de découvrir pour la première fois M. de Lamare. Le récit indiquera ce que ressent Jeanne au fur et à mesure de cette rencontre.

Avant la lecture…
« Nana » est un surnom donné à l'héroïne que vous allez découvrir. Cherchez dans le dictionnaire le mot *nana*. À partir des différents sens donnés, à quel personnage vous attendez-vous ?

Émile Zola (1840-1902)

Romancier français de la fin du XIXe siècle, il écrit le cycle des *Rougon-Macquart, histoire naturelle et sociale d'une famille sous le Second Empire* (*Nana*, *La Curée* font partie de ce cycle). Il a publiquement pris parti pour le capitaine Dreyfus en publiant notamment dans le journal *L'Aurore* son fameux « J'accuse ».

3 Émile Zola
Nana

Dans le Paris de la fin du XIXe siècle, Anna Coupeau dite Nana a quitté le misérable domicile familial. Elle débute comme actrice au théâtre des Variétés. Elle joue le rôle de la Vénus blonde. Le Tout-Paris (journalistes, écrivains, hommes d'affaires, femmes du monde) s'est donné rendez-vous au théâtre pour assister aux premiers pas de Nana sur scène.

À ce moment, les nuées[1], au fond, s'écartèrent, et Vénus parut. Nana, très grande, très forte pour ses dix-huit ans, dans sa tunique blanche de déesse, ses longs cheveux blonds simplement dénoués sur les épaules, descendit vers la rampe avec un aplomb tranquille, en riant au public. Et elle entama son grand air :

Lorsque Vénus rôde le soir…

Dès le second vers, on se regardait dans la salle. Était-ce une plaisanterie, quelque gageure[2] de Bordenave[3] ? Jamais on n'avait entendu une voix aussi fausse, menée avec moins de méthode. Son directeur la jugeait bien, elle chantait comme une seringue. Et elle ne savait même pas se tenir en scène, elle jetait les mains en avant, dans un balancement de tout son corps, qu'on trouva peu convenable et disgracieux. Des oh ! oh ! s'élevaient déjà du parterre et des petites places, on sifflotait, lorsqu'une voix de jeune coq en train de muer, aux fauteuils d'orchestre, lança avec conviction :

« Très chic ! »

Toute la salle regarda. C'était le chérubin[4], l'échappé du collège, ses beaux yeux écarquillés, sa face blonde enflammée par la vue de Nana. Quand il vit le monde se tourner vers lui, il devint très rouge d'avoir ainsi parlé haut, sans le vouloir. Daguenet, son voisin, l'examinait avec un sourire, le public riait, comme désarmé et ne songeant plus à siffler ; tandis que les jeunes messieurs en gants blancs, empoignés eux aussi par le galbe[5] de Nana, se pâmaient[6], applaudissaient.

« C'est ça, très bien ! Bravo ! »

Nana, cependant, en voyant rire la salle, s'était mise à rire. La gaieté redoubla. Elle était drôle tout de même, cette belle fille. Son rire lui creusait un amour de petit trou dans le menton. Elle attendait, pas gênée, familière, entrant tout de suite de plain-pied avec le public, ayant l'air de dire elle-même d'un clignement d'yeux qu'elle n'avait pas de talent pour deux liards[7], mais que ça ne faisait rien, qu'elle avait autre chose. Et, après avoir adressé au chef d'orchestre un geste qui signifiait : « Allons-y, mon bonhomme ! », elle commença le second couplet :

À minuit, c'est Vénus qui passe…

C'était toujours la même voix vinaigrée, mais à présent elle grattait si bien le public au bon endroit, qu'elle lui tirait par moments un léger frisson. Nana avait gardé son rire, qui éclairait sa petite bouche rouge et luisait dans ses grands yeux, d'un bleu très clair. À certains vers un peu vifs, une friandise[8] retroussait son nez dont les ailes roses battaient, pen-

1. **Nuées :** nuages.
2. **Gageure :** défi, pari.
3. **Bordenave :** directeur du théâtre.
4. **Chérubin :** ange, bel enfant.
5. **Galbe :** formes du corps.
6. **Se pâmaient :** ressentaient une émotion intense.
7. **Liard :** petite monnaie de bronze valant le quart d'un sou.
8. **Friandise :** sentiment de plaisir.

dant qu'une flamme passait sur ses joues. Elle continuait à se balancer, ne sachant faire que ça. Et on ne trouvait plus ça vilain du tout, au contraire ; les hommes braquaient leurs jumelles. Comme elle terminait le couplet, la voix lui manqua complètement, elle comprit qu'elle n'irait jamais au bout. Alors, sans s'inquiéter, elle donna un coup de hanche qui dessina une rondeur sous la mince tunique, tandis que, la taille pliée, la gorge renversée, elle tendait les bras. Des applaudissements éclatèrent. Tout de suite, elle s'était tournée, remontant, faisant voir sa nuque où des cheveux roux mettaient comme une toison de bête ; et les applaudissements devinrent furieux.

Émile Zola, *Nana*, 1880.

Édouard Manet (1832-1883), *Nana*, 1877, musée d'art de la ville de Hambourg, Allemagne.

Premières impressions

Après avoir lu ce texte, dites ce que vous pensez du titre choisi par Zola.

Lire et analyser

L'entrée en scène

1. Comment se fait l'entrée en scène de Nana ? Sur quels détails le narrateur insiste-t-il ?

2. Quelle est l'attitude de Nana lors de son entrée en scène ?

La réaction du public au jeu de Nana

3. Comment le public réagit-il aux premiers vers chantés par Nana ? Que lui reproche-t-il ?

4. Quel événement va modifier l'attitude du public ? Pour quelle raison le chérubin est-il intervenu ?

5. Comment évolue l'attitude du public après cette intervention et jusqu'à la fin du chant ?

6. Quel est le point de vue adopté dans le texte ? Pourquoi ce choix?

L'effet produit par Nana

7. Comment Nana parvient-elle à conquérir le public ?

8. Quel effet produit-elle sur les hommes ?

Question de synthèse

9. Sous la forme d'une réponse construite, précisez quel aspect de la personnalité de Nana est ainsi mis en évidence et en quoi elle est différente de Jeanne dans *Une Vie* (p. 78).

Vocabulaire B2i

10. Cherchez la définition du mot *lorette* dans le Trésor de la Langue Française Informatisée.

11. En quoi cette définition peut-elle s'appliquer au texte, et au tableau de Manet ?

Écriture

À la fin de la représentation, un homme aux gants blancs, le comte Muffat, se rend dans la loge de Nana. Il lui fait part de toute son admiration.
Imaginez la scène de rencontre entre Nana et le comte.

Consignes

- Cette scène adoptera le point de vue du comte Muffat.
- Elle alternera description de Nana, sentiments du comte et dialogue entre les deux personnages.
- Elle respectera le caractère des personnages (Nana séductrice ; le comte Muffat ému, séduit).

Avant la lecture...
Cherchez dans un dictionnaire encyclopédique qui est Eugène de Rastignac. Quelles sont ses caractéristiques ?

4 Honoré de Balzac
L'Interdiction

Dessin de Paul Gavarni (1804-1866), *Les Étudiants de Paris*.

En 1828, vers une heure du matin, deux personnes sortaient d'un hôtel situé dans la rue du Faubourg Saint-Honoré, près de l'Élysée-Bourbon : l'une était un médecin célèbre, Horace Bianchon ; l'autre un des hommes les plus élégants de Paris, le baron de Rastignac, tous deux amis depuis longtemps. Chacun d'eux avait renvoyé sa voiture[1], il ne s'en trouva point dans le faubourg ; mais la nuit était belle et le pavé sec.

– Allons à pied jusqu'au boulevard, dit Eugène de Rastignac à Bianchon, tu prendras une voiture au Cercle ; il y en a là jusqu'au matin. Tu m'accompagneras jusque chez moi.

– Volontiers.

– Eh bien, mon cher, qu'en dis-tu ?

– De cette femme ? répondit froidement le docteur.

– Je reconnais mon Bianchon, s'écria Rastignac.

– Eh bien, quoi ?

– Mais tu parles, mon cher, de la marquise d'Espard comme d'une malade à placer dans ton hôpital.

– Veux-tu savoir ce que je pense, Eugène ? Si tu quittes Mme de Nucingen pour cette marquise, tu changeras ton cheval borgne contre un aveugle.

– Mme de Nucingen a trente-six ans, Bianchon.

– Et celle-ci en a trente-trois, répliqua vivement le docteur.

– Ses plus cruelles ennemies ne lui en donnent que vingt-six.

– Mon cher, quand tu auras intérêt à connaître l'âge d'une femme, regarde ses tempes et le bout de son nez. Quoi que fassent les femmes avec leurs cosmétiques, elles ne peuvent rien sur ces incorruptibles témoins de leurs agitations. Là, chacune de leurs années a laissé ses stigmates[2]. Quand les tempes d'une femme sont attendries, rayées, fanées d'une certaine façon ; quand au bout de son nez il se trouve de ces petits points qui ressemblent aux imperceptibles parcelles[3] noires que font pleuvoir à Londres les cheminées où l'on brûle du charbon de terre... votre serviteur ! La femme a passé trente ans. Elle sera belle, elle sera spirituelle, elle sera aimante, elle sera tout ce que tu voudras ; mais elle aura passé trente ans, mais elle arrive à sa maturité. Je ne blâme pas ceux qui s'attachent à ces sortes de femmes ; seulement, un homme aussi distingué que tu l'es ne doit pas prendre une reinette[4] de février pour une petite pomme d'api qui sourit sur sa branche et demande un coup de dent. L'amour ne va jamais consulter les registres de l'État Civil ; personne n'aime une femme parce qu'elle a tel ou tel âge, parce qu'elle est belle ou laide, bête ou spirituelle : on aime parce qu'on aime.

Honoré de Balzac (1799-1850)
Il est l'auteur du cycle romanesque de la *Comédie humaine* (*Le Père Goriot*, *Eugénie Grandet*) et du principe des personnages récurrents (Eugène de Rastignac, Vautrin). Il explore les différentes classes sociales et les individus qui les composent dans un monde où s'affrontent caractères et passions.

1. **Voiture :** voiture tirée par des chevaux.
2. **Stigmates :** marques durables sur la peau, cicatrices.
3. **Parcelles :** fragments de matière.
4. **Reinette :** pomme d'automne ou d'hiver à peau souvent tachetée, à chair fine, parfumée.

– Eh bien, moi, je l'aime par bien d'autres raisons. Elle est marquise d'Espard, elle est née Blamont-Chauvry, elle est à la mode, elle a de l'âme, elle a un pied aussi joli que celui de la duchesse de Berri, elle a peut-être cent mille livres de rente, et je l'épouserai peut-être un jour ! Enfin elle me mettra dans une position où je pourrai payer mes dettes.

– Je te croyais riche, dit Bianchon en interrompant Rastignac.

– Bah ! J'ai vingt mille livres de rente, précisément ce qu'il faut pour tenir écurie. J'ai été roué[5], mon cher, dans l'affaire de M. de Nucingen, je te raconterai cette histoire-là. J'ai marié mes sœurs, voilà le plus clair de ce que j'ai gagné depuis que nous nous sommes vus, et j'aime mieux les avoir établies que de posséder cent mille écus de rente. Maintenant que veux-tu que je devienne ? J'ai de l'ambition. Où peut me mener Mme de Nucingen ? Encore un an, je serai chiffré, casé, comme l'est un homme marié. J'ai tous les désagréments du mariage et ceux du célibat sans avoir les avantages ni de l'un ni de l'autre ; situation fausse, à laquelle arrivent tous ceux qui restent trop longtemps attachés à une même jupe.

Honoré de Balzac, *L'Interdiction*, 1836.

5. **Roué :** trompé, abusé.

Premières impressions

Résumez la scène en quelques lignes. De quoi parlent Eugène de Rastignac et Bianchon ?

Lire et analyser

La progression du dialogue

1. Quel personnage parle en premier ? en dernier ?

2. Qui mène le dialogue ? Pourquoi ?

3. Relevez les expressions qui concernent le ton de Bianchon. Que pouvez-vous en conclure sur son opinion ?

4. Quel aspect de la personnalité de Rastignac est mis en évidence ?

L'enjeu du dialogue

5. Quelle est l'opinion principale de Bianchon ? Résumez les arguments utilisés.

6. Quelle est celle de Rastignac ? Résumez les arguments utilisés.

7. Que pouvez-vous en conclure sur l'enjeu du dialogue entre les deux hommes ? sur les arguments qu'ils utilisent ?

La personnalité de Rastignac

8. Comment sont présentés les deux personnages au début du texte ?

9. Sur quelle différence entre les deux hommes Balzac met-il l'accent ?

10. Que cherche Rastignac en se mariant avec la marquise d'Espard ?

11. Que représentent les femmes pour Rastignac ?

Question de synthèse

12. Sous la forme d'une réponse construite, précisez quel trait de caractère est mis en évidence chez Rastignac et en quoi le personnage est différent de Michel Strogoff (p. 74).

Vocabulaire

13. Cherchez dans les dictionnaires numériques l'étymologie et les différents sens du mot *ambitieux*. Cherchez ses synonymes et ses antonymes.

De l'oral vers l'écrit

Imaginez la suite du dialogue entre les deux hommes.

Consignes

En travail de groupe :

- Trouvez des arguments pour Bianchon puis pour Rastignac.
- Imaginez par quelle décision se termine la scène.

Individuellement :

- Rédigez la scène.
- Lisez la suite imaginée par Balzac. Comparez-la à votre propre texte.

Écriture

Rastignac rencontre la marquise d'Espard. Il essaie de la séduire. Imaginez la scène entre les deux personnages.

5 Jacques Tardi

Adèle et la Bête

Paris, le 4 novembre 1911. Au Museum d'Histoire naturelle, un oeuf préhistorique éclot et libère un ptérodactyle qui cause la mort de plusieurs personnes. Le 16 novembre de la même année, Adèle Blanc-Sec, aventurière, voyage avec une malle dans laquelle elle a enfermé Édith Rabatjoie, qu'elle va séquestrer. Découvrons pourquoi…

Jacques Tardi (né en 1946)

Auteur français de bande dessinée, il débute en 1969 dans la revue *Pilote*. En 1976, il donne naissance à Adèle Blanc-Sec. Profondément marqué par les souvenirs de son grand-père, il aborde le sujet de la guerre de 1914-1918 (*C'était la guerre des tranchées*). Il met également en image des œuvres littéraires (*Voyage au bout de la nuit* de F. Céline ou *Nestor Burma* de Léo Malet). Il a reçu le grand prix du festival d'Angoulême en 1985.

Jacques Tardi, *Les Aventures extraordinaires d'Adèle Blanc-Sec, Adèle et la Bête* © éd. Casterman, 1976.

Questions

1. À quelle époque sommes-nous ?

2. Que se passe-t-il dans cette scène ?

3. Quelle est l'attitude d'Adèle Blanc-Sec ? Que pouvez-vous dire sur sa façon de parler ? Expliquez.

4. À partir de cette planche, comment définiriez-vous sa personnalité ?

5. Voici quelques propos de Jacques Tardi sur Adèle Blanc-Sec, personnage qu'il a créé.

« Adèle est une petite nana normale, ni belle, ni laide. C'est le contrepoint au héros masculin musclé, au menton carré et qui sait tout faire ! Je n'aime pas le principe du héros. »

Propos de Tardi recueillis par J.-P. Quenez pour *Le Matin de Paris* du 14 juillet 1977.

« Quand j'ai commencé la BD, il existait Bécassine, qui n'avait pas de bouche, comme si elle était trop bête pour pouvoir parler, et toutes sortes de créatures érotiques de type Barbarella. Il n'y avait pas de femme au comportement "normal". C'est la raison pour laquelle j'ai créé Adèle Blanc-Sec. C'était en 1972, au lendemain de l'Année de la femme. Cela a dû jouer, je pense. [...] C'est une façon d'introduire un personnage féminin qui fonctionne de la même manière qu'un personnage masculin. »

Propos de Tardi recueillis par V. Châtel pour *La Liberté / Le Courrier*, 15 janvier 1998.

En quoi ces propos s'appliquent-ils au personnage que vous venez de découvrir ?

6. Comment situez-vous le personnage d'Adèle Blanc-Sec par rapport à Jeanne (*Une vie*, p. 78) et à Nana (p. 80) ?

Histoire des *Arts*

Le Paris haussmannien

Sous le Second Empire, Paris connaît de profondes transformations. Napoléon III et le préfet Haussmann entreprennent d'« aérer, unifier et embellir la ville ». Le projet concerne rues et boulevards, façades, espaces verts et égouts, équipements et monuments publics.

Les travaux d'Haussmann vus par Zola

Saccard, très informé sur les travaux haussmanniens, spécule sur l'achat des terrains. Il a invité sa femme, Angèle, au restaurant. Il lui présente les grands travaux à venir…

[…] – Ils dégagent le Louvre et l'Hôtel de Ville. Jeux d'enfants que cela ! C'est bon pour mettre le public en appétit… Quand le premier réseau sera fini, alors commencera la grande danse. Le second réseau trouera la ville de toutes parts, pour rattacher les faubourgs au premier réseau. Les tronçons agoniseront dans le plâtre… Tiens, suis un peu ma main. Du boulevard du Temple à la barrière du Trône, une entaille ; puis de ce côté, une autre entaille, de la Madeleine à la plaine Monceau ; et une troisième entaille dans ce sens, une autre dans celui-ci, une entaille là, une entaille plus loin, des entailles partout ; Paris haché à coups de sabre, les veines ouvertes, nourrissant cent mille terrassiers et maçons, traversé par d'admirables voies stratégiques qui mettront les forts au cœur des vieux quartiers.

La nuit venait. Sa main sèche et nerveuse coupait toujours dans le vide. Angèle avait un léger frisson, devant ce couteau vivant, ces doigts de fer qui hachaient sans pitié l'amas sans bornes des toits sombres. Depuis un instant, les brumes de l'horizon roulaient doucement des hauteurs, et elle s'imaginait entendre, sous les ténèbres qui s'amassaient dans les creux, de lointains craquements, comme si la main de son mari eût réellement fait les entailles dont il parlait, crevant Paris d'un bout à l'autre, brisant les poutres, écrasant les moellons, laissant derrière elle de longues et affreuses blessures de murs croulants. La petitesse de cette main, s'acharnant sur une proie géante, finissait par inquiéter ; et, tandis qu'elle déchirait sans effort les entrailles de l'énorme ville, on eût dit qu'elle prenait un étrange reflet d'acier dans le crépuscule bleuâtre.

Émile Zola, *La Curée*, 1871.

1 **Quels sont les grands travaux entrepris ? Quels mots insistent sur l'ampleur des travaux ?**

2 **Quels gestes de Saccard accompagnent la démonstration ? À quoi sa main est-elle comparée ?**

3 **Comment apparaît, dans cette scène, le personnage de Saccard ?**

4 **Quels sentiments provoque-t-il chez sa femme ?**

5 **Que cherche à dénoncer Zola dans ce texte ?**

Retenir

L'idée maîtresse de Napoléon III et d'Haussmann est de percer de grands axes, qui permettront une meilleure circulation et une meilleure hygiène dans un Paris encore sombre, insalubre et surpeuplé. Un autre objectif, moins avoué publiquement, est de maîtriser d'éventuels soulèvements populaires, comme ceux qui ont eu lieu en 1830 et 1848.

Le nouveau Paris vu par Caillebotte

Retenir

Les immeubles haussmanniens s'étendent à l'ensemble des nouvelles voies parisiennes. Haussmann tient à ce qu'ils s'intègrent dans un paysage unifié (on parle de « rue mur ») : même hauteur d'étages, mêmes lignes horizontales fortes qui se poursuivent d'un immeuble à l'autre avec balcons, corniches et moulures ; des façades à pierre de taille. Le deuxième étage est considéré comme « noble » avec un balcon courant sur l'ensemble de la façade.

Gustave Caillebotte, *Rue de Paris par temps de pluie*, 1877, huile sur toile, 212 cm x 276 cm, Art Institute of Chicago, États-Unis.

L'immeuble haussmannien

Façade haussmannienne d'un immeuble rue Monge, Paris, 5e arrondissement.

1 **Quelles sont les caractéristiques d'une façade haussmannienne ? Observez la hauteur des immeubles, le nombre d'étages ; les lignes principales des façades ; la répartition des fenêtres, des balcons.**

2 **À votre avis, à quelles classes sociales sont destinés ces immeubles ? Pourquoi ?**

3 **Que cherche à faire Haussmann dans Paris ?**

4 **Ces immeubles sont appelés des *immeubles de rapport*. Cherchez le sens de cette expression dans le dictionnaire.**

5 **Pourquoi portent-ils ce nom ?**

Question de synthèse

La campagne menée par Haussmann est intitulée « Paris embellie, Paris agrandie, Paris assainie ». Après avoir étudié les différents documents, expliquez en quoi les transformations opérées répondent à cet intitulé. Votre réponse sera construite et illustrée d'exemples.

Quelques spécificités du récit

Les déterminants

1 Relevez les déterminants indéfinis utilisés dans ce texte. Pourquoi sont-ils utilisés ?

À neuf heures, la salle du théâtre des Variétés était encore vide. Quelques personnes, au balcon et à l'orchestre, attendaient, perdues parmi les fauteuils de velours grenat, dans le petit jour du lustre à demi-feux. Une ombre noyait la grande tache rouge du rideau ; et pas un bruit ne venait de la scène, la rampe éteinte, les pupitres des musiciens débandés. En haut seulement, à la troisième galerie, autour de la rotonde du plafond où des femmes et des enfants nus prenaient leur volée dans un ciel verdi par le gaz, des appels et des rires sortaient d'un brouhaha continu de voix, des têtes coiffées de bonnets et de casquettes s'étageaient sous les larges baies rondes, encadrées d'or. Par moments, une ouvreuse se montrait, affairée, des coupons à la main, poussant devant elle un monsieur et une dame qui s'asseyaient, l'homme en habit, la femme mince et cambrée, promenant un lent regard.

Deux jeunes gens parurent à l'orchestre. Ils se tinrent debout, regardant. […]

Un instant, ils se turent, levant la tête, fouillant l'ombre des loges.

Émile Zola, *Nana*, 1880.

Reconnaître les types de points de vue

**2 Dans l'extrait suivant, identifiez le point de vue choisi. Justifiez votre réponse.
Dites quel est l'effet recherché.**

Condamné à mort !
Voilà cinq semaines que j'habite avec cette pensée, toujours seul avec elle, toujours glacé de sa présence, toujours courbé sous son poids !
Autrefois, car il me semble qu'il y a plutôt des années que des semaines, j'étais un homme comme un autre homme. Chaque jour, chaque heure, chaque minute avait son idée. Mon esprit, jeune et riche, était plein de fantaisies. […] C'était toujours fête dans mon imagination. Je pouvais penser à ce que je voulais, j'étais libre.
Maintenant je suis captif. Mon corps est aux fers[1], dans un cachot, mon esprit est en prison dans une idée. Une horrible, une sanglante, une implacable idée ! Je n'ai plus qu'une pensée, qu'une conviction, qu'une certitude : condamné à mort !

Victor Hugo, *Le Dernier Jour d'un condamné*, 1829.

1. **Est aux fers :** est enchaîné.

3 a. Définissez le point de vue choisi par le narrateur au début de cet extrait. Justifiez votre réponse.
b. À quel moment du texte ce point de vue s'inverse-t-il ? Qu'apporte selon vous ce changement ?

Madame de Rênal sortait par la porte-fenêtre du salon qui donnait sur le jardin, quand elle aperçut près de la porte d'entrée la figure d'un jeune paysan presque encore enfant, extrêmement pâle et qui venait de pleurer. Il était en chemise bien blanche, et avait sous le bras une veste fort propre de ratine violette.

Le teint de ce petit paysan était si blanc, ses yeux si doux, que l'esprit un peu romanesque de madame de Rênal eut d'abord l'idée que ce pouvait être une jeune fille déguisée, qui venait demander quelque grâce à M. le maire. Elle eut pitié de cette pauvre créature, arrêtée à la porte d'entrée, et qui évidemment n'osait pas lever la main jusqu'à la sonnette. Madame de Rênal s'approcha, distraite un instant de l'amer chagrin que lui donnait l'arrivée du précepteur. Julien, tourné vers la porte, ne la voyait pas s'avancer. Il tressaillit quand une voix douce dit tout près de son oreille :

– Que voulez-vous ici, mon enfant ?

Julien se tourna vivement, et frappé du regard si rempli de grâce de Madame de Rênal, il oublia une partie de sa timidité. Bientôt, étonné de sa beauté, il oublia tout, même ce qu'il venait faire. Madame de Rênal avait répété sa question.

Stendhal, *Le Rouge et le Noir*, 1830.

4 Rédigez, en quelques lignes, la suite du texte précédent.

a. Vous adopterez le point de vue de Julien.
b. Le texte racontera l'attitude de Madame de Rênal vue à travers les yeux de Julien. Il décrira ses pensées, ses émotions.
c. Il sera écrit à la 3e personne et aux temps du passé.

Vocabulaire

Décrire la personnalité et les émotions du héros

Autour du mot *héros*

Héros
1. Nom donné dans *Homère* aux hommes d'un courage ou d'un mérite supérieurs, favoris particuliers des dieux, et dans *Hésiode* à ceux qu'on disait fils d'un dieu et d'une mortelle ou d'une déesse et d'un mortel.
2. *Fig.* Ceux qui se distinguent par une valeur extraordinaire ou des succès éclatants à la guerre.
3. Tout homme qui se distingue par la force du caractère, la grandeur d'âme, une haute vertu.
4. Terme de littérature. Personnage principal d'un poème, d'un roman, d'une pièce de théâtre. Achille est le héros de *l'Iliade*.
Par extension. Héros de roman, personnage à qui il est arrivé des aventures extraordinaires.
Le héros d'une aventure, celui à qui elle est arrivée.
5. Le héros d'une chose, celui qui y brille d'une manière excellente en bien ou en mal... Le héros du jour, l'homme qui, en un certain moment, attire sur soi toute l'attention du public.

D'après le *Dictionnaire de la langue française* de **Littré**.

1 **a.** Lisez cet article extrait du *Littré*. Quel est le sens d'origine du mot *héros* ?
b. Quelle évolution du sens percevez-vous entre la première et la dernière définition ?
c. Cherchez des mots de la même famille que *héros* (dont un nom, un adjectif qualificatif, un adverbe). Pour chacun d'eux, donnez leur sens.
d. Rédigez ensuite une phrase avec chacun des mots que vous avez trouvés.

2 VOCABULAIRE B2i
a. Rendez-vous sur le site du CNRTL (Centre National de Ressources Textuelles et Lexicales), site des dictionnaires en ligne. Une fois sur le site, trouvez huit synonymes de l'adjectif *héroïque*. Comment sont-ils classés ?
b. Employez chacun des synonymes dans une phrase de votre composition.
c. Trouvez à présent deux antonymes. Employez-les dans une phrase.

L'expression des émotions

3 **a.** Relevez dans ce texte les mots ou les groupes de mots traduisant les sentiments ou les émotions de Jeanne. De quels sentiments ou émotions s'agit-il ?
b. Les deux mots en gras expriment le même sentiment mais à des degrés divers. Lequel est le plus fort ?
c. Quels classements peut-on proposer pour les mots ou expressions que vous avez relevés ? Nommez les ensembles que vous avez trouvés.
Exemple de classement possible : « les manifestations physiques de l'amour » : *remuait le cœur, se sentait défaillante, rougissait, pâlissait, frissonnait*. Trouvez-en d'autres.
d. Cherchez des mots de la même famille que *amour*.

Quand [Jeanne] fut rentrée le soir, dans sa chambre, elle se sentit étrangement remuée et tellement attendrie que tout lui donnait envie de pleurer. Elle regarda sa pendule, pensa que la petite abeille battait à la façon d'un cœur, d'un cœur ami ; [...] et elle arrêta la mouche dorée pour mettre un baiser sur ses ailes. Elle aurait embrassé n'importe quoi. Elle se souvint d'avoir caché dans le fond d'un tiroir une vieille poupée d'autrefois ; elle la rechercha, la revit avec la joie qu'on a en retrouvant des amies adorées ; et, la serrant contre sa poitrine, elle cribla de baisers ardents les joues peintes et la filasse frisée du joujou.

[...] Elle n'avait point encore ces élans tumultueux de tout son être, ces ravissements fous, ces soulèvements profonds qu'elle croyait être la **passion** ; il lui semblait cependant qu'elle commençait à l'**aimer** ; car elle se sentait parfois toute défaillante en pensant à lui ; et elle y pensait sans cesse. Sa présence lui remuait le coeur ; elle rougissait et pâlissait en rencontrant son regard, et frissonnait en entendant sa voix.

Guy de Maupassant, *Une vie*, 1883.

4 Les expressions suivantes contiennent toutes le mot *cœur*. Classez-les dans le tableau ci-dessous.
avoir le cœur sur la main • le cœur gros • une affaire de cœur • avoir du cœur • un cœur d'artichaut • un cœur de pierre • donner son cœur • peser sur le cœur • loin des yeux, loin du cœur

Amour	Bonté	Tristesse	Absence de sentiments

5 **a.** Quel sentiments expriment ces noms ?
panique • crainte • effroi • frayeur • inquiétude • appréhension • épouvante • horreur • terreur • angoisse • trac • anxiété • frousse
b. Classez-les du plus faible au plus fort.

Mettre en scène le héros

Activité 1 Imaginer le dialogue entre deux personnages

Résumé du Père Goriot de Balzac :

Eugène de Rastignac, modeste étudiant, vient de s'installer à la pension Vauquer. Il fait la rencontre de Vautrin, ancien bagnard recherché par la police. Vautrin connaît bien le fonctionnement de la société et propose à Eugène de faire de lui un homme riche et puissant.

1 Mettez-vous en groupes de quatre à cinq élèves :
- Déterminez la personnalité de chacun des deux personnages.
- À partir des différentes lectures que vous avez faites dans ce chapitre, retrouvez les caractéristiques de la société et du Paris du XIXe siècle.
- Imaginez trois à quatre propositions que peut faire Vautrin.

2 Collectivement, mettez en commun le travail mené en groupe.

3 Individuellement, rédigez cette scène.

Activité 2 Imaginer l'ascension sociale d'un personnage

1 Lisez cet extrait de *Nantas*.

Il y avait, chez Nantas, une ambition entêtée de fortune, qu'il tenait de sa mère. C'était un garçon de décision prompte, de volonté froide. Tout jeune, il disait être une force. On avait souvent ri de lui, lorsqu'il s'oubliait à faire des confidences et à répéter sa phrase favorite : « Je suis une force », phrase qui devenait comique, quand on le voyait avec sa mince redingote noire, craquée aux épaules, et dont les manches lui remontaient au-dessus des poignets. Peu à peu, il s'était ainsi fait une religion de la force, ne voyant qu'elle dans le monde, convaincu que les forts sont quand même les victorieux. Selon lui, il suffisait de vouloir et de pouvoir. Le reste n'avait pas d'importance.

Le dimanche, lorsqu'il se promenait seul dans la banlieue brûlée de Marseille, il se sentait du génie ; au fond de son être, il y avait comme une impulsion instinctive qui le jetait en avant ; et il rentrait manger quelque platée de pommes de terre avec son père infirme, en se disant qu'un jour il saurait bien se tailler sa part, dans cette société où il n'était rien encore à trente ans. Ce n'était point une envie basse, un appétit des jouissances vulgaires ; c'était le sentiment très net d'une intelligence et d'une volonté qui, n'étant pas à leur place, entendaient monter tranquillement à cette place, par un besoin naturel de logique.

Émile Zola, *Nantas*, 1878.

2 Mettez-vous en groupes de quatre à cinq élèves :
- Caractérisez la personnalité de Nantas.
- Imaginez les péripéties auxquelles Nantas peut être confronté à Paris. Elles doivent correspondre à la société du XIXe siècle. Elles doivent mettre en valeur la personnalité de Nantas.
- Imaginez une ascension sociale réussie pour votre personnage, qui servira de conclusion au récit.

3 Collectivement, mettez en commun le travail qui vient d'être effectué.

4 Individuellement, rédigez le récit qui raconte comment Nantas parvient à réussir.
- Ce récit aura pour incipit l'extrait proposé.
- Il reprendra des péripéties trouvées par la classe et il mettra en valeur le caractère du personnage.
- Il se terminera par la réussite du personnage.
- La scène se déroulera à Paris.

Activité 3 Défendre son personnage

Vous êtes un héros ou une héroïne imaginaire célèbre de roman ou de conte.

Écrivez une lettre d'une vingtaine de lignes au Syndicat des Héros Littéraires pour vous plaindre ou vous réjouir de votre personnage.

Plan à respecter dans le corps de la lettre :
- 1er paragraphe : présentez-vous : quel héros êtes-vous ? Dans quelle histoire apparaissez-vous ?
- 2e paragraphe : Donnez votre point de vue sur votre personnage.
- 3e paragraphe : Développez trois arguments pour justifier votre point de vue.

Consignes

➤ Vous pouvez choisir votre personnage dans la liste suivante : Harry Potter, James Bond, le Petit Chaperon rouge, Blanche Neige, Rastignac…

➤ Votre 3e paragraphe développera des arguments sur l'aspect physique, la personnalité qu'on vous a attribués, vos conditions de vie, l'histoire qu'on vous fait vivre en tant que personnage…

Expression orale

Parler du héros

Activité 1 Raconter à partir d'un tableau

Gustave Caillebotte, *Un balcon*,1880, collection privée.

1. À partir de ce tableau, par groupes de deux élèves, imaginez ce que pense chacun des personnages et ce qu'ils se disent.
2. Jouez le dialogue devant la classe.
3. L'échange qui suivra portera essentiellement sur la personnalité des personnages (est-elle conforme au personnage de roman du XIXe siècle ?) et le Paris de l'époque (retrouve-t-on les éléments du Paris haussmannien ?)

Activité 2 Le jeu du portrait

1. Choisissez un héros qui, dernièrement, dans l'actualité, vous a le plus impressionné (sportif, artiste, savant…).
2. Présentez-le à vos camarades, sans prononcer son nom. Ils doivent trouver de qui il s'agit.
3. Faites son portrait en caractérisation indirecte : décrivez le personnage au travers de détails matériels (vêtements, gestes, lieux de vie…), de paroles, d'actions.
4. Finissez en donnant les raisons de votre admiration.

Activité 3 B2i Se familiariser avec la notion de héros

1. Rendez-vous sur le site de la Bibliothèque nationale de France, www.bnf.fr et cliquez sur le lien *Action pédagogique*. Une fois sur le site pédagogique, allez dans la rubrique *Dossiers / Histoire des représentations / Héros, d'Achille à Zidane*. Cliquez sur à *d'Achille à Zidane* dans *Gros plan* puis écoutez le diaporama.
2. Prenez des notes puis organisez votre réponse à la question suivante : Qu'y a-t-il de commun à Achille et Zidane ?
3. Rendez compte à l'oral de ce qu'est un héros au fil des siècles.
4. Après avoir écouté les différents comptes rendus faits en classe, rédigez une réponse argumentée qui explique la notion de héros : sa définition, les différentes catégories de héros, son évolution d'Achille à Zidane.
Vous insisterez, dans un paragraphe spécifique, sur les héros modernes.

Activité 4 Présenter le héros d'un livre

1. Choisissez un des livres donnés en lectures personnelles (p. 93). Lisez-le.
2. Présentez le personnage principal. Vous direz :
- quelle est l'origine du personnage ;
- quelles sont ses qualités principales ;
- quels sont les deux ou trois faits par lesquels il est remarquable.

Activité 6 Préparer un exposé

1. Lisez la double page d'Histoire des arts, p. 86-87.
Haussmann a également travaillé à l'aménagement d'autres villes françaises : Rouen, Bordeaux, Lille, Toulouse, Avignon, Montpellier, Toulon, Lyon, Nîmes et Marseille. Même Alger, alors colonie française, a également été profondément remaniée à cette époque.
2. Par groupes de deux élèves, choisissez une de ces villes.
3. Montrez, à partir d'un ou deux exemples d'architecture et d'urbanisme, en quoi elles se sont inspirées des idées d'Haussmann.
4. Présentez en appui à votre exposé des documents iconographiques précis.

Synthèse

Le héros de roman au XIXe siècle

La fabrique du héros dans le roman

- Dès l'incipit, le romancier dresse le cadre de l'action et campe ses personnages, brossant un premier portrait du **personnage principal** ou **héros**. Très vite le lecteur le distingue des personnages secondaires qui vont aider ou entraver l'action du héros.

- Au fil du texte, **le héros se constitue** par l'ajout de détails successifs, qui lui donnent une identité et une personnalité. Lorsqu'il exécute un portrait, qui peut être physique ou moral, le romancier accumule les traits distinctifs du personnage par un procédé de **caractérisation directe**. Bien souvent, un détail physique peut déboucher sur un trait moral (par exemple, de l'œil au regard qui peut être intelligent, bon, calculateur…).

- Le romancier peut aussi procéder par **caractérisation indirecte** : le personnage se révèle alors par des détails matériels (vêtements, gestes, lieux de vie…), des paroles ou des actions. Le **nom propre**, élément central de l'identité du personnage, est souvent choisi pour le sens qu'il véhicule : par exemple le diminutif « Nana » a une valeur péjorative qui dévalorise le personnage.

Le héros, un type de personnage

- Dans le roman réaliste, les héros ont perdu leur prestige, ce sont des **personnages** beaucoup plus « **ordinaires** », homme ou femme, plutôt jeunes (du moins au début du roman).

- Le personnage réaliste est clairement identifié : on connaît son **identité**, son passé, ses **traits de caractère**. Il devient le représentant d'un **type de personnage** dans la vie réelle (l'ambitieux, le financier, l'ouvrier…).

- L'ambitieux par exemple (Rastignac ou encore Bel-Ami), est mû par la volonté de réussir, le plus souvent en usant de moyens immoraux (la séduction, le mensonge, les alliances…). Il n'incarne plus des valeurs chevaleresques.

- Au travers de ce personnage, en adoptant notamment le point de vue interne, l'auteur dévoile sa vision du monde, porteuse d'une critique sociale car tout portrait suppose un point de vue (*voir synthèse p. 38*).

Le héros de moins en moins héroïque

- En 1865, les frères Goncourt se demandent si ce qu'on appelait les « basses classes » n'ont pas droit à leur roman. Dès lors, les écrivains ne cherchent plus à peindre de grands hommes, mais des **personnages pris dans la médiocrité courante de la vie**.

- Ils donnent une grande importance au **milieu social**, pour montrer comment la société influence l'individu et réciproquement. Zola et Maupassant considèrent la littérature comme un mode d'analyse et de connaissance de la nature humaine.

- Le héros n'est plus que le **personnage principal** du récit mais n'est plus héroïque. À l'aube du XXe siècle se dessine, dans certains romans, dans certaines bandes dessinées comme dans certains films, le personnage de l'anti-héros.

Lectures personnelles

Des bandes dessinées

Jacques Tardi
Adèle Blanc-sec, Le Démon de la Tour Eiffel
© éd. Casterman, 2007.

En ce mois de décembre 1911, Paris est secoué par la brusque réapparition de la peste et par une mystérieuse vague de disparitions sur le Pont-Neuf. Adèle, déterminée à venger la mort de son ami Lucien Ripol, mène l'enquête, persuadée qu'un lien existe entre ces trois affaires. Arrivera-telle à échapper aux menaces qui planent sur elle ?
À voir : le film de Luc Besson, *Les Aventures extraordinaires d'Adèle Blanc-sec*, 2010.

Hugo Pratt
Corto Maltese, Fables de Venise
© éd. Casterman, 2009.

Corto Maltese se trouve à Venise. Il est à la recherche d'une fameuse émeraude : la clavicule de Salomon. Aidé par ses amis Boëke et Petit Pied d'Argent, il circule entre les canaux autour des sectes et des symboles maçonniques et rencontre des personnages peu sympathiques. Entre force de l'Histoire et réalité des fables, où se situe la limite entre mondes réel et imaginaire ?

Benoît Roels
Bleu lézard, L'Appât
© éd. Glénat, 2000.

À l'hôpital où elle travaille en tant qu'infirmière, Ellen est auprès de Ling Sao, une amie coréenne qui accouche d'une petite fille, Noï. La première nuit, le bébé est kidnappé. Tout ce que le pays compte en médias et forces de police se mobilise pour retrouver l'enfant volé. Mais Noï et sa mystérieuse ravisseuse se sont évaporées dans la nature.

ZOOM sur ...

Émile Zola
Nantas
© éd. Livre de poche, 2004.

■ L'auteur
Romancier français de la fin du XIXe siècle, Émile Zola (1840-1902) écrit le cycle des *Rougon-Macquart, histoire naturelle et sociale d'une famille sous le Second Empire* (*Nana*, *La Curée* font partie de ce cycle). Il a publiquement pris parti pour le capitaine Dreyfus en publiant notamment dans le journal *L'Aurore* son fameux « J'accuse ».

■ L'intrigue
Après la mort de son père, un jeune Marseillais, prénommé Nantas, décide de monter sur Paris, pour devenir un homme d'affaires. Deux mois plus tard, Nantas n'a toujours pas de travail et plus un sou en poche. C'est alors qu'une mystérieuse visiteuse va lui faire une proposition qui pourrait bouleverser sa vie. Nantas sera-t-il prêt à se vendre pour obtenir l'ascension sociale tant désirée ?

Des romans et nouvelles

Gustave Flaubert
Un cœur simple, dans Trois contes
© éd. Gallimard, Folio n° 3245, 1999.

« L'histoire d'*Un cœur simple* est tout bonnement le récit d'une vie obscure, celle d'une pauvre fille de campagne, [...] dévouée sans exaltation et tendre comme du pain frais. Elle aime successivement un homme, les enfants de sa maîtresse, un neveu, un vieillard qu'elle soigne, puis son perroquet... Cela n'est nullement ironique comme vous le supposez, mais au contraire très sérieux et très triste. Je veux apitoyer, faire pleurer les âmes sensibles. » (G. Flaubert).

Guy de Maupassant
Une vie
© éd. Livre de poche, 1979.

Jeanne est une jeune aristocrate qui, pour ses dix-sept ans, quitte le couvent afin de commencer sa « vie ». Elle rencontre son futur mari, Julien de Lamare, avec qui elle aura un enfant. Mais son mari se révèle ne pas être celui qu'elle croyait, dévoilant peu à peu sa véritable personnalité...

Gustave Flaubert

Un cœur simple

Félicité, sans famille, est la servante de Mme Aubain, qui s'est retrouvée veuve très tôt avec deux enfants très jeunes et une quantité de dettes. Pour rembourser ses dettes, elle vend ses immeubles mais garde la ferme de Toucques et la ferme de Geffosses dont elle tire des rentes. Félicité est fidèle à sa maîtresse, pour laquelle elle fait la cuisine et le ménage.

Quand le temps était clair, on s'en allait de bonne heure à la ferme de Geffosses.

La cour est en pente, la maison dans le milieu ; et la mer, au loin, apparaît comme une tache grise.

Félicité retirait de son cabas[1] des tranches de viande froide, et on déjeunait dans un appartement faisant suite à la laiterie. Il était le seul reste d'une habitation de plaisance maintenant disparue. Le papier de la muraille, en lambeaux, tremblait aux courants d'air. Mme Aubain penchait son front, accablée de souvenirs ; les enfants n'osaient plus parler. « Mais jouez donc ! » disait-elle ; ils décampaient.

Paul montait dans la grange, attrapait des oiseaux, faisait des ricochets sur la mare, ou tapait avec un bâton les grosses futailles[2], qui résonnaient comme des tambours.

Virginie donnait à manger aux lapins, se précipitait pour cueillir des bleuets[3], et la rapidité de ses jambes découvrait ses petits pantalons brodés.

Un soir d'automne, on s'en retourna par les herbages.

La lune à son premier quartier éclairait une partie du ciel, et un brouillard flottait comme une écharpe sur les sinuosités de la Toucques[4]. Des bœufs, étendus au milieu du gazon, regardaient tranquillement ces quatre personnes passer. Dans la troisième pâture, quelques-uns se levèrent, puis se mirent en rond devant elles. – « Ne craignez rien ! » dit Félicité ; et, murmurant une sorte de complainte, elle flatta sur l'échine, celui qui se trouvait le plus près ; il fit volte-face, les autres l'imitèrent. Mais quand l'herbage suivant fut traversé, un beuglement formidable s'éleva. C'était un taureau que cachait le brouillard. Il avança vers les deux femmes. Mme Aubain allait courir. – « Non ! non ! moins vite ! » Elles pressaient le pas cependant, et entendaient par-derrière un souffle sonore qui se rapprochait. Ses sabots, comme des marteaux, battaient l'herbe de la prairie ; voilà qu'il galopait maintenant ! Félicité se retourna et elle arrachait à deux mains des plaques de terre qu'elle lui jetait dans les yeux. Il baissait le mufle, secouait les cornes et tremblait de fureur en beuglant horriblement. Mme Aubain, au bout de l'herbage avec ses deux petits, cherchait éperdue comment franchir le haut bord. Félicité reculait toujours devant le taureau, et continuellement lançait des mottes de gazon qui l'aveuglaient, tandis qu'elle criait : « – Dépêchez-vous ! Dépêchez-vous ! »

Mme Aubain descendit le fossé, poussa Virginie, Paul ensuite, tomba plusieurs fois en tâchant de gravir le talus, et à force de courage y parvint.

1. Cabas : panier à provisions plat, à anses, généralement fait en paille tressée.

2. Futailles : tonneaux en bois, pouvant contenir du vin, du cidre, de l'eau-de-vie.

3. Bleuets : plantes à fleurs bleues, poussant dans les blés.

4. Toucques : rivière de Normandie.

Théodore Chasseriau (1819-1856), *Deux Taureaux dans la campagne*, musée du Louvre, Paris.

5. **Claire-voie :** clôture formée de pièces non jointes, espacées.

Le taureau avait acculé Félicité contre une claire-voie[5] ; sa bave lui rejaillissait à la figure, une seconde de plus il l'éventrait. Elle eut le temps de se couler entre deux barreaux, et la grosse bête, toute surprise, s'arrêta.

Cet événement, pendant bien des années, fut un sujet de conversation à Pont-l'Évêque. Félicité n'en tira aucun orgueil, ne se doutant même pas qu'elle eût rien fait d'héroïque.

Gustave Flaubert, *Un cœur simple*, 1877.

Compétences du socle évaluées

Questions *(15 points)*

La construction du récit *(5 points)*

> Je suis capable de dégager l'essentiel d'un texte lu.

1. Repérez les différentes parties qui composent ce récit et donnez-leur un titre. *(2 points)*

> Je suis capable de repérer des informations dans un texte à partir des éléments explicites et des éléments implicites nécessaires.

2. Quel est l'événement essentiel de cette page ?*(1 point)*
3. Quel est le temps utilisé dans la première phrase ? Quelle est sa valeur ? *(1 point)*
4. Que ressent Mme Aubain pendant les déjeuners à la ferme de Geffosses ? Pourquoi d'après vous ? *(1 point)*

Le face à face avec le taureau *(8 points)*

5. Quel est le temps dominant ? Pourquoi l'auteur utilise-t-il ce temps ? *(2 points)*
6. Relevez les expressions qui désignent l'attitude du taureau. *(1,5 point)*
7. *Ses sabots, comme des marteaux, battaient l'herbe de la prairie* (l. 28). Quelle est la figure de style utilisée ? *(0,5 point)*
8. Quelle image du taureau le narrateur cherche-t-il à mettre en évidence ? *(0,5 point)*
9. Quelle est l'attitude de Félicité face au taureau ? Justifiez votre réponse. *(1 point)*
10. Quel aspect de sa personnalité est ainsi mis en valeur ? *(1 point)*
11. Comment est composé le verbe *rejaillissait* (l. 41) ? Trouvez deux autres mots de la même famille. *(1,5 point)*

L'attitude de Félicité *(3 points)*

> Je suis capable d'utiliser mes capacités de raisonnement, mes connaissances sur la langue pour lire.

12. Comment sont rapportées les paroles aux lignes 21, 26 et 36 ? Que montrent-elles sur le personnage qui les prononce ? *(1 point)*
13. *Félicité n'en tira aucun orgueil, ne se doutant même pas qu'elle eût rien fait d'héroïque* (l. 44-45).
    Quelle est l'attitude de Félicité après cet événement ? Les témoins de la scène partagent-ils l'avis de Félicité ? Expliquez. *(2 points)*

Réécriture *(4 points)*

Réécrivez le texte de « Elles pressaient le pas » (l. 26) à « qu'elle lui jetait dans les yeux » (l. 31), au passé composé de l'indicatif.
Vous ferez toutes les transformations nécessaires.

Dictée *(6 points)*

On pourra donner en dictée les lignes 5 à 10.

Rédaction *(15 points)*

> Je suis capable de rédiger un texte bref, cohérent et ponctué à partir de consignes données.

Réécrivez la scène de face à face avec le taureau en adoptant le point de vue de Mme Aubain.

Chapitre 4

Les Misérables

→ **Découvrir une œuvre phare de la littérature française**

Photographie de Victor Hugo par Étienne Carjat (1876-1901).

Tant qu'il existera, par le fait des lois et des mœurs, une damnation sociale [...] ; tant que les trois problèmes du siècle : la dégradation de l'homme par le prolétariat, la déchéance de la femme par la faim, l'atrophie de l'enfant par la nuit, ne seront pas résolus [...] ; tant qu'il y aura ignorance et misère, les livres de la nature de celui-ci pourront ne pas être inutiles.

Victor Hugo, Préface des *Misérables*, 1862.

Lire l'image

1. Repérez le champ lexical dominant dans la citation de Victor Hugo.

2. Résumez en une phrase le projet de l'écrivain.

3. Repérez sur l'affiche des éléments, des épisodes ou des personnages que vous connaissez déjà.

Affiche du film de Jean-Paul Le Chanois, avec Jean Gabin (Jean Valjean), Bernard Blier (Javert), Bourvil (Thénardier) et Danièle Delorme (Fantine), 1957.

Repères

Un siècle, un auteur, une œuvre

« *Je fais […] une Bible, non une Bible divine, mais une Bible humaine. Un livre multiple résumant un siècle.* »

Lettre du 9 décembre 1859.

Une société en pleine évolution

- La **révolution industrielle** transforme en profondeur la société, avec pour conséquences l'exode rural et l'**essor urbain**. Les villes s'étendent, se transforment : leur centre est réaménagé (grandes avenues, grands magasins) ; on voit apparaître les banlieues.
- Dans ces grandes villes se côtoient des classes sociales aisées et une population ouvrière de plus en plus nombreuse. Le **monde ouvrier**, qui comprend une part importante de femmes et d'enfants, a une **vie précaire** : chômage, dures conditions de travail pour des rémunérations faibles. La prise de conscience de cette misère est très lente ; l'organisation du monde ouvrier et les premières lois sociales ne permettent une amélioration sensible de la condition ouvrière qu'à la fin du siècle.

Questions

1 **Quelles sont les conditions de travail des ouvriers dans cet atelier ?**

2 **Qu'est-ce qui domine dans ce dessin ?**

Marteau à vapeur utilisé dans une usine métallurgique, 1867, Oxford Science Archive.

Affiche pour le roman *Germinal* d'Émile Zola publié dans *Gil Blas*, en novembre 1878.

Le roman au XIXe siècle

- Le genre romanesque, très prisé, connaît une évolution remarquable, parallèle à celle de la société.
- D'abord **empreint de romantisme**, il met en avant les sentiments propres au héros, sa recherche d'idéal. Il se propose ensuite d'étudier le monde et l'homme.
- Dans le **roman réaliste** (Balzac, *La Comédie humaine*), le héros est aux prises avec la société dans laquelle il évolue. Enfin le **roman naturaliste** (Zola, *Les Rougon-Macquart*) s'efforce d'expliquer les phénomènes naturels et sociaux grâce aux progrès scientifiques : le destin du personnage est déterminé par son hérédité ; il n'en est pas maître, son caractère est partiellement influencé par ses origines.

Questions

1 **Quelles luttes sociales évoque le roman *Germinal*, d'après cette affiche ?**

2 **Pourquoi le roman est-il publié dans le journal *Gil Blas* ?**

Victor Hugo (1802-1885)

Né en 1802, fils d'un futur général de l'armée napoléonienne, Victor Hugo devient rapidement un auteur reconnu. Il se fait notamment ardent **défenseur du romantisme** et s'engage aussi dans l'**action politique**. Son opposition à Louis-Napoléon Bonaparte lui vaudra un long exil. Député, sénateur, il participe à tous les combats pour les droits de l'homme et met sa plume au service des causes qu'il défend : discours politiques, poésie, romans…

Poète, dramaturge, romancier, il est aussi peintre et à l'occasion photographe. Son œuvre fait écho à sa vie personnelle, mais aussi à son siècle, tout particulièrement aux évolutions artistiques, politiques et sociales.

Sa **poésie souvent lyrique**, quand il évoque ses amours, sa famille, ses deuils (« Demain dès l'aube… » dans *Les Contemplations*), prend des **accents épiques** quand il dit son admiration pour Napoléon Ier, polémiques quand il évoque les répressions qui ont accompagné le coup d'État de Louis-Napoléon Bonaparte (*Les Châtiments*).

Son premier **roman**, *Notre-Dame de Paris* (1831), évoque le Paris du XVe siècle autour du personnage de Quasimodo ; il publie ensuite *Les Misérables* (1862), *Les Travailleurs de la mer* (1866) et un **roman historique**, *Quatre-vingt-treize* (1874) à propos d'un épisode de la guerre de Vendée.

Il aborde aussi le genre dramatique, sous la forme du **drame romantique**, et participe à l'effort de réforme du théâtre. La représentation d'*Hernani* (1830) est l'occasion d'une véritable bataille littéraire. Après divers échecs, Hugo délaisse l'écriture théâtrale pour n'y revenir qu'en 1866 avec la série du *Théâtre en liberté*.

Honoré Daumier, *Les Représentants représentés*, caricature de Victor Hugo publiée dans *Le Charivari* le 20 juillet 1849.

Questions

1. **À quel aspect de la carrière de Hugo renvoie le titre ?**
2. **Que privilégie cette caricature ? Pourquoi ?**
3. **Commentez la place des livres.**

Victor Hugo vers 1830

- **1802** **Naissance de Victor Hugo**
- **1819** **Géricault,** *Le Radeau de la Méduse*
- **1831** *Notre-Dame de Paris*; **Delacroix,** *La Liberté guidant le peuple*
- **1837** **Dickens,** *Oliver Twist*
- **1841** **Loi interdisant le travail des enfants** âgés de moins de 8 ans; **Hugo élu** à l'Académie française
- **1848** **Hugo député**
- **1849-1850** Discours sur la misère, sur la liberté de la presse, sur le suffrage universel
- **1852-1870** **Second Empire (Napoléon III)** ; exil de Hugo
- **1853** *Les Châtiments*
- **1862** *Les Misérables*
- **1871** **Hugo député**
- **1874** *Quatrevingt-treize*
- **1882** **Lois de Jules Ferry :** l'enseignement obligatoire : gratuit, laïque
- **1885** **Mort de Victor Hugo,** funérailles nationales

Découvrir le personnage principal à travers plusieurs regards

Avant la lecture...
Qu'est-ce qu'un *galérien* ? Donnez deux synonymes de ce nom.
Trouvez deux mots appartenant à sa famille et précisez leurs différents sens.

Victor Hugo
(1802-1885)

Poète, romancier, dramaturge, Hugo est l'auteur d'une œuvre féconde et multiple. C'est aussi un ardent défenseur des droits de l'homme, qui a pris part à la vie politique et aux combats sociaux.
Voir biographie p. 99

1 Victor Hugo
« L'arrivée de Jean Valjean »

La porte s'ouvrit.

Elle s'ouvrit vivement, toute grande, comme si quelqu'un la poussait avec énergie et résolution.

Un homme entra.

Cet homme, nous le connaissons déjà. C'est le voyageur que nous avons vu tout à l'heure errer cherchant un gîte.

Il entra, fit un pas, et s'arrêta, laissant la porte ouverte derrière lui. Il avait son sac sur l'épaule, son bâton à la main, une expression rude, hardie, fatiguée et violente dans les yeux. Le feu de la cheminée l'éclairait. Il était hideux. C'était une sinistre apparition.

Madame Magloire[1] n'eut pas même la force de jeter un cri. Elle tressaillit, et resta béante[2].

Mademoiselle Baptistine[3] se retourna, aperçut l'homme qui entrait et se dressa à demi d'effarement, puis, ramenant peu à peu sa tête vers la cheminée, elle se mit à regarder son frère et son visage redevint profondément calme et serein.

L'évêque fixait sur l'homme un œil tranquille.

Comme il ouvrait la bouche, sans doute pour demander au nouveau venu ce qu'il désirait, l'homme appuya ses deux mains à la fois sur son bâton, promena ses yeux tour à tour sur le vieillard et les femmes, et, sans attendre que l'évêque parlât, dit d'une voix haute :

– Voici. Je m'appelle Jean Valjean. Je suis un galérien. J'ai passé dix-neuf ans au bagne. Je suis libéré depuis quatre jours et en route pour Pontarlier qui est ma destination. Quatre jours que je marche depuis Toulon.

1. **Madame Magloire :** servante de l'évêque.
2. **Béante :** qui ouvre grand la bouche ou les yeux sous l'effet d'une forte émotion.
3. **Mademoiselle Baptistine :** sœur de l'évêque.

Mise en scène de Glenn Mather au château des Cèdres de Montfermeil, juin 2007.

Aujourd'hui, j'ai fait douze lieues à pied. Ce soir, en arrivant dans ce pays, j'ai été dans une auberge, on m'a renvoyé à cause de mon passeport jaune[4] que j'avais montré à la mairie. Il avait fallu. J'ai été à une autre auberge. On m'a dit : Va-t-en ! Chez l'un, chez l'autre. Personne n'a voulu de moi. J'ai été à la prison, le guichetier n'a pas ouvert. J'ai été dans la niche d'un chien. Ce chien m'a mordu et m'a chassé, comme s'il avait été un homme. On aurait dit qu'il savait qui j'étais. Je m'en suis allé dans les champs pour coucher à la belle étoile. Il n'y avait pas d'étoile. J'ai pensé qu'il pleuvrait, et qu'il n'y avait pas de bon Dieu pour empêcher de pleuvoir, et je suis rentré dans la ville pour y trouver le renfoncement d'une porte. Là, dans la place, j'allais me coucher sur une pierre. Une bonne femme m'a montré votre maison et m'a dit : Frappe là. J'ai frappé. Qu'est-ce que c'est ici ? êtes-vous une auberge ? J'ai de l'argent. Ma masse[5]. Cent neuf francs quinze sous que j'ai gagnés au bagne par mon travail en dix-neuf ans. Je payerai. Qu'est-ce que cela me fait ? J'ai de l'argent. Je suis très fatigué, douze lieues à pied, j'ai bien faim. Voulez-vous que je reste ?

– Madame Magloire, dit l'évêque, vous mettrez un couvert de plus.

Victor Hugo, *Les Misérables*, Première partie, Livre II, chap. 3, 1862.

Harry Baur (Jean Valjean) dans le film de Raymond Bernard, 1933.

4. **Passeport jaune :** document que le forçat doit présenter à chaque mairie et qui donne des informations suivantes sur Jean Valjean : « *forçat libéré, natif de... Est resté dix- neuf ans au bagne. Cinq ans pour vol avec effraction. Quatorze ans pour avoir tenté de s'évader quatre fois. Cet homme est très dangereux.* »

5. **Masse :** somme d'argent remise à un prisonnier à sa libération.

Premières impressions

Repérez les différents personnages de cette scène et leurs relations.

Lire et analyser

L'entrée de l'homme

1. Dans les lignes 2 et 3, relevez les termes qui permettent de caractériser l'entrée de l'homme.

2. VOCABULAIRE À quel champ lexical appartiennent-ils ? Quelles hypothèses peut-on en tirer sur ce personnage ?

3. Relevez les adjectifs qualificatifs qui caractérisent l'homme (l. 7 à 10)

4. Quelles réactions provoque-t-il chez les deux femmes ? Pourquoi ?

Le discours de l'homme

5. De quoi parle-t-il ? Retrouvez les trois étapes de son récit.

6. Observez la construction des phrases : que révèle-t-elle du personnage ?

7. Relevez les répétitions. Quelles préoccupations du personnage traduisent-elles ?

8. D'où l'homme a-t-il été successivement chassé ? Commentez la liste obtenue.

Deux personnages contrastés

9. Comment l'évêque réagit-il ? Pourquoi ?Justifiez votre réponse.

10. Montrez le contraste dans le comportement de ces deux hommes.

11. Pourquoi cette rencontre est-elle exceptionnelle pour Jean Valjean ?

Écriture

Monseigneur Myriel, l'évêque de Digne, raconte cette scène à un ami. Que voit-il ? Que pense-t-il ?

Consignes

- Le récit sera rédigé aux temps du passé, à la première personne du singulier.
- Le narrateur développera ses pensées et sentiments tout au long de son récit.

Avant la lecture...
Cherchez dans le dictionnaire le sens des mots *déchéance* et *décadence*. Qu'ont-ils en commun ? Précisez leur différence d'emploi.

2 Victor Hugo
« Fantine »

Jean Valjean, devenu le respecté Monsieur Madeleine, possède une entreprise prospère. Une de ses ouvrières, Fantine, en a été chassée à son insu ; elle doit vendre tout ce qu'elle a pour élever sa fille.

Edward Radford, tableau illustrant « La chanson de la chemise », vers 1873, Russell-Cotes Art Gallery, Bournemouth, Angleterre.

Un jour elle reçut des Thénardier[1] une lettre ainsi conçue :

« Cosette est malade d'une maladie qui est dans le pays. Une fièvre miliaire, qu'ils appellent. Il faut des drogues chères. Cela nous ruine et nous ne pouvons plus payer. Si vous ne nous envoyez pas quarante francs avant huit jours, la petite est morte. »

Elle se mit à rire aux éclats, et elle dit à sa vieille voisine : – Ah ! ils sont bons ! quarante francs ! que ça ! ça fait deux napoléons[2] ! Où veulent-ils que je les prenne ? Sont-ils bêtes, ces paysans ! [...]

Comme elle passait sur la place, elle vit beaucoup de monde qui entourait une voiture de forme bizarre, sur l'impériale[3] de laquelle pérorait[4] tout debout un homme vêtu de rouge. C'était un bateleur dentiste en tournée, qui offrait au public des râteliers complets, des opiats[5], des poudres et des élixirs.

Fantine se mêla au groupe et se mit à rire comme les autres de cette harangue où il y avait de l'argot pour la canaille et du jargon pour les gens comme il faut. L'arracheur de dents vit cette belle fille qui riait, et s'écria tout à coup : – Vous avez de jolies dents, la fille qui riez là. Si vous voulez me vendre vos deux palettes, je vous donne de chaque un napoléon d'or.

– Qu'est-ce que c'est que ça, mes palettes ? demanda Fantine.

– Les palettes, reprit le professeur dentiste, c'est les dents de devant, les deux d'en haut. [...]

Le lendemain matin, comme Marguerite entrait dans la chambre de

1. **Les Thénardier :** couple qui a accepté de prendre la fille de Fantine en nourrice et qui profite de la situation pour lui soutirer un maximum d'argent.
2. **Napoléons :** pièces d'or frappées à l'effigie de Napoléon III.
3. **Impériale :** étage supérieur d'un véhicule.
4. **Pérorer :** tenir un discours prétentieux.
5. **Opiats :** dentifrices.

Fantine avant le jour, car elles travaillaient toujours ensemble et de cette façon n'allumaient qu'une chandelle pour deux, elle trouva Fantine assise sur son lit, pâle, glacée. Elle ne s'était pas couchée. Son bonnet était tombé sur ses genoux. La chandelle avait brûlé toute la nuit et était presque entièrement consumée.

Marguerite s'arrêta sur le seuil, pétrifiée de cet énorme désordre, et s'écria : [...]

– Jésus ! fit Marguerite, qu'est-ce que vous avez, Fantine ?

– Je n'ai rien, répondit Fantine. Au contraire. Mon enfant ne mourra pas de cette affreuse maladie, faute de secours. Je suis contente.

En parlant ainsi, elle montrait à la vieille fille deux napoléons qui brillaient sur la table. [...] En même temps elle sourit. La chandelle éclairait son visage. C'était un sourire sanglant. Une salive rougeâtre lui souillait le coin des lèvres, et elle avait un trou noir dans la bouche.

Les deux dents étaient arrachées.

Elle envoya les quarante francs à Montfermeil.

Du reste c'était une ruse des Thénardier pour avoir de l'argent. Cosette n'était pas malade.

[...] Vers le même temps, le Thénardier lui écrivit que décidément il avait attendu avec beaucoup trop de bonté, et qu'il lui fallait cent francs, tout de suite ; sinon qu'il mettrait à la porte la petite Cosette, toute convalescente de sa grande maladie, par le froid, par les chemins, et qu'elle deviendrait ce qu'elle pourrait, et qu'elle crèverait, si elle voulait. – Cent francs, songea Fantine. Mais où y a-t-il un état à gagner cent sous par jour ?

– Allons! dit-elle, vendons le reste.

L'infortunée se fit fille publique.

Victor Hugo, *Les Misérables*, Première partie, Livre V, chap. 10, 1862.

Premières impressions

Par quel adjectif qualificatif pourriez-vous caractériser cet épisode ?

Lire et analyser

Les lettres de Thénardier

1. Quels sont le but et le ton de ces lettres ?

Le sourire sacrifié

2. VOCABULAIRE Relevez dans les lignes 16 à 21 le champ lexical des dents en classant les mots par niveau de langue.

3. Quels traits de caractère révèle l'attitude de Fantine devant le discours du bateleur dentiste ?

4. Comment peut-on caractériser le nouveau sourire de Fantine (l. 34-37) ? Justifiez par le texte.

5. Quels sentiments traduisent d'une part l'attitude de Fantine à l'arrivée de la vieille Marguerite, de l'autre ses paroles ?

6. En quoi peut-on parler d'un sacrifice ? En quoi sacrifier ses dents est-il symbolique ?

7. VOCABULAIRE Que signifie l'adjectif *infortunée* ? Retrouvez les deux sens du mot *fortune* et proposez deux phrases pour mettre en évidence chacun de ces deux sens.

Une chute inéluctable

8. « Allons ! dit-elle, vendons le reste » (l. 47). Que veut dire Fantine ? Par quels procédés d'écriture le narrateur met-il en valeur la dernière étape de la chute de Fantine ?

9. Pourquoi peut-on parler d'une chute inéluctable ?

Écriture

Avant de mourir, Fantine écrit une lettre, que sa fille ne devra ouvrir qu'à sa majorité. Elle tente d'expliquer à Cosette sa déchéance.

Consignes

- Votre texte devra respecter la forme d'une lettre : formule d'appel initiale et formule finale adaptées.
- Vous préciserez dans un premier paragraphe les circonstances et le but de la lettre.
- Vous développerez dans un second paragraphe les différentes causes de la déchéance de Fantine.
- Vous n'oublierez pas, tout au long du texte, qu'il s'agit d'une lettre d'amour.

Avant la lecture...
Qu'est-ce qu'un *dilemme* ? Proposez deux synonymes de ce mot.

3 Victor Hugo
« Tempête sous un crâne »

Le policier Javert a failli démasquer Jean Valjean... Mais on a arrêté un individu, qu'on prend pour l'ancien forçat et qui va être jugé à sa place. Voici M. Madeleine, Jean Valjean, face à un dilemme.

Affiche du film de Raymond Bernard, avec Harry Baur (Jean Valjean), 1933.

– Eh bien quoi ! se dit-il, de quoi est-ce que j'ai peur ? Qu'est-ce que j'ai à songer comme cela ? Me voilà sauvé. Tout est fini. Je n'avais plus qu'une porte entr'ouverte par laquelle mon passé pouvait faire irruption dans ma vie ; cette porte, la voilà murée ! à jamais ! Ce Javert qui me trouble depuis si longtemps, ce redoutable instinct qui semblait m'avoir deviné, qui m'avait deviné, pardieu ! et qui me suivait partout, cet affreux chien de chasse toujours en arrêt sur moi, le voilà dérouté, occupé ailleurs, absolument dépisté ! Il est satisfait désormais, il me laissera tranquille, il tient son Jean Valjean ! Qui sait même, il est probable qu'il voudra quitter la ville ! Et tout cela s'est fait sans moi ! Et je n'y suis pour rien ! Ah çà, mais ! qu'est-ce qu'il y a de malheureux dans ceci ? Des gens qui me verraient, parole d'honneur ! croiraient qu'il m'est arrivé une catastrophe ! Après tout, s'il y a du mal pour quelqu'un, ce n'est aucunement de ma faute. C'est la providence qui a tout fait. C'est qu'elle veut cela apparemment ! Ai-je le droit de déranger ce qu'elle arrange ?

[...] Pour la première fois depuis huit années, le malheureux homme venait de sentir la saveur amère d'une mauvaise pensée et d'une mauvaise action. Il la recracha avec dégoût.

Il continua de se questionner. Il se demanda sévèrement ce qu'il avait entendu par ceci : « Mon but est atteint ! » Il se déclara que sa vie avait un but en effet. Mais quel but ? Cacher son nom ? tromper la police ? Était-ce pour une chose si petite qu'il avait fait tout ce qu'il avait fait ? Est-ce qu'il n'avait pas un autre but, qui était le grand, qui était le vrai ? Sauver, non sa personne, mais son âme. Redevenir honnête et bon. Être un juste ! Est-ce que ce n'était pas là surtout, là uniquement, ce qu'il avait toujours voulu, ce que l'évêque lui avait ordonné ? – Fermer la porte à son passé ? Mais il ne la fermait pas, grand Dieu ! il la rouvrait en faisant une action infâme[1] ! mais il redevenait un voleur, et le plus odieux des voleurs ! il volait à un autre son existence, sa vie, sa paix, sa place au soleil ! il devenait un assassin ! il tuait, il tuait moralement un misérable homme, il lui infligeait cette affreuse mort vivante, cette mort à ciel ouvert, qu'on appelle le bagne ! Au contraire, se livrer, sauver cet homme frappé d'une

1. **Infâme :** bas, vil, indigne.

2. Résurrection : retour à la vie, renaissance, guérison.

3. Galérien : bagnard, forçat.

4. Infamie : déshonneur, honte.

si lugubre erreur, reprendre son nom, redevenir par devoir le forçat Jean Valjean, c'était là vraiment achever sa résurrection[2], et fermer à jamais l'enfer d'où il sortait ! Y retomber en apparence, c'était en sortir en réalité ! Il fallait faire cela ! il n'avait rien fait s'il ne faisait pas cela ! toute sa vie était inutile, toute sa pénitence était perdue, et il n'y avait plus qu'à dire : à quoi bon ? Il sentait que l'évêque était là, que l'évêque était d'autant plus présent qu'il était mort, que l'évêque le regardait fixement, que désormais le maire Madeleine avec toutes ses vertus lui serait abominable, et que le galérien[3] Jean Valjean serait admirable et pur devant lui. Que les hommes voyaient son masque, mais que l'évêque voyait sa face. Que les hommes voyaient sa vie, mais que l'évêque voyait sa conscience. Il fallait donc aller à Arras, délivrer le faux Jean Valjean, dénoncer le véritable ! Hélas ! c'était là le plus grand des sacrifices, la plus poignante des victoires, le dernier pas à franchir ; mais il le fallait. Douloureuse destinée ! il n'entrerait dans la sainteté aux yeux de Dieu que s'il rentrait dans l'infamie[4] aux yeux des hommes !

– Eh bien, dit-il, prenons ce parti ! faisons notre devoir ! sauvons cet homme !

Victor Hugo, *Les Misérables*, Première partie, Livre VII, chap. 3, 1862.

Premières impressions

Pourquoi Victor Hugo a-t-il intitulé le chapitre dont est tiré cet extrait « Tempête sous un crâne » ?

Lire et analyser

Le dilemme

1. Devant quel dilemme se trouve Jean Valjean ?

2. Quelles conséquences entraînerait chacune de ces deux solutions ?

Un constat

3. Que signifie *Tout est fini* ? (l. 3) Quelles images illustrent cette idée (l. 2-3) ?

4. Reformulez les deux arguments en faveur de la première hypothèse.

La hiérarchie des valeurs

5. Relisez les lignes 24 à 27. Expliquez l'image « Il la recracha avec dégoût. » (l. 27)

6. VOCABULAIRE Le nom *dégoût* renvoie à deux champs lexicaux : lesquels ? Retrouvez les termes appartenant à l'un et à l'autre dans ces deux phrases.

Différents regards

7. Quelle expression qualifie le retour au bagne si l'on adopte le regard humain ? Quelle expression le qualifie si l'on adopte le regard de l'évêque ? Trouvez dans la suite du texte deux phrases où se retrouve cette même opposition de point de vue.

8. VOCABULAIRE « La plus poignante des victoires » : expliquez l'adjectif qualificatif et donnez, en vous aidant du dictionnaire, deux mots de la même famille.

9. *Résurrection, pénitence...* Complétez cette liste à l'aide des cinq dernières lignes : à qui Jean Valjean est-il comparé dans cette fin de texte ?

10. Par quels procédés d'écriture la décision finale de Jean Valjean est-elle mise en valeur ?

Écriture

Jean Valjean se retrouve sur une barricade, aux côtés des insurgés. L'inspecteur Javert, qui le poursuit inexorablement depuis des années est leur prisonnier ; il les espionnait. Les deux hommes se retrouvent seuls. Nouveau dilemme pourJean Valjean : tuer Javert et assurer sa tranquillité au prix d'un assassinat **OU** le laisser partir, mais donner au policier l'occasion de le poursuivre encore.

Imaginez le débat intérieur qui se livre entre la part généreuse de Jean Valjean et son côté sombre et dangereux d'ancien forçat. Il décidera finalement d'épargner son ennemi.

Consignes

➤ Vous commencerez par cette citation : *Ce Javert qui me trouble depuis si longtemps, ce redoutable instinct qui m'avait deviné, pardieu ! et qui me suivait partout, cet affreux chien de chasse toujours en arrêt sur moi, le voilà…*

➤ Vous utiliserez les procédés repérés dans le texte.

Avant la lecture...
Cosette : Qu'évoque pour vous ce mot ?

4 Victor Hugo
« Cosette »

Jean Valjean s'est dénoncé. Profitant de la stupeur générale, il s'enfuit ; il veut tenir la promesse faite à Fantine sur son lit de mort : il part chercher sa fille, Cosette, chez les Thénardier.

L'homme, qui avait à peine trempé les lèvres dans le verre de vin qu'il s'était versé, considérait l'enfant avec une attention étrange.

Cosette était laide. Heureuse, elle eût peut-être été jolie. Nous avons déjà esquissé cette petite figure sombre. Cosette était maigre et blême. Elle avait près de huit ans, on lui en eût donné à peine six. Ses grands yeux enfoncés dans une sorte d'ombre profonde étaient presque éteints à force d'avoir pleuré. Les coins de sa bouche avaient cette courbe de l'angoisse habituelle, qu'on observe chez les condamnés et chez les malades désespérés. Ses mains étaient, comme sa mère l'avait deviné, « perdues d'engelures[1] ». Le feu qui l'éclairait en ce moment faisait saillir[2] les angles de ses os et rendait sa maigreur affreusement visible. Comme elle grelottait toujours, elle avait pris l'habitude de serrer ses deux genoux l'un contre l'autre. Tout son vêtement n'était qu'un haillon qui eût fait pitié l'été et qui faisait horreur l'hiver. Elle n'avait sur elle que de la toile trouée ; pas un chiffon de laine. On voyait sa peau çà et là, et l'on y distinguait partout des taches bleues ou noires qui indiquaient les endroits où la Thénardier l'avait touchée. Ses jambes nues étaient

1. **Engelures** : crevasses dues au froid.
2. **Saillir** : être en relief, ressortir.

Film de Robert Hossein avec Valentine Bordelet (Cosette) et Lino Ventura (Jean Valjean), 1982.

3. **Grêle :** maigre, filiforme.
4. **Prunelle :** œil.

rouges et grêles[3]. Le creux de ses clavicules était à faire pleurer. Toute la personne de cette enfant, son allure, son attitude, le son de sa voix, ses intervalles entre un mot et l'autre, son regard, son silence, son moindre geste, exprimaient et traduisaient une seule idée : la crainte.

La crainte était répandue sur elle ; elle en était pour ainsi dire couverte ; la crainte ramenait ses coudes contre ses hanches, retirait ses talons sous ses jupes, lui faisait tenir le moins de place possible, ne lui laissait de souffle que le nécessaire, et était devenue ce qu'on pourrait appeler son habitude de corps, sans variation possible que d'augmenter. Il y avait au fond de sa prunelle[4] un coin étonné où était la terreur.

Cette crainte était telle qu'en arrivant, toute mouillée comme elle était, Cosette n'avait pas osé s'aller sécher au feu et s'était remise silencieusement à son travail.

L'expression du regard de cette enfant de huit ans était habituellement si morne et parfois si tragique qu'il semblait, à de certains moments, qu'elle fût en train de devenir une idiote ou un démon.

Jamais, nous l'avons dit, elle n'avait su ce que c'est que prier, jamais elle n'avait mis le pied dans une église. « Est-ce que j'ai le temps ? » disait la Thénardier.

L'homme à la redingote jaune ne quittait pas Cosette des yeux.

Victor Hugo, *Les Misérables*, Deuxième partie, Livre III, chap. 8, 1862.

François Pompon, *Cosette*, 1888, Musée Victor-Hugo, Paris.

Premières impressions

Quelle expression pourrait résumer ce portrait ?

Lire et analyser

Une enfant en danger

1. Cosette vous semble-t-elle en bonne santé ? Justifiez votre réponse.

2. De quoi souffre-t-elle ? Quels détails le révèlent ?

3. Expliquez l'expression « Ses yeux étaient presque éteints » (l. 6-7)?

4. **VOCABULAIRE** Que signifie l'adjectif *morne* (l. 35) ?

Une impression dominante

5. Quel est le seul sentiment exprimé par Cosette ? Relevez le champ lexical correspondant et observez la place de ces mots.

6. Quelles sont les conséquences de ce sentiment sur l'enfant (comportement physique et psychologique) ?

Un observateur attentif

7. Quelles phrases révèlent la présence d'un observateur ?

8. Relevez les indices de sa présence dans le portrait. Quel sentiment traduisent-ils ?

9. Que devrait devenir Cosette d'après ce portrait ?

Écriture

Ô servitude infâme imposée à l'enfant !
Rachitisme ! travail dont le souffle étouffant
Défait ce qu'a fait Dieu ; qui tue, œuvre insensée,
La beauté sur les fronts, dans les cœurs la pensée,
Et qui ferait – c'est là son fruit le plus certain ! –
D'Apollon un bossu, de Voltaire un crétin !

Victor Hugo, *Les Contemplations*, Livre III « Les luttes et les rêves », juillet 1838.

En quoi ces vers de Victor Hugo font-ils écho au portrait de Cosette ? Rédigez une courte synthèse à partir du modèle suivant : *Victor Hugo n'a cessé de dénoncer… Ainsi… De même…*

Contrepoint

5 J.M.G Le Clézio
Poisson d'or

Quem vel ximimati in ti teucucuitla michin. (proverbe nahuatl)

« Oh, poisson, petit poisson d'or, prends bien garde à toi ! Car il y a tant de lassos et de filets tendus pour toi dans ce monde. »

L'héroïne du roman, à l'image de ce poisson d'or, doit affronter elle aussi la violence et les misères de notre monde. Voici le début de sa recherche du bonheur dans un pays d'Afrique du Nord.

Quand j'avais six ou sept ans, j'ai été volée. Je ne m'en souviens pas vraiment, car j'étais trop jeune, et tout ce que j'ai vécu ensuite a effacé ce souvenir. C'est plutôt comme un rêve, un cauchemar lointain, terrible, qui revient certaines nuits, qui me trouble même dans le jour. Il y a cette rue blanche de soleil, poussiéreuse et vide, le ciel bleu, le cri déchirant d'un oiseau noir, et tout à coup des mains d'homme qui me jettent au fond d'un grand sac, et j'étouffe. C'est Lalla Asma qui m'a achetée.

C'est pourquoi je ne connais pas mon vrai nom, celui que ma mère m'a donné à ma naissance, ni le nom de mon père, ni le lieu où je suis née. Tout ce que je sais, c'est ce que m'a dit Lalla Asma, que je suis arrivée chez elle une nuit, et pour cela elle m'a appelée Laïla, la Nuit. Je viens du Sud, de très loin, peut-être d'un pays qui n'existe plus. Pour moi, il n'y a rien eu avant, juste cette rue poussiéreuse, l'oiseau noir, et le sac.

Ensuite je suis devenue sourde d'une oreille. Ça s'est passé alors que je jouais dans la rue, devant la porte de la maison. Une camionnette m'a cognée et m'a brisé un os dans l'oreille gauche.

J'avais peur du noir, peur de la nuit. Je me souviens, je me réveillais quelquefois, je sentais la peur entrer en moi comme un serpent froid. Je n'osais plus respirer. Alors je me glissais dans le lit de ma maîtresse et je me collais contre son dos épais, pour ne plus voir, ne plus sentir. Je suis sûre que Lalla Asma se réveillait mais pas une fois elle ne m'a chassée, et pour cela, elle était vraiment ma grand-mère.

Longtemps j'ai eu peur de la rue. Je n'osais pas sortir de la cour. Je ne voulais même pas franchir la grande porte bleue qui ouvre sur la rue, et si on essayait de m'emmener dehors, je criais et je pleurais en m'accrochant aux murs, ou bien je courais me cacher sous un meuble. J'avais de terribles migraines, et la lumière du ciel m'écorchait les yeux, me transperçait jusqu'au fond du corps.

[…] Lalla Asma, ce n'était pas non plus son vrai nom. Elle s'appelait Azzema, elle était juive espagnole. Lorsque la guerre avait éclaté entre les Juifs et les Arabes, de l'autre côté du monde, elle était la seule à ne pas avoir quitté le Mellah[1]. Elle s'était barricadée derrière la grande porte bleue et elle avait renoncé à sortir. Jusqu'à cette nuit où j'étais arrivée, et tout avait changé dans sa vie.

J.M.G. Le Clézio (né en 1940)

C'est un des grands auteurs français contemporains. À travers ses nouvelles et ses romans, il prend la défense des faibles, des civilisations menacées et dénonce la violence de ceux qui les oppriment. Il a reçu en 2008 le prix Nobel de littérature.

1. **Mellah :** quartier où habitent les Juifs.

Enfants dans un bazar d'Hérat, Afghanistan.

Je l'appelais « maîtresse » ou bien « grand-mère ». Elle voulait bien que je l'appelle « maîtresse » parce que c'était elle qui m'avait appris à lire et à écrire en français et en espagnol, qui m'avait enseigné le calcul mental et la géométrie, et qui m'avait donné les rudiments de la religion – la sienne, où Dieu n'a pas de nom, et la mienne, où il s'appelle Allah. Elle me lisait des passages de ses livres saints, et elle m'enseignait tout ce qu'il ne fallait pas faire, comme souffler sur ce qu'on va manger, mettre le pain à l'envers, ou se torcher avec la main droite. Qu'il fallait toujours dire la vérité, et se laver chaque jour des pieds à la tête.

En échange, je travaillais pour elle du matin au soir dans la cour, à balayer, couper le petit bois pour le brasero, ou faire la lessive. J'aimais bien monter sur le toit pour étendre le linge. De là, je voyais la rue, les toits des maisons voisines, les gens qui marchaient, les autos, et même, entre deux pans de mur, un bout de la grande rivière bleue. De là-haut, les bruits me paraissaient moins terribles. Il me semblait que j'étais hors d'atteinte.

J.M.G. Le Clézio, *Poisson d'or*, © éd. Gallimard, 1997.

Questions

1. En quoi la situation de Laïla ressemble-t-elle à celle de Cosette ?
2. De quoi a peur Laïla ? Qu'est-ce qui accentue ce sentiment ?
3. Qu'est-ce qui lie cette petite fille et Lalla Asma ?

Histoires d'affiches

Les Misérables ont donné lieu, dans le monde entier, à de très nombreuses adaptations au cinéma, à la télévision ou au théâtre… Les plus grands acteurs ont incarné Jean Valjean : Harry Baur, Jean Gabin, Lino Ventura ou Gérard Depardieu.

Adaptation de Raymond Bernard, 1933

Affiche du film de Raymond Bernard, avec Harry Baur (Jean Valjean), Charles Vanel (Javert), Florelle (Fantine), 1933.

1 Identifiez les personnages. À quoi les reconnaissez-vous ?

2 Quels épisodes sont représentés ? Par quels procédés sont-ils mis en valeur ?

Retenir

Pour bien lire l'affiche de cinéma

▸ Élément clé de toute campagne publicitaire, l'affiche a pour but d'informer et d'attirer le public. Composée avec soin, elle associe image et texte dans un format suffisamment grand pour être visible d'assez loin.
Malgré une utilisation parfois éphémère, les affiches peuvent être de véritables œuvres d'art. Certains artistes de renom s'y sont essayés (voir Dali).
Placardée dans les rues, à l'entrée des salles de cinéma, elle prépare et accompagne la sortie d'un film. On la retrouve aussi, reproduite en plus petites dimensions, dans tous les médias.

▸ **La composition**
– l'image : une seule image ? plusieurs images ? l'organisation sur la page, les plans et les échelles ?
– hiérarchisation : taille, police des caractères ?
– répartition du texte et de l'image.

▸ **Les couleurs et la lumière**
– un fond sombre / clair ? quelles dominantes pour les images et le texte ? lien entre texte et image ?

▸ **Le contenu**
– qui ? quand ? où ?
– la direction des regards des personnages ?

Adaptation de Robert Hossein, 1982

Affiche du film de Robert Hossein, avec Michel Bouquet (Javert), Jean Carmet (Thénardier) et Lino Ventura (Jean Valjean), 1982.

1 **Quels personnages retrouvez-vous sur cette affiche ? Quels événements évoque l'arrière-plan ?**

2 **Commentez le choix des couleurs et l'organisation générale : sur quoi est mis l'accent ?**

3 **Quels points communs peut-on trouver avec l'affiche de la page 104 ?**

Retenir

- Une affiche de cinéma peut évoquer des personnages, des épisodes marquants. Ces éléments sont hiérarchisés grâce au jeu des plans et des couleurs.

Adaptation de Claude Lelouch, 1994

Affiche du film de Claude Lelouch, avec Jean-Paul Belmondo (Henri Fortin / Jean Valjean), 1994.

1 **Quelles sont les particularités de cette affiche par rapport aux deux précédentes ?**

2 **Quels éléments du roman de Hugo retrouvez-vous ? Quels éléments vous semblent nouveaux par rapport au roman ?**

Retenir

- Une adaptation cinématographique peut être plus ou moins fidèle : l'histoire est parfois transposée à une autre époque, ce qui entraîne la création de nouveaux personnages.

ADAPTATIONS DES *MISÉRABLES*

Cinéma
On dénombre plus d'une quarantaine d'adaptation des *Misérables* depuis 1907. En France, les films les plus marquants sont signés Raymond Bernard (1933), Jean-Paul Le Chanois (1957), Robert Hossein (1982) et Claude Lelouch (1994).

Télévision
Parmi les sept adaptations françaises, on retiendra celles de Robert Hossein en 1985 avec Lino Ventura, Jean Carmet et Michel Bouquet, et la plus récente, en 2000, de Josée Dayan avec Gérard Depardieu (Jean Valjean), Virginie Ledoyen (Cosette adulte), Charlotte Gainsbourg (Fantine), John Malkovich (Javert) et Christian Clavier (Thénardier).

Comédie musicale
La comédie musicale *Les Misérables* (adaptation d' Alain Boublil et de Claude-Michel Schönberg) a été vue depuis 1985 par plus de 50 millions de spectateurs aux quatre coins de la planète, dans 38 pays et 21 langues.

Raconter et décrire

Rapporter des paroles ou des pensées

1 a. Retrouvez dans le texte les deux passages rapportant des paroles. Quels indices permettent de les repérer ?
b. Commentez le choix que fait le narrateur de rapporter directement ou non les propos des personnages.

Un jour ils lui écrivirent que sa petite Cosette était toute nue par le froid qu'il faisait, qu'elle avait besoin d'une jupe de laine, et qu'il fallait au moins que la mère envoyât dix francs pour cela. Elle reçut la lettre et la froissa dans ses mains tout le jour. Le soir elle entra chez un barbier qui habitait le coin de la rue, et défit son peigne. Ses admirables cheveux blonds lui tombèrent jusqu'aux reins.
– Les beaux cheveux ! s'écria le barbier.
– Combien m'en donneriez-vous ? dit-elle.
– Dix francs.
– Coupez-les.
Elle acheta une jupe de tricot et l'envoya aux Thénardier.

Victor Hugo, *Les Misérables*, Première partie, Livre V, chap. 10, 1862.

2 Dans l'extrait suivant, transformez le style direct en style indirect.

Le maire, M. Madeleine, donne ses ordres au policier Javert.
« Il se tourna vers Javert [...] :
– Mais je vous donne là beaucoup de besogne. N'allez-vous pas être absent ? Ne m'avez-vous pas dit que vous alliez à Arras pour cette affaire dans huit ou dix jours ?...
– Plus tôt que cela , monsieur le maire.
– Quel jour donc ?
– Mais je croyais avoir dit à monsieur le maire que cela se jugeait demain et que je partais par la diligence cette nuit.
M. Madeleine fit un mouvement imperceptible.
– Et combien de temps durera l'affaire ?
– Un jour tout au plus. L'arrêt sera prononcé au plus tard demain dans la nuit. Mais je n'attendrai pas l'arrêt, sitôt ma déposition faite, je reviendrai ici. »

Victor Hugo, *Les Misérables*, Première partie, Livre VI, chap. 2, 1862.

3 Dans l'extrait suivant, transformez les passages de style direct en style indirect. Essayez de ne pas utiliser les verbes de parole dans la seconde partie.

« La roue du tilbury reçut un choc assez rude.
On cria à l'homme :
– Arrêtez-vous !
Mais le voyageur continua, perdu dans ses pensées.
– Mais où vais-je ? Pour quoi me hâter ? Est-il nécessaire d'aller à Arras ? »

D'après **Victor Hugo**, *Les Misérables*, Première partie, livre VII, chap. 6, 1862.

Les temps du récit

4 a. Quels sont les temps de l'indicatif utilisés dans l'extrait suivant ?
b. Justifiez leur emploi.
c. À quel temps est conjuguée la forme *était forcé* ?

Le lendemain de sa libération, à Grasse, il vit devant la porte d'une distillerie de fleurs d'oranger des hommes qui déchargeaient des ballots. Il offrit ses services. La besogne **pressait**, on les accepta. Il se mit à l'ouvrage. Il était intelligent, robuste et adroit ; il faisait de son mieux ; le maître paraissait content. Pendant qu'il travaillait, un gendarme passa, le remarqua, et lui demanda ses papiers. Il fallut montrer le passeport jaune. Cela fait, Jean Valjean reprit son travail. Un peu auparavant, il avait questionné l'un des ouvriers sur ce qu'ils gagnaient à cette besogne par jour ; on lui avait répondu : *trente sous*. Le soir venu, comme il **était forcé** de repartir le lendemain matin, il se présenta devant le maître de la distillerie et le pria de le payer. Le maître ne proféra pas une parole, et lui remit vingt-cinq sous. Il réclama.

Victor Hugo, *Les Misérables*, Première partie, livre II, chap. 9, 1862.

d. Justifiez de façon précise l'emploi du temps de *pressait*.

Orthographe

5 Complétez cette biographie lyrique de Victor Hugo en utilisant le temps demandé et en veillant à l'accord du verbe avec son sujet.

Victor, toi qui (*naître* : passé simple) en 1802 et (*traverser* : passé simple) tout le XIXe siècle, toi qui (*déchirer* : passé simple passif) entre la tendresse de ta mère royaliste et le modèle de ton père, général républicain, toi qui (*commencer* : passé simple) ta carrière sous le drapeau fleurdelisé et (*atteindre* : passé simple) les sommets du succès comme poète célébré par la cour et chef de file des Romantiques, toi qui (*nommer* : passé simple passif) pair de France, tu (*rester* : futur simple) à jamais l'un des plus grands et des plus populaires écrivains de ce pays. Mais pour nous qui (*vivre* : présent) dans une autre époque et qui (*baigner* : présent) dans une autre mentalité, ce n'est pas là ton plus grand titre de gloire.

Des mots pour dénoncer

Autour du mot *misère*

1 **a.** Dans les phrases suivantes, remplacez le mot *misérable* par un synonyme ou une expression équivalente.

b. Quels sont les trois sens possibles pour ce mot ?

- Fantine menait une existence de plus en plus **misérable**.
- Vis heureux, vertueux et admiré et pendant ce temps, il y a quelqu'un qui aura ta casaque rouge, qui portera ton nom dans l'ignominie et qui traînera ta chaîne au bagne ! Oui, c'est bien arrangé ainsi ! Ah ! **misérable** !
- De tout cela, il était résulté au milieu de la société humaine telle qu'elle est faite, deux **misérables** êtres, espèces de monstres impurs et innocents produits par la misère.
- – Ne vous inquiétez pas de la manière dont un pauvre damné s'y prend pour s'ouvrir la poitrine et faire son devoir : vous avez un **misérable** homme devant vous, monsieur.

Marius traversa lentement le salon, et quand il fut près de Jean Valjean, lui tendit la main.

2 Comment faut-il comprendre le titre du roman *Les Misérables* ?

3 La famille du nom *misère* : donnez la définition des mots *miséreux* et *commisération*. Proposez pour chacun une phrase qui en éclairera le sens, commençant par *Monsieur Madeleine…*

4 Trouvez d'autres synonymes du nom *misérable* (adjectif substantivé) et classez-les selon le niveau de langue : *un gredin, un marlou, une…*

5 **a.** Dans la phrase ci-dessous, quel est le suffixe commun aux deux mots notés en gras ? À quelle classe grammaticale appartiennent-ils ? Quel est le sens de ce suffixe ?

b. Sur quel radical chacun des deux mots est-il formé ?

c. S'agit-il de synonymes, d'antonymes ou de paronymes ? Justifiez votre réponse.

Désormais le maire Madeleine avec toutes ses vertus lui serait **abominable** et […] le galérien Jean Valjean serait **admirable** et pur. (Voir l'extrait 3 p. 104).

6 **a.** Recopiez et complétez le tableau suivant en utilisant des mots formés à l'aide du suffixe *-able, -ible, -uble*.

radical	radical + *-able* …	antonyme
croire admettre tolérer enflammer résoudre dissoudre réprimer recycler aliéner	croyable	incroyable

Des termes qui indiquent un jugement de valeur

7 **La vieille prison et la prison nouvelle.**

a. Dans le texte suivant, relevez les termes appréciatifs qui traduisent le jugement de l'écrivain sur les prisons anciennes et les prisons nouvelles.

b. Expliquez les mots *cloaque* et *culture* à la fin du texte.

c. Quelle image Victor Hugo veut-il transmettre de ces deux sortes de prisons ?

D'un côté, tous les condamnés pêle-mêle, l'enfant de dix-sept ans avec le vieillard de soixante-dix, le prisonnier de treize mois avec le forçat à vie, le gamin imberbe qui a chipé des pommes et l'assassin de grandes routes sauvé de la place Saint-Jacques et jeté à Toulon par les circonstances atténuantes, des presque innocents et des quasi-damnés, des yeux bleus et des barbes grises, de hideux ateliers infects où se coudoient et travaillent, dans des espèces de ténèbres, à des choses sordides et fétides, sans air, sans jour, sans parole, sans regard, sans intérêt, d'affreux spectres mornes, dont les uns épouvantent par leur vieillesse, les autres par leur jeunesse.

De l'autre côté, un cloître, une ruche ; chaque travailleur dans sa cellule, chaque âme dans son alvéole ; un immense édifice à trois étages remplis de voisins qui ne se sont jamais vus ; une ville composée d'une foule de petites solitudes ; rien que des enfants, et des enfants qui ne se connaissent pas, qui vivent des années l'un près de l'autre, sans jamais entendre ni le bruit de leurs pas, ni le son de leur voix, séparés par un mur et par un abîme ; le travail, l'étude, les outils, les livres, huit heures de sommeil, une heure de repos, une heure de jeu dans une petite cour à quatre murs, la prière soir et matin, la pensée toujours.

D'un côté, un cloaque ; de l'autre, une culture.

Victor Hugo, *Choses vues*, 1848.

Raconter en orientant le point de vue du lecteur

SUJET : Racontez la rencontre du photographe avec la petite fille et l'émotion qu'elle a suscitée.

Consignes
- Le récit sera écrit au passé.
- Il sera à la troisième personne.
- Il fera une large part à l'émotion.

Exploitation d'une mine de charbon en Inde.

Étape 1 Avant de vous lancer…

1 Définissez la tâche d'écriture

– Racontez une scène de rencontre ;
– Faites partager ce qu'a ressenti le narrateur :
- les sentiments éprouvés à l'égard du personnage : pitié, compassion ;
- le jugement porté sur la vie de la fillette.

2 Définissez les grandes lignes du récit

– Définissez les limites du récit : quand commencer ? quand s'arrêter ? à quel moment correspond la photographie ?
– Imaginez les circonstances de cette rencontre :
- Où et quand a-t-elle eu lieu ?
- Pourquoi le photographe se trouvait-il là ?
- À quel moment a-t-il pris la photographie (début/fin/milieu de la rencontre) ?

Étape 2 Écrivez votre brouillon

1 Par quoi allez-vous commencer ?
Les circonstances ? la découverte de la fillette ? le moment de la photographie ?

2 N'oubliez pas de décrire la fillette.

3 Faites partager les sentiments et le jugement du photographe :

– en choisissant le vocabulaire :
- noms ou groupes nominaux pour désigner la petite fille : *la pauvrette,…*
- adjectifs qualificatifs pour caractériser la situation de la petite fille : *inadmissible, insensée…*
- verbes pour évoquer les activités de l'enfant : *besogner,…*
- adverbes : *affreusement…*

– en travaillant le style :
- Utilisez le rythme ternaire pour traduire l'intensité de l'émotion ;
- Utilisez des figures de style, comme l'antithèse (« Innocents dans un bagne, anges dans un enfer », V. Hugo, *Les Contemplations*, Livre III), l'accumulation « [Gavroche] bondissait, disparaissait, reparaissait, se sauvait… », *Les Misérables*).

Insérez au moins deux de ces procédés dans la rédaction.

Étape 3 Révisez et corrigez

1 Relisez le sujet : est-il bien respecté ?

2 Vérifiez la clarté et la cohérence du récit :
– l'enchaînement des paragraphes et des phrases ;
– le respect des temps du récit au passé.

3 Vérifiez la langue :
– la conjugaison ;
– l'orthographe ;
– la construction des phrases.

Expression orale

Faire partager son émotion

Activité 1 Lire à voix haute de façon à faire partager son émotion

Consignes :

- Vous respecterez les **liaisons** et les pauses (ponctuation).
- Vous ferez varier le **rythme**, notamment dans les passages surlignés en violet.
- Vous ferez varier le **ton**, notamment dans les passages surlignés en bleu.

Il se couchait, puis se redressait, s'effaçait dans un coin de porte, puis bondissait, disparaissait, reparaissait, se sauvait, revenait, ripostait à la mitraille par des pieds de nez, et cependant pillait les cartouches, vidait les gibernes et remplissait son panier. Les insurgés, haletants d'anxiété, le suivaient des yeux. La barricade tremblait ; lui, il chantait. Ce n'était pas un enfant, ce n'était pas un homme ; c'était un étrange gamin fée. On eût dit le nain invulnérable de la mêlée. Les balles couraient après lui, il était plus leste qu'elles. Il jouait on ne sait quel effrayant jeu de cache-cache avec la mort ; chaque fois que la face camarde du spectre s'approchait, le gamin lui donnait une pichenette.
Une balle pourtant, mieux ajustée ou plus traître que les autres, finit par atteindre l'enfant feu follet. On vit Gavroche chanceler, puis il s'affaissa. Toute la barricade poussa un cri ; mais il y avait de l'Antée dans ce pygmée ; pour le gamin toucher le pavé, c'est comme pour le géant toucher la terre ; Gavroche n'était tombé que pour se redresser ; il resta assis sur son séant, un long filet de sang rayait son visage, il éleva ses deux bras en l'air, regarda du côté d'où était venu le coup, et se mit à chanter :
Je suis tombé par terre, C'est la faute à Voltaire, Le nez dans le ruisseau, C'est la faute à...
Il n'acheva point. Une seconde balle du même tireur l'arrêta court. Cette fois il s'abattit la face contre le pavé, et ne remua plus. Cette petite grande âme venait de s'envoler.

Victor Hugo, *Les Misérables*, Livre V , 1862.

Activité 2 Récréation : La phrase amphigourique [2]

Lisez à haute voix et de plus en plus vite :

Montparnasse posa la main sur l'épaule de Gavroche et lui dit en appuyant sur les mots :
– Écoute ce que je te dis, garçon, si j'étais sur la place, avec mon dogue, ma dague et ma digue, et si vous me prodiguiez dix gros sous, je ne refuserais pas d'y goupiner[1], mais nous ne sommes pas le mardi gras.
Cette phrase bizarre produisit sur le gamin un effet singulier. Il se tourna vivement, promena avec une attention profonde ses petits yeux brillants autour de lui, et aperçut, à quelques pas, un sergent de ville qui leur tournait le dos.[2]

Victor Hugo, *Les Misérables*, Livre VI, chap. 2

1. **goupiner :** (argot) travailler.
2. Hugo explique : « La phrase amphigourique par laquelle Montparnasse avait averti Gavroche de la présence du sergent de ville ne contenait pas d'autre talisman que l'assonance *dig* répétée cinq ou six fois sous des formes variées. Cette syllabe *dig*, non prononcée isolément, mais artistement mêlée aux mots d'une phrase, veut dire : – *Prenons garde, on ne peut pas parler librement.* – Il y avait en outre dans la phrase de Montparnasse une beauté littéraire qui échappa à Gavroche, c'est *mon dogue, ma dague et ma digue*, locution de l'argot du Temple qui signifie *mon chien, mon couteau et ma femme.* »

Gavroche, gravure de Gustave Brion, Maison de Victor Hugo, Paris.

Les Misérables, un grand roman à l'image d'un grand auteur

Les thèmes chers à Hugo

L'enfance, tout particulièrement l'enfance maltraitée

- Au fil des pages apparaissent de nombreux **personnages d'enfants**, les petits pauvres, Cosette, Gavroche, ses petits frères, Petit-Gervais le ramoneur mais aussi, plus brièvement, des enfants de bourgeois (épisode du pain aux cygnes, Cinquième partie).

- Riches et pauvres, tous partagent une **certaine innocence** mais ils sont vite façonnés par le milieu dans lequel ils évoluent. C'est là un des grands combats de Victor Hugo : le droit à l'enfance, le droit à l'éducation, à l'égalité des chances, que l'on retrouve dans sa poésie comme dans ses discours politiques.

La famille

- Le roman propose plusieurs **images de pères** : Jean Valjean, père adoptif de Cosette, met tout en œuvre pour qu'elle soit heureuse jusqu'à s'en écarter (voir l'épitaphe de Jean Valjean : « Il mourut quand il n'eut plus son ange »). L'évocation du père de Marius (qui va épouser Cosette) fait écho à celle du général Hugo (« Mon père, ce héros au sourire si doux… ») dans *La Légende des siècles*.

- Inversement, Hugo montre des **pères démissionnaires**, à commencer par l'infâme Thénardier qui se désintéresse de son fils Gavroche au point de ne pas le reconnaître alors que le garçon lui prête main-forte.

- L'**amour maternel** s'incarne dans *Les Misérables* à travers le personnage de Fantine ; il est pour Hugo une vraie valeur : « Ô l'amour d'une mère, amour que nul n'oublie… » (*Les Feuilles d'automne*).

- Le romancier crée des personnages féminins qui forcent l'admiration par leur courage, qu'ils puisent en particulier dans l'amour : Fantine, Éponine…

La critique sociale

- On retrouve les thèmes du bagne et de l'**inégalité devant la justice** dans *Claude Gueux, Le Dernier Jour d'un condamné* ou les prises de position contre la peine de mort.

- L'idéal des **révoltés** qui combattent sur les barricades (Cinquième partie) se retrouve dans les discours de l'homme politique.

- On trouve dans *Les Misérables* les registres pathétique, épique, lyrique. Ainsi, le combat pour la liberté sur les barricades avec la mort héroïque de Gavroche, la traversée des égouts par Jean Valjean, le récit de la bataille de Waterloo font écho à la poésie épique de Victor Hugo.

La fortune du roman

- L'œuvre a été traduite dans des dizaines de langues ; elle a inspiré aussi de très nombreuses adaptations cinématographiques (plus de trente, sans compter les adaptations télévisées et la célèbre comédie musicale). Elle a généré des dizaines de millions de lecteurs et de spectateurs à travers le monde et les siècles.

Voir l'exposition virtuelle consacrée à Victor Hugo sur le site de la Bibliothèque nationale de France : http://expositions.bnf.fr/hugo/expo.htm

Lectures personnelles

ZOOM sur ...

M.-C. Helgerson
Dans les cheminées de Paris
© éd. Flammarion, collection « Castor Poche », 1999.

Le jeune héros de ce roman rappelle Petit-Gervais, le petit ramoneur des Misérables.

1789. Malgré ses neuf ans, Benoît doit aider sa famille : l'été, il travaille dur, aidant aux travaux de la ferme, gardant les bêtes ; mais l'hiver, il lui faut quitter sa Savoie natale pour aller ramoner les cheminées de Paris. Il est loué et part avec son frère aîné et une troupe d'enfants, sous les ordres d'un maître ramoneur. Le trajet est long, pénible. Il va découvrir les inégalités sociales, côtoyer de nombreux enfants, contraints comme lui d'exercer de petits métiers. La Révolution gronde…

Robert Swindells
Sans abri
© éd. Gallimard Jeunesse, Scripto 2003.

Dans les rues de Londres, au cœur de janvier. Link rencontre Ginger qui lui explique les rudiments de la survie pour les sans-abri. Mais un tueur rôde, qui veut « nettoyer les rues des clochards »…

Marie-Sabine Roger
Attention fragiles
© éd. du Seuil, collection « Points Virgule », 2006.

Paris, de nos jours. Histoires croisées de Nel, adolescent de terminale, aveugle, déprimé, et de Nono, petit garçon de quatre ans qui vit avec sa mère dans un carton de réfrigérateur ; un récit à plusieurs voix, des rencontres… un horizon qui s'éclaircit.

Lesley Beake
Le chant de Be
© éd. L'école des loisirs, collection « Médium », 1995.

En Namibie. Be rejoint son grand-père dans une ferme où il est exploité ; elle fuit en prenant conscience de l'exploitation de son peuple...

Marie Desplechin
Satin Grenadine
© éd. L'école des loisirs, collection « Médium », 2004.

Paris, à la fin du XIXe siècle. Lucie, adolescente née dans une famille bourgeoise, découvre auprès des domestiques le peuple, le socialisme, la liberté et choisit de s'affranchir de son milieu.

Xavier-Laurent Petit
Maestro
© éd. L'école des loisirs, collection « Médium », 2005.

Quelque part en Amérique latine. Les enfants des rues survivent entre bandes rivales et policiers douteux. La musique va changer leur vie…

Victor Hugo

« Gavroche »

C'est l'hiver. Gavroche, arrêté devant la boutique d'un barbier, semble admirer la vitrine ; en fait, il cherche comment voler un savon et se procurer en le revendant un peu d'argent pour manger.

Illustration de Gustave Brion pour *Les Misérables*, éditions Hetzel et Lacroix, 1866.

Le barbier, dans sa boutique chauffée d'un bon poêle, rasait une pratique[1] et jetait de temps en temps un regard de côté à cet ennemi, à ce gamin gelé et effronté qui avait les deux mains dans ses poches, mais l'esprit évidemment hors du fourreau.

Pendant que Gavroche examinait la mariée, le vitrage et les Windsor-soaps[2], deux enfants de taille inégale, assez proprement vêtus, et encore plus petits que lui, paraissant l'un sept ans, l'autre cinq, tournèrent timidement le bec-de-cane[3] et entrèrent dans la boutique en demandant on ne sait quoi, la charité peut-être, dans un murmure plaintif et qui ressemblait plutôt à un gémissement qu'à une prière. Ils parlaient tous deux à la fois, et leurs paroles étaient inintelligibles parce que les sanglots coupaient la voix du plus jeune et que le froid faisait claquer les dents de l'aîné. Le barbier se tourna avec un visage furieux, et sans quitter son rasoir, refoulant l'aîné de la main gauche et le petit du genou, les poussa tous deux dans la rue, et referma sa porte en disant :

– Venir refroidir le monde pour rien !

Les deux enfants se remirent en marche en pleurant. Cependant une nuée[4] était venue ; il commençait à pleuvoir. Le petit Gavroche courut après eux et les aborda :

– Qu'est-ce que vous avez donc, moutards[5] ?

– Nous ne savons pas où coucher, répondit l'aîné.

– C'est ça ? dit Gavroche. Voilà grand'chose. Est-ce qu'on pleure pour ça ? Sont-ils serins[6] donc !

Et prenant, à travers sa supériorité un peu goguenarde, un accent d'autorité attendrie et de protection douce :

– Momacques[5], venez avec moi.

– Oui, monsieur, fit l'aîné.

Et les deux enfants le suivirent comme ils auraient suivi un archevêque. Ils avaient cessé de pleurer.

Gavroche leur fit monter la rue Saint-Antoine dans la direction de la Bastille.

Gavroche, tout en cheminant, jeta un coup d'œil indigné et rétrospectif à la boutique du barbier.

– Ça n'a pas de cœur, ce merlan[7]-là, grommela-t-il. [...]

Du reste il ne leur fit pas de questions. Être sans domicile, quoi de plus simple ?

Victor Hugo, *Les Misérables*, Quatrième partie, livre VI, chap. 2, 1862.

1. **Pratique** : client.
2. **Windsor-soap :** savon de marque anglaise.
3. **Bec-de-cane :** poignée de porte.
4. **Nuée :** nuage.
5. **Moutards, momacques :** mots familiers désignant les enfants.
6. **Serins :** fam. niais, naïf, bête.
7. **Merlan :** désigne le barbier : il est couvert de poudre après rasage comme le poisson appelé merlan est couvert de farine avant d'être frit.

Questions *(15 points)*

Gavroche *(4 points)*

1. Comment le barbier considère-t-il Gavroche ? Justifiez votre réponse en citant le texte et en expliquant les termes relevés. *(2 points)*
2. Comment les deux enfants considèrent-ils Gavroche ? Justifiez votre réponse en relevant au moins deux éléments du texte. *(2 points)*

Deux *misérables* *(4 points)*

3. En quoi les enfants sont-ils des misérables pour le barbier ? Justifiez votre réponse en citant le texte. *(2 points)*
4. En quoi les enfants sont-ils des misérables pour Gavroche ? Justifiez votre réponse en citant le texte. *(2 points)*

Deux attitudes opposées *(7 points)*

5. En vous appuyant sur les paroles de Gavroche aux enfants, expliquez les expressions *prenant, à travers sa supériorité un peu goguenarde, un accent d'autorité attendrie et de protection douce*. *(3 points)*
6. À quelle classe grammaticale appartient le mot *ça* (l. 37) ? Que traduit-il ? Trouvez d'autres éléments du texte qui illustrent la même idée. *(2 points)*
7. Quelle est la visée de cet épisode ? *(2 points)*

Réécriture *(3 points)*

« Les deux enfants se remirent en marche en pleurant. Cependant une nuée était venue ; il commençait à pleuvoir. Le petit Gavroche courut après eux et les aborda. »

Réécrivez ce passage en utilisant le système des temps du récit au présent.

Dictée *(7 points)*

On pourra donner en dictée le passage suivant, de « Ils parlaient tous deux… » à « en pleurant » (l.12-20).

Rédaction *(15 points)*

Développez le début de cette scène (premier paragraphe) en la racontant du point de vue du barbier.

Consignes :

Votre devoir devra comporter :

➤ un récit cadre :
- à la première personne du singulier ;
- aux temps du passé.

➤ des passages développant les paroles et pensées du barbier insérés tout au long du récit (rapportés directement et indirectement).

Compétences du socle évaluées

Je suis capable de repérer les informations dans un texte à partir des éléments explicites et implicites nécessaires. (questions 1 à 5)

Je suis capable d'utiliser mes capacités de raisonnement, mes connaissances sur la langue pour lire. (question 6)

Je suis capable de dégager l'idée essentielle d'un texte lu. (question 7)

Je suis capable de rédiger un texte bref, cohérent et ponctué à partir de consignes données. (rédaction)

Charles Dickens, *Oliver Twist (1838)*

Vers la même époque que Victor Hugo, en Angleterre, un autre romancier célèbre témoigne lui aussi de la misère des laissés-pour-compte de la société industrielle. Charles Dickens publie, sous forme de feuilleton mensuel, le roman *Oliver Twist* qui connaît rapidement un grand succès.

DÉCOUVRIR

Charles Dickens (1812-1870)

◗ Il fut confronté très jeune à une pauvreté sordide et humiliante : son père, modeste employé, ayant été emprisonné pour dettes avec toute sa famille, le jeune Charles dut quitter l'école et travailler, à l'âge de onze ans, comme ouvrier dans une fabrique de cirage. Puis il redevint écolier. Il exerça divers métiers, clerc de notaire, sténographe, avant de devenir un journaliste et un écrivain reconnu. Il contribua largement à ce succès en donnant des lectures publiques en Angleterre comme aux États-Unis.

Question

Trouvez d'autres titres de Charles Dickens, rendus célèbres par des adaptations à l'écran.

Les Aventures d'Olivier Twist

Traduit de l'anglais par Sylvère Monod.
© éd. Le Livre de Poche, n° 21003, 2005.

« *Olivier Twist* (1838) est un feuilleton criminel d'une noirceur concentrée.
Un angélique orphelin échappe aux sévices que les institutions charitables de l'Angleterre victorienne réservent aux enfants abandonnés pour tomber dans les plus fangeux cloaques des bas-fonds londoniens. L'apprentissage précoce du vice et du crime y est de règle pour échapper à la misère et à la faim. On n'oubliera guère, après les avoir croisés, ni l'abominable Bumble ni le ténébreux Fagin, cette saisissante préfiguration des gibiers de bagne qui hanteront *Les Misérables* de Victor Hugo. Créations de l'imaginaire ? Ombres portées des terreurs et des cauchemars de l'enfance ? Peut-être. Toujours est-il que les contemporains y virent le reflet de la réalité.
« Il n'y a pas tant de différence entre ce noir tableau de l'enfance et le tableau de l'usine par Karl Marx », remarque d'ailleurs le philosophe Alain. Il faut s'en souvenir à chaque page en découvrant *Les Aventures d'Olivier Twist.* » (Quatrième de couverture de l'édition intégrale.)

Oliver Twist

Traduit de l'anglais par Michel Laporte.
© éd. Le Livre de poche jeunesse, n° 1184, 2005.

« Oliver Twist naît orphelin dans l'Angleterre du XIXe siècle. Mal nourri, exploité dès ses plus jeunes années, le pauvre garçon endure tout avec patience. Mais un jour, il refuse les traitements injustes qu'il subit et fuit vers Londres. Recueilli par une bande de jeunes voleurs, il découvre alors un autre monde, tout aussi cruel. Le destin cessera-t-il de s'acharner contre Oliver ? » (Quatrième de couverture de l'édition abrégée.)

Activité

1. Qu'est-ce qu'une édition abrégée ?

2. Quel aspect du roman met en valeur chacune des quatrièmes de couverture ? Quel est le niveau de langue adopté ? Pourquoi ces différences ?

3. Le titre original anglais est : *Oliver Twist or The Parish Boy's Progress*. Comparez-le avec les titres des deux adaptations françaises et commentez le choix des deux traducteurs.

Le prénom *Oliver* est traduit par *Olivier* dans l'édition intégrale du Livre de Poche (2005), dont sont tirés les extraits.

PARCOURIR

UN CADRE

Le roman a pour cadre l'Angleterre victorienne, et plus particulièrement Londres à l'époque de la révolution industrielle. Si ce pays est la première puissance mondiale, fière de ses réalisations techniques, c'est au prix d'une misère importante. On la retrouve dans les asiles censés recueillir et protéger orphelins et vieillards, mais qui n'y suffisent pas. De nombreux miséreux rejoignent ainsi les bas-fonds de Londres ; ils n'ont d'autre ressource que le vol, la prostitution, le crime.

File d'attente pour l'admission à l'asile des sans-logis, huile sur toile de sir Luke Fildes, d'après Ch. Dickens, 1874, Royal Holloway and Bedford College, Surrey.

Question

Choisissez un extrait du roman (chap. 1 éd. abrégée / chap. 2 éd. intégrale) qui illustre cette misère.

DES PERSONNAGES

Un héros : Oliver Twist

Dans ses premières années, il ne connaît que privations et mauvais traitements : orphelin, il vit à l'asile, puis est placé comme apprenti croque-mort ; la méchanceté d'un autre apprenti le contraint à s'enfuir.

Il parvient finalement à Londres. Épuisé, il est recueilli par une bande de brigands dirigée par Fagin. Oliver découvre, auprès de ces jeunes filous, un monde sordide où règnent la force et la ruse.

« On nomme nos enfants trouvés par ordre alphabétique. [...] Lui, c'était un T : Twist que je l'ai appelé. »

« Je me sauve. On me bat et on me maltraite, Dick ; et je vais chercher fortune, très loin d'ici. Je ne sais pas où. »

« Quelles ne furent pas l'horreur et l'inquiétude d'Olivier, quand, debout à quelques pas de là, et les regardant avec ses paupières écarquillées au maximum, il vit le Finaud plonger la main dans la poche du vieil homme et en tirer un mouchoir, le passer à Charley Bates, et fuir à toute allure jusqu'à l'encoignure, en sa compagnie...

En un instant tout le mystère des mouchoirs, et des montres, et des bijoux, et du Juif, emplit l'esprit de l'enfant. Il resta un instant frappé d'une terreur telle que le sang lui bourdonna dans les veines. »

Image du film de Roman Polanski, avec Barney Clark (Oliver Twist), 2005.

Question

Que comprend Olivier ? Quelles sont ses réactions ?

Ses ennemis

- Les autorités de l'asile : elles ne voient en Olivier qu'une bouche à nourrir et un être voué au Mal (de la « graine de gibet ») dont il leur faut se débarrasser.
- Les brigands : Fagin, Sikes… ne cherchent qu'à utiliser Olivier pour en tirer profit et le retiennent prisonnier.

« Le vieil homme leur racontait des cambriolages qu'il avait commis dans sa jeunesse ; il y mêlait tant de détails cocasses et pittoresques qu'Olivier ne pouvait s'empêcher d'en rire de bon cœur, et de laisser voir qu'il était amusé malgré tous ses bons sentiments.
Bref, le rusé vieux Juif tenait l'enfant dans ses rets. Après lui avoir préparé l'esprit, par la solitude et la mélancolie, à préférer n'importe quelle compagnie à la société de ses propres pensées lugubres dans cet endroit sinistre, il faisait maintenant lentement pénétrer dans son âme le poison dont il espérait qu'il allait la noircir et en changer la teinte à tout jamais. »

Question

Quel but poursuit Fagin par rapport à Olivier ?

Ses soutiens

Le petit Dick a été son seul ami à l'orphelinat, Olivier pense souvent à lui.

« Au revoir, cher Olivier ! Dieu te bénisse ! Cette bénédiction venait des lèvres d'un enfant, mais c'était la première qu'Olivier eût jamais entendu invoquer sur sa tête ; et parmi tous les efforts et toutes les souffrances, tous les ennuis et les changements de sa vie ultérieure, il ne l'oublia pas un seul instant. »

Des gens touchés par sa détresse, recueillent et soignent Olivier, tentant de l'arracher aux bandits.
Nancy fait partie du clan des brigands mais elle s'efforce, autant qu'elle peut, de protéger Olivier.

Activité

Faites une liste des autres personnages en les classant selon qu'ils sont ou non favorables à Olivier.

LE GENRE ET L'INTRIGUE

Un roman-feuilleton

Oliver Twist est d'abord un roman-feuilleton, inspiré comme souvent d'un fait divers : on y retrouve des personnages forts et mémorables, du suspense, des rebondissements comme dans tout roman d'aventures.

Activité

Retrouvez les différentes péripéties, les épreuves que doit affronter Olivier.
(Vous pouvez élaborer ce travail en groupe ; pensez à vous repérer à l'aide de la table des matières.)

Un roman d'apprentissage

Olivier, dans ses aventures et mésaventures, côtoie le Mal, mais résiste et se bat pour avoir droit à une vie un peu plus douce et digne.

Une chronique sociale

Ce roman est aussi une chronique des problèmes sociaux de l'époque. Dickens parle des victimes du système : enfants, femmes, ouvriers… Il témoigne.

Un ton

Émotion et pathétique dominent, atténués par un humour souvent grinçant.

« C'était bel et bien son neuvième anniversaire ; et il le célébrait dans la cave à charbon, avec un groupe distingué de deux autres jeunes messieurs, qui, après avoir partagé avec lui une solide correction, s'y étaient vu enfermer pour avoir eu l'indicible audace d'avoir faim. »

Activité

Relevez dans l'extrait ci-dessus les éléments pathétiques. Relevez ensuite les traits d'humour.

Image du film de Roman Polanski, avec Barney Clark (Oliver Twist) et Harry Eden (Dodger), 2005.

Dickens est l'un des romanciers anglais les plus populaires dans le monde. Son œuvre a inspiré de nombreuses adaptations.

DEUX ADAPTATIONS D'*OLIVER TWIST* AU CINÉMA

L'adaptation de David Lean, 1948

Affiche du film *Olivier Twist* de David Lean, 1948.

L'adaptation de Roman Polanski, 2005

Affiche du film *Oliver Twist* de Roman Polanski, 2005.

Activité

1. Comparez les affiches des films de 1948 et 2005. (Vous pouvez vous aider de la rubrique « Retenir » de la page 110.)

2. Laquelle préférez-vous ? Justifiez votre réponse.

ADAPTATION D'*OLIVER TWIST* EN BANDE DESSINÉE

Volume 2 de la série *Oliver Twist* par Dauvillier, Deloye, Merlet et Rouger, © éd. Delcourt, 2007.

Activité

Décrivez la scène choisie pour cette couverture :

1. Que se passe-t-il ?

2. Où est placé Oliver ? Quels autres indices permettent de le distinguer parmi les personnages ?

3. Observez les plans, l'échelle et les couleurs : que signifient-ils ?

APRÈS *OLIVER TWIST*...

Outre les adaptations du roman, on en rencontre de nombreux échos sous forme d'allusions ou de citations chez les cinéastes d'aujourd'hui. Voici deux exemples.

Slumdog millionaire de Danny Boyle, 2008.

« C'est du Dickens ! s'exclame Danny Boyle. Bombay, c'est le Londres de l'époque victorienne et une mine d'or pour un écrivain. [...] un pur mélodrame avec des personnages plus grands que dans la vie. Comme dans un roman de Dickens, il est question d'incroyable pauvreté, d'extrême richesse, de système de castes, d'injustices sociales. »

Activité B2i

Résumez ce film. Montrez, en prolongeant la citation du metteur en scène, les points communs avec Dickens. Vous pouvez trouver le synopsis et d'autres renseignements sur le site de *Télérama* par exemple.

Au-delà de Clint Eastwood, 2010.

Le film met en scène trois héros, dont un lit Dickens, à travers « trois histoires émouvantes qui vont finir par se croiser, un peu comme dans les histoires de Dickens... ». *Au-delà* illustre un thème cher à l'auteur, l'au-delà où se réfugie le héros pour surmonter ses difficultés.

La caricature au XIXe siècle

Avant la lecture...
1. Qu'est-ce qu' une caricature pour vous ? Quelles sont ses caractéristiques ?
2. À quoi sert une caricature ?
3. Quel exemple de caricature pouvez-vous donner ?

Le mot *caricature* vient du latin *caricare* (charger, exaspérer). La caricature déforme, se moque, ridiculise, dénonce une situation ou une personne, sans chercher toujours à provoquer le rire. Ses trois fonctions de base sont : exagérer, défigurer, accuser. Elle met en évidence des caractères physiques ou moraux de personnages liés à l'actualité politique ou événementielle.

Doc 1

Contexte

La révolution industrielle transforme la France du XIXe siècle, qui devient un pays industriel et urbain. Les grandes entreprises se développent grâce à l'emprunt que leur accordent les banques. La société se transforme elle aussi, avec l'apparition de deux nouvelles classes sociales : d'un côté un monde ouvrier de masse, de l'autre une bourgeoisie qui s'enrichit.

« Le Capitalisme. Celui-là fait une guerre terrible inexorable, chaque jour, à toutes les heures du jour. Mais ces messieurs de la Conférence ne s'en occuperont pas… »
Le Capitalisme, Galantara, *L'Assiette au beurre*, 22 juin 1907.

Doc 2

Contexte

Cette caricature provient du recueil *La Ménagerie impériale, composée des ruminants, amphibies, carnivores et autres budgétivores qui ont dévoré la France pendant 20 ans*. Chacune des 30 caricatures contient le portrait à charge d'une personnalité du régime impérial, qui est assimilée à un animal et à ses défauts. Ainsi, le ministre Émile Ollivier est représenté en un serpent pour montrer sa bassesse et son hypocrisie. La jeune femme nue sous les griffes du vautour représente la France.

Napoléon III, lithographie de Paul Hadol, 1870, Fondation Napoléon, bibliothèque Martial Lapeyre, Paris.

La caricature utilise différents procédés comme la **métamorphose** (personnage transformé en animal, végétal), la **comparaison dévalorisante** (géant, nain), la **déformation physique** (le portrait-charge), l'**exagération** d'une particularité physique (le bourgeois gras), la **métaphore** (la pieuvre représentant l'expansion) et des **symboles** comme le masque ou la marionnette. Un texte accompagne souvent la caricature et en renforce le sens. Il est placé en bandeau-titre au-dessus ou au-dessous du dessin.

Doc 3

Contexte

Une loi durcissant les peines contre les associations non autorisées et visant les républicains qui se réunissent en société, déclenche des affrontements entre républicains et soldats à Lyon et à Paris en avril 1834. Près de deux mille émeutiers sont arrêtés et emprisonnés ; d'autres sont tués. Plusieurs journaux anti-royalistes sont interdits. En mai 1835 s'ouvre le procès de ces émeutiers (parmi eux, des opposants au roi Louis-Philippe : chefs du parti républicain, directeurs de journaux).

« Vous avez la parole, expliquez-vous, vous êtes libre ! »
Lithographie de Honoré Daumier tirée de *La Caricature*,1835.

Doc 4

Contexte

En janvier 2001, les juges manifestent pour dénoncer le manque de moyens de la justice. La nouvelle loi sur la présomption d'innocence les inquiète (principe selon lequel toute personne qui se voit reprocher une infraction est réputée innocente tant que sa culpabilité n'a pas été établie). Cette loi entre alors en vigueur et leur semble difficilement applicable sans moyens supplémentaires.

Dessin de Plantu pour *Le Monde* du 20 janvier 2001.

1 **Quel est le thème abordé dans chacune des caricatures ?**

2 **Quels sont les personnages ? Comment sont-ils représentés ? Quelles sont leurs caractéristiques ?**

3 **Dans les caricatures 1, 2 et 3, quel est le lien entre la légende et le dessin ?**

4 **Que cherche à dénoncer chacun de ces dessins ?**

Activités

1. Voici les noms de revues satiriques du XIXe siècle : *La Caricature, La Charge, Le Chambard, Le Charivari, La Comédie politique, Le Drôlatique, L'Éclipse, Le Frondeur, Le Gaulois, Le Géant, Grimaces contemporaines, L'Illustration, Le Journal pour rire, La Lune, Le Masque, Le Sans-Culotte, La Silhouette, Le Tam-Tam, L'Assiette au beurre.*

Classez ces noms par champs lexicaux (par exemple celui du rire, du carnaval, de la presse…).

B2i **2.** Par groupes de deux à trois élèves, choisissez une des revues suivantes : *La Caricature, Le Charivari, Les Contemporains, L'Éclipse, L'Illustration, L'Assiette au beurre.*
- Faites des recherches sur celle-ci (durée de parution, thèmes, caractéristiques…).
- Présentez à l'ensemble de la classe votre recherche accompagnée de quelques documents iconographiques.

Dossier

Comprendre ce qu'est une critique politique et ses procédés

Avant la lecture...
Recherchez qui était le roi Louis-Philippe, les dates et les temps forts de son règne.

Doc 1

Louis-Philippe Ier par Winterhalter, huile sur toile, 1839, musée national du château de Versailles.

La **lithographie** (docs 3 et 4) consiste à dessiner sur une pierre lithographique (un calcaire poreux). On l'humidifie et on l'encre au moyen d'un rouleau en caoutchouc : l'encre n'adhère que sur les parties dessinées. La pierre est alors couchée sur le chariot de la presse et recouverte d'une feuille de papier humecté. Il suffit d'une légère pression pour obtenir autant de copies qu'on le désire, avec un parfait rendu. La lithographie est beaucoup employée dans les journaux grâce à sa rapidité d'exécution et contribue à l'essor de la caricature.

Doc 2

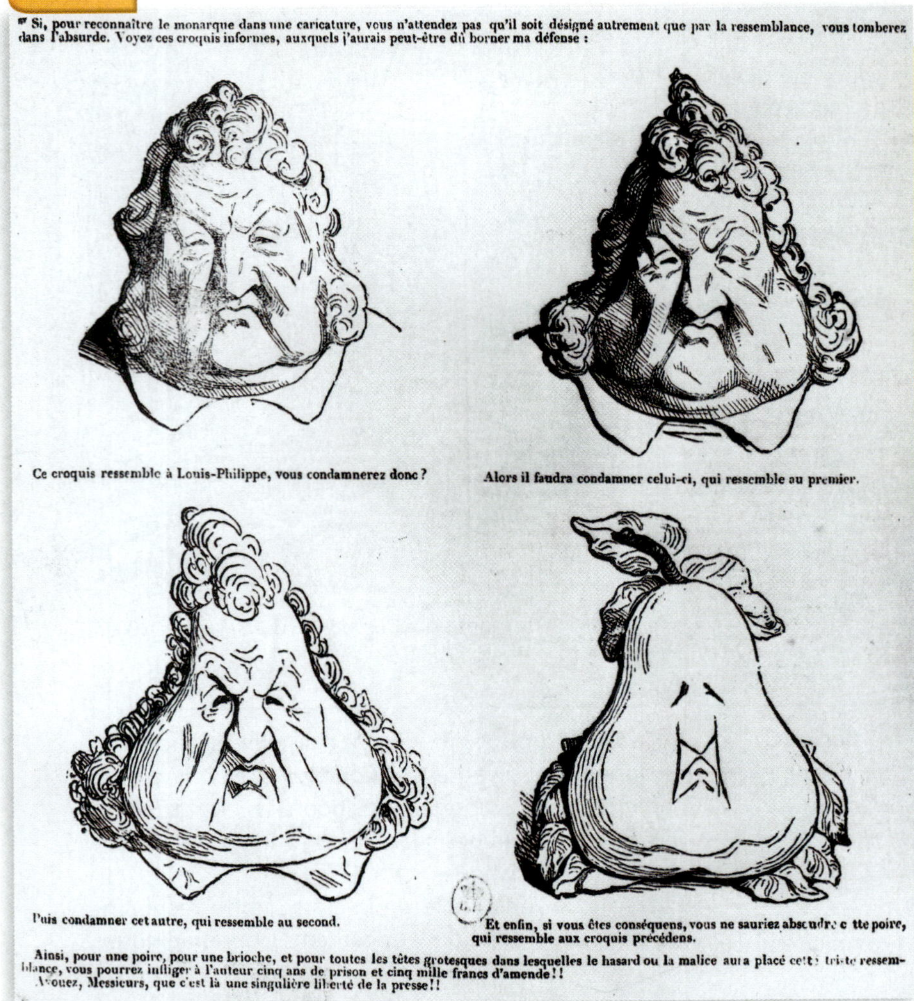

Contexte

Face aux juges, le 14 novembre 1831, lors d'un procès où il comparaît pour avoir publié une caricature antiroyaliste, Philipon se défend en affirmant que « tout peut ressembler au roi ». Il illustre ses propos avec ces quatre croquis réalisés sur le vif.

Les Poires, caricature de Louis-Philippe par Charles Philipon, faite à la cour d'assises de Paris, tirée de *La Caricature*, 1831.

1. **Pourquoi Philipon a-t-il réalisé quatre dessins du roi Louis-Philippe?**
2. **Sur quoi portent les textes qui figurent dans cette caricature ?**
3. **Que veut démontrer Philipon grâce aux dessins et aux textes ?**

Quelques caricaturistes

Charles Philipon (1800-1862)
Honoré Daumier (1808 - 1879)
Paul Gavarni (1804-1866)
Alfred Grévin (1827-1892)
André Gill (1840-1885)
Traviès (1804-1859)

Doc 3

Gargantua, lithographie de Honoré Daumier tirée de *La Caricature* du 16 décembre 1831, BNF, Paris.

1 **Décrivez les éléments qui composent cette caricature. Que se passe-t-il ?**

2 **Comment est représenté le peuple à droite ? les députés en arrière-plan, à gauche ?**

3 **Cherchez dans un dictionnaire qui est Gargantua. Pourquoi Daumier a-t-il choisi ce titre ?**

4 **Quelle critique de la politique du roi Louis-Philippe fait ici Daumier ?**

Doc 4

Baissez le rideau, la farce est jouée, lithographie de Honoré Daumier, tirée de *La Caricature* du 11 septembre 1834.

1 **En quel personnage Louis-Philippe est-il déguisé ?**

2 **Que tient-il ? Qu'est-il en train de faire ? Expliquez.**

3 **Quel lieu est représenté en arrière-plan ?**

4 **Relisez le titre de cette caricature. En vous appuyant sur vos réponses précédentes, dites ce que veut dénoncer Daumier.**

Activité

1. Choisissez un des personnages suivants : De Gaulle, Mitterrand, Chirac, Sarkozy.
2. Individuellement, recherchez une photographie le représentant puis ses caricatures.
3. Analysez ces dernières. En quoi sont-elles des caricatures ? Quels sont les procédés et les techniques utilisés ? Que cherchent à montrer leurs auteurs ?
4. Au sein d'un groupe qui a travaillé sur le même personnage, mettez en commun les caricatures trouvées, les différents procédés utilisés ainsi que ce que cherchent à montrer leurs auteurs.
5. Vous établirez une affiche qui sera une synthèse de votre travail. Vous la présenterez à la classe.

Questions de synthèse

1 **Quels sont les points communs entre les caricatures 2, 3, 4 ?**

2 **Que disent-elle sur la vie politique de la première moitié du XIXe siècle ?**

Histoire des *Arts*

Dossier

Comprendre ce qu'est une critique sociale et ses procédés

Avant la lecture...
1. D'après vous, sur quoi peut porter une critique sociale ? Que peut-elle dénoncer ?
2. Quels personnages peuvent figurer dans les caricatures ?

La caricature connaît un véritable essor au XIXe siècle. Les périodiques illustrés se développent, les plus connus étant *La Caricature* et *Le Charivari* qui publient les lithographies de Daumier. Les caricaturistes sont engagés et défendent des valeurs républicaines comme la justice et la liberté. Pour échapper à la censure mise en place par Louis-Philippe en 1835, ils s'orientent vers la peinture de mœurs ou créent des personnages populaires comme M. Prudhomme, un personnage grassouillet et donneur de leçons.

Doc 1

1 Quelles sont les caractéristiques de monsieur Prudhomme ? (Observez son physique, ses vêtements, ses accessoires, son allure, son attitude.)

2 Quels sont les procédés utilisés par Daumier pour le représenter ?

3 Que veut montrer Daumier dans cette caricature ?

« Mr Prudhomme vouant son fils au culte du nouveau Dieu des Parisiens », lithographie de Daumier tirée du *Charivari* du 2 février 1857.

Doc 2

1 Quelles caractéristiques de monsieur Prudhomme sont reprises ici par Verlaine ?

2 À quoi songe monsieur Prudhomme ? Que montrent ses pensées ?

3 Dans les vers 5 à 7, de quoi se moque-t-il ?

4 Dans les vers 11 à 13, de qui a-t-il horreur ?

5 À partir de vos réponses précédentes, qui Verlaine oppose-t-il dans le poème ? Pourquoi ?

Monsieur Prudhomme

Il est grave : il est maire et père de famille.
Son faux col engloutit son oreille. Ses yeux,
Dans un rêve sans fin, flottent insoucieux[1],
Et le printemps en fleurs sur ses pantoufles brille.

Que lui fait l'astre d'or, que lui fait la charmille[2]
Où l'oiseau chante à l'ombre, et que lui font les cieux,
Et les prés verts et les gazons silencieux ?
Monsieur Prudhomme songe à marier sa fille

Avec monsieur Machin, un jeune homme cossu[3].
Il est juste-milieu, botaniste et pansu[4].
Quant aux faiseurs de vers, ces vauriens, ces maroufles[5],

Ces fainéants barbus, mal peignés, il les a
Plus en horreur que son éternel coryza[6],
Et le printemps en fleurs brille sur ses pantoufles.

Paul Verlaine, *Poèmes saturniens*, « Caprices, V », 1866.

1. **Insoucieux :** insouciant.
2. **Charmille :** charmes plantés et taillés pour former une allée.
3. **Cossu :** riche, aisé.
4. **Pansu :** fortement renflé.
5. **Maroufle :** terme familier pour désigner un rustre, un être grossier.
6. **Coryza :** rhume chronique.

Doc 3

« Vous avez faim… vous avez faim… ça n'est pas une raison… mais moi aussi presque tous les jours j'ai faim et je ne vole pas pour cela ! »
Lithographie de la série *Les Gens de Justice* de Daumier, *Charivari* du 20 octobre 1845.

1 **Quelle est la situation décrite ?**

2 **Par quelles techniques, quels procédés ?**

3 **Quel est le lien entre la légende et le dessin ?**

4 **À partir de vos réponses précédentes, expliquez ce que cherche à montrer Daumier.**

Activité 1

Regardez attentivement cette caricature de Félix Vallotton pour *L'Assiette au beurre* en 1902. Imaginez un titre et une légende.

Activité 2 B2i

1. Rendez vous sur le site de la BNF, www.bnf.fr. Cliquez sur le lien du site Action pédagogique, puis allez dans la rubrique Les dossiers / Arts et architecture / Daumier et ses héritiers. Cliquez ensuite sur Feuilletoirs puis sur La satire sociale.

2. Choisissez cinq caricatures et imprimez-les.

3. Mettez-les en ordre de manière à composer une histoire. Légendez-les.

Activité 3

1. En lien avec l'actualité actuelle, choisissez trois caricatures (découpez-les dans les journaux ou imprimez-les à partir du site du *Canard enchaîné,* par exemple.

2. Détournez-les en modifiant la légende.

Activité 4

1. Choisissez deux événements qui vous ont marqué(e).

Écrivez les raisons qui vous ont poussé(e) à les choisir et ce que vous voulez montrer, dénoncer.

2. Réalisez une caricature pour chaque événement. Vous réutiliserez les procédés de la caricature (déformation, exagération, dégradation, symboles…). Vous pouvez donner un titre à vos dessins et faire une légende.

Chapitre 5

Le roman et l'Histoire

→ **Connaître les caractéristiques et les enjeux du roman historique**

Histoire des Arts

L'Arc de triomphe est un monument qui s'inscrit dans l'Histoire : commandé en 1806 par l'empereur Napoléon, il est mis en valeur sous Napoléon III, qui donne aux douze avenues qui convergent vers le monument des noms qui célèbrent l'armée et les victoires de la République et de l'Empire. C'est là aussi que repose, depuis 1921, le soldat inconnu de la Première Guerre mondiale : chaque soir, sous la voûte, on ranime la flamme du souvenir.

Lire l'image

1. Vers où partent ces volontaires ?

2. Décrivez les personnages. Qu'est-ce qui distingue celui qui est au-dessus des autres ?

3. Quel sens symbolique ce haut-relief donne-t-il à l'Arc de triomphe ?

François Rude, *La Marseillaise ou Le Départ des volontaires de 1792*, 1836, 12,70 m, Arc de triomphe de l'Étoile, Paris.

Repères

Roman et Histoire au XIXe siècle

Désiré BLANCHET

HISTOIRE GÉNÉRALE

COURS SUPÉRIEUR

ET

COURS COMPLÉMENTAIRE

HISTOIRE PATRIE

PARIS

Manuel édité par la Librairie Belin en 1898.

De nouveaux lecteurs

- L'**éducation** pour tous progresse au XIXe siècle : le nombre d'illettrés baisse spectaculairement entre 1830 et 1910, de quelque 55 % de la population à moins de 10 %. En effet, la loi Guizot de 1833 oblige chaque commune à entretenir une école primaire et à en assurer une gratuité partielle. Étape décisive : les lois Jules Ferry (1881-1882) instituent l'**école primaire gratuite, obligatoire et laïque.** On ne compte plus que 160 communes sans école en 1882, contre 14 000 en 1829.
- Le peuple, mieux **alphabétisé** en français (les langues ou patois locaux reculent), se met à lire des livres que lui apporte le **colporteur** qui sillonne les campagnes.
- L'épopée, la poésie classique, et la tragédie, qui véhiculent des valeurs trop éloignées des préoccupations de cette nouvelle masse de lecteurs, perdent du terrain. Ces **nouveaux lecteurs** réclament des récits où les héros et l'action sont proches de lui : la place est libre pour le **roman**.

Question

1 Quelles sont les causes principales de l'essor de la lecture au XIXe siècle ?

L'essor du roman

- Le roman prend son plein essor au XIXe siècle. Cette forme littéraire est plus souple que les autres : le récit peut accélérer le temps, sauter des années, revenir en arrière... L'attention se focalise sur des individus ou des groupes, la description colle à la réalité la plus précise ou ouvre les portes de l'imagination...
- Par ailleurs les **progrès techniques de l'imprimerie** permettent d'éditer multitude de petits romans que les colporteurs transportent dans leur balle et vendent 2,50 francs la douzaine.
- On y raffole de situations aventureuses, de rebondissements multiples, de traîtres châtiés, d'innocents persécutés puis vengés, d'émotions fortes... Plus tard dans le siècle, on découvre ces romans en **feuilleton** dans les **journaux** qu'on lit au marché. Le roman est donc le genre littéraire qui touche toutes les classes sociales.

Un colporteur de journaux, illustration de Gourdon de Genouillac, 1881, coll. privée.

Questions

1 Donnez une définition du mot *colporteur* d'après cette image et le texte.

2 Quels avantages offre le roman ?

Le goût pour l'Histoire

Eugène Delacroix, *La Liberté guidant le peuple*, 1831, musée du Louvre, Paris.

▸ La Révolution française a autant bouleversé la société que les mentalités. La société d'Ancien Régime (noblesse, clergé, tiers état) n'est plus : le XIXe siècle voit l'avènement de la bourgeoisie et la naissance de la classe ouvrière. On n'accepte plus l'idée que le cours des choses soit régi par une Providence divine ou par une aristocratie. Avec le siècle des Lumières s'est développée la conviction que l'Homme est maître des événements et peut les infléchir.

▸ On aime alors **explorer le passé** pour en comprendre les évolutions : elles font naître la **notion de progrès**. On cherche aussi, dans cette exploration du temps, des héros qui émergent du peuple et incarnent des valeurs d'audace, de justice, de générosité. L'Antiquité, et tout particulièrement l'Égypte, sont à la mode. Le Moyen Âge aussi fascine, avec ses chevaliers, son petit peuple, ses légendes, ses combats (*Notre-Dame de Paris* de Victor Hugo).

Questions

1 **Face à ce tableau, quelle impression ressent-on ?**

2 **Qui sont les personnages ? Que font-ils ?**

La naissance du roman historique

▸ Entre 1816 et 1823 paraissent les traductions françaises des romans de Walter Scott. Le succès est immédiat et considérable. Walter Scott (1771-1832) se penche avec nostalgie sur le passé de sa patrie, l'Écosse, avant qu'elle ne soit intégrée au Royaume-Uni en 1707. Il se plaît à décrire les costumes et le mobilier de l'époque, à illustrer les mentalités et les coutumes, à faire vivre les différents types sociaux qui s'expriment chacun dans leur langage. Il parvient ainsi à tracer la **fresque d'une société** tout en l'incarnant à travers des personnages héroïques, tel Ivanhoé. Ce mélange de **description réaliste** et d'**action**, de vision large, philosophique et d'identification à des héros bien caractérisés explique le succès du genre.

▸ En France, entre 1815 et 1832, près de six cents romans historiques sont publiés : c'est presque un tiers de toute la production littéraire ! Tous les grands auteurs s'y essaient : **Vigny** (*Cinq-Mars*), **Hugo** (*Quatrevingt-treize*), **Balzac** (*Les Chouans*), **Dumas** (quasiment tous ses romans) et plus tard Flaubert, Zola... Ils s'appuient sur des événements historiques, comme la Révolution française, qu'ils mettent en scène dans leur fiction.

Couverture d'*Ivanhoé*, de Walter Scott publié par Firmin Didot, Paris, 1819.

- **1771** **Naissance de Walter Scott**
- **1789** **Révolution française**
- **1804** **Napoléon Bonaparte empereur**
- **1815** **Waterloo, chute de l'Empire**
- **1816-1823** **Publication en France des romans de Walter Scott**
- **1826** **Vigny,** *Cinq-Mars*
- **1829** **Balzac,** *Les Chouans*
- **1830-1848** **Monarchie de Juillet : règne de Louis-Philippe**
- **1831** **Hugo,** *Notre-Dame-de-Paris*
- **1833** **Loi Guizot : une école dans chaque commune**
- **1839** **Stendhal,** *La Chartreuse de Parme*
- **1844** **Dumas,** *Les Trois Mousquetaires*
- **1845** **Dumas,** *La Reine Margot*
- **1852** **Second Empire de Napoléon III**
- **1869** **Tolstoï,** *Guerre et Paix*
- **1881-1882** **Lois de Jules Ferry rendant l'école primaire gratuite, obligatoire et laïque**
- **1871-1893** **Zola,** *Les Rougon-Macquart : Histoire naturelle et sociale d'une famille sous le Second Empire*
- **1874** **Hugo,** *Quatrevingt-treize*

Avant la lecture...
Qu'évoque pour vous l'année 1793 ?

1 Victor Hugo
Quatrevingt-treize

Victor Hugo (1802-1885)

Auteur prolixe en tous genres et homme politique engagé, il met néanmoins douze ans à écrire ce roman, *Quatrevingt-treize*. Il y tente en effet de concilier la grandeur de la Révolution et la cruauté aveugle de la Terreur.
Voir biographie p. 98.

« Le 28 juin 1793, trois hommes étaient réunis autour d'une table » dans un café du Quartier Latin, à Paris. Ces trois hommes, Victor Hugo les nomme, dans le titre du chapitre, « Minos, Eaque et Rhadamante » : ce sont les noms des juges des Enfers, royaume des morts dans la mythologie gréco-latine.

Portrait de Danton, Marat et Robespierre, fin XVIIIe siècle, musée Lambinet, Versailles.

Le premier de ces trois hommes était pâle, jeune, grave, avec les lèvres minces et le regard froid. Il avait dans la joue un tic nerveux qui devait le gêner pour sourire. Il était poudré, ganté, brossé, boutonné ; son habit bleu clair ne faisait pas un pli. Il avait une culotte de nankin[1], des bas blancs, une haute cravate, un jabot plissé, des souliers à boucles d'argent. Les deux autres hommes étaient, l'un, une espèce de géant, l'autre, une espèce de nain. Le grand, débraillé dans un vaste habit de drap écarlate, le col nu dans une cravate dénouée tombant plus bas que le jabot, la veste ouverte avec des boutons arrachés, était botté de bottes à revers et avait les cheveux tout hérissés, quoiqu'on y vît un reste de coiffure et d'apprêt ; il y avait de la crinière dans sa perruque. Il avait la petite vérole[2] sur la face, une ride de colère entre les sourcils, le pli de la bonté au coin de la bouche, les lèvres épaisses, les dents grandes, un poing de portefaix[3], l'œil éclatant. Le petit était un homme jaune qui, assis, semblait difforme ; il avait la tête renversée en arrière, les yeux injectés de sang, des plaques livides sur le visage, un mouchoir noué sur ses cheveux gras et plats, pas de front, une bouche énorme et terrible. Il avait un pantalon à pied, des pantoufles, un gilet qui semblait avoir été de satin blanc, et par-dessus ce gilet une rouppe[4] dans les plis de laquelle une ligne dure et droite laissait deviner un poignard.

1. Nankin : tissu de coton jaune ocre originaire de la ville de Nankin (Chine).
2. Petite vérole (ou variole) : maladie qui donne des pustules et laisse de vilaines cicatrices.
3. Portefaix : homme chargé de porter les marchandises.
4. Rouppe ou roupe : sorte de blouse en drap fendue sur le devant dont se servent les bergers transhumants.

Le premier de ces hommes s'appelait Robespierre, le second Danton, le troisième Marat.

Ils étaient seuls dans cette salle. Il y avait devant Danton un verre et une bouteille de vin couverte de poussière, rappelant la chope de bière de Luther, devant Marat une tasse de café, devant Robespierre des papiers.

Victor Hugo, *Quatrevingt-treize*, (Deuxième partie, Livre deuxième « Le cabaret de la rue du Paon », chapitre I « Minos, Eaque et Rhadamante »), 1874.

Illustration par D. Maillart de la réunion de Danton, Marat et Robespierre dans *Quatrevingt-Treize*,1874, musée Victor-Hugo, Paris.

Premières impressions

Lequel de ces trois hommes vous paraît le plus sympathique ? Lequel vous plaît le moins ? Pourquoi ?

Lire et analyser

L'art du portrait

1. Victor Hugo aurait pu écrire un paragraphe pour chaque personnage : comment a-t-il composé ce portrait ? Quels aspects et quel(s) personnage(s) fait ressortir son choix ?

2. Qu'est-ce qui est décrit pour chacun : le physique ? une partie du corps ? le moral ?

3. Quelle est la couleur associée à chaque personnage ? Trouvez-vous qu'elle leur correspond bien ? Pourquoi ?

4. Sur quel(s) mot(s) s'achève chaque portrait (l. 5- 6, 14 et 20) ? Quelle précision supplémentaire apporte la dernière phrase (l. 23-27) ? Sur quel aspect ces détails (couleur, objets...) insistent-ils pour chacun ?

5. **Robespierre :** Que décrivent les deux phrases des lignes 3 à 6 ? Quelle figure de style y remarquez-vous ? Quel est son effet ?

6. **Danton :** Relevez les termes et la métaphore décrivant son apparence ; quelle impression s'en dégage ?

7. **Marat :** Quels aspects de force et de faiblesse apparaissent dans son portrait ?

8. À quels éléments reconnaît-on que ce texte est descriptif ?

Un point de vue

9. Quel est le point de vue narratif adopté ? Pour filmer cette scène telle qu'elle est décrite, où placeriez-vous la caméra : du point de vue d'un personnage ? extérieure à eux ?

10. Que pouvez-vous en déduire sur la façon dont le narrateur veut présenter ses personnages ?

L'Histoire dans l'histoire

11. Les personnages décrits sont-ils fictifs ou appartiennent-ils à la réalité historique ? À quel moment le sait-on ? Quel est l'effet produit par ce choix du narrateur ?

12. Qu'évoquent les surnoms que leur donne Hugo ? En quoi correspondent-ils aux sentiments qu'inspirent les portraits ?

13. À partir des portraits et des surnoms de ces personnages, que peut-on supposer de la façon dont chacun va mener la Révolution ?

Vocabulaire

14. Relevez tous les mots de ce texte appartenant au champ lexical du costume.

Écriture

1. Résumez le caractère de chaque personnage par un mot (de préférence un adjectif).
Robespierre est...
Danton est...
Marat est...

2. À la manière de ce texte, rédigez une devinette sur une célébrité contemporaine ou un personnage historique (Louis XIV, Louis XVI, Napoléon Bonaparte...).

Consignes

- Tracez son portrait physique d'après des images de télévision ou des représentations vues dans un journal ou un livre.
- Attribuez-lui un ou des objets caractéristiques.
- Ajoutez une ou deux comparaisons.
- Ne révélez son nom qu'à la fin.

Avant la lecture...
Que signifie pour vous *prendre la Bastille* ?

2 Alexandre Dumas
Ange Pitou

La prison-forteresse de la Bastille, gardée par M. de Launay et ses troupes de gardes-françaises, est attaquée par la foule parisienne, menée par Billot qui veut en délivrer un prisonnier et a trouvé des fusils pour armer les gens du peuple.

Gravure colorée représentant la prise de la Bastille, le 14 juillet 1789, coll. particulière.

Cent coups, mille coups de fusil partirent à la fois, comme s'ils n'eussent attendu que ce signal, et marbrèrent de blanc les tours grises de la Bastille.

Un silence de quelques secondes succéda à cette décharge, comme si la foule elle-même eût été effrayée de ce qu'elle venait de faire.

Puis un jet de flamme perdu dans un nuage de fumée couronna la crête d'une tour ; une détonation retentit ; des cris de douleur se firent entendre dans la foule pressée ; le premier coup de canon venait d'être tiré de la Bastille ; le premier sang était répandu. La bataille était engagée.

Ce qu'éprouva cette foule, un instant auparavant si menaçante, ressembla à de la terreur. Cette Bastille, en se mettant en défense par ce seul fait, apparaissait dans sa formidable inexpugnabilité. Le peuple avait sans doute espéré que dans ce temps de concessions à lui faites, celle-là aussi s'accomplirait sans effusion de sang.

Le peuple se trompait. Ce coup de canon tiré sur lui donnait la mesure à l'œuvre titanique qu'il avait entreprise.

Alexandre Dumas
(1802-1870)
Il a d'abord écrit, pour le théâtre, les premiers drames romantiques. Il s'est ensuite lancé, par le biais du feuilleton dans la presse, dans une innombrable série de romans ayant un cadre historique, de l'Antiquité au XIXe siècle, avec une prédilection pour les XVIe, XVIIe et XVIIIe siècles.

1. **Mousqueterie** : décharge simultanée de plusieurs mousquets, de plusieurs fusils.

Une mousqueterie[1] bien dirigée, venant de la plate-forme de la Bastille, le suivit immédiatement.

Puis, un nouveau silence se fit, interrompu par quelques cris, quelques gémissements, quelques plaintes poussées çà et là.

Alors on put voir un grand frémissement dans cette foule : c'était le peuple qui ramassait ses morts et ses blessés.

Mais le peuple ne songea point à fuir, ou, s'il y songea, il eut honte en se comptant.

En effet, les boulevards, la rue Saint-Antoine, le faubourg Saint-Antoine, n'étaient qu'une vaste mer humaine ; chaque vague avait une tête ; chaque tête des yeux flamboyants, une bouche menaçante.

En un instant toutes les fenêtres du quartier furent garnies de tirailleurs, même celles qui se trouvaient hors de portée. [...]

C'était à de la chair que visaient les coups. C'était du sang qu'on voulait voir jaillir sous le plomb, et non de la poussière.

Alexandre Dumas, *Ange Pitou*, Chapitre 17, 1852.

Premières impressions

Combien de personnages croit-on voir s'affronter dans ce texte ? Lesquels ?

Lire et analyser

Un événement majeur

1. Quelle expression souligne, dès le premier paragraphe, l'ampleur de l'événement ? Relevez, dans le reste du texte, des figures de style qui ont le même effet.

2. VOCABULAIRE - Décomposez le nom *inexpugnabilité* (l. 12) : quel est son sens ? Par quel adjectif est-il qualifié ? Quelle impression donne-t-il de la Bastille ?
- Quelle expression du paragraphe suivant vient confirmer cette impression ?

La dramatisation

3. Comptez le nombre de paragraphes que comporte ce texte : que constatez-vous ? Quel est l'effet produit ?

4. Qui a successivement l'avantage ? Récapitulez les péripéties de l'affrontement.

5. Relevez les désignations employées pour chacun des deux adversaires : pour lequel le narrateur emploie-t-il des termes humains ? Quel est l'effet produit sur le lecteur ?

6. À quels moments le silence se fait-il ? Pourquoi ? Quels bruits entend-on ?

7. Quels sentiments successifs éprouve la foule ? Relevez le vocabulaire qui les définit.

8. Lignes 26-27 et 30-31 : Quelles figures de style sont ici employées ? Quels effets produisent-elles ?

L'Histoire dans l'histoire

9. Relevez les sujets de chaque phrase : quelle alternance remarquez-vous ? Qu'est-ce que cela indique sur la façon dont est raconté l'événement ?

10. Situez les lieux évoqués sur une carte de Paris. Observez les illustrations : qu'y a-t-il désormais place de la Bastille ?

11. Comparez ce texte avec ce que vous saviez de la prise de la Bastille : que vous a-t-il apporté en informations ? en émotions ?

Écriture

Transposez ce texte en bande dessinée.

Consignes

- Prévoyez, dans un premier temps, une vignette par péripétie de l'action (par exemple, une vignette pour les troupes de la Bastille, une vignette pour le peuple assiégeant, etc.)
- Insérez des gros plans sur des détails (par exemple, un canon, un blessé...).
- Ajoutez des bulles ou des cartouches pour les paroles ou réactions.

Avant la lecture...
Que pense-t-on lire quand un « vrai militaire » raconte une bataille ?

Honoré de Balzac (1799-1850)

Il ordonna une grande partie de ses quelque quatre-vingt-dix romans en un ensemble cyclique où reparaissent des personnages-clés : *La Comédie humaine*. Il y peint, avec un grand sens de l'observation, les forces de l'argent, de la presse, de la justice... dans la société de son temps.

3 Honoré de Balzac

Le Colonel Chabert

Un personnage à l'allure misérable insiste, en pleine nuit, pour avoir rendez-vous avec maître Derville, avoué[1] *à Paris.*

– Monsieur, lui dit Derville, à qui ai-je l'honneur de parler ?

– Au colonel[2] Chabert.

– Lequel ?

– Celui qui est mort à Eylau[3] », répondit le vieillard.

En entendant cette singulière phrase, le clerc et l'avoué se jetèrent un regard qui signifiait :

« C'est un fou ! »

[...]

« Monsieur, dit le défunt, peut-être savez-vous que je commandais un régiment de cavalerie à Eylau. J'ai été pour beaucoup dans le succès de la célèbre charge que fit Murat[4], et qui décida le gain de la bataille. Malheureusement pour moi, ma mort est un fait historique consigné dans les *Victoires et Conquêtes*[5], où elle est rapportée en détail. Nous fendîmes en deux les trois lignes russes, qui, s'étant aussitôt reformées, nous obligèrent à les retraverser en sens contraire. Au moment où nous revenions vers l'Empereur, après avoir dispersé les Russes, je rencontrai un gros de cavalerie ennemie. Je me précipitai sur ces entêtés-là. Deux officiers russes, deux vrais géants, m'attaquèrent à la fois. L'un d'eux m'appliqua sur la tête un coup de sabre qui fendit tout jusqu'à un bonnet de soie noire que j'avais sur la tête, et m'ouvrit profondément le crâne. Je tombai de cheval. Murat vint à mon secours, il me passa sur le corps, lui et tout son monde, quinze cents hommes, excusez du peu ! Ma mort fut annoncée à l'Empereur, qui, par prudence (il m'aimait un peu, le patron !), voulut savoir s'il n'y aurait pas quelque chance de sauver l'homme auquel il était redevable de cette vigoureuse attaque. Il envoya, pour me reconnaître et me rapporter aux ambulances, deux chirurgiens en leur disant, peut-être trop négligemment, car il avait de l'ouvrage : “ Allez donc voir si, par hasard, mon pauvre Chabert vit encore ? ” Ces sacrés carabins[6], qui venaient de me voir foulé aux pieds par les chevaux de deux régiments, se dispensèrent sans doute de me tâter le pouls et dirent que j'étais bien mort. L'acte de mon décès fut donc probablement dressé d'après les règles établies par la jurisprudence[7] militaire. »

En entendant son client s'exprimer avec une lucidité parfaite et raconter des faits si vraisemblables, quoique étranges, le jeune avoué laissa ses dossiers, posa son coude gauche sur la table, se mit la tête dans la main, et regarda le colonel fixement.

Honoré de Balzac, *Le Colonel Chabert*, 1832.

1. **Avoué :** à l'époque, c'est un juriste, à la fois notaire et avocat ; les clercs sont ses employés.
2. **Colonel :** grade élevé dans l'armée.
3. **Eylau :** ville de Prusse où eut lieu, en février 1807, la bataille entre les troupes de l'empereur Napoléon et les Russes.
4. **Murat :** un des plus fidèles généraux de Napoléon.
5. ***Victoires et Conquêtes* :** recueil des campagnes napoléoniennes.
6. **Carabins :** nom familier donné aux médecins.
7. **Jurisprudence :** ensemble des décisions prises en application des règlements.

Histoire des Arts

Après son *Bonaparte au pont d'Arcole*, en 1796, le baron Gros (1771-1835) devint le peintre officiel de l'épopée napoléonienne et contribua, par ses grandes compositions, au mythe impérial.

Antoine-Jean Gros, *Bataille d'Eylau*, huile sur toile, 5,33 x 8 m, 1807, musée du Louvre, Paris.

Premières impressions

Qu'y a-t-il d'« étrange » dans la situation de ce personnage ?

Lire et analyser

Le « héros »

1. Quels termes présentent Chabert comme un personnage sans importance ? Pourquoi est-il néanmoins le « héros » de ce texte ?

2. Que traduit l'attitude de Derville à la fin (l. 32-35) ? Relevez les expressions qui montrent que l'opinion sur le personnage de Chabert a évolué.

Le récit de la bataille

3. Qui raconte la bataille ? Quelles informations a-t-on sur le côté français ? sur les adversaires ?

4. Qu'est-ce qui rend les faits racontés si vraisemblables ?

5. Quels sont les mots qui, dès les trois premières lignes de son récit (l. 8-10), montrent que Chabert est un artisan des victoires napoléoniennes ?

6. VOCABULAIRE Relevez le champ lexical de l'action.

7. Identifiez les autres procédés qui donnent du dynamisme au récit : types de phrases, temps des verbes, vocabulaire de l'action.

8. Relevez des hyperboles dans ce récit de la bataille. Donnent-elles l'impression d'un mensonge ? Pourquoi ?

L'Histoire dans l'histoire

9. HISTOIRE DES ARTS Renseignez-vous sur la bataille d'Eylau. Quelle en est l'issue ? Quelle impression en donne le tableau ci-dessus ?

10. Relevez les expressions qui désignent ou caractérisent l'Empereur. Quelle impression s'en dégage ?

11. Pourquoi Chabert dit-il : *ma mort est un fait historique* (l. 11) ? Que montre pourtant ce texte ?

Écriture

Lors d'un accident de voiture ou lors d'une catastrophe, quelqu'un frôle la mort : racontez ce qu'il perçoit des événements extérieurs (secours, réactions des autres...).

Consignes

- Vous ferez un récit à la 1re personne.
- Vous raconterez « l'accident » en adoptant plusieurs points de vue différents : celui du blessé, celui de l'entourage, celui des sauveteurs, un point de vue omniscient...
- Vous développerez les impressions et les réactions intérieures du personnage blessé.

Repérer la subjectivité dans un récit historique

Avant la lecture...
Quand dit-on de quelqu'un qu'il est un héros ?

Stendhal
(1783-1842)

Il s'enrôla comme soldat dans l'armée de Bonaparte avant de se consacrer à l'écriture de romans essentiellement. Il aime dépeindre les sentiments et en particulier l'amour ou la quête du bonheur.

4 Stendhal
La Chartreuse de Parme

Fabrice del Dongo, jeune noble italien de dix-sept ans, rêve de gloire militaire. Revêtu d'un uniforme de hussard, il se retrouve, son cheval s'étant emballé, au milieu de l'escorte du maréchal Ney[1], sur le champ de bataille de Waterloo, le 18 juin 1815.

Nous avouerons que notre héros était fort peu héros en ce moment. Toutefois, la peur ne venait chez lui qu'en seconde ligne ; il était surtout scandalisé de ce bruit qui lui faisait mal aux oreilles. L'escorte prit le galop ; on traversait une grande pièce de terre labourée, située au-delà du canal, et ce champ était jonché de cadavres.

– « Les habits rouges ! les habits rouges ! » criaient avec joie les hussards de l'escorte, et d'abord, Fabrice ne comprenait pas ; enfin il remarqua qu'en effet presque tous les cadavres étaient vêtus de rouge. [...]

Tout à coup on partit au galop. Quelques instant après, Fabrice vit, à vingt pas en avant, une terre labourée qui était remuée d'une façon singulière. Le fond des sillons était plein d'eau, et la terre fort humide, qui formait la crête de ces sillons, volait en petits fragments noirs lancés à trois ou quatre pieds de haut. Fabrice remarqua en passant cet effet singulier ; puis sa pensée se remit à songer à la gloire du maréchal. Il entendit un cri sec auprès de lui : c'étaient deux hussards qui tombaient, atteints par

1. **Maréchal Ney :** un des maréchaux d'Empire qui remporta de nombreuses victoires.

Histoire des Arts
Le champ de bataille de Waterloo a été conservé presque intact depuis 1815. La rotonde du Panorama abrite la toile peinte par Louis Dumoulin en 1912 pour la célébration du centenaire de la bataille. Cette gigantesque fresque, de 110 mètres de circonférence sur 12 mètres de haut, sur 360°, illustre un moment clé de la bataille. La disposition circulaire enveloppe le spectateur et lui donne l'illusion d'être au cœur de l'action.

Panorama de la bataille de Waterloo peint par Louis Dumoulin,1912.

2. **Feu :** ici, le combat.

3. **Batterie :** ensemble des canons et engins de tir.

des boulets ; et, lorsqu'il les regarda, ils étaient à vingt pas de l'escorte. Ce qui lui sembla horrible, ce fut un cheval tout sanglant qui se débattait sur la terre labourée, en engageant ses pieds dans ses propres entrailles ; il voulait suivre les autres ; le sang coulait dans la boue.

« Ah ! m'y voilà donc enfin au feu[2] ! se dit-il. J'ai vu le feu ! se répétait-il avec satisfaction. Me voici un vrai militaire. » À ce moment, l'escorte allait ventre à terre, et notre héros comprit que c'étaient des boulets qui faisaient voler la terre de toutes parts. Il avait beau regarder du côté d'où venaient les boulets, il voyait la fumée blanche de la batterie[3] à une distance énorme, et, au milieu du ronflement égal et continu produit par les coups de canon, il lui semblait entendre des décharges beaucoup plus voisines ; il n'y comprenait rien du tout.

Stendhal, *La Chartreuse de Parme*, Chapitre 3, 1839.

Premières impressions

Avez-vous été étonné en lisant ce récit de bataille ? Essayez de dire pour quelles raisons.

Lire et analyser

Un « vrai militaire »

1. Comment comprenez-vous la première phrase ? Auquel des deux sens du mot *héros* s'oppose la deuxième phrase ?

2. Que voit et qu'entend Fabrice sur le champ de bataille ?

3. Par quelles émotions passe Fabrice (lignes 2, 3, 17, 21) ? Quelle en est la cause à chaque fois ? Est-ce celle que peut attendre un lecteur ?

4. Peut-on dire qu'il est un « vrai militaire » ?

Des indices de subjectivité

5. Qui dit *nous* à la ligne 1 ? Combien de phrases ont « Fabrice » ou ses équivalents comme sujet ?

6. Par quelle forme de discours sont rapportées les pensées de Fabrice l. 20-21 ?

7. Quel est l'effet de ces différents choix d'écriture ?

Comparer deux textes

8. Lisez en les comparant le récit de Chabert, p. 138, et ce texte :
- **Le thème :** quels sont les points communs à ces deux récits ?
- **Le narrateur :** qui raconte chaque récit ? Relevez les indices.
- **Le point de vue :** qui voit ? Qu'est-ce que le lecteur voit des événements ?

9. Lequel de ces deux récits préférez-vous ? Expliquez votre choix.

L'Histoire dans l'histoire

10. Si un historien faisait appel à ce « témoignage » de Fabrice, que pourrait-il retracer de la bataille de Waterloo : camps adverses, déroulement des opérations ? Comprendrait-on ce qui se passe ? Pourquoi ?

Histoire des arts

Cherchez des textes, des tableaux sur Waterloo. Comment se déroula cette bataille ? Quelles en furent les conséquences ? Quelles impressions en donnent les différents documents que vous avez trouvés ?

Écriture

Racontez une bataille en une quinzaine de lignes mais selon un point de vue particulier : celui d'un général, d'un blessé encore sur le terrain, ou encore d'un cheval anglais qui a pris la fuite.

Consignes

- Choisissez les détails de la bataille que perçoit votre « personnage ».
- Faites-lui vivre les aventures propres à son identité.
- Prêtez-lui des pensées et des émotions.

Contrepoint

Avant la lecture...
Que peut-on craindre lors d'un rassemblement populaire ?

Jean-François Parot
(né en 1946)
Il est à la fois historien, diplomate et auteur de romans policiers dont le héros, Nicolas Le Floch, parcourt le XVIIIe siècle. Nombre de ses romans ont été adaptés en téléfilms.

5 Jean-François Parot
Le Fantôme de la rue Royale

Le 30 mai 1770, Nicolas Le Floch, sur l'ordre du chef de la police parisienne, M. de Sartine, se rend en carrosse vers la place Louis-XV, avec son ami Semacgus.

Nicolas s'ébroua comme une bête lasse et soupira pour tenter d'évacuer la tristesse qui le taraudait[1]. Sans doute les deux semaines écoulées l'avaient-elles épuisé. Trop de nuits sans sommeil, une attention toujours en éveil et la crainte lancinante d'être surpris par l'incident imprévisible. Depuis l'attentat de Damiens, la sûreté avait été resserrée autour du roi et de sa famille. Certains événements ensevelis dans le secret des cabinets[2], auxquels le jeune commissaire au Châtelet avait été intimement mêlé et dont il avait éclairé les arcanes[3], le plaçaient, depuis près de dix ans, en première ligne dans ce combat et cette veille de tous les jours. M. de Sartine lui avait confié la surveillance rapprochée de la famille royale à l'occasion du mariage du dauphin et de Marie-Antoinette, archiduchesse d'Autriche. Jusqu'à M. de Saint-Florentin, ministre de la Maison du roi, qui l'avait pressé de donner le meilleur de lui-même, tout en rappelant, avec affabilité[4], ses succès passés.

Depuis la barrière de Vaugirard[5], la foule en rangs serrés envahissait la chaussée, interrompant par instants le flot chaotique des équipages. Le cocher de Nicolas ne cessait de hurler des mises en garde ponctuées des claquements secs de son fouet. Parfois la caisse, lors d'un arrêt brutal, basculait en avant et Nicolas devait tendre un bras protecteur pour éviter à son ami Semacgus de donner du nez contre la paroi. Il n'aurait su dire pourquoi, mais rien ne l'avait autant inquiété que cette grande multitude de peuple convergeant en désordre vers la place Louis-XV[6]. Cette masse que l'impatience animait comme un frisson nerveux le flanc d'un cheval se précipitait vers la fête et le plaisir promis ; la Ville, en effet, offrait à l'occasion du mariage du dauphin le spectacle d'un grand feu d'artifice. Chacun y allait de sa rumeur et Nicolas prêtait l'oreille aux commentaires qui montaient jusqu'à lui. Le prévôt des marchands[7], dispensateur des festivités, avait assuré que le spectacle pyrotechnique serait suivi par l'illumination des boulevards. Comme s'il avait lu dans les pensées de son voisin, Semacgus s'éveilla après quelques éructations[8] et, tendant la main vers la foule, hocha la tête.

– Les voilà bien confiants dans la munificence[9] de leur prévôt ! Puissent-ils ne pas être déçus !

– En douteriez-vous, mon ami ? demanda Nicolas.

Après toutes ces journées d'inquiétude, il s'était fait une joie d'aller quérir le docteur Semacgus au fond de Vaugirard. Il le savait curieux de ces grandes occasions et lui avait proposé de l'accompagner place Louis-XV, afin d'assister à la fête depuis la colonnade des bâtiments nouvellement construits de part et d'autre de la rue Royale. Sartine souhaitait recevoir un rapport sur un événement auquel, par extraordinaire, la Ville n'avait pas associé sa police.

1. **Taraudait :** tourmentait.
2. **Cabinets :** équipes de collaborateurs d'un ministre ou d'un préfet.
3. **Arcanes :** mystères.
4. **Affabilité :** amabilité.
5. **La barrière de Vaugirard :** porte d'entrée dans Paris, à l'époque, située au sud-ouest de la ville.
6. **La place Louis-XV :** l'actuelle place de la Concorde, à Paris. La rue Royale, qui porte toujours ce nom, y mène.
7. **Prévôt des marchands :** le maire en quelque sorte, à cette époque.
8. **Éructations :** renvois, rots.
9. **Munificence :** générosité, largesse.

Feu d'artifice sur la place Louis-XV à l'occasion du traité de Paris en 1763.

– Le Jérôme Bignon ne passe pas pour soucieux du peuple et je crains que ces braves gens ne soient amèrement déçus du régalement attendu. Ah ! les temps changent ! Vous ne sauriez imaginer le festoiement lors du second mariage du père de notre dauphin actuel[10]. Le prévôt d'alors avait fait circuler des chars portant des cornes d'abondance qui déversaient des saucisses, des cervelas et autres rocamboles[11], sans compter les gouleyants[12] breuvages… Foutre, chacun alors savait vivre et l'on s'était gobergé tout son soûl !

Jean-François Parot, *Le Fantôme de la rue Royale*, © éd. Jean-Claude Lattès, 2001.

10. Père de notre dauphin actuel : Louis de France, fils de Louis XV. Son fils, le dauphin, montera en 1774 sur le trône sous le nom de Louis XVI.

11. Rocamboles : sortes de petits poireaux servant à relever le goût et ouvrir l'appétit.

12. Gouleyants : de goût agréable et léger.

Questions

1. Est-ce la joie ou l'inquiétude qui domine à la lecture de ce texte ? Pourquoi ?
2. Peut-on dire que Nicolas est le personnage principal ? Pourquoi ?
3. Que sait-on de lui ? Quel effet ont ces informations sur le lecteur ?
4. Quel événement attire la foule ? Qu'en attend-elle ?
5. Relevez les mots qui annoncent plus ou moins un danger : qu'est-ce qui risque de se passer ?
6. Que savez-vous du contexte historique de ce récit ? Qu'est-ce qui peut confirmer les craintes que formule Semacgus (l. 32-33 et 41-42) ?
7. Quel rapport peut-on établir entre ce texte et les faits historiques exposés pp. 134, 136 et 152 ?

Histoire des Arts

La légende napoléonienne

Napoléon Bonaparte a laissé de puissantes traces de son action dans des domaines très divers : réforme de l'État (administration, justice, finances), urbanisme (routes, et cols du massif alpin, arc de triomphe du Carrousel), arts… Napoléon écrivit lui-même : « Tout le monde m'a aimé et m'a haï. » Le personnage a en effet fasciné les uns, provoqué une opposition irréductible des autres. La légende napoléonienne se décline ainsi jusqu'à nos jours en couleurs tantôt brillantes, tantôt sombres.

La naissance de la légende

Jacques-Louis David, *Bonaparte franchissant le Grand Saint-Bernard*, huile sur toile, 159 x 221 cm, 1803, musée national du Château de Versailles.

1 **Dans quelle position est représenté le cheval ? Quelle impression en résulte ?**

2 **Dans quelle direction le personnage regarde-t-il ? Quel en est l'effet ?**

3 **Quels éléments du tableau (cadrage, composition, lignes de force…) font de lui un chef ?**

4 **Quelles couleurs le peintre a-t-il choisies ? Pourquoi, à votre avis ?**

Retenir

- Le prestige de Bonaparte naît de ses victoires militaires : la rapidité foudroyante avec laquelle il mène la campagne d'Italie en 1796 révèle son génie de stratège et l'auréole d'une popularité immense. Le coup d'État de Brumaire, en 1799, lui ouvre la voie du pouvoir.
- Les victoires vont se succéder, édifiant la gloire de celui qui devient l'Empereur Napoléon Ier et qui inquiète toute l'Europe. Jusqu'à la campagne de Russie (1812), il semble invincible.
- À la chute de l'Empire succèdera la restauration d'une monarchie peu exaltante, qui provoquera une immense déception dans le pays et une puissante nostalgie.

La propagation de la légende

Retenir

- La nostalgie s'exprime aussi bien à l'oral, dans les récits des soldats, qu'à l'écrit, dans les oeuvres des romantiques et les romans populaires vendus à bas prix par les colporteurs.
- Il se façonne alors de l'empereur Napoléon le mythe d'un génie audacieux, héroïque et vainqueur mais aussi d'un chef attentif jusqu'au plus humble de ses soldats (voir *Le Colonel Chabert* p. 138).
- La frustration d'une génération qui a cru à un monde nouveau et audacieux s'illustre dans le texte de Musset : cette nostalgie prend part au « mal du siècle » romantique.

Bellangé, *Le Marchand de plâtres*,1833, Musée des Civilisations de l'Europe et de la Méditerranée.

« Un seul homme était en vie alors en Europe ; le reste des êtres tâchait de se remplir les poumons de l'air qu'il avait respiré. [...] Jamais il n'y eut tant de nuits sans sommeil que du temps de cet homme ; jamais on ne vit se pencher sur les remparts des villes un tel peuple de mères désolées ; jamais il n'y eut un tel silence autour de ceux qui parlaient de mort. Et pourtant jamais il n'y eut tant de joie, tant de vie, tant de fanfares guerrières, dans tous les cœurs. Jamais il n'y eut de soleils si purs que ceux qui séchèrent tout ce sang. On disait que Dieu les faisait pour cet homme, et on les appelait ses soleils d'Austerlitz. [...] »

Alfred de Musset, *La Confession d'un enfant du siècle*, I, 1, 1836.

1 **Quels regrets et quelles aspirations exprime ce texte ?**

2 **Relevez les oppositions de thèmes : sang, vie, joie, soleil…**

3 **Relevez quelques exemples de procédés emphatiques : pluriels, exagérations, généralisation…**

Un mythe contesté

1 **Quel personnage croyez-vous reconnaître (vignette 1) ? À quels indices ?**

2 **En plan rapproché (vignette 2), que constate-t-on ?**

3 **Quelle(s) signification(s) symbolique(s) incarne ici ce personnage ?**

Vignettes extraites de la bande dessinée *Voleurs d'Empires*, Intégrale de J. Dufaux et M. Jamar, éditions Glénat, 2010.

Retenir

- Déjà traité de tyran de son vivant par des écrivains (Mme de Staël, Chateaubriand…), surnommé « l'Ogre » par ses opposants, caricaturé par les Anglais qui redoutent son appétit insatiable de conquêtes, Napoléon présente aussi une image sombre. Il passe même pour un vampire, aspirant le sang de la jeunesse française (voir texte ci-dessus). Auteurs de bandes dessinées, dramaturges, cinéastes, écrivains des XXe et XXIe siècles : cette figure extraordinaire et contrastée n'en finit pas d'inspirer les artistes…

L'expression du temps

Les propositions subordonnées de temps

1 Classez ces conjonctions selon qu'elles expriment l'antériorité, la simultanéité ou la postériorité.

comme • tandis que • jusqu'à ce que • dès que • tant que • quand • après que • avant que • en attendant que • lorsque • pendant que • un jour où • aussi longtemps que • à mesure que • aussitôt que • chaque fois que • depuis que • maintenant que

2 a. Recopiez la subordonnée de temps présente dans chaque phrase.

1. Vous qui venez parlementer tandis que les autres attaquent, vous êtes en danger.
2. Je croyais à votre loyauté avant que vous commettiez un pareil crime.
3. Pendant que se faisaient entendre les cris et les menaces, les hommes hésitaient.
4. Je suis resté six mois entre la vie et la mort, délirant quand je parlais.
5. L'homme, une fois qu'on l'eut isolé des autres, cessa de vociférer.

b. Indiquez, pour chaque subordonnée relevée, si elle marque l'antériorité, la simultanéité ou la postériorité par rapport au fait principal.

3 Complétez chaque phrase par le verbe mis au mode et au temps voulus par la valeur de la subordonnée.

1. La balle rebondit après qu'elle ... *(frapper)* le mur.
2. Jusqu'à ce que tu ... *(venir)* me parler, j'étais seul.
3. Aussi longtemps que ... *(durer)* le règne de ce souverain, le pays demeura prospère.
4. Dès que la nouvelle ... *(tomber)*, l'ébullition fut à son comble.
5. Avant que l'on ... *(pouvoir)* calmer cette excitation, il faudrait beaucoup de sages paroles.

4 Réunissez ces deux phrases en une seule phrase en transformant l'une d'elles en subordonnée de temps. Choisissez le subordonnant qui convient au sens.

1. On entendit une détonation. Puis un jet de flammes couronna la tour.
2. Pitou continuait son escalade. Pendant ce temps, Billot ameutait la foule.
3. Les deux jeunes gens rayonnaient de bonheur. Auparavant, ils avaient traversé des heures plus difficiles.
4. Une étrange mélodie s'éleva. Juste après, les portes du château s'ouvrirent.
5. L'homme put enfin prendre appui sur le rebord. Au même moment, un visage apparut dans la fente.

5 Relevez dans chaque phrase la subordonnée de temps. Précisez par laquelle des expressions proposées on pourrait la remplacer.

depuis son intronisation • la table une fois dressée • pendant son installation • le prince achevant son discours.

1. Comme le prince achevait de parler, la reine mère le foudroya du regard.
2. Depuis qu'il avait été officiellement reconnu comme dauphin, elle ne décolérait pas.
3. Elle l'invita à s'asseoir, dès que les valets eurent dressé la table, pour lui rappeler ses devoirs princiers.
4. Tout le temps qu'elle se cala majestueusement sur un large fauteuil, il restait debout, prenant ainsi une position de supériorité.

6 Remplacez la subordonnée de temps par une tournure plus courte qui garde le même sens.

1. Tant que la petite bande descendait vers la plage, personne ne se plaignait du poids de ce qu'ils avaient à porter.
2. Tout se compliqua dès qu'il fallut entamer la montée vers le morne.
3. Dès qu'ils en trouvèrent l'occasion, ils se débarrassèrent des sacs qui les gênaient.
4. Quand ils arrivèrent à destination, le chef qui les attendait leur en fit le reproche.

7 Transformez les mots soulignés en une proposition subordonnée de temps.

1. Le nom de Billot <u>que Pitou avait répandu dans la foule</u> fut acclamé.
2. <u>À cette vue</u>, le peuple éclata en applaudissements.
3. <u>Après cette réflexion audacieuse</u>, Pitou avait relevé la tête.
4. Le capitaine sursauta et regarda en tous sens <u>avant de comprendre d'où venait le bruit</u>.
5. <u>Suite aux clameurs de la rue</u>, le capitaine changea d'avis.

8 a. Classez les trois actions de chaque série dans l'ordre chronologique.

b. Créez des phrases complexes contenant une subordonnée de temps marquant l'antériorité ou la postériorité, selon l'ordre chronologique établi.

1. Les convives allèrent se coucher. On entendit rapidement un ronflement qui faisait penser à une chaudière encrassée. Les convives dînèrent.
2. L'homme alerte enjambe la balustrade. Il agrippe un barreau. Il se hisse à la force des bras.
3. Le capitaine changea de cap. Le vaisseau vogua droit vers l'île. La vigie cria : « Terre en vue ! »

Vocabulaire

Le vocabulaire de l'émotion forte et de l'action

L'émotion forte

1 a. Mettez les syllabes dans l'ordre pour trouver des adjectifs ou participes signifiant une émotion forte.

PAI SÉ A • DI A BA SOUR • HU RI A • VI RA • RI PHO QUE EU • DÉ RÉ SI • BLÉ TROU • LO IN TER QUÉ • NÉ RAS RÉ SÉ • TÉ CHAN EN • É HI BA • JOUI RÉ • TOUR TÉ MEN • SÉ CAS TRA • PÉ OC PRÉ CU

b. Puis classez les mots reconstitués selon l'émotion qu'ils expriment.

- l'étonnement :
- la joie :
- l'inquiétude :

2 a. Regroupez, parmi les réactions suivantes, celles qui pourraient traduire la même émotion.

blêmir • se blottir • claquer des dents • s'écrouler • s'extasier • exulter • gambader • geindre • gémir • pâlir • se replier • sangloter • sautiller • sourire • suffoquer • trembler • tressaillir

b. Précisez quelle est cette émotion.

• Série 1 : ....
• Série 2 : ....
• Série 3 : ....

3 Relevez les intrus qui se sont glissés dans cette liste de noms exprimant la joie.

courroux • délire • emportement • enchantement • engouement • enthousiasme • euphorie • exaltation • extase • félicité • foudres • fureur • lyrisme • mouvement de l'âme • rage • satisfaction • transport

Quelle émotion peuvent exprimer les mots relevés ?

4 Classez ces verbes exprimant la colère selon qu'ils concernent la voix ou le corps.

éclater • s'emballer • s'énerver • éructer • exploser • fondre sur • grogner • hurler • riposter • rugir • trépigner • vociférer • voir rouge

5 Expliquez ces expressions imagées. Dites pour chacune d'elles à quel domaine est empruntée l'image.

sortir de ses gonds • prendre le mors aux dents • se faire de la bile • péter un câble

6 a. Relevez dans ce texte toutes les expressions d'une réaction physique.

Quand l'étranger sortit de son astronef, on entendit, dans la foule, à la vue du spectacle qui s'offrait, des jurons étouffés qui traduisaient la .... Les uns restaient bouche bée, les yeux écarquillés, le teint livide, frappés d'....... . D'autres, plus fragiles, demeurèrent figés, les yeux exorbités, en proie à une prodigieuse .... puis perdirent connaissance. Un homme s'avança, serrant les dents. D'un geste de défi, il poussa la porte : sa lèvre s'affaissa, un .... scandalisé crispait ses traits. Alors nombre de spectateurs détournèrent la face avec des glapissements de .... Le visage de l'homme s'empourpra, il se mit à taper avec violence sur la porte et à cracher ses mots.

b. Choisissez parmi ces termes ceux qui conviennent pour compléter le texte en respectant une progression.

dégoût • stupéfaction • effarement • indignation • incrédulité • répulsion • étonnement

c. Imaginez la suite : quel spectacle provoque ces réactions ?

L'action

7 a. Trouvez le terme générique pour chaque série en respectant la classe grammaticale des mots (un verbe pour une série de verbes, un nom pour une série de noms ...).

• .... : agiter, balancer, brandir, fouiller, secouer.
• .... : choc, ébranlement, rafale, secousse, volée.
• .... : assaut, attaque, avancée, course, élan, impulsion, marche, poussée, ruée.
• .... : agissant, diligent, entreprenant, expéditif, prompt.

b. Écrivez quatre phrases différentes en utilisant au moins deux mots de chaque série dans chaque phrase.

8 a. Avec les syllabes proposées, composez cinq synonymes de chaque verbe.

• Prendre : AT - BAR –EM - GNER - HAP - PER – POI - QUER - SAI – SIR – TRA.
• Frapper : CO – HEUR - GNER – CU – LER – MAR – PER – TA – TE - TER.
• Faire tomber : A – BAT - CHER – FAU - JE – RAS - REN – SER – TER – TRE – VER.

b. Conjuguez au passé simple un verbe de chaque groupe, choisi dans la liste des mots reconstitués.

9 a. Les comparaisons ou métaphores traduisent aussi l'action. Relevez celles qui, dans cet extrait, expriment l'énergie de la bataille.

Ces carrés n'étaient plus des bataillons, c'était des cratères ; ces cuirassiers n'étaient plus une cavalerie, c'était une tempête. Chaque carré était un volcan attaqué par un nuage ; la lave combattait la foudre.

Victor Hugo, *Les Misérables*,
Deuxième partie « Cosette », Livre 1 « Waterloo », 1862.

b. Utilisez à votre tour ces images pour décrire un match de sport collectif.

Commencer un récit

Activité 1 Définir explicitement le cadre spatio-temporel

1 Lisez cet incipit (= début de récit).

Dans les premiers jours de l'an VIII, au commencement de Vendémiaire, ou, pour se conformer au calendrier actuel, vers la fin du mois de septembre 1799, une centaine de paysans et un assez grand nombre de bourgeois, partis le matin de Fougères pour se rendre à Mayenne, gravissaient la montagne de la Pèlerine, située à mi-chemin environ de Fougères à Ernée, petite ville où les voyageurs ont coutume de se reposer.

Honoré de Balzac, *Les Chouans*, 1829.

2 Qu'est-ce qui répond à la question *Quand* ? Relevez les compléments de temps et indiquez s'ils signifient l'antériorité, la simultanéité ou la postériorité.

3 Qu'est-ce qui répond à la question *Où* ?

4 Dans quel contexte historique commence l'histoire, selon vous ?

5 Écrivez un début de récit en imitant celui-ci mais en le situant en 1795, près de Lyon.

Activité 2 Situer implicitement les circonstances du récit

« Hé ! Diomède, bonne rencontre ! Soupez-vous chez Glaucus, cette nuit ? »

Ainsi parlait un jeune homme de petite taille, vêtu d'une tunique aux plis lâches et efféminés, dont l'ampleur témoignait de sa noblesse non moins que de sa fatuité.

« Hélas ! non, cher Claudius : il ne m'a pas invité », répondit Diomède, homme d'une stature avantageuse et d'un âge déjà mûr. « Par Pollux, c'est un mauvais tour qu'il me joue. On dit que ses soupers sont les meilleurs de Pompéi. »

E. G. Bulwer-Lytton, *Les Derniers Jours de Pompéi*, 1850, coll. Bouquins, © éd. Presses de la cité, 1992.

1 Où et quand cette histoire commence-t-elle ?

2 Quels indices permettent de le comprendre ?

3 Comparez ce texte avec le texte de l'activité 1. Comment sont introduits les renseignements sur les circonstances spatio-temporelles ?

4 Écrivez un début de récit en imitant celui-ci. Vous caractériserez les personnages selon leur époque, vous ferez en sorte que les paroles échangées fassent comprendre la situation.

Activité 3 Introduire les personnages

Texte 1

Le 7 du mois de mai, que les Grecs appellent Thargélion, l'an 57 du Christ et 810 de la fondation de Rome, une jeune fille de quinze à seize ans, grande, belle et rapide comme la Diane chasseresse, sortait de Corinthe par la porte occidentale, et descendait vers la plage : arrivée à une petite prairie, bordée d'un côté par un bois d'oliviers et de lauriers-roses, elle s'arrêta et se mit à chercher des fleurs.

Alexandre Dumas, *Actè*, Chapitre I, 1838.

Texte 2

C'était sous le règne de Henri II et en l'an de grâce 1162 : deux voyageurs, aux vêtements souillés par une longue route et aux traits exténués par une longue fatigue, traversaient un soir les sentiers étroits de la forêt de Sherwood, dans le comté de Nottingham. L'air était froid ; les arbres, sur lesquels commençait à poindre la faible verdure de mars, frissonnaient au souffle des dernières bises de l'hiver.

Alexandre Dumas, *Robin des bois, le Prince des voleurs*, 1872.

1 Où et quand débute chacun des deux récits ?

2 Quel(s) personnage(s) l'incipit introduit-il ?

3 Quels détails retiennent l'intérêt du lecteur ?

4 Réécrivez chaque incipit en inversant les personnages. Vous introduirez les personnages du texte 2 dans le texte 1 en les adaptant au contexte et vice versa.

Activité 4 Donner un ton

Dans les derniers jours de mai 1793, un des bataillons parisiens amenés en Bretagne par Santerre fouillait le redoutable bois de la Saudraie en Astillé. On n'était pas plus de trois cents, car le bataillon était décimé par cette rude guerre. C'était l'époque où, après l'Argonne, Jemmapes et Valmy, du premier bataillon de Paris qui était de six cents volontaires, il restait vingt-sept hommes, du deuxième trente-trois, et du troisième cinquante-sept. Temps des luttes épiques.

Victor Hugo, *Quatrevingt-treize*, 1874.

1 Quelle atmosphère se dégage dès l'incipit ? Quels mots ou expressions y contribuent ?

2 Quel rôle jouent les nombres cités ?

3 Quelle particularité grammaticale présente la dernière phrase ?

4 Rédigez le même début mais en faisant naître une atmosphère de gaieté. Vous changerez les mots nécessaires.

Rendre captivant un récit

Activité 1 Respecter la typographie du texte

Pour moi, satisfaisant mes appétits gloutons / J'ai dévoré force moutons. / Que m'avaient-ils fait ? Nulle offense : / Même il m'est arrivé quelquefois de manger / Le Berger.

Jean de La Fontaine, *Fables*, VII, 1, 16, 1678.

1 **Recopiez ce texte en allant à la ligne à chaque trait oblique (/) et en centrant la ligne.**

2 **Quels sont les mots mis en valeur par cette disposition typographique ?**

3 **Lisez à haute voix le texte obtenu en respectant les pauses imposées par les retours à la ligne.**

4 **Quel est l'effet produit ?**

Activité 2 Mettre en valeur les effets stylistiques du texte

Le bois semblait désert. Le bataillon redoublait de prudence. Solitude, donc défiance. On ne voyait personne : raison de plus pour redouter quelqu'un. On avait affaire à une forêt mal famée.
Une embuscade était probable. [...]
Cependant la vivandière s'était hasardée à regarder à travers les broussailles, et au moment où le sergent allait crier : Feu : cette femme cria : Halte ! [...]
Et elle se précipita dans le taillis. On l'y suivit.
Il y avait quelqu'un là en effet.
Au plus épais du fourré, au bord d'une de ces petites clairières rondes que font dans les bois les fourneaux à charbon en brûlant la racine des arbres, dans une sorte de trou de branches, espèce de chambre de feuillage, entr'ouverte comme une alcôve [...].

Victor Hugo, *Quatrevingt-treize*, 1874.

1 **Quelles sont les caractéristiques grammaticales des six premières phrases de ce texte ?**

2 **Quelles pauses faut-il faire dans la lecture pour respecter la ponctuation ?**

3 **Lisez à haute voix en respectant ces pauses : que remarquez-vous sur le rythme ?**

4 **Quelles différences présente la dernière phrase avec la précédente ? Que suggèrent les mots employés ?**

5 **Comment faut-il lire le début (jusqu'à « en effet ») ? et la fin ?**

Activité 3 Mettre en valeur les mots-clés

La bande descendait avec un élan superbe, irrésistible. Rien de plus terriblement grandiose que l'irruption de ces quelques milliers d'hommes dans la paix morte, et glacée de l'horizon. La route, devenue torrent, roulait ces flots vivants qui semblaient ne pas devoir s'épuiser ; toujours, au coude du chemin, se montraient de nouvelles masses noires, dont les chants enflaient de plus en plus la grande voix de cette tempête humaine. Quand les derniers bataillons apparurent, il y eut un éclat assourdissant. La Marseillaise emplit le ciel, comme soufflée par des bouches géantes dans de monstrueuses trompettes qui la jetaient, vibrante, avec des sécheresses de cuivre, à tous les coins de la vallée. Et la campagne endormie s'éveilla en sursaut. La campagne, dans l'ébranlement de l'air et du sol, criait vengeance et liberté. Tant que la petite armée descendit la côte, le rugissement populaire roula ainsi par ondes sonores traversées de brusques éclats, secouant jusqu'aux pierres du chemin.
Silvère, blanc d'émotion, écoutait et regardait toujours. Les insurgés qui marchaient en tête, traînant derrière eux cette longue coulée grouillante et mugissante, monstrueusement indistincte dans l'ombre, approchaient du pont à pas rapides.

Émile Zola, *La Fortune des Rougon*, chapitre 1, 1871.

1 **Lisez une première fois ce texte à haute voix en respectant les pauses imposées par la ponctuation.**

2 **Recopiez les mots-clés. Ce sont ceux qui ont un sens fort ou qui créent des images inattendues (ex. « torrent »).**

Activité 4 Moduler sa voix

Accentuez les différentes sonorités :
- le « d » dans « Il dardait des dents de diable vers les deux dandys dodus » ;
- le « r » dans « La route, devenue torrent, roulait des roches et des ronces » ;
- le « s » dans « Pour qui sont ces serpents qui sifflent sur vos têtes ? » (Racine) ;
- le « t » dans « La tempête, terrible, qui tonne aux portes de la terrasse » ;
- le « v » dans « Certains vers étaient ouverts vivants... dans la tiédeur visqueuse des viscères » (Marie Rouanet).

Le roman historique : caractéristiques et enjeux

Faire revivre le passé

Un roman historique est un récit qui veut faire revivre le passé. Pour cela, il faut :

Ancrer l'histoire dans un cadre précis et évocateur

- La **date** et le **lieu**, souvent indiqués dès l'*incipit*, situent le cadre. Les précisions pittoresques permettent au lecteur de se représenter le décor et de plonger dans l'époque révolue (voir *Le Fantôme de la rue Royale*, p.142).

Choisir des personnages qui incarnent leur époque

- Le lecteur doit pouvoir **s'identifier** à un (ou des) **personnage(s)** bien caractérisé(s) et sympathique(s) avec le(s)quel(s) il partage des événements rendus ainsi plus vivants.

- Ces personnages peuvent être historiques ou inventés. S'ils sont **inventés**, comme Chabert (p. 138) ou Billot (p. 152), ils doivent être plausibles : Chabert a tous les traits du grognard de Napoléon. S'ils sont **historiques**, comme Robespierre, Danton et Marat (p. 134), il faut les faire entrer dans la fiction. On observe leur physique de l'extérieur, comme si on les rencontrait dans la vie, on décrit le comportement et/ou l'environnement, on suggère le caractère à travers quelques tics ou expressions.

Brosser la fresque d'une époque

- Le roman historique cherche à traduire l'« **âme** » **d'une époque**, ses valeurs dominantes : *Quatrevingt-treize* de Victor Hugo (p. 134) tente de montrer la grandeur de la Terreur révolutionnaire malgré sa cruauté.

Respecter la vérité historique ?

- L'auteur de romans historiques peut se permettre d'inventer les détails, mais doit **emprunter** scrupuleusement les **faits principaux à l'Histoire**. Il doit aussi éviter de faire pencher la « vérité » du côté où vont ses convictions personnelles.

Varier les points de vue

- Si la narration **varie les points de vue** pour tout dire sur les forces en présence et le déroulement des faits, le récit peut être **objectif**. Ainsi, narrer un affrontement en se rapprochant de la vérité historique, nécessite de le raconter sous l'angle de chaque camp (voir la prise de la Bastille, p. 136).

- Écrire un récit à la 3e personne n'en garantit pas l'objectivité : si on choisit un **point de vue interne**, le récit est **subjectif**. En revanche, c'est un moyen de mettre à distance les idées reçues, de jeter un regard neuf sur les événements, de modifier la tonalité du texte : voir Fabrice à Waterloo (p. 140).

Nuancer ou équilibrer les personnages

- Pour garder une certaine objectivité, le romancier doit veiller à ce que les adversaires de chaque camp soient respectables et/ou les portraits nuancés.

Trouver la juste proportion entre narration et analyse

- L'Histoire privilégie l'analyse sur la narration. Le roman privilégie la **narration** mais veut faire ressortir le **sens de l'Histoire** et donner un souffle : le commentaire du narrateur y contribue. Le romancier doit néanmoins garder à l'esprit de rendre la **lecture captivante** : souligner l'importance de l'événement, ménager le **suspense**, susciter l'**émotion**.

Lectures personnelles

Walter Scott
Ivanhoé
Adapté par Armand Rio.
© éd. Livre de poche jeunesse, 2009.

Pour connaître le « père » du roman historique, partagez les aventures de son héros Ivanhoé en lutte aux côtés de personnages que vous connaissez peut-être déjà par les dessins animés : le roi Richard, Prince Jean, Robin des bois et découvrez l'Angleterre de la fin du XIIe siècle.

Alexandre Dumas
Les Trois Mousquetaires
© éd. Livre de Poche, 2002.

Si vous ne devez lire qu'un Dumas, choisissez de plonger au cœur des rivalités entre Richelieu, Louis XIII et la reine Anne d'Autriche en compagnie des quatre figures inoubliables d'Athos, Porthos, Aramis et bien sûr d'Artagnan. Si vous aimez ses romans longs mais pleins de fougue, ne ratez pas *Le Comte de Monte-Cristo*, *La Tulipe noire*, *La Dame de Monsoreau*...

ZOOM sur ...

Margaret Mitchell
Autant en emporte le vent
Traduit de l'américain par Pierre-François Caillé.
© éd. Gallimard, collection Quarto, 2003.

Histoire d'un succès
C'est l'unique roman de Margaret Mitchell (1900-1949), née à Atlanta (États-Unis), qui y relate ce qu'a vécu son aïeule à travers le personnage de Scarlett. Le roman, vendu à 30 millions d'exemplaires et le film de V. Fleming (1939), multi-récompensé, connaissent un succès durable, dû à deux caractères bien trempés, joués par des acteurs remarquables mais aussi à une fresque captivante du bouleversement de la société sudiste en arrière-plan historique. Un roman et un film cultes.

L'intrigue
Vous n'avez pas peur du nombre de pages ? Alors lancez-vous dans la lecture de cette fresque de l'Amérique de la guerre de Sécession, quand le Sud voulut préserver son économie fondée sur l'agriculture et une main-d'œuvre esclave en se séparant du Nord. Vous vibrerez avec ces personnages passionnés que sont Scarlett O'Hara et Rhett Butler.

Jacques Martin, Jean Torton et Pascal Davoz
Napoléon Bonaparte (tome 1)
© éd. Casterman, 2010.

Dans la tradition de l'Histoire de France en bande dessinée, sont racontés ici les débuts de celui qui deviendra l'Empereur. Comme dans ses albums *Alix*, Jacques Martin veille à l'exactitude réaliste des décors et de l'ambiance.

Anne-Marie Desplat-Duc
Adieu, Julie, Une aristocrate sous la Terreur
© éd. Livre de poche Jeunesse, 2010.

À travers le personnage de Julie de Marquet, vous découvrez cette période mouvementée de la Révolution. Contraintes à l'exil, Julie et sa famille vont traverser les pays et les revirements politiques des années 1790.

Alexandre Dumas

Ange Pitou

La foule parisienne, menée par Billot, est arrivée armée de fusils au pied de la Bastille. Le gouverneur, M. de Launay, la fait défendre par le tir des canons et de toute l'artillerie. Comment prendre cette forteresse ?

Chacun donnait son avis au milieu de la foule et des clameurs. On faisait cercle autour de l'orateur, et quand on s'apercevait que la proposition était insensée, on s'éloignait.

Un charron proposait de bâtir une catapulte sur le modèle des anciennes machines romaines, et de battre en brèche la Bastille.

Les pompiers proposaient d'éteindre avec leurs pompes les amorces des canons et les mèches des artilleurs, sans s'apercevoir que la plus forte de leurs pompes ne lancerait pas l'eau aux deux tiers de la hauteur des murs de la Bastille. [...]

Billot écouta l'une après l'autre toutes ces propositions. À la dernière, il saisit une hache aux mains d'un charpentier, et s'avançant au milieu d'une grêle de balles, qui frappe et renverse autour de lui les hommes pressés comme les épis dans un champ de blé, il atteint un petit corps de garde voisin d'un premier pont-levis, et, au milieu de la mitraille qui siffle et pétille sur le toit, il abat les chaînes et fait tomber le pont.

Pendant un quart d'heure que dura cette entreprise presque insensée, la foule resta haletante.

À chaque détonation on s'attendait à voir rouler l'audacieux ouvrier. La foule oubliait le danger qu'elle courait elle-même, pour ne songer qu'au danger que courait cet homme. Quand le pont tomba, elle jeta un grand cri et s'élança dans la première cour.

Le mouvement fut si rapide, si impétueux, si irrésistible, qu'on n'essaya pas de la défendre.

Les cris d'une joie frénétique annoncèrent à de Launay ce premier avantage. On ne fit pas même attention qu'un homme avait été broyé sous cette masse de bois.

Alors, comme au fond d'une caverne qu'elles éclairent, les quatre pièces de canon que le gouverneur a montrées à Billot, éclatent à la fois avec un bruit terrible, et balayent toute cette première cour.

L'ouragan de fer a tracé dans la foule un long sillon de sang ; dix ou douze morts, quinze ou vingt blessés, sont restés sur le passage de la mitraille.

Billot s'est laissé glisser de son toit à terre ; mais à terre il a trouvé Pitou, qui s'est trouvé là il ne sait comment. Pitou a l'œil alerte ; c'est une habitude de braconnier. Il a vu les artilleurs approcher la mèche de la lumière ; il a pris Billot par le pan de sa veste, et l'a tiré vivement en arrière. Un angle de muraille les a mis tous les deux à l'abri de cette première décharge.

À partir de ce moment, la chose est sérieuse ; le tumulte devient effroyable ; la mêlée mortelle ; dix mille coups de fusil éclatent à la fois autour de la Bastille, plus dangereux pour les assiégeants que pour les assiégés. Enfin un canon, servi par les gardes-françaises, vient mêler son grondement au pétillement de cette mousqueterie.

Ange Pitou et Billot à l'assaut de la Bastille, *in* « Alexandre Dumas illustré », éditions Le Vasseur et Cie, Paris, vers 1880.

C'est un bruit effroyable auquel la foule s'enivre, et ce bruit commence à effrayer les assiégeants, qui se comptent, et qui comprennent que jamais ils ne pourront faire un bruit semblable à celui qui les assourdit.

Les officiers de la Bastille sentent instinctivement que leurs soldats faiblissent ; ils prennent des fusils et font le coup de feu.

Alexandre Dumas, *Ange Pitou*, chapitre 17, 1852.

Questions *(15 points)*

Des adversaires héroïques *(6 points)*

1. Qui sont les acteurs de cette scène ? Relevez leurs dénominations pour montrer comment alternent :
   - les mentions de la foule et de personnages qui s'en dégagent, d'une part ;
   - les humains et les engins, d'autre part. *(2 points)*
2. Par quelles expressions est souligné le caractère imprenable de la forteresse ? *(1 point)*
3. Lignes 10 à 21 et lignes 32 à 36 : Pourquoi Billot et Pitou font-ils figure de héros ? Relevez en particulier leurs actions. *(1 point)*
4. Quels adjectifs et quelles expressions soulignent leur héroïsme ? *(1 point)*
5. Étudiez les changements de temps : quel effet produisent-ils ? *(1 point)*

Le suspense d'un affrontement historique *(9 points)*

6. Dans quel but les deux camps s'affrontent-ils ? *(1 point)*
7. Relevez le champ lexical du danger et celui du bruit. Comment contribuent-ils à souligner l'importance de l'événement ? *(2 points)*
8. Lignes 22-23 : À quel degré sont les trois adjectifs ? *(0,5 point)*
   Comptez les syllabes pour chacun. Quel rythme est ainsi donné à la phrase ? *(1 point)*
9. Ligne 30 : Relevez la figure de style. Quel effet produit-elle ? *(1point)*
   Pourquoi les chiffres qui suivent sont-ils imprécis, à votre avis ? *(0,5 point)*
10. L'issue de cet événement est connue : montrez que la narration maintient le suspense en étudiant :
    - le rythme du passage (l. 37-38) : « À partir de… mortelle » ; *(1 point)*
    - le sens des trois adjectifs (l. 37-38) ; *(1 point)*
    - l'alternance des points de vue dans tout cet extrait. *(1 point)*

Réécriture *(5 points)*

Dans le cinquième paragraphe, remplacez Billot par « Billot et Pitou » et mettez le paragraphe au passé.

Dictée *(5 points)*

On pourra donner en dictée les lignes 1 à 11 de l'autre extrait d'*Ange Pitou* figurant p. 136.

Écriture *(15 points)*

Rédigez un paragraphe qui pourrait précéder cette narration du 14 juillet 1789.

Consignes

- Indiquez explicitement les données spatio-temporelles ou faites-les deviner.
- Utilisez des compléments circonstanciels de temps marquant l'antériorité, la simultanéité et la postériorité, dont au moins un exprimé par une proposition subordonnée.
- Présentez rapidement les deux héros principaux : Billot et Pitou.
- Décrivez la foule en action.
- Utilisez le vocabulaire de l'émotion forte.

Compétences du socle évaluées

Je suis capable de repérer les informations dans un texte à partir des éléments explicites et des éléments implicites nécessaires.

Je suis capable d'utiliser mes capacités de raisonnement, mes connaissances sur la langue pour lire.

Je suis capable d'écrire lisiblement un texte en respectant l'orthographe et la grammaire.

Je suis capable d'écrire lisiblement un texte sous la dictée en respectant l'orthographe et la grammaire.

Je suis capable de rédiger un texte bref, cohérent et ponctué, à partir de consignes données.

La Fille du capitaine d'Alexandre Pouchkine

DÉCOUVRIR

Biographie de Pouchkine

- Alexandre Serguieïevitch Pouchkine est né à Moscou, en 1799, d'une famille noble et férue de culture française, comme toute la haute société russe de l'époque. Il a un arrière-grand-père africain, Abraham Hannibal, qui fut général au service du tsar Pierre le Grand, dont il a hérité les cheveux crépus et les lèvres épaisses, et il en est très fier.
- Passionné de littérature, il écrit des **poèmes** dans lesquels il **critique le servage**, la cruauté des propriétaires fonciers, l'autoritarisme du régime tsariste... Cela lui vaut l'**exil**, en 1820, dans la province profonde qu'il découvre et où il continue à écrire.
- En 1826, il est rappelé à Moscou par le tsar **Nicolas Ier** dont il devient, malgré ses idées plutôt libérales, le poète courtisan. Il connaît des déceptions, en particulier avec sa femme, dépensière et volage, et meurt en 1837 d'une balle reçue lors d'un duel.

Portrait de Pouchkine par Kontchalovsky (1876-1956), musée de l'Ermitage, Saint Petersbourg.

Le contexte historique

Le règne de Catherine II (1762-1796)

- La Russie est un empire gouverné, de façon absolutiste, par un **tsar** ou une **tsarine** : à Pierre le Grand (1689-1725), succède, après quelque temps, **Catherine II** qui apprécie la philosophie du Siècle des Lumières et protège Voltaire. Néanmoins, dans les campagnes, la vie des paysans, de condition serve, se durcit. De nombreuses révoltes sont matées dans le sang.

Gravure de 1775 représentant Pougatchev dans sa cage, montré au peuple.

L'histoire de Pougatchev

- Pougatchev a réellement existé ! Né en 1742 sous le nom de Emelian Ivanovitch Pougatchev, il se maria à une Cosaque, Sofia, en 1758. La même année, il participa à différentes campagnes militaires dans l'armée russe. Le retour à la vie civile ne lui convient guère : il se fait plusieurs fois emprisonner pour vagabondage.
- À compter de 1773, il prend la tête d'une **insurrection cosaque** qui reçoit le renfort d'une révolte paysanne. Les Cosaques étaient d'anciens paysans libres, qui s'étaient soumis au pouvoir tsariste au XVIIe siècle comme mercenaires, tout en gardant une réputation d'aventuriers nomades, souvent rebelles.
- Aux premiers succès dans l'Oural, **Pougatchev se proclame empereur** sous le nom de Pierre III. Au début, le gouvernement officiel de la tsarine, Catherine II, ne se méfie pas de ce brigand. Mais les victoires se multiplient et il mène le siège d'Orenbourg (relaté dans le roman). Finalement les Cosaques lâchent Pougatchev car ils n'apprécient pas sa démesure ni d'être mêlés à des serfs. Le général Bibikov libère Orenbourg, fait Pougatchev prisonnier et le montre à la population dans une cage de fer. Pougatchev meurt en 1775, **décapité** à la hache, et ses membres sont tranchés.

Activités avant la lecture

1. D'après le titre et la couverture

- Dans quel milieu peut se passer le roman ?
- Que peut-on supposer sur l'héroïne ?
- Quelles hypothèses pouvez-vous faire sur l'histoire à partir de l'illustration de première de couverture ?

2. D'après la biographie de Pouchkine

Lisez la biographie de Pouchkine p. 154.

- Quelle peut être l'attitude de l'auteur envers les militaires ?
- Quelles peuvent être ses attentes sur le plan amoureux ?
- Quelles idées politiques voudra-t-il peut-être faire exprimer à ses personnages ?

3. D'après le contexte historique

Lisez la présentation du contexte p. 154.

- Pouchkine a écrit une *Histoire de Pougatchev* avant ce roman : quels aspects de la vie de ce personnage ont pu l'intéresser ?
- Quelle impression vous font les Cosaques d'après l'illustration ci-dessus et ce que vous en savez ?
- Pourquoi, dans la Russie de 1836, Pouchkine peut-il avoir envie d'écrire sur la période de 1773 ?

Édouard Detaille, *Cosaque de la garde du régiment de l'Ataman*, 1884, musée de l'Armée, Paris.

PARCOURIR

Itinéraire de lecture 1

UNE ÉTRANGE COMPLICITÉ

• Pierre

1. Qui dit « je » dans ce roman ? Récapitulez les informations données sur ce personnage-narrateur (nom, classe sociale, formation...).

2. Quel âge a-t-il au début du roman ? Quelles « bêtises » commet-il (chapitres 1, 2, 4) ? Pourquoi son âge a-t-il de l'importance pour comprendre le personnage et le déroulement du récit ?

3. Comment évolue-t-il ? Quelles sont, en fin de compte, ses qualités ?

• Pierre et Pougatchev

4. Comment est-il présenté lors de sa première apparition (chapitre 2 « Le guide ») ? Comparez avec les autres présentations du personnage aux chapitres 6 et 7 : qu'apprend-on de plus ou de différent ?

5. Récapitulez : en quoi Pougatchev est-il l'opposé de Pierre ?

6. À quels moments Pougatchev sauve-t-il Pierre ? Pourquoi le fait-il ? Quelles conséquences cela a-t-il sur la suite ?

7. Qu'est-ce qui, en fin de compte, peut expliquer la « complicité » entre Pierre et Pougatchev?

8. Pourquoi Pouchkine a-t-il choisi d'écrire ce roman à la 1re personne, à votre avis ?

Affiche du film d'Alexandre Prochkine, 2000.

Extrait 1

« Son aspect me parut remarquable. C'était un homme d'une quarantaine d'années, de taille moyenne, plutôt maigre, large d'épaules. Dans sa barbe noire apparaissaient des poils blancs ; ses grands yeux vifs étaient toujours en mouvement. Le visage avait une expression assez agréable, mais suspecte. Les cheveux étaient coupés en rond. Il portait une houppelande en loques et de larges pantalons tatars. »

Extrait 2

« Pougatchov portait un caftan rouge à la cosaque, bordé de galons. Un haut bonnet de zibeline à glands d'or était enfoncé jusqu'à ses yeux étincelants. Les chefs cosaques l'entouraient. Sur la place on dressait en hâte une potence._[...] Les cloches se turent. Il se fit un silence profond "Qui est le commandant ? " demanda l'usurpateur. Notre sous-officier cosaque sortit de la foule et désigna Ivan Kouzmitch : " Comment as-tu l'audace de t'opposer à moi, à ton souverain ? " Le commandant, épuisé par sa blessure, rassembla ses dernières forces et répondit d'une voix ferme: " Tu n'es pas mon souverain! Tu est un voleur et un usurpateur, entends-tu ? " Pougatchov fronça les sourcils d'un air sombre et fit un signe de son mouchoir blanc. Quelques cosaques saisirent le vieux et le traînèrent à la potence... »

Itinéraire de lecture 2

DÉCOUVRIR LA RUSSIE DE 1773

1. Voici quelques mots russes extraits du roman : que veulent-ils dire ? Proposez une traduction ou expliquez ce que chacun représente.
barine • *isba* • *kibitka* • *kopek* • *pope* • *rouble* • *samovar* • *sloboda* • *verste* • *vodka*

2. Observez les noms propres des personnages : comment sont composés les noms russes ?
André Pétrovitch Griniov, père de Piotr (ou Pierre) Andréitch Griniov •
Maria Ivanovna Mironova, fille de Ivan Kouzmitch Mironov •
Ivan Ivanovitch Zoutine •
Alexis Ivanytch Chvabrine.

3. Repérez, sur la carte de Russie, les différents lieux cités dans le texte :
Moscou • Orenbourg • Saint-Petersbourg • Simbirsk • fleuve Yaïk (Oural) • Nijnié-Oziornaïa

La Russie en 1773.

4. À son départ, on fait endosser à Pierre « un touloupe de lièvre et par-dessus une pelisse de renard » (chapitre 1). Sachant qu'un touloupe est une sorte de pelisse dont on porte le poil à l'intérieur, qu'en déduit-on sur les conditions de vie en Russie ?

5. Quelles relations observez-vous entre Saviélitch et le héros ? Que nous apprennent les lettres du père, André Pétrovitch, et de Saviélitch (chapitre 5) sur les conditions sociales ? Résumez ce que vous apprend ce roman sur la société russe du XVIIIe siècle.

6. Quelle impression générale ressentez-vous par rapport au mode de vie en Russie en 1773 ? Quelle réflexion pouvez-vous faire à partir de la phrase du chapitre 6 : « Les transformations les meilleures et les plus stables sont celles qui résultent de l'amélioration des mœurs, sans les secousses de la violence » ?

Extrait 3

« Sa Noblesse m'octroie une pelisse à lui, c'est son droit de seigneur, et ton devoir de serf est d'obéir sans discuter. »

Extrait 4

« Seigneur André Pétrovitch, notre gracieux père ! J'ai reçu votre gracieuse épître dans laquelle vous daignez vous emporter contre moi, votre esclave, disant que je devrais avoir honte de ne pas exécuter les ordres de mon maître ; mais moi, je ne suis pas un vieux chien, je suis votre serviteur fidèle, j'obéis aux ordres de mes maîtres. »

Lecture ouverte

Alexander Ivanoff, *Jeune fille russe*, 1840, Galerie Tretiakoff, Moscou.

Itinéraire de lecture 3

UNE HISTOIRE D'AMOUR

1. Comment s'appelle la « fille du capitaine » ? Pourquoi est-ce elle qui donne son titre au roman ?
2. Quelles qualités et quels défauts lui sont attribués la première fois qu'on la décrit (chapitre 3) ? Par qui ?
3. De quel véritable caractère fait-elle preuve par la suite ?
4. À quel moment Pierre devient-il amoureux ? Pour quelles raisons ?
5. À quels obstacles successifs se heurte cet amour ?
6. Dans quelle situation périlleuse se trouvent tour à tour les deux amoureux ? Que fait chacun pour aider l'autre ?

Extrait 5

« " Ménagez-vous, au moins pour moi. " Sur ces mots elle sortit, me laissant dans l'ivresse du ravissement. Le bonheur me ressuscita. Elle m'aime ! Cette pensée emplissait tout mon être. »

Extrait 6

« À mon réveil j'appelai Saviélitch. À sa place je vis devant moi Maria Ivanovna. Sa voix d'ange me disait bonjour. Je ne puis exprimer le sentiment délicieux qui s'empara de moi à ce moment. Je saisis sa main et y appuyai mon visage, la baignant de larmes d'attendrissement. Macha ne la retira pas ... et soudain ses lèvres touchèrent ma joue. »

Activités à partager après la lecture

Activité 1

À partir de l'essentiel du roman, une fille raconte les faits vécus par Pierre du point de vue de Pougatchev ; un garçon le fait du point de vue de Maria. Puis inversez.

Activité 2

Présentez un exposé sur ce que vous avez découvert de la Russie du XVIIIe siècle en vous appuyant sur un diaporama.

Consignes

➤ Limitez-vous à moins de dix diapositives.
➤ Structurez votre exposé.
➤ Ne mettez que l'idée principale sur chaque diapositive, inscrivez ce que vous allez développer à l'oral en commentaire en dessous.
➤ Essayez de ne pas dépasser 10 minutes d'intervention.

Activité 3

Vous avez un film à tourner sur les Cosaques au XVIIIe siècle en Russie.

Consignes

➤ Répartissez les rôles dans le groupe : le costumier (ou la costumière) s'occupera des vêtements, l'accessoiriste des animaux, objets et autres détails nécessaires, le (ou la) scénariste écrira... le scénario, c'est-à-dire la description de quelques scènes qui fassent comprendre leur mode de vie ; etc.
➤ Si vous ne pouvez réaliser le film, présentez oralement ce que le groupe a imaginé faire en donnant la parole à chacun.

Chapitre 6

La lettre

→ Découvrir les formes et les fonctions du genre épistolaire

Histoire des arts

Kurt Schwitters (1887-1948) fut l'un des principaux acteurs du mouvement DADA en Allemagne, un mouvement proche des surréalistes, qui remettait en cause les contraintes et conventions artistiques et idéologiques. Il intègre volontiers à ses œuvres, collages et assemblages, des déchets de toutes sortes. Également architecte et poète à ses heures, il fut rejeté comme « artiste dégénéré » par l'Allemagne nazie, et se réfugia en Norvège.

Lire l'image

De quoi est composé ce tableau ? Quels éléments reconnaissez-vous ?

Kurt Schwitters, *Cottage*, 1946, Nationalgalerie, Berlin.

Repères

De la correspondance au genre épistolaire

De précieux documents

Portrait de jeune fille, dit « de Sappho », Pompéi, Iᵉʳ siècle apr. J.-C., musée archéologique national, Naples.

- À toutes les époques, ceux qui savent écrire correspondent. Ces lettres officielles ou privées constituent des **témoignages historiques** de grande valeur, comme la lettre de **Pline** à Tacite, qui décrit avec précision l'éruption du Vésuve qui ensevelit **Pompéi** en 79 après J.-C.
- Nous sont ainsi parvenues les ***Lettres à Lucilius***, 124 lettres adressées par l'écrivain et philosophe Sénèque (Iᵉʳ siècle ap. J.-C.) à son ami Lucilius.
- Dans le Nouveau Testament, on trouve aussi des **épîtres** (le mot vient aussi d'*epistula*), attribuées à **Paul de Tarse**, qui les aurait écrites entre 51 et 55 après Jésus-Christ, pour convertir les sujets de l'Empire romain au christianisme.
- Au Moyen Âge, **Christine de Pisan**, première femme à vivre de sa plume, n'hésite pas, dans son *Épître à la reine Isabeau*, à s'exprimer sur la politique et en 1399, dans son *Épistre au Dieu d'Amours*, à poser des revendications « féministes », qui provoquèrent une certaine agitation à l'époque.

De vraies fausses lettres

Mme de Merteuil (G. Close) dans le film de S. Frears, *Les Liaisons dangereuses*, 1988.

- À la fin du XVIIᵉ et au XVIIIᵉ siècle, certains auteurs écrivent des **lettres fictives** mais les présentent comme authentiques. C'est la grande période du **roman épistolaire**.
- En 1669 paraissent les *Lettres portugaises*, présentées comme la traduction de cinq lettres envoyées par une religieuse portugaise à un officier français, et qui passeront longtemps pour d'authentiques lettres, avant qu'il soit démontré qu'il s'agissait d'une œuvre de fiction littéraire attribuée à **Gabriel de Guilleragues**.
- En 1721, Montesquieu rassemble, dans les ***Lettres persanes***, la **correspondance fictive** entre deux voyageurs persans, Usbek et Rica, et leurs amis respectifs restés en Perse.
- En 1761, Rousseau publie ***Julie ou la Nouvelle Héloïse***, l'un des plus grands succès de librairie de la fin du XVIIIᵉ siècle, échange de lettres entre deux amants, où Rousseau exprime ses théories philosophiques et morales.
- En 1782, dans ***Les Liaisons dangereuses***, sous-titré « Lettres recueillies dans une société et publiées pour l'instruction de quelques autres », Pierre Choderlos de Laclos raconte, sous forme de lettres, le duel pervers de deux aristocrates manipulateurs.

Résurgence du genre au XXᵉ siècle

- Le genre resurgit au XXᵉ siècle, mais prend désormais plutôt l'apparence d'un **récit autobiographique**, comme la *Lettre d'une inconnue* (1922) de Stefan Zweig, ou encore *La Lettre de Conrad* (1985) de Fred Uhlman où, quelques jours avant sa mort, un officier allemand décide d'écrire à son ancien ami juif, afin de lui expliquer la façon dont il s'est retrouvé dans la spirale nazie. La lettre permet aussi de **manifester son engagement** sous le couvert d'un personnage fictif. Ainsi, Albert Camus dans *Lettres à un ami allemand*, prône la résistance face à l'ennemi.

Mme de Sévigné (1626-1696)

- Marie de Rabutin-Chantal est née à Paris le 5 février 1626. Orpheline à sept ans, elle est élevée par son oncle et sa tante Coulanges. En 1644, elle épouse le marquis de Sévigné dont elle a deux enfants, Françoise-Marguerite et Charles. Son mari la délaisse, dépense beaucoup, fréquente les courtisanes et meurt dans un duel en 1651.
- Après un an de deuil, elle fréquente les **salons parisiens** et la **cour**, où elle est très recherchée pour sa beauté, son esprit, sa brillante conversation.
- En 1669, **sa fille** épouse le comte **de Grignan**, lieutenant général en Languedoc, puis en Provence. Désormais la vie de la marquise sera une succession de **séparations**, de **retrouvailles**, de longues périodes de cohabitation, de tensions aussi avec sa fille. Elle passera les dernières années de sa vie au château de Grignan, où elle meurt le 17 avril 1696.
- **1155 lettres** de sa correspondance ont subsisté, la très grande majorité adressées **à sa fille, Mme de Grignan**, dont nous n'avons aucune lettre. Mme de Sévigné écrit quotidiennement des lettres, qui sont parfois lues dans un petit cercle d'amis et, dès son époque, son talent est reconnu. Mlle de Scudéry a écrit à son propos, dans son roman *Clélie*, « J'oubliais de vous dire qu'elle écrit comme elle parle, c'est-à-dire le plus agréablement et le plus galamment qu'il est possible. »
- C'est seulement en 1734 que la petite-fille de Mme de Sévigné charge un éditeur de **publier sa correspondance**. De nombreuses éditions suivront au fil des siècles. Ainsi Mme de Sévigné, qui ne s'adressait pratiquement qu'à une seule lectrice, deviendra progressivement et sans l'avoir voulu un **auteur littéraire**.

Gravure de H. Flandrin représentant Mme de Sévigné, 1846.

Questions

1 **Sous le règne de quel roi Mme de Sévigné a-t-elle principalement vécu ?**

2 **À qui ses lettres étaient-elles destinées ?**

Ier siècle av. J.-C. **L'empereur Auguste crée le *cursus publicus*,** un réseau de relais qui permet d'acheminer les messages.

1477 **Louis XI crée des relais de poste**, qui transportent la seule correspondance du roi.

1576 **Henri III crée des messagers royaux**, qui acheminent également les lettres des particuliers.

1760 **Création de la petite poste de Paris**

1848 **Premier timbre-poste**

1870 **Première utilisation d'une poste aérienne** par ballons et pigeons voyageurs pendant le siège de Paris.

1931 **Saint-Exupéry** raconte dans *Vol de nuit* le destin d'un pilote chargé de transmettre des courriers en Amérique du Sud.

Fin du XXe siècle **Premiers courriers électroniques :** les messages écrits sont instantanément acheminés à l'autre bout du monde via Internet.

Avant la lecture...
Qu'est-ce qu'un acrostiche ?

Guillaume Apollinaire (1880-1919)
Proche des cubistes, Apollinaire s'engage dans l'écriture en publiant des essais et des poèmes. En 1913, il connaît la consécration avec le recueil *Alcools*. Pendant la guerre, il continue à écrire (*Calligrammes*, *Poèmes à Lou*). Il meurt en 1918 de la grippe espagnole.

1 Guillaume Apollinaire
Lettre à Lou

En septembre 1914, Apollinaire fait la connaissance à Nice de Louise de Coligny-Châtillon. Éloigné par la guerre de celle qu'il aime, Apollinaire la rejoint lors de brèves permissions et lui écrit presque chaque jour jusqu'en 1915.

19 janvier 1915,

Ma chérie,

Je tâcherai de partir vendredi à 8h. pour arriver à Nice samedi matin à six heures. Donc couche au P.L.M. la nuit du vendredi au samedi – sous mon nom, puis si je ne suis pas arrivé le matin sois à la gare à midi, puis en te renseignant sur l'heure juste, sois aux autres trains si je ne suis pas arrivé à midi.

Donc, sois à la gare à midi si je ne suis pas arrivé par le train du matin, mais ne sois pas à ce train du matin, reste couchée au P.L.M. Je vais t'écrire encore tout à l'heure à la cantine.

Télégraphie une seconde fois pour que je sache si t'as compris cette lettre et surtout reçue.

Ton Gui. [...]

Guillaume Apollinaire, « Lettre du 19 janvier 1915 » in *Lettres à Lou*, Collection « L'Imaginaire », © éd. Gallimard, 1990.

Photographie de Louise de Coligny-Châtillon (Lou) dédicacée à Guillaume Apollinaire.

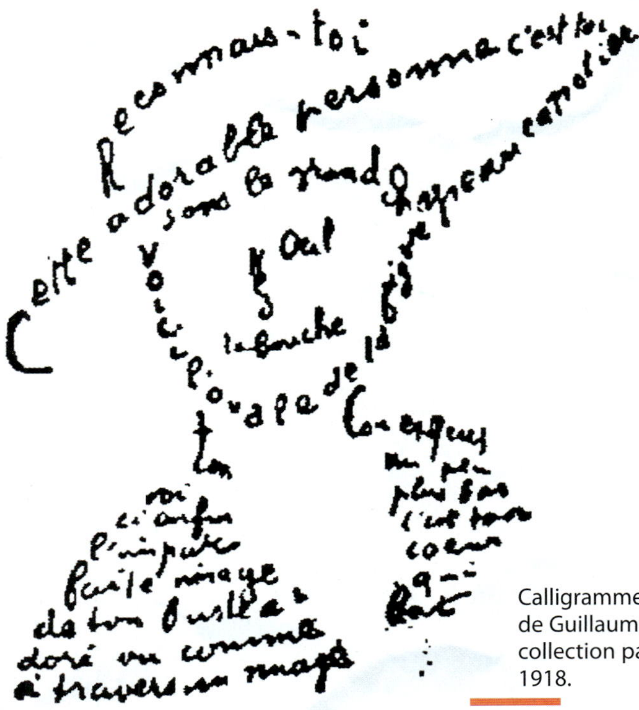

Calligramme de Guillaume Apollinaire, collection particulière, 1918.

2 Guillaume Apollinaire

Poème à Lou

« Adieu »

L'amour est libre il n'est jamais soumis au sort
OLou le mien est plus fort encor que la mort
Un cœur le mien te suit dans ton voyage au Nord

Lettres Envoie aussi des lettres ma chérie
On aime en recevoir dans notre artillerie
Une par jour au moins une au moins je t'en prie

Lentement la nuit noire est tombée à présent
On va rentrer après avoir acquis du zan[1]
Une deux trois À toi ma vie À toi mon sang

La nuit mon cœur la nuit est très douce et très blonde
OLou le ciel est pur aujourd'hui comme une onde
Un cœur le mien te suit jusques au bout du monde

L'heure est venue Adieu l'heure de ton départ
On va rentrer Il est neuf heures moins le quart
Une deux trois Adieu de Nîmes dans le Gard

4 février 1915

Guillaume Apollinaire, « Adieu », in *Poèmes à Lou* (posthume),

1. **Zan :** marque de bonbon à la réglisse, présenté sous forme de tablette dure, inventé en 1884.

Premières impressions

Comparez le contenu des deux lettres adressées à Lou par Apollinaire. Laquelle préférez-vous ? Pourquoi ?

Lire et analyser

Les caractéristiques de la lettre

1. Observez les marques grammaticales qui désignent dans les deux textes l'émetteur et le destinataire de ces lettres.

2. Quelle relation permettent-elles de définir entre eux ?

3. Quels indices révèlent les circonstances d'écriture de ces deux lettres ?

La visée des deux lettres

4. Comparez les niveaux de langue utilisés dans ces deux lettres. Montrez qu'ils révèlent des visées différentes.

5. Analysez les modes et les temps des verbes principaux du texte 1. Quelle est la fonction de cette lettre ?

6. Dans le texte 2, définissez la visée de la lettre à partir du titre et des champs lexicaux essentiels.

De la lettre au poème

7. Pour quelles raisons peut-on dire que le texte 2 appartient au genre épistolaire ?

8. Quels sentiments exprime le poème ?

9. Dégagez l'originalité de la forme du poème et la contrainte qui l'organise.

10. Pour quelle raison, selon vous, Apollinaire a-t-il choisi la forme poétique pour écrire à Lou ?

Écriture

Proposez la réécriture en vers libres du texte 1.

Consignes

➤ Vous respecterez les caractéristiques d'une lettre : situation d'énonciation, émetteur, récepteur.

➤ Vous organiserez votre poème en une ou plusieurs strophes. N'oubliez pas de trouver quelques rimes.

➤ Vous pourrez commencer par :

Je partirai vendredi à 8h
Gare de Nice samedi 6h
Passe la nuit à l'hôtel PLM

➤ Vous pourrez aussi procéder à quelques modifications du contenu de la lettre si vous le souhaitez.

Victor Hugo
(1802-1885)

Poète, romancier, dramaturge, Hugo est l'auteur d'une œuvre féconde et multiple. Ardent défenseur des droits de l'homme, il s'engage en faveur de la justice sociale.
Voir biographie p. 99.

3

Victor Hugo

Lettre à Léonie

En 1845, alors qu'il a déjà pour maîtresse Juliette Drouot, qui restera la seule femme qu'il ait passionnément aimée, Victor Hugo entretient une liaison houleuse avec la jeune Léonie Biard, épouse d'un peintre.

Samedi. Trois heures du matin.

Je rentre. J'ai ta lettre. Cette douce lettre, je l'avais lue aujourd'hui dans tes yeux. Que tu étais belle tantôt aux Tuileries[1] sous ce ciel de printemps, sous ces arbres verts, avec ces lilas en fleurs au-dessus de ta tête. Toute cette nature semblait faire une fête autour de toi. Vois-tu, mon ange, les arbres et les fleurs te connaissent et te saluent. Tu es reine dans ce monde charmant des choses qui embaument et qui s'épanouissent comme tu es reine dans mon cœur.

Oui, j'avais lu dans tes yeux ravissants cette lettre exquise, délicate et tendre que je relis ce soir avec tant de bonheur, ce que ta plume écrit si bien, ton regard adorable le dit avec un charme qui m'enivre. Comme j'étais fier en te voyant si belle ! Comme j'étais heureux en te voyant si tendre !

Voici une fleur que j'ai cueillie pour toi. Elle t'arrivera fanée, mais parfumée encore ; doux emblème de l'amour dans la vieillesse. Garde-la ; tu me la montreras dans trente ans.

Dans trente ans tu seras belle encore, dans trente ans je serai encore amoureux. Nous nous aimerons, n'est-ce pas, mon ange comme aujourd'hui, et nous remercierons Dieu à genoux.

Hélas ! Toute la journée de demain dimanche sans te voir ! Tu ne me seras rendue que lundi. Que vais-je faire d'ici là ? Penser à toi, t'aimer, t'envoyer mon cœur et mon âme. Oh ! de ton côté sois à moi ! à lundi ! – à toujours.

Victor Hugo, « Lettre à Léonie », *Correspondance,* 1845.

1. Les Tuileries : jardin parisien dessiné sous le règne de Louis XIV par Le Nôtre, autour du palais qui portait le même nom. Il relie le Louvre et la place de la Concorde, au cœur de Paris.

Léonie d'Aunet par son mari François-Auguste Biard, 1842, musée du château de Versailles.

Denis Diderot
(1713-1784)

Philosophe des Lumières, Diderot dirige l'*Encyclopédie*, œuvre collective destinée à diffuser les lumières de la connaissance. Toute son œuvre (romans, théâtre, essais) témoigne de sa liberté de pensée.

4

Denis Diderot

Lettre à Sophie Volland

Les Lettres à Sophie Volland *nous livrent une partie de la correspondance (1755-1774) entre Diderot et Sophie. Ces lettres témoignent de la pensée de cet écrivain et de son amour pour la jeune femme.*

10 juin 1759

J'écris sans voir. Je suis venu. Je voulais vous baiser la main et m'en retourner. Je m'en retournerai sans cette récompense. Mais ne serai-je pas assez récompensé, si je vous ai montré combien je vous aime. Il est neuf heures. Je vous écris que je vous aime, je veux du moins vous l'écrire ; mais je ne sais si la plume se prête à mon désir. Ne viendrez-vous point pour que je vous le dise et que je m'enfuie ? Adieu, ma Sophie, bonsoir. Votre cœur ne vous dit donc pas que je suis ici. Voilà la première fois que j'écris dans les ténèbres. Cette situation devrait m'inspirer des choses bien tendres. Je n'en éprouve qu'une, c'est que je ne saurais sortir d'ici. L'espoir de vous voir un moment me retient, et je continue de vous parler, sans savoir si je forme des caractères. Partout où il n'y aura rien, lisez que je vous aime.

Denis Diderot, *Lettres à Sophie Volland*, édition posthume, 1831.

Premières impressions

Laquelle de ces deux lettres préféreriez-vous recevoir ? Pourquoi ?

Lire et analyser

La situation de communication

1. Relevez et comparez dans les deux lettres les expressions qui désignent le destinataire. Quel lien indiquent-elles avec l'émetteur ?

2. Quels indices permettent de comprendre à quel moment, dans quelle situation, sont écrites ces deux lettres ?

3. Étudiez l'emploi des temps dans les deux lettres. Que nous révèle-t-il ?

Des lettres d'amour

4. Relevez dans les deux lettres le lexique des sentiments. Ces sentiments vous semblent-ils les mêmes chez Diderot et chez Hugo ? Justifiez votre réponse.

5. Comment les deux auteurs parviennent-ils à exprimer la présence de l'être aimé ?

La lettre de Hugo

6. Quelle image de Léonie se dessine dans cette lettre ?

7. Comment Hugo exprime-t-il son amour ?

8. Vous vous interrogerez sur le cadeau qui accompagne la lettre. Qu'en pensez-vous ?

Écriture

Imaginez la lettre de Léonie qu'a reçue Hugo.

Consignes

- Vous respecterez les principes de présentation de la lettre.
- Vous prendrez en compte les éléments dont parle Hugo dans sa lettre.
- Vous serez attentif à rendre le ton de cette lettre (l. 9-10).

Avant la lecture...
Savez-vous ce qu'est le Mardi Saint ?

Mme de Sévigné (1626-1696)
Femme mondaine et cultivée, elle fréquenta la cour de Louis XIV et les salons parisiens. On lui doit une vaste correspondance adressée à ses amis et surtout à sa fille, Mme de Grignan. *Voir biographie p. 161.*

5 Mme de Sévigné
Lettre du 24 mars 1671

En février 1671, Mme de Sévigné entame une correspondance très régulière avec sa fille, qui a rejoint son mari le comte de Grignan en Provence. La plupart des 1155 lettres écrites par la marquise à sa fille ont été conservées.

À Livry, mardi saint 24e mars 1671.

Voici une terrible causerie, ma pauvre bonne[1]. Il y a trois heures que je suis ici ; je suis partie de Paris avec l'Abbé, Hélène, Hébert et *Marphise*, dans le dessein de me retirer pour jusqu'à jeudi au soir du monde et du bruit. Je prétends être en solitude. Je fais de ceci une petite Trappe[2] ; je veux y prier Dieu, y faire mille réflexions. [...] Mais, ma pauvre bonne, ce que je ferai beaucoup mieux que tout cela, c'est de penser à vous. Je n'ai pas encore cessé depuis que je suis arrivée, et ne pouvant tenir tous mes sentiments, je me suis mise à vous écrire au bout de cette petite allée sombre que vous aimez, assise sur ce siège de mousse où je vous ai vue quelquefois couchée. Mais, mon Dieu, où ne vous ai-je point vue ici ? Et de quelle façon toutes ces pensées me traversent-elles le cœur ? Il n'y a point d'endroit, point de lieu, ni dans la maison, ni dans l'église, ni dans le pays, ni dans le jardin, où je ne vous aie vue. Il n'y en a point qui ne me fasse souvenir de quelque chose de quelque manière que ce soit. Et de quelque façon que ce soit aussi, cela me perce le cœur. Je vous vois ; vous m'êtes présente. Je pense et repense à tout. Ma tête et mon esprit se creusent, mais j'ai beau tourner, j'ai beau chercher, cette chère enfant que j'aime avec tant de passion est à deux cents lieues[3] de moi ; je ne l'ai plus. Sur cela, je pleure sans pouvoir m'en empêcher ; je n'en puis plus, ma chère bonne. Voilà qui est bien faible, mais pour moi, je ne sais point être forte contre une tendresse si juste et si naturelle. Je ne sais en quelle disposition vous serez en lisant cette lettre. Le hasard peut faire qu'elle viendra mal à propos, et qu'elle ne sera peut-être pas lue de la manière qu'elle est écrite. À cela je ne sais point de remède. Elle sert toujours à me soulager présentement ; c'est tout ce que je lui demande. L'état où ce lieu ici m'a mise est une chose incroyable. Je vous prie de ne me point parler de mes faiblesses, mais vous devez les aimer, et respecter mes larmes qui viennent d'un cœur tout à vous.

Madame de Sévigné, *Correspondance.*

1. **Ma chère bonne :** expression affectueuse pour s'adresser à sa fille.
2. **Trappe :** abbaye abritant une communauté de moines cisterciens. Mme de Sévigné emploie ici le mot pour désigner un lieu isolé pour se recueillir et prier.
3. **Deux cents lieues :** une lieue correspond à un peu plus de 3,2 km.

Portrait de Mme de Sévigné, peinture anonyme, 1680, musée Carnavalet, Paris.

Pierre Mignard, *Françoise de Sévigné*, comtesse de Grignan, 1670, musée Carnavalet, Paris.

Histoire des arts

Après un long séjour à Rome qui le rend célèbre, **Pierre Mignard** (1612-1695) est rappelé en France par Louis XIV. Il peint les portraits de Molière, à qui il est très lié, de Bossuet, de Mme de Sévigné. On lui doit également les fresques du Val-de-Grâce à Paris. Son style un peu précieux inspirera le terme de « mignardise », pour désigner quelque chose d'excessivement grâcieux.

Premières impressions

Que trouvez-vous intéressant dans cette lettre ?

Lire et analyser

Le fantôme de la fille

1. Où Mme de Sévigné écrit-elle ? Où lui apparaît sa fille ?

2. Quel verbe, répété plusieurs fois entre la ligne 11 et la ligne 18, souligne la force de cette apparition ? Comment qualifieriez-vous cette image ?

3. Quels sont les deux temps utilisés dans la première partie du texte ? À quelles époques différentes et à quels états d'esprit différents correspondent-ils ?

La douleur de la mère

4. Quel lien logique indique un retour à la réalité ?

5. VOCABULAIRE Relevez dans le texte les mots et expressions qui font partie du champ lexical des sentiments.

6. Quels sentiments éprouve donc Mme de Sévigné ? Quelles en sont les manifestations physiques ?

Le rôle de la lettre et sa réception

7. Relevez le passage où l'auteur dit l'effet bénéfique que lui procure l'écriture de la lettre. Expliquez cet effet.

8. Relisez les lignes 24 à 27, de *Je ne sais* […] à *écrite*. Mme de Sévigné semble craindre les réactions de sa fille. Quelles pourraient-elles être ?

Question de synthèse

9. Pourquoi est-il difficile d'écrire une lettre (vraiment) intime ? Cette question peut être traitée au choix oralement ou par écrit.

Écriture

Nous n'avons conservé aucune lettre de Mme de Grignan. Rédigez la réponse que pourrait faire Mme de Grignan à sa mère, en un paragraphe de quelques phrases.

Avant la lecture…
Quelle distance sépare le château de Grignan et Montélimar, d'où est postée la lettre ? Où se rend Mme de Grignan ?

Mme de Sévigné (1626-1696)
Femme mondaine et cultivée, elle fréquenta la cour de Louis XIV et les salons parisiens. On lui doit une vaste correspondance adressée à ses amis et surtout à sa fille, Mme de Grignan. *Voir biographie p. 161.*

6 Mme de Sévigné
Lettre du 5 octobre 1673

Le 5 octobre 1673, Madame de Sévigné, qui vient de passer quatorze mois auprès de sa fille au château de Grignan, rejoint Paris. En chemin, elle s'arrête à Montélimar pour écrire à sa fille qui, de son côté, fait route vers Aix-en-Provence.

À Montélimar, jeudi 5 octobre 1673.

Voici un terrible jour, ma chère fille ; je vous avoue que je n'en puis plus. Je vous ai quittée dans un état qui augmente ma douleur. Je songe à tous les pas que vous faites et à tous ceux que je fais, et combien il s'en faut qu'en marchant toujours de cette sorte, nous puissions jamais nous rencontrer. Mon cœur est en repos quand il est auprès de vous ; c'est son état naturel, et le seul qui peut lui plaire. Ce qui s'est passé ce matin me donne une douleur sensible, et me fait un déchirement dont votre philosophie[1] sait les raisons : je les ai senties et les sentirai longtemps. J'ai le cœur et l'imagination tout remplis de vous ; je n'y puis penser sans pleurer et j'y pense toujours, de sorte que l'état où je suis n'est pas une chose soutenable ; comme il est extrême, j'espère qu'il ne durera pas dans cette violence.

Je vous cherche toujours et je trouve que tout me manque, parce que vous me manquez. Mes yeux qui vous ont tant rencontrée depuis quatorze mois ne vous trouvent plus. Le temps agréable qui est passé rend celui-ci douloureux, jusqu'à ce que j'y sois un peu accoutumée ; mais ce ne sera jamais assez pour ne pas souhaiter ardemment de vous revoir et de vous embrasser. Je ne dois pas espérer mieux de l'avenir que du passé. Je sais ce que votre absence m'a fait souffrir ; je serai encore plus à plaindre, parce que je me suis

1. **Philosophie :** allusion au philosophe Descartes, qu'admirait Madame de Grignan et qui soutenait la nécessité de maîtriser nos passions par la force de notre volonté.

Statue de Mme de Sévigné sur la place Sévigné à Grignan.

fait imprudemment une habitude nécessaire de vous voir. Il me semble que je ne vous ai point assez embrassée en partant : qu'avais-je à ménager ? Je ne vous ai point assez dit combien je suis contente de votre tendresse : je ne vous ai point assez recommandée à M. de Grignan ; je ne l'ai point assez remercié de toutes ses politesses et de toute l'amitié qu'il a pour moi ; j'en attendrai les effets[2] sur tous les chapitres : il y en a où il a plus d'intérêt que moi, quoique j'en sois plus touchée que lui. Je suis déjà dévorée de curiosité ; je n'espère plus de consolation que de vos lettres, qui me feront encore bien soupirer. En un mot, ma fille, je ne vis que pour vous. Dieu me fasse la grâce de l'aimer quelque jour comme je vous aime. Je songe aux pichons[3]; je suis toute pétrie[4] de Grignan ; je tiens partout. Jamais un voyage n'a été aussi triste que le nôtre ; nous[5] ne disons pas un mot.

Adieu, ma chère enfant, aimez-moi toujours : hélas ! nous revoilà dans les lettres. Assurez Monsieur l'Archevêque de mon respect, et embrassez le Coadjuteur[6] ; je vous recommande à lui. Nous avons encore dîné à vos dépens[7]. Voilà Monsieur de Saint-Geniez qui vient me consoler. Ma fille plaignez-moi de vous avoir quittée.

Mme de Sévigné, *Correspondance*.

2. **Les effets :** comptes rendus.
3. **Pichons :** en provençal, les petits enfants.
4. **Pétrie :** modelée, façonnée.
5. **Nous :** Madame de Sévigné voyage en compagnie de deux abbés.
6. **Le Coadjuteur :** frère du comte de Grignan.
7. **Dîné à vos dépens :** à vos frais. On dîne à midi au XVIIe siècle.

Premières impressions

Quel est l'effet produit sur le lecteur par la première phrase de la lettre ? Qu'imagine-t-on quand on n'a pas lu la suite ?

Lire et analyser

« Un terrible jour »

1. Où se trouve la marquise de Sévigné ?

2. Combien de temps Mme de Sévigné a-t-elle passé auprès de sa fille ?

3. Pourquoi la séparation est-elle si douloureusement ressentie ?

Une lettre lyrique

4. Relevez les groupes de mots qui signalent la présence de l'émettrice et de la destinataire. Que nous révèlent-ils sur le lien qui unit les deux personnes ?

5. Quels sont les sentiments intimes exprimés par la marquise ?

6. Mme de Sévigné utilise des hyperboles (figures de style qui consistent à exagérer). En voici un exemple : *je ne vis que pour vous*. Que traduisent-elles ? Cherchez en d'autres dans le texte.

« Le temps des lettres »

7. Mme de Sévigné adresse la lettre à sa fille mais n'écrit pas que pour sa fille. Relevez les passages destinés à d'autres personnes et dites en quelques mots le message qu'elle veut leur transmettre.

8. *hélas ! nous revoilà dans les lettres* (l. 40). Que traduit le mot *hélas* ? Expliquez ce qu'il signifie dans le contexte de la relation entre Mme de Sévigné et sa fille.

9. Mme de Sévigné aurait aussi pu dire *heureusement il y a les lettres*. Expliquez ce point de vue.

Écriture

Relisez les deux lettres de Mme Sévigné, celle de 1671 et celle de 1673. Rédigez deux paragraphes.

Consignes

➤ Dans le premier, vous montrerez que les situations sont différentes.

➤ Dans le deuxième, vous insisterez sur la permanence des sentiments de la marquise.

Avant la lecture...
Quel est le roi évoqué à la 1re ligne de cet extrait ?

Mme de Sévigné (1626-1696)
Femme mondaine et cultivée, elle fréquenta la cour de Louis XIV et les salons parisiens. On lui doit une vaste correspondance adressée à ses amis et surtout à sa fille, Mme de Grignan. *Voir biographie page 161.*

7 Mme de Sévigné
« La mort de Vatel »

« Vatel, le grand Vatel, maître d'hôtel de Monsieur Fouquet, de Monsieur le Prince, s'est poignardé » (lettre de Mme de Sévigné à Mme de Grignan, datée du vendredi 24 avril 1671). Deux jours plus tard, Mme de Sévigné revient en détail sur cet événement.

À Paris, ce dimanche 26e avril 1671.

Le Roi arriva jeudi au soir ; la chasse, les lanternes, le clair de la lune, la promenade, la collation dans un lieu tapissé de jonquilles, tout cela fut à souhait. On soupa ; il y eut quelques tables où le rôti manqua, à cause de plusieurs dîners où l'on ne s'était point attendu. Cela saisit Vatel ; il dit plusieurs fois : « Je suis perdu d'honneur ; voici un affront que je ne supporterai pas. » Il dit à Gourville[1] : « La tête me tourne, il y a douze nuits que je n'ai dormi ; aidez-moi à donner des ordres. » Gourville le soulagea en ce qu'il put. Ce rôti qui avait manqué, non pas à la table du Roi, mais aux vingt-cinquièmes[2], lui revenait toujours à la tête. Monsieur le Prince[3] alla jusque dans sa chambre, et lui dit : « Vatel, tout va bien, rien n'était si beau que le souper du Roi. » Il lui dit : « Monseigneur, votre bonté m'achève ; je sais que le rôti a manqué à deux tables. – Point du tout, dit Monsieur le Prince, ne vous fâchez point, tout va bien. » La nuit vient : le feu d'artifice ne réussit pas, il fut couvert d'un nuage ; il coûtait seize mille francs. À quatre heures du matin, Vatel s'en va partout, il trouve tout endormi ; il rencontre un petit pourvoyeur qui lui apportait seulement deux charges de marée[4] ; il lui demande : « Est-ce là tout ? » Il lui dit : « Oui, Monsieur. » Il ne savait pas que Vatel avait envoyé à tous les ports de mer. Il attend quelque temps ; les autres pourvoyeurs ne viennent point ; sa tête s'échauffait, il croit qu'il n'aura point d'autre marée ; il trouve Gourville, et lui dit : « Monsieur, je ne survivrai pas à cet affront-ci ; j'ai de l'honneur et de la réputation à perdre. » Gourville se moqua de lui. Vatel monte à sa chambre, met son épée contre la porte, et

1. **Gourville :** intendant du prince de Condé.
2. **Vingt-cinquièmes :** dans une assemblée de courtisans, on désignait ainsi les invités de rang inférieur.
3. **Le Prince :** prince de Condé, parent du roi, prince de sang de la maison Bourbon-Condé.
4. **La marée :** poissons de mer ; le deuxième jour des festivités est un vendredi, l'Église prescrit de ne manger ni viande, ni gras ce jour-là.

François Vatel (1631-1671) est un pâtissier-traiteur et maître d'hôtel français, successivement au service de Nicolas Fouquet, surintendant des Finances de Louis XIV, et du prince Louis II de Bourbon-Condé.

Image du film *Vatel* de Roland Joffé, avec Gérard Depardieu (Vatel), 2000.

5. **Le Duc :** duc d'Enghien, fils du prince de Condé.

6. **Roulait :** l'organisation reposait sur lui.

Gravure d'Édouard Zier (1856-1924), *Vatel se donnant la mort.*

se la passe au travers cœur ; mais ce ne fut qu'au troisième coup, car il s'en donna deux qui n'étaient pas mortels : il tombe mort. La marée cependant arrive de tous côtés ; on cherche Vatel pour la distribuer ; on va à sa chambre ; on heurte, on enfonce la porte ; on le trouve noyé dans son sang ; on court à Monsieur le Prince, qui fut au désespoir. Monsieur le Duc[5] pleura ; c'était sur Vatel que roulait[6] tout son voyage de Bourgogne. Monsieur le Prince le dit au Roi fort tristement : on dit que c'était à force d'avoir de l'honneur en sa manière ; on le loua fort, on loua et blâma son courage. Le Roi dit qu'il y avait cinq ans qu'il retardait de venir à Chantilly, parce qu'il comprenait l'excès de cet embarras. Il dit à Monsieur le Prince qu'il ne devait avoir que deux tables et ne se point charger du reste. Il jura qu'il ne souffrirait plus que Monsieur le Prince en usât ainsi ; mais c'était trop tard pour le pauvre Vatel. Cependant Gourville tâche de réparer la perte de Vatel ; elle le fut : on dîna très bien, on fit collation, on soupa, on se promena, on joua, on fut à la chasse ; tout était parfumé de jonquilles, tout était enchanté.

Mme de Sévigné, *Lettres,* 1648-1696.

Premières impressions

Si cette lettre était un article de presse, quel titre pourrait-on lui donner ?

Lire et analyser

La société du temps

1. Relevez les noms des personnages, la fonction ou la position sociale de chacun. Quelle image de la société ce texte nous donne-t-il ?

2. **VOCABULAIRE** L'étiquette est très stricte à la cour. Le roi est entouré de nobles qui portent des titres qui disent leur importance : comte, marquis, duc, prince, dauphin, baron. Cherchez l'origine de ces titres de noblesse. Quels sont les deux plus élevés dans la hiérarchie ?

« Une mort en direct »

3. En vous appuyant sur le texte, dites par quels procédés grammaticaux ou stylistiques Mme de Sévigné donne de la vivacité à son récit.

4. Mme de Sévigné a le sens de la scène. Comme un réalisateur de cinéma, elle alterne les plans d'ensemble, les plans rapprochés, zoome sur un détail. Relevez quelques exemples dans le texte et expliquez ses choix.

5. Relisez les lignes 30-31. À votre avis, pourquoi M. le Duc pleure-t-il ?

6. Où se situe la scène du suicide dans le texte ? Est-elle longuement décrite ? De quoi parle Mme de Sévigné avant et après ?

7. Comparez la première phrase du texte et la dernière. Quel jugement de Mme de Sévigné cette comparaison fait-elle apparaître ?

Le suicide du « grand Vatel »

8. En vous appuyant sur le texte, essayez d'expliquer les causes de son geste.

9. Diriez-vous que le sujet de la lettre de la marquise de Sévigné est un fait divers tragique ou une critique des mœurs de la haute noblesse ?

Recherche B2i

10. Faites une recherche sur un repas à Vaux-le-Vicomte, chez le surintendant Fouquet, à Chantilly chez le prince de Condé ou à la cour du roi à Versailles. Le document ne devra pas être un copié-collé mais une synthèse illustrée par une iconographie de l'époque ou tirée de films.

Écriture

On trouve dans une poche de Vatel une courte lettre, expliquant son geste. Rédigez-la.

Consignes

- Il s'agit d'une lettre privée, adressée au prince de Condé.
- Vous préciserez le jour et le moment précis où elle a été écrite.

Jean-Jacques Rousseau
(1712-1778)

Né à Genève, autodidacte, Rousseau mène une vie instable. Son œuvre (écrits philosophiques, autobiographiques, romanesques) met en scène sa révolte contre l'injustice sociale et révèle une grande sensibilité.

8 Jean-Jacques Rousseau
Lettre au comte de Lastic

À Monsieur le Comte de Lastic
Paris, le 20 décembre 1754

Sans avoir l'honneur, monsieur, d'être connu de vous, j'espère qu'ayant à vous offrir des excuses et de l'argent, ma lettre ne saurait être mal reçue.

J'apprends que mademoiselle de Cléry a envoyé de Blois un panier à une bonne vieille femme, nommée madame Le Vasseur, et si pauvre qu'elle demeure chez moi ; que ce panier contenait, entre autres choses, un pot de vingt livres de beurre ; que le tout est parvenu, je ne sais comment, dans votre cuisine ; que la bonne vieille, l'ayant appris, a eu la simplicité de vous envoyer sa fille, avec la lettre d'avis, vous redemander son beurre, ou le prix qu'il a coûté ; et qu'après vous être moqués d'elle, selon l'usage, vous et madame votre épouse, vous avez, pour toute réponse, ordonné à vos gens[1] de la chasser.

J'ai tâché de consoler la bonne femme affligée, en lui expliquant les règles du grand monde et de la grande éducation ; je lui ai prouvé que ce ne serait pas la peine d'avoir des gens, s'ils ne servaient à chasser le pauvre quand il vient réclamer son bien ; et, en lui montrant combien *justice* et *humanité* sont des mots roturiers[2], je lui ai fait comprendre, à la fin, qu'elle est trop honorée qu'un comte ait mangé son beurre. Elle me charge donc, monsieur, de vous témoigner sa reconnaissance de l'honneur que vous lui avez fait, son regret de l'importunité[3] qu'elle vous a causée, et le désir qu'elle aurait que son beurre vous eût paru bon.

Que si, par hasard, il vous en a coûté quelque chose pour le port du paquet à elle adressé, elle offre de vous le rembourser, comme il est juste. Je n'attends là-dessus que vos ordres pour exécuter ses intentions, et vous supplie d'agréer les sentiments avec lesquels j'ai l'honneur d'être, etc.

Jean-Jacques Rousseau, *Correspondance*.

1. **Gens :** domestiques.
2. **Roturier :** qui n'est pas noble ; ici : mots que ne connaissent pas les nobles.
3. **Importunité :** désagrément, déplaisir, contrariété.

Jean-Baptiste Siméon Chardin, *La Ratisseuse*, vers 1738, National Gallery of Art, New York.

Histoire des arts

Jean-Baptiste Siméon Chardin (1699-1779) est considéré comme l'un des plus grands peintres du XVIIIe siècle. D'abord reconnu comme « maître en nature morte », il se consacra aux scènes de genre (ici, *Le Bénédicité*) et aux portraits (*L'Enfant au toton*). Diderot dit de lui : « Ô Chardin ! Ce n'est pas du blanc, du rouge, du noir que tu broies sur ta palette : c'est la substance même des objets, c'est l'air et la lumière que tu prends à la pointe de ton pinceau et que tu attaches sur la toile. »

Jean-Baptiste Siméon Chardin (1699-1779), *Le Bénédicité*, musée du Louvre, Paris.

Premières impressions

Pour quelles raisons, selon vous, Rousseau écrit-il cette lettre au comte de Lastic ?
À votre avis, quelles ont pu être les réactions du comte à la lecture de la lettre ?

Lire et analyser

Un étrange retournement de situation

1. Quels sont les personnages de l'histoire ? Résumez les faits évoqués dans le deuxième paragraphe.

2. Pourquoi Mme Le Vasseur est-elle *affligée* (l. 14) ?

3. Quel est son comportement à la fin du troisième paragraphe ? Qu'en pensez-vous ?

Savoir lire entre les lignes

4. Quel rôle Rousseau prétend-il avoir joué auprès de Mme Le Vasseur dans le troisième paragraphe ? Expliquez comment il s'y est pris en classant dans un tableau d'une part les verbes introducteurs, d'autre part les compléments d'objet (groupes nominaux ou propositions subordonnées) de ces verbes.

verbes	COD
expliquant	....
....	combien justice et humanité sont des mots roturiers
....	....
....	....

5. Que pensez-vous des raisons avancées par Rousseau ? À qui s'adressent-elles réellement ?

Les intentions de Rousseau

6. Quelle image Rousseau nous donne-t-il du *grand monde* dans cette lettre ?

7. Relevez dans le texte tout ce qui exprime l'ironie.

8. Que défend finalement Rousseau dans cette lettre ? Vous répondrez en rédigeant un paragraphe qui s'appuiera sur des expressions du texte.

Vocabulaire

9. Après avoir cherché dans un dictionnaire ceux que vous ne connaissez pas, choisissez les adjectifs qui conviendraient pour qualifier le ton de ce texte : respectueux • distant • ferme • irrité • déférent • poli • cassant • insolent • choqué • scandalisé • ironique • méprisant

Écriture

Imaginez la lettre qu'écrit le comte de Lastic à un proche pour lui raconter l'épisode.

Consignes

- Vous respecterez les règles de l'écriture épistolaire (mise en page, date, lieu, formule de politesse…).
- Vous rendrez compte des faits que relate la lettre de Rousseau.
- Vous veillerez à montrer le changement de point de vue et à faire apparaître le caractère de M. de Lastic dans ses propos.
- Vous rendrez compte du *grand monde* que dénonce Rousseau.

Comprendre comment la lettre peut servir une cause

Avant la lecture...
Qu'est-ce qu'un plaidoyer ? un réquisitoire ?

Voltaire
(1694-1778)

Écrivain des Lumières, Voltaire dénonce dans ses contes philosophiques et ses essais la société et les travers des hommes.

9 Voltaire

Lettre au comte d'Argental

En 1762, le protestant Jean Calas est accusé d'avoir tué son fils pour l'empêcher de se convertir au catholicisme. Il est condamné à mort, roué et brûlé vif à Toulouse. Voltaire s'engage pour la réhabilitation de Calas, qu'il obtiendra trois ans plus tard. Il adresse de nombreuses lettres au comte de Ferriol d'Argental et à sa femme qu'il appelle « mes divins anges ». Après l'exécution de Calas, Voltaire leur écrit ce courrier afin de tenter d'obtenir leur aide pour une révision du procès.

À Ferney, 27 mars 1762

Vous me demanderez peut-être, mes divins anges, pourquoi je m'intéresse si fort à ce Calas qu'on a roué[1] ; c'est que je suis homme, c'est que je vois tous les étrangers indignés, c'est que tous vos officiers suisses protestants disent qu'ils ne combattront pas de grand cœur pour une nation, qui fait rouer leurs frères sans aucune preuve.

Je me suis trompé sur le nombre des juges, dans ma lettre à M. de la Marche. Ils étaient treize ; cinq ont constamment déclaré Calas innocent. S'il avait eu une voix de plus en sa faveur, il était absous[2]. À quoi tient donc la vie des hommes ? à quoi tiennent les plus horribles supplices ? Quoi ! parce qu'il ne s'est pas trouvé un sixième juge raisonnable, on aura fait rouer un père de famille ! on l'aura accusé d'avoir pendu son propre fils, tandis que ses quatre autres enfants crient qu'il était le meilleur des pères ! [...] Ce pauvre homme criait sur la roue qu'il était innocent ; il pardonnait à ses juges ; il pleurait son fils auquel on prétendait qu'il avait donné la mort. Un dominicain[3] qui l'assistait d'office[4] sur l'échafaud, dit qu'il voudrait mourir aussi saintement qu'il est mort. Il ne m'appartient pas de condamner le parlement de Toulouse ; mais enfin il n'y a eu aucun témoin oculaire ; le fanatisme du peuple a pu passer jusqu'à des juges prévenus[5]. Plusieurs d'entre eux peuvent s'être trompés. N'est-il pas de la justice du Roi et de sa prudence de faire au moins représenter les motifs de l'arrêt ? Cette seule démarche consolerait tous les protestants de l'Europe et apaiserait les clameurs. Avons-nous besoin de nous rendre odieux ? Ne pourriez-vous pas engager M. le comte de Choiseul à s'informer de cette horrible aventure qui déshonore la nature humaine, soit que Calas soit coupable, soit qu'il soit innocent ? Il est inutile d'approfondir la vérité.

Mille tendres respects à mes anges.

Voltaire, *Correspondance.*

1. **Rouer :** supplicier sur la roue.
2. **Absoudre :** pardonner, acquitter.
3. **Dominicain :** religieux.
4. **D'office :** sans que le condamné l'ait demandé.
5. **Prévenus :** qui ont des préventions, qui sont mal disposés.

Carmontelle, *La Malheureuse Famille Calas*, 1764, musée du Louvre, Paris.

Premières impressions

Comment Voltaire rend-il compte du procès et de la condamnation de Calas ?

Lire et analyser

La lettre et son contenu

1. À qui s'adresse cette lettre ?

2. Quel est le sujet de cette lettre ? Relevez un terme qui sert à le qualifier à la fin du texte.

La présence de Voltaire

3. Dans quel état d'esprit vous semble être Voltaire dans cette lettre ? Relevez les éléments du texte qui le montrent.

Un plaidoyer : la défense d'un homme

4. Quels arguments avance Voltaire pour la défense de Calas ?

5. Quelle image donne-t-il de cet homme ?

6. Comment Voltaire cherche-t-il à émouvoir le lecteur ?

Un réquisitoire

7. Identifiez la nature grammaticale de *on* (lignes 2, 12, 13, 17). Quelle est sa valeur ?

8. Au-delà de la défense de Calas, qui est finalement accusé dans cette lettre et que dénonce Voltaire ?

Vocabulaire

9. Relevez dans le texte le vocabulaire du jugement.

10. Que signifie le terme *fanatisme* ? Cherchez son étymologie et trouvez d'autres mots de la même famille.

Écriture

Écrivez une lettre dans laquelle vous prendrez la défense de quelqu'un qui a été victime d'une injustice.

Consignes

- Vous l'adresserez à la personne de votre choix.
- Vous expliquerez dans la lettre l'injustice commise, en précisant par qui.
- Vous utiliserez le lexique du jugement.
- Vous utiliserez des arguments pour justifier votre point de vue.
- Vous devrez montrer votre indignation.

10 Calamity Jane

Lettres à sa fille

Calamity Jane confie sa fille Janey, dès sa naissance à Jim et Helen O'Neil, dans l'espoir d'une vie plus stable. Pendant 25 ans, le soir au coin du feu, près de son cheval Satan, avec sa selle en guise d'oreiller, elle écrivait à sa fille des lettres que celle-ci ne reçut qu'après sa mort comme le souhaitait Calamity Jane.

Calamity Jane
(1848-1903)

Martha Jane Cannary naît en 1848 dans le Missouri. Livrée tôt à elle-même, elle s'occupe de ses frères et sœurs et monte à cheval. En campagne auprès de l'armée contre les Indiens lors de la conquête de l'Ouest, elle mène une vie aventureuse qui la rendra célèbre. Elle est surnommée Calamity Jane de retour de mission, après avoir sauvé la vie d'un capitaine. Calamity Jane est la première femme blanche à pénétrer dans les Black Hills, terres sous le contrôle des Sioux. Elle meurt en 1903 d'une pneumonie.

1 Deadwood Territoire du Dakota
25 septembre 1877

Ma Chérie, ceci n'est pas censé être un journal, et il se peut même que ça ne te parvienne jamais, mais j'aime penser à toi en train de le lire, page après page, un jour dans les années à venir, après que je serai partie. J'aimerais t'entendre rire en regardant ces photos de moi. Je suis seule dans ma cabane, ce soir, et fatiguée. J'ai fait aujourd'hui 60 miles à cheval jusqu'à la poste et suis rentrée ce soir. C'est ton anniversaire et tu as 4 ans aujourd'hui. Vois-tu, ton papa Jim m'a promis qu'il m'enverrait toujours une lettre chaque année, le jour de ton anniversaire. Comme j'ai été heureuse d'avoir des nouvelles de lui ! Il m'a envoyé ta petite photo : tu es mon portrait craché à ton âge, et en regardant ta petite photo ce soir, je m'arrête pour t'embrasser, et puis, à me souvenir, les larmes viennent et je demande à Dieu de me laisser un jour réparer mes torts d'une façon ou d'une autre envers ton père et envers toi. Ce matin, je suis allée sur la tombe de ton père, à Ingle-side. On parle de transférer son cercueil au cimetière de Mount Moriah, à Deadwood. Une année et quelques semaines ont passé depuis qu'il a été tué, et on dirait un siècle : sans vous deux, les années à venir m'apparaissent comme une piste solitaire. Demain, je vais descendre la Yellowstone Valley juste pour l'aventure et les sensations. Les O'Neil ont changé ton nom en Jean Irène, mais je t'appelle Janey, pour Jane.

Calamity Jane, *Lettres à sa fille*, traduction de Marie Sully, © éd. Payot & Rivages, 1997.

Calamity Jane en 1895, The Granger Collection, New York.

2 28 septembre 1877

Un autre jour est passé, Chérie – en fait, trois jours se sont écoulés depuis la dernière fois que je t'ai écrit. Je suis assise à côté de mon feu de camp. Mon cheval Satan est attaché tout près. Tu devrais le voir quand la lumière du feu de camp joue sur son encolure luisante et sur les muscles de ses épaules satinées, avec ses pieds blancs et son losange blanc entre les yeux. C'est un objet de toute beauté. Je suis si fière de lui. Ton père me l'a donné, et j'ai aussi son compagnon de courses, King, que j'utilise comme cheval de charge pour les longs trajets, mais je ne l'ai pas pris avec moi dans ce voyage. Je peux entendre les coyotes et les loups, et la plainte saccadée des chiens indiens près de leurs camps. Il y a des milliers de Sioux dans cette vallée, je n'ai pas peur d'eux. Ils pensent que je suis cinglée et ne me font jamais de mal.

J'ai suivi une nouvelle piste aujourd'hui ; ce doit être la nouvelle route postale construite par les frayeurs de piste de Bozeman. J'espère les rattraper demain ; ils sont sur une mission dangereuse et cela ne fera pas de mal que je sois à proximité, juste au cas où ils auraient besoin de quelqu'un pour les aider à effaroucher les Sioux. Je crois que je suis le seul être humain dont ils aient peur. Sur cette page, tu trouveras une photo de ta grand-mère Cannary, ma mère. Elle et ton grand-père sont venus à travers les plaines dans un chariot bâché quand je n'étais qu'une petite enfant. Nous avons vécu des années dans le Missouri. Ton papa Jim m'a envoyé un porte-plume et une bouteille d'encre, afin que je puisse lui écrire quelquefois. C'est un homme qui a du respect pour ta mère, même si les autres n'en ont pas. Ce porte-plume a été fabriqué en Irlande. Je le porte attaché à ma selle avec cet album et j'ai l'encre dans une poche, de façon à pouvoir t'écrire à côté de mon feu de camp.

Calamity Jane, *Lettres à sa fille*, traduction de Marie Sully, © éd. Payot & Rivages, 1997.

Photographie du chef sioux Red Hawk à cheval, prise en 1905 par le photographe ethnologue Edward S. Curtis (1868-1952).

Questions

1. Relevez les marques de la présence de la destinataire dans ces lettres et précisez les sentiments qu'éprouve Calamity Jane envers elle.

2. Ces lettres de Martha Jane Cannary ne sont pas écrites pour parvenir rapidement à leur destinataire, qui d'ailleurs, vu son âge, ne pourrait même pas les lire. Alors pourquoi écrit-elle ?

3. En dehors de la relation entre Calamity et sa fille, en quoi ces lettres sont-elles intéressantes pour nous ?

Histoire des Arts

Vermeer et les lettres

Les peintres du XVIIe siècle font de l'activité épistolaire un de leur sujet favori. Vermeer de Delft a peint six tableaux représentant chaque fois une jeune femme recevant, écrivant ou lisant une lettre dont le contenu reste mystérieux.

Connais-tu un peintre nommé Jan Van der Meer ? La palette de cet étrange artiste comprend le bleu, le jaune citron, le gris perle, le noir et le blanc. [...] Les Hollandais n'avaient pas d'imagination, mais ils avaient un goût extraordinaire et un sens infaillible de la composition.

Vincent Van Gogh, *Lettre à Émile Bernard*, juillet 1878.

Jan Vermeer, *La Lettre d'amour*, vers 1667-1670, huile sur toile, 44 x 38,5 cm, Rijksmuseum, Amsterdam.

Jan Vermeer
(1632 -1675)

Vermeer est un peintre hollandais du XVIIe siècle. Il excella dans l'art de la perspective et de la composition de scènes domestiques intimistes. Nombre de ses tableaux présentent des personnages identiques.

Retenir

- Ce tableau a été peint par Vermeer dans les dernières années de sa vie. Le peintre est alors au sommet de son art, maître de la lumière et de la perspective. Et comme souvent, il peint avec minutie une scène d'intérieur où il montre des personnages dans leur intimité.

1 Les deux femmes appartiennent-elles à la même classe sociale ? Justifiez votre réponse.

2 Quelles relations entretiennent-elles ?

3 Repérez deux situations de communication dans ce tableau. Précisez pour chacune, lorsque c'est possible, l'énonciateur, le destinataire, l'énoncé, le cadre spatial, le cadre temporel.

4 Où se trouve située la lettre dans le tableau, pourquoi ?

5 D'où vient la lumière, qu'éclaire-t-elle et pourquoi ?

6 Où se trouve le spectateur ? Dans quelle attitude se trouve-t-il placé ?

Jan Vermeer, *La Lettre*, vers 1670, huile sur toile, 72 x 59 cm, National Gallery of Ireland, Dublin.

Retenir

- Le tableau est divisé par trois diagonales, tracées par le rideau de gauche, celui de droite et la draperie de la table, créant un équilibre strict et dynamisant la composition en hauteur. La lumière vient se poser sur le visage de la jeune femme qui écrit, comme pour lui donner l'inspiration.
- La tête baissée, le regard fixé sur la page, les mains rapprochées, c'est ainsi que Vermeer suggère la concentration.

1 D'où vient l'impression de calme qui se dégage de cette scène ?

2 Quel est le rôle de la servante ?

3 Quels sentiments pourraient traduire l'attitude de la servante ?

Jan Vermeer, *La Liseuse à la fenêtre*, vers 1659, huile sur toile, 83 cm x 64,5 cm, Gemäldegalerie Alte Meister, Dresde.

Retenir

- On pense que cette jeune femme est la femme du peintre. Vermeer, qui n'a pas beaucoup de moyens, fait poser les siens dans sa propre maison. Les couleurs sont chaudes, la lumière est douce. La jeune femme de profil, la tête penchée, est absorbée dans sa lecture silencieuse, immobile, le temps semble suspendu. Vermeer aime ces pauses dans le cours de la vie où le temps s'étire.

1 Pourquoi la jeune femme se trouve-t-elle près de la fenêtre ? Quel effet produit cette fenêtre ouverte ?

2 Par quel procédé Vermeer tient-il le spectateur éloigné de la liseuse ?

Les spécificités de la lettre

Savoir employer les temps

1 Recopiez le texte en conjuguant les verbes au présent de l'indicatif ou du subjonctif.

Ma maman chérie,
Je (*savoir*) que tu (*être*) maintenant de nouveau toute seule ; j' (*avoir*) peur que tu n' (*avoir*) un peu froid près du cœur, que tu ne (*être*) très triste ; et je (*vouloir*) t'écrire aujourd'hui rien que pour te dire combien je t' (*aimer*) tendrement. Il me (*sembler*) que mon affection me (*faire*) si bien comprendre toutes les pensées grises qui (*devoir*) tourner autour de toi, certains jours, et te chagriner : j'aimerais que cette lettre les (*chasser*).

André Gide, *« Ma chère Maman... »* in *De Baudelaire à Saint-Exupéry, des lettres d'écrivains*, © éd. Gallimard, coll. Folio, 2002.

2 Mettez les verbes entre parenthèses au temps qui convient, futur ou futur antérieur.

1. Quand cette lettre te (*parvenir*), j' (*quitter*) ce pays depuis longtemps. **2.** Je vous (*téléphoner*) quand je (*arriver*). **3.** Il est en retard ; il (*oublier*) sans doute l'heure. **4.** J'espère que vous me (*répondre*) quand vous (*recevoir*) ma lettre mais je ne sais pas dans quelle disposition vous (*être*) quand vous la (*lire*).

3 Ces phrases sont extraites de lettres. Mettez les verbes entre parenthèses au temps qui convient.

1. Tu (*remercier*) tes parents pour l'accueil qu'ils m'(*réserver*). **2.** Nous (*venir*) te rendre visite le mois prochain. **3.** Je (*joindre*) à ce courrier les documents que vous m'(*demander*). **4.** J'(*attendre*) ta réponse avec impatience. **5.** (*Vouloir*) agréer, Madame, l'expression de mes salutations distinguées. **6.** (*Embrasser*) tes frères et (*saluer*) tes parents pour moi. **7.** Vous (*recevoir*) cette missive demain. **8.** Je vous (*être*) reconnaissant de bien vouloir transmettre ces informations sous pli confidentiel. **9.** Ta sœur t'(*apprendre*) la grande nouvelle ? Je (*se marier*) au printemps. **10.** Je ne (*pouvoir*) vous confirmer si je (*venir*) le soir de Noël.

Repérer les marques de l'énonciation

4 Repérez les pronoms personnels, les déterminants qui renvoient à l'émetteur et au récepteur. Quelle est la valeur des temps ? À quel genre appartient ce texte ?

Quatre jours mon amour pas de lettre de toi
Le jour n'existe plus le soleil s'est noyé
La caserne est changée en maison de l'effroi
Et je suis triste ainsi qu'un cheval convoyé
Que t'est-il arrivé souffres-tu ma chérie
Pleures-tu Tu m'avais bien promis de m'écrire
Lance ta lettre obus de ton artillerie
Qui doit me redonner la vie et le sourire

Guillaume Apollinaire, *Poèmes à Lou* (posthume)
© éd. Gallimard, 1947.

5 Réécrivez ce texte à la première personne, de façon à restituer la lettre adressée par Poil de carotte à son père M. Lepic.

Il lui annonce avec plaisir qu'il vient de lui pousser une dent. Bien qu'il n'ait pas l'âge, il croit que c'est une dent de sagesse précoce. Il ose espérer qu'elle ne sera pas la seule et qu'il satisfera toujours son père par sa bonne conduite et son application.

Orthographe

6 Réécrivez la lettre envoyée par Lili à Marcel Pagnol en corrigeant les erreurs.

Ô collègue ! je met la main à la Plume pour te dire que les grive sont pas venu cet année, rien mé rien, [...], comme Toi. jen n'ai pas prit deux. les perdrots non plus. j'y vais plus cé pas la pène. il veau bien mieux Travaillé à l'Ecole pour apprendre l'Ortograffe autrement quoi ? c'est pas posible, même les saludes il n'y en a pas guaire. elles sont peutites, les soiseaux en veut pas.

Marcel Pagnol, *Le Château de ma mère*, 1958, coll. Fortunio, éd. de Fallois, 2004.

7 Restituez ce SMS en dialogue de façon à respecter l'orthographe.

- Slt, cmt sa va ? Y fè bo, on a ka sortir 2main.
- Sa va – Pk pas ? sa te di 1 ciné ?
- Kel film ? kom tu veu, c toi ki choisi !
- Le dernié hari poter ?
- ok, rdv à 2h 2van l ciné. Slt !

8 Accordez les participes passés dans ces extraits des lettres de Mme de Sévigné.

Il est vrai, ma chère fille, que nous voilà bien cruellement (*séparer*) l'une de l'autre. – La distinction de vos lettres m'a (*charmer*). – Si j'avais autant (*pleurer*) mes péchés que j'ai (*pleurer*) pour vous depuis que je suis ici, je serais très bien (*disposer*) pour faire mes pâques et mon jubilé. – J'ai (*passer*) ici le temps que j'avais (*résoudre*), de la manière dont je l'avais (*imaginer*), à la réserve de votre souvenir, qui m'a plus (*tourmenter*) que je l'avais (*prévoir*). – J'ai (*trouver*) de la douceur dans la tristesse que j'ai (*avoir*) ici. Hélas, que je vous y ai (*souhaiter*).

Vocabulaire

Connaître le vocabulaire épistolaire

Des mots pour désigner la lettre

1 Définissez ces termes qui désignent différents types de lettres. Employez chacun d'eux dans une phrase.

une épître • un pli • une missive • une dépêche • une bafouille • un faire-part • un sauf-conduit • une circulaire

2 Quel est le sens de ces expressions qui contiennent le mot *lettre* ? Vous utiliserez chacune d'elle dans une phrase.

rester lettre morte • s'en tenir à la lettre • prendre à la lettre • écrire en toutes lettres • être gravé en lettres d'or • avoir des lettres • les belles-lettres • les gens de lettres • des lettres de noblesse

une lettre de change • une lettre anonyme • une lettre de cachet • une lettre de recommandation • une lettre de démission • une lettre de créance

Savoir utiliser des formules dans une lettre

3 Dites, pour chacune des formules suivantes, si elles relèvent de la correspondance intime, administrative ou professionnelle.

Madame la Principale • Mon amour • Chère amie • Monsieur le Directeur • Ma chère maman • Madame • Mon très cher ange

4 Dans quel type de correspondance trouve-t-on les formules de clôture suivantes ?

Cordiales salutations • À plus • Veuillez agréer, Madame, l'expression de mes sentiments les meilleurs • Grosses bises • Je vous prie de croire en ma très haute considération • Amitiés • Bien à vous

Exprimer les sentiments

5 Relevez dans cet extrait de lettre de Balzac à Mme Hanska tous les termes qui expriment ses sentiments. Quels procédés servent à les mettre en valeur ?

Mon amour, mon cher amour, je serai près de toi, dans quelques jours, quand tu tiendras ce papier plein d'amour pour toi auquel je voudrais communiquer les battements de mon cœur, il n'y aura plus que quelques jours, je vais redoubler de soins, de travail, je me reposerai là-bas. D'ailleurs, je vais m'arranger pour y rester longtemps. Ô mon amour, fais-toi des cieux sereins, car il n'y a dans mon être qu'affection, amour, tendresses et caresses pour toi […].

Exprimer la critique

6 Comment l'indignation de Zola s'exprime-t-elle dans ce début de lettre ouverte ?

En 1894, un capitaine d'état-major juif, Alfred Dreyfus, est accusé d'espionnage et condamné au bagne à perpétuité, malgré les dénégations de l'accusé et un dossier vide de preuves. Deux ans après, on découvre que le vrai traître est le commandant Esterhazy. Mais l'état-major vole à son secours et il est acquitté. Zola publie alors une lettre ouverte au président de la République, dont voici un extrait.

[…] Mais quelle tache de boue sur votre nom – j'allais dire sur votre règne – que cette abominable affaire Dreyfus ! Un conseil de guerre vient, par ordre, d'oser acquitter un Esterhazy, soufflet suprême à toute vérité, à toute justice. Et c'est fini, la France a sur la joue cette souillure, l'histoire écrira que c'est sous votre présidence qu'un tel crime social a pu être commis. Puisqu'ils ont osé, j'oserai aussi, moi. La vérité, je la dirai, car j'ai promis de la dire, si la justice, régulièrement saisie, ne la faisait pas, pleine et entière. Mon devoir est de parler, je ne veux pas être complice. Mes nuits seraient hantées par le spectre de l'innocent qui expie là-bas, dans la plus affreuse des tortures, un crime qu'il n'a pas commis. […]

Émile Zola, « J'accuse », paru dans *L'Aurore* le 13 janvier 1898.

7 a. Relevez et expliquez dans ce texte les mots ou expressions qui expriment la critique de Flaubert envers le régime de Napoléon III.
b. À quoi Flaubert l'oppose-t-il ?
c. Quelle métaphore filée parcourt le texte ? En quoi sert-elle la critique et l'éloge ?

Gustave Flaubert écrit à Victor Hugo en exil à Guernesey. Il dénonce dans sa lettre le régime politique de le France.

Ah ! si vous saviez dans quelles immondices nous nous enfonçons ! Les infamies particulières découlent de la turpitude politique et l'on ne peut faire un pas sans marcher sur quelque chose de sale. L'atmosphère est lourde de vapeurs nauséabondes. De l'air ! de l'air ! Aussi j'ouvre la fenêtre et je me tourne vers vous. J'écoute passer les grands coups d'ailes de votre Muse et j'aspire, comme le parfum des bois, ce qui s'exhale des profondeurs de votre style.

Écrire une lettre

Activité 1 Rédiger la réponse à une lettre reçue

Amélie Nothomb commence ainsi son roman, *Une forme de vie* :

Ce matin-là, je reçus une lettre d'un genre nouveau :
Chère Amélie Nothomb,

Je suis soldat de 2e classe dans l'armée américaine, mon nom est Melvin Mapple, vous pouvez m'appeler Mel. Je suis posté à Bagdad depuis le début de cette fichue guerre, il y a plus de six ans. Je vous écris parce que je souffre comme un chien. J'ai besoin de compréhension et vous, vous me comprenez, je le sais.

Répondez-moi. J'espère vous lire bientôt.

Melvin Mapple

Bagdad, le 18/12/2008

Consignes

➤ En groupes de 3 à 4 élèves, la classe rédigera dans un premier temps la réponse qu'Amélie Nothomb envoie à Melvin.

➤ La classe choisira ensuite une des lettres puis imaginera la lettre que Melvin envoie à Amélie, à la suite de sa réponse. On pourra ainsi imaginer une série de deux ou trois échanges.

➤ Il conviendra de déterminer les critères de réussite que devront respecter les groupes.

➤ La classe pourra se renseigner sur les conditions de vie d'un soldat américain pendant la guerre en Irak, afin d'étoffer les lettres envoyées par Melvin Mapple.

Activité 2 Rédiger une lettre officielle

MINISTÈRE DE L'INSTRUCTION PUBLIQUE
DES CULTES ET DES BEAUX-ARTS
DIRECTION DES SCIENCES ET LETTRES
BUREAU DES TRAVAUX HISTORIQUES
ET DES SOCIÉTÉS SAVANTES

Paris, le 1er Juin 1880

Monsieur le Ministre,

Une maladie nerveuse dont je souffre depuis plusieurs années a pris depuis quelques semaines des proportions inquiétantes, attaquant mes yeux et me faisant souffrir sans cesse de violentes migraines.

Ainsi que l'atteste le certificat ci-joint, mon médecin, M. le Docteur Rendu, pense qu'un repos absolu pourrait seul rétablir ma santé.

Me conformant à son conseil, j'ai l'honneur, Monsieur le Ministre, de solliciter de votre bienveillance un congé de trois mois, avec traitement, pour me permettre de me soigner d'une façon régulière et de vivre un peu à la campagne dont l'air m'est vivement conseillé.

Je suis avec un profond respect, Monsieur le Ministre, votre très obéissant serviteur.

Guy de Maupassant

Méthode

1. Relever les caractéristiques d'une lettre officielle

Consignes

➤ Vous identifierez la date, le destinataire et l'objet de la lettre.

➤ Vous dégagerez les caractéristiques formelles de cette lettre officielle.

➤ Vous montrerez que les tournures employées par Maupassant relèvent de ce type de correspondance.

2. Écrire une lettre officielle

Consignes

Vous écrirez une lettre officielle au directeur de l'entreprise dans laquelle vous souhaitez effectuer un stage.

➤ Vous respecterez les codes de présentation de la lettre officielle.

➤ Vous justifierez votre demande en expliquant les raisons de votre choix.

Lire des lettres et comprendre ce qu'elles expriment

Activité 1 Comprendre le contexte

Dans une lettre privée, le contexte n'est pas toujours expliqué car l'émetteur et le destinataire le connaissent. Lisez attentivement ces extraits qui ne disent pas tout et essayez d'imaginer dans quelles circonstances et à quel propos ont été écrites les lettres suivantes.
Après discussion, un élève fera oralement une brève synthèse, puis votre professeur vous dira si vous avez approché la vérité.

Le 30 mai 1917

Léonie chérie

J'ai confié cette dernière lettre à des mains amies en espérant qu'elle t'arrive un jour afin que tu saches la vérité et parce que je veux aujourd'hui témoigner de l'horreur de cette guerre… Je vous souhaite à toutes les deux, mes petites femmes, tout le bonheur que vous méritez et que je ne pourrai pas vous donner. Je vous embrasse, le cœur au bord des larmes. Vos merveilleux visages, gravés dans ma mémoire, seront mon dernier réconfort avant la fin.

Eugène ton mari qui t'aime tant.

Monsieur le commissaire,

Je ne sais si cette lettre vous parviendra. Peut-être sera-t-elle jetée au panier avant, comme l'œuvre d'un fou, et peut-être cela vaudra-t-il mieux. Sans doute vous souvenez-vous de l'assassinat de Laetitia Toureaux qui eut lieu Porte de Charenton, dans le métro, le 16 mai 1937…

Lettre écrite en juin 1962

Activité 2 Repérer la tonalité

Gustave Flaubert rencontre Louise Colet en juin 1846. Au cours de cet été, leur liaison commence à Paris où elle vit. Puis Flaubert rentre chez lui, à Croisset…
Lisez les deux lettres avec conviction et en changeant de ton.

Croisset, mardi soir, minuit 4-5 août 1846

Il y a douze heures nous étions encore ensemble. Hier à cette heure-ci, je te tenais dans mes bras… t'en souviens-tu ?… Comme c'est déjà loin ! La nuit maintenant est chaude et douce ; j'entends le grand tulipier qui est sous ma fenêtre frémir au vent et, quand je lève la tête, je vois la lune se mirer dans la rivière. Tes petites pantoufles sont là pendant que je t'écris, je les ai sous les yeux, je les regarde. Je viens de ranger, tout seul et bien enfermé, tout ce que tu m'as donné. Tes deux lettres sont dans le sachet brodé, je vais les relire quand j'aurai cacheté la mienne. […] J'ai voulu seulement t'envoyer encore un baiser avant de m'endormir, te dire que je t'aimais.

Adieu, adieu. Tout ce que tu voudras de tendresses.

Après une première séparation en août 1848, ils renouent en juillet 1851. La rupture définitive a lieu en mars 1855.

Paris, 6 mars 1855

Madame,

J'ai appris que vous vous étiez donné la peine de venir, hier, dans la soirée, trois fois, chez moi. Je n'y étais pas. Et dans la crainte des avanies qu'une telle persistance de votre part pourrait vous attirer de la mienne, le savoir-vivre m'engage à vous prévenir : que je n'y serai jamais.

a. Identifiez le type de lettre, son objet.
b. Que pensez-vous du ton qu'adopte l'auteur dans chacune de ces deux lettres ?
c. Imaginez les réactions de la destinataire, à la lecture de la deuxième lettre. Va-t-elle répondre ? Que va-t-elle écrire ? Sur quel ton ?

Activité 3 Débat sur la mort des correspondances

Si les lettres sont si passionnantes parce qu'elles nous apprennent beaucoup de choses et satisfont notre curiosité, pourquoi n'écrit-on plus beaucoup ? Et quelles peuvent être les conséquences sur les générations futures ?

Activité 4 B2i Travail oral et collectif

Sur ce site http://www.dialogus2.org/, vous pouvez poser une question et une personnalité historique vous répondra. Choisissez à votre tour une personnalité, trouvez une question à lui poser et imaginez la réponse qu'elle ferait. Rédigez-la en essayant d'adapter le langage à votre personnage, à l'époque et au contexte historique qui sont les siens.

Caractéristiques et formes de la lettre

Les caractéristiques de la lettre

La lettre est **un acte de communication différée**, ce qui signifie qu'il y a décalage entre le moment où la lettre est écrite et celui où elle est lue. Tout se passe comme si l'**épistolier** parlait à son **destinataire**. La lettre comporte donc toutes les marques du discours ou de l'**énonciation**, visibles dans l'emploi des pronoms personnels, des temps verbaux, des adverbes, de temps et de lieu.

- Les **pronoms personnels** de première et de deuxième personne : *je* (ou *moi*) appelle *tu* (ou *toi* ou encore *vous*). Selon l'époque et le degré d'intimité entre les personnes qui s'écrivent, le vouvoiement ou le tutoiement s'impose. Les adjectifs et les pronoms possessifs (*ma*, *ta*, *le mien*, *la tienne*…) portent ces mêmes marques.

- Les **temps du discours** : c'est-à-dire le **présent** de celui qui écrit et qui peut évoquer le passé, au **passé composé** (ou encore au plus-que-parfait) ou, pour les actions habituelles, à l'**imparfait**. Il peut aussi se projeter dans le **futur** (« quand vous lirez cette lettre), voire dans le futur considéré comme passé ou **futur antérieur** : « quand vous aurez lu cette lettre ».

- Les **adverbes de temps et de lieu** du discours : *ici* et *maintenant* ; *hier* ; *après-demain* (là où le romancier écrit *ce jour-là, la veille, le lendemain*, etc. …).

Les formes de la lettre

1. La lettre authentique

- La **correspondance officielle** obéit à des règles strictes de présentation et de style. Elle sert souvent à faire une demande, à remercier, à informer.

- La **correspondance privée** s'adresse à des amis, à la famille. Elle est moins soumise aux règles formelles. C'est une forme d'échange qui reste essentiellement privée.
La correspondance intime d'écrivains et d'artistes, généralement publiée après la mort de leur auteur, nous révèle leurs sentiments, leurs pensées (Diderot ou Hugo s'adressant à la femme aimée, p. 164-165)… Elle peut aussi évoquer des sujets d'actualité. Ces lettres ne font pas partie de leur œuvre mais de leur correspondance. Madame de Sévigné constitue une exception.

- La **lettre ouverte** est, par nature, publique. Ainsi Émile Zola dans sa lettre ouverte « J'accuse », du 13 janvier 1898, s'adresse au président de la République et, simultanément, aux lecteurs du journal dans lequel elle paraît, *L'Aurore* *(voir p. 181)*.

2. La lettre fictive

- Les auteurs ont parfois exploité la lettre comme un artifice, **à l'intérieur des romans** : ainsi la lettre que reçoit Augustin Meaulnes dans *Le Grand Meaulnes* ou encore Apollinaire écrivant à Lou des **lettres-poèmes**.

- **Dans le texte de théâtre** aussi, la lettre peut constituer un ressort au service de l'intrigue : par exemple dans *Cyrano* d'Edmond Rostand, Roxane reçoit les lettres de Cyrano.

3. Le roman épistolaire

- C'est ainsi qu'on qualifie certains **romans** constitués par la **correspondance** (fictive) échangée entre les protagonistes : ainsi *Les Lettres persanes* de Montesquieu (1721) ou encore *Les Liaisons dangereuses* de Choderlos de Laclos (1782), ou, plus près de nous, au XXe siècle, *Inconnu à cette adresse* de K.Taylor. L'intérêt de ces romans est de multiplier les voix, pour créer parfois une véritable polyphonie.

Lectures personnelles

Valérie Zenatti
Une bouteille dans la mer de Gaza

© éd. L'École des loisirs, coll. Médium, 2005.

« Jérusalem, 9 septembre 2003. Ce sont des jours de ténèbres, de tristesse et d'horreur. La peur est revenue… »

Tal, jeune Israélienne de 17 ans, décide d'écrire à « quelqu'un d'en face ». Elle glisse une lettre dans une bouteille. À Gaza, un jeune Palestinien découvre cette bouteille : un échange de mails va permettre aux deux adolescents de raconter leurs vies, leurs difficultés, leurs espoirs…

Kéthévane Davrichewy
La Lucarne

© éd. L'école des loisirs, coll. Médium, 2005.

« Mon nom ne te dirait rien, mon visage non plus, et pourtant, on se croise tous les jours… Je vis dans le pavillon d'en face, celui qui est menacé de destruction depuis des mois parce qu'il dénote au milieu de l'allée… »

Dali, par la lucarne du grenier, observe le garçon d'en face : elle lui écrit des lettres qu'elle n'enverra jamais où elle révèle sa vie, ses espoirs, ses rêves les plus secrets…

Jean-Philippe Blondel
Blog

© éd. Actes Sud junior, 2010.

« … Je sais. Il y a des mômes qui subissent des trucs horribles, et comparée à leur souffrance, ma révolte paraît futile… parce que non, il ne m'a pas frappé. Il ne m'a pas violé… Sauf que c'est un viol virtuel. Il a lu mon blog… »

Révolté, le narrateur décide de ne plus adresser la parole à son père. Ce dernier va tenter de se racheter en lui offrant une plongée dans le passé à travers une autre forme d'écriture de l'intime…

ZOOM sur …

Amélie Nothomb
Une forme de vie

© éd. Albin Michel, 2010.

Quelques citations

« Écrire une lettre à quelqu'un, c'est vouloir attirer son attention. Sinon, on ne lui écrit pas. » (p. 146)

« Quand je repense à cette dizaine de mois pendant lesquels j'ai correspondu avec vous, moi qui ne vivais plus depuis près de dix ans, cette expression s'est imposée : grâce à vous, j'ai eu accès à UNE FORME DE VIE. »

« Je vous envoyais une infime particule d'existence, votre lecture la doublait, votre réponse la multipliait, et ainsi de suite […]. » (p. 156-157)

L'intrigue

Melvin Mapple, soldat américain envoyé en Irak, écrit à Amélie Nothomb. Il a lu tous ses romans ; elle seule pourra le comprendre… Une correspondance s'installe : dans cet échange épistolaire fictif, Amélie Nothomb fera plus qu'apporter de la compréhension à Melvin Mapple.

Alice Kuipers
Ne t'inquiète pas pour moi

Traduction de Valérie Le Plouhinec
© éd. Albin Michel jeunesse, 2008.

« Coucou ma Claire, lait pommes bananes avocats oignons pommes de terre tomates champignons… Si ce n'est pas trop lourd, prends un poulet et… Bises, Maman »

Une correspondance par post-it, sur le frigo entre une mère et sa fille… Toute une vie, en creux… des courses, des « je t'aime »… petits bonheurs, grands malheurs aussi : la mère tombe malade… Le temps passe… Les mots deviennent essentiels…

Montesquieu

« Les Caprices de la mode »

En 1721 un auteur anonyme, en réalité le baron de Montesquieu, fait paraître à Amsterdam un roman épistolaire, les Lettres persanes *qui rencontre un succès considérable. Deux Persans, Usbek et Rica, sont partis d'Ispahan et arrivent à Paris après 13 mois de voyage. Ils communiquent leurs impressions à des compatriotes et reçoivent aussi d'eux des nouvelles de leur pays. Ici Rica, un jeune homme curieux et très observateur, écrit à son ami Rhédi.*

Gravure de mode de 1778.

Rica à Rhédi, à Venise.

Je trouve les caprices de la mode, chez les Français, étonnants. Ils ont oublié comment ils étaient habillés cet été ; ils ignorent encore plus comment ils le seront cet hiver : mais surtout on ne saurait croire combien il en coûte à un mari, pour mettre sa femme à la mode.

Que me servirait de te faire une description exacte de leur habillement et de leurs parures ? Une mode nouvelle viendrait détruire tout mon ouvrage, comme celui de leurs ouvriers ; et, avant que tu eusses reçu ma lettre, tout serait changé.

Une femme qui quitte Paris pour aller passer six mois à la campagne en revient aussi antique que si elle s'y était oubliée trente ans. Le fils méconnaît[1] le portrait de sa mère, tant l'habit avec lequel elle est peinte lui paraît étranger ; il s'imagine que c'est quelque Américaine[2] qui y est représentée, ou que le peintre a voulu exprimer quelqu'une de ses fantaisies.

Quelquefois les coiffures montent insensiblement ; et une révolution les fait descendre tout à coup. Il a été un temps que leur hauteur immense mettait le visage d'une femme au milieu d'elle-même ; dans un autre, c'était les pieds qui occupaient cette place : les talons faisaient un piédestal, qui les tenait en l'air. Qui pourrait le croire ? Les architectes ont été souvent obligés de hausser, de baisser et d'élargir leurs portes, selon que les parures des femmes exigeaient d'eux ce changement ; et les règles de leur art ont été asservies à ces caprices. On voit quelquefois sur un visage une quantité prodigieuse de mouches[3], et elles disparaissent toutes le lendemain. Autrefois les femmes avaient de la taille, et des dents[4] ; aujourd'hui il n'en est pas question. Dans cette changeante nation, quoi qu'en disent les mauvais plaisants, les filles se trouvent autrement faites que leurs mères.

Il en est des manières et de la façon de vivre comme des modes : les Français changent de mœurs selon l'âge de leur roi. Le monarque pourrait même parvenir à rendre la nation grave[5], s'il l'avait entrepris. Le prince imprime le caractère de son esprit à la Cour, la Cour à la Ville, la Ville aux provinces. L'âme du souverain est un moule qui donne la forme à toutes les autres.

De Paris, le 8 de la lune de Saphar[6], 1717.

Montesquieu, *Lettres persanes* (XCIX), 1721.

1. **Méconnaître :** ne pas reconnaître.
2. **Américaine :** indienne d'Amérique.
3. **Mouches :** au XVIIIe siècle, la mouche de taffetas ou de velours noir se collait principalement sur le visage afin d'en rehausser la blancheur et l'éclat.
4. **Avaient de la taille et des dents :** avaient la taille mince et souriaient en montrant leurs dents.
5. **Grave :** sérieuse.
6. **Saphar :** avril.

Questions *(15 points)*

Une lettre étrangère *(5 points)*

1. À quels indices reconnaît-on que ce texte est une lettre ? *(1 point)*

2. Qui est l'émetteur ? Où se trouve-t-il ? Qui est le destinataire ? Où se trouve-t-il ? *(1 point)*

3. Ces personnages sont-ils réels ou imaginaires ? Justifiez votre réponse. *(1 point)*

4. Quel est l'intérêt pour Montesquieu d'utiliser des Persans pour décrire une société qui leur est étrangère ? *(2 point)*

Un sujet bien français *(5 points)*

5. Expliquez en une phrase quel est précisément le sujet de cette lettre. *(1 point)*

6. Relevez les mots appartenant au champ lexical de la toilette féminine. *(1 point)*

7. *Quelquefois les coiffures montent <u>insensiblement</u> ; et une révolution les fait descendre <u>tout à coup</u>.* Les deux adverbes soulignés sont-ils homonymes, antonymes ou synonymes ? *(0,5 point)*
Remplacez la conjonction de coordination *et* par une autre qui mettra plus nettement en évidence la relation logique entre les deux membres de phrase. *(0,5 point)*

8. Relisez la phrase : *Le fils méconnaît [...] Américaine* (l. 11 à 13). Peut-on imaginer qu'un fils ne reconnaisse pas sa mère ? Comment nomme-t-on cette figure de style ? Quel effet produit-elle ? Relevez-en une autre dans le texte. *(2 points)*

La portée du texte *(5 points)*

9. Comment peut-on nommer la gravure de mode qui est proposée en marge du texte ? Quel est l'objectif commun des auteurs du texte et du dessin ? *(1 point)*

10. Quel est le ton de la lettre ? Appuyez-vous sur des passages du texte. *(1 point)*

11. « *on ne saurait [...] à la mode* » (l. 4-5). Quel est l'effet négatif de la mode exprimé dans la phrase ? Relevez dans le texte un autre passage où est exprimée une autre conséquence négative. Expliquez-la. *(1 point)*

12. *L'âme du souverain est un moule qui donne la forme à toutes les autres* (l. 31-32). Quel est le mode, le temps et la valeur des verbes de cette phrase ? *(1 point)*

13. Quelles critiques envers la société française sont exprimées dans le dernier paragraphe ? *(1 point)*

Dictée *(6 points)*

On pourra donner en dictée les lignes 19 à 24, de « Qui pourrait »... à « lendemain ».

Réécriture *(4 points)*

Réécrivez les lignes 10 à 14 à l'imparfait de l'indicatif. Vous serez particulièrement attentif(ve) à la concordance des temps.

Rédaction *(15 points)*

Un étranger d'un autre continent vient pour la première fois à Paris. Il écrit à sa famille les difficultés qu'il a eues pour se rendre à un endroit où il avait rendez-vous.

Consignes

➤ Vous présenterez votre rédaction sous la forme d'une lettre.
➤ Vous donnerez des précisions sur les lieux, des indications de temps, des informations indirectes sur l'auteur de la lettre et son pays d'origine.

Compétences du socle évaluées

- Je suis capable de répondre à une question par un énoncé complet, construit et pertinent.
- Je suis capable de dégager l'idée essentielle d'un texte lu.
- Je suis capable de manifester ma compréhension de textes variés.
- Je suis capable d'écrire lisiblement et correctement un texte sous la dictée en respectant l'orthographe et la grammaire.
- Je suis capable d'adapter le propos au destinataire et à l'effet recherché.

Éric-Emmanuel Schmitt,

Oscar et la dame rose (2002, Albin Michel)

DÉCOUVRIR

Éric-Emmanuel Schmitt

▸ Éric-Emmanuel Schmitt est né en 1960 dans le Rhône. Après avoir suivi des études de philosophie et enseigné, il se consacre très vite à l'écriture. Il publie en 1991 sa première pièce, *La Nuit de Valognes*, puis en 1993 *Le Visiteur*, où il imagine la rencontre entre Dieu et Freud. Dans les quatre contes du *Cycle de l'Invisible*, *Milarepa* (1997), *Monsieur Ibrahim et les Fleurs du Coran* (2001), *Oscar et la dame rose* (2002), *L'Enfant de Noé* (2003), Éric-Emmanuel Schmitt propose, à travers le regard des enfants, une réflexion sur la spiritualité, et fait dialoguer les grandes religions monothéistes.

Affiche du film d'É.-E. Schmitt sorti en 2009.

PARCOURIR

Itinéraire de lecture 1

UN ROMAN ÉPISTOLAIRE

La forme épistolaire

1. Qui écrit ces lettres ? À qui sont-elles adressées ?
2. À la lecture de la première lettre, qu'apprend le lecteur sur le personnage narrateur ?
3. Qui est la « dame rose » ? Expliquez le titre.
4. Quel registre de langue utilise le personnage-narrateur dans les premières lettres ? Pourquoi ? Est-ce toujours le cas dans les lettres suivantes ? Comment expliquez-vous cette évolution ?
5. À travers ces lettres, nous lisons une histoire : retracez les grandes étapes de l'intrigue.

La composition du roman

6. Combien de lettres composent le roman ?
7. Combien de jours se sont écoulés entre la première et la dernière lettre ? Relevez des indications précises qui permettent de dater les événements.

« Je m'appelle Oscar, j'ai dix ans, j'ai foutu le feu au chat, au chien, à la maison (je crois même que j'ai grillé les poissons rouges) et c'est la première lettre que je t'envoie parce que jusqu'ici, à cause de mes études, j'avais pas le temps.
Je te préviens tout de suite : j'ai horreur d'écrire. Faut vraiment que je sois obligé. Parce qu'écrire c'est guirlande, pompon, risette, ruban, et cetera. Écrire, c'est rien qu'un mensonge qui enjolive. Un truc d'adultes.
La preuve ? Tiens, prends le début de ma lettre [...], j'aurais pu aussi bien mettre : " On m'appelle Crâne d'œuf, j'ai l'air d'avoir sept ans, je vis à l'hôpital à cause de mon cancer et je ne t'ai jamais adressé la parole parce que je crois même pas que tu existes. " »

8. Observez la longueur des lettres. Que remarquez-vous ? À quoi correspond-elle ?

9. Dans quels lieux se déroule l'action ? Montrez quel rôle ils jouent dans les moments importants du roman.

La théâtralité du roman

10. Le roman a été adapté au théâtre : quels sont les éléments du roman qui permettent de parler de forme théâtrale ?

- Relevez par exemple un épisode qui peut être assimilé à un « coup de théâtre ».
- Observez aussi la mise en scène de la parole.
- Pourquoi peut-on associer les diverses lettres à des scènes, comme au théâtre ?
- Commentez la fin. À quel genre théâtral peut-on l'apparenter ?

Itinéraire de lecture 2

LA RELATION À AUTRUI

Le regard sur le monde des adultes

1. Quel portrait peut-on faire du docteur Dusseldorf ?

2. Quelle représentation de la maladie nous est donnée par les parents ? par les enfants ?

3. Quelle image de ses parents Oscar nous donne-t-il ? Pourquoi se comportent-ils ainsi avec lui ?

4. À la fin du roman, la relation d'Oscar à ses parents a évolué : pour quelles raisons ?

5. Quels reproches Oscar adresse-t-il au monde des adultes ? Pourquoi la dame en rose échappe-t-elle à cette représentation ?

Les enfants

6. Expliquez les surnoms que se donnent les enfants entre eux.

7. Comparez les personnages de Peggy Blue et de La Chinoise.

8. Quelle relation s'instaure entre Peggy Blue et Oscar ?

9. Comment est décrite Peggy Blue dans la troisième lettre ? À qui est-elle comparée ? Quel rôle va jouer Oscar ?

10. Dans la lettre 10, à quoi peut-on assimiler le départ de Peggy Blue ?

11. Observez les demandes adressées à Dieu au fil des lettres. Quelle évolution d'Oscar laissent-elles apparaître dans sa relation à autrui ?

Oscar et Mamie Rose

12. Tracez le portrait de Mamie Rose en montrant sur quelles oppositions est construit ce personnage.

13. Dégagez les différents rôles que tient Mamie Rose auprès d'Oscar.

14. Pourquoi Mamie Rose s'invente-t-elle un personnage auprès d'Oscar ?

15. Comment Mamie Rose accompagne-t-elle Oscar vers la mort ?

16. Quelle est la fonction de la dernière lettre écrite par Mamie Rose ?

Écriture

Imaginez la lettre qu'écrit la mère d'Oscar à Mamie Rose pour la remercier de la soirée de Noël passée chez elle.

Consignes

➤ Vous décrirez comment s'est déroulée la soirée.
➤ Vous montrerez le regard porté par sa maman sur Oscar.
➤ Vous tenterez d'exprimer les sentiments éprouvés lors de cette soirée par cette mère pour son fils.

Michèle Laroque (la dame rose) et Amir Ben Abdelmoumen (Oscar) dans le film d'É.-E. Schmitt.

Itinéraire de lecture 3

HISTOIRE D'UN CHEMINEMENT PERSONNEL

Le parcours d'une vie

1. Comment Mamie Rose permet-elle à Oscar de vivre toute une vie en quelques jours ? Pourquoi, selon vous, imagine-t-elle ce « jeu » ?

2. Qu'apprend Oscar dans la deuxième lettre ? Comment ce fait est-il évoqué ?

3. Que fait Oscar quand il apprend cette nouvelle ? Relevez dans cet épisode tous les éléments qui montrent qu'on assiste à une nouvelle naissance d'Oscar.

4. Quel message Mamie Rose transmet-elle à Oscar à travers le récit des différents combats de catch ? Relevez précisément à quels moments ils sont racontés et quelles phrases permettent d'en dégager le sens.

5. Quel cadeau Mamie Rose offre-t-elle à Oscar pour Noël ? Quelle leçon de vie lui donne-t-elle ?

6. Cherchez le sens d'une « mise en abyme ». Pourquoi l'histoire de la plante est-elle une mise en abyme ?

Le parcours spirituel

7. À quel moment Mamie Rose propose-t-elle à Oscar d'écrire à Dieu ?

8. Comment Mamie Rose s'y prend-elle pour amener progressivement Oscar à découvrir Dieu ?

9. **VOCABULAIRE** Vous rechercherez les définitions des termes suivants : *athée*, *agnostique*, *déiste*. Quel terme utiliseriez-vous pour qualifier Oscar au début du roman ?

10. Quelle image de Dieu Mamie Rose donne-t-elle à l'enfant ? Vous relèverez au cours des lettres des passages précis qui le justifient.

11. Dans la lettre 4, Mamie Rose emmène Oscar à la chapelle voir la statue de Dieu. Que représente cette statue ?

12. Dans le dialogue qui s'instaure entre Oscar et Mamie Rose devant la statue, comment Mamie Rose passe-t-elle de la souffrance à la mort ? Quelle leçon donne-t-elle à Oscar ?

13. Dans la lettre 11, Oscar dit avoir rencontré Dieu. Quel nom donne-t-on à cette expérience (nommée par Oscar « le coup de la première fois ») ? À quel moment du récit intervient cet épisode important ? Quel est le ton de cette lettre ?

Histoire des arts

14. Quel passage du récit de la création dans la Genèse met en scène la peinture de Michel-Ange ? Citez précisément la phrase de la lettre 11 qui pourrait illustrer cette peinture.

Écriture

Avez-vous rencontré quelqu'un qui a changé votre vie ou votre regard sur le monde ? Racontez cette expérience en traçant le portrait de cette personne, en expliquant comment a eu lieu ce changement, en quelles circonstances.

La Séparation de la lumière et de l'obscurité, 1508-1512, fresque de Michel-Ange pour le plafond de la Chapelle Sixtine, Vatican, Rome.

Itinéraire de lecture 4

DIRE ET ÉCRIRE

L'humour

1. Relevez dans le texte des exemples de comique de situation, de comique de caractère, de comique de mots.
2. Vous relèverez à quels endroits du récit sont placés les épisodes humoristiques. Quelle fonction peut-on attribuer à ce choix ?
3. Pourquoi, selon vous, l'auteur a-t-il choisi de traiter ce sujet grave en utilisant l'humour ?

La force de la parole

4. Quels sont les interlocuteurs essentiels dont Oscar rapporte les paroles directement ? Pourquoi ?
5. Quelle place tient la parole entre Oscar et ses parents ? Pourquoi ?
6. Montrez comment les dialogues entre Mamie Rose et Oscar permettent à l'enfant de progresser dans son approche de la mort.

« L'ambiance se détériore. J'en ai parlé à mon copain Bacon. En fait il s'appelle pas Bacon, mais Yves, mais nous, on l'a appelé Bacon parce que ça lui va mieux, vu qu'il est un grand brûlé.
– Bacon, j'ai l'impression que les médecins ne m'aiment plus, je déprime.
– Tu parles, Crâne d' Œuf ! Les médecins, c'est inusable. Ils ont toujours plein d'idées d'opérations à te faire. Moi, j'ai calculé qu'on m'en a promis au moins six.
– Peut-être que tu les inspires.
– Faut croire.
– Mais pourquoi ils ne me disent pas tout simplement que je vais mourir ?
Là, Bacon, il a fait comme tout le monde à l'hôpital : il est devenu sourd. Si tu dis « mourir » dans un hôpital, personne n'entend. Tu peux être sûr qu'il va y avoir un trou d'air et que l'on va parler d'autre chose. J'ai fait le test avec tout le monde. Sauf avec Mamie-Rose. »

Amir Ben Abdelmoumen dans le rôle d'Oscar.

« Depuis, quand j'ai un coup de morosité et qu'elle est certaine que personne ne peut nous entendre, Mamie-Rose me raconte ses grands tournois : l'Étrangleuse du Languedoc contre la Charcutière du Limousin, sa lutte pendant vingt ans contre Diabolica Sinclair, une Hollandaise qui avait des obus à la place des seins, et surtout sa coupe du monde contre Ulla-Ulla, dite la Chienne de Buchenwald, qui n'avait jamais été battue, même par Cuisses d'Acier, le grand modèle de Mamie-Rose quand elle était catcheuse. Moi, ça me fait rêver ses combats, parce que j'imagine ma copine comme maintenant sur le ring, une petite vieille en blouse rose un peu branlante en train de foutre la pâtée à des ogresses en maillot. J'ai l'impression que c'est moi. Je deviens le plus fort. Je me venge. »

Débat oral

Oscar dit au début de la première lettre : « Écrire, c'est rien qu'un mensonge qui enjolive. Un truc d'adultes. »

- Quel sens donnez-vous à cette phrase ?
- Pensez-vous que l'écriture, à la lecture de ce roman, soit « un truc qui enjolive » ?
- Vous exposerez votre avis de façon argumentée et vous vous appuierez sur des exemples extraits du texte pour justifier votre point de vue.

Chapitre 7

Masques, malentendus et quiproquos au théâtre

→ **Découvrir le texte de théâtre, par le biais du jeu théâtral**

Lire l'image

Amphitryon, général romain, a épousé Alcmène que Jupiter convoite. Profitant de l'absence d'Amphitryon, occupé à se battre, Jupiter prend ses traits et parvient ainsi à passer une nuit avec Alcmène. La maison est gardée par Hermès qui a pris le visage de Sosie, le valet d'Amphitryon.

1. À partir des informations données, quels personnages pensez-vous reconnaître dans cette mise en scène ? Justifiez votre réponse.

2. Dans quelle mesure cette mise en scène d'*Amphitryon* met-elle en évidence le thème du masque et les quiproquos qu'il engendre ?

Mise en scène de *Amphitryon* de Molière par Tiphaine Vaur et Alexandre Tourneur, Théâtre du Ranelagh, 2008, avec Vincent Caire (Amphitryon) et Alexandre Tourneur (Sosie).

Histoire du genre théâtral

Les sens du mot *théâtre*

Le théâtre grec antique d'Épidaure.

▸ Si les romans se lisent en silence et les poèmes à haute voix, le texte de théâtre appelle la scène : on le joue devant un public. Ceci est inscrit dans l'étymologie même du mot *théâtre* issu d'un verbe grec signifiant *regarder, contempler*. Ce terme a plusieurs sens puisqu'il désigne un **genre littéraire** (le théâtre de Molière, par exemple), mais aussi sa **représentation** ou encore l'endroit où elle a lieu, l'**espace** où jouent des acteurs, selon des règles.

▸ Ainsi les auteurs du théâtre classique (XVIIe siècle) respectent-ils la règle des **trois unités** : « Qu'en un lieu, en un temps, un seul fait accompli / Tienne jusqu'à la fin le théâtre rempli » exige Boileau au XVIIe siècle.

▸ Dans l'Antiquité grecque, *théâtre* désigne l'hémicycle destiné aux spectateurs. Ensuite seulement, il désignera aussi la scène (ou plateau) puis l'ensemble salle-scène, et l'édifice tout entier. À la Renaissance s'ajoute le sens d'art dramatique, le fait de jouer sur scène. Au XVIIe siècle, le terme va aussi désigner le genre littéraire lui-même, les textes écrits pour être joués, selon des règles qui varient.

Questions

1 Êtes-vous déjà allé(e) au théâtre ?

2 Faites-vous une différence entre lire une pièce et assister à une représentation ?

Molière, homme de théâtre

Jean-Jacques Caffieri, sculpture en marbre de Molière, 1787, musée du Louvre, Paris.

▸ Jean-Baptiste Poquelin (1622-1673), plus connu sous le nom de Molière, est acteur, auteur et directeur de la troupe qu'il a fondée, « l'Illustre Théâtre », qui joue en province avant de s'installer à Paris en 1658, sous la protection de Monsieur, frère du roi.

▸ Molière a écrit, dirigé, joué des comédies inspirées par la comédie latine (Plaute pour *L'Avare*), les **farces** du **Moyen Âge** (qui multiplient bastonnades, quiproquos et insultes) mais également par les **improvisations** (à partir de canevas) des personnages de la **commedia dell'arte**, Colombine, Arlequin, Pierrot.

▸ L'année 1668 est particulièrement prolifique : Molière écrit *Amphitryon*, *George Dandin* et *L'Avare.* Il meurt, sur scène, en jouant *Le Malade imaginaire*.

▸ On doit à Molière d'avoir donné un statut à la **comédie**, genre décrié, considéré comme « bas » (par opposition à la tragédie) : or, c'est un art que « d'entrer comme il faut dans le ridicule des hommes » (Critique de *L'École des femmes*).

Question

1 Recherchez quand a été fondée la Comédie-Française, et quel est le lien avec Molière.

Antiquité	Moyen Âge *Farce*	Renaissance *Commedia dell'arte*
254-184 av. J.-C. **Plaute** *La Marmite*	1464 *La Farce de Maître Pathelin*	XVIe siècle Apparition d'Arlequin et de Pantalone

Après Molière, les différents types de comédies

Mise en scène d'*Un fil à la patte* de G. Feydeau par Jérôme Deschamps, avec D. Constanza et C. Hecq, Comédie-Française, Paris, 2010.

Mise en scène du *Nombril* d'Anouilh par M. Fagadau à la Comédie des Champs Élysées, 2011.

- Le public du XVIIIe **siècle** découvre les comédies de Marivaux et celles de **Beaumarchais**. *L'Île des esclaves* de Marivaux met en scène un renversement propre au carnaval ; les maîtres se retrouvent dans la condition des valets, soumis à eux.
- Le XIXe siècle, marqué par le courant « romantique », réfute les règles d'unité de temps et de lieu et préconise le **mélange des genres** (comique et tragique) ; c'est le **drame romantique** d'Alfred de Musset ou de Victor Hugo, qui a également écrit des **mélodrames**, pièces pleines de rebondissements dans lesquelles les sentiments, outrés, éveillent la sensiblerie du spectateur.
- Le **vaudeville**, genre en vogue à la fin du XIXe siècle, dont Feydeau, Labiche et Courteline sont les représentants, désigne des comédies souvent inspirées par la vie conjugale.
- Au XXe siècle, à côté d'un **théâtre de boulevard** toujours vivant, de grands dramaturges apparaissent : Giraudoux, Cocteau, Anouilh, qui s'inspirent de **mythes antiques** sur un mode plus ou moins grave. Anouilh renoue avec la tradition de la comédie-ballet de Molière en liant théâtre et musique dans *Le Bal des Voleurs* par exemple, qui fait partie de ses pièces « roses ».
- Les dramaturges contemporains, comme les dramaturges classiques, inspirent les metteurs en scène des XXe et XXIe siècles, démontrant ainsi que certains auteurs, comme Molière, sont immortels.

XVIIe s. *Théâtre classique*	XVIIIe s. *Théâtre classique*		XIXe s. *Drame romantique / Vaudeville*			XXe s. *Théâtre moderne*	
1668	1725	1784	1833	1869	1894	1929	1938
Molière *Amphitryon*	**Marivaux** *L'Île des esclaves*	**Beaumarchais** *Le Mariage de Figaro*	**Musset** *Les Caprices de Marianne*	**Hugo** *Théâtre en liberté*	**Feydeau** *Un fil à la patte*	**Giraudoux** *Amphitryon 38*	**Anouilh** *Le Bal des voleurs*

Découvrir un message à double entente au théâtre

Avant la lecture...
Vous lirez ce texte comme un texte de théâtre, c'est-à-dire en imaginant les gestes qui accompagnent les paroles des personnages.

Molière
(1622-1673)

Molière a consacré sa vie entière au théâtre. C'est dans la comédie qu'il excella, notamment auprès de Louis XIV dont il fut le grand amuseur.
Voir biographie p. 194.

1 Molière
George Dandin

Angélique de Sotenville a fait un mariage d'intérêt avec George Dandin, riche paysan : celui-ci, entrant ainsi dans une famille d'aristocrates, a satisfait sa vanité. Il se méfie pourtant de sa jeune épouse qui se laisse courtiser par un galant, Clitandre. « La scène est dehors, devant la maison de Dandin », indique la première didascalie (I, 1).

Acte II, scène 2. George Dandin, Angélique

George Dandin. – Non, non, on ne m'abuse[1] pas avec tant de facilité, et je ne suis que trop certain que le rapport que l'on m'a fait est véritable. J'ai de meilleurs yeux qu'on ne pense, et votre galimatias[2] ne m'a point tantôt ébloui.

Acte II, scène 3. Clitandre, Angélique, George Dandin

Clitandre, *à part, dans le fond du théâtre.* – Ah ! la voilà ; mais le mari est avec elle.

George Dandin, *sans voir Clitandre.* – Au travers de toutes vos grimaces, j'ai vu la vérité de ce que l'on m'a dit, et le peu de respect que vous avez pour le nœud qui nous joint[3]. (*Clitandre et Angélique se saluent.*) Mon Dieu ! laissez là votre révérence, ce n'est pas de ces sortes de respect dont je vous parle, et vous n'avez que faire de vous moquer.

Angélique. – Moi, me moquer ! En aucune façon.

George Dandin. – Je sais votre pensée, et connais... (*Clitandre et Angélique se saluent encore.*) Encore ? Ah ! ne raillons pas davantage ! Je n'ignore pas qu'à cause de votre noblesse vous me tenez fort au-dessous de vous, et le respect que je vous veux dire ne regarde point ma personne : j'entends parler de celui que vous devez à des nœuds aussi vénérables que le sont ceux du mariage. (*Angélique fait signe à Clitandre.*) Il ne faut point lever les épaules, et je ne dis point de sottises.

Angélique. – Qui songe à lever les épaules ?

George Dandin. – Mon Dieu ! Nous voyons clair. Je vous dis encore une fois que le mariage est une chaîne à laquelle on doit porter toute sorte de respect, et que c'est fort mal fait à vous d'en user comme vous faites. (*Angélique fait signe de la tête à Clitandre.*) Oui, oui, mal fait à vous ; et vous n'avez que faire de hocher la tête, et de me faire la grimace.

Angélique. – Moi ! je ne sais ce que vous voulez dire.

George Dandin. – Je le sais fort bien, moi ; et vos mépris[4] me sont connus. Si je ne suis pas né noble, au moins suis-je d'une race où il n'y a point de reproche ; et la famille des Dandin...

Clitandre, *derrière Angélique, sans être aperçu de George Dandin.* – Un moment d'entretien.

George Dandin, *sans voir Clitandre.* – Hé !

Angélique. – Quoi ? je ne dis mot.

(*George Dandin tourne autour de sa femme, et Clitandre se retire en faisant une grande révérence à Dandin.*)

Molière, *George Dandin ou Le Mari confondu*, II, 2, 1668.

1. **Abuser :** tromper.
2. **Galimatias** : charabia, discours confus.
3. **Le nœud qui nous joint :** le mariage.
4. **Vos mépris** : les marques de votre mépris.

Mise en scène d'Alain Gautré, avec T. Melis, S. Lepionnier et P.-Y. Massip, théâtre de l'Ouest Parisien, Boulogne-Billancourt, 2007.

Premières impressions

Quelle image vous faites-vous du personnage de Dandin ?

Lire et analyser

D'une scène à l'autre

1. Pourquoi passe-t-on d'une scène à l'autre ?

2. Observez les personnages présents dans chacune des scènes et rappelez les liens qu'ils ont entre eux.

3. Comment s'appelle la première réplique de Clitandre ?

4. Comment parvient-il à se montrer à Angélique et se cacher de Dandin ? Imaginez la place de chacun des personnages.

Une scène à double sens

5. Quels regards, quels gestes, quelles paroles enfin peuvent échanger Clitandre et Angélique à l'insu de Dandin ? Pour répondre, observez les didascalies.

6. George Dandin s'en rend-il compte ? Quel est son état d'esprit ?

Plaire et instruire

7. Quel est l'effet de cette scène à double sens sur le spectateur ?

8. Quelle image nous est donnée d'Angélique, aristocrate mariée à un représentant du tiers-état ?

9. Quelle image nous est donnée de George Dandin ?

Question de synthèse

10. À partir de cet extrait, définissez l'expression *tenir un double langage*.

Vocabulaire

11. *Ruser*, *abuser*, *duper*, *tromper* quelqu'un ou encore *se jouer de quelqu'un* sont des verbes très proches par le sens. Donnez, quand ils ont conservé le sens de tromperie, les noms correspondant à ces verbes.
Attention : faites-vous la différence entre une méprise et le mépris ?

Atelier théâtre

Mettre en scène un message à double entente
Lisez cet extrait à haute voix puis essayez de le jouer en respectant les didascalies. Vous ajouterez des gestes, de telle sorte qu'apparaisse bien le discours d'Angélique à Clitandre, alors que George Dandin s'imagine qu'elle s'adresse à lui.

Textes

Découvrir un quiproquo comique

Avant la lecture...
Harpagon a-t-il raison de se méfier de Valère ?

2 Molière
L'Avare

Qui a volé la cassette d'Harpagon ? Maître Jacques, son cuisinier, fait peser les soupçons sur Valère pour se venger de lui. Dès le début de la scène, Valère semble reconnaître ses torts : de fait, il s'est introduit dans la maison d'Harpagon sous une fausse identité et il n'accomplit sa charge d'intendant que pour être près d'Élise, fille d'Harpagon, qu'il aime.

Molière
(1622-1673)

Molière a consacré sa vie entière au théâtre. C'est dans la comédie qu'il excella, notamment auprès de Louis XIV dont il fut le grand amuseur.
Voir biographie p. 194.

Acte V, scène 3.

VALÈRE, HARPAGON, LE COMMISSAIRE, SON CLERC, MAÎTRE JACQUES

HARPAGON. – [...] Mais, dis-moi, qui t'a porté à cette action ?

VALÈRE. – Hélas ! me le demandez-vous ?

HARPAGON. – Oui, vraiment, je te le demande.

VALÈRE. – Un dieu qui porte les excuses de tout ce qu'il fait faire : l'Amour.

HARPAGON. – L'Amour ?

VALÈRE. – Oui.

HARPAGON. – Bel amour, bel amour, ma foi ! L'amour de mes louis d'or.

VALÈRE. – Non, Monsieur, ce ne sont point vos richesses qui m'ont tenté, ce n'est pas cela qui m'a ébloui, et je proteste de ne prétendre rien à tous vos biens, pourvu que vous me laissiez celui que j'ai.

HARPAGON. – Non ferai[1], de par tous les diables, je ne te le laisserai pas. Mais voyez quelle insolence, de vouloir retenir le vol qu'il m'a fait !

VALÈRE. – Appelez-vous cela un vol ?

HARPAGON. – Si je l'appelle un vol ? Un trésor comme celui-là !

VALÈRE. – C'est un trésor, il est vrai, et le plus précieux que vous ayez sans doute ; mais ce ne sera pas le perdre que de me le laisser. Je vous le demande à genoux, ce trésor plein de charmes ; et pour bien faire, il faut que vous me l'accordiez.

HARPAGON. – Je n'en ferai rien. Qu'est-ce à dire cela ?

VALÈRE. – Nous nous sommes promis une foi mutuelle, et avons fait serment de ne nous point abandonner.

HARPAGON. – Le serment est admirable, et la promesse plaisante !

VALÈRE. – Oui, nous nous sommes engagés d'être l'un à l'autre à jamais.

HARPAGON. – Je vous en empêcherai bien, je vous assure.

VALÈRE. – Rien que la mort ne nous peut séparer.

HARPAGON. – C'est être bien endiablé après mon argent.

VALÈRE. – Je vous ai déjà dit, Monsieur, que ce n'était point l'intérêt qui m'avait poussé à faire ce que j'ai fait. Mon cœur n'a point agi par les ressorts que vous pensez, et un motif plus noble m'a inspiré cette résolution.

HARPAGON. – Vous verrez que c'est par charité chrétienne qu'il veut avoir mon bien ; mais j'y donnerai bon ordre ; et la justice, pendard effronté, me va faire raison de tout.

VALÈRE. – Vous en userez comme vous voudrez, et me voilà prêt à souffrir toutes les violences qu'il vous plaira ; mais je vous prie de croire, au moins, que s'il y a du mal, ce n'est que moi qu'il en faut accuser, et que votre fille en tout ceci n'est aucunement coupable.

1. **Non ferai :** je ne le ferai pas...

Mise en scène de Catherine Hiegel, avec Denis Podalydès (Harpagon) et Stéphane Varupenne (Valère), Comédie-Française, Paris, 2009.

2. **Mon affaire :** mon argent.

HARPAGON. – Je le crois bien, vraiment ; il serait fort étrange que ma fille eût trempé dans ce crime. Mais je veux ravoir mon affaire[2], et que tu me confesses en quel endroit tu me l'as enlevée.

VALÈRE. – Moi ? je ne l'ai point enlevée, et elle est encore chez vous.

HARPAGON – Ô ma chère cassette ! (*Haut.*) Elle n'est point sortie de ma maison ?

VALÈRE. – Non, Monsieur.

HARPAGON. – Hé, dis-moi donc un peu ; tu n'y as point touché ?

VALÈRE. – Moi, y toucher ? Ah ! vous lui faites tort, aussi bien qu'à moi ; et c'est d'une ardeur toute pure et respectueuse, que j'ai brûlé pour elle.

HARPAGON, *à part.* – Brûlé pour ma cassette !

VALÈRE. – J'aimerais mieux mourir que de lui avoir fait paraître aucune pensée offensante. Elle est trop sage et trop honnête pour cela.

HARPAGON, *à part.* – Ma cassette trop honnête !

VALÈRE. – Tous mes désirs se sont bornés à jouir de sa vue ; et rien de criminel n'a profané la passion que ses beaux yeux m'ont inspirée.

HARPAGON, *à part.* – Les beaux yeux de ma cassette ! Il parle d'elle, comme un amant d'une maîtresse.

Molière, *L'Avare*, V, 3, 1668.

Premières impressions

Avez-vous ri en lisant cette scène ? Pourquoi ?

Lire et analyser

Une scène fondée sur un quiproquo

1. En quoi consiste le quiproquo ?
2. Relevez les expressions à double sens qui suscitent le quiproquo.
3. Quel est l'effet produit par cette méprise ?
4. Quelles expressions vont peu à peu lever le malentendu ? Quelles répliques pourraient être adressées au public et figurer en italique comme des apartés ?

Une scène de comédie

5. Que désigne Valère par l'expression *le trésor le plus précieux* (l. 15) ? Quel peut être le bien le plus précieux pour un amant ? pour un père ? pour un avare ?
6. Quel est le trait dominant du caractère d'Harpagon ?
7. Comment apparaît Valère dans ce passage ?
8. Quelle est la place de l'argent dans cette scène ? Pourquoi est-ce un élément qui n'appartient qu'à la comédie, genre considéré comme « bas » ?

Vocabulaire

9. Relevez dans cet extrait tous les termes se rapportant au champ lexical de l'amour.

Atelier oral

Vous arrivez avec un retard important et… vous n'avez aucune excuse : vous décidez d'improviser un scénario pour justifier ce retard.

Réfléchir au rôle des masques dans un mélodrame

Avant la lecture…
Qu'évoque pour vous le carnaval ?

3 Victor Hugo
Mille Francs de récompense

La scène se passe une nuit de fête, à Paris, devant une salle de jeux. Cyprienne, amoureuse d'Edgar, l'a suivi à son insu. Prise pour une prostituée par un homme qui la serre de trop près, elle appelle à l'aide quand Monsieur de Pontresme, homme public (il est procureur), protégé par son masque, n'hésite pas à lui porter secours.

Victor Hugo (1802-1885)

Hugo a marqué la vie politique et littéraire de son temps. Poète et romancier, il a également écrit des pièces de théâtre. *Mille Francs de récompense*, fait partie des 4 drames et 5 comédies en prose et en vers qu'il a rassemblés dans son *Théâtre en liberté* en 1869.

Mise en scène de Laurent Pelly, théâtre de la Croix-Rousse à Lyon, 2010.

Acte II, scène 3.

CYPRIENNE, *se débattant.* – Et Edgar qui est là ! au secours, Edgar ! oh ! c'est l'enfer.

LE MASQUE. – Enfer. Cela s'appelle ainsi en effet. On dit les enfers de Londres, les enfers de Paris. Aimables enfers.
Pretty Miss
Give a kiss !

Il la ressaisit dans ses bras.

CYPRIENNE. – Au secours ! y a t-il ici un honnête homme ?

M. DE PONTRESME, *quittant M. Barutin.* – Pardon. Quelqu'un m'appelle ?

D'autres masques surviennent. On entend des rires.

M. BARUTIN, *jetant un coup d'œil sur Cyprienne dans les bras du masque.* – C'est une… créature[1].

M. DE PONTRESME. – C'est une femme.

M. BARUTIN. – Allons donc !

M. DE PONTRESME. – Je vole à sa défense. Le sexe, mon cher !

M. BARUTIN. – Y penses-tu ? dans ta position ! toi magistrat !

M. DE PONTRESME. – Puisque je suis déguisé en chevalier. D'ailleurs, c'est mon vrai costume. C'est demain, avec une robe, que je serai déguisé. – Monsieur, lâchez madame…

LES MASQUES, *apostrophant M. De Pontresme.* – Qu'est-ce que c'est que ce tapageur-là ?

1. Une créature, une fille (fille de joie) : termes désignant, ici, une prostituée.

M. Barutin, *à M. De Pontresme*. – Ils sont plusieurs. Tu vas te faire rosser. Tu es un contre quatre. Je t'en prie. Ne te compromets pas.

M. De Pontresme. – À quoi me sert mon faux nez si je ne peux pas faire une action d'éclat ? Monsieur, respectez madame.

M. Barutin. – Lâchez suffisait.

M. De Pontresme. – Sinon ayez l'extrême bonté de dégainer. – L'épée à la main ! *Il tire son épée.*

M. Barutin. – Mais c'est en bois. C'est une latte[2].

M. De Pontresme. – Qu'est-ce que cela fait ? qui s'attaque à une femme a peur d'un homme. Qui est lâche est poltron. Ces gens-là prendront une latte pour une épée.

M. Barutin. – De même que tu prends une fille pour une femme.

Le Masque, *quittant Cyprienne*. – C'est donc ton amant, ce troubadour ? – Monsieur ; je la lâche mais je ne la respecte pas.

Il entre dans le bal. Les masques entourent M. de Pontresme et l'applaudissent avec des rires.

Victor Hugo, *Mille Francs de récompense*, II, 3, 1866.

2. **Latte :** pièce de bois.

Premières impressions

Monsieur de Pontresme a-t-il agi de façon héroïque ?

Lire et analyser

Les masques entrent en scène

1. Connaît-on l'identité de tous les personnages présents sur scène ? Quels sont ceux dont le spectateur connaît la véritable identité ?

2. *Pretty Miss / Give a kiss* (l. 5) : pouvez-vous traduire cette phrase ? Qu'indique-elle ?

3. Quelle figure de style trouvez-vous dans l'expression *aimables enfers* (l. 3) ? Pour qui sont-ils attirants ?

Une action héroïque ?

4. M. de Pontresme fait-il preuve de courage en prêtant secours à Cyprienne ?

5. Révèle-t-il sa véritable identité ? Pourquoi ?

6. Montrez que cette scène constitue une sorte de théâtre dans le théâtre.

Une scène mélodramatique

Un mélodrame accorde la première place à l'intrigue et au spectacle. Les caractères se ramènent à quelques types élémentaires : un traître odieux, une victime vertueuse défendue par un jeune premier héroïque, un personnage grotesque.

7. À partir de cette définition, montrez que cette scène s'apparente au « mélodrame ».

Vocabulaire

8. *Masque, grimace, apparence feinte* (en position de participe passé) du visage. Cherchez les verbes correspondant à ces noms et quelques autres appartenant au champ lexical du masque.

De l'oral vers l'écrit

Exercice 1

Racontez à quelques camarades dans quelles circonstances vous avez été amené(e) à voler au secours de quelqu'un.

Consignes

➤ Quand votre exposé oral est suffisamment clair pour vos interlocuteurs (ils n'ont plus de questions à vous poser), rédigez ce récit.

Exercice 2

Pensez-vous que « l'habit fait le moine » ? Autrement dit, le masque peut-il tenir lieu d'identité ?

Consignes

➤ Mettez-vous en petits groupes (4 à 5 personnes), essayez de ne pas vous interrompre, et, avant de commencer, désignez un rapporteur qui notera les différents arguments utilisés.

➤ À la fin de l'échange, à l'aide des notes prises par le rapporteur, rédigez un paragraphe dans lequel vous indiquerez votre position sur le sujet.

Découvrir un quiproquo tragique

Avant la lecture...
Une comédie est-elle toujours comique ?

4 Alfred de Musset
Les Caprices de Marianne

Marianne, jeune femme mariée à Claudio, un barbon jaloux, est la cousine d'Octave, qui plaide auprès d'elle la cause de Cœlio, son meilleur ami. Marianne reste insensible à l'amour que lui porte Cœlio mais serait prête à aimer Octave, à qui elle donne un rendez-vous. Octave, loyal, envoie à sa place Cœlio... sans savoir que le mari, Claudio, prépare une embuscade.

Alfred de Musset (1810-1857)
Enfant prodige du romantisme, ce poète est aussi dramaturge. Mais les premières représentations de ses comédies sont un échec, ce qui l'amène à concevoir un théâtre qui sera, à l'époque, écrit, et non joué.

Acte II, scène 5.

Le jardin de Claudio. Il est nuit.

CLAUDIO, DEUX SPADASSINS[1], TIBIA

Mise en scène de Sébastien Azzopardi, avec G. Bourbier, F. Imberty et R. Delestre, théâtre du Lucernaire, Paris, 2009.

CLAUDIO. – Laissez-le entrer, et jetez-vous sur lui dès qu'il sera parvenu à ce bosquet.

TIBIA. – Et s'il entre par l'autre côté ?

CLAUDIO. – Alors, attendez-le au coin du mur.

DEUX SPADASSINS. – Oui, monsieur.

TIBIA. – Le voilà qui arrive. Tenez, Monsieur, voyez comme son ombre est grande ! c'est un homme d'une belle stature.

CLAUDIO. – Retirons-nous à l'écart, et frappons quand il en sera temps.

Entre Cœlio.

CŒLIO, *frappant à la jalousie*[2]. – Marianne ! Marianne ! Êtes-vous là ?

MARIANNE, *paraissant à la fenêtre.* – Fuyez, Octave ; vous n'avez donc pas reçu ma lettre ?

CŒLIO. – Seigneur mon Dieu ! Quel nom ai-je entendu ?

MARIANNE. – La maison est entourée d'assassins ! mon mari vous a vu entrer ce soir ; il a écouté notre conversation, et votre mort est certaine, si vous restez une minute encore.

CŒLIO. – Est-ce un rêve ? Suis-je Cœlio ?

MARIANNE. – Octave, Octave, au nom du ciel, ne vous arrêtez pas ! Puisse-t-il être encore temps de vous échapper ! Demain, trouvez-vous à midi dans un confessionnal de l'église, j'y serai.

La jalousie se referme.

1. **Spadassins :** assassins à gages.
2. **Jalousie :** treillis de bois ou de métal à travers lequel on peut voir sans être vu.

CŒLIO. – Ô mort ! Puisque tu es là, viens donc à mon secours. Octave, traître Octave, puisse mon sang retomber sur toi ! Puisque tu savais quel sort m'attendait ici, et que tu m'y as envoyé à ta place, tu seras satisfait dans ton désir. Ô mort ! Je t'ouvre les bras ; voici le terme de mes maux.

Il sort. On entend des cris étouffés et un bruit éloigné dans le jardin.

OCTAVE, *en dehors*. – Ouvrez, ou j'enfonce les portes !

CLAUDIO, *ouvrant, son épée sous le bras*. – Que voulez-vous ?

OCTAVE. – Où est Cœlio ?

CLAUDIO. – Je ne pense pas que son habitude soit de coucher dans cette maison.

OCTAVE. – Si tu l'as assassiné, Claudio, prends garde à toi ; je te tordrai le cou de ces mains que voilà.

CLAUDIO. – Êtes-vous fou ou somnambule ?

OCTAVE. – Ne l'es-tu pas toi-même, pour te promener à cette heure, ton épée sous le bras ?

CLAUDIO. – Cherchez dans ce jardin, si bon vous semble ; je n'y ai vu entrer personne ; et si quelqu'un l'a voulu faire, il me semble que j'avais le droit de ne pas lui ouvrir.

OCTAVE, *à ses gens*[3]. – Venez et cherchez partout !

CLAUDIO, *bas à Tibia*. – Tout est-il fini comme je l'ai ordonné ?

TIBIA. – Oui, Monsieur ; soyez en repos, ils peuvent chercher tant qu'ils voudront.

Tous sortent.

Alfred de Musset, *Les Caprices de Marianne*, II, 5, 1833.

3. Les « gens » d'Octave : ses domestiques.

Premières impressions

Comment qualifieriez-vous l'atmosphère qui se dégage de cette scène ?

Lire et analyser

Une scène d'action

1. Dressez la liste des personnages principaux de cette scène et indiquez les liens qu'ils ont entre eux.

2. Comment sont présentés les personnages secondaires ? Sont-ils nombreux ?

3. Quand se déroule la scène ? Quel est l'effet produit ?

4. Déterminez les différents moments qui composent cette scène.

Un quiproquo tragique ?

5. Dans quelle mesure peut-on parler ici d'une méprise tragique ?

6. Pourquoi Cœlio se sent-il doublement trahi ?

7. Comment comprenez-vous *Ô mort ! puisque tu es là, viens donc à mon secours* ?

8. Comment le lecteur-spectateur sait-il que Cœlio est mort ?

9. Quel peut-être l'état d'esprit d'Octave ?

Vocabulaire

10. Établissez (vous pouvez vous aider du dictionnaire) la différence entre les adjectifs suivants :
mortel • mortifère • fatal • tragique • funeste.

11. Pour éviter d'évoquer des réalités trop pénibles, nous pouvons recourir à des expressions atténuées (euphémismes) de ces réalités. Ainsi, pour faire comprendre que quelqu'un est mort, sans le dire aussi brutalement, peut-on user d'expressions indirectes comme *il est parti*. À votre tour, donnez des exemples d'euphémismes.

Écriture

Rédigez un dialogue théâtral qui montre un quiproquo ou un malentendu, que vous choisirez de montrer comme comique ou pathétique.

Consignes

- Choisissez une situation (seul(e) ou par petits groupes pour vous donner des idées et les soumettre aux autres).
- Faites parler vos personnages (ne résumez pas leurs paroles) sans dire trop vite de quoi parle chacun : le caractère imprécis de ce dont ils parlent permettra de susciter le quiproquo.
- La fin du malentendu correspondra à la fin de votre dialogue.

5

Alfred de Musset

Fantasio

Dans cette scène (acte II, scène 7) qui clôt la pièce, nous assistons à la rencontre d'Elsbeth (fille du roi de Bavière) et de Fantasio, qu'elle prend pour le prince de Mantoue qu'elle doit épouser. Auparavant, Fantasio, déguisé en bouffon du roi, a ridiculisé le prince de Mantoue en lui ôtant sa perruque : le prince annule le mariage et demande la vie du bouffon…

Une prison.

FANTASIO, *seul.* – Je ne sais s'il y a une Providence, mais c'est amusant d'y croire. Voilà pourtant une pauvre petite princesse qui allait épouser à son corps défendant un animal immonde, un cuistre[1] de province, à qui le hasard a laissé tomber une couronne sur la tête, comme l'aigle d'Eschyle[2] sa tortue. Tout était préparé ; les chandelles allumées, le prétendu poudré, la pauvre petite confessée. Elle avait essuyé les deux charmantes larmes que j'ai vues couler ce matin. Rien ne manquait que deux ou trois capucinades[3] pour que le malheur de sa vie fût en règle. Il y avait dans tout cela la fortune de deux royaumes, la tranquillité de deux peuples ; et il faut que j'imagine de me déguiser en bossu, pour venir me griser derechef[4] dans l'office de notre bon roi, et pour pêcher au bout d'une ficelle la perruque de son cher allié ! En vérité, lorsque je suis gris[5], je crois que j'ai quelque chose de surhumain. Voilà le mariage manqué et tout remis en question. Le prince de Mantoue a demandé ma tête, en échange de sa perruque. Le roi de Bavière a trouvé la peine un peu forte, et n'a consenti qu'à la prison. Le prince de Mantoue, grâce à Dieu, est si bête, qu'il se ferait plutôt couper en morceaux que d'en démordre ; ainsi la princesse reste fille, du moins pour cette fois. […]

Il s'endort.

Entrent Elsbeth et sa gouvernante, une lampe à la main.

ELSBETH. – Il dort, ferme la porte doucement.

LA GOUVERNANTE. – Voyez ; cela n'est pas douteux. Il a ôté sa perruque postiche ; sa difformité a disparu en même temps ; le voilà tel qu'il est, tel que ses peuples le voient sur son char de triomphe ; c'est le noble prince de Mantoue.

ELSBETH. – Oui, c'est lui ; voilà ma curiosité satisfaite ; je voulais voir son visage, et rien de plus ; laisse-moi me pencher sur lui. *(Elle prend la lampe.)* Psyché, prends garde à ta goutte d'huile. […]

FANTASIO, *s'éveillant.* – Est-ce un rêve ? Je tiens le coin d'une robe blanche.

ELSBETH. – Lâchez-moi ; laissez-moi partir.

FANTASIO. – C'est vous, princesse ! Si c'est la grâce du bouffon du roi que vous m'apportez si divinement, laissez-moi remettre ma bosse et ma perruque ; ce sera fait dans un instant.

LA GOUVERNANTE. – Ah ! prince, qu'il vous sied mal de nous tromper ainsi ! Ne reprenez pas ce costume ; nous savons tout.

1. Cuistre : homme qui fait étalage de son savoir de façon vaniteuse et ridicule.

2. Eschyle, auteur grec de tragédies (VIe - Ve siècles av. J.-C.), il serait mort en recevant une tortue sur la tête, lancée par un aigle qui aurait pris son crâne chauve pour un caillou.

3. Capucinade : discours de morale.

4. Derechef : encore une fois, à nouveau.

5. Être gris : être ivre.

Mise en scène de Stéphanie Tesson, avec Nicolas Vaude et Sarah Capony, théâtre Le Ranelagh, Paris, 2007.

FANTASIO. – Prince ! Où en voyez-vous un ?

LA GOUVERNANTE. – À quoi sert-il de dissimuler ?

FANTASIO. – Je ne dissimule pas le moins du monde ; par quel hasard m'appelez-vous prince ?

LA GOUVERNANTE. – Je connais mes devoirs envers Votre Altesse.

FANTASIO. – Madame, je vous supplie de m'expliquer les paroles de cette honnête dame. Y a-t-il réellement quelque méprise extravagante, ou suis-je l'objet d'une raillerie ?

ELSBETH. – Pourquoi le demander, lorsque c'est vous-même qui raillez[6] ?

FANTASIO. – Suis-je donc un prince, par hasard ? Concevrait-on quelque soupçon sur l'honneur de ma mère ?

ELSBETH. – Qui êtes-vous, si vous n'êtes pas le prince de Mantoue ?

FANTASIO. – Mon nom est Fantasio ; je suis un bourgeois de Munich.

Alfred de Musset, *Fantasio*, II, 7, 1834.

6. **Railler :** se moquer de.

Questions

1. Montrez comment, dans cet extrait, les déguisements favorisent les malentendus. Pour répondre, vous vous demanderez avec qui Elsbeth confond Fantasio et si le quiproquo est durable.

2. Quelle est la tonalité de cette scène ? À qui vous fait penser le nom du héros ?

Musique

Écoutez l'opéra de Verdi intitulé *Rigoletto* (1851), inspiré par la pièce de Victor Hugo *Le Roi s'amuse* : il met en scène Triboulet, bouffon du roi de Mantoue, dont les courtisans kidnappent la fille pour l'offrir en pâture à leur seigneur.

Représentations du carnaval

Le carnaval, d'origine religieuse, commence à l'Épiphanie et s'arrête au Mardi Gras. Pendant cette période de réjouissances, on fête aussi le passage de l'hiver au printemps. Les gens sortent déguisés, maquillés ou masqués et s'affranchissent des règles du quotidien. C'est l'occasion de jouer un rôle ou… d'être enfin soi-même !

Le regard amusé de Bruegel

Pieter Bruegel, *Le Combat de Carnaval et Carême*, 1559, huile sur bois,118 cm x 164,5 cm, Kunsthistorisches Museum, Vienne.

1 Comparez Carnaval et Carême, les deux personnages au premier plan au centre. Comparez aussi leur cortège.

2 Où trouvez-vous, ailleurs dans ce tableau, d'autres exemples d'opposition ? Décrivez-les.

3 Quelles lignes imaginaires traversent le tableau et expliquent sa construction, son plan (plusieurs possibilités existent) ?

Retenir

Pieter Bruegel (1525/30-1569) montre ici la rencontre entre deux fêtes, celle du Carnaval et la fête religieuse du Carême. À gauche, il y a ceux qui longent la taverne, s'amusent, boivent et mangent. À droite, ceux qui sortent de l'église avec discrétion, font l'aumône aux pauvres et s'abstiennent de tout excès. Tout oppose les deux personnages allégoriques, Carnaval et Carême, qui défilent en tête de leur cortège ! Dans le calendrier, le Carême succède à Carnaval ; et la rigueur des jours maigres est ainsi rendue possible par les excès des jours gras.

Le pessimisme de James Ensor

James Ensor, *La Mort et les Masques*, 1897, huile sur toile, 79 cm x 100 cm, musée d'art moderne de la ville de Liège.

Retenir

James Ensor (1860-1949) a passé toute sa vie à Ostende, en Belgique, où se déroule chaque année un grand carnaval. Ensor offre une vision très personnelle et très sombre du carnaval, en peignant cette scène où les masques camouflent une réalité laide et cruelle, tandis que le squelette leur rappelle qu'ils vont bientôt mourir… et que leur vie n'est qu'une farce !

1 **Comparez l'expression des masques et celle du squelette. Qu'en concluez-vous ?**

2 **Que tient le squelette à la main ? Que peut symboliser cet élément ?**

3 **Quelles remarques pouvez-vous faire sur les couleurs de ce tableau ? Comment les qualifieriez-vous ?**

4 **À quelle scène étrange assiste-t-on dans le ciel ?**

La légèreté de Saint-Saëns

1 **Écoutez « Introduction et Marche royale du Lion ». Dites en quoi ce morceau porte bien son titre, puis comment est imité le rugissement du lion.**

2 **Écoutez le 5e morceau, reconnaissez les instruments qui le composent et dites quel peut être l'animal qui parade au son de l'instrument le plus grave. Vous pouvez vous amuser au même exercice avec plusieurs pièces, la 7e, la 8e et la 10e.**

3 **Écoutez *Danse macabre*, une autre œuvre de Saint-Saëns, puis écoutez « Fossiles » (le 12e morceau) et expliquez en quoi « Fossiles » est une parodie carnavalesque, une inversion comique de *Danse macabre*.**

Mise en scène de Corinne et Gilles Benizio, Théâtre des Champs-Élysées, 2010.

Retenir

Le Carnaval des animaux, créé en 1886, est une succession de 14 pièces musicales qui s'enchaînent comme un défilé d'animaux. Créée par jeu, cette parade animalière n'a été jouée qu'une seule fois du vivant de Saint-Saëns (1835-1921), au Carnaval de Paris, à l'occasion du Mardi Gras.

Le dialogue au théâtre

Types de phrases et éléments du discours direct

1 Indiquez, dans les extraits suivants, les types de phrases adoptées : assertive, interrogative, impérative, ou encore exclamative.

« George Dandin ! George Dandin ! vous avez fait une sottise, la plus grande du monde ! »

Molière, *George Dandin*

« Malheureux que je suis ! qu'ai-je fait ? »
« Comme tu m'aurais détesté, Marianne, si je t'avais aimée ! »
« Adieu, je ne puis m'arrêter plus longtemps. »
« Ô mort ! je t'ouvre les bras ; voici le terme de mes maux. »

Alfred de Musset, *Les Caprices de Marianne*

« Hélas ! mon pauvre argent ! mon pauvre argent ! mon cher ami ! on m'a privé de toi ; et, puisque tu m'es enlevé, j'ai perdu mon support, ma consolation, ma joie : tout est fini pour moi, et je n'ai plus que faire au monde. Sans toi, il m'est impossible de vivre. »

Molière, *L'Avare*

« Cabre-toi, ma conscience ! Le diable veut te faire prendre le galop, jette-le les quatre fers en l'air ! »

Victor Hugo, *Mille Francs de récompense*

2 Dans les extraits suivants, indiquez s'il s'agit d'interrogations totales ou partielles.

« T'écouterai-je, encor, respect de ma naissance
Qui fais un crime de mes feux ?
T'écouterai-je, amour, dont la douce puissance
Contre ce fier tyran fait révolter mes vœux ?
Pauvre princesse, auquel des deux
Dois-tu prêter obéissance ? »

Corneille, *Le Cid*

« Eh ! de quoi est-ce qu'on parle là ? De celui qui m'a dérobé ? Quel bruit fait-on là-haut ? Est-ce mon voleur qui y est ? De grâce, si l'on sait des nouvelles de mon voleur, je supplie que l'on m'en dise. N'est-il point caché là parmi vous ? »

Molière, *L'Avare*

RAPPEL « Adieu, je ne puis m'arrêter plus longtemps » dit Cœlio à Octave : que dirait-on aujourd'hui ? Le verbe *pouvoir* a deux formes à la première personne du présent de l'indicatif : *je peux* ou *je puis.* Quelle forme doit-on obligatoirement utiliser dans une interrogative directe ? Reprenez la phrase de Cœlio et transformez-la en interrogation directe.

Le mode Impératif

RAPPEL **La deuxième personne de l'impératif présent** donne, selon les groupes : *Mange* mais *Finis* et *Bois*. Il ne faut pas former la deuxième personne du singulier de l'impératif présent des verbes du premier groupe sur la forme de l'indicatif présent, autrement dit, il ne faut pas de " s " (*Va, Vole, Venge...*). Sauf dans deux cas : lorsque le verbe (du 1er groupe, à la 2e personne de l'impératif présent) est suivi de " y " ou de " en " : *Va au lycée* mais *vas-y* ; *goûte ce gâteau* mais *goûtes-en*.

3 Réécrivez cet extrait en conjuguant les verbes à l'impératif, aux 1re et 2e personnes du pluriel.

« Cabre-toi, ma conscience ! Le diable veut te faire prendre le galop, jette-le les quatre fers en l'air ! »

Victor Hugo, *Mille Francs de récompense*

4 Complétez les phrases suivantes (tirées du *Cid* de Corneille) en mettant le verbe à l'impératif présent.

1. (*Apprendre*, 2e personne du singulier)-moi de nouveau quel espoir j'en dois prendre.
2. Page, (*aller*, 2e personne du pluriel) avertir Chimène de ma part
Qu'aujourd'hui pour me voir elle attend un peu tard.
3. (*Pardonner*, 2e personne du pluriel)-moi, Madame,
Si je sors du respect pour blâmer cette flamme.
4. (*Mettre*, 2e personne du singulier) enfin quelque borne au mal qui me possède.
(*Assurer*, 2e personne du singulier) mon repos, (*assurer*, 2e personne du singulier) mon honneur.
5. (*Rendre*, 2e personne du singulier) son effet plus prompt, ou mon âme plus forte.

5 Pour la 1re personne du singulier et pour la 3e personne (du singulier comme du pluriel), le français recourt au subjonctif présent.

Qu'on me donne des nouvelles de mon argent.
Que les spectateurs me disent où il se trouve.

Dans les phrases suivantes, mettez le verbe à la forme qui convient.

1. Que l'avarice (*être*) punie !
2. Que l'avare (*avoir*) un châtiment !
3. Qu'il (*aller*) au diable !
4. Que les convives (*trinquer*) et (*boire*) pour fêter l'an nouveau !
5. « Qu'on me l'(*égorger*) tout à l'heure, qu'on me lui (*faire*) griller les pieds, qu'on me le (*mettre*) dans l'eau bouillante et qu'on me le (*pendre*) au plancher. » **(Molière,** *L'Avare***)**

Vocabulaire

Le vocabulaire de la comédie

Vocabulaire du théâtre

1 Recherchez dans un dictionnaire l'étymologie des mots suivants.
drame • théâtre • masque • comédie • hypocrite • personnage

2 Indiquez la composition (préfixe, suffixe, radical) des mots suivants dont vous préciserez le sens.
entendre • malentendu • malentendant • sous-entendu

3 Chassez l'intrus dans cette liste.
écrivain • auteur dramatique • romancier • poète • comédien • tragédien

4 Indiquez, en les employant dans des phrases, les sens possibles du mot *théâtre*, du verbe *entendre* et de l'expression *jouer la comédie*.

5 À l'aide du dictionnaire, établissez un tableau qui permettra de regrouper le plus grand nombre des sens du verbe *jouer*.
Ce verbe peut concerner des personnes ou des choses, être suivi ou non d'un complément (transitif ou intransitif). Lorsqu'il admet un complément (direct ou indirect), son sens varie encore en fonction des prépositions utilisées : *jouer à, avec, de.*

> **JOUER** est un verbe qui a plusieurs significations (on dit aussi qu'il est polysémique). Le *Robert* propose (lorsque le verbe est intransitif et concerne les personnes) une première entrée, « profiter d'un temps ou d'un espace d'action sans contrainte » et une seconde : « profiter d'une activité ludique qui obéit à des règles ».

Quelques thèmes propres à la comédie

6 Relevez les termes se rapportant à l'hypocrisie dans cette tirade de Valère.
Valère répond à Élise lui demandant de « seulement song[er] à se bien mettre dans l'esprit de [son] père ».

« Vous voyez comme je m'y prends et les adroites complaisances qu'il m'a fallu mettre en usage pour m'introduire à son service ; sous quel masque de sympathie et de rapports de sentiments je me déguise pour lui plaire, et quel personnage je joue tous les jours avec lui afin d'acquérir sa tendresse. J'y fais des progrès admirables, et j'éprouve que, pour gagner les hommes, il n'est point de meilleure voie que de se parer à leurs yeux de leurs inclinations, que de donner dans leurs maximes, encenser leurs défauts et applaudir à ce qu'ils font. On n'a que faire d'avoir peur de trop charger la complaisance, et la manière dont on les joue a beau être visible, les plus fins toujours sont de grandes dupes du côté de la flatterie, et il n'est rien de si impertinent et de si ridicule qu'on ne fasse avaler lorsqu'on l'assaisonne en louange. »

Molière, *L'Avare*, I, 1, 1668.

7 À partir des définitions suivantes qui caractérisent le vocabulaire amoureux, reconstituez les mots croisés.

Horizontal
a. Siège des sentiments.
b. Expression extrême d'un sentiment.
c. Synonyme ancien de *brûlant* pour un sentiment.
d. Pronom personnel des amants.

Vertical
1. Dieu de la guerre chez les Romains.
2. Dieu de l'amour, dans la mythologie romaine.
3. Un des 4 éléments, désigne le sentiment amoureux.

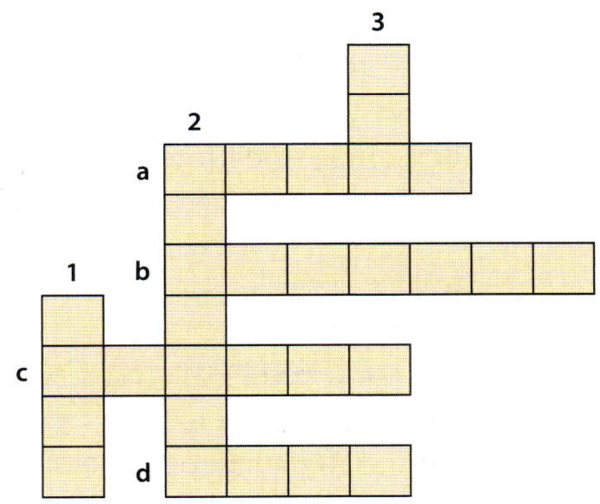

8 Une pièce peut être « comique », « drôle », « risible ». Pourquoi ne peut-on pas dire, dans un contexte scolaire, « marrante » ?
Donnez des verbes appartenant au champ lexical du rire ; précisez les niveaux de langue des termes retenus.

> Savez-vous d'où vient l'argot *se marrer* ? Il s'agit du verbe *être marri* et du plus récent, *se marrir* (s'affliger, 1865), qu'il faut comprendre ici en sens contraire (antiphrase). On retrouve le sens négatif selon le ton employé : « qu'est-ce qu'on se marre ! » peut signifier « quel ennui ! »…
>
> Et alors le mot retrouve son sens négatif (qu'il a aussi dans l'expression *en avoir marre*).

Transformer un texte narratif en scène de théâtre

Hiram B. Otis, ministre américain, fait l'acquisition d'un château hanté. Lord Canterville, l'ancien propriétaire des lieux l'a averti que le fantôme de Sir Simon hante le château depuis qu'il a tué sa femme, voilà quelques siècles. Mais Otis affirme ne pas croire à l'existence des fantômes. Un soir, pourtant, il le rencontre et lui parle.

Mr. Otis fut réveillé par un bruit bizarre dans le couloir, en dehors de sa chambre. On eût dit un tintement de métal, et il semblait se rapprocher d'instant en instant. Il se leva immédiatement, frotta une allumette, et regarda l'heure. Il était exactement une heure. Mr. Otis était très calme, et se tâta le pouls, qui n'était nullement fébrile.

Le bruit étrange se prolongea encore, et il entendit en même temps distinctement un bruit de pas. Il chaussa ses pantoufles, prit dans sa mallette une petite fiole oblongue, et ouvrit la porte. Juste en face de lui, il vit, au pâle clair de lune, un vieillard d'aspect terrible. Il avait des yeux rouges pareils à des charbons incandescents ; une longue chevelure grise lui tombait sur les épaules en tresses emmêlées ; ses vêtements, d'une coupe ancienne, étaient salis et élimés. De lourdes menottes et des fers rouillés lui pendaient aux poignets et aux chevilles.

« Cher Monsieur, dit Mr. Otis, permettez-moi vraiment d'insister auprès de vous pour que vous huiliez ces chaînes : je vous ai apporté à cette fin un petit flacon de lubrifiant Soleil Levant Tammany. On le dit totalement efficace dès la première application, et il y a, sur l'emballage, plusieurs attestations allant dans ce sens, émanant de quelques-uns de nos ecclésiastiques les plus éminents. Je le laisse ici pour vous, à côté des veilleuses, et je me ferai un plaisir de vous en fournir encore au cas où vous en auriez besoin. »

[…] Un instant, le fantôme de Canterville demeura absolument immobile, dans un accès d'indignation bien naturelle ; puis, ayant lancé violemment le flacon sur le parquet poli, il s'enfuit le long du couloir, en poussant des gémissements sourds et en émettant une lueur verdâtre et fantomatique.

Oscar Wilde, *Le Fantôme de Canterville* et autres contes, 1887, trad. J. Castier, éd. Le livre de poche jeunesse, ©Hachette.

Étape 1 Lire cet extrait du *Fantôme de Canterville* d'Oscar Wilde

Après avoir lu cet extrait, représentez-vous mentalement cette scène de rencontre entre un fantôme et un châtelain. Repérez le passage en style direct qui devra être conservé, tel quel, ou réparti en plusieurs répliques.

Étape 2 Donner des indications de décor

Inspirez-vous des éléments présents dans ce texte pour donner des indications de décor.

Étape 3 Imaginer le dialogue entre le fantôme et Mr. Otis

Imaginez la réponse du fantôme à Mr. Otis (au style direct).
Vous pouvez prolonger l'échange et imaginer plusieurs répliques.

Étape 4 Procéder aux modifications nécessaires

Procédez à toutes les modifications voire suppressions nécessaires pour qu'on reconnaisse les caractéristiques d'une scène de théâtre.
Les paroles prononcées seront toutes en style direct. Des didascalies préciseront la manière de les dire (ton et gestes).
Les passages descriptifs conservés seront soit annulés soit transformés en éléments de description des deux personnages présents sur la scène, sous forme de disdascalies.

Dire des textes de théâtre

Activité 1 — Lire un texte de théâtre en variant les tons

L'Illusion comique de Corneille est une comédie qui met en scène le personnage du soldat fanfaron (tiré de la *commedia dell' arte*) qui se vante de sa bravoure devant autrui, ici Clindor. Est-il sincère ? La scène 7 de l'acte III nous donne la réponse.

MATAMORE

[…] Le seul bruit de mon nom renverse les murailles,
Défait les escadrons, et gagne les batailles.
Mon courage invaincu contre les empereurs
N'arme que la moitié de ses moindres fureurs ;
D'un seul commandement que je fais aux trois Parques,
Je dépeuple l'État des plus heureux monarques ;
[…]

Corneille, *L'Illusion comique*, II, 2, 1635.

MATAMORE

Les voilà, sauvons-nous. Non, je ne vois personne.
Avançons hardiment. Tout le corps me frissonne.
Je les entends, fuyons. Le vent faisait ce bruit.
Marchons sous la faveur des ombres de la nuit.
Vieux rêveur, malgré toi j'attends ici ma reine.
Ces diables de valets me mettent bien en peine.
De deux mille ans et plus, je ne tremblai si fort.
C'est trop me hasarder : s'ils sortent, je suis mort ;
Car j'aime mieux mourir que leur donner bataille,
Et profaner mon bras contre cette canaille.
Que le courage expose à d'étranges dangers !
Toutefois, en tout cas, je suis des plus légers ;
S'il ne faut que courir, leur attente est dupée :
J'ai le pied pour le moins aussi bon que l'épée.
Tout de bon, je les vois : c'est fait, il faut mourir ;
J'ai le corps si glacé, que je ne puis courir.

Corneille, *L'Illusion comique*, III, 7, 1635.

Entraînez-vous à lire ces deux passages en adoptant le ton qui convient. L'image que Matamore veut donner de lui-même correspond-elle à ce qu'il est vraiment ?

Activité 2 — Jouer avec les apartés

Repérez les apartés dans cet extrait et entraînez-vous à les dire, à les jouer pour montrer que le personnage s'adresse au public et n'est entendu que de lui.

ROUSSELINE. – Mademoiselle, à votre âge, si belle, si jolie, toutes les jouissances de la terre vous appartiennent, on vous les doit, toutes les toilettes, toutes les parures, vous n'êtes pas faite pour les travaux pénibles, les cœurs sont à vous, vous n'avez qu'à vouloir pour régner […].

GLAPIEU, *à part*. – On croirait entendre une flûte dans les bois.

ROUSSELINE. – Un homme bien posé dans la société, ayant une jolie aisance, libre et sans engagement, sachant s'occuper, ayant l'expérience de la vie, a souvent, mieux qu'un tout jeune homme, ce qu'il faut pour faire le bonheur d'une jeune personne […]

GLAPIEU, *à part*. – Une dent est en train de me pousser contre ce gueux-là. Une dent canine.

ROUSSELINE. – Vous êtes belle. Le bonheur est fait pour vous. Mademoiselle, j'ose dire que c'est mon cœur qui parle.

GLAPIEU, *à part*. – Écoutons le langage de ce viscère.

ROUSSELINE. – Belle Cyprienne…

CYPRIENNE. – Monsieur…

GLAPIEU, *à part*. – Tu es trop gros. Ça t'ôte de la poésie. […]

Victor Hugo, *Mille Francs de récompense*, I, 4, 1868.

Quel est le rôle des apartés dans ce passage ? Montrez l'effet produit par ces commentaires.

Activité 3 — Jouer un quiproquo

Par deux, mettez-vous d'accord sur deux objets (ou sujets) qui seront désignés par un même pronom afin de rendre possible un quiproquo et donnez vous quelques idées de répliques. Puis, face au public (les autres élèves), improvisez un court dialogue théâtral fondé sur le quiproquo, que vous lèverez dans une ultime réplique (qui permettra de comprendre de quoi chacun parlait).

Le théâtre, parole spectaculaire

Un texte à jouer

- Le texte de théâtre contient des éléments constitutifs de sa mise en scène : les indications scéniques (ou **didascalies**) sont comme les consignes écrites données par l'auteur au metteur en scène (celui qui transforme le texte en spectacle) qui va faire jouer les acteurs. Ainsi sauront-ils comment se déplacer, sur quel ton dire leurs répliques et à qui elles s'adressent.

- Les didascalies donnent aussi des informations sur le **décor** et les **costumes** des personnages. Les déguisements permettent d'oublier l'acteur et de ne plus voir que le personnage dont il prend les traits, qu'il **incarne**.

- Dans l'Antiquité, les acteurs portaient des **masques** qui servaient aussi de porte-voix. Les acteurs italiens de la *commedia dell'arte* en avaient aussi.

- Si le texte n'est pas joué, pour des raisons de censure par exemple (ainsi V. Hugo quand il publie son *Théâtre en Liberté*), le lecteur doit toujours se faire spectateur d'une scène imaginaire car « **les comédies ne sont faites que pour être jouées** » (Molière).

Malentendus, quiproquos et masques

- Le **quiproquo** est un malentendu qui consiste à prendre quelqu'un pour un autre (à moins d'être soi-même pris pour un autre). Il suscite souvent des **situations comiques** : l'Avare, obnubilé par son amour pour l'argent, croit que Valère parle de sa chère cassette lorsque celui-ci évoque la jeune fille qu'il aime… Et le spectateur s'esclaffe.

- Mais certains quiproquos créent des **malentendus tragiques** : quand Cœlio s'entend nommer Octave par Marianne, désespéré de ne pas être aimé d'elle, il se laisse tuer. La scène prend alors une tout autre tonalité.

- Qu'il soit suivi d'effets comiques ou tragiques, « le quiproquo est un moyen d'assurer une **complicité entre l'auteur et le public**. Les conversations à double entente donnent au spectateur le plaisir de connaître un secret que ne partage pas celui à qui ces conversations s'adressent. » (Jacques Scherer, *La Dramaturgie classique en France*).

- Certains auteurs comme Victor Hugo recourent aux masques ou aux déguisements. Hugo met en scène des personnages déguisés comme pour carnaval, ce qui leur donne une **liberté que leurs rôles sociaux ne leur permettent pas** : « *Déguisement, travestissement, dominos. On appelle cela se masquer. C'est tout le contraire. Tous ces gens-là viennent ici s'appliquer sur la face le vrai visage sincère qui ne trompe pas et qui dit : je suis en carton. Demain, ils montreront leur figure, c'est-à-dire, ils remettront un masque.* » peut-on lire sur l'enseigne de la salle de jeux. (*Mille Francs de récompense*, II, 2)

Différents types de comique

- On distingue quatre formes de comique qui peuvent parfois être mêlées :

- **le comique de geste** (bastonnade par exemple), issu de la farce ;

- **le comique de mots ou de langage**, caractérisé par l'emploi de jeux de mots, de répétitions : « Que diable allait-il faire dans cette galère ? » dans *Les Fourberies de Scapin* de Molière.

- **le comique de caractère** : les pièces de Molière mettent souvent en scène un personnage qui suscite le rire : hypocondriaque (*Le Malade imaginaire*), avare (*L'Avare*), obsédé par le souci d'être ami des nobles (*George Dandin*), etc.

- **le comique de situation** : lorsqu'un personnage se dévoile alors qu'un autre est caché ou encore lorsque quelqu'un est pris pour quelqu'un d'autre : c'est le quiproquo, qui engendre des malentendus le plus souvent comiques.

Lectures personnelles

Corneille
L'Illusion comique

© éd. Bordas, collection « Classiques Bordas », 2004.

Un roi s'adresse à un magicien pour retrouver son fils devenu acteur. Le magicien va faire surgir sur la scène ce fils et tous ceux de la troupe avec lesquels il se produit. Toute l'intrigue est donc fondée sur un effet continu de théâtre dans le théâtre.

Balzac / Hélène David
Honorine

Adaptation théâtrale d'Hélène David, d'après Balzac. © éd. Art & Comédie, collection « Côté scène », 1999.

Un soir de mai 1836, à la terrasse d'un palais, à Gênes. Maurice de l'Hostal confie à ses hôtes le drame qui a marqué sa jeunesse et certainement toute sa vie…

Jean Tardieu
Finissez vos phrases !

© éd. Gallimard, collection « Folio junior », 2000.

Trois pièces facétieuses qui explorent les possibilités du langage et ses rapports avec la scène.

Raymond Queneau
En passant

© éd. Gallimard, collection « Folio junior », 2000.

Irène et Étienne ne s'aiment plus, Sabine et Joachim non plus. Une ritournelle amoureuse et énigmatique que rien n'empêche de prolonger à l'infini…

Michel Vinaver
Dissident, il va sans dire

in Théâtre de chambre, © éd. L'Arche, collection « Scène ouverte », 1997.

Une pièce à deux voix, celle d'Hélène et de Philippe, une mère et son fils qui dialoguent… Philippe, en révolte contre tout et rien, incarne le mal-être de tout adolescent. Hélène dit avec ardeur, délicatesse et discrétion le « discours des parents ».

ZOOM sur …

Jules Romains
Knock ou le Triomphe de la médecine

© éd. Gallimard, collection « Folio » n°60, 1972.

L'auteur

Jules Romains enseigna la philosophie avant de se consacrer exclusivement à l'écriture, publiant des poèmes puis des romans et des pièces de théâtre. Il y dénonce la crédulité humaine et l'imposture. Son œuvre romanesque la plus connue est *Les Hommes de bonne volonté* (1932-1946), qui témoigne d'une époque très marquée par la Première Guerre mondiale.

L'intrigue

Knock rachète au docteur Parpalaid sa clientèle, celle du petit village de Saint-Maurice, qui est d'autant moins importante que tous les habitants se portent bien. Knock leur propose alors des consultations gratuites, fort de l'adage selon lequel « les gens bien portants sont des malades qui s'ignorent ». Il parviendra ainsi à constituer une clientèle dont le docteur Parpalaid lui-même fera partie !

Guy Lefranc a adapté cette pièce pour en faire un film en 1950 : le célèbre acteur Louis Jouvet y incarnait le docteur Knock.

Francis Joffo
Vacances de rêve

© éd. Art & Comédie, collection « Côté scène », 1995.

Jacques et sa femme, arrivent tôt le matin dans une villa de la Côte d'Azur qu'ils ont louée. Une série de catastrophes va s'abattre sur eux, les entraînant de quiproquo en quiproquo… Une comédie-vaudeville à lire et à jouer.

Jean Anouilh

Le Bal des voleurs

PREMIER TABLEAU

Le jardin d'une ville d'eaux[1] *de style très 1880, autour du kiosque à musique. Dans le kiosque un seul musicien, un clarinettiste, figurera l'orchestre. Au lever du rideau il joue quelque chose d'extrêmement brillant.*

La chaisière [2] *va et vient. Les estivants se promènent sur le rythme de la musique. Au premier plan, Éva et Hector unis dans un baiser très cinéma.*

La musique s'arrête, le baiser aussi. Hector en sort un peu titubant. On applaudit la fin du morceau.

Mise en scène de Jean-Claude Idée, théâtre Montparnasse, Paris, 1996.

HECTOR, *confus.* – Attention, on nous applaudit.

ÉVA *éclate de rire.* – Mais non, c'est l'orchestre ! Décidément vous me plaisez beaucoup.

Hector, *qui touche malgré lui ses moustaches et sa perruque.* – Qu'est-ce qui vous plaît en moi ?

ÉVA. – Tout.

Elle lui fait un petit bonjour.

Ne restons pas là, c'est dangereux. À ce soir, huit heures, au bar du Phœnix. Et surtout si vous me rencontrez avec ma tante, vous ne me reconnaissez pas.

HECTOR, *langoureux.* – Votre main encore.

ÉVA. – Attention, lord Edgard, le vieil ami de ma tante, est en train de lire son journal devant le kiosque à musique. Il va nous voir.

Elle tend sa main, mais elle s'est détournée pour observer lord Edgard.

HECTOR, *passionné.* – Je veux respirer votre main.

Il se penche sur sa main, mais tire subrepticement[3] *de sa poche une loupe de bijoutier et en profite pour examiner les bagues de plus près. Éva a retiré sa main sans rien voir.*

ÉVA. – À ce soir !

Elle s'éloigne.

HECTOR, *défaillant.* – Mon amour…

Il redescend sur scène, rangeant son outil et murmurant très froid.

Deux cent mille. Ce n'est pas du toc.

À ce moment entre le crieur public avec son tambour.

On s'est massé autour de lui. On écoute.

LE CRIEUR PUBLIC.– Ville de Vichy. La municipalité, soucieuse de la sécurité et du bien-être des malades et des baigneurs, les met en garde et les informe : que nombre de plaintes ont été déposées par les estivants tant à la mairie qu'au commissariat central, place du Marché. Une dangereuse bande de pilpockets[4]…

Il a prononcé difficilement ce mot, la clarinette le souligne, il se détourne furieux.

Qu'une dangereuse bande de…

Il bute encore sur ce mot, c'est la clarinette qui le joue…

est en ce moment dans nos murs. La police municipale est alertée… Tant en

1. **Ville d'eaux :** ville de cure thermale. Il s'agit ici de la ville de Vichy.
2. **Chaisière :** personne qui loue les chaises dans les jardins publics.
3. **Subrepticement :** en cachette, d'un geste rapide.
4. **Pilpockets :** déformation du mot *pickpocket*, voleur à la tire.

5. **Sinuosités :** déplacements dans la foule, entre les gens.

civil qu'en uniforme, les agents de la force publique veillent sur les estivants... *En effet, suivant un gracieux trajet à travers la foule, des agents entrecroisent leurs sinuosités[5] pendant qu'il parle.*

Jean Anouilh, *Le Bal des voleurs,* © éd. de la Table ronde, 1958.

Questions *(15 points)*

Compétences du socle évaluées

Premier tableau *(5 points)*

1. Pourquoi certains passages sont-ils écrits en italique ? Comment appelle-t-on ce genre d'indications ? *(1 point)*
2. Quel temps est utilisé dans ces indications ? Quelle est sa valeur ? *(1 point)*
3. Selon vous, à quel moment du *Bal des voleurs* se situe l'extrait proposé ? Justifiez votre réponse. *(1 point)*
4. À quel genre de texte a-t-on affaire ? Justifiez votre réponse par deux indices tirés du texte. *(2 points)*

Les personnages *(7 points)*

5. Indiquez la catégorie grammaticale de « vous », « me » et « moi » (l. 9 à 12) : « Décidément, vous me plaisez beaucoup » ; « Qu'est-ce qui vous plaît en moi ». À qui renvoient ces trois mots ? *(1 point)*
6. Lignes 8, 18, 23, 29 : relevez les quatre adjectifs utilisés dans les indications en italique. *(1 point)*
7. Hector est-il amoureux d'Éva ? Relevez et commentez le passage qui donne sur ce point une indication essentielle. *(1 point)*
8. Expliquez l'attitude d'Hector. Que cherche-t-il ? (*2 points*)
9. Quelle est l'activité essentielle d'Hector ? Justifiez votre réponse à partir de deux extraits du texte. *(2 points)*

Une scène de comédie *(3 points)*

10. Dans quelle mesure s'agit-il d'une comédie-ballet ? (*1,5 point*)
11. Quels procédés comiques sont employés ici ? Justifiez votre réponse. (*1,5 point*)

Je suis capable de repérer les informations dans un texte à partir de ses éléments explicites et des éléments implicites nécessaires.

Réécriture *(5 points)*

Réécrivez les premières répliques, lignes 8 à 14, en style indirect, en faisant toutes les transformations et tous les ajouts nécessaires. Vous pourrez par exemple commencer par « Hector lui demande... Éva répond... »

Je suis capable d'écrire lisiblement un texte en respectant l'orthographe et la grammaire.

Dictée *(5 points)*

On pourra donner en dictée les lignes 34 à 43, en supprimant les didascalies.

Je suis capable d'écrire lisiblement un texte sous la dictée en respectant l'orthographe et la grammaire.

Rédaction *(15 points)*

« À ce soir, huit heures, au bar du Phœnix », dit Éva à Hector. Juste avant d'aller au rendez-vous, Éva apprend par sa tante l'arrestation d'Hector. Bouleversée, la jeune fille avoue connaître Hector. Va-t-elle le défendre ou non ? À vous de décider. En fonction de votre choix, rédigez le dialogue entre Éva et sa tante Lady Hurf.

Je suis capable de rédiger un texte en respectant les consignes imposées.

Consignes

- Votre texte est un dialogue. Vous lui donnerez une forme théâtrale.
- Éva doit défendre ou accuser Hector. Vous lui ferez exprimer des arguments adaptés à votre choix.
- Votre texte comportera au moins une dizaine de répliques. Cinq d'entre elles doivent compter plusieurs phrases complètes.

Jean Anouilh, *Pauvre Bitos ou le Dîner de têtes* (1958, La Table ronde)

DÉCOUVRIR

Jean Anouilh

- Jean Anouilh est né en 1910 à Bordeaux et mort en 1987 à Lausanne. Son œuvre théâtrale, commencée en 1932, est particulièrement abondante et variée. Sa pièce la plus connue est *Antigone* (1944).
- La vie de Jean Anouilh est celle d'un homme entièrement dévoué au théâtre comme auteur, metteur en scène, traducteur de Shakespeare. Il traduit, avec sa femme Nicole, *Comme il vous plaira*, *Un conte d'hiver*, *La Nuit des rois*. En 1956, il met en scène, avec Roland Piétri, *Pauvre Bitos ou le Dîner de têtes* ; le rôle-titre est joué par Michel Bouquet. Le texte paraît en 1958. C'est une des quatre « pièces grinçantes » de ce dramaturge avec *Ardèle ou la Marguerite* (1949), *La Valse des toréadors* (1952), *Ornifle ou le Courant d'air* (1955, voir p. 234-235). Plus tard, Anouilh écrira de « Nouvelles pièces grinçantes ».

Son œuvre

- Anouilh a lui-même organisé ses œuvres, faisant alterner « pièces roses » (*Le Bal des voleurs*, *Léocadia*) et « pièces noires » (*Le Voyageur sans bagage*, *Eurydice*) suivies de « nouvelles pièces noires » (*Antigone*, *Roméo et Jeannette*, *Médée*).
- Après la guerre apparaissent les « pièces brillantes » (*La Répétition ou l'Amour puni*, *Cécile ou l'École des pères*) qui jouent sur le théâtre dans le théâtre, puis les « pièces grinçantes », comédies satiriques. À la même période, Anouilh s'intéresse dans les « pièces costumées » à des figures historiques et héroïques ; Jeanne d'Arc dans *L'Alouette* ou Beckett dans *Beckett ou l'Honneur de Dieu*.
- Il publie ensuite de « nouvelles pièces grinçantes » (*La Grotte* ; *Le Boulanger, La Boulangère et le Petit Mitron* ; *Les Poissons rouges* ; *Mon Père ce héros*) puis « baroques » (*Ne réveillez pas Madame*, *Le Directeur de l'Opéra*), « secrètes » (*Tu étais si gentil quand tu étais petit*, *Le Scénario*) et « farceuses » (*Chers Zoiseaux*, *Le Nombril*).
- Anouilh est aussi l'auteur d'un recueil de *Fables* (1962) parodiant celles de La Fontaine, d'une autobiographie (*La Vicomtesse d'Eristal n'a pas reçu son balai mécanique* en 1987) et d'une publication posthume d'écrits sur le théâtre (*En marge du théâtre*, paru en 2000).
- Anouilh est enfin l'auteur de plusieurs livrets d'opéra et de nombreuses adaptations cinématographiques et télévisuelles.

« *Bitos paraît en haut des marches, il est en Robespierre de la tête aux pieds sous son chapeau noir étriqué et son melon. Quand Charles le lui prend, il apparaît en bleu ciel.*

MAXIME : […] Mais quel est ce costume ?

BITOS, *déjà sur la défensive* : Comment ? Mais c'est une mauvaise plaisanterie ? Vous êtes tous en smoking ? Vous m'aviez dit que c'était déguisé.

MAXIME *éclate de rire* : Un dîner de têtes. Vous m'avez mal compris, Bitos, ou peut-être n'étiez-vous pas au courant de l'usage ? Un dîner de têtes, cela n'a rien à voir avec un bal costumé ! On ne se fait que la tête, voyons !

Tout le monde rit de la mine effarée de Bitos. »

PARCOURIR

Itinéraire de lecture 1

L'INTRIGUE

1. Repérez les limites de chacun des trois actes qui constituent cette pièce.

2. À partir du lieu où se déroulent les trois actes de cette pièce, dites quel est le rôle de la « porte donnant sur la rue » décrite dès la première didascalie :
« *Une immense salle voûtée complètement nue. Un escalier de pierre au fond qui monte on ne sait où, vers une porte donnant sur la rue.* »
Acte II : « Même décor. Les hommes jouent toujours aux cartes. Le jour a changé [...] »
Acte III : « Ils sont tous en scène, attendant, inquiets [...] »

3. Analysez les personnages : quel sexe est le plus représenté ? Les personnages appartiennent-ils tous au même milieu social ?

4. Expliquez cette affirmation de Bitos : « Si un jour j'ai droit à des armes comme vous, messieurs, il y aura les deux bras rouges de ma mère – croisés dessus » (Folio, p. 53).

5. Indiquez les éléments essentiels de l'action dans chacun des trois actes de cette pièce.

6. Deux périodes de l'Histoire sont représentées. Lesquelles ? Dans quel but ?

7. Que savez-vous de la Terreur ? Pour vous guider, voici une liste de termes se rapportant à cette période et présents dans la pièce, que vous expliciterez : conventionnel • Jacobins (jacobinisme) • Tribunal révolutionnaire • l'Incorruptible • la Montagne • les Girondins.

Activité

Activité en vue de jouer une partie de la pièce :

1. Répartissez-vous les rôles : pour n'en oublier aucun, reportez-vous à la liste des personnages qui précède immédiatement le texte proprement dit.

2. Choisissez d'incarner un des acteurs de la Révolution cités dans la pièce. Vous commencerez par faire des recherches sur le personnage historique que vous allez jouer.

Camille Desmoulins (1760-1794) : Il se rallia à la Révolution française dès 1789. Ami de Danton, il fut comme lui guillotiné. Son tort fut de dénoncer la Terreur dans son journal *Le Vieux Cordelier*.

Lucile Desmoulins (1771-1794) : Elle fut condamnée à mort et exécutée pour avoir envoyé à Robespierre une lettre de protestation contre l'arrestation de son mari.

Danton (1759-1794) : Sympathisant de la Révolution dès 1789, il fonda le club des Cordeliers. Ses qualités d'orateur lui valurent rapidement une grande popularité. Avec Camille Desmoulins, il réclama la fin de la Terreur.

Mirabeau (1749-1791) : Partisan d'une monarchie constitutionnelle, brillant orateur, il joua un rôle décisif dans les débuts de la Révolution. Il instaura la liberté de la presse, participa à la rédaction des Droits de l'homme et du citoyen. Accusé de trahison, il mourut subitement.

Madame Tallien (1773-1835) : Fille d'un banquier espagnol, elle éprouva d'abord de la sympathie pour la Révolution. Puis, craignant la Terreur, elle tenta de passer en Espagne. Arrêtée à Bordeaux, elle devint la maîtresse puis la femme de Tallien.

Décors et costumes de Jean-Denis Malclès pour la création de *Pauvre Bitos* au théâtre du Montparnasse en 1956.

Itinéraire de lecture 2

LE THÉÂTRE DANS LE THÉÂTRE

La pièce repose sur le procédé de la mise en abyme : les personnages jouent à être les acteurs d'une pièce à l'intérieur de la pièce à laquelle les spectateurs assistent.

Mise en scène d'Anouilh pour le théâtre du Montparnasse, 1956.

1. Dans quelle mesure peut-on dire que dès la première scène, le procédé est utilisé ?

2. Relevez les termes se rapportant à cette mise en scène dans toute la pièce.

3. Montrez que la Révolution française permet de mettre en scène l'immédiate après-guerre (Deuxième Guerre mondiale). Quels sont les points communs à ces deux périodes ?

Pour comprendre la pièce, il faut avoir en tête l'épuration : le souci des Français, de juger, juste après la seconde guerre mondiale, les « collaborateurs » (ceux qui avaient collaboré avec les Allemands) ; ainsi : « On m'a accusé d'avoir été dur à la Libération ! Il fallait nettoyer. La France n'était pas propre… Il fallait faire payer les brebis galeuses pour que tous les autres, qui n'avaient pas tellement la conscience tranquille, se sentent lavés et innocents. » (Folio, p. 134)

4. À l'acte II, alors que Franz Delanoue / Merda a tiré à blanc sur Bitos / Robespierre, le spectateur a le sentiment de n'être plus que sous la Révolution : Robespierre est allongé, apparemment blessé à la mâchoire et il attend sa mort.

Relevez les différents appellatifs utilisés par les personnages. Est-il encore question des personnages du premier acte ?

5. Dans quelle mesure la présence de Robespierre enfant accentue-t-elle cette impression d'être dans une seule pièce de théâtre dont le cadre est la Révolution française ?

6. À quel moment dans la pièce les personnages cessent-ils d'incarner des personnages révolutionnaires (sous la Terreur) ?

Activité

Vous allez maintenant jouer le début de cette pièce.

Consignes

Mettre en scène (en voix et en espace) le début de la pièce :

➤ Vous respecterez la première didascalie : « Au premier plan, une grande table sur des tréteaux avec un couvert mis pour plusieurs personnes. Maxime, en smoking, tête de Conventionnel, un flambeau allumé à la main, fait visiter la salle à Philippe en tenue de voyage. »

➤ Vous respecterez l'ordre d'apparition des personnages sur scène (aidez-vous de nouveau des didascalies) ; vous pouvez vous arrêter à l'entrée en scène du héros éponyme.

➤ Vous raccourcirez le texte en n'en retenant que l'essentiel et prévoirez :

1. Une première scène entre Maxime et son premier invité auquel il explique la mise en scène à venir.

2. L'arrivée progressive des personnages.

3. La scène proprement dite du « dîner » sous la Révolution : chacun(e) d'entre vous aura choisi d'incarner un des personnages de la pièce et son pendant révolutionnaire. Vous jouerez ensemble la conversation, à partir de répliques choisies dans la pièce, en vous limitant à l'acte I.

➤ L'un(e) d'entre vous sera le metteur en scène de l'ensemble de la troupe et lui rappellera comment dire ses répliques.

Réunion des Girondins à la Conciergerie à Paris le 31octobre 1793.

Itinéraire de lecture 3

UNE PIÈCE GRINÇANTE

D'après le dictionnaire *Le Robert*, « grinçant(e) : se dit d'un objet (des essieux qui grincent, bruit aigre ou strident qui en résulte), d'une musique (discordante), d'un ton (ironie grinçante, aigre) ».

Michel Bouquet dans la mise en scène d'Anouilh pour le théâtre du Montparnasse, 1956.

Quelles seraient les fausses notes de cette pièce ? Les éléments qui nous mettent mal à l'aise ? Les éléments ci-dessous vous aideront à les repérer.

1. Montrez que cette invitation est un piège, un jeu cruel, une sorte d'embuscade tendue à Bitos, qui comprend le « guet-apens » (Folio, p. 50). Il est présenté comme « une bête traquée ». Relevez quelques moments-clefs ou quelques citations qui le prouvent.

Caricature de Robespierre, 1793, BNF, Paris.

2. Montrez que Bitos est un personnage qui n'attire pas la sympathie : comme enfant d'abord puis, adulte, dans l'exercice de son métier comme dans sa vie amoureuse (s'il en a une).

3. Montrez les points communs entre Bitos et Robespierre : dans leurs gestes, leurs attitudes, les valeurs qui les animent. Comment comprenez-vous cette définition de la « grandeur » par le personnage : « l'accomplissement impitoyable de son devoir » ? (réponse de Robespierre à Lucile Desmoulins, acte II, Folio, p.102)

4. Bitos en sort vivant. Pour autant, en sort-il indemne ?

5. Quel est le rôle joué par Victoire dans le dénouement ? Est-ce attendu ?

Michel Bouquet dans le rôle de Bitos au théâtre du Montparnasse, 1956, Paris.

Question de synthèse

À l'issue de votre lecture et de cette étude, expliquez le titre donné à cette pièce, puis justifiez le qualificatif « grinçante » que lui adjoint son auteur, Jean Anouilh.

Chapitre 8

Le conflit au théâtre, entre rire et émotion

→ **Étudier le genre théâtral en analysant une situation dramatique : le conflit**

Mise en scène de *Cyrano de Bergerac* d'Edmond Rostand par Denis Podalydès pour la Comédie-Française, avec Michel Vuillermoz (Cyrano) et Christian Gonon, 2006.

Mise en scène de *L'Avare* de Molière
par Georges Werler avec Michel Bouquet (Harpagon)
et Bruno Debrandt (La Flèche),
théâtre Toursky, Marseille, 2007.

Lire l'image

1. Que peut-on supposer des relations entre les deux personnages, sur chacune des photographies ?

2. Imaginez un échange de deux ou trois répliques pour chaque scène représentée.

Repères

Le conflit au théâtre

« Sans le conflit, il n'y aurait pas de théâtre » (Ionesco)

- Le théâtre se définit comme un art qui analyse, en les montrant, des **situations de conflit**. Du théâtre antique aux pièces contemporaines, des personnages s'affrontent, pour des raisons très diverses : sentimentales, familiales, sociales ou politiques.
- Le problème peut se limiter à la sphère privée ou toucher à la sphère publique. Ainsi, il est souvent question de mariage au théâtre. Mais selon que cette union concerne un roi, un prince ou un bourgeois, elle met en jeu le **bonheur personnel**, comme dans les **comédies**, ou l'**intérêt du royaume**, comme dans les **tragédies**. La jalousie, l'autorité d'un père ou le devoir imposé par le rang peuvent, suivant les cas, constituer des **obstacles**.
- Parfois aussi, **le conflit est intérieur**, lorsque le personnage sent se livrer en lui un combat douloureux. Ainsi, dans *Le Cid*, Rodrigue doit venger l'honneur de son père en tuant le père de celle qu'il aime.
- C'est précisément le conflit qui donne sa **dynamique** à la pièce : il constitue le nœud de l'action qui demande à être dénoué, à la fin (c'est pourquoi l'on parle de dénouement).

Mise en scène du *Mariage forcé* par Andrzej Seweryn, avec G. Giroudon et N. Lormeau, Comédie-Française, Paris, 1999.

La règle de bienséance

- Que tolère-t-on de montrer sur la scène ?
- Au début du XVIIe siècle, les **tragi-comédies** sont en vogue. Ces pièces se caractérisent par une multiplicité d'intrigues, des rebondissements successifs, un goût pour l'action et le spectaculaire, avec des violences de toutes sortes : duel, enlèvement, tempête, déguisement, blessures…
- Vers 1630, des académiciens et écrivains reconnus comme Chapelain ou Scudéry, élaborent la **doctrine classique**, qui impose de distinguer nettement les différents genres dramatiques et édictent des règles pour chacun d'eux. Ils jugent les actions violentes contraires aux **bienséances**, comme tout ce qui peut choquer la sensibilité ou les principes moraux du spectateur. Le suicide est, étonnamment, le seul acte sanglant qu'il soit permis de représenter.

Jacques-Louis David, *Le Serment des Horaces*, 1784, musée du Louvre, Paris.

Mise en scène du *Cid* par Brigitte Jaques-Wajeman, avec Audrey Bonnet et Alexandre Pavloff, Comédie-Française, Paris, 2005.

La querelle du *Cid*

▶ Lorsqu'en **1637**, Corneille crée *Le Cid*, la pièce remporte un **véritable triomphe** auprès du public. Mais elle déclenche aussi la jalousie de ces auteurs qui lui reprochent de ne pas respecter les **règles de la doctrine classique**, notamment l'**unité de lieu** (la pièce se déroule à Séville, mais dans trois endroits différents : la place publique, le palais du roi et la maison de Chimène). On lui reproche également de ne pas respecter les règles de **vraisemblance** et de **bienséance** : comment Chimène peut-elle continuer à aimer Rodrigue devenu le meurtrier de son père ? Enfin, on reproche à Corneille de n'avoir pas su choisir entre tragédie et comédie.

▶ Le cardinal de Richelieu, principal ministre de Louis XIII, soumet la question à l'Académie française, qu'il a lui-même créée en 1634 et dont le rôle est de définir le bon usage de la langue et d'arbitrer des polémiques littéraires. La pièce est jugée irrégulière, c'est-à-dire non conforme aux règles classiques. Corneille modifiera sa pièce pour lui donner une tournure plus tragique, elle devient tragédie en 1660.

▶ L'homme de lettres **Boileau** (1636-1711) résume à sa façon la querelle du *Cid* :

« En vain contre le *Cid* un ministre se ligue,
Tout Paris pour Chimène a les yeux de Rodrigue.
L'Académie en corps a beau le censurer,
Le public révolté s'obstine à l'admirer. »

Questions

1 **En vous appuyant sur les pièces que vous connaissez, dites ce qui peut être à l'origine d'un conflit au théâtre.**

2 **Donnez des exemples de paroles ou de gestes violents, fréquents au théâtre.**

3 **La mort violente n'est pas représentée au théâtre. Comment, dans ces conditions, l'évoquer ? En avez-vous une idée ? Pouvez-vous donner des exemples ?**

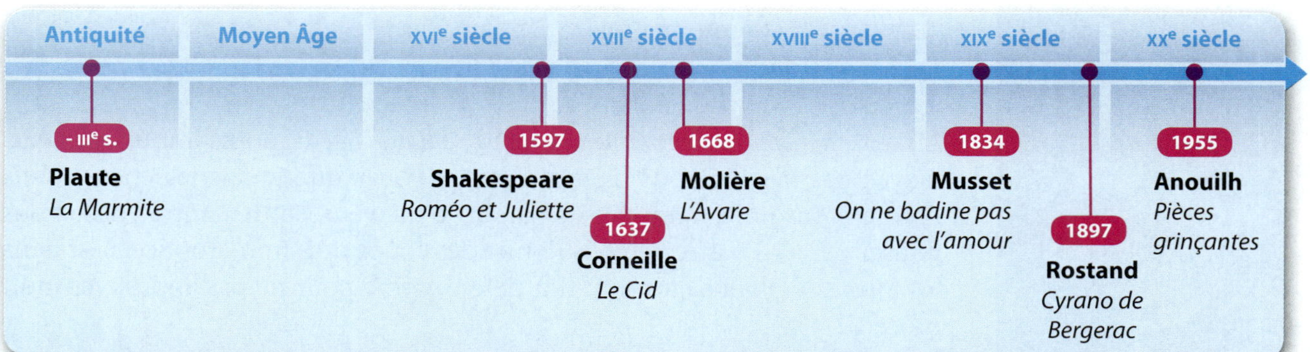

Avant la lecture...
Compte tenu de la situation, à quelle sorte d'échange entre Sganarelle et Alcidas vous attendez-vous ?

Molière
(1622-1673)

Molière a consacré sa vie entière au théâtre, se faisant acteur, auteur dramatique et directeur de troupe. C'est dans la comédie qu'il excella, notamment auprès de Louis XIV, dont il fut le grand amuseur.
Voir biographie p. 194.

Mise en scène du *Mariage forcé* par Pierre Pradinas, avec Bruno Raffaelli et Clément Hervieu-Léger, Studio-Théâtre de la Comédie-Française, Paris, 2008.

1 Molière
Le Mariage forcé

Sganarelle, d'un âge déjà avancé, est prêt à épouser une jeune coquette. Mais il se ravise, alors qu'il avait engagé sa parole, par crainte d'être trompé. Alcidas, frère de la promise, va alors le trouver.

Scène 9. Alcidas, Sganarelle

Alcidas, *parlant d'un air doucereux.* – Monsieur, je suis votre serviteur très humble.

Sganarelle. – Monsieur, je suis le vôtre de tout mon cœur.

Alcidas, *toujours avec le même ton.* – Mon père m'a dit, monsieur, que vous vous étiez venu dégager de la parole que vous aviez donnée.

Sganarelle. – Oui, monsieur, c'est avec regret, mais…

Alcidas. – Oh ! monsieur, il n'y a pas de mal à cela.

Sganarelle. – J'en suis fâché, je vous assure ; et je souhaiterais…

Alcidas. – Cela n'est rien, vous dis-je. *(Alcidas présente à Sganarelle deux épées).* Monsieur, prenez la peine de choisir, de ces deux épées, laquelle vous voulez.

Sganarelle. – De ces deux épées ?

Alcidas. – Oui, s'il vous plaît.

Sganarelle. – À quoi bon ?

Alcidas. – Monsieur, comme vous refusez d'épouser ma sœur après la parole donnée, je crois que vous ne trouverez pas mauvais le petit compliment que je viens vous faire.

Sganarelle. – Comment ?

Alcidas. – D'autres gens feraient du bruit, et s'emporteraient contre vous ; mais nous sommes personnes à traiter les choses dans la douceur ; et je viens vous dire civilement qu'il faut, si vous le trouvez bon, que nous nous coupions la gorge ensemble.

Sganarelle. – Voilà un compliment fort mal tourné.

Alcidas. – Allons, monsieur, choisissez, je vous prie.

Sganarelle. – Je suis votre valet, je n'ai point de gorge à me faire couper. *(À part.)* La vilaine façon de parler que voilà !

Alcidas. – Monsieur, il faut que cela soit, s'il vous plaît.

Sganarelle. – Hé, monsieur, rengainez ce compliment, je vous prie.

Alcidas. – Dépêchons vite, monsieur. J'ai une petite affaire qui m'attend.

Sganarelle. – Je ne veux point de cela, vous dis-je.

Alcidas. – Vous ne voulez pas vous battre ?

Sganarelle. – Nenni, ma foi.

Alcidas. – Tout de bon ?

Sganarelle. – Tout de bon.

Alcidas, *après lui avoir donné des coups de bâton.* – Au moins, monsieur, vous n'avez pas lieu de vous plaindre ; vous voyez que je fais les choses dans l'ordre. Vous nous manquez de parole, je me veux battre contre vous ; vous refusez de vous battre, je vous donne des coups de bâton : tout cela est dans les formes ; et vous êtes trop honnête homme pour ne pas approuver mon procédé.

SGANARELLE, *à part*. – Quel diable d'homme est-ce ci ?

ALCIDAS, *lui présente encore les deux épées*. – Allons, monsieur, faites les choses galamment, et sans vous faire tirer l'oreille.

SGANARELLE. – Encore ?

ALCIDAS. – Monsieur, je ne contrains personne ; mais il faut que vous vous battiez ou que vous épousiez ma sœur.

SGANARELLE. – Monsieur, je ne puis faire ni l'un ni l'autre, je vous assure.

ALCIDAS. – Assurément ?

SGANARELLE. – Assurément.

ALCIDAS. – Avec votre permission, donc... (*Alcidas lui donne encore des coups de bâton*.)

SGANARELLE. – Ah ! ah ! ah ! ah !

ALCIDAS. – Monsieur, j'ai tous les regrets du monde d'être obligé d'en user ainsi avec vous ; mais je ne cesserai point, s'il vous plaît, que vous n'ayez promis de vous battre, ou d'épouser ma sœur. (*Alcidas lève le bâton*.)

SGANARELLE. – Hé bien ! j'épouserai, j'épouserai.

ALCIDAS. – Ah ! monsieur, je suis ravi que vous vous mettiez à la raison, et que les choses se passent doucement. Car enfin vous êtes l'homme du monde que j'estime le plus, je vous jure ; et j'aurais été au désespoir que vous m'eussiez contraint à vous maltraiter. Je vais appeler mon père pour lui dire que tout est d'accord. (*Il va frapper à la porte d'Alcantor*.)

Molière, *Le Mariage forcé*, scène 9, 1664.

Premières impressions

Avez-vous été surpris(e) à la lecture du texte ?

Lire et analyser

La progression du dialogue

1. Comparez le début de la scène avec la fin. Y a-t-il eu progression ?

2. Quel rapprochement pouvez-vous faire, de ce point de vue, avec le titre de la pièce ?

3. Par quels moyens Alcidas parvient-il à obtenir de Sganarelle ce qu'il veut ?

4. Quel trait de caractère de Sganarelle est ainsi mis en valeur ?

Une scène comique

5. Citez au moins trois moments précis où vous avez ri ou souri. Analysez les procédés comiques employés.

6. Quel élément est directement emprunté à la farce ?

7. Ajoutez des didascalies au texte, afin d'en souligner les effets comiques. Pensez à des gestes, des intonations, des expressions du visage, des déplacements...

Vocabulaire

8. Qu'est-ce qu'un *différend* ? Employez le mot dans une phrase en rapport avec le texte de Molière.

Écriture

1. Question de synthèse

Rédigez un paragraphe argumenté pour montrer en quoi cette scène est caractéristique de la comédie.

Consigne

➤ Vous vous appuierez sur la situation dramatique, la caractérisation des personnages et les émotions suscitées chez le lecteur / spectateur.

2. Réécriture orthographique

Réécrivez le passage suivant, en imaginant qu'Alcidas tutoie Sganarelle.
Attention aux terminaisons des verbes et aux mots qui doivent rester tels quels.

« Ah ! monsieur, je suis ravi que vous vous mettiez à la raison, et que les choses se passent doucement. Car enfin vous êtes l'homme du monde que j'estime le plus, je vous jure ; et j'aurais été au désespoir que vous m'eussiez contraint à vous maltraiter. »

Étudier le registre tragique dans la tragédie

Avant la lecture...
Compte tenu de la situation, à quelle sorte d'échange entre le Comte et Don Diègue vous attendez-vous ?

2 Pierre Corneille

Le Cid

La scène se déroule au XIe siècle, à la cour du roi d'Espagne. Le Comte et Don Diègue sont deux personnages de haut rang que le prochain mariage de leurs fille et fils respectifs devrait rapprocher. Mais une rivalité les oppose car Don Diègue a été choisi pour être gouverneur du prince de Castille, au détriment du Comte.

Pierre Corneille (1606-1684)

Contemporain de Molière, il est un auteur dramatique de tout premier plan au XVIIe siècle. *Le Cid*, qui met en scène le combat que se livrent l'amour et l'honneur, a traversé les siècles et se révèle toujours actuel.
Voir querelle du Cid *p. 223.*

Acte I, scène 3. Le Comte, Don Diègue

Mise en scène du *Cid* par Thomas Le Douarec, avec J.-P. Bernard et G. Nicoleau, théâtre Comédia, Paris, 2009.

DON DIÈGUE

[...] Je le sais, vous servez bien le Roi :
Je vous ai vu combattre et commander sous moi.
Quand l'âge dans mes nerfs a fait couler sa glace,
Votre rare valeur a bien rempli ma place ;
Enfin, pour épargner les discours superflus,
Vous êtes aujourd'hui ce qu'autrefois je fus.
Vous voyez toutefois qu'en cette concurrence
Un monarque entre nous met quelque différence.

LE COMTE

Ce que je méritais, vous l'avez emporté.

DON DIÈGUE

Qui l'a gagné sur vous l'avait mieux mérité.

LE COMTE

Qui peut mieux l'exercer en est bien le plus digne.

DON DIÈGUE

En être refusé n'en est pas un bon signe.

1. **Par brigue :** en manœuvrant secrètement pour obtenir ce que l'on ne méritait pas.

2. *en* et *le* reprennent le mot *honneur*.

LE COMTE
Vous l'avez eu par brigue[1], étant vieux courtisan.
DON DIÈGUE
L'éclat de mes hauts faits fut mon seul partisan.
LE COMTE
Parlons-en mieux, le Roi fait honneur à votre âge.
DON DIÈGUE
Le Roi, quand il en fait, le[2] mesure au courage.
LE COMTE
Et par là cet honneur n'était dû qu'à mon bras.
DON DIÈGUE
Qui n'a pu l'obtenir ne le méritait pas.
LE COMTE
Ne le méritait pas ! Moi ?
DON DIÈGUE
Vous.
LE COMTE
Ton impudence,
Téméraire vieillard, aura sa récompense.
(Il lui donne un soufflet.)
DON DIÈGUE, *mettant l'épée à la main.*
Achève, et prends ma vie après un tel affront,
Le premier dont ma race ait vu rougir son front.

Pierre Corneille, *Le Cid*, I, 3, version de 1660.

Premières impressions

Résumez la scène en deux ou trois phrases.

Lire et analyser

La progression du dialogue

1. Le texte est écrit en vers. Quel mètre est utilisé ? Pourquoi ce choix, selon vous ?

2. Observez la longueur des répliques. Repérez, de ce point de vue, les trois étapes du dialogue jusqu'au moment du soufflet. Caractérisez chacune d'elles.

3. Quand la parole est-elle relayée par le geste ? Que marque ce changement ?

Une scène tragique

4. Comparez la situation au début et à la fin de l'extrait. Dans quel sens évolue-t-elle ?

5. Quel sentiment éprouve-t-on pour Don Diègue ?

6. Que peut-on craindre dans la suite de la pièce ?

Vocabulaire

7. Relevez, dans le texte, les termes qui renvoient à l'idée d'honneur.

8. Cherchez des mots de la famille de *honneur*. Attention à leur orthographe.

Écriture

Rédigez une réponse argumentée pour montrer en quoi cette scène est caractéristique de la tragédie.

Consignes

➤ Vous vous appuierez sur la situation dramatique, la caractérisation des personnages et les émotions suscitées chez le lecteur/spectateur.

➤ Au besoin, vous comparerez avec une scène de comédie, de façon à faire ressortir les oppositions.

Atelier théâtre

- Imaginez une mise en espace de la scène. Comment les personnages seront-ils placés l'un par rapport à l'autre, et relativement au public ?
- Jouez la scène au moment du soufflet : quelle différence avec les coups de bâton donnés dans la farce et la comédie ?

Avant la lecture...
Renseignez-vous sur les cadets de Gascogne : qui sont-ils ? Quelle est leur réputation ? De quel célèbre roman sont-ils les personnages principaux ?

Edmond Rostand (1868-1918)

Il est avant tout l'auteur de *Cyrano de Bergerac*, pièce qui connut un véritable triomphe lors de sa création en 1897, et qui depuis ne cessa d'être donnée en représentation et fut plusieurs fois adaptée pour le cinéma.

3

Edmond Rostand
Cyrano de Bergerac

Cyrano est paré de toutes les qualités de cœur et d'esprit, mais la longueur de son nez enlaidit son visage. Les cadets de Gascogne le pressent de raconter son dernier exploit. Mais notre héros, qui vient d'apprendre que celle qu'il aime est amoureuse d'un autre, ne se sent pas le cœur à fanfaronner. Il a promis de protéger son rival Christian, qui vient précisément d'entrer dans sa compagnie.

Acte II, scène 9. Cyrano, Christian de Neuvillette, Carbon, Le Bret, Les Cadets

PREMIER CADET, *à Cyrano*

[…] Maintenant, ton récit !

TOUS

Son récit !

CYRANO, *redescendant vers eux*

Mon récit ?...

Tous rapprochent leurs escabeaux, se groupent autour de lui, tendent le col. Christian s'est mis à cheval sur une chaise.

Eh bien ! donc je marchais tout seul, à leur rencontre.
La lune, dans le ciel, luisait comme une montre,
Quand soudain, je ne sais quel soigneux horloger
S'étant mis à passer un coton nuager
Sur le boîtier d'argent de cette montre ronde,
Il se fit une nuit la plus noire du monde,
Et les quais n'étant pas du tout illuminés,
Mordious ! on n'y voyait pas plus loin...

CHRISTIAN

Que son nez.

Silence. Tout le monde se lève lentement. On regarde Cyrano avec terreur. Celui-ci s'est interrompu, stupéfait. Attente.

CYRANO

Qu'est-ce que c'est que cet homme-là ?

UN CADET, *à mi-voix*

C'est un homme
Arrivé ce matin.

CYRANO, *faisant un pas vers Christian*

Ce matin ?

CARBON, *à mi-voix*

Il se nomme
Le baron de Neuvil...

CYRANO, *vivement, s'arrêtant*

Ah ! c'est bien...

Mise en scène de Denis Podalydès, avec É. Ruf (Christian) et M. Vuillermoz (Cyrano), Comédie-Française, Paris, 2006.

Il pâlit, rougit, a encore un mouvement pour se jeter sur Christian.
Je...
Puis, il se domine, et dit d'une voix sourde.
Très bien...
Il reprend.
Je disais donc...
Avec un éclat de rage dans la voix.
Mordious ! ...
Il continue d'un ton naturel.
que l'on n'y voyait rien.
Stupeur. On se rassied en se regardant.
Et je marchais, songeant que pour un gueux fort mince
J'allais mécontenter quelque grand, quelque prince,
Qui m'aurait sûrement...

CHRISTIAN
Dans le nez...

Tout le monde se lève. Christian se balance sur sa chaise.

CYRANO, *d'une voix étranglée*

Une dent, –
Qui m'aurait une dent... et qu'en somme, imprudent,
J'allais fourrer...

CHRISTIAN

Le nez...

CYRANO

Le doigt... entre l'écorce
Et l'arbre, car ce grand pouvait être de force
À me faire donner...

CHRISTIAN

Sur le nez...

CYRANO, *essuyant la sueur à son front*

Sur les doigts.
– Mais j'ajoutai : Marche, Gascon, fais ce que dois !
Va, Cyrano ! Et ce disant, je me hasarde,
Quand, dans l'ombre, quelqu'un me porte...

CHRISTIAN

Une nasarde[1].

CYRANO

Je la pare et soudain me trouve...

CHRISTIAN

Nez à nez...

1. **Nasarde :** chiquenaude, tape sur le nez.

Alberto Giacometti, *Le Nez*, (77 cm x 83 cm x 37 cm),1947, Centre Georges-Pompidou, Paris.

Histoire des arts

Alberto Giacometti est un peintre et sculpteur suisse (1901-1966). Il a choisi de représenter ici une tête d'homme avec un très long nez, comme suspendue dans l'espace, à l'intérieur d'une cage en métal.

CYRANO, *bondissant vers lui*

Ventre-Saint-Gris !

Tous les Gascons se précipitent pour voir ; arrivé sur Christian, il se maîtrise et continue.

avec cent braillards avinés
Qui puaient...

CHRISTIAN

À plein nez...

CYRANO, *blême et souriant*

L'oignon et la litharge[2] !
Je bondis, front baissé...

2. **Litharge :** oxyde de plomb utilisé pour falsifier le vin.

CHRISTIAN

Nez au vent !

CYRANO

Et je charge !
J'en estomaque deux ! J'en empale un tout vif !
Quelqu'un m'ajuste : Paf ! et je riposte...

CHRISTIAN

Pif !

CYRANO, *éclatant*

Tonnerre ! Sortez tous !

Tous les cadets se précipitent vers les portes.

Edmond Rostand, *Cyrano de Bergerac*, II, 9, 1897.

Premières impressions

Proposez un titre pour rendre compte de ce passage. Confrontez votre réponse avec celle de vos camarades.

Lire et analyser

La progression du dialogue

1. Qui parle le plus ? Pour quelle raison ?

2. En quoi consistent les interventions de Christian ?

3. Quels éléments montrent ici une accélération du dialogue ?

Une scène qui fait rire

4. De quel talent comique Christian fait-il preuve ?

5. Commentez, dans l'attitude de Cyrano, ce qui peut susciter le rire.

Une scène qui émeut

6. En vous appuyant notamment sur les didascalies, expliquez les sentiments auxquels Cyrano est en proie.

7. Le lecteur/spectateur en sait-il plus/autant/ou moins que les personnages ? Quelles émotions cette position privilégiée fait-elle naître en lui ?

Vocabulaire B2i

8. Consultez des dictionnaires numériques pour relever toutes sortes d'expressions dans lesquelles entre le mot *nez*. Notez leur signification. Rédigez ensuite plusieurs phrases en rapport avec la scène étudiée.
Exemple : *Christian se moque de Cyrano, au nez et à la barbe de tous les cadets.*

Écriture

Question de synthèse

À un camarade qui soutiendrait qu'une scène de théâtre ne peut à la fois faire rire et émouvoir, que répondriez-vous, de façon argumentée, en prenant appui sur ce texte ?

Rédiger la suite de la scène

Imaginez la suite de la scène et rédigez-la par écrit. Éventuellement, jouez-la devant vos camarades, avant de lire le texte de l'auteur ou de voir la scène filmée.

Avant la lecture…
Dans quelles situations de la vie courante arrive-t-il que l'on parle seul ?

Pierre Corneille
(1606-1684)

Contemporain de Molière, il est un auteur dramatique de tout premier plan au XVIIe siècle. *Le Cid*, qui met en scène le combat que se livrent l'amour et l'honneur, a traversé les siècles et se révèle toujours actuel.

4 Pierre Corneille
Le Cid

Acte I, scène 4. Don Diègue

Ô rage ! ô désespoir ! ô vieillesse ennemie !
N'ai-je donc tant vécu que pour cette infamie ?
Et ne suis-je blanchi dans les travaux guerriers
Que pour voir en un jour flétrir tant de lauriers ?
Mon bras, qu'avec respect toute l'Espagne admire,
Mon bras, qui tant de fois a sauvé cet empire,
Tant de fois affermi le trône de son Roi,
Trahit donc ma querelle[1], et ne fait rien pour moi ?
Ô cruel souvenir de ma gloire passée !
Œuvre de tant de jours en un jour effacée !
Nouvelle dignité fatale à mon bonheur !
Précipice élevé d'où tombe mon honneur !
Faut-il de votre éclat voir triompher le Comte,
Et mourir sans vengeance, ou vivre dans la honte ?
Comte, sois de mon prince à présent gouverneur :
Ce haut rang n'admet point un homme sans honneur ;
Et ton jaloux orgueil par cet affront insigne[2],
Malgré le choix du Roi, m'en a su rendre indigne.
Et toi, de mes exploits glorieux instrument,
Mais d'un corps tout de glace inutile ornement,
Fer, jadis tant à craindre et qui, dans cette offense,
M'as servi de parade, et non pas de défense,
Va, quitte désormais le dernier des humains,
Passe, pour me venger, en de meilleures mains.

Pierre Corneille, *Le Cid*, I, 4, version de 1660.

1. **Trahit donc ma querelle :** ne soutient donc pas ma cause.
2. **Insigne :** remarquable.

Mise en scène de Brigitte Jaques-Wajeman, avec Roger Mollien, Comédie-Française, 2006.

5 Alfred de Musset
On ne badine pas avec l'amour

Maître Bridaine est le curé du village. Conformément à la satire traditionnelle des hommes d'Église, il est caractérisé par un trait essentiel – la gourmandise – qui le pousse à jalouser Maître Blazius, précepteur du jeune Perdican, de retour au château de son père.

Alfred de Musset
(1810-1857)
Poète et dramaturge, il a mêlé dans ses pièces gravité et légèreté. *On ne badine pas avec l'amour*, pièce publiée en 1834, n'était pas destinée à la représentation, mais fut jouée après la mort de l'auteur, comme elle continue de l'être régulièrement depuis.

Acte II, scène 2 – *La salle à manger. – On met le couvert.*

Entre Maître Bridaine.

Cela est certain, on lui donnera encore aujourd'hui la place d'honneur. Cette chaise que j'ai occupée si longtemps à la droite du baron sera la proie du gouverneur. Ô malheureux que je suis ! Un âne bâté[1], un ivrogne sans pudeur, me relègue au bas bout de la table ! Le majordome lui versera le premier verre de Malaga, et lorsque les plats arriveront à moi, ils seront à moitié froids, et les meilleurs morceaux déjà avalés ; il ne restera plus autour des perdreaux ni choux ni carottes. Ô sainte Église catholique ! Qu'on lui ait donné cette place hier, cela se concevait ; il venait d'arriver ; c'était la première fois, depuis nombre d'années, qu'il s'asseyait à cette table. Dieu ! comme il dévorait ! Non, rien ne me restera que des os et des pattes de poulet. Je ne souffrirai pas cet affront. Adieu, vénérable fauteuil où je me suis renversé tant de fois, gorgé de mets succulents ! Adieu, bouteilles cachetées, fumet sans pareil de venaisons[2] cuites à point ! Adieu, table splendide, noble salle à manger, je ne dirai plus le bénédicité[3] ! je retourne à ma cure ; on ne me verra pas confondu parmi la foule des convives, et j'aime mieux, comme César, être le premier au village que le second dans Rome.

(Il sort.)

Alfred de Musset, *On ne badine pas avec l'amour*, II, 2, 1834.

1. **Bâté :** ignorant, sot.
2. **Venaisons :** gibier.
3. **Bénédicité :** prière prononcée avant le repas chez les catholiques.

Premières impressions

Qu'est-ce qui frappe à la lecture de ces deux textes ?

Lire et analyser

Points communs

1. Qu'est-ce, qui, selon vous, justifie leur rapprochement ?

2. Complétez, au besoin, votre réponse en évoquant comme points communs : le nombre de personnage(s) présent(s), la situation, l'expression des sentiments et la progression du texte.

Différences

3. Qu'est-ce qui diffère cependant, d'un texte à l'autre ?

4. Complétez, au besoin, votre réponse en évoquant le choix de la prose ou des vers, le sujet dont on parle et les réactions du lecteur/spectateur.

5. Quels sont les deux champs lexicaux qui dominent dans le deuxième texte ? Vous semblent-ils bien aller ensemble ?

Écriture

Question de synthèse
Lequel de ces deux monologues a pu inspirer l'autre ? Expliquez, de façon rédigée, en quoi a consisté sa réécriture.

Rédiger un monologue
À votre tour de rédiger un monologue, dans lequel vous déplorerez la perte d'un objet qui vous était cher.

Consigne
➤ Vous pourrez adopter le registre tragique ou comique, mais votre choix devra apparaître clairement.

Atelier théatre

Comment rendre vivante une scène dans laquelle un seul personnage est présent ?

Par petits groupes, réfléchissez à cette question, en jouant l'un ou l'autre de ces monologues. On pourra faire varier les acteurs et donner aux autres le rôle de metteur en scène.

Contrepoint

Jean ANOUILH
(1910-1987)

Grand amoureux du théâtre, il a écrit une œuvre qui oscille entre tragique et comique. Il a classé ses œuvres en « pièces noires », « pièces roses » et « pièces grinçantes ». Il a mis en scène certaines de ses pièces, et quelques pièces de Shakespeare.

Jean Anouilh pendant une répétition de *Ornifle ou le Courant d'air*, Comédie des Champs-Élysées, Paris, 1955.

6 Jean Anouilh
Ornifle ou le Courant d'air

Ornifle est un écrivain à succès, qui multiplie les conquêtes amoureuses. Il reçoit la visite de Fabrice, qu'il rencontre pour la première fois et qui déclare être son fils.

FABRICE, *doucement.* – [...] Je ne suis pas venu vous demander quelque chose. Je suis venu pour vous tuer.

ORNIFLE *sursaute.* – Vous voulez rire ?

FABRICE, *toujours calme.* – Non. Si vous croyez que c'est drôle d'avoir à tuer quelqu'un ! Seulement voilà. Je l'ai juré. À dix ans. Et j'ai l'habitude de tenir ma parole. *(Il dit soudain d'un autre ton :)* Enlevez votre perruque ; vous êtes ridicule. Je ne peux pas vous tuer comme ça.

ORNIFLE *marche sur lui, furieux.* – Mais bougre de galopin, je vais vous flanquer une paire de calottes, moi ! On n'a pas le droit de venir faire des scènes pareilles chez les gens ! C'est ridicule, d'abord ! J'ai séduit votre maman. Bon. Elle a eu un enfant. Bon. Mais enfin il y a vingt-cinq ans de cela ! Qu'est-ce qui vous prend à tomber de la lune comme un aérolithe[1] au bout de vingt-cinq ans ?

FABRICE. – Je n'avais pas votre adresse. Je n'ai su votre nom qu'à la mort de maman.

ORNIFLE. – Et qui vous prouve d'abord que votre mère n'a pas eu d'autre amant que moi en vingt-cinq ans ?

FABRICE, *doucement.* – L'honneur. Maman avait beaucoup d'honneur. Et je vous ai déjà dit qu'elle se considérait comme mariée devant Dieu.

ORNIFLE *ricane.* – L'honneur... L'honneur... C'est trop facile !

FABRICE, *grave et un peu comique.* – Non. C'est difficile. C'est même bigrement difficile, croyez-moi. Si vous vous figurez que je n'ai pas mieux à faire dans la vie, moi, que de vous tuer ! J'allais me marier et j'ai encore des examens à passer.

ORNIFLE *lui prend le bras.* – Eh bien, mon garçon, vous allez me faire le plaisir de vous marier d'abord, ce qui est toujours une bonne chose, de passer ensuite vos examens et de ne plus penser à toutes ces fariboles ! Vous avez besoin d'argent ?

FABRICE. – Non.

ORNIFLE. – De quoi avez-vous besoin alors ?

FABRICE, *aussi simplement que possible.* – D'honneur. Reculez-vous, je ne

1. **Aérolithe :** météorite.

veux pas vous tuer à bout portant. Et enlevez votre perruque. Je ne veux pas non plus que vous ayez l'air ridicule, mort. Vous êtes mon père, après tout. (*Il crie soudain* :) Allons, enlevez-la, cette perruque, c'est dans votre propre intérêt ! Je ne peux plus attendre, moi. Vous ne voulez pas l'enlever ? Eh bien ! je vais vous tuer comme ça. Tant pis pour vous ! Vous serez ridicule !

Il tire un pistolet de sa poche, le braque sur Ornifle et tire. Le coup ne part pas. Il tire encore nerveusement. On entend à chaque fois le déclic du barillet vide. Ornifle le regarde faire sans bouger, puis s'écroule soudain.

FABRICE *lui crie.* – Attendez ! Je n'ai pas encore tiré !

Jean Anouilh, *Ornifle ou le Courant d'air* © éd. de la Table ronde, 1955.

Mise en scène d'*Ornifle* par Jean Anouilh, avec Louis de Funès et Pierre Brasseur, Comédie des Champs-Élysées, Paris, 1955.

Questions

1. Quelles ont été vos réactions, à la lecture de cet extrait ?

2. *Ornifle ou le Courant d'air* fait partie des « Pièces grinçantes » écrites par l'auteur. En quoi l'adjectif *grinçant* peut-il s'appliquer à cette page ?

Mettre en scène *Le Cid*

Les mises en scène récentes de la pièce de Corneille témoignent des liens qui la rattachent au monde moderne. En quoi *Le Cid* peut-il encore nous parler et quelles lectures en propose-t-on aujourd'hui ? C'est ce que peuvent nous aider à comprendre ces photographies de représentations, qu'il s'agit ici de comparer.

1 **Commentez le choix des costumes et du décor.**

2 **Observez la position des personnages, l'un par rapport à l'autre. Quel objet se trouve entre eux ? Que représente-t-il ?**

3 **Qualifiez d'un mot l'impression qui domine. Justifiez votre réponse.**

Mise en scène de Wissam Arbache avec C. Carrère (Chimène) et N. Boudjenah (Rodrigue), théâtre de Gennevilliers, 2007.

1 **Qu'est-ce qui frappe immédiatement à la vue de cette photo ?**

2 **Quelles remarques pouvez-vous faire sur les costumes et le décor ?**

3 **Commentez l'attitude de Chimène.**

Mise en scène de Bénédicte Budan, avec B. Ouzeau (Don Fernand, roi de Castille) et C. Cottin (Chimène), théâtre Silvia Monfort, Paris, 2009.

Mise en scène de Thomas Le Douarec, avec O. Benard (Rodrigue) et G. Nicoleau (Le Comte), théâtre Comédia, Paris, 2009.

1 **Expliquez en quoi cette image peut faire songer à un toréador qui met à mort un taureau. Qu'est-ce qui peut justifier un tel rapprochement ?**

2 **Que pensez-vous des décors ?**

3 **Des musiciens accompagnent la scène. Quel genre de musique interprètent-ils, selon vous ?**

Retenir

- C'est depuis la fin du XIXe siècle que l'on parle de mise en scène théâtrale, avec l'idée que la création de l'auteur est relayée par celle du metteur en scène, dont le rôle est d'unifier le texte dramatique, l'espace scénique et le jeu des comédiens autour d'un style commun.
- La représentation se voulait alors essentiellement reproduction du réel : les décors, les costumes correspondaient à l'époque et aux lieux de l'action.
- Le traitement est aujourd'hui plus nettement symbolique : des constructions plus ou moins architecturées, des accessoires jouent le rôle de métaphores, qu'il s'agit alors d'interpréter.

Questions de synthèse

1. De quand datent ces mises en scène ?
2. Combien y a-t-il de personnages en présence ?
3. Par quels moyens scéniques les relations qui unissent ces personnages sont-elles rendues ?
4. Laquelle de ces trois images vous plaît le plus ? Dites pourquoi.

Écrire un dialogue de théâtre

Enchaîner des répliques dans un dialogue

1 **a.** De quelles façons les répliques suivantes s'enchaînent-elles ?

TEXTE 1

HARPAGON. – [...] et pour toi, je te donne au seigneur Anselme.
ÉLISE. – Au seigneur Anselme ?
HARPAGON. – Oui, un homme mûr, prudent et sage, qui n'a pas plus de cinquante ans, et dont on vante les grands biens. (Molière, *L'Avare*)

TEXTE 2

ÉLISE. – Je suis très humble servante au seigneur Anselme, mais avec votre permission, je ne l'épouserai pas.
HARPAGON. – Je suis votre très humble valet, mais avec votre permission, vous l'épouserez dès ce soir. (Molière, *L'Avare*)

b. À votre tour d'enchaîner quatre répliques, en suivant les deux modèles ci-dessus.

2 **a.** Sur quel procédé syntaxique repose l'enchaînement des répliques, dans les extraits suivants ?

TEXTE 1

VALÈRE. – Assurément, cela ne reçoit point de contradiction. Il est vrai que votre fille vous peut représenter que le mariage est une plus grande affaire qu'on ne peut croire ; qu'il y va d'être heureux ou malheureux toute sa vie ; et qu'un engagement qui doit durer jusqu'à la mort ne se doit jamais faire qu'avec de grandes précautions.
HARPAGON. – Sans dot !
VALÈRE. – Vous avez raison : voilà qui décide tout, cela s'entend. Il y a des gens qui pourraient vous dire qu'en de telles occasions l'inclination d'une fille est une chose sans doute où l'on doit avoir de l'égard ; et que cette grande inégalité d'âge, d'humeur et de sentiments rend un mariage sujet à des accidents très fâcheux.
HARPAGON. – Sans dot !
VALÈRE. – Ah ! il n'y a pas de réplique à cela : on le sait bien ; qui diantre peut aller là contre ? (Molière, *L'Avare*)

TEXTE 2

CŒLIO. – Que tu es heureux d'être fou !
OCTAVE. – Que tu es fou de ne pas être heureux ! (Musset, *Les Caprices de Marianne*)

b. Imitez ce procédé syntaxique dans deux répliques de votre composition.

3 **a.** Expliquez en quoi consiste la stichomythie, à partir des vers du *Cid* ci-dessous.

TEXTE 1

LE COMTE
Es-tu si las de vivre ?
RODRIGUE
As-tu peur de mourir ?

TEXTE 2

CHIMÈNE
Il a tué mon père.
DON DIÈGUE
Il a vengé le sien.

b. En quoi l'utilisation du procédé est-elle différente dans l'exemple qui suit, extrait aussi du *Cid* ?

TEXTE 3

CHIMÈNE
Rodrigue, qui l'eût cru ?
RODRIGUE
Chimène, qui l'eût dit ?
CHIMÈNE
Que notre heur fût si proche et sitôt se perdît ?
RODRIGUE
Et que si près du port, contre toute apparence,
Un orage si prompt brisât notre espérance ?
(Corneille, *Le Cid*)

c. Produisez, à votre tour, un exemple de stichomythie.

Utiliser le subjonctif

4 Conjuguez les verbes suivants au subjonctif présent.

a. que je (*voir*) • que tu (*courir*) • qu'on (*croire*) • que nous (*avoir*) • que vous (*être*) • qu'ils (*mourir*)

b. que je (*aller*) • que tu (*faire*) • qu'il (*falloir*) • que nous (*pouvoir*) • que vous (*savoir*) • qu'elles (*vouloir*)

5 Choisissez la forme correcte, en justifiant votre réponse.

- Don Diègue exigea que le comte lui *fit / fît* des excuses.
- Qu'il *s'enfuie / s'enfuit* n'est pas pour m'étonner.
- Rodrigue voulait qu'il n'y *eut / eût* personne pour assister au duel.

6 Dans quel type de proposition le subjonctif est-il employé ici ? Quelle valeur exprime-t-il ?

- Moi, que je renonce à Marianne !
- Qu'on ne te voie plus dans ma maison !
- Que le roi reconnaisse mes mérites, et je serai le plus heureux des hommes.

Vocabulaire

Se battre et se débattre

Le vocabulaire du conflit et du débat

1 Classez les mots suivants en fonction de leur niveau de langue, puis employez-les dans une phrase de votre composition.

brouille • bagarre • querelle • rixe • juron • invective • imprécation

2 Expliquez précisément le sens de cette phrase.

La discussion dégénéra en dispute, qui s'acheva en pugilat.

3 Isolez les préfixes qui entrent dans la composition des mots suivants et indiquez leur sens.

NOMS : désaccord • contre-attaque • antipathie • discorde • mésentente • altercation

VERBES : contrecarrer • déshériter • médire

4 Recherchez dans un dictionnaire les différents sens du mot *scène*. Lequel est en rapport avec l'idée de conflit ? Faites une phrase où ce sens apparaîtra clairement.

5 Entraînez-vous à écrire sous la dictée les mots suivants.

NOMS : dilemme • désunion • dissension • affront • médisance

VERBES : maudire • déshonorer

ADJECTIFS : conflictuel • divergent

6 Lisez attentivement cette tirade, puis complétez le commentaire qui suit.

Angélique. – Moi ? je ne vous l'ai point donnée de bon cœur, et vous me l'avez arrachée. M'avez-vous, avant le mariage, demandé mon consentement, et si je voulais bien de vous ? Vous n'avez consulté, pour cela, que mon père et ma mère ; ce sont eux proprement qui vous ont épousé, et c'est pourquoi vous ferez bien de vous plaindre toujours à eux des torts que l'on pourra vous faire. Pour moi, qui ne vous ai point dit de vous marier avec moi, et que vous avez prise sans consulter mes sentiments, je prétends n'être point obligée à me soumettre en esclave à vos volontés ; et je veux jouir, s'il vous plaît, de quelque nombre de beaux jours que m'offre la jeunesse, prendre les douces libertés que l'âge me permet, voir un peu le beau monde, et goûter le plaisir de ouïr dire des douceurs. Préparez-vous-y, pour votre punition, et rendez grâces au Ciel de ce que je ne suis pas capable de quelque chose de pis.

(Molière, *George Dandin*, II, 2)

Lorsque les deux époux se retrouvent ...., le .... paraît inévitable, tant le mari et la femme ont des .... du mariage radicalement .... . Mariée contre son ...., Angélique .... son droit au bonheur et à la liberté, face à un mari qui ne voit dans son discours que .... et .... . Impossible d'imaginer qu'après cet échange...., ils pourront se .... .

Repérer des figures de style

7 Lisez attentivement les extraits ci-dessous.

a. « George Dandin ! George Dandin ! vous avez fait une sottise, la plus grande du monde ! »
(George Dandin, dans la pièce qui porte son nom, de Molière)

b. « Allons, mon bras, sauvons du moins l'honneur »
(Rodrigue, dans *Le Cid*, de Corneille)

c. « Pleurez, pleurez, mes yeux »
(Chimène, dans *Le Cid*, de Corneille)

d. « Mon bras qu'avec respect toute l'Espagne admire
Mon bras qui tant de fois a sauvé cet empire »
(Don Diègue, dans *Le Cid*, de Corneille)

e. « Non, non, Camille, je ne t'aime pas, je ne suis pas au désespoir, je n'ai pas le poignard dans le cœur, et je te le prouverai. Oui, tu sauras que j'en aime une autre avant de partir d'ici. » (Perdican, dans *On ne badine pas avec l'amour*, de Musset).

f. « Hélas ! mon pauvre argent ! mon pauvre argent ! mon cher ami ! on m'a privé de toi ; et, puisque tu m'es enlevé, j'ai perdu mon support, ma consolation, ma joie : tout est fini pour moi, et je n'ai plus que faire au monde. Sans toi, il m'est impossible de vivre. »
(Harpagon, dans *L'Avare*, de Molière)

g. « Que de gens assemblés ! Je ne jette mes regards sur personne qui ne me donne des soupçons, et tout me semble mon voleur. Eh ! de quoi est-ce qu'on parle là ? De celui qui m'a dérobé ? Quel bruit fait-on là-haut ? Est-ce mon voleur qui y est ? De grâce, si l'on sait des nouvelles de mon voleur, je supplie que l'on m'en dise. N'est-il point caché là parmi vous ? »
(Harpagon, dans *L'Avare*, de Molière)

1. Repérez dans chaque extrait le destinataire auquel s'adresse le personnage.

2. Classez les destinataires, en fonction de critères que vous expliciterez.

3. Nommez les figures de style que vous reconnaissez.

4. Imitez au moins trois des procédés employés, dans un monologue de votre composition.

Écrire une scène de dispute

Inventez une scène de dispute. Pour rédiger votre dialogue, vous pouvez partir au choix d'une situation donnée, d'une image, d'une séquence filmée ou d'une réplique.

Méthode

- ✔ Vous respecterez les contraintes imposées.
- ✔ Vous veillerez à la caractérisation des personnages, en cohérence avec les autres éléments du dialogue.
- ✔ Les procédés que vous emploierez seront utilisés en fonction de l'effet à produire : faire rire, émouvoir, faire pleurer.

Mise en scène de *L'Avare* de Molière par Andreï Serban, Comédie-Française, Paris, 2000.

Piste 1 À partir d'une situation donnée

Choisissez l'une des situations suivantes :

– L'enfant qui veut / ne veut surtout pas que l'un de ses parents…

– L'adolescent qui prend la défense de l'un de ses amis…

– Le metteur en scène qui est mécontent du jeu de son acteur…

Piste 2 À partir d'une image

Vous pouvez vous inspirer par exemple de l'image ci-dessus.

Piste 3 À partir d'une séquence filmée

Vous pouvez vous inspirer d'une séquence filmée visionnée sans le son, par exemple :

– un extrait de la scène 1 de l'acte I du *Médecin malgré lui* de Molière sur le site Bordas

– un extrait de la scène 1 de l'acte II de *George Dandin* sur le site de TV5 :

http://www.tv5.org/TV5Site/publication/galerie-192-2-Extrait_II_scene_2_Angelique_se_rebiffe.htm

Piste 4 À partir d'une réplique

Vous pouvez vous inspirer d'une réplique que vous devrez insérer dans votre dialogue, par exemple : « Ne pleure donc pas comme cela, tu me ferais rire ! ».

Expression orale

Jouer et débattre

Activité 1 Jouer et mettre en scène

Les activités proposées ici peuvent être réalisées en prenant appui sur l'un ou l'autre des textes du chapitre.
Elles se pratiqueront en petits groupes dans lesquels on fera tourner les rôles (acteur, metteur en scène, souffleur, spectateur critique…). Elles donneront lieu ensuite à une présentation au reste de la classe. L'échange qui suivra portera essentiellement sur les effets attendus et produits.

Étapes

1. Mimer la scène
Essayez de faire percevoir la situation, sans prononcer un seul mot.
Vous recourrez aux expressions du visage, à la gestuelle, aux regards, aux déplacements…

2. Se mettre en scène
Mettez-vous en scène de façon à donner à voir une image fixe qui rende compte, d'une manière synthétique, de l'intrigue, des rapports entre les personnages et de l'enjeu de la situation.

3. Résumer la scène pour la jouer
Réduisez la scène à quelques répliques essentielles. Jouez-la ensuite.

4. Varier sa diction
Essayez de faire varier le ton, le débit, le volume.

5. Varier le rythme du jeu
Jouez la scène en accéléré, puis au ralenti.

6. Apprendre et dire l'extrait
Apprenez l'extrait choisi puis dites-le de mémoire.

Activité 2 Justifier un point de vue

Choisissez un personnage parmi ceux que vous avez rencontrés dans le chapitre. Expliquez au reste de la classe comment vous l'avez perçu, en prenant éventuellement en compte des avis contraires. Essayez de vous montrer convaincant.

Quelques aides à l'expression :
- On dit de…
- Pour moi / Selon moi / Je trouve que / J'estime que / Il me semble que…
- Il est vrai que… Mais il est vrai aussi que…
- drôle / amusant / comique / grave / léger / émouvant / pathétique
- tout d'une pièce / complexe / ambigu
- J'ai été attendri / J'ai ri de / J'ai ri avec
- J'ai éprouvé de l'inquiétude / de la crainte / de la pitié / de la compassion / de l'admiration

Activité B2i Faire une recherche sur Internet

Étape 1 Rechercher une séquence filmée

Recherchez sur Internet des séquences filmées de *L'Avare* ou du *Cid* (au choix) qui illustrent de manière intéressante ce qu'ajoute la dimension de la représentation (décors, costumes, jeu des acteurs…) au texte de théâtre.

Étape 2 Expliquer la méthode employée

Expliquez par écrit de quelle façon vous avez procédé : le(s) moteur(s) de recherche utilisé(s), les mots-clés que vous avez entrés et les sites consultés.

Étape 3 Rédiger un commentaire

Choisissez une de ces séquences et rédigez un commentaire pour justifier votre choix auprès de vos camarades.

Le langage dramatique

La communication au théâtre

- Derrière la voix de tout personnage, il y a un auteur. C'est ce que l'on nomme la **double énonciation.** Lorsque des personnages échangent des paroles, leur dialogue est surpris par le spectateur. De même, dans le cas où le personnage s'exprime en aparté ou tout haut, alors qu'il est seul. C'est ce que l'on appelle la **double destination**.

- Il arrive fréquemment que le lecteur / spectateur occupe une position de surplomb, par le fait qu'il en sait davantage que certains personnages. Cette **supériorité** crée en lui un plaisir tout particulier.

La diversité des formes dramatiques

- On parle de **dialogue** lorsque deux personnages, au moins, échangent des paroles. Chaque intervention constitue une **réplique**. Lorsque celle-ci est d'une certaine longueur et forme un ensemble cohérent, on utilise le mot de **tirade**. À l'inverse, quand les répliques s'enchaînent très rapidement, le procédé employé est celui de la **stichomythie** (du grec *stichos*, le vers et *muthos*, le récit).

- L'**aparté** (nom masculin) consiste en une réplique courte qui n'est pas supposée être entendue des autres personnages présents.

- Lorsque le personnage est seul sur scène et exprime ses pensées à haute voix, on parle de **monologue**.

- Tirades et monologues constituent des morceaux de bravoure pour les comédiens qui peuvent y montrer tout leur talent. Ainsi, la pièce *Cyrano de Bergerac* est célèbre pour sa « tirade des nez » et celle des « non merci ».

La variété des genres dramatiques

Le théâtre comporte différents genres, entre lesquels il n'est pas toujours aisé d'établir une différence. Quelques traits, cependant, distinguent la comédie de la tragédie.

- La **comédie** a pour toile de fond la société contemporaine de l'auteur ; la **tragédie**, elle, s'ancre dans un espace-temps plus lointain et emprunte son sujet à l'Histoire.

- La **tragédie** met en scène des personnages nobles et positifs – c'est le cas dans *Le Cid*. La **comédie**, elle, est souvent peuplée chez Molière de valets bouffons et de pères abusifs, tels Harpagon. Mais avec Corneille, on voit surtout apparaître des honnêtes gens et la fin n'est pas nécessairement heureuse. La comédie se termine même parfois sur une note sombre, comme les comédies de Musset, deux siècles plus tard.

Faire rire, faire pleurer

- Une situation n'est ni **comique** ni **tragique** en soi. Elle peut être traitée sur le mode sérieux ou plaisant, inspirer une émotion qui va du sourire aux larmes, en fonction de la manière dont elle est exploitée. Cette tonalité est appelée **registre**.

- On parle de **registre comique** lorsque le rire l'emporte et de **registre tragique** dans le cas où les personnages nous semblent écrasés sous le poids d'une force qui les dépasse : c'est alors la **terreur** et la **pitié** qui dominent. Au sein d'une même pièce de théâtre peuvent coexister différents registres (voir *Ornifle ou le Courant d'air* p. 234).

Lectures personnelles

Pierre Corneille
Horace

© éd. Bordas, collection « Classiques Bordas », 2004.

Le sujet est emprunté à l'histoire légendaire de Rome, telle que Tite-Live la raconte.
Albe et Rome sont en guerre. Les deux villes ont décidé de régler leur conflit par un combat singulier opposant trois champions choisis dans chaque camp, mais qui ont le malheur d'appartenir à deux familles unies.

ZOOM sur ...

William Shakespeare
Roméo et Juliette

Traduit de l'anglais par François-Victor Hugo. Abrégé par Martial Poirson © éd. L'École des loisirs, collection « Classiques abrégés », 2006.

L'auteur

William Shakespeare (1564-1616) est considéré comme le plus grand dramaturge de la culture anglo-saxonne. Son œuvre variée (tragédies, pièces historiques, comédies) a traversé les siècles. *Hamlet*, *Macbeth*, *Othello* sont quelques-unes de ses pièces les plus célèbres.

L'intrigue

La pièce, fameuse entre toutes, de William Shakespeare : Roméo et Juliette tombent amoureux l'un de l'autre, sans savoir qu'ils appartiennent à des familles ennemies.

Marcel Pagnol
La trilogie *Marius, Fanny, César*

© éd.de Fallois, collection Fortunio Poche, 2004.

Sur le Vieux Port de Marseille, César tient le bar de la Marine, avec son fils Marius. Celui-ci rêve de voyages lointains sur la mer, mais il reste ancré au port en raison de son amour pour Fanny, la fille d'Honorine, vendeuse de coquillages.

Eugène Durif
La Petite Histoire

© éd. L'École des loisirs, 1998.

Cette pièce de théâtre reprend le mythe de Roméo et Juliette. Dans un cimetière, au plus sombre de l'hiver, la mère de Roméo et le père de Juliette racontent, pour que l'on n'oublie pas, l'histoire de leurs enfants.

Mikaël Ollivier
Star-Crossed Lovers

© éd.Thierry Magnier, 2002.

Ce roman contemporain transpose le mythe de Roméo et Juliette à l'époque moderne. Clara et Guillaume nous confient leur histoire, qu'ils racontent à deux voix : lui est le fils du patron d'une usine en grève ; elle, la fille du délégué syndical. Ce qui ne les empêche pas de s'aimer, tels des « amants maudits par les étoiles ».

Molière

L'Avare

Harpagon, vieillard d'une avarice extrême, est veuf. Il a formé le projet d'épouser la jeune Mariane, mais découvrant que son propre fils Cléante est son rival, il se querelle avec lui. Maître Jacques, domestique de la maison, fait croire à chacun que l'autre a renoncé à son amour. Le père et le fils se croient donc réconciliés, alors qu'il n'en est rien.

Acte IV, scène 5. Harpagon, Cléante.

CLÉANTE. – Je vous demande pardon, mon père, de l'emportement que j'ai fait paraître.

HARPAGON. – Cela n'est rien.

CLÉANTE. – Je vous assure que j'en ai tous les regrets du monde.

HARPAGON. – Et moi, j'ai toutes les joies du monde de te voir raisonnable.

CLÉANTE. – Quelle bonté à vous d'oublier si vite ma faute !

HARPAGON. – On oublie aisément les fautes des enfants lorsqu'ils rentrent dans leur devoir.

CLÉANTE. – Quoi ! ne garder aucun ressentiment de toutes mes extravagances ?

HARPAGON. – C'est une chose où tu m'obliges, par la soumission et le respect où tu te ranges.

CLÉANTE. – Je vous promets, mon père, que jusques au tombeau je conserverai dans mon cœur le souvenir de vos bontés.

HARPAGON. – Et moi, je te promets qu'il n'y aura aucune chose que de moi tu n'obtiennes.

CLÉANTE. – Ah ! mon père, je ne vous demande plus rien ; et c'est m'avoir assez donné que de me donner Mariane.

HARPAGON. – Comment ?

CLÉANTE. – Je dis, mon père, que je suis trop content de vous, et que je trouve toutes choses dans la bonté que vous avez de m'accorder Mariane.

HARPAGON. – Qui est-ce qui parle de t'accorder Mariane ?

CLÉANTE. – Vous, mon père.

HARPAGON. – Moi ?

CLÉANTE. – Sans doute.

HARPAGON. – Comment ! c'est toi qui as promis d'y renoncer.

CLÉANTE. – Moi, y renoncer ?

HARPAGON. – Oui.

CLÉANTE. – Point du tout.

HARPAGON. – Tu ne t'es pas départi[1] d'y prétendre ?

CLÉANTE. – Au contraire, j'y suis porté plus que jamais.

HARPAGON. – Quoi, pendard ! derechef[2] ?

CLÉANTE. – Rien ne peut me changer.

HARPAGON. – Laisse-moi faire, traître.

CLÉANTE. – Faites tout ce qu'il vous plaira.

HARPAGON. – Je te défends de me jamais voir.

CLÉANTE. – À la bonne heure.

HARPAGON. – Je t'abandonne.

1. **Tu ne t'es pas départi :** tu n'as pas renoncé.
2. **Derechef :** encore.

CLÉANTE. – Abandonnez.
HARPAGON. – Je te renonce pour mon fils.
CLÉANTE. – Soit.
HARPAGON. – Je te déshérite.
CLÉANTE. – Tout ce que vous voudrez.
HARPAGON. – Et je te donne ma malédiction.
CLÉANTE. – Je n'ai que faire de vos dons.

Molière, *L'Avare*, IV, 5, 1668.

Questions *(15 points)*

Une scène de théâtre *(3 points)*

1. Donnez deux indices qui permettent d'affirmer que ce texte appartient au genre théâtral. *(2 points)*

2. De quel personnage absent est-il question ? *(1 point)*

Progression du dialogue *(8 points)*

3. Caractérisez le ton de l'échange, au début de la scène. *(1 point)*

4. Quelle réplique marque un tournant dans ce dialogue ? À quels éléments le voit-on ? *(2 points)*

5. Par quels moyens Harpagon tente-t-il de fléchir son fils ? Comment Clitandre réagit-il ? *(2 points)*

6. Comment se termine la scène ? Diriez-vous que le conflit s'est réglé, maintenu ou aggravé ? *(2 points)*

7. Quelles indications donneriez-vous au comédien qui joue le rôle de Cléante pour mettre en valeur la progression du dialogue ? *(1 point)*

Une scène comique ? *(4 points)*

8. La situation est-elle comique en soi ? Qu'est-ce qui prête néanmoins à rire ou sourire ? Donnez un exemple précis. *(2 points)*

9. De quel côté le lecteur/spectateur se range-t-il ? *(1 point)*

10. Est-on vraiment inquiet pour Cléante ? Justifiez votre réponse. *(1 point)*

Réécriture *(5 points)*

Réécrivez les trois répliques suivantes, en imaginant qu'Harpagon s'adresse à ses deux enfants :
« Et moi, j'ai toutes les joies du monde de te voir raisonnable. » *(1 point)*
« C'est une chose où tu m'obliges, par la soumission et le respect où tu te ranges. » *(2 points)*
« Et moi, je te promets qu'il n'y aura aucune chose que de moi tu n'obtiennes. » *(2 points)*

Dictée *(5 points)*

Au choix de l'enseignant.

Rédaction *(15 points)*

Rédigez le monologue de Cléante, à la suite de cette scène.

Critères de réussite :

Vous respecterez la forme du monologue.

- Vous tiendrez compte de la situation du personnage : quels sentiments éprouve-t-il ?
- Vous insérerez des didascalies.

Compétences du socle évaluées

Je suis capable d'identifier le genre auquel appartient un texte.

Je suis capable de dégager l'idée essentielle d'un texte lu.

Je suis capable d'écrire lisiblement un texte en respectant l'orthographe et la grammaire.

Je suis capable d'écrire lisiblement un texte sous la dictée en respectant l'orthographe et la grammaire.

Je suis capable de rédiger un texte bref, cohérent et ponctué à partir de consignes données.

Cyrano de Bergerac, d'Edmond Rostand

Cyrano de Bergerac est le personnage principal qui donne son titre à la pièce. On dit qu'il s'agit du héros éponyme. Pour le concevoir, Edmond Rostand s'est inspiré du vrai Cyrano de Bergerac, mais qu'il a quelque peu transformé.

Le vrai Cyrano

- **Cyrano de Bergerac** est un auteur du XVIIe siècle, à la fois poète, philosophe et savant. Né Hercule Savinien de Cyrano en 1619 à Paris, il ajoutera à son nom celui de Bergerac où sa famille possède une propriété, en Vallée de Chevreuse. Il se définit avant tout comme un **homme d'armes**. Dès l'âge de vingt ans, il s'engage comme cadet dans le régiment des gardes du capitaine Carbon de Castel-Jaloux. Mais lors du siège d'Arras, il est gravement blessé, ce qui l'oblige à quitter l'armée.
- Sans perdre l'habitude de se battre – il met ainsi en fuite une centaine de brigands Porte de Nesle –, il se lance alors dans une **carrière littéraire**. En 1647, il crée *Le Pédant joué*, pièce dont s'inspira Molière dans ses *Fourberies de Scapin*. Son œuvre principale *L'Autre Monde* raconte, à la première personne, des voyages fictifs dans la Lune et le Soleil. Par ses **fictions philosophiques** et ses fréquentations, il acquiert la réputation d'un **libre penseur** qui n'hésite pas à remettre en cause la religion et la morale de son temps.
- Il tombe malade à la suite d'un accident – la chute d'une poutre sur la tête – dont on ignore s'il s'agit d'une tentative de meurtre, et se réfugie jusqu'à sa mort en 1655, dans un couvent.

Gravure tirée du *Recueil de portraits* d'Étienne Jehandier Desrochers (1726).

Frontispice de *L'Histoire comique des États et Empires de la Lune*, BNF. Le narrateur s'élève dans les cieux grâce à des fioles de rosée.

Portrait de Cyrano *par Théophile Gautier*

Ce nez invraisemblable se prélasse dans une figure de trois-quarts dont il couvre entièrement le petit côté ; il forme, sur le milieu, une montagne qui me paraît devoir être, après l'Hymalaya, la plus haute montagne du monde ; puis il se précipite vers la bouche, qu'il obombre[1] largement, comme une trompe de tapir ou un rostre[2] d'oiseau de proie ; tout à fait à l'extrémité, il est séparé en deux portions par un filet [...]. Cela fait comme deux nez distincts dans une même face, ce qui est trop pour la coutume. [...]. Quant au reste de la figure, autant que ce nez triomphal permet de l'apercevoir, il m'a semblé gracieux et régulier [...]. N'était le nez, ce serait réellement un joli garçon. Ce nez malencontreux fut du reste, pour Cyrano de Bergerac, une occasion de déployer sa valeur dans des duels qui se renouvelaient presque tous les jours. Si quelqu'un avait le malheur de le regarder et montrait quelque étonnement de voir un nez pareil, vite il lui fallait aller sur le pré. [...] ce qui fit qu'au bout de peu de temps tout le monde trouva la forme du nez de Cyrano excessivement convenable et que tout au plus quelque provincial non encore usagé s'avisait d'y trouver le mot à rire.

Théophile Gautier, *Les Grotesques*, VI (extrait), 1844.

1. **Obombrer** : couvrir d'ombre.
2. **Rostre :** bec pointu.

Le Cyrano de Rostand

Voici des citations, extraites de la pièce, qui toutes évoquent le personnage créé par Edmond Rostand.

« C'est un garçon versé dans les colichemardes* »

« Il est cadet aux gardes. »

« N'est-ce pas que cet homme est des moins ordinaires ? »

« Ah ! c'est le plus exquis des êtres sublunaires ! »

« Rimeur ! / Bretteur ! / Physicien ! / Musicien !
Et quel aspect hétéroclite que le sien ! »

« bizarre, excessif, extravagant, falot »

« Plus fier que tous les Artabans »

« Quel nez que ce nez-là ! »

« *le feutre en bataille, la moustache hérissée, le nez terrible* »

« dites-moi pourquoi vous regardez mon nez »

« apprenez / Que je m'enorgueillis d'un tel appendice »

« Oui, monsieur, poète ! »

« Un seul homme, assure-t-on, sut mettre
Toute une bande en fuite !... »

« Parmi les purs Gascons que nous sommes »

« Ne le plaignez pas trop : il a vécu sans pactes,
Libre dans sa pensée autant que dans ses actes. »

« Hier, on jouait Scapin
Et j'ai vu qu'il vous a pris une scène ! »

« Il va tourner le coin
De la rue... et je cours... lorsque d'une fenêtre
Sous laquelle il passait – est-ce un hasard ?... peut-être ! –
Un laquais laisse choir une pièce de bois. »

« Le Bret, je vais monter dans la lune opaline,
Sans qu'il faille inventer, aujourd'hui, de machine... »

« Philosophe, physicien,
Rimeur, bretteur, musicien,
Et voyageur aérien,
Grand riposteur du tac au tac,
Amant aussi – pas pour son bien ! –
Ci-gît Hercule-Savinien
De Cyrano de Bergerac
Qui fut tout et ne fut rien. »

*épées ou rapières à large manche.

Illustration de Cyrano de Bergerac par Auguste Gorguet, 1897.

Activité

1. Confrontez ces divers documents pour faire apparaître ce qu'ils ont en commun.
2. Quels aspects vous semblent dominer ?
3. Avez-vous pu repérer une ou plusieurs différences entre le vrai Cyrano et le personnage de théâtre ?

Écriture

Faites dialoguer Edmond Rostand et le vrai Cyrano.

Consignes

- Qui pourrait avoir l'initiative du dialogue ? Quel sentiment pourrait le motiver ?
- Imaginez-vous un Cyrano irrité par ce qu'a fait de lui Rostand ? ou voulant au contraire le remercier de l'avoir ainsi immortalisé ? Rostand lui-même cherchera-t-il à lui rendre hommage ou s'enorgueillira-t-il d'avoir inventé un personnage supérieur à son modèle ?
- Le dialogue fera-t-il évoluer les rapports entre les deux hommes ? Qui aura le denier mot ?

Cyrano : Une pièce audacieuse

Un accueil triomphal

▶ Au soir de la première, le 27 décembre 1897, au théâtre de la Porte Saint-Martin, Edmond Rostand, alors jeune poète de vingt-sept ans, est persuadé que sa pièce sera un échec.

▶ Dès le premier acte, le public est conquis. Et à deux heures du matin, à la fin de la représentation, c'est l'ovation, avec plus de quarante rappels.

▶ Depuis, le succès ne s'est pas démenti, au théâtre comme au cinéma, en France aussi bien qu'à l'étranger.

Un vrai défi

▶ Par plusieurs de ses aspects dramaturgiques, la pièce de Rostand semble constituer un véritable défi pour les professionnels du théâtre.

▶ Jouée intégralement, elle donne lieu à une représentation de plus de trois heures et réclame une distribution très nombreuse : cinquante acteurs, sans compter les figurants.

▶ Le personnage de Cyrano occupe 1400 alexandrins, soit plus de la moitié du texte. Ce rôle constitue donc une vraie performance d'acteur.

▶ Il s'agit par ailleurs de faire revivre le XVIIe siècle, dans des décors très divers qui changent à l'ouverture de chaque acte.

À Constant Coquelin, qui tient le rôle-titre, Edmond Rostand s'excuse par avance :

« Mon ami, j'implore votre pardon.
– Mais, de quoi ?
– De vous avoir donné, à vous, Coquelin, une pièce aussi inepte, aussi mal écrite. Nous courons à un échec certain. Mon Dieu, comme j'avais raison de vouloir la retirer. Pardonnez-moi ! »

G. Favalelli, in *Le Roman vrai de la IIIe République, Prélude à la Belle Époque*, Denoël, 1956.

Activité 1

Voici trois photographies qui appartiennent à la même mise en scène de Denis Podalydès pour la Comédie-Française, en 2006. Observez-les bien.

▶ La première se déroule dans la rôtisserie de Ragueneau.

1. Combien de personnages se trouvent rassemblés en ce lieu ? Comment sont-ils vêtus ?
2. De quoi est constitué le décor ? Quelle impression domine, selon vous ?

▶ La deuxième correspond à la fameuse scène du balcon.

1. En quoi la scène est-elle plus intimiste ? Le décor est-il réaliste ?
2. Roxane paraît suspendue dans les airs : comment ce choix de mise en scène peut-il être interprété ?

◗ La dernière évoque le siège d'Arras.

1. Quels éléments du décor suggèrent une scène d'extérieur ?
2. Quelle est la couleur dominante ? Que traduit-elle, selon vous ?
3. Voyez les costumes des acteurs : à quelle époque semblent-ils nous renvoyer ?

Activité 2

En quoi l'adaptation cinématographique est-elle plus aisée ?

Image et affiche du film de J. P. Rappeneau, *Cyrano de Bergerac*, 1989, avec Anne Brochet (Roxane), Gérard Depardieu (Cyrano) et Vincent Perez (Christian).

Écriture

Transposez l'histoire dans notre monde moderne et faites de Cyrano un adolescent amoureux d'une fille de son âge.

Consignes

➤ Par quoi pourrait-on remplacer la Compagnie des cadets de Gascogne, l'épisode de la guerre et la mort de Christian ?

➤ Prenez une scène au choix et essayez de la réécrire d'une façon personnelle.

➤ Vous pourrez lire ensuite le roman de François Charles, *Cyrano junior*, Rageot éditeur (1992) pour confronter vos propositions à celles de l'auteur.

Une comédie héroïque pour émouvoir, faire rire et faire pleurer

Edmond Rostand définit sa pièce comme une « comédie héroïque ». Il renoue par là avec un genre mis à l'honneur deux siècles auparavant par Corneille, mais le renouvelle en lui attribuant un fort pouvoir d'émotion. Tout se concentre autour du personnage de Cyrano, qui réunit en lui des aspects à la fois héroïques, comiques et pathétiques.

Héroïque

- Cyrano apparaît toujours plein de fougue et fait preuve d'une belle énergie. C'est un esprit fier et indépendant qui ne craint personne, pas même les puissants.

Au Vicomte de Valvert qui se moque de lui parce qu'il « sort sans rubans, bouffettes, sans ganses ! », Cyrano répond :

CYRANO

Moi, c'est moralement que j'ai mes élégances.
Je ne m'attife pas ainsi qu'un freluquet,
Mais je suis plus soigné si je suis moins coquet ;
Je ne sortirais pas avec, par négligence,
Un affront pas très bien lavé, la conscience
Jaun encore de sommeil dans le coin de son œil,
Un honneur chiffonné, des scrupules en deuil.
Mais je marche sans rien sur moi qui ne reluise,
Empanaché d'indépendance et de franchise ;
Ce n'est pas une taille avantageuse, c'est
Mon âme que je cambre ainsi qu'en un corset,
Et tout couvert d'exploits qu'en rubans je m'attache,
Retroussant mon esprit ainsi qu'une moustache,
Je fais, en traversant les groupes et les ronds,
Sonner les vérités comme des éperons..

Acte I, scène 4

Activité 1

1. Repérez les deux champs lexicaux dominants. Comment s'articulent-ils ?
2. Résumez l'idée essentielle sur laquelle repose la morale toute personnelle de Cyrano.
3. Quel sentiment est suscité chez le lecteur-spectateur ?

Comique

- Cyrano se sert du langage comme d'une arme et manie le verbe, aussi bien que l'épée. Par ses talents, il réussit à mettre les rieurs de son côté.

CYRANO, *à ceux qui crient autour de lui.*
Je vous en prie, ayez pitié de mon fourreau
Si vous continuez, il va rendre sa lame !

CYRANO, *agacé*
[...] Non, pas de protecteur...
La main à son épée.
mais une protectrice !

LE VICOMTE
Maraud, faquin, butor de pied plat ridicule.
CYRANO, *ôtant son chapeau et saluant comme si le vicomte venait de se présenter.*
Ah ?... Et moi, Cyrano-Savinien-Hercule
De Bergerac.
Rires.

Acte I, scène 4

Activité 2

Expliquez ces bons mots de Cyrano.

Illustration d'Albert Dubout pour *Cyrano*, 1947.

Couverture de l'album *Cyrano* de Taï-Marc Le Thanh, illustré par Rebecca Dautremer, éd. Gautier-Languereau, 2005.

Pathétique

▶ Cyrano, amoureux d'une beauté, se croit indigne d'être aimé.

CYRANO

Regarde-moi, mon cher, et dis quelle espérance
Pourrait bien me laisser cette protubérance !
Oh ! je ne me fais pas d'illusion ! – Parbleu,
Oui, quelquefois, je m'attendris, dans le soir bleu ;
J'entre en quelque jardin où l'heure se parfume ;
Avec mon pauvre grand diable de nez je hume
L'avril ; je suis des yeux, sous un rayon d'argent,
Au bras d'un cavalier, quelque femme, en songeant
Que pour marcher, à petits pas, dans de la lune,
Aussi moi j'aimerais au bras en avoir une,
Je m'exalte, j'oublie... et j'aperçois soudain
L'ombre de mon profil sur le mur du jardin !

LE BRET, *ému*

Mon ami !...

CYRANO

Mon ami, j'ai de mauvaises heures !
De me sentir si laid, parfois, tout seul...

LE BRET, *vivement, lui prenant la main*

Tu pleures ?

CYRANO

Ah ! non, cela, jamais ! Non, ce serait trop laid,
Si le long de ce nez une larme coulait !
Je ne laisserai pas, tant que j'en serai maître,
La divine beauté des larmes se commettre
Avec tant de laideur grossière !... Vois-tu bien,
Les larmes, il n'est rien de plus sublime, rien,
Et je ne voudrais pas qu'excitant la risée,
Une seule, par moi, fut ridiculisée !...

Acte I, scène 5.

Activité 3

1. En quoi Cyrano est-il émouvant ?
2. Vous semble-t-il s'apitoyer sur lui-même ou refuser de se prendre au tragique ? Justifiez votre réponse.

Un vilain nez qui cache une belle âme

▶ Virtuose dans l'art de manier le langage, Cyrano se voit réduit au silence : il ne peut avouer à celle qu'il aime ses sentiments, mais trouve le moyen de s'épancher par le truchement de Christian. Sa voix, dans la scène du balcon, puis ses lettres, lors du siège d'Arras, exerceront sur Roxane un réel pouvoir de séduction.

ROXANE

Je viens te demander pardon (et c'est bien l'heure
De demander pardon, puisqu'il se peut qu'on meure !)
De t'avoir fait d'abord, dans ma frivolité,
L'insulte de t'aimer pour ta seule beauté !

CHRISTIAN, *avec épouvante*

Ah ! Roxane !

ROXANE

Et plus tard, mon ami, moins frivole,
– Oiseau qui saute avant tout à fait qu'il s'envole,–
Ta beauté m'arrêtant, ton âme m'entraînant,
Je t'aimais pour les deux ensemble !...

CHRISTIAN

Et maintenant ?

ROXANE

Eh bien ! toi-même enfin l'emporte sur toi-même,
Et ce n'est plus que pour ton âme que je t'aime !

CHRISTIAN, *reculant*

Ah ! Roxane !

ROXANE

Sois donc heureux. Car n'être aimé
Que pour ce dont on est un instant costumé,
Doit mettre un cœur avide et noble à la torture ;
Mais ta chère pensée efface ta figure,
Et la beauté par quoi tout d'abord tu me plus,
Maintenant j'y vois mieux... et je ne la vois plus !

CHRISTIAN

Oh !...

Acte IV, scène 8.

Activité 4

1. Résumez les trois étapes de l'amour que porte Roxane à Christian.
2. Qui finalement, de Christian ou de Cyrano, est aimé ?

Le théâtre dans le théâtre

Une mise en abyme

Le spectateur qui va assister à une représentation de *Cyrano de Bergerac* voit le rideau se lever sur des comédiens, qui jouent eux-mêmes le rôle de spectateurs du XVIIe siècle venus admirer l'acteur Montfleury dans une pièce intitulée *La Clorise*. Ce procédé, comparable à des poupées gigognes, est appelé « mise en abyme ».

Coquelin dans le rôle de Cyrano au théâtre de la Porte-Saint -Martin, 1897.

Activité 1

En vous appuyant sur les extraits ci-dessous, rédigez un paragraphe qui rendra compte de votre étonnement face aux comportements des spectateurs du XVIIe siècle, peu avant la représentation.

PREMIER CAVALIER, *au deuxième.*
On ne commence qu'à deux heures. Le parterre
Est vide. Exerçons-nous au fleuret.

UN LAQUAIS, *entrant.*
Pst… Flanquin…
UN AUTRE, *déjà arrivé.*
Champagne ?…
LE PREMIER,
lui montrant des jeux qu'il sort de son pourpoint.
Cartes. Dés.
(Il s'assied par terre.)
Jouons.
LE DEUXIÈME, *même jeu.*
Oui, mon coquin.

UN TIRE-LAINE, *groupant autour de lui plusieurs hommes de mauvaise mine*
Or çà, jeunes escrocs, venez qu'on vous éduque
Puis donc que vous volez pour la première fois…

LE BOURGEOIS, *à son fils*
Ne se croirait-on pas en quelque mauvais lieu ?

Acte I, scène 1.

Activité 2

Lisez les répliques ci-après, de façon à rédiger un paragraphe cohérent qui répondra aux questions suivantes :

1. De quelles catégories sociales le public est-il constitué ?
2. Ces catégories se côtoient-elles ou bien occupent-elles des espaces différents ?
3. Quelle semble être la préoccupation essentielle des gens de la noblesse ?
4. Comparez avec l'époque actuelle.

Brouhaha à la porte.
UNE VOIX DE FAUSSET
Place, brutes !
UN LAQUAIS, *s'étonnant.*
Les marquis !… au parterre ?…
UN AUTRE LAQUAIS
Oh ! pour quelques minutes.
Entre une bande de petits marquis.
UN MARQUIS, *voyant la salle à moitié vide*
Hé quoi ! Nous arrivons ainsi que les drapiers,
Sans déranger les gens ? sans marcher sur les pieds
Ah ! fi ! fi ! fi !

Acte I, scène 1.

DE GUICHE
Je monte
Sur scène. Venez-vous ?
Il se dirige suivi de tous les marquis et gentilshommes vers le théâtre.

LE BRET, *étonné*
Ce silence soudain ? …
Un spectateur lui parle bas.
Ah ? …
LE SPECTATEUR
La chose me vient d'être certifiée.
MURMURES, *qui courent*
Chut ! – Il paraît ? … – Non ! … – Si ! - Dans la loge
[grillée.
– Le Cardinal ! – Le Cardinal ? – Le Cardinal !
UN PAGE
Ah ! diable, on ne va pas pouvoir se tenir mal !…
On frappe sur la scène. Tout le monde s'immobilise. Attente.

Acte I, scène 3.

Une mise en abyme « au carré »

◗ La mise en abyme est ici démultipliée par le fait que Cyrano, ayant interrompu la représentation, va lui-même se produire en spectacle : c'est la fameuse tirade des nez et la ballade du duel.

Activité 3

À l'aide de l'extrait suivant, comparez les conditions de cette représentation improvisée avec celles que vous avez pu analyser précédemment.

La Salle, *surexcitée au plus haut point*
Place ! – Très amusant ! – Rangez-vous ! – Pas de bruits !

Tableau. Cercle de curieux au parterre, les marquis et les officiers mêlés aux bourgeois et aux gens du peuple ; les pages grimpés sur des épaules pour mieux voir. Toutes les femmes debout dans les loges. À droite, De Guiche et ses gentilshommes. À gauche, Le Bret, Ragueneau, Cuigy, etc.

Acte I, scène 4

Activité 4

En vous aidant des présentations ci-dessous, dites comment la mise en abyme a pu être utilisée dans un **roman,** une **nouvelle** ou une **pièce de théâtre** :

▶ *L'Impromptu de Versailles* est une pièce de Molière dans laquelle celui-ci se met en scène avec sa troupe en train de répéter une pièce qu'ils devront jouer devant le roi.

▶ *Coups de théâtre* de Christian Grenier est présenté par son auteur comme un « roman en cinq actes » qui relate une énigme policière ayant pour décor une scène de théâtre et pour enquêteur un inspecteur féru de théâtre : lors d'une représentation de la pièce *Meurtre en direct*, au lever du rideau, « une femme gît, face contre terre, un couteau planté dans le dos. ». Les spectateurs, qui ont d'abord cru à une fiction, se rendent à l'évidence au bout de quelques minutes : un crime vient d'être commis.

▶ Annie Saumont est l'auteur d'une nouvelle intitulée *Fille lisant à l'arrêt de bus*, qui met en scène une première fille, laquelle attend son bus en poursuivant sa lecture d'un roman étranger. Les pages qu'elle est en train de lire évoquent trois personnages, parmi lesquels une fille qui attend l'autobus et est témoin d'un crime.

Suivant le même principe, essayez d'imaginer l'utilisation de ce procédé au cinéma ou dans le domaine de la photographie. Recherchez des exemples.

Les Époux Arnolfini, de Jan van Eyck (1434), 82 X 60 cm, peinture sur bois, National Gallery, Londres.

Histoire des arts

La mise en abyme est un procédé que l'on retrouve dans d'autres formes artistiques. Un exemple remarquable nous est fourni par cette peinture de Jan van Eyck.
Que voyez-vous dans le miroir qui occupe le mur du fond ?

Chapitre 9

La poésie

→ Découvrir le lyrisme en poésie

Histoire des arts

Chagall sait créer un univers poétique. Au-dessus du monde matériel, on voit s'élever avec grâce un homme, une femme au corps d'oiseau, dans un ciel harmonieusement coloré de bleu et de violet. L'homme caresse la chevelure de la femme avec la main, symbole de l'union et de l'amour.

1. Qu'y a-t-il de commun entre l'image et la citation ci-contre ?

2. Quel lien voyez-vous avec la poésie ?

« De la musique avant toute chose,
Et pour cela préfère l'Impair
Plus vague et plus soluble dans l'air
Sans rien en lui qui pèse ou qui pose. »

Paul Verlaine, *Jadis et Naguère*,1881.

Marc Chagall (1887-1985), illustration pour le poème de Pouchkine « Les Bohémiens », Museum of Modern Art, New York.

Repères

Petite histoire du lyrisme

Questions

1 **Quel mot l'adjectif *lyrique* contient-il ? Que désigne ce mot et quel lien pouvez-vous établir avec la poésie ?**

2 **Savez-vous à quels personnages de la mythologie antique la poésie et le chant sont associés ?**

3 **L'expression *poésie lyrique* vous fait-elle penser à des auteurs ou à des poèmes en particulier ? Lesquels ?**

Poésie et musique

- Dans l'Antiquité grecque, la **poésie** était **chantée** avec un accompagnement de la **lyre**, instrument de musique à sept cordes, avec une traverse, des bras et une caisse de résonance creusée dans une carapace de tortue recouverte de cuir.
- La poésie est donc originellement associée au **chant**. C'est ce que montrent également des formes poétiques telles que l'*ode* ou l'*hymne*.
- Aujourd'hui encore, on désigne sous le nom d'**art lyrique** les livrets d'opéra, les cantates ou *lieder*, et l'on qualifie de *lyrique* un chanteur ou une chanteuse d'opéra.

Mosaïque, *Orphée charmant les animaux*, IIe s. après. J.-C., musée archéologique de Saint-Romain-en-Gal.

Le mythe d'Orphée

- Le mythe est raconté par Ovide dans les livres X et XI de ses ***Métamorphoses***. La lyre aurait été créée par Hermès, dernier-né de Zeus, alors qu'il était encore au berceau. Il l'offrit à son demi-frère Apollon, dieu musicien et poète, auquel l'instrument fut désormais attaché.
- **Orphée**, fils d'Apollon, aurait hérité du don d'en jouer à la perfection, entraînant après lui les animaux et les arbres, comme envoûtés par sa musique.
- Ayant perdu **Eurydice**, celle qu'il aimait, il descendit au **royaume des morts**. Par ses chants, il apaisa Cerbère, le gardien des Enfers et obtint du dieu Hadès la permission de ramener la jeune fille parmi les vivants. Il s'engageait en contrepartie à marcher en tête et à ne pas se retourner vers elle avant d'avoir regagné le monde des vivants. Orphée ne put résister à la tentation, se retourna et perdit une seconde fois son Eurydice.
- Après quoi, éperdu de douleur, il erra **dans la nature**, charmant de ses chants plaintifs toutes les créatures. Déchiré par les Bacchantes, il ne restait de lui qu'une tête et une lyre, sur les flots de l'Hèbre, lorsque son père Apollon se porta à son secours. Alors la lyre s'éleva au-dessus des flots et se mit à jouer toute seule.

La mort d'Orphée racontée sur un vase grec, vers 445-430 av. J.-C., musée du Louvre, Paris.

La poésie lyrique

- La poésie lyrique couvre un large pan de la littérature française, depuis le Moyen Âge, avec les ballades et les poèmes courtois, en passant par les poètes du XVIe siècle, dont les œuvres restent empreintes de musicalité. Cela est vrai de tout poème, c'est pourquoi la poésie doit être déclamée et pas seulement lue silencieusement. Le mot *lyrique* évolue ensuite vers un sens déjà présent dans le **mythe d'Orphée**, mais qui s'affirme, pour désigner un genre poétique caractérisé par l'**expression des sentiments personnels**.
- Le **romantisme** voit le triomphe du lyrisme, avec des poètes tels que Lamartine, Vigny, Musset et Hugo, qui font de l'**exaltation du moi**, des émotions, des passions, des douleurs intimes, la source principale de leur inspiration poétique. Ce mouvement de repli sur soi s'accompagne toutefois d'une **ouverture à la nature** et à la création tout entière, au-delà du monde visible.
- Dès la fin du XIXe siècle, Nerval, Baudelaire, Verlaine expriment leur **soif d'absolu**, présentant l'artiste et plus particulièrement le poète comme un « étranger » au milieu des hommes ordinaires. Le poète cherche à échapper à sa condition dans la quête amoureuse, thème universel, ou dans celle de l'ailleurs, ainsi Jules Laforgue s'imaginant le Far West. Il pourrait faire sienne cette affirmation de Baudelaire : « Il me semble que je serais toujours bien là où je ne suis pas, et cette question de déménagement en est une que je discute sans cesse avec mon âme. » (Baudelaire, « Anywhere out of the world », *Petits Poèmes en prose*)
- Les XIXe et plus encore le XXe siècle se **libèrent des contraintes** poétiques (vers libre), inventant des formes nouvelles comme le poème en prose.

J.- L. Grandin, *Sapho et ses compagnes jouant de la lyre*, 1808, musée Marmottan, Paris.

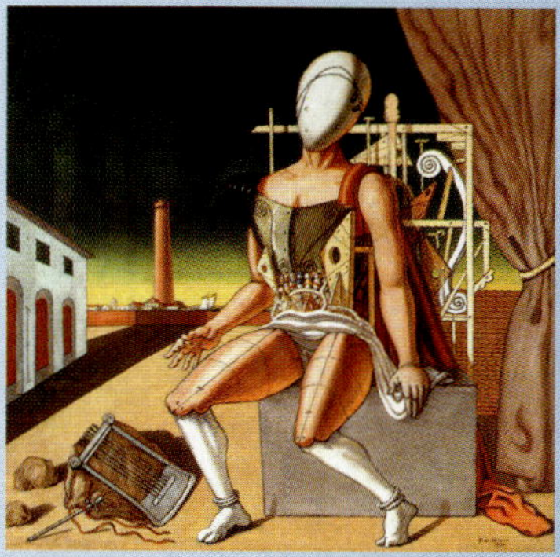

- **1552** **Pierre de Ronsard,** *Amours de Cassandre*
- **1558** **Joachim du Bellay,** *Les Regrets*
- **1831** **Victor Hugo,** *Feuilles d'automne*
- **1835-1837** **Alfred de Musset,** *Les Nuits*
- **1839** **Alphonse de Lamartine,** *Recueillements*
- **1854** **Gérard de Nerval,** *Les Chimères*
- **1862** **Charles Baudelaire,** *Petits Poèmes en prose*
- **1874** **Paul Verlaine,** *Romances sans paroles*
- **1885** **Jules Laforgue,** *Les complaintes*
- **1913** **Guillaume Apollinaire,** *Alcools*
- **1926** **Paul Éluard,** *Capitale de la douleur*
- **1942** **Louis Aragon,** *Les Yeux d'Elsa*
- **2004** **François Cheng,** *Le Livre du Vide médian*

Avant la lecture...
De quoi peut-on éprouver du regret ?

Joachim du Bellay (1522-1560)
Il est l'un des sept poètes de la Pléiade, auteur de *Défense et illustration de la langue française*. C'est durant son séjour de quatre années à Rome qu'il écrivit ses deux recueils principaux : *Les Antiquités de Rome*, qui retrace la grandeur et la décadence de la civilisation romaine, et *Les Regrets*, dont les accents sont surtout lyriques, mais aussi satiriques (1558).

1 Joachim du Bellay
Les Regrets

Du Bellay part pour Rome, tout imprégné des images de la grandeur antique. Mais il est vite déçu par la ville moderne, qui a perdu de sa splendeur, et par la vie à la cour, où règnent les ambitions et les intrigues. De plus, il n'éprouve que peu d'intérêt pour la charge d'intendant qu'il occupe auprès de son oncle, le cardinal Jean du Bellay. Il se plaint dans ses vers, comme dans ce poème adressé à son ami poète Olivier de Magny.

Enluminure des *Escheys amoureux*, vers 1500, Bibliothèque nationale de France, Paris.

Vu le soin ménager[1] dont travaillé[2] je suis,
Vu l'importun souci qui sans fin me tourmente,
Et vu tant de regrets desquels je me lamente,
Tu t'ébahis[3] souvent comment chanter je puis.

Je ne chante[4], Magny, je pleure mes ennuis,
Ou, pour le dire mieux, en pleurant je les chante ;
Si bien qu'en les chantant, souvent je les enchante :
Voilà pourquoi, Magny, je chante jours et nuits.

Ainsi chante l'ouvrier en faisant son ouvrage,
Ainsi le laboureur faisant son labourage,
Ainsi le pèlerin regrettant sa maison,

Ainsi l'aventurier en songeant à sa dame,
Ainsi le marinier en tirant à la rame,
Ainsi le prisonnier maudissant sa prison.

Joachim Du Bellay, *Les Regrets*, 1558.

1. **Soin ménager :** l'expression désigne les soucis d'intendance qui sont le lot de la vie de Du Bellay à Rome.
2. **Travaillé :** ici, sens fort de *tourmenté* (d'un verbe dérivé du latin *trepalium*, instrument de torture).
3. **Tu t'ébahis :** tu t'étonnes.
4. **Je ne chante :** je ne chante pas.

Giorgione (1477-vers 1510), *Chanteur passionné*, XVIe siècle, Galerie Borghèse, Rome, Italie.

Premières impressions

À quoi avez-vous été le plus sensible, en découvrant ce poème ? à un mot, à un son, à une image ? à une association ?

Lire et analyser

La composition d'ensemble

1. Repérez les mots répétés à l'initiale des vers et qui structurent l'ensemble du poème.
Savez-vous comment on nomme ce procédé ?

2. Expliquez, à partir de là, ce qui fait l'unité des deux premières strophes et celle des deux dernières.

3. En quoi cette composition se rapproche-t-elle de la musique ? Comment nomme-t-on cette forme de poème ?

Reprises et variations musicales

4. À quels vers se rattachent plus précisément les comparaisons des vers 9, 10 et 13 ? Le travail est-il évoqué de la même façon ? Justifiez votre réponse par une analyse lexicale.

5. Sur quel sentiment, nommé dans la 1re strophe, les autres comparaisons insistent-elles ? Retrouvez dans la première strophe le mot qui désigne ce sentiment.

6. Pourquoi, selon vous, l'image du prisonnier apparaît-elle en dernier ? Quelle est l'impression produite ?

La magie de la poésie

7. Analysez les emplois du verbe *chanter* dans la deuxième strophe (construction et sens).

8. De quel autre verbe ce mot est-il rapproché ? Expliquez le passage de l'un à l'autre.

9. Par quelle répétition de son ces termes sont-ils repris comme en écho dans tout le poème ?

Question de synthèse

10. On appelle *art poétique* le texte dans lequel un auteur expose ses conceptions de la poésie. En reformulant les idées importantes contenues dans ce poème de Du Bellay, vous expliquerez dans quelle mesure il peut se lire comme un art poétique.

Vocabulaire

11. Reconstituez la famille du verbe *chanter*, en choisissant un mode de classement, suivant des critères que vous indiquerez.

Débat

Dans un premier temps, vous réfléchirez individuellement à partir des questions qui suivent, puis vous confronterez vos différents points de vue.

- Qu'est-ce qui vous donne envie de lire des poèmes ? d'en écrire ?
- Quelle sorte de poèmes privilégiez-vous ?
- Que recherchez-vous dans la poésie ?
- Que représente-t-elle pour vous ?
- De quelles autres formes d'expression la rapprochez-vous ?

Identifier le sujet lyrique

Avant la lecture…
Lisez l'un puis l'autre poème, en étant attentif aux images qu'ils auront fait naître en vous.

Marceline Desbordes-Valmore
(1786-1859)

Si son œuvre n'a pas fait date dans la littérature du XIXe siècle – il n'est pas si facile d'être une femme écrivain à cette époque, on apprécie l'intensité d'émotion, dans ses poèmes que lui inspire sa vie, dans ce qu'elle comporte de moments heureux ou malheureux.

2 Marceline Desbordes-Valmore
« Souvenir »

Son image, comme un songe,
Partout s'attache à mon sort ;
Dans l'eau pure où je me plonge
Elle me poursuit encore :
Je me livre en vain, tremblante,
À sa mobile fraîcheur,
L'image toujours brûlante
Se sauve au fond de mon cœur.

Pour respirer de ses charmes
Si je regarde les cieux,
Entre le ciel et mes larmes,
Elle voltige à mes yeux,
Plus tendre que le perfide,
Dont le volage désir
Fuit comme le flot limpide
Que ma main n'a pu saisir.

Marceline Desbordes-Valmore, *Poésies inédites*, 1830.

François Cheng
(Né en 1929)

D'origine chinoise, il a établi un pont entre les deux cultures, en traduisant dans sa langue d'origine les œuvres des grands poètes français et en publiant, en français, des essais sur l'art et la poésie chinoise. Il a été élu à l'Académie française en 2002.

3 François Cheng
« Ce parfum »

Ce parfum qui t'arrête
Au beau milieu du sentier
    au cœur du bois
Tu l'as connu
Mais en quel été ?
    en quel automne ?
 En une autre vie ?

Poussières de vie
Galaxies d'oubli
La terre fidèle seule
    garde souvenance

François Cheng, *Le Livre du Vide médian*, © éd. Albin Michel, 2004.

Mikhail F. Larionov (1881-1964), *La Pluie*, vers 1904-1905, Centre Georges Pompidou, Paris.

Premières impressions

À votre avis, pourquoi ces deux poèmes ont-ils été proposés ensemble ?

Lire et analyser

« Je », « tu », « il »

1. À quelle personne est écrit le premier poème ? Trouvez un indice grammatical qui indique que *je* désigne une femme.

2. À qui peut renvoyer l'expression du vers 13 *le perfide* ?

3. Quel pronom personnel est employé dans le second poème ? Quel est l'effet produit ?

4. Puisque ces pronoms sont interchangeables, qui pourraient-ils désigner, un individu particulier ou tout un chacun ?

Souvenir, souvenir

5. Montrez, par le jeu des temps, que le souvenir est une trace du passé dans le présent.

6. Quels procédés d'écriture font apparaître le souvenir à la fois comme une présence et comme une absence ?

7. Quels qualificatifs s'appliqueraient au souvenir tel qu'il est évoqué dans chacun des poèmes ? Justifiez votre choix.

fugitif • obsédant • douloureux • persistant • inattendu • précis • vague

Méditation

8. Que nous disent l'un et l'autre des poèmes sur l'âme humaine ? Quelles images permettent d'exprimer ces idées de façon suggestive ?

9. À votre avis, pourquoi la forme brève (vers courts, strophes en nombre limité) est-elle privilégiée ?

Vocabulaire

10. Expliquez comment s'emploient les mots suivants :

souvenir et *souvenance*

se rappeler et *se souvenir*

Orthographe

Réécrivez le poème de Marceline Desbordes-Valmore en remplaçant *je* par *tu*.

Découvrir le poème comme « paysage intérieur »

Avant la lecture...
À quel sentiment associez-vous spontanément la pluie ?

4 Jules Laforgue
« Spleen »

Tout m'ennuie aujourd'hui. J'écarte mon rideau.
En haut ciel gris rayé d'une éternelle pluie,
En bas la rue où dans une brume de suie
Des ombres vont, glissant parmi les flaques d'eau.

Je regarde sans voir fouillant mon vieux cerveau,
Et machinalement sur la vitre ternie
Je fais du bout du doigt de la calligraphie.
Bah ! sortons, je verrai peut-être du nouveau.

Pas de livres parus. Passants bêtes. Personne.
Des fiacres, de la boue, et l'averse toujours...
Puis le soir et le gaz et je rentre à pas lourds...

Je mange, et bâille, et lis, rien ne me passionne...
Bah ! couchons-nous. – Minuit. Une heure. Ah ! chacun dort !
Seul, je ne puis dormir et je m'ennuie encor.

7 novembre 1880

Jules Laforgue, *Les Complaintes*, 1885.

Jules Laforgue
(1860-1887)

Dans ses deux principaux recueils, *Les Complaintes* et *Moralités légendaires*, ce poète de la fin du XIXe siècle donne à entendre une voix singulière, qui paraît immédiate, spontanée.

Premières impressions

Ce poème vous donne-t-il l'impression d'une plainte, d'une lamentation, comme l'indique le titre du recueil d'où il est extrait ? Pourquoi ?

Lire et analyser

La composition d'ensemble

1. Décrivez la composition du poème. Reconnaissez-vous une forme particulière ?

2. En quoi cette forme traditionnelle est-elle utilisée ici avec une certaine liberté ?

Une voix

3. À quelle personne le poème est-il écrit ? Pourquoi la première personne du pluriel est-elle utilisée par endroits ?

4. Quels éléments du texte peuvent amener à penser que le poète parle de lui-même ?

Le titre

5. À la lecture du poème, comment définiriez-vous l'état de *spleen* qui donne son titre au poème ?

6. Analysez, à l'aide d'exemples précis, la façon dont la syntaxe, le lexique, le rythme des vers et les sonorités participent à l'expression de ce sentiment.

7. Sur quoi repose la correspondance entre le temps qu'il fait au dehors et les sentiments intimes ? Justifiez votre réponse.

8. À quelle sensation est-il surtout fait appel ?

9. Par quels procédés le poète suggère-t-il que le temps ne s'écoule pas, ou bien trop lentement ?

Avant la lecture...
Qu'est-ce qu'une *ariette* ? Sur quel aspect de la poésie ce mot insiste-t-il ?

Paul Verlaine
(1844-1896)

Poète majeur de la deuxième moitié du XIXe siècle, il affirme dans son *Art poétique* : « De la musique avant toute chose ». L'ensemble de son œuvre en témoigne.

5 Paul Verlaine
« Il pleure dans mon cœur »

Il pleut doucement sur la ville
(Arthur Rimbaud)

Il pleure dans mon cœur
Comme il pleut sur la ville ;
Quelle est cette langueur
Qui pénètre mon cœur ?

Ô bruit doux de la pluie
Par terre et sur les toits !
Pour un cœur qui s'ennuie,
Ô le chant de la pluie !

Il pleure sans raison
Dans ce cœur qui s'écœure.
Quoi ! nulle trahison ?...
Ce deuil est sans raison.

C'est bien la pire peine
De ne savoir pourquoi
Sans amour et sans haine
Mon cœur a tant de peine !

Paul Verlaine, *Romances sans paroles*, « Ariettes oubliées », III, 1874.

Photographie de Xavier Richer, *Reflet d'un immeuble dans une flaque d'eau*, Paris.

Premières impressions

Sans regarder le texte, notez les mots, les expressions, les vers que vous avez pu retenir à l'issue d'une ou deux lectures.

Lire et analyser

La composition d'ensemble

1. Les vers de ce poème vous semblent-ils de même longueur ?

2. En vous servant d'un papier-calque, soulignez les [ə] qui se prononcent et mettez entre parenthèses ceux qui ne se prononcent pas. Dites, à partir de là, quel est le mètre utilisé.

Étranger à soi-même

3. Comparez *Il pleure dans mon cœur* (v. 1) / *mon cœur pleure* / *je pleure* : qu'est-ce qui diffère ?

4. De quel mot le verbe *pleurer* est-il voisin ? Où ce mot est-il employé ici ? Qu'est-ce qui justifie un tel rapprochement, du point de vue du sens et des sons ?

5. Quel mot est repris de strophe en strophe ? Commentez le choix du déterminant qui l'accompagne dans chaque cas.

6. À travers les exclamations et interrogations, quel sentiment domine ?

« De la musique avant toute chose »

7. En quels termes est évoquée la pluie ? À quelle sensation renvoient-ils ?

8. *Dans ce cœur qui s'écœure* (v. 10) : Verlaine avait d'abord écrit : *qui s'effrite / qui s'ignore / qui s'ennuie*. Que pensez-vous de cette correction ?

9. Examinez le système des rimes. Qu'a-t-il d'inhabituel ? Recherchez l'effet produit.

Histoire des arts

- À quelle technique picturale auriez-vous envie d'associer ces deux poèmes qui évoquent la pluie ? une peinture à l'huile, une eau-forte ou une aquarelle ? Justifiez votre choix.
- En musique, est-ce le mode mineur ou majeur qui vous paraîtrait s'accorder le mieux avec ces textes ? Faudrait-il jouer *pianissimo*, *mezzo forte* ou *fortissimo* la musique qui les accompagnerait ?

Avant la lecture...
Qu'est-ce qui frappe, à la vue de ce poème ?

Louis Aragon
(1897-1982)

Poète et romancier français. Elsa Triolet, elle-même écrivain, fut le grand amour de sa vie. Dans ses poèmes, il lui rend hommage : *Cantique à Elsa*, *Les Yeux d'Elsa* (1942), *Le Fou d'Elsa* (1963). Plusieurs furent mis en musique et interprétés, notamment par Jean Ferrat et Léo Ferré.

6 Louis Aragon

Le Roman inachevé

Philip Wilson Steer (1860-1942), *Jeune Femme sur la plage*, 1886, musée d'Orsay, Paris.

Il n'aurait fallu
Qu'un moment de plus
Pour que la mort vienne
Mais une main nue
Alors est venue
Qui a pris la mienne

Qui donc a rendu
Leurs couleurs perdues
Aux jours aux semaines
Sa réalité
À l'immense été
Des choses humaines

Moi qui frémissais
Toujours je ne sais
De quelle colère
Deux bras ont suffi
Pour faire à ma vie
Un grand collier d'air

Rien qu'un mouvement
Ce geste en dormant
Léger qui me frôle
Un souffle posé
Moins une rosée
Contre mon épaule

Un front qui s'appuie
À moi dans la nuit
Deux grands yeux ouverts
Et tout m'a semblé
Comme un champ de blé
Dans cet univers

Un tendre jardin
Dans l'herbe où soudain
La verveine pousse
Et mon cœur défunt
Renaît au parfum
Qui fait l'ombre douce

Louis Aragon, *Le Roman inachevé*, © éd. Gallimard, 1956.

Premières impressions

Proposez un adjectif pour qualifier le poème que vous venez de lire. Confrontez votre réponse avec celles de vos camarades.

Lire et analyser

Passé et présent

1. Identifiez les deux temps de l'indicatif qui s'opposent, en citant un exemple pour chaque. Caractérisez d'un mot chacune des périodes de la vie qu'ils évoquent.

2. Que marque le passé composé ? À quel événement renvoie-t-il ?

3. *Il n'aurait fallu* (v. 1) : à quels temps et mode est conjugué le verbe ? Quelle idée est mise en valeur par cet emploi ?

L'évocation du bonheur

4. À quel champ lexical appartiennent les mots ou expressions qui suggèrent l'idée de bonheur ? Montrez-le par un relevé précis.

5. Classez votre relevé en fonction des sensations auxquelles il est fait appel. Lesquelles dominent ?

6. Repérez les images dans les strophes 2, 3 et 5. De quelle figure de style s'agit-il, d'une métaphore ou d'une comparaison ? Comment le concret et l'abstrait sont-ils associés ?

7. En prenant notamment appui sur la dernière strophe, commentez l'effet produit par l'absence de ponctuation, le rythme des vers et les sonorités.

Un hymne à l'amour

8. Quels sont les termes qui renvoient à l'être aimé ?

9. Comment s'appelle la figure de style employée ? Que met-elle en valeur, selon vous ?

Écriture

Chacune de ces phrases contient une idée générale. Complétez chacune d'elles en prenant le poème d'Aragon comme exemple.

- La poésie lyrique rend compte des sentiments, des états d'âme.
- Les images, les sonorités, le rythme du vers, tout concourt à créer une impression d'ensemble, en rapport avec le sentiment exprimé.
- La poésie lyrique peut être mise en musique et chantée.

Atelier oral

10. Lisez ce poème, en serpentin : un élève commence avec le premier vers ; son voisin enchaîne avec le second, et ainsi de suite, en essayant de ne pas briser la fluidité du rythme.

11. Écoutez Léo Ferré chanter ce poème qu'il a mis en musique. Donnez votre impression.

Histoire des arts

À quelle peinture, figurative ou abstraite, auriez-vous envie d'associer ce poème ? Expliquez votre choix.

Images et aspirations du poète

Découvrir une image du poète : clown ou saltimbanque ?

Avant la lecture...
Qu'est-ce qu'un *saltimbanque* ? Cherchez l'étymologie de ce mot.

7 Guillaume Apollinaire
« Saltimbanques »

à Louis Dumur

Dans la plaine les baladins[1]
S'éloignent au long des jardins
Devant l'huis[2] des auberges grises
Par les villages sans églises

Et les enfants s'en vont devant
Les autres suivent en rêvant
Chaque arbre fruitier se résigne
Quand de très loin ils lui font signe

Ils ont des poids ronds ou carrés
Des tambours des cerceaux dorés
L'ours et le singe animaux sages
Quêtent des sous sur leur passage

Guillaume Apollinaire, « Saltimbanques »,
in *Alcools*, © éd. Gallimard, 1920.

Guillaume Apollinaire (1880-1918)

Guillaume Apollinaire connaît le succès avec son recueil de poèmes *Alcools*, publié en 1913. Il occupe, depuis, une place importante dans l'histoire de la poésie pour avoir apporté une sensibilité nouvelle et moderne, à partir de thèmes souvent classiques.

1. **Baladin :** artiste ambulant, synonyme de saltimbanque.
2. **Huis :** porte.

Pablo Picasso (1881-1973), *Acrobate et jeune arlequin*, 1905, Fondation Barnes, Merion, États-Unis.

Premières impressions

Quelle atmosphère se dégage de ce poème ?

Lire et analyser

Des artistes ambulants

1. Décrivez le paysage que traversent les saltimbanques.

2. VOCABULAIRE Relevez les mots appartenant au champ lexical du mouvement dans tout le poème.

3. Montrez que les artistes se déplacent en cortège. Soyez ainsi attentifs au rythme, mais aussi à la longueur des phrases par rapport aux vers.

Des artistes marginaux

4. Quelles expressions montrent que ces saltimbanques vivent en marge de la société ?

5. Quel mode de vie ont-ils choisi ? À quelle autre façon de vivre s'oppose-t-il ?

Le métier d'artiste

6. D'après le dernier quatrain, en quoi consiste le métier de saltimbanque ? Montrez que ce sont des artistes.

7. Qu'apportent-ils aux villageois ?

8. Ce métier est-il récompensé ? Pour répondre, appuyez-vous sur la dernière strophe comme sur l'ensemble du poème.

9. Qu'est-ce qui peut expliquer que le poète soit touché par ce cortège de saltimbanques ?

Avant la lecture...
Quel est le point commun entre ce titre, « Le Saut du tremplin » et celui du poème précédent, « Saltimbanques » ?

Théodore de Banville (1823-1891)

Issu du romantisme dont il fréquente le milieu bohème, Théodore de Banville aspire à la virtuosité dans la forme de ses poèmes. Véritable funambule du langage, il n'en exprime pas moins un lyrisme très personnel.

8 Théodore de Banville
« Le Saut du tremplin »

Ce sont les trois dernières strophes du poème. Le clown de ce poème est adulé par le public. La hauteur de ses sauts fait sa renommée ! Mais avant de sauter, on peut le voir en train de parler ainsi à son tremplin…

« Plus haut encor, jusqu'au ciel pur !
Jusqu'à ce lapis[1] dont l'azur[2]
Couvre notre prison mouvante !
Jusqu'à ces rouges Orients
Où marchent des Dieux flamboyants
Fous de colère et d'épouvante.

Plus loin ! plus haut ! je vois encor
Des boursiers à lunettes d'or,
Des critiques, des demoiselles
Et des réalistes en feu.
Plus haut ! plus loin ! de l'air, du bleu !
Des ailes ! des ailes ! des ailes ! »

Enfin, de son vil[3] échafaud,
Le clown sauta si haut, si haut,
Qu'il creva le plafond de toiles
Au son du cor et du tambour,
Et, le cœur dévoré d'amour,
Alla rouler dans les étoiles.

Théodore de Banville, extrait du « Saut du tremplin », in *Odes funambulesques*, 1857.

1. **Lapis :** pierre fine. Désigne aussi la couleur bleue de cette pierre.
2. **Azur :** couleur bleue du ciel, symbole de l'Idéal et de l'Infini.
3. **Vil(e) :** qui a peu de valeur, méprisable.

Premières impressions

Ce clown ressemble-t-il plus à un clown drôle ou à un clown triste ?

Lire et analyser

« Plus haut ! »

1. Que désire faire le clown ? Citez les vers. Quel type de phrase souligne la force de ce désir ?

2. Pourquoi est-il animé par ce désir ? Analysez l'image du vers 3.

3. Comment qualifieriez-vous le public ?

4. Le poète peut-il se reconnaître dans le désir du clown ? Justifiez votre réponse.

L'art, mais à quel prix !

5. **VOCABULAIRE** Expliquez les différents sens du mot *échafaud* au vers 13.

6. Que coûte finalement au clown d'avoir réalisé son souhait ? Analysez l'image du vers 17.

7. Quels rapprochements pouvez-vous faire entre ce poème et celui d'Apollinaire ?

Écriture

Le poète peut avoir bien d'autres miroirs que celui du saltimbanque ou du clown pour montrer son décalage avec le reste de la société ! Essayez de l'imaginer en chanteur ou en danseur de rue.

Consignes
- Vous écrirez soit un portrait de cet artiste, soit un dialogue de l'artiste avec son instrument.
- Vous terminerez en montrant la réaction des passants.
- Vous êtes libres d'écrire en vers ou en prose.

Avant la lecture…
À quoi vous attendez-vous pour chacun de ces poèmes, d'après leur titre ?

Gaspard Hauser est le nom d'un adolescent de 17 ans découvert en train d'errer dans les rues de Nuremberg en 1828. Il avait été enfermé dans un cachot dans le noir, nourri d'eau et de pain par un inconnu. Enfant sauvage, il savait peu parler et était inadapté à la société.

Paul Verlaine
(1844-1896)

Après une jeunesse tumultueuse et passionnée qui le mènera en prison, Verlaine fait le bilan et se repent dans son recueil de poèmes intitulé *Sagesse*. Mais il restera toute sa vie tiraillé entre ses sages résolutions et son désir de céder aux tentations.

9 Paul Verlaine
« Gaspard Hauser chante »

Je suis venu, calme orphelin,
Riche de mes seuls yeux tranquilles,
Vers les hommes des grandes villes :
Ils ne m'ont pas trouvé malin.

À vingt ans un trouble nouveau,
Sous le nom d'amoureuses flammes,
M'a fait trouver belles les femmes :
Elles ne m'ont pas trouvé beau.

Bien que sans patrie et sans roi
Et très brave ne l'étant guère,
J'ai voulu mourir à la guerre :
La mort n'a pas voulu de moi.

Suis-je né trop tôt ou trop tard ?
Qu'est-ce que je fais en ce monde ?
Ô vous tous, ma peine est profonde :
Priez pour le pauvre Gaspard !

Paul Verlaine, *Sagesse*, 1881.

François-Joseph Navez, *Portrait d'un jeune homme songeur*, 1831, musée du Louvre, Paris.

10 Charles Baudelaire
« L'Étranger »

– Qui aimes-tu le mieux, homme énigmatique, dis ? ton père, ta mère, ta sœur ou ton frère ?

– Je n'ai ni père, ni mère, ni sœur, ni frère.

– Tes amis ?

– Vous vous servez là d'une parole dont le sens m'est resté jusqu'à ce jour inconnu.

– Ta patrie ?

– J'ignore sous quelle latitude elle est située.

– La beauté ?

– Je l'aimerais volontiers, déesse et immortelle.

– L'or ?

– Je le hais comme vous haïssez Dieu.

– Eh ! qu'aimes-tu donc, extraordinaire étranger ?

– J'aime les nuages... les nuages qui passent... là-bas... là-bas... les merveilleux nuages !

Charles Baudelaire, *Petits Poèmes en prose*, 1862.

Charles Baudelaire
(1821-1867)

Quand Baudelaire fait paraître le recueil de poésies *Les Fleurs du mal*, en 1857, il est accusé et condamné en justice pour l'« immoralité » de ses textes. Il écrit ensuite des poèmes en prose, avec l'ambition de renouveler la forme poétique, mais il rencontre encore de nombreuses difficultés pour les publier ! Il sombre alors dans la misère et la maladie.

Premières impressions

Lequel des deux poèmes préférez-vous ? Pourquoi ?

Lire et analyser

Deux hommes, une même incompréhension

1. Comment le personnage central est-il désigné dans chacun de ces deux poèmes ? (Relevez les reprises nominales).

2. Dégagez le point commun à ces deux hommes.

3. Peut-on affirmer que ces deux personnages sont des reflets de Verlaine et de Baudelaire ? Expliquez et développez votre réponse.

4. En quoi consiste le désaccord entre le personnage et la société ?

5. Par quels procédés ce désaccord s'exprime-t-il dans chaque poème (forme de phrase, lexique…) ?

6. Quelles répétitions repérez-vous dans la composition de chacun des deux poèmes ? Quel est l'effet produit ?

Deux volontés différentes

7. Dans « L'Étranger », qui tutoie et qui vouvoie l'autre ? Comment interprétez-vous cette différence ?

8. Comparez l'emploi des phrases interrogatives dans les deux poèmes. Qui les prononce ? Dans quel but ?

9. L'étranger semble-t-il regretter sa position ? Comparez votre réponse avec le poème de Verlaine.

10. Comparez la dernière ligne de « L'Étranger » et le dernier vers de « Gaspard Hauser chante ». Qu'en concluez-vous sur ce que ressent chacun des deux poètes ?

Écriture

Vous traiterez au choix l'un des deux sujets :

Poème 1 : Mettez en évidence le mal-être du poète dans « Gaspard Hauser chante », en utilisant les réponses aux questions précédentes.

Poème 2 : Commentez l'image des nuages à la fin du poème de Baudelaire, en vous aidant des réponses aux questions précédentes.

Découvrir les aspirations du poète : la quête amoureuse

Avant la lecture...
Retrouvez les différents sens du nom *harmonie*.

Gérard de Nerval (1808-1855)

Il nourrit son œuvre de souvenirs personnels et de rêves, à travers l'évocation de nombreuses figures féminines plus ou moins idéalisées (Adrienne, Aurélia, Sylvie...). Les *Odelettes* sont de courts poèmes écrits dans sa jeunesse.

11 Gérard de Nerval
« Une allée du Luxembourg »

Elle a passé, la jeune fille
Vive et preste[1] comme un oiseau :
À la main une fleur qui brille,
À la bouche un refrain nouveau.

C'est peut-être la seule au monde
Dont le cœur au mien répondrait,
Qui venant dans ma nuit profonde
D'un seul regard l'éclaircirait !...

Mais non, – ma jeunesse est finie...
Adieu doux rayon qui m'as lui[2], –
Parfum, jeune fille, harmonie...
Le bonheur passait, – il a fui !

Gérard de Nerval, *Odelettes*, 1833.

1. **Preste :** prompte, rapide, agile.
2. **Qui m'as lui :** qui es apparu pour moi comme une lueur.

Premières impressions

Ce texte est-il un poème d'amour ?

Lire et analyser

L'évocation d'une femme

1. Commentez la construction du vers 1 :
- Quel est le premier mot du poème ? À quoi se réfère-t-il ? Quel est l'effet recherché ?
- Quel est le temps du verbe ? Quelle nuance apporte le choix de l'auxiliaire *avoir* ?

2. Expliquez la comparaison du vers 2. Quelles caractéristiques de la jeune fille met-elle en évidence ?

3. Montrez que les autres éléments du portrait, dans cette première strophe, renforcent cette impression dominante.

Un rêve fugace

4. *répondrait* (v. 6) *éclaircirait* (v. 8) : À quel mode sont conjugués ces verbes ? Quelle est la valeur de ce mode ? Quel adverbe confirme cette valeur ?

Le désenchantement

5. Quels mots marquent ce désenchantement ?

6. *ma jeunesse est finie* (v. 9) : que veut dire le poète ?

7. Justifiez l'emploi des points de suspension aux vers 8, 9 et 11.

8. Étudiez le rythme des strophes afin de montrer comment il suit le mouvement de la pensée du poète tout au long de ce poème.

Vocabulaire

9. Relevez le champ lexical de la lumière dans le poème.
- Expliquez *dans ma nuit profonde* (v. 7).
- Que symbolise ici la lumière ?

Berthe Morisot (1841-1895), *Sur un banc du Bois de Boulogne*, 1894, musée d'Orsay, Paris.

Avant la lecture...
Que désigne le phénix dans la mythologie ?

12 Paul Éluard
« Air vif »

Très affecté par la mort prématurée de sa compagne Nush, le poète retrouve goût à la vie grâce à Dominique, son dernier amour.

Paul Éluard
(1895-1952)

Ce poète français a écrit de nombreux poèmes d'amour mais aussi des textes qui témoignent de son engagement, notamment le célèbre *Liberté*.

J'ai regardé devant moi
Dans la foule je t'ai vue
Parmi les blés je t'ai vue
Sous un arbre je t'ai vue

Au bout de tous mes voyages
Au fond de tous mes tourments
Au tournant de tous les rires
Sortant de l'eau et du feu

L'hiver l'été je t'ai vue
Dans ma maison je t'ai vue
Entre mes bras je t'ai vue
Dans mes rêves je t'ai vue

Je ne te quitterai plus.

Paul Éluard, in *Le Phénix* (1951),
repris dans *Derniers Poèmes d'amour* (1963), © éd. Seghers, 2002.

Premières impressions

Ce texte est-il un poème d'amour ? Résumez-le en trois phrases (ou vers) qui justifieront votre réponse.

Lire et analyser

Une rencontre

1. À qui s'adresse le poète ? Justifiez votre réponse.

2. Quels sont les temps verbaux employés ? Quelle est leur valeur ?

3. Commentez le titre *Air vif* : identifiez et expliquez l'image.

4. Pourquoi le dernier vers est-il isolé ?

Une renaissance

5. Relevez les répétitions (lexique, constructions…). Que traduit l'utilisation de cette figure de style ?

6. Observez les compléments circonstanciels.
– Qu'évoquent ceux de la première et de la troisième strophes ?
– Strophe 2 : que représentent l'eau et le feu (v. 8) ? À quel terme des vers précédents font-ils écho ? À quel autre nom s'opposent-ils ?
– Le dernier complément circonstanciel de lieu est « dans mes rêves » : qu' indique-t-il sur l'état du poète ?

7. En vous appuyant sur ce poème, justifiez le titre du recueil *Le Phénix*.

Écriture

1. Comparez les poèmes de Gérard de Nerval et Paul Éluard. Vous utiliserez les mots ou expressions suivants : *thème, mélancolie, espoir, combler, désespérer*.

2. À votre tour, écrivez un texte poétique pour évoquer une rencontre réelle ou idéalisée.

Découvrir les aspirations du poète : la quête de l'ailleurs

Avant la lecture...
Que désigne le mot *Far-West* ?
Quelles sont ses connotations, c'est-à-dire les idées qui s'y associent?

Jules Laforgue
(1860-1887)

Né à Montevideo, en Uruguay, il mourut à Paris de tuberculose.
En proie au spleen, le poète tente d'y échapper en évoquant le Far-West…

13 Jules Laforgue
« Albums »

On m'a dit la vie au Far-West et les Prairies,[1]
Et mon sang a gémi : « Que voilà ma patrie !... »
Déclassé du vieux monde, être sans foi ni loi,
Desperado[2]! là-bas, là-bas, je serai roi !...
Oh là-bas, m'y scalper de mon cerveau d'Europe !
Piaffer, redevenir une vierge antilope,
Sans littérature, un gars de proie, citoyen
Du hasard et sifflant l'argot californien !
Un colon vague et pur, éleveur, architecte,
Chasseur, pêcheur, joueur, au-dessus des Pandectes[3]!
Entre la mer, et les États Mormons[4] ! Des venaisons
Et du whisky ! vêtu de cuir, et le gazon
Des prairies pour lit, et des ciels des premiers âges
Riches comme des corbeilles de mariages !...
Et puis quoi ? De bivouac en bivouac et la Loi
De Lynch[5]; et aujourd'hui des diamants bruts aux doigts,
Et ce soir nuit de jeu, et demain la refuite
Par la prairie et la folie des pépites !...
Et, devenu vieux, la ferme au soleil-levant,
Une vache laitière et des petits enfants…
Et, comme je dessine au besoin, à l'entrée
Je mettrai : « Tatoueur des bras de la contrée[6] ! »
Et voilà. Et puis, si mon grand cœur de Paris
Me revenait, chantant : « Oh ! pas encor guéri !
Et ta postérité, pas pour longtemps coureuse !... »
Et si ton vol, condor des Montagnes-Rocheuses,
Me montrait l'Infini ennemi du confort,
Eh bien, j'inventerais un culte d'Âge d'or[7],
Un code social, empirique et mystique
Pour des Peuples Pasteurs, modernes et védiques[8] !…

Oh ! qu'ils sont beaux les feux de paille ! qu'ils sont fous,
Les albums ! et non incassables, mes joujoux !...

Jules Laforgue, *Des Fleurs de bonne volonté*, 1890 (recueil posthume).

1. **Prairies :** désigne la steppe du bassin supérieur du Mississipi où les Indiens pratiquaient l'élevage.
2. ***Desperado* :** mot espagnol désignant un hors-la-loi prêt à tout, n'ayant plus rien à perdre.
3. **Pandectes :** mot d'origine grecque ; recueil des décisions des jurisconsultes romains.
4. **Mormons :** secte religieuse qui s'établit dans les montagnes Rocheuses (Salt Lake City, États-Unis).
5. **Loi de Lynch :** permettait le jugement sommaire et l'exécution rapide d'un criminel pris en flagrant délit (États-Unis).
6. **Contrée :** région, étendue de pays.
7. **Âge d'or :** période mythique des origines de l'Humanité où les hommes vivaient dans le bonheur le plus total.
8. **Védique :** qui se rapporte aux *Véda*, aux origines de l'Inde.

Karl Bodmer (1809-1893), *Paysage du Haut-Missouri avec troupeaux de bisons*, 1832.

Premières impressions

Quel est le ton de ce texte ?

Lire et analyser

« Là-bas »...

1. Par quels détails est évoqué le Far-West ? Relevez-les. Est-ce une représentation originale ?

2. À quoi s'oppose cette *contrée* (voir la note 6) ? Justifiez votre réponse en vous appuyant sur les vers 3 à 7.

3. **VOCABULAIRE** Rappelez le sens du terme *déclassé* (v. 3). Trouvez un autre mot formé avec le même préfixe dans le poème. Quel est le sens de ce préfixe ?

Un rêve

4. Expliquez le vers 5.

5. Comment le poète peut-il se comparer à *une vierge antilope* au vers 6 ?

6. Vers 3-22 : Relevez les verbes : Que constatez-vous ? Quels sont leur mode et leur temps ? Expliquez ce choix.

7. Quel type de phrase domine dans ces mêmes vers ? Quel sentiment est ainsi exprimé ?

8. Quels autres procédés de style (rythme, répétitions, sonorités) contribuent au même effet ? Observez plus particulièrement les vers 15 à 20.

Un rêve brisé

9. Commentez les deux derniers vers. Qu'est-ce qu'un *feu de paille* (v. 31) ? Que désigne cette expression ici ? Que traduit-elle ?

10. À quel univers appartiennent les mots *albums* et *joujoux* ?

11. Comment le poète juge-t-il finalement son attitude ? Que veut-il exprimer par *non incassables* ?

Écriture

Développez ce télégramme en gardant la forme poétique.

Télégramme

MOI JAMAIS CONTENT RESTER MÊME CHOSE
MOI TOUJOURS PARTIR NOUVEAU
FUIR ENNUI DU TOUJOURS MÊME
TOUJOURS ESPÉRER TROUVER FENÊTRE
AU BOUT TUNNEL APRÈS SUIE ET OMBRE
TOUJOURS VOULOIR BRISER ENTRAVES
OUVRIR PORTE SAUTER MONTER
LÀ-HAUT-LÀ OÙ NOIR-NOIR
S'ÉCARTE OÙ BRILLE AURORE
TOUJOURS FRAÎCHEUR TOUJOURS
INCONNU RECONNU.
(De nulle part; An zéro.
Signé : Personne.)

Jean Tardieu, *Comme ceci comme cela*, © éd. Gallimard, 1979.

Question de synthèse

En quoi les deux poèmes se rejoignent-ils ? En quoi diffèrent-ils ? Lequel préférez-vous ? Pourquoi ?

Contrepoint

14 Guillaume Apollinaire
Lettres à Lou

Guillaume Apollinaire (1880-1918)

Guillaume Apollinaire connaît le succès avec son recueil de poèmes *Alcools*, publié en 1913.
Il occupe, depuis, une place importante dans l'histoire de la poésie pour avoir apporté une sensibilité nouvelle et moderne, à partir de thèmes souvent classiques.

En septembre 1914, Apollinaire fait la connaissance de Louise de Coligny-Châtillon, qu'il appellera Lou. Engagé volontaire, il est affecté à Nîmes, le 6 décembre. En janvier et février 1915, il entretient avec elle une correspondance régulière dont voici un extrait.

Marie Laurencin (1885-1956), *Tête de femme*, 1909, musée Pouchkine, Moscou.

Nîmes, le 18 janvier 1915

[…]Maintenant, je te prie de ne plus me chiner sur le métier de poète. Je sais bien que c'est gentiment mais c'est une habitude que tu prendrais facilement. D'abord être poète ne prouve pas que l'on ne puisse faire autre chose. Beaucoup de poètes ont été autre chose et fort bien – (je t'écris à la cantine – excuse ce papier, Lou chéri –). D'autre part, le métier de poète n'est pas inutile, ni fou, ni frivole. Les poètes sont les créateurs, (poète vient du grec et signifie en effet créateur et poésie signifie création) – Rien ne vient donc sur terre, n'apparaît aux yeux des hommes s'il n'a d'abord été imaginé par un poète. L'amour même, c'est la poésie naturelle de la vie, l'instinct naturel qui nous pousse à créer de la vie, à reproduire. Je te dis cela pour te montrer que je n'exerce pas le métier de poète simplement pour avoir l'air de faire quelque chose et de ne rien faire en réalité. Je sais que ceux qui se livrent au travail de la poésie font quelque chose d'essentiel, de primordial, de nécessaire avant toute chose, quelque chose enfin de divin. Je parle de ceux qui, péniblement, amoureusement, génialement, peu à peu peuvent exprimer une chose nouvelle et meurent dans l'amour qui les inspirait. […]

Je t'aime, Amour.

Guillaume Apollinaire, *Lettres à Lou*, © éd. Gallimard, 1990.

Questions

1. Que semblent penser Lou et la société en général au sujet des poètes ?
2. Que pense Apollinaire ?
3. Quel rapport établit-il entre l'amour et la poésie ?

15 Raymond Queneau

L'Instant fatal

Je crains pas ça tellment la mort de mes entrailles
et la mort de mon nez et celle de mes os
Je crains pas ça tellment moi cette moustiquaille
qu'on baptisa Raymond d'un père dit Queneau

Je crains pas ça tellment où va la bouquinaille
les quais les cabinets la poussière et l'ennui
Je crains pas ça tellment moi qui tant écrivaille
et distille la mort en quelques poésies

Je crains pas ça tellment La nuit se coule douce
entre les bords teigneux des paupières des morts
Elle est douce la nuit caresse d'une rousse
le miel des méridiens des pôles sud et nord

Je crains pas cette nuit Je crains pas le sommeil
absolu Ça doit être aussi lourd que le plomb
aussi sec que la lave aussi noir que le ciel
aussi sourd qu'un mendiant bêlant au coin d'un pont

Je crains bien le malheur le deuil et la souffrance
et l'angoisse et la guigne et l'excès de l'absence
Je crains l'abîme obèse où gît la maladie
et le temps et l'espace et les torts de l'esprit

Mais je crains pas tellment ce lugubre imbécile
qui viendra me cueillir au bout de son curdent
lorsque vaincu j'aurai d'un œil vague et placide
cédé tout mon courage aux rongeurs du présent

Un jour je chanterai Ulysse ou bien Achille
Énée ou bien Didon Quichotte ou bien Pansa
Un jour je chanterai le bonheur des tranquilles
les plaisirs de la pêche ou la paix des villas

Aujourd'hui bien lassé par l'heure qui s'enroule
tournant comme un bourrin tout autour du cadran
permettez mille excuz à ce crâne – une boule –
de susurrer plaintif la chanson du néant

Raymond Queneau, *L'Instant fatal*, © éd. Gallimard, 1948.

Raymond Queneau (1903-1976)

Romancier et poète, il renouvelle la langue littéraire en se rapprochant de l'oral, par la syntaxe et l'orthographe, ce qui donne à ses écrits un ton tout à fait particulier, entre humour et gravité.

L'Amour de Pierrot, (carte postale). Par illusion d'optique, le couple d'amoureux compose une tête de mort.

Questions

1. Qu'est-ce qui donne envie de lire le texte à haute voix ?

2. Le ton de ce poème vous paraît-il drôle, grave, émouvant, ou tout cela à la fois ? Justifiez votre réponse.

Histoire des *Arts*

Le romantisme

Rompant avec la rigueur des règles classiques, le romantisme est un mouvement artistique européen qui se développe dès la fin du XVIIIe siècle et au long du XIXe siècle. Il valorise la nature, la sensibilité et l'imagination de l'individu qui cherche l'évasion dans le rêve, dans l'exotisme ou le passé. L'excès des sentiments et la mélancolie sont ses caractéristiques principales.

Le romantisme en peinture

Caspar David Friedrich, *Le Voyageur contemplant une mer de nuages*, 1818, 95 x 75 cm, Kunsthalle de Hamburg.

Retenir

- Caspar David Friedrich (1774-1840) est un peintre allemand, chef de file de la peinture romantique. Dans ses paysages, il s'inspire de lieux qu'il connaît bien et qu'il observe pendant ses randonnées, mais il cherche surtout à leur donner une dimension symbolique : chaque élément y représente une idée. Par exemple, les montagnes symbolisent la foi. Ainsi, le paysage renvoie à un état d'âme.
- À travers ses paysages, Friedrich cherche à exprimer la faiblesse de l'homme face à une nature imposante. Il exprime la mélancolie et le désir d'atteindre l'infini.

1 Pourquoi le personnage est-il présenté de dos ?

2 Quels contrastes observez-vous dans ce tableau ?

3 À quel univers semble appartenir le personnage : celui du rocher ou celui des nuages ?

4 Que peuvent symboliser ce rocher et ces nuages ?

5 Vers où les lignes de force qui composent ce tableau convergent-elles ?

Le romantisme en musique

Chopin composant un nocturne, tableau de Leo Eichhorn (1872-1956).

Retenir

- La musique romantique cherche à traduire les élans du cœur. Le piano, instrument nouveau au XIXe siècle, remplace le clavecin. Il permet de faire entendre des contrastes plus importants, comme l'illustrent Beethoven et Chopin. L'orchestration, notamment des symphonies, se développe afin de mieux exprimer les passions, comme chez Brahms ou Dvorak.

1 **Écoutez le *Nocturne* n° 20, de Chopin. Que pensez-vous du tempo et des variations d'intensité du piano ? Quels sentiments Chopin cherche-t-il à exprimer ?**

2 **Écoutez la *Danse hongroise* n° 3, de Brahms, et faites des remarques sur le tempo et ses variations, ainsi que sur les instruments. Quelles différences pouvez-vous entendre avec la musique de Chopin ?**

3 **Écoutez la *Symphonie* n° 9 « du Nouveau Monde » (4e mouvement), de Dvorak, et donnez-lui plusieurs qualificatifs. Qu'imaginez-vous sur cette musique ?**

Un ballet romantique

Giselle par la troupe du Ballet national de Cuba, Enghien-Les-Bains, 2010, avec Anette Delgado (Giselle) et Javier Torres (Albert).

Retenir

- Le romantisme constitue une période très importante dans l'histoire de la danse. Les ballets alors créés sont depuis restés dans le répertoire. Empreints d'imaginaire et de surnaturel, ils racontent des histoires d'amour contrarié, comme dans *Giselle*.
- L'apparition des chaussons à pointe et du tutu long et blanc imprime un style nouveau, qui s'allie parfaitement avec le désir romantique d'élévation et de légèreté du corps.

1 B2i **Faites une recherche Internet sur l'histoire de *Giselle*. Qu'est-ce qui vous paraît romantique dans cette histoire ? Ce ballet est-il encore dansé de nos jours ?**

2 **Décrivez le décor et les lumières de cette scène. Quelle impression s'en dégage ? En quoi ces éléments sont-ils romantiques ?**

3 **Décrivez le couple sur l'image. Quelle impression se dégage ? Quel est le rôle de l'homme par rapport à la danseuse ?**

Recourir à une syntaxe affective

Les interjections

1 **En vous appuyant sur l'extrait de poème ci-dessous, dites dans quels types de phrases on rencontre les interjections.**

Hirondelle ! hirondelle ! hirondelle !
Est-il au monde un cœur fidèle ?
Ah, s'il en est un, dis-le moi,
J'irai le chercher avec toi.

Ciel ! où m'en irai-je
Sans pieds pour courir !
Ciel ! où frapperai-je
Sans clé pour ouvrir ?

Marceline Desbordes-Valmore, « Un cri »,
in *Poésies inédites*, 1830.

2 **Recopiez ces vers en les complétant par *ô* ou *oh*, en fonction du sens.**

1. « … Muse, il sera temps de dormir un autre jour ! » (Paul Claudel)
2. «… ! qu'il faut se hâter de dépenser son cœur ! » (Marceline Desbordes-Valmore)
3. « … buffet du vieux temps, tu sais bien des histoires » (Rimbaud)
4. « … ! là là ! que d'amours splendides j'ai rêvées ! » (Rimbaud)
5. « … saisons, … châteaux / Quelle âme est sans défauts ? » (Verlaine)
6. « … temps, suspends ton vol ! » (Lamartine)
7. « … toi que j'eusse aimée, … toi qui le savais ! » (Baudelaire)

3 **Précisez, dans chaque cas, le sentiment que traduit l'interjection *ah*.**

1. « Ah ! je te reconnais ; c'est toi, Muse gentille » (Marceline Desbordes-Valmore)
2. « Ah ! Que le temps vienne / Où les cœurs s'éprennent ! » (Rimbaud)
3. « Ah ! laissez-les couler, elles me sont bien chères,
   Ces larmes que soulève un cœur encor blessé !
   Ne les essuyez pas, laissez sur mes paupières
   Ce voile du passé ! » (Musset)
4. « Ah, quand refleuriront les roses de septembre ! » (Rimbaud)

4 **Complétez ces vers par *Hélas* ou *Las*, en tenant compte du nombre de syllabes que comporte le vers.**

1. « …, où est maintenant ce mépris de fortune ? » (Du Bellay)
2. « … ! la vie et l'onde ont un destin pareil ! » (Marceline Desbordes-Valmore)
3. « … ! voyez comme en peu d'espace,
   Mignonne, elle[1] a dessus la place,
   … , … ! ses beautés laissé choir ; » (Ronsard)

[1]. **Elle :** la rose.

5 **Examinez, dans les extraits suivants, la place qu'occupent les interjections. Que traduit-elle, selon vous ?**

1. « Quand reverrai-je, hélas, de mon petit village
   Fumer la cheminée […] ? » (Du Bellay)
2. « Je verrai cet instant, jusqu'à ce que je meure,
   L'instant, pleurs superflus !
   Où je criai : L'enfant que j'avais tout à l'heure,
   Quoi donc ! je ne l'ai plus ! » (Victor Hugo)
3. « Je ne chante ni l'espérance,
   Ni la gloire, ni le bonheur,
   Hélas ! pas même la souffrance.
   La bouche garde le silence
   Pour écouter parler le cœur. » (Musset)

La forme impersonnelle

6 **Parmi les phrases suivantes, recopiez celles qui comportent un verbe essentiellement impersonnel.**

1. Il y a quatorze vers dans ce poème.
2. Un sonnet compte quatre strophes.
3. Il s'agit d'un poème lyrique.
4. Il faut lire ces poèmes de façon plus expressive.
5. Il me manque une rime en [e].
6. J'ai besoin d'une syllabe de plus.

7 **Citez les verbes météorologiques que vous connaissez, tels que *il pleut*. Qu'ont-ils en commun ?**

8 **Utilisez le verbe *arriver*, tantôt comme verbe personnel, tantôt comme verbe impersonnel.**

Ex. *Il arrive sans peine à mémoriser les poèmes qu'il aime. Il arrive qu'on écrive des poèmes pour consoler sa peine.*

9 **Classez en deux colonnes les expressions, suivant que le verbe *faire* est employé de façon personnelle ou impersonnelle.**

il fait froid • il fait nuit • il fait peur • il fait mal • il fait lourd • il fait soleil • il fait peine.

10 **Jules Laforgue a écrit : *Oh ! qu'il fait seul ! oh ! qu'il fait froid !***
Comme lui, utilisez le verbe *faire* dans une tournure impersonnelle pour rendre compte d'un sentiment.

Vocabulaire

Étudier l'expression poétique des sentiments

1 Repérez un intrus dans la liste suivante.
abattu • affligé • éploré • lugubre • malheureux • maussade • morne • mélancolique • morose • peiné • sombre • chagrin • épris • désenchanté • navré • contrit

2 Quelles nuances séparent ces mots de sens proche ? Sous quel terme générique pourriez-vous les réunir ?
nostalgie • mélancolie • spleen • désespoir • deuil

3 Dans le vers suivant, remplacez chacun des mots soulignés par un synonyme. Essayez plusieurs termes, en fonction de leur sens, de leur longueur et de leurs sonorités et dites lequel de vos vers vous préférez.
« La joie venait toujours après la peine » (Apollinaire)

4 Associez verbes, noms et adjectifs, de façon à les utiliser tous.
endurer • éprouver • souffrir • ressentir • connaître • vivre extase • tourment • chagrin • douleur • bonheur • plaisir infini • grand • immense • vif • extrême • exaltant

5 « Amer plaisir » : à la manière de Verlaine, créez une alliance de mots en associant un adjectif et un nom qui *a priori* s'opposent, mais peuvent rendre compte d'une ambivalence des sentiments.

6 Remplacez dans le vers suivant le mot souligné par *larmes*, puis poursuivez à la manière du poète, en recherchant des sonorités suggestives. Faites ensuite de même avec le mot *pleurs*.
« Les sanglots longs / des violons / de l'automne » (Verlaine).

7 a. Citez des mots de la famille de *pleurer*. Employez chacun dans une phrase de votre composition qui en fera apparaître le sens.
b. Même consigne avec l'adjectif *gai*.

8 Classez les mots suivants, selon qu'ils peuvent être employés au singulier ou au pluriel uniquement, ou les deux (avec quelquefois des variations en genre).
désespoir • bonheur • amour • pleur • tracas • bonté • délice

9 Expliquez les images contenues dans les expressions suivantes.
a. un cœur qui se brise • qui s'enflamme • qui déborde • qui soupire
b. avoir le cœur déchiré • endurci • léger • serré

10 Classez, dans un tableau à deux colonnes, les champs lexicaux qui apparaissent en opposition dans ce poème.

Je vis, je meurs ; je me brûle et me noie.
J'ai chaud extrême en endurant froidure ;
La vie m'est et trop molle et trop dure.
J'ai grands ennuis entremêlés de joie.

Tout à un coup je ris et je larmoie,
Et en plaisir maint grief tourment j'endure ;
Mon bien s'en va, et à jamais il dure ;
Tout en un coup, je sèche et je verdoie.

Ainsi Amour inconstamment me mène.
Et quand je pense avoir plus de douleur,
Sans y penser je me trouve hors de peine.

Puis, quand je crois ma joie être certaine,
Et être au haut de mon désiré heur,
Il me remet en mon premier malheur.

Louise Labé, *Sonnets*, VII, 1555.

11 Regardez ce tableau de Munch.
a. En quoi le personnage central est-il différent des deux autres personnages représentés ?
b. Quelle impression vous suggèrent les courbes qui dessinent le paysage ?
c. Quel pourrait être le sentiment exprimé par le cri et le geste qui l'accompagne ?
d. À qui ce cri semble-t-il adressé ?

Edvard Munch, *Le Cri*, 1893, Galerie nationale, Oslo.

Atelier d'écriture

Écrire un poème favorisant l'expression de soi

Vous trouverez ici plusieurs activités pour vous lancer dans l'écriture d'un poème ou pour le faire évoluer.
Laissez-vous guider par les mots, les images et les sons qui vous viendront, et intégrez à votre poème ceux qui vous plairont.

Activité 1 Faire naître des images

L'espoir, la tendresse, la tristesse, la joie.
Associez chacun de ces sentiments à :
une couleur • un animal • une plante • un aliment ou une épice • une odeur • un phénomène météorologique • un son • un moyen de transport • une matière • un objet • un paysage • un personnage imaginaire • un moment de la journée • un mois de l'année • une saison • une durée • une lumière • un mouvement du corps

Activité 2 Faire chanter les mots

Cherchez à associer des mots en vous laissant porter par leurs sons :
corde / accorde • fleur / affleure / effleure • cœur / s'écœure • voile / dévoile • pleurs / meurt • grise / dégrise • laisse / délaisse • ment / serment • lire / délire • muse / amuse • cri / s'écrie • dure / endure • prouve / éprouve • nuit / ennuie • visage / dévisage • douceur / douleur / couleur • orage / rage / enrage • tourment / tourmente…

Activité 3 S'inspirer du début d'un poème

Recopiez un des vers suivants et poursuivez en inventant quelques vers, suivant votre inspiration.
« Dans un coin de mon enfance, il y a … » (J. Charpentreau)
« J'ai presque peur, en vérité » (Verlaine)
« Bon dieu de bon dieu que j'ai envie d'écrire un petit poème » (Queneau)
« Je dis douceur » (Guillevic)

Activité 4 Sélectionner un support

Au choix :
➤ Recopiez votre poème **à la main**, **à l'encre**, **au crayon**, sur une feuille de papier froissée, pliée en accordéon ou de façon irrégulière, selon l'effet à produire.
➤ Saisissez-le sur traitement de texte, de manière à choisir la **police** et la **taille de caractères**, en fonction de l'impression à donner.
➤ Adoptez le **format** qui convient, suivant que vous voulez garder ce poème pour vous, l'offrir à une personne ou le donner à lire à plusieurs. Ce peut être un marque-page, un carnet, une carte postale, une affiche…

- Vous pouvez également réaliser un **diaporama** : choisissez une image en relation avec le poème que vous mettrez en fond et faites apparaître chaque texte vers après vers, jusqu'à l'avoir tout entier.
- Vous pouvez aussi réunir dans un recueil l'ensemble des poèmes produits par la classe. Réfléchissez à l'ordre dans lequel ils apparaîtront, donnez un titre à l'ensemble, rédigez une préface et ajoutez des illustrations, sur la première de couverture aussi bien que dans les pages intérieures.

Activité B2i Se mettre au vers

Mai

Le mai le joli mai en barque sur le Rhin des dames regardaient du haut de la montagne vous êtes si jolies mais la barque s'éloigne qui donc a fait pleurer les saules riverains or des vergers fleuris se figeaient en arrière les pétales tombés des cerisiers de mai sont les ongles de celle que j'ai tant aimée les pétales flétris sont comme ses paupières sur le chemin du bord du fleuve lentement un ours un singe un chien menés par des tziganes suivaient une roulotte traînée par un âne tandis que s'éloignait dans les vignes rhénanes sur un fifre lointain un air de régiment le mai le joli mai a paré les ruines de lierre de vigne vierge et de rosiers le vent du Rhin secoue sur le bord les osiers et les roseaux jaseurs et les fleurs nues des vignes

D'après Guillaume Apollinaire, *Alcools*, 1913.

➤ Vous commencerez par saisir le texte ci-dessus sur traitement de texte, tel qu'il se présente ici.
➤ Vous ferez ensuite plusieurs tentatives pour lui trouver une respiration, sachant que le poème d'Apollinaire est dépourvu de ponctuation, qu'il comporte quatre strophes et dix-sept vers, qui tous commencent par une majuscule.
➤ Vous confronterez ensuite votre travail à celui de vos camarades, en expliquant de quelle façon vous avez procédé.

Expression orale

Dire et entendre des poèmes

Activité 1 S'imprégner de poésie

En classe ou au CDI, vous réunirez un grand nombre de recueils de poésie ou d'anthologies.

➤ Vous vous déplacerez en silence pour feuilleter, grappiller, explorer, murmurer, faire résonner les vers.

➤ Ensuite, vous rendrez compte de votre expérience : qu'est-ce qui vous a plu, intéressé, a retenu votre attention ?

➤ Enfin, vous commenterez : en quoi la lecture de poèmes diffère-t-elle de celle d'un roman ?

À quoi la poésie fait-elle surtout appel ? Qu'est-ce qui distingue la langue poétique de la langue ordinaire ?

Activité 2 Partager des poèmes

➤ Vous écouterez votre professeur lire des poèmes.

➤ Ensuite, à tour de rôle, vous lirez des poèmes à voix haute. Vous exprimerez vos impressions de lecture et ferez des rapprochements.

➤ Vous conserverez la mémoire des textes découverts, en constituant une anthologie pour la classe ou un carnet personnel.

Activité 3 Interpréter les textes

Vous ferez correspondre manières de ressentir et manières de dire :

➤ en faisant varier le volume : le poème peut être susurré ou déclamé ;

➤ en travaillant le débit, le rythme : lent, s'il s'agit d'une complainte ; plus enjoué, dans d'autres cas ;

➤ en le lisant tout seul, à deux, ou en chœur.

Chaque fois, vous chercherez ensemble à apprécier les effets produits (émotions et effets de sens).

Activité 4 Écouter des poèmes lus ou chantés

➤ Vous écouterez des enregistrements de poèmes lus par leurs auteurs, par des comédiens professionnels ou par des amateurs. Vous exprimerez vos réactions, en justifiant votre point de vue.

➤ Vous effectuerez le même travail avec des poèmes mis en musique et chantés, comme ce vers de Musset, repris par Claude Nougaro, qui le répète à l'infini, pour en faire une chanson : « Les plus désespérés sont les chants les plus beaux ».

Activité 5 Marier poèmes et musique

Avec l'aide de votre professeur d'éducation musicale, vous écouterez des morceaux de musique pour sélectionner ceux qui pourront accompagner les poèmes du chapitre.

Activité 6 Inventer un poème à partir d'un tableau

➤ Prenez le temps d'observer le personnage central, afin d'imaginer ses sentiments.

➤ Les uns après les autres, vous compléterez ensuite ce qui pourrait constituer le premier vers d'un poème lyrique : « Pierrot a mis dans ses poches… » en choisissant de préférence comme COD un mot abstrait (par exemple : un secret / des rêves / toutes sortes de pensées…).

➤ Toujours en serpentin, vous ajouterez à votre groupe nominal de quoi l'enrichir (par exemple : un secret bien lourd à porter / des rêves si légers qu'ils font s'envoler / toutes sortes de pensées lunaires, imaginaires, éphémères…). Et ainsi de suite…

➤ Vous puiserez dans ces différentes propositions de quoi créer un poème qui aura sa cohérence.

Antoine Watteau, *Pierrot, dit autrefois Gilles*, vers 1718, 184 x149 cm, musée du Louvre, Paris.

Les caractéristiques de la poésie lyrique

Une poésie centrée sur la vie affective

Expression des sentiments, la poésie lyrique peut évoquer la joie aussi bien que la **souffrance**, mais le plus souvent, c'est la **douleur de l'absence** qui amène le poète à s'épancher. Fuite du temps, amour malheureux, deuil, nostalgie de sa terre natale, solitude et ennui sont aux sources de l'inspiration lyrique.

On trouve donc, dans ce genre poétique, tout un **vocabulaire des sentiments.** Pour exemple, on relève dans l'ariette III de Verlaine (p. 263) les mots *pleure*, *cœur*, *langueur*, *s'ennuie*, *s'écœure*, *trahison*, *deuil*, *peine*, *amour* et *haine*, constitués en un réseau. Une correspondance est souvent établie entre le monde intérieur et le monde extérieur : à la mélancolie sont souvent associés la pluie, le soleil couchant ou l'automne.

La **syntaxe** est, elle aussi, **marquée par l'affectivité** : les phrases interrogatives ou exclamatives dominent, traduisant, à l'aide d'interjections, les élans du cœur, les cris de désespoir ou les accents de la plainte. Ainsi, dans les vers où Victor Hugo pleure la disparition de sa fille (voir exercice 5, p. 278).

Une poésie personnelle et universelle

Le plus souvent, cette forme de poésie s'écrit à la **première personne**. Elle peut aussi prendre la forme d'un **dialogue**, notamment lorsque le sujet lyrique s'adresse à une partie de lui-même comme s'il s'agissait d'un autre. Ainsi dans ces vers de Verlaine : « Mon âme dit à mon cœur : Sais-je / Moi-même que nous veut ce piège / D'être présents bien qu'exilés, / Encore que loin en allés ? »

Les **tournures impersonnelles** peuvent rendre perceptible la présence d'une voix singulière, par exemple, dans ce vers célèbre de Verlaine : « Il pleure dans mon cœur » (p. 263). Parfois, le lecteur est lui-même convoqué, sous la forme d'un « tu », comme dans le poème de François Cheng (p. 260).

Une poésie qui se fait chant

La poésie lyrique est liée aux expériences de la vie intime, qu'elle **transforme en images**, d'une manière qui fait appel à l'**imaginaire** et qui devient **musique**. C'est, par exemple, chez Aragon, ce « grand collier d'air », qui évoque la plénitude du bonheur (p. 264).

Si la langue employée est celle de tous les jours, l'usage qui en est fait est bien différent :
- le lexique est parfois recréé : « Oh ! qu'il fait seul ! », s'exclame Laforgue, dans une *Complainte* ;
- la syntaxe peut être bouleversée, ainsi dans cette strophe de Verlaine : « On sent donc quoi ? / Des gares tonnent / Les yeux s'étonnent, / Où Charleroi ? » ;
- et les mots sont restitués dans toute leur chair sonore (comme dans ce vers de Du Bellay : « Où est ce cœur vainqueur de toute adversité ».

La poésie lyrique apparaît surtout comme le lieu d'une **tension** : d'un côté, les **mouvements du cœur** ; de l'autre, les **contraintes** et la **rigueur d'une forme**, ramassée, resserrée, dans l'espace du vers et de la strophe.
« **Faire une perle d'une larme** », telle est, pour reprendre les mots de Musset, la définition que l'on pourrait retenir de la poésie lyrique.

Lectures personnelles

Sarah COHEN-SCALI
Arthur Rimbaud, le Voleur de feu

Hachette, Livre de Poche, 2001.

Né en 1854, Arthur Rimbaud est le deuxième d'une famille de quatre enfants.

Arthur grandit sous le joug de sa mère, une femme froide et exigeante. À l'école, il rafle chaque année toutes les récompenses. Mais il souffre du manque d'amour maternel, et s'ennuie au sein du carcan familial.

Heureusement, le jeune garçon a la capacité de s'échapper de cette vie triste et monotone : il fait appel à Baou, un oiseau imaginaire multicolore, qui lui inspire des poèmes et lui souffle de fuir son rôle d'enfant modèle, et de partir loin de cet ennui qui l'étouffe...

ZOOM sur ...

Bernard Friot et Catherine Louis
Presque poèmes

© éd. de La Martinière Jeunesse, 2005.

■ **L'auteur**

Auteur d'une quarantaine d'ouvrages de littérature pour la jeunesse dont les fameuses *Histoires pressées*, Bernard FRIOT est un enseignant devenu écrivain aux côtés des enfants.

■ **Le livre**

Avec l'illustratrice Catherine LOUIS, il propose un cahier d'écriture poétique accompagné d'un Cd-Rom, qui prolonge *Pour vivre*, des mêmes auteurs, dans la même édition (2005).

À ceux qui ont peine à trouver les mots pour dire leurs émois, leurs sentiments, leurs émotions, voici une mine d'activités, stimulantes, inventives et récréatives, qui explorent les dimensions de la poésie, à la fois visuelle et sonore, et libèrent l'imaginaire. L'écriture poétique, enfin à la portée de tous !

Maxence Fermine
Neige

© éd. Points Seuil, 2000.

Ce court roman empli de poésie, dont la forme est étroitement liée à celle des haïkus, nous transporte au Japon à la fin du XIXe siècle. Il retrace l'itinéraire d'un jeune poète qui, pour accomplir son art, part à la rencontre d'un maître en peinture, Soseki.

Emmanuel Arnaud
Une saison Rimbaud

© éd. du Rouergue, collection « DoAdo », 2008.

Alexandre séjourne en Espagne, pendant les vacances de la Toussaint. Mais la ville de Benidorm est toute de béton, ce qui ne le change guère de sa banlieue parisienne. Lorsqu'il découvre la poésie de Rimbaud, c'est l'illumination ! Il a enfin l'impression d'être vivant et il voit la vie, les gens autrement. À son tour, il se met à écrire des poèmes.

Françoise Kerisel et Frédéric Clément
Bashô, le fou de poésie

© éd. Albin Michel Jeunesse, 2009.

Album superbement illustré racontant l'histoire véridique de Bashô, poète japonais qui vécut au XVIIe siècle : tout jeune, il refuse de devenir samouraï et décide de se consacrer librement à la poésie des haïkus. Il chemine à travers les villes et les campagnes et initie ceux qu'il rencontre à la magie des mots.

Henri Meunier et Catherine Louis
La Môme aux oiseaux

© éd. du Rouergue, 2004.

Dans un parc, un jeune garçon est fasciné à la vue d'une fillette qui fait sortir de ses poches, de ses mains, chaque jour un oiseau différent. Cet oiseau lui parle d'elle, de ses chagrins, de ses bonheurs. Un livre-album, pour le plaisir des yeux, aussi.

Victor Hugo

Préface des Contemplations

Victor Hugo (1802-1885) écrit les poèmes qui seront réunis sous le titre Les Contemplations *durant les longues années d'exil politique que lui a valu son opposition à Napoléon III. Ce recueil de poèmes, d'inspiration lyrique, témoigne d'une double souffrance : celle de l'homme politique et de l'écrivain proscrit, tout autant que celle du père douloureusement frappé par la disparition de sa fille, morte accidentellement à l'âge de 19 ans.*

L'auteur a laissé pour ainsi dire ce livre se faire en lui. La vie, en filtrant goutte à goutte à travers les événements et les souffrances, l'a déposé dans son cœur. Ceux qui s'y pencheront retrouveront leur propre image dans cette eau profonde et triste, qui s'est lentement amassée là, au fond d'une âme.

Qu'est-ce que *Les Contemplations* ? C'est ce qu'on pourrait appeler, si le mot n'avait quelque prétention, les *Mémoires d'une âme*.

Ce sont, en effet, toutes les impressions, tous les souvenirs, toutes les réalités, tous les fantômes vagues, riants ou funèbres, que peut contenir une conscience, revenus et rappelés, rayon à rayon, soupir à soupir, et mêlés dans la même nuée sombre. C'est l'existence humaine sortant de l'énigme du berceau et aboutissant à l'énigme du cercueil ; c'est un esprit qui marche de lueur en lueur en laissant derrière lui la jeunesse, l'amour, l'illusion, le combat, le désespoir et qui s'arrête éperdu « au bord de l'infini »[1]. Cela commence par un sourire, continue par un sanglot, et finit par un bruit du clairon de l'abîme.

Une destinée est écrite là jour à jour.

Est-ce donc la vie d'un homme ? Oui, et la vie des autres hommes aussi. Nul de nous n'a l'honneur d'avoir une vie qui soit à lui. Ma vie est la vôtre, votre vie est la mienne, vous vivez ce que je vis ; la destinée est une. Prenez donc ce miroir et regardez-vous-y. On se plaint quelquefois des écrivains qui disent moi. Parlez-nous de nous, leur crie-t-on. Hélas ! quand je vous parle de moi, je vous parle de vous. Comment ne le sentez-vous pas ? Ah ! insensé, qui crois que je ne suis pas toi !

Victor Hugo, Préface des *Contemplations*, 1856.

1. Victor Hugo souligne ici la composition du recueil, dont les six livres retracent son cheminement :
Livre I, « Aurore » ;
Livre II, « L'Âme en fleur » ;
Livre III, « Les luttes et les rêves » ;
Livre IV, « Pauca meæ » ;
Livre V, « En marche » ;
et enfin Livre VI « Au bord de l'infini ».

Victor Hugo descendant de son cabinet de travail à Hauteville House (Guernesey), 1860, musée Victor-Hugo, Paris.

Questions *(15 points)*

Une préface *(3 points)*

1. Expliquez ce qu'on appelle une *préface* en répondant aux questions suivantes : Où la trouve-t-on ? À qui s'adresse-t-elle ? À quoi est-elle destinée ? *(1,5 point)*
2. Appliquez maintenant ces questions à l'extrait ci-contre. Justifiez vos réponses, par des citations précises, empruntées au texte ou au paratexte (introduction et références du texte). *(1,5 point)*

« Les Mémoires d'une âme » *(7 points)*

3. Quel est le sujet d'inspiration du recueil ? *(0,5 point)*
4. À quel autre genre littéraire peut faire songer la phrase : *Une destinée est écrite là jour à jour* (l. 19) ? *(0,5 point)*
5. Que suggère la première phrase du texte sur le travail du poète ? *(1 point)*
6. *Une âme, une conscience, un esprit*. Le mot *cœur* n'apparaît pas. Les sentiments personnels sont-ils pour autant absents ? Justifiez votre réponse par un relevé précis. *(1 point)*
7. Comment Victor Hugo se présente-t-il ? *(2 points)*
8. Quels sont les procédés syntaxiques utilisés à cet effet ? *(2 points)*

Un miroir tendu au lecteur *(5 points)*

9. *Prenez donc ce miroir* (l. 25) : de quoi s'agit-il ? Expliquez la métaphore. Citez un autre passage du texte qui développe une image proche. *(2 points)*
10. Montrez en quoi la ponctuation est affective. Quels sentiments exprime-t-elle ? *(2 points)*
11. Commentez le passage du *vous* au *tu* dans les dernières lignes. *(1 point)*

Réécriture *(5 points)*

Vous réécrirez les lignes 12 à 18 en remplaçant le présent de l'indicatif par un passé composé. Votre texte commencera par : *C'est un esprit qui…* Attention aux erreurs de copie.

Dictée *(5 points)*

On pourra donner en dictée les lignes 1 à 5.

Rédaction *(15 points)*

Un débat s'engage entre deux élèves : l'un affirme que la poésie lyrique parle à chacun d'entre nous ; l'autre prétend y être parfaitement insensible. Imaginez ce dialogue, en vous fondant sur le texte de Victor Hugo, ainsi que sur les poèmes lyriques que vous connaissez.

Consignes :

- Votre devoir sera constitué d'une dizaine de répliques.
- Vous le présenterez comme un dialogue de théâtre.
- Il sera essentiellement argumentatif.
- Il comportera des exemples précis.

Compétences du socle évaluées

Je suis capable d'identifier le genre et la provenance d'un texte, ainsi que la situation de communication.

Je suis capable de repérer les informations dans un texte à partir de ses éléments explicites et des éléments implicites nécessaires.

Je suis capable d'écrire lisiblement un texte sous la dictée en respectant l'orthographe et la grammaire.

Je suis capable de rédiger un texte bref, cohérent et ponctué à partir de consignes données.

Étude de la langue

Grammaire

Orthographe

Vocabulaire

El Lissitsky, (1890-1941), *Composition*, Collection Peggy Guggenheim, Venise.

Les propositions subordonnées

Observer

1. Le professeur demande à ses élèves quels romans ils ont lus en cinquième.
2. Quelques élèves disent qu'ils ont étudié un roman intitulé *Vendredi ou la Vie sauvage*.
3. Ils se souviennent parfaitement du roman parce qu'ils l'ont apprécié.
4. Ils citent les titres d'autres romans qui les ont marqués.

1. Distinguez pour chaque phrase la proposition principale de la subordonnée.
2. a. Parmi les subordonnées, laquelle complète un nom de la proposition principale ?
b. Par quel mot est-elle introduite ? Comment appelle-t-on cette subordonnée ?
3. Quelle subordonnée complète un verbe d'interrogation ? Comment l'appelle-t-on ?
4. a. Quelle est la nature des subordonnées des phrases 2 et 3 ?
b. Est-il possible de supprimer ces subordonnées ? Pourquoi ?

Retenir

1 Qu'est-ce qu'une proposition subordonnée ?

Une proposition **subordonnée** dépend d'une autre proposition appelée **principale**. Elle a toujours une fonction par rapport :
– à un **nom** de cette proposition : c'est une **relative**.
Les élèves que le professeur interroge ont lu plusieurs romans.
– **au verbe** de cette principale : c'est une **conjonctive ou interrogative indirecte**.
Les élèves expliquent qu'ils ont lu plusieurs romans.
Les élèves se demandent quels romans ils ont lus.

2 Quelles sont les caractéristiques de la proposition subordonnée relative ?

La proposition subordonnée relative **complète un nom** de la proposition principale que l'on appelle son **antécédent**. Elle **est souvent insérée dans la proposition principale**.
Le roman dont les élèves se souviennent a été écrit par Jack London.

Elle est introduite par un **pronom relatif** qui a une **fonction** dans la subordonnée.

3 Quelles sont les caractéristiques de la proposition subordonnée conjonctive ?

Elle est introduite par une **conjonction de subordination** qui n'a **pas de fonction**. Elle peut être :
– **complétive : on ne peut pas la supprimer** car elle est complément essentiel (COD ou COI). Elle complète le verbe de la principale et est introduite par *que*.
Le professeur précise que les élèves liront des nouvelles et des romans.
COD
– **circonstancielle : on peut la déplacer et la supprimer**, elle complète une proposition. Elle est introduite par différentes conjonctions.
Quand le cours sera terminé, ils se rendront au CDI.
CC de temps

4 Comment reconnaître la proposition subordonnée interrogative indirecte ?

Elle est **toujours COD** du verbe de la principale qui exprime une **interrogation**, une **incertitude**, des **paroles** ou des **pensées**.
Certains élèves aimeraient savoir quels romans ils liront en 4e.

Elle est introduite par *si* ou par un **mot interrogatif** (*qui, pourquoi, quel*…).

5 Quelle est la particularité des propositions participiales et infinitives ?

Elles ont pour verbe un **participe** ou un **infinitif** qui a un **sujet différent** de celui du verbe de la proposition principale. Elles ne sont introduites par **aucun mot subordonnant**.
Les élèves écoutent le professeur lire. Le cours terminé, les élèves rangent leurs affaires.

S'exercer

Distinguer propositions indépendante, principale et subordonnée

1 Indiquez si les propositions en italique sont indépendantes coordonnées, indépendantes juxtaposées, principales ou subordonnées. Justifiez votre réponse.

1. Beaucoup de jeunes lecteurs apprécient les romans d'aventures *car ils sont friands de péripéties et de rebondissements.* 2. Ils s'identifient au héros du livre *dont ils partagent les émotions.* 3. Certains collectionnent les romans policiers : *ils se passionnent pour les enquêtes de leur commissaire préféré.* 4. *D'autres encore préfèrent les romans historiques* qui les plongent dans une époque éloignée de la leur. 5. Ils se demandent *comment on vivait au Moyen Âge ou sous le règne de Louis XIV.*

Identifier la nature d'une proposition subordonnée

2 a. Dans le premier paragraphe, les propositions en couleur sont des subordonnées. À quelle nature (relative, conjonctive, interrogative indirecte) chaque couleur correspond-elle ?

b. Dans le second paragraphe du texte, identifiez deux conjonctives et deux relatives.

L'an passé, je me souviens que notre classe a participé à un concours d'écriture. Nous devions nous inspirer d'un tableau que nous ne connaissions pas. Lorsque je l'ai découvert, j'ignorais qui l'avait peint. J'ai appris qu'il s'agissait de l'œuvre d'un peintre flamand du XVIe siècle qui s'appelle Bruegel.

Cette toile représente une multitude de saynètes qui illustrent des proverbes. Lorsque nous eûmes retrouvé certains proverbes, nous avons entrepris de les illustrer à notre tour en inventant des fabliaux. Nous avons pris plaisir à écrire parce que l'activité nous a intéressés. De plus, nous avons remporté un prix dont nous sommes très fiers.

3 Toutes les subordonnées sont introduites par *que* (ou *qu'*). Demandez-vous si ce mot est une conjonction de subordination ou un pronom relatif. Puis précisez la nature des subordonnées : relative ou conjonctive.

1. Comment pouvais-tu penser **que** nous partirions sans toi ? 2. Le règlement intérieur **que** nous avons modifié l'an dernier interdit l'usage du téléphone portable dans l'établissement. 3. Les élèves ont compris **que** le travail **qu'**ils avaient rendu trop rapidement n'était pas bon. 4. Le stage **qu'**il a fait cet été lui a prouvé **qu'**il était capable de s'investir dans un travail **qu'**il avait choisi.

4 Les propositions subordonnées de ces phrases complètent toutes un verbe. Relevez-les et classez-les en conjonctives et interrogatives indirectes.

1. Elle pense que les cours de soutien lui seront profitables. 2. Ils ne savent pas quand arrivent les correspondants. 3. Il se demande s'il réussira à obtenir son attestation de sécurité routière. 4. Il craint que le rythme des cours ne soit trop rapide pour lui. 5. Il explique à ses camarades pourquoi il a choisi l'italien comme seconde langue vivante. 6. Attend-il qu'on annonce les résultats du concours ?

Identifiez la fonction d'une proposition subordonnée

5 Demandez-vous si vous pouvez déplacer ou supprimer les subordonnées en italique. Puis précisez leur fonction : COD, COI, complément circonstanciel.

1. *Quand tu feras un compte-rendu à propos d'un roman*, tu penseras à prendre des notes au fil de la lecture. 2. *Bien qu'elle paraisse parfois fastidieuse*, cette prise de notes facilitera ton travail ultérieur *parce qu'elle t'aidera à mieux comprendre le récit.* 3. Tu te demanderas par exemple *quels sont les personnages principaux d'un roman.* 4. Tu préciseras *comment le récit évolue.* 5. Tu veilleras à *ce que tes notes soient claires et bien organisées.*

Employer les subordonnées

6 Complétez le texte suivant à l'aide d'au moins deux subordonnées conjonctives et deux subordonnées relatives de votre choix.

Molière s'est essayé à la tragédie. Mais il est devenu célèbre pour ses comédies. Ses pièces sont toujours appréciées et jouées de nos jours.

7 Rédigez la suite de ce fabliau qui illustrera le proverbe suivant : « Deux chiens ne s'accordent jamais sur un os. » Vous veillerez à employer des relatives et des conjonctives que vous distinguerez par la couleur.

L'envie me prend de vous raconter l'histoire de deux hommes qui se disputèrent sur le marché d'Arras pour avoir le plus long morceau de tissu.

Un bourgeois appelé Yves se rendit au marché parce qu'il voulait acheter du tissu pour sa promise. Il avait repéré un morceau de toile bleue de plus de dix aunes mais fit le tour des étals avant de se décider. Lorsqu'il revint…

Pieter Bruegel, *Les Proverbes flamands* (détail), 1559, Pinacothèque, Berlin.

Les propositions subordonnées circonstancielles de temps

Observer

1. **Quand elle était jeune**, Jeanne rêvait souvent d'amour.
2. **Avant qu'elle ne s'unisse à Julien**, Jeanne était heureuse avec ses parents.
3. **Dès qu'elle est revenue de voyage de noces**, sa vie s'assombrit.
4. **Le voyage de noces fini**, Jeanne découvre qui est vraiment Julien.

1. a. Remplacez chaque subordonnée en gras par un groupe nominal. **b.** Quelle est la fonction des quatre groupes nominaux et des quatre subordonnées ?

2. a. Quels mots introduisent les subordonnées des phrases 1 à 3 ? Quelle est la nature de ces subordonnées ? **b.** En quoi la subordonnée de la phrase 4 diffère-t-elle des autres ? Déduisez-en sa nature.

3. Phrase 1 : a. Placez les verbes sur un axe du temps. **b.** Que remarquez-vous ?

4. Phrases 2 et 3 : a. Pour chaque phrase, placez les deux verbes sur un axe du temps. **b.** L'action exprimée par la subordonnée a-t-elle lieu avant ou après celle de la principale ?

Retenir

1 Comment reconnaître les subordonnées circonstancielles de temps ?

- Comme tout complément circonstanciel, elles sont supprimables et déplaçables.

Il repartit en Provence quand il eut passé ses examens. = Quand il eut passé ses examens, il repartit en Provence.

- Elles **situent sur l'axe temporel** l'action exprimée par le verbe de la principale.

eut passé — *repartit* — **Présent**

- Elles sont :
  - **des propositions conjonctives** introduites par une conjonction de subordination.

  Quand ses examens furent terminés, il repartit en Provence.

  - des **propositions participiales** qui ne sont introduites par aucun mot subordonnant.

  Ses examens terminés, il repartit en Provence.

2 Quelles relations temporelles entre la principale et la subordonnée ?

- Le verbe de la subordonnée exprime une action qui a lieu **en même temps** que l'action exprimée par la principale : la subordonnée exprime la **simultanéité**.
La subordonnée est introduite par *quand, comme, au moment où, pendant que, tandis que*… Son verbe est à l'**indicatif**.

Il nous téléphone tandis qu'il attend le train.

il téléphone / *il attend*

- Le verbe de la subordonnée exprime une action qui a lieu **avant** celle qui est exprimée par le verbe de la principale : la subordonnée exprime l'**antériorité**.
  – Elle est introduite par *après que, dès que, sitôt que, depuis que*… Son verbe est à l'**indicatif**.
  – La subordonnée est une proposition participiale dont le sujet a pour verbe un participe.

Il nous téléphona après qu'il fut arrivé à destination.
Le train arrivé, il nous téléphona.

il fut arrivé — *il téléphona*

- Le verbe de la subordonnée exprime une action qui a lieu **après** celle qui est exprimée par le verbe de la principale : la subordonnée exprime la **postériorité**.
  – Elle est introduite par *avant que, jusqu'à ce que*… Son verbe est au **subjonctif**.

Il nous téléphona avant que le train ne parte.

il téléphona — *le train ne parte*

S'exercer

Reconnaître les subordonnées de temps

1 Parmi les subordonnées en italique, quelles sont celles qui expriment le temps ?

1. *Tandis que madame Adélaïde se repose*, Jeanne et son père se rendent à Yport. 2. *Comme les marins réparaient leurs filets*, les enfants ramassaient des coquillages sur la plage. 3. *Comme elle est naïve*, Jeanne tombe amoureuse du premier venu. 4. Jeanne est idéaliste et rêveuse *tandis que Julien de Lamare est intéressé*. 5. *Alors que les jeunes gens se promènent dans le parc*, Julien prend la main de Jeanne. 6. Julien se révèle égoïste et grossier, *alors qu'il semblait charmant*.

2 Relevez les propositions subordonnées de temps. Expriment-elles une action simultanée, antérieure ou postérieure à celle exprimée par la principale ?

À mesure que j'avançais, j'avais dans la peau des tressaillements, et quand je fus devant le mur, aux auvents clos, de ma vaste demeure, je sentis qu'il me faudrait attendre quelques minutes avant d'ouvrir la porte et d'entrer dedans.

Guy de Maupassant, *Qui sait ?*, 1890.

3 Même consigne.

1. Quand elle fut rentrée, le soir, dans sa chambre, elle se sentit étrangement remuée. 2. Le baron, un matin, entra dans la chambre de Jeanne avant qu'elle fût levée. 3. Vers six heures, comme elle était assise avec petite mère sous le platane, le vicomte parut. 4. Dès qu'ils furent devant la porte, un petit vent sec les saisit. 5. Mais, comme elle se hâtait sur la grand-route, elle rencontra Rosalie qui revenait du marché. 6. Quand elle eut fini son repas, elle se mit à la fenêtre et regarda la rue pleine de monde.

D'après **Guy de Maupassant**, *Une Vie*, 1883.

Employer les subordonnées circonstancielles de temps

4 Transformez les deux indépendantes coordonnées en une principale et une subordonnée de temps.

1. Le rideau se lève : le spectacle commence. 2. Nos amis arrivèrent, nous prîmes le café. 3. La nuit tombait et je dus rentrer. 4. Elle coucha les enfants et se plongea enfin dans la lecture d'un bon roman. 5. Les phares et les lumières s'allumaient peu à peu, le panorama devenait féérique.

5 Transformez les groupes nominaux compléments circonstanciels de temps en propositions subordonnées de même sens.

1. Ils resteront ici jusqu'au retour des invités. 2. Il s'était installé, le soir de son arrivée, dans la plus grande chambre de la maison. 3. Elle s'habilla au lever du jour et partit. 4. Dans l'attente de ses amies, la jeune femme achevait les derniers préparatifs. 5. Elle contemple le paysage jusqu'à la tombée de la nuit. 6. Après le repas, ils allèrent se promener.

6 Rédigez trois phrases pour expliquer ce que vous faites avant, pendant et après un spectacle. Vous emploierez trois phrases complexes comportant chacune une subordonnée de temps.

7 Observez l'image. Imaginez ce qui s'est passé avant, pendant et après cette scène. Vous rédigerez trois phrases comportant chacune une subordonnée de temps.

Edward Hopper, *Soleil dans une cafétéria*, 1958, galerie d'art de l'université de Yale, New Haven.

Évaluer ses connaissances

Depuis le décès de son mari, Jeanne se consacre exclusivement à son fils Paul. À quinze ans, il entre en pension au collège du Havre. À mesure que les années passent, il écrit de plus en plus rarement à sa mère qui s'inquiète à son sujet. Lorsqu'il se manifeste, c'est surtout pour réclamer de l'argent à Jeanne. *Elle essaie en vain de le retrouver à Paris puis reste sans nouvelles jusqu'à ce qu'une lettre lui parvienne enfin. Paul la supplie de bien vouloir recueillir son enfant qui vient de naître.*

1. a. Les subordonnées de temps soulignées expriment-elles des faits antérieurs, postérieurs ou simultanés aux faits exprimés dans la principale ? (2 points)
b. Quelle est la nature de ces propositions ? (1 point)

2. a. Transformez le groupe nominal CC. de temps de la première phrase en subordonnée conjonctive de temps. (3 points)
b. Transformez votre subordonnée conjonctive de temps en proposition participiale. (4 points)

3. a. Dans le passage en italique, relevez une subordonnée de temps. (3 points)
b. Celle-ci exprime-t-elle l'antériorité, la postériorité ou la simultanéité ? (2 points)
c. À quel mode son verbe est-il employé ? (1 point)

4. Ajoutez une subordonnée de temps de votre choix à la dernière phrase du texte. (4 points)

Les propositions subordonnées circonstancielles de cause, de conséquence, et de but

Observer

1. Mme de Sévigné ne voit pas souvent sa fille ; celle-ci vit en Provence.

2. Mme de Sévigné s'ennuie de sa fille **si bien qu'elle lui écrit très souvent**.

3. Mme de Sévigné écrit **afin que la séparation lui paraisse moins douloureuse**.

1. a. Transformez la phrase 1 afin d'exprimer la cause dans la subordonnée.
b. Réécrivez maintenant la phrase en exprimant la conséquence dans la subordonnée.

2. Qu'exprime la subordonnée en gras en phrase 2 ?

3. a. Phrase 3 : dans quelle intention madame de Sévigné écrit-elle ?
b. Quelle circonstance est exprimée par la subordonnée ?

Retenir

1 Rappel : comment distinguer cause, conséquence et but ?

- Cause et conséquence sont indissociables. Selon la phrase, on choisit de mettre en valeur l'une des deux notions en l'exprimant dans la subordonnée.

*Nous ne pouvons pas nous baigner **parce qu'il fait trop froid.*** → cause (raison, origine)
*Il fait très froid **si bien que nous ne pouvons pas nous baigner.*** → conséquence (résultat)

- Conséquence et but sont aussi des notions voisines. Mais le complément circonstanciel de but exprime **le résultat que l'on cherche à atteindre** alors que le complément circonstanciel de conséquence exprime **le résultat atteint**.

*J'ai apporté son anorak **si bien qu'il a pu sortir.*** → conséquence (résultat atteint)
*J'ai apporté ton anorak **pour que tu puisses sortir.*** → but (résultat visé)

2 Comment exprimer la cause dans une phrase complexe ?

- **Dans une subordonnée conjonctive introduite** par *parce que, comme, étant donné que, vu que, puisque* dont le verbe est à l'**indicatif** :

– Les subordonnées introduites par *parce que* se placent généralement après la principale.

*Le professeur explique la règle **parce que certains élèves ne l'ont pas comprise.***

– Celles qui sont introduites par *puisque, comme, vu que, étant donné que* se placent avant la principale. La cause est alors présentée comme admise et évidente.

***Puisque certains n'ont pas compris la règle,** le professeur recommence son explication.*

- **Dans une subordonnée participiale.**

***Les élèves n'ayant pas compris,** le professeur recommence son explication.*

3 Comment exprimer la conséquence dans une phrase complexe ?

- **Dans une subordonnée conjonctive** dont le verbe est à l'**indicatif :**

– introduite par les locutions conjonctives *si bien que, au point que, de manière que…*

*Le réveil de Marc n'a pas sonné **si bien qu'il est arrivé en retard.***

– introduite par *que* ou *pour que*. Dans ce cas, la subordonnée **dépend d'un terme de la principale** – adverbe, adjectif ou déterminant – **marquant l'intensité.**

*Il fait **si** froid ce matin **que j'ai mis un bonnet.***

4 Comment exprimer le but dans une phrase complexe ?

- **Dans une proposition conjonctive** dont le verbe est au **subjonctif** et **le sujet toujours différent de celui de la principale.**

– Introduite par *pour que, afin que*, elle exprime un but positif.

*Je me tais **pour que Jean puisse aussi donner son avis.***

– Introduite par *de peur que, de crainte que*, elle exprime un but négatif.

*Je lui ai envoyé un courriel **de peur qu'il n'ait oublié notre rendez-vous.***

– Introduite par *que*, si elle dépend d'une principale à l'impératif.

*Parle donc, **que j'entende tes arguments.***

S'exercer

Distinguer cause et conséquence, but et conséquence

1 Les subordonnées en italique expriment-elles la cause ou la conséquence ?

1. *Comme elle souhaite perdre du poids*, Isabelle fait du sport chaque matin. 2. Les enfants sont si affamés *qu'ils ont dressé la table sans mot dire*. 3. *L'orage grondant au loin*, nous avons préféré manger à l'intérieur. 4. *Étant donné que la circulation est particulièrement dense*, je te conseille de prendre le train. 5. *Puisque tu as compris l'exercice*, explique-le à ta sœur. 6. Il a tellement plu *que le chemin n'est plus praticable*.

2 Les subordonnées en italique expriment-elles le but ou la conséquence ?

1. Le prix des ordinateurs a baissé *de sorte qu'aujourd'hui chaque famille en possède un*. 2. Prête-moi ton stylo rouge *de sorte que je corrige cet exercice*. 3. *Pour que tu évites les embouteillages*, je vais t'indiquer un autre itinéraire. 4. Ce tableau est trop onéreux *pour que je l'achète*. 5. *Pour que ses enfants lisent davantage*, Louise les a inscrits à la bibliothèque.

Exprimer cause, conséquence et but

3 Transformez ces couples de phrases simples en une phrase complexe comportant une subordonnée de cause. Employez des locutions conjonctives variées.

1. Ma mère est malade. Je m'inquiète pour elle. 2. J'ai adoré ce roman. Il raconte la vie d'une adolescente qui me ressemble. 3. Mon père a décidé de reporter la sortie. Il a mal dormi. 4. On m'a prévenu de ton arrivée. J'ai pu réunir la famille.

4 Transformez chaque couple de propositions indépendantes en une phrase complexe contenant une conjonctive circonstancielle de but.

1. Il a accepté cette mutation ; sa situation financière s'améliorera. 2. J'ai fermé les volets ; la chaleur n'entrera pas. 3. Les légumes gardent leur saveur ; je mets les légumes dans l'autocuiseur. 4. Mon père prépare une tarte ; j'ai cueilli de belles pommes. 5. Je tiens mon chien en laisse ; il ne mordra personne. 6. Marie doit venir ; je lui montrerai mes dessins.

5 Réécrivez les phrases suivantes de façon à exprimer la conséquence.

1. Je lis une biographie de Victor Hugo parce que je trouve la vie de cet auteur passionnante. 2. Comme elle a très mal à la tête, elle ne pourra pas nous accompagner. 3. Étant donné que les travaux ont commencé, la piscine est fermée. 4. Pierre refuse de faire l'exercice sous prétexte qu'il est trop long.

6 Complétez les phrases suivantes à l'aide d'une subordonnée de cause, de conséquence ou de but.

1. Il a été félicité ... 2. Elle a pris le temps de réfléchir ... 3. Ce professeur a la réputation d'être très sévère ... 4. Nous préférons t'avertir des intentions de Jean ... 5. Il devra arriver de bonne heure ...

7 Expliquez ce que fait le personnage de ce tableau. Employez au moins une subordonnée de conséquence, de cause et de but.

Johannes Vermeer, *Le géographe, 1669,* Galerie des Beaux-Arts de Francfort.

Évaluer ses connaissances

Le 17 juin 1671, Mme de Sévigné écrit à un ami. Elle a reçu la dernière lettre de sa fille le 5 juin.

Je vous écris avec un serrement de cœur qui me tue ; je suis incapable d'écrire à d'autres qu'à vous, parce qu'il n'y a que vous qui ayez la bonté d'entrer dans mes extrêmes tendresses. Enfin, voilà le second ordinaire[1] que je ne reçois point de nouvelles de ma fille. Je tremble depuis la tête jusqu'aux pieds, je n'ai pas l'usage de raison, je ne dors point [...]. Mais n'ai-je point raison d'être en peine ? Soulagez donc mon inquiétude, et courez dans les lieux où ma fille écrit, afin que je sache au moins comme elle se porte.

1. Sa fille n'a pas répondu à ses deux courriers (ordinaires).

1. Relevez une subordonnée de cause. (2 points)

2. Pour quelle raison Madame de Sévigné décide-t-elle d'écrire à cet ami ? Votre réponse comportera une subordonnée de cause. (4 points)

3. a. Madame de Sévigné s'inquiète. Quelle est la conséquence de cette inquiétude ? Votre réponse comportera une subordonnée de conséquence. (4 points)
b. Transformez votre réponse de façon à exprimer l'intensité de son inquiétude. (2 points)

4. a. Relevez une subordonnée de but dans la lettre. À quel mode son verbe est-il employé ? (4 points)
b. Ajoutez à cet extrait de lettre une phrase comportant une subordonnée de but. (4 points)

Les propositions subordonnées de comparaison

Observer

1. L'inquiétude engourdit mon esprit comme le froid s'insinue dans une maison.
2. L'inquiétude m'envahit aussi facilement que le froid s'insinue dans une maison.
3. Ma vie me paraît **moins** agréable **qu'**elle ne l'était auparavant.
4. Je suis l'homme **le plus** malheureux **que** vous puissiez rencontrer.

1. a. Dans la phrase 1, deux éléments sont comparés. Lesquels ?
b. Quelle est la nature du mot qui relie ces éléments ? Déduisez-en la nature de chaque proposition ainsi délimitée.
2. a. Dans la phrase 2, les mêmes éléments sont comparés : grâce à quels mots ?
b. Quel degré d'intensité ces mots expriment-ils ?
c. Pouvez-vous déplacer la proposition comparative ?
3. Dans les phrases 3 et 4, quel est le degré d'intensité exprimé par les mots en gras ?

Retenir

1 En quoi la comparaison consiste-t-elle ?

▸ La comparaison consiste à **rapprocher deux éléments** en vue de dégager entre eux **une équivalence**, **une ressemblance** ou **une différence.**

Paul est plus fort que son père ne l'était dans sa jeunesse.
Il change de pays comme un oiseau vole de branche en branche.

2 Exprimer la comparaison dans une phrase complexe

Dans une phrase complexe, la comparaison s'exprime :

▸ Grâce à une **proposition subordonnée comparative.** Elle est alors rattachée à la proposition principale par **une conjonction ou locution conjonctive** (*comme, tel que, ainsi que, de la même façon que, de même que*).
Cette proposition est **généralement déplaçable**.

Il est brillant et sûr de lui comme je le prévoyais.
Comme je le prévoyais, il est brillant et sûr de lui.

▸ Grâce à une **proposition comparative liée à l'expression du degré (supérieur, égal ou inférieur) de l'adjectif ou de l'adverbe** placé dans la proposition principale.
Cette proposition est étroitement liée à la proposition principale et **sa place est fixe**. Elle est annoncée par les locutions :

– **aussi / plus / moins… que + indicatif.**

Il arrive plus tôt que je ne le prévoyais.
Il est moins jeune que je ne pensais.
Camille est aussi discrète que Marie est loquace.

– **le plus… que, le moins… que / dont + subjonctif.**

Camille est la fille la plus discrète que je connaisse.

Remarque :

▸ Souvent le verbe de la subordonnée n'est pas précisé. On parle de **construction elliptique.**

Il parle comme le faisait son père. Il parle comme son père.

▸ Le mot qui introduit la subordonnée nous renseigne sur la valeur de celle-ci :

équivalence	différence	variation proportionnelle
comme ainsi que autant que de même que tel que	autre / autrement... que plus / moins... que plutôt que	d'autant que d'autant plus / moins que suivant que selon que à mesure que

S'exercer

Reconnaître et employer les subordonnées de comparaison

1 Relevez les subordonnées de comparaison.

Jules prenait son rôle d'aîné très au sérieux et voulait me remettre dans le droit chemin comme on redresse une plante qui pousse de travers à l'aide d'un tuteur. Mon frère me parlait aussi sévèrement que l'aurait probablement fait mon père s'il avait encore été de ce monde. Mais comme je n'avais aucune intention de l'écouter, ses bonnes paroles me touchaient moins que le zéphyr trouble le chêne.

2 Dans les phrases suivantes, *comme* introduit-il une proposition subordonnée de cause, de temps, ou de comparaison ?

1. *Comme elle ne comprenait pas la consigne*, je la lui ai expliquée. **2.** *Comme il commençait à s'inquiéter*, la sonnerie du téléphone se fit entendre. **3.** Il parle sévèrement à sa fille *comme un maître rappelle à un élève ses obligations*. **4.** *Comme nous partons en vacances ce soir*, je vous quitte pour préparer mes valises. **5.** Il ne changera pas d'avis : il est convaincu d'avoir raison *comme on peut l'être à 15 ans*.

3 Voici des propositions juxtaposées. Transformez-les afin d'exprimer la comparaison dans une subordonnée (qui pourra parfois être elliptique).

1. Le jardin de nos voisins est fleuri ; le nôtre l'est encore plus. **2.** Nous avons ramassé beaucoup de noix en octobre ; nous avions cueilli autant de cerises en juin. **3.** Les yeux de Mathilde sont bleus ; l'océan est bleu. **4.** Les enfants étaient attentifs ; mon neveu l'était moins. **5.** Les chiens dressés pour sauver des vies ou guider les aveugles sont très utiles ; les chevaux de trait étaient aussi très utiles dans le passé.

4 Complétez ces phrases à l'aide d'une subordonnée comparative. Variez les mots introducteurs.

1. Il dessine ... **2.** Nous avons rendu ces livres ... **3.** Le professeur dit souvent que j'écris ... **4.** Il répétait ces paroles ... **5.** Le film était moins intéressant ... **6.** Le château était plus vaste ...

5 Complétez ces subordonnées de comparaison introduites par *comme*.

1. Comme on ... on se couche. **2.** Elle a passé l'examen du brevet comme on ... **3.** Vous allez trouver des dentelles comme on ... **4.** Ce journaliste propose un reportage sur la Chine comme on ... **5.** Dans le grenier de ma grand-mère, j'ai retrouvé de vieilles broderies comme on ...

Comprendre l'effet produit par l'emploi de subordonnées comparatives

6 a. Relevez les comparaisons du texte suivant. Soulignez celles qui sont des propositions subordonnées.

b. Quelle image des chasseurs ces propositions mettent-elles en évidence ?

c. À votre tour, rédigez un paragraphe décrivant un groupe de jeunes filles. Vous emploierez trois subordonnées de comparaison en vue de mettre en évidence leur attitude.

Les chasseurs achevaient leur dîner, encore bottés, rouges, animés, allumés. [...] Ils parlaient comme on hurle, riaient comme rugissent les fauves, et buvaient comme des citernes, les jambes allongées, les coudes sur la nappe, les yeux luisants sous la flamme des lampes [...].

Guy de Maupassant, *Histoire vraie*, 1882.

7 a. Relevez trois subordonnées de comparaison dans cet extrait.

b. Que remarquez-vous quant à la manière dont elles sont construites ?

c. Que mettent en évidence ces trois propositions comparatives ?

Jean, aussi blond que son frère était noir, aussi calme que son frère était emporté, aussi doux que son frère était rancunier, avait fait tranquillement son droit et venait d'obtenir son diplôme de licencié en même temps que Pierre obtenait celui de docteur.

Guy de Maupassant, *Pierre et Jean*, 1888.

8 a. Observez ces deux images et rédigez une phrase comportant une subordonnée comparative.

b. Trouvez à votre tour deux images qui permettent d'établir une comparaison et demandez à un(e) camarade de rédiger une phrase comportant une subordonnée comparative.

Supporters du FC Zénit de Saint- Pétersbourg.

Abeilles dans une ruche.

Évaluer ses connaissances

Sur le modèle des phrases de la rubrique *Observer*, rédigez un paragraphe où vous exprimerez ce que vous ressentez quand vous êtes heureux. Vous emploierez plusieurs propositions subordonnées comparatives que vous soulignerez. (20 points)

Grammaire FICHE 5

Le discours rapporté : le discours indirect

Observer

1. Hélène déclara à sa camarade avec un large sourire :
« Mes parents sont d'accord ; je pourrai t'accompagner à l'exposition Magritte demain.
– Oh ! Génial ! s'écria Camille.
– Je dois arriver à quelle heure ?
– Euh… euh… Viens vers neuf heures. »

2. Hélène expliqua que le musée n'ouvrait qu'à 10 heures. Elle ajouta que son frère se joindrait peut-être à elles.

1. Dans le premier passage, quelles marques typographiques permettent de repérer les paroles rapportées ? Rappelez comment on nomme cette façon de rapporter les paroles.
2. Dans le deuxième passage, quelles propositions correspondent aux paroles rapportées ?
3. Trouvez-vous des marques typographiques qui permettent de repérer ces paroles ?
4. Quelles sont les propositions qui indiquent qui parle ?

Retenir

1 Rappel : le discours direct

- **Le narrateur s'efface du récit**, donnant l'illusion de laisser la parole aux personnages.
- Ces paroles sont généralement encadrées par des **guillemets**. Le changement d'interlocuteur est annoncé par un **tiret**.
- **Les types de phrases sont variés :** déclaratif, interrogatif, exclamatif, injonctif.
  Il répéta : Je viens. / Viens-tu ?/ Viens immédiatement !
- Les paroles sont signalées par une **phrase introductive** indiquant **qui parle** et précisant **les conditions du discours** (lieu, temps, sentiments du locuteur) :
  Elle déclara : « Je viendrai ». « Je viendrai », déclara-t-elle.
- **Les pronoms** et **déterminants** employés sont ceux des **1re et 2e personnes. Les connecteurs spatio-temporels** ont comme points de repère **le lieu** et **le moment de l'échange**.

2 Le discours indirect

- **Le narrateur rapporte les propos des personnages** sans rompre la continuité du récit, le **verbe introducteur de parole** ayant pour **COD :**
  – une proposition subordonnée conjonctive ;
  Jean annonça que sa mère ne viendrait pas.
  – une proposition subordonnée interrogative indirecte ;
  Jean demanda à sa mère si elle viendrait.
  – un infinitif.
  Jean lui recommanda d'arriver tôt.

Au discours indirect, **disparaissent** :
– **les signes de ponctuation du dialogue :** tirets, guillemets, point d'interrogation…
– **les caractéristiques du langage oral :** niveau de langue familier, interjections…

- **Les pronoms** et **les déterminants** des 1re et 2e personnes sont remplacés par ceux de **la 3e personne.**
  Il lui répéta : « Je comprends ton chagrin. Il lui répéta qu'il comprenait son chagrin.
- **Les connecteurs spatio-temporels sont ceux du récit :** *hier, la veille…*
- Certains verbes employés pour annoncer le discours direct ne peuvent pas être repris : *faire, s'entêter, exploser*, et nécessitent le recours à des verbes de sens voisin.
  Elle s'entêtait : « Non je ne viendrai pas… » ; Elle maintenait qu'elle ne viendrait pas.
- **Le temps des verbes de la subordonnée dépend de celui de la principale.**
  – Si la principale est **au présent** → le temps des verbes de la subordonnée ne change pas.
  – Si la principale est **au passé** → les temps changent : présent ➤ imparfait ; passé composé ➤ plus-que-parfait ; futur ➤ futur du passé.

S'exercer

Transposer des paroles au discours indirect

1 Transposez les phrases suivantes au discours indirect. Demandez-vous quel est le temps du verbe introducteur de paroles et faites toutes les modifications nécessaires.

1. Jules murmure : « J'ai oublié le devoir sur mon bureau. »
2. Jules murmura : « J'ai oublié le devoir sur mon bureau. »
3. Il ajoute : « À l'avenir, je préparerai mon cartable le soir. »
4. Il ajouta : « À l'avenir, je préparerai mon cartable le soir. »
5. Le professeur s'écrie : « Jules, tu as déjà oublié tes exercices la semaine dernière ! » **6.** Le professeur s'écria : « Jules, tu as déjà oublié tes exercices la semaine dernière ! »

2 Transposez ces paroles au discours indirect. Vous choisirez dans la liste suivante un verbe de parole que vous conjuguerez au passé simple.

murmurer • *signaler* • *recommander* • *demander* • *s'écrier* • *déclarer*

1. Méfie-toi de lui ! On ne sait jamais ce qu'il pense vraiment. **2.** Si tu acceptes le rôle, Mélanie, il faudra assister à toutes les répétitions. **3.** Ce n'est pas moi ! Je n'ai rien fait ! Hier, je suis resté dans ma chambre ! **4.** Je partirai à Paris après-demain. **5.** Penses-tu revenir la semaine prochaine ? **6.** Je n'ai pas revu ma cousine depuis l'année dernière.

3 a. Transposez ce dialogue au discours indirect.
b. Quelle réplique ne pouvez-vous pas transposer ? Pourquoi ?

J'annonçai aussitôt la nouvelle à ma mère :
« Mon professeur de sport a décidé de faire un club de tir à l'arc tous les mardis soirs à partir de la semaine prochaine…
– Ah ! Vraiment ?
– Pierre s'est déjà inscrit et, j'ai l'intention de le faire aussi… si tu es d'accord. »

4 a. Inventez la suite du dialogue de l'exercice 3.
b. Transposez-la au discours indirect.

5 Un témoin raconte l'accident en employant le discours indirect. Vous commencerez par : *L'homme, encore sous le choc, me raconta que…* Vous emploierez des verbes de parole variés.

Le Corniaud de G. Oury, avec Louis de Funès et Bourvil, 1965.

Justifier le choix d'un type de paroles rapportées

6 a. Repérez les paroles rapportées directement.
b. À votre avis, pourquoi l'auteur a-t-il préféré rapporter ces paroles directement ?

Elle courut à son père et l'embrassa, en l'étreignant : « Eh bien, partons-nous ? » dit-elle.
Il sourit, secoua ses cheveux déjà blancs, et qu'il portait assez longs, et, tendant la main vers la fenêtre : « Comment veux-tu voyager par un temps pareil ? »
Mais elle le priait, câline et tendre : « Oh, papa, partons, je t'en supplie. Il fera beau dans l'après-midi. »

Guy de Maupassant, *Une vie*, 1883.

7 a. Repérez les deux passages de discours indirect.
b. À votre avis, pourquoi l'auteur a-t-il préféré employer le discours indirect ?

Enfin il annonça qu'il irait lui-même à la Préfecture prendre des informations, et les apporterait dimanche prochain, entre onze heures et minuit.
Le moment arrivé, elle courut vers l'amoureux.
À sa place, elle trouva un de ses amis.
Il lui apprit qu'elle ne devait plus le revoir.

Gustave Flaubert, *Un cœur simple*, 1877.

Évaluer ses connaissances

D'abord elle le chercha dans les buissons, au bord de l'eau et sur les toits, sans écouter sa maîtresse qui lui criait : « Prenez donc garde ! Vous êtes folle ! » Ensuite elle inspecta tous les jardins de Pont-l'Évêque ; et elle arrêtait les passants. « Vous n'auriez pas vu, quelquefois, par hasard, mon perroquet ? » […] Un porte-balle[1] lui affirma qu'il l'avait rencontré tout à l'heure, à Saint-Melaine, dans la boutique de la mère Simon. Elle y courut. On ne savait pas ce qu'elle voulait dire.

Gustave Flaubert, *Un cœur simple*, 1877.

1. Mercier ambulant portant ses marchandises sur le dos.

1. Recopiez les passages de discours direct. Pourquoi l'auteur choisit-il de rapporter ainsi ces paroles ? (4 points)

2. Transposez-les au discours indirect. (Pour un passage, vous devrez trouver un verbe de parole.) (4 points)

3. Recopiez une phrase au discours indirect. Quel choix l'auteur fait-il en rapportant ainsi ces paroles ? (4 points)

4. Réécrivez la phrase trouvée en mettant le verbe de la proposition principale au présent. (2 points)

5. Ajoutez un autre passage de discours indirect à ce texte : quelqu'un donne un second espoir à Félicité. (6 points)

Les classes de mots

Retenir

1 Ce que j'ai appris en 6e et en 5e

- La **classe grammaticale d'un mot** est son **identité**. Le dictionnaire renseigne sur la classe d'un mot. En général, un mot a **une seule classe.**

- Certains mots sont formés d'**un élément**, ce sont les **mots simples.** D'autres mots sont formés de **plusieurs éléments**, ce sont les **mots composés.**
pomme de terre = nom composé ; *sourd-muet* = adjectif composé
à partir de = locution prépositionnelle ; *être sur le point de* = locution verbale

2 Les mots variables

Les mots variables peuvent changer d'orthographe.

Classes	Caractéristiques
Verbes	– expriment une **action** ou un **état** : *marcher* (action), *paraître* (état) – varient selon le **mode**, le **temps** et la **voix**, le **nombre** et la **personne** : *Je sors le chien chaque matin à 8 heures.* *sors* : mode indicatif, temps présent, voix active, 1re personne du singulier. *Ils ont été éliminés au premier tour.* *ont été éliminés* : mode indicatif, temps passé composé, voix passive, 3e personne du pluriel. – se classent en **groupes** : 1er groupe (*parler*), 2e groupe (*rougir*), 3e groupe (*entendre*), auxiliaires (*avoir, être*).
Noms	– servent à nommer les **êtres** (*chat*), les **choses** (*épée*), les **faits** (*arrivée*), les **idées** (*liberté*). – possèdent un **genre** et varient en **nombre** : *une fille et un garçon / des filles et des garçons* – peuvent être **communs** (*musée*) ou **propres** (*Le Louvre*). – peuvent êtres **simples** (*tableau*) ou **composés** (*porte-plume*).
Déterminants	– à la **gauche** du nom, **introduisent** le nom, – indiquent son **genre** et son **nombre**, – se classent en : • articles définis : *le, la, l', du* (contracté) ; *les, des* (contracté) • articles indéfinis : *un, une ; des, de* • articles partitifs : *du, de la, de l' ; des* • déterminants démonstratifs : *ce, cet, cette, ces, ces (-ci* ou *-là)* • déterminants possessifs : *mon, ma, ta, sa, votre, ses, nos, leurs…* • déterminants interrogatifs et exclamatifs : *quel, quelle ; combien de…*
Adjectifs qualificatifs	– servent à **caractériser** un nom ou un pronom pour lequel ils **donnent une caractéristique** ou **une propriété** : *une fillette adorable, un été chaud* – varient en **genre** et en **nombre** : *ils sont gentils, elle est gentille*
Pronoms	– **désignent celui** (ceux) **qui parle**(nt) et **celui** (ceux) **à qui l'on parle**, – ou **remplacent** un **nom**, un **groupe de mots** souvent cité auparavant. • pronoms personnels : *je, tu, moi, toi, elle, les, y, ils, eux, leur, se…* • pronoms démonstratifs : *celui, celle, ce, c', celui-ci (-là), ceci, cela, ça, ceux…* • pronoms possessifs : *le mien, la tienne, la nôtre, le leur, les siens, les siennes, les vôtres, les leurs…* • pronoms relatifs : *qui, que, quoi, dont, où, laquelle, auquel…* • pronoms interrogatifs : *qui ? que ? lequel, laquelle, auquel…*

S'exercer

Distinguer les classes de mots variables

1 Trouvez le mot intrus dans chaque liste et justifiez votre réponse.

1. cet • des • du • ta • quelle • sont • ses
2. accourir • bondir • choisir • élixir • obtenir • rajeunir • tressaillir
3. brassière • droitière • entière • familière • fière • hospitalière • régulière
4. armoire • boire • bouilloire • mâchoire • suppositoire • territoire • trajectoire

2 Indiquez la classe grammaticale du mot souligné (adjectif qualificatif, nom ou verbe).

1. Nous lui avons offert notre aide pour déménager.
2. Mon frère m'aide à apprendre mes leçons.
3. Cette ville compte trente mille habitants.
4. Le compte est bon.
5. Il marche d'un pas ferme.
6. La cour de cette ferme est pavée.
7. Le musée ferme le mardi.
8. Le tabac nuit à la santé.
9. La nuit, tous les chats sont gris.
10. Je pose le livre sur l'étagère.
11. La pose du carrelage mural a pris une demi-journée.
12. Je vous somme de vous taire.
13. Il lui doit une somme importante.
14. Elle voyage en première classe.
15. Notre voyage a été mouvementé.

3 Mettez devant chaque nom un déterminant de votre choix et devant chaque verbe un pronom personnel sujet de votre choix.

1. cri • crie 2. désir • désire 3. mord • mort
4. tord • tort 5. travail • travaille

4 Relevez dans le texte qui suit un nom propre, un nom commun, un adjectif qualificatif, un verbe du 1er groupe, un verbe du 3e groupe, un article défini, un déterminant démonstratif, un pronom personnel, un pronom relatif.

Pierre, soudain, rencontra l'œil de Mme Rosémilly ; il était fixé sur lui, limpide et bleu, clairvoyant et dur. Et il sentit, il pénétra, il devina la pensée nette qui animait ce regard, la pensée irritée de cette petite femme à l'esprit simple et droit, car ce regard disait : « Tu es jaloux, toi. C'est honteux, cela. »

Guy de Maupassant, *Pierre et Jean*, 1888.

Utiliser les classes de mots variables

5 Montrez, par des exemples précis, que les mots ci-dessous sont variables et indiquez leur classe grammaticale. Ex. : *juste* → *un père juste ; des parents justes (adjectif qualificatif)*

ami • bâtir • discret • gentil • grandir

6 Les mots suivants peuvent appartenir à des classes grammaticales différentes. Prouvez-le en inventant une phrase pour chaque classe grammaticale.

adresse • coucher • fait • fin • forme • livre

7 Remplacez le GN souligné par le pronom démonstratif ou possessif qui convient.

1. J'ai confondu mon classeur de français avec mon classeur d'histoire. 2. Vous avez la possibilité de partir mais aussi la possibilité de rester. 3. Je te rends ton stylo, Pierre m'a prêté son stylo. 4. Tu as ta place mais où est ma place ? 5. Nous avons acheté une nouvelle voiture mais cette voiture est déjà en panne. 6. Au lieu de vous mêler des affaires de votre voisin, occupez-vous de vos affaires.

Retenir

3 Les mots invariables

Les mots invariables s'écrivent toujours de la même façon.

Classes	Caractéristiques
Prépositions ou locutions prépositives	– sont généralement placées **devant un mot** ou **un groupe de mots** et introduisent un **groupe prépositionnel complément** : *à, de, par, sans, avec, à partir de…* *Il a pensé à faire les courses.*
Conjonctions de coordination	– **relient** deux mots ou deux groupes de mots de **même fonction** ou deux **propositions** : *mais, ou, et, or, donc, ni, car* *J'ai beaucoup de travail et je préfère ne pas aller au cinéma ce soir.*
Conjonctions ou locutions conjonctives de subordination	– font **dépendre une proposition**, appelée proposition subordonnée conjonctive, d'une autre **proposition** ou d'un **verbe** : *comme, si…* *Cette équipe a gagné parce qu'elle était la meilleure.*

S'exercer

Distinguer les classes de mots invariables

1 Trouvez le mot intrus dans chaque liste de mots invariables et justifiez votre réponse.

1. afin que • alors que • après que • au moment où • dès que • en attendant que • parce que • sur • puisque • tandis que

2. à • sur • dès • envers • jusqu'à • malgré • parmi • lorsque • sans • vers

3. car • donc • et • mais • ni • ou • or • puisque

2 Regroupez les mots invariables.

avec • aujourd'hui • ce • depuis • donc • elle • forêt • grandir • hors • lorsque • le sien • or • revenir • tranquille • vivre

3 Relevez, dans le texte qui suit, deux conjonctions de coordination, deux prépositions et un adverbe.

C'était un requin de grande taille qui s'avançait diagonalement, l'œil en feu, les mâchoires ouvertes ! J'étais muet d'horreur, incapable de faire un mouvement.
Le vorace animal, d'un vigoureux coup de nageoire, s'élança vers l'Indien, qui se jeta de côté et évita la morsure du requin, mais non le battement de sa queue, car cette queue, le frappant à la poitrine, l'étendit sur le sol.

Jules Verne, *Vingt Mille Lieues sous les mers*, 1870.

Utiliser les classes de mots invariables

4 Complétez chaque phrase en choisissant dans la liste ci-dessous le mot invariable qui convient.

à • à cause de • donc • dès que • mais • que

1. Elle est mon amie ... parfois elle m'énerve.

2. Les routes sont coupées ... la neige.

3. Nous ne nous attendions pas ... ce succès.

4. Tu es sûr ... l'équipe gagnera ?

5. Je ferme les volets ... la nuit tombe.

6. Tu as dix-huit ans, ... tu es majeur.

5 Remplacez ces groupes prépositionnels par des adverbes de sens équivalent et employez les adverbes trouvés dans une phrase.

avec difficulté • avec excès • en vain

6 Inventez une phrase avec chaque mot invariable proposé. Vous indiquerez également sa classe grammaticale.

1. avant • avant de • avant que **2.** après • après que **3.** depuis • depuis que **4.** pour • pour que

7 Écrivez une phrase selon le schéma proposé.

Déterminant + adjectif qualificatif + nom + verbe + préposition + déterminant + nom + conjonction de subordination + pronom personnel + verbe.

8 Remplacez les groupes prépositionnels soulignés par une subordonnée introduite par une conjonction de subordination ou une locution conjonctive.

1. J'apprécie cette vue sur la montagne <u>au coucher du soleil</u>.

2. <u>Avant le retour de leurs parents</u>, ils ont fait du rangement dans leur chambre.

3. Nous prenons notre parapluie <u>à cause de la pluie</u>.

4. Il est rentré plus tôt que prévu <u>en raison de chutes de neige abondantes</u>.

5. <u>Pour assister au spectacle</u>, les spectateurs sont venus de toutes les régions de France.

Évaluer ses connaissances

Précisez la classe grammaticale des mots en gras et justifiez votre réponse. (20 points, 0,5 point par mot identifié)

Christophe a des résultats **moyens**. • Émotif, il perd souvent ses **moyens** lors des examens. • Toi **qui** es fort en mathématiques, peux-tu m'aider à faire l'exercice ? • **Qui** a oublié son devoir ? demande le professeur. • Elle est revenue **du** marché avec **du** raisin bien mûr. • Elle a retrouvé une amie qu'elle n'avait pas vue depuis **des** années. • Ce midi, j'ai mangé **des** épinards. • Il revient **des** îles. • Il a bien revu **la** leçon et **la** connaît maintenant par cœur. • **Leur** père travaille dans l'automobile. • Le principal a réuni les délégués et **leur** a présenté les projets de l'année. • Le public aperçoit **les** coureurs et **les** encourage en criant. • Elle a refusé **de** partir. • Il n'a pas **de** frères. • Au cas **où** vous vous perdriez, emportez une boussole **ou** une carte de la région. • L'immeuble **où** elle a passé son enfance va être prochainement démoli. • Le cycliste gravement **blessé** est conduit à l'hôpital par les pompiers. • Il s'est **blessé** en tombant. • Secourir un **blessé** est un devoir moral. • **Que** dit-il ? • Il pense **que** tu as tort. • Le livre **que** vous avez commandé est arrivé ce matin. • L'avocat défend les **droits** de son client. • Son nez est **droit** et mince. • Réchauffé, **ce** ragoût est encore meilleur. • Qu'il ait menti, **ce** n'est pas vrai ! • Elle doit se **lever** tôt demain. • Ce matin, le **lever** du soleil était magnifique. • Quel est le plus **court** chemin pour se rendre à la gare ? • Il **court** pour ne pas être en retard. • **Mets** ton blouson avant de sortir. • Ce **mets** est très épicé. • Le **compte** est bon. • Je **compte** sur toi pour m'aider. • Tu **marches** trop vite, je n'arrive pas à te suivre. • Elle descend les **marches** lentement.

Les déterminants et les pronoms indéfinis

Observer

1. Nulle idée nouvelle ne m'est venue depuis hier.
2. Je pars dans quelques jours en vacances.
3. J'ai entendu plusieurs cris puis plus rien.

Observez les mots soulignés.

1. De quel groupe font-ils partie ? Pouvez-vous les supprimer ? Par conséquent, quelle est leur classe grammaticale ?
2. Quelle indication donnent-ils ?

Retenir

1 Qu'est-ce qu'un déterminant indéfini ?

- Les déterminants indéfinis se classent selon leur sens :

– les déterminants **indéfinis quantifiants** qui **expriment une quantité non chiffrée** (quantité nulle, égale à un, supérieure à un, totalité).

Toutes les heures (totalité), *l'infirmière passe voir quelques malades* (quantité supérieure à un) *dont l'état de santé est préoccupant.*
Aucun élève (quantité nulle) *n'a eu vingt au dernier devoir.*

Remarques :
Les **locutions formées d'un adverbe de quantité** (*beaucoup, peu...*) **suivi de la préposition *de*** et ***la plupart de*** font aussi partie des **déterminants indéfinis quantifiants.**

Il a neigé la plupart du temps et peu de skieurs sont sortis.

Il y a aussi des **déterminants indéfinis formés sur des noms de quantité** (*une masse, une troupe, une rangée, une file de... ; nombre de, quantité de, la majorité des...*).

Une rangée d'arbres bordait la route.

– les déterminants **indéfinis non quantifiants** qui **caractérisent**.

Chaque autobus de cette société de transport peut accueillir cinquante passagers.
Tel père, tel fils.

2 Quelles sont les caractéristiques des déterminants indéfinis ?

- Fonctionnement des déterminants indéfinis

– Comme tout déterminant, ils **se placent avant le nom qu'ils déterminent.**

Je n'ai vu aucun film de ce cinéaste.
Il a montré quelque intérêt à notre travail.

Attention :
Certains déterminants indéfinis s'emploient aussi comme pronoms indéfinis, comme adjectifs qualificatifs ou comme adverbes.

Différentes (déterminant indéfini) *personnes sont venues voir son exposition.*
Des personnes très différentes (adjectif) *sont venues voir son exposition.*

– **Certains déterminants indéfinis s'emploient toujours seuls** (*aucun, chaque, plusieurs...*), d'autres peuvent **se combiner avec d'autres déterminants.**

Tout conducteur raisonnable a conscience des dangers de l'alcool.
Tous les jours, il se lève à six heures.

- Emploi

Aucun, nul, pas un ont le plus souvent une valeur négative et sont **accompagnés par la négation *ne*.**

Je n'ai vu aucun film de ce cinéaste.

S'exercer

Connaître les déterminants indéfinis

1 Repérez dans cette liste de déterminants indéfinis les non-quantifiants.

aucun • beaucoup de • certains • chaque • différents • divers • maint • la plupart de • n'importe quel • nul • pas un • peu de • plus d'un • plusieurs • quelques • tant de • tel • tous

2 Reprenez la liste de déterminants indéfinis de l'exercice 1 et classez les quantifiants en fonction de la quantité qu'ils évoquent (nulle, égale à un, supérieure à un, totalité).

3 Donnez pour chaque phrase la classe grammaticale du mot souligné : déterminant indéfini ou adjectif.

1. Nous avons sur ce problème des opinions très <u>différentes</u>. 2. <u>Différentes</u> personnes sont venues témoigner en sa faveur. 3. Il faut un culot <u>certain</u> pour faire cela. 4. <u>Certains</u> films sont interdits aux moins de seize ans. 5. <u>Diverses</u> personnes ont vu ce phénomène. 6. Cherchez les <u>divers</u> sens de ce mot. 7. Nous n'acceptons pas cette réforme absolument <u>nulle</u>. 8. <u>Nulle</u> promesse ne me ferait davantage plaisir.

Utiliser les déterminants indéfinis

4 Complétez chaque phrase par un déterminant indéfini que vous choisirez dans cette liste : aucun • certains • chaque • n'importe quel • nul • quelques • toute • maintes.

1. Je ne mangerai pas ... mon assiette, je n'ai pas très faim.
2. On n'entendait ... bruit.
3. Il m'a ... fois prouvé qu'il était un véritable ami.
4. À cause du verglas, ce commerçant n'a vu ... client ce matin.
5. Ce collectionneur aurait acheté ce tableau à ... prix.
6. Il ne reste que ... exemplaires de ce livre.
7. ... arbres perdent leurs feuilles très tôt.
8. ... chien élevé par la famille d'accueil devient le compagnon d'un aveugle.
9. ... fans attendaient le chanteur devant son hôtel.

5 Inventez une phrase pour chaque déterminant indéfini proposé.

aucun • beaucoup de • divers • pas un • quelques • tous

Observer

Le professeur a rendu le devoir aux élèves : <u>beaucoup</u> l'ont réussi, seuls <u>quelques-uns</u> l'ont raté. Mais <u>personne</u> n'a eu zéro.

Observez les pronoms indéfinis soulignés.

1. Quel groupe nominal remplacent-ils ?
2. Quelle indication donnent-ils ?

Retenir

1 Qu'est-ce qu'un pronom indéfini ?

▸ Les pronoms indéfinis se classent selon leur sens :

– les **pronoms indéfinis quantifiants** qui **expriment une quantité non chiffrée** (quantité nulle, égale à un, supérieure à un, totalité).

Quel gâteau veux-tu ? N'importe lequel (quantité égale à un). *Je les aime tous* (totalité).

– les pronoms **indéfinis non quantifiants** qui **indiquent l'identité.**

Je connais cette photo de la tour Eiffel, j'ai la même.

2 Quelles sont les caractéristiques des pronoms indéfinis ?

▸ Fonctionnement des pronoms indéfinis

– Ils peuvent **être substituts** et **remplacer.**

Parmi les voyageurs, quelques-uns s'impatientaient tandis que les autres attendaient calmement que le train redémarre (*quelques-uns* et *les autres* remplacent *les voyageurs*).

– Ils peuvent aussi **ne pas être substituts** et **désigner.**

J'ai l'impression que rien ne peut l'inquiéter.

▸ Emploi

Aucun, nul, pas un, personne, rien ont une valeur négative et sont **accompagnés par la négation *ne*.**

Personne n'a été élu au premier tour.

S'exercer

Connaître les pronoms indéfinis

1 Relevez dans chacune des phrases le ou les pronoms indéfinis.

1. Ces équipes ont été battues. Ni l'une ni l'autre ne participeront à la finale.
2. Ne fais pas à autrui ce que tu ne veux pas que l'on te fasse.
3. Les chaussures de Jérôme me plaisent. J'aimerais acheter les mêmes.
4. Dans cette classe, tous pratiquent le basket. Plusieurs jouent en plus au foot mais aucun au rugby.
5. Les journaux paraissent régulièrement et certains sortent tous les jours.
6. Les élèves sont conscients de la nécessité de travailler mais quelques-uns seulement le font.
7. À l'impossible, nul n'est tenu.

2 Parmi les pronoms indéfinis relevés dans l'exercice précédent, lesquels sont des quantifiants ? Quelle quantité indiquent-ils ?

3 Relevez, dans les phrases suivantes, les pronoms indéfinis et classez-les en pronoms qui remplacent et en pronoms qui désignent.

1. Mes deux garçons ont reçu chacun un cadeau de leurs grands-parents.
2. Tous savent qu'Élodie est extrêmement maladroite : elle casse tout.
3. Les ours sont des mammifères : les uns sont blancs, les autres sont bruns.
4. Il regarda à nouveau la maison : quelque chose lui semblait bizarre.
5. Avez-vous vu quelqu'un lorsque vous êtes entré ?
6. Les chaussures de mon copain sont top, je voudrais les mêmes.

Utiliser les pronoms indéfinis

4 Complétez chaque phrase par un pronom indéfini que vous choisirez dans cette liste : aucun • autres • chacun • même • n'importe qui • quelqu'un • rien • tout.

1. Il voudrait bien que ... vienne l'aider.
2. Faire du sport est bon pour la santé, ... te le dira.
3. ... ne s'est passé comme c'était prévu.
4. Pris séparément, ... de ces enfants est un ange.
5. Il avait tellement faim qu'il a ... mangé.
6. Parmi ces élèves, ... n'a compris l'exercice.
7. Il a pris la décision seul et les ... ne seront sûrement pas d'accord.
8. Cette voiture nous plaît beaucoup. Nous voudrions acheter la ... .

5 Complétez ces proverbes et maximes par le pronom indéfini qui convient : tous • quiconque • nul • chacun • rien • l'une • tel • autres • tel • l'autre • tout

1. On ne peut complaire à ... .
2. À l'impossible, ... n'est tenu.
3. ... a beaucoup vu peut avoir beaucoup retenu.
4. ... son métier, les vaches seront bien gardées.
5. Qui deux choses chasse, ni ... ni ... ne prend.
6. ... vient à point à qui sait attendre.
7. Il n'y a que celui qui ne fait ... qui ne se trompe pas.
8. ... maître, ... valet.
9. Ne faites pas aux ... ce que vous ne voulez pas que l'on vous fasse.

6 Complétez ces deux textes par les pronoms indéfinis qui conviennent.

1. – Est-ce que ... est venu pendant mon absence ?
– Non, ... n'est venu. Mais ... a téléphoné. Il n'a ... dit mais va vous rappeler demain.

2. Parmi les élèves, ... ont choisi d'écrire un acrostiche, ... un haïku. Mais ... ont été inspirés et ... était content d'écrire.

7 Décrivez ce tableau de Géricault en utilisant au moins quatre pronoms indéfinis différents.

Théodore Géricault, *Le Radeau de la Méduse*, 1819, musée du Louvre, Paris.

Évaluer ses connaissances

Lisez le texte ci-dessous.

Chaque été, des millions de Français partent en vacances. Si certains vont à la mer, d'autres se reposent à la campagne ou visitent un pays étranger. Par ailleurs, tous les vacanciers n'empruntent pas le même mode de transport : train, avion ou voiture, chacun selon ses préférences et ses moyens ! Mais généralement à la fin des vacances, personne n'est pressé de rentrer et n'a nulle envie de reprendre le travail.

1. **Relevez les quatre pronoms indéfinis et indiquez s'ils sont quantifiants ou non quantifiants. (8 points)**
2. **Relevez les trois déterminants indéfinis et indiquez s'ils sont quantifiants ou non quantifiants. (6 points)**
3. **Dans le groupe nominal « des millions de Français », remplacez *des millions de* par un déterminant indéfini formé avec un adverbe de quantité. (1 point)**
4. **Imaginez un texte dans lequel vous utiliserez les adjectifs ou pronoms indéfinis suivants : *chacun, chaque, certains, d'autres, tous*. (5 points)**

Les adverbes

Observer

L'officier aimerait mieux oublier très vite cet épisode peu glorieux de sa carrière militaire.

Tous les mots soulignés sont des adverbes.

1. Cette phrase reste-t-elle grammaticalement correcte si vous supprimez les adverbes ?

2. De quel mot chaque adverbe modifie-t-il le sens ?

Retenir

1 Qu'est-ce qu'un adverbe ?

- L'**adverbe** est un **mot** qui a **pour rôle** :
  – de **modifier** ou de **préciser** le **sens** d'un **verbe**, d'un **adjectif**, d'un **autre adverbe** ou d'une phrase.

  Il mange beaucoup. Il est très susceptible. Il a accepté très gentiment de m'aider.
  Il n'a malheureusement pas le temps de terminer son travail.

  – d'**organiser** un **texte**.

  D'abord ils se reconnurent. Puis ils se sourirent. Enfin ils s'embrassèrent.

REMARQUE : Une locution adverbiale est composée de plusieurs mots.

Viens tout de suite.

2 Quelles sont les caractéristiques de l'adverbe ?

- L'**adverbe** est un mot **invariable**.
- Les adverbes sont classés en catégories selon leur sens et leur rôle.
- Les **adverbes précisant** un **adjectif** ou un **adverbe** sont essentiellement les **adverbes servant à exprimer une intensité ou un degré**.

  Il est trop gourmand. Elle parle très fort. Cet enfant est moins sage que par le passé.

- Les **adverbes précisant** un **verbe** sont surtout les **adverbes de manière**, de **quantité** et d'**intensité**.

  Il parle couramment l'anglais mais à peine l'espagnol. Il travaille beaucoup.

- Les **adverbes précisant** une **phrase** sont les **adverbes interrogatifs et exclamatifs**, les **adverbes de négation**, certains **adverbes de lieu et de temps** et les **adverbes d'opinion**.

  Combien as-tu dépensé ? Comme il a grandi ! Il ne s'intéresse qu'au sport.
  Autrefois, cette vallée était prospère : il y avait là-bas une rivière. Il est sûrement malade.

- Les **adverbes servant à organiser le texte** sont certains **adverbes de lieu et de temps** et les **adverbes de liaison**.

  D'abord ils se reconnurent. Puis ils se sourirent. Enfin ils s'embrassèrent.

3 Comment sont formés les adverbes en *-ment* ?

- En général, l'adverbe en *-ment* est **formé sur le féminin de l'adjectif**.

  clair - claire - clairement ; fier - fière - fièrement ; public - publique - publiquement

ATTENTION :
On ajoute **parfois un accent sur le *e* qui précède le suffixe** *-ment*.

profond - profonde - profondément

- Les **adjectifs terminés par une voyelle** forment l'adverbe **sur le masculin**.

  poli - poliment ; résolu - résolument

- Les **adverbes formés sur les adjectifs** se terminant par *-ant* s'écrivent *-amment*, les adverbes formés sur les adjectifs se terminant par *-ent* s'écrivent *-emment*.

  constant - constamment ; prudent - prudemment

S'exercer

Orthographier correctement l'adverbe

1 Retrouvez les adverbes en *-ment* formés à partir des adjectifs suivants.

apparent • attentif • cruel • discret • énorme • étonnant • évident • franc • gai • nul

2 Trouvez les adverbes en *-ment* qui pourraient remplacer les expressions suivantes.

avec courage • avec dignité • avec gentillesse • avec hardiesse • avec ironie • avec nonchalance • avec prudence • avec sauvagerie • avec régularité • avec soin

Reconnaître l'adverbe et son rôle

3 Repérez les adverbes organisateurs de ces courts extraits.

1. À droite, la masse confuse et lourde d'une montagne, l'Atlas peut-être ! […] À gauche, la mer invisible qui roulait sourdement…

2. […] le lion eut tout à coup un mouvement de colère. D'abord il renifla, gronda sourdement, écarta ses griffes, étira ses pattes ; puis il se leva, dressa la tête, secoua sa crinière, ouvrit sa gueule immense et poussa vers Tartarin un formidable rugissement.

Alphonse Daudet, *Tartarin de Tarascon*, 1872.

4 Recopiez les phrases, soulignez les adverbes.

1. Ne roule pas si vite.
2. Le contenu de cette revue mensuelle est bien adapté aux adolescents.
3. Ce site Internet est particulièrement intéressant pour les biographies d'auteurs.
4. Il a tellement plu que les cours d'eau ont rapidement débordé.
5. Même dans le Midi il fait mauvais temps.

5 Pour chaque adverbe trouvé dans l'exercice précédent, indiquez son rôle.

6 Précisez si les mots en italique sont des adverbes, des adjectifs ou des prépositions.

1. Nous regagnerons la voiture *sans* nous fatiguer, en marchant *doucement*.
2. La branche s'est cassée *net* alors qu'il était assis *dessus*.
3. *Depuis* le début de son stage, il travaille *ferme* pour obtenir un contrat.
4. Alex est *très fort* mais j'ai vu *clair* dans son jeu.
5. Le professeur *ne* veut *pas* qu'on parle *fort* dans les couloirs du collège.

7 Réécrivez ces phrases en remplaçant le GN souligné par un verbe et un adverbe en *-ment*.

Ex. : *Cet homme se trouve dans la misère.* → *Cet homme vit misérablement.*

1. Chloé donne une réponse brève.
2. Ce midi, nous avons fait un repas copieux.
3. Jean a reçu une sévère punition pour son mauvais comportement.
4. Ce professeur porte toujours des vêtements élégants.
5. Elle avait une totale confiance en lui.
6. Marie Stuart a connu une mort tragique.
7. Marc a pris la décision ferme d'abandonner l'école.

Utiliser l'adverbe

8 Enrichissez ce texte à l'aide de quatre adverbes ou locutions adverbiales.

La nuit était venue. Marseille s'éclairait. Dans la chaleur de ce soir d'été, un fumet de cuisine à l'ail flottait sur la cité bruyante, pleine de voix, de roulements, de claquements, de gaieté méridionale.

Guy de Maupassant, *Le Port*, 1889.

Évaluer ses connaissances

Lisez le texte suivant.

Il s'appelait Daniel, mais il aurait bien aimé s'appeler Sindbad, parce qu'il avait lu ses aventures dans un gros livre relié en rouge qu'il portait toujours sur lui, en classe et dans le dortoir. En fait, je crois qu'il n'avait jamais lu que ce livre-là. Il n'en parlait pas, sauf quelquefois quand on lui demandait. Alors ses yeux brillaient plus fort, et son visage en lame de couteau semblait s'animer tout à coup. Mais c'était un garçon qui ne parlait pas beaucoup. Il ne se mêlait pas aux conversations des autres, sauf quand il était question de la mer, ou de voyages.

J. M. G. le Clézio, *Celui qui n'avait jamais vu la mer*, © éd. Gallimard, 1982.

1. **Relevez les quatorze adverbes du texte. Lesquels sont des locutions adverbiales ? (9,5 points)**
2. **Donnez deux adverbes de sens équivalent à *tout à coup*. À partir de quel adjectif l'un de ces adverbes est-il formé ? (1,5 point)**
3. **Quel est l'adverbe qui précise le sens d'un autre adverbe que vous citerez ? (1 point)**
4. **Quels sont les adverbes qui précisent le sens d'un verbe ? Vous citerez chaque verbe. (3 points)**
5. **Quels sont les adverbes qui modifient le sens de la phrase dans laquelle ils sont employés ? (4 points)**
6. **Quels sont les deux adverbes qui organisent le texte ? (1 point)**

Les fonctions grammaticales

Retenir

Ce que j'ai appris en 6e et en 5e

La **fonction** est la **relation qu'entretient un mot** ou le plus souvent **un groupe de mots avec un autre mot ou un autre groupe de mots.**
Les fonctions grammaticales se répartissent ainsi :

1 Les fonctions liées au nom (les expansions du nom)

Ces fonctions se réalisent dans le **groupe nominal** (groupe de mots organisé autour d'un nom noyau). Le **groupe nominal minimal** (déterminant + nom) **peut être enrichi par diverses expansions** : un adjectif qualificatif, un groupe adjectival, un participe passé employé comme adjectif, un groupe prépositionnel, une subordonnée relative.

L'épithète du nom

Les épithètes du nom noyau du groupe nominal sont :

– l'adjectif qualificatif	*un **magnifique** ciel **bleu***
– le participe passé ou présent employé comme adjectif	*les murs **peints***
– le groupe adjectival	*une enfant **rayonnante de bonheur***
– la proposition subordonnée relative	*Le livre **que le professeur nous a conseillé de lire***

L'épithète s'accorde **en genre et en nombre** avec le nom sauf dans le cas d'une proposition subordonnée relative. *un pull **blanc** ; une chemise **blanche** ; des pulls **blancs***

Le complément du nom

Peuvent être compléments du nom :

– un groupe prépositionnel	*un coiffeur **pour dames***
– une subordonnée conjonctive introduite par *que*	*L'espoir **qu'il soit encore vivant***

2 Les fonctions liées à l'adjectif (les expansions de l'adjectif)

Ces fonctions se réalisent dans le **groupe adjectival**. L'**adjectif** peut être **enrichi par diverses expansions.**

La fonction complément de l'adjectif

Le complément de l'adjectif peut être :

– un adverbe	***très** gentil*
– un groupe prépositionnel	*prêt **à partir pour les États-Unis***
– une subordonnée conjonctive introduite par *que*	*Je suis sûr **que notre équipe va gagner.***

S'exercer

Repérer et caractériser les expansions

1 Relevez les expansions des noms en caractères gras et indiquez leur nature et leur fonction.

Le marchand avait placé, au milieu de la vitrine, une immense **poupée** haute de deux pieds, qui était vêtue d'une **robe** de crêpe rose, avec des épis d'or sur la tête et qui avait de vrais **cheveux** et des **yeux** en émail.

Victor Hugo, *Les Misérables*, 1862.

2 Relevez les expansions de l'adjectif ou du participe passé employé comme adjectif en caractères gras.

1. Un cartable **rempli** de livres et de cahiers. **2.** Une décision **difficile** à prendre. **3.** Des parents **fiers** de leur fils. **4.** Des spectateurs **ravis** de leur soirée. **5.** Une route **inaccessible** aux camions.

Utiliser les expansions

3 Ajoutez deux expansions de nature différente à chacun des noms en caractères gras.

Il enfourna pêle-mêle dans sa **valise** un **pull**, un **pantalon** et un **jean**, trois **chemises**, un **polo**, une **veste**, une paire de **chaussures**, sa **trousse de toilette** et quelques **livres**. Puis il partit.

Retenir

3 Les fonctions par rapport au verbe (les fonctions essentielles)

Ces fonctions se réalisent **dans une phrase verbale.**

Le sujet du verbe

Dans la phrase verbale, le sujet **précise qui accomplit l'action** ou **le fait exprimé par le verbe.** Le sujet commande **l'accord du verbe en personne** et **en nombre.** *Tu cries. Ils crient.*

Le sujet peut être :

- un nom ou un groupe nominal — *Cet oiseau est une mésange.*
- un pronom — *Viens-tu avec nous ?*
- un verbe ou un groupe infinitif — *Souffler n'est pas jouer.*
- une subordonnée relative — *Qui vivra verra.*
- une proposition subordonnée conjonctive introduite par *que* — *Qu'il ait fait cela m'a beaucoup étonné.*

L'attribut du sujet

Dans la phrase verbale, **l'attribut du sujet** apporte une **information** (qualité ou propriété) **sur le sujet par l'intermédiaire d'un verbe attributif/d'état** (*être, sembler…*).

L'**attribut du sujet** peut être :

- un adjectif ou un groupe adjectival — *Cette élève est bavarde.*
- un nom ou un groupe nominal — *Elle est devenue médecin.*
- un groupe prépositionnel — *Il était de petite taille.*
- un infinitif ou un groupe infinitif — *Souffler n'est pas jouer.*
- une proposition subordonnée conjonctive introduite par *que* — *L'essentiel est qu'il ne soit pas blessé.*
- un pronom — *Cette élève est bavarde, son frère l'était aussi.*

Le complément d'objet du verbe

Dans la phrase verbale, le complément d'objet complète nécessairement un verbe **transitif** ; il ne peut être **ni supprimé ni déplacé**. On trouve :

➤ Le complément d'objet direct (COD)

Le complément d'objet est construit directement, sans préposition. Il peut être :

- un nom ou un groupe nominal — *J'ai entendu la nouvelle.*
- un pronom — *Je l'ai entendue.*
- un infinitif ou un groupe infinitif — *Elle espère réussir son épreuve de français.*
- une proposition subordonnée conjonctive introduite par *que* — *J'ai appris qu'elle était partie hier.*
- une subordonnée interrogative indirecte — *Il se demande quand elle reviendra.*

➤ Le complément d'objet indirect (COI)

Le complément d'objet indirect est construit indirectement, avec une préposition.
Il peut être :

- un nom ou un groupe nominal — *Pense à ton rendez-vous.*
- un infinitif ou un groupe infinitif — *Pense à venir demain.*
- une proposition subordonnée conjonctive introduite par *que* — *Pense à ce que je t'ai dit.*

REMARQUE : La préposition introduisant le COI disparaît souvent quand le COI est un pronom.
J'y pense ; je lui parle.

➤ Le complément d'objet second (COS)

Construit indirectement, avec une préposition, Le complément d'objet second s'ajoute à un COD ou à un COI. Il peut être :

- un nom ou un groupe nominal — *Il offre un cadeau à son amie.*
- un pronom — *Il lui offre un cadeau.*

Le complément d'agent du verbe

Dans une phrase dont le verbe est à la **voix passive**, le **complément d'agent** indique **qui accomplit l'action** exprimée par le verbe. Il est **construit indirectement**, avec les prépositions ***par*** ou ***de***.

Ce film a été vu par dix millions de spectateurs.
Jean Sébastien Bach est connu de tous les mélomanes.

S'exercer

Repérer les fonctions par rapport au verbe

1 Indiquez la fonction des mots ou groupes de mots soulignés : sujet ou attribut du sujet.

1. Les rafales de vent emportent les feuilles mortes.
2. Peux-tu m'aider ?
3. Il est resté muet devant tant de mauvaise foi.
4. Sous ce pont vivent des SDF.
5. La truffe noire du Périgord est très réputée.

2 Relevez les compléments d'objet et indiquez s'il s'agit d'un COD, COI ou COS.

1. Il parle constamment de ses maladies. 2. Nous apercevons de notre balcon le Mont Blanc. 3. Je me souviens des veillées au coin du feu. 4. Il lui a offert une bague. 5. Les parents interdisent à leur enfant de courir sur les bords de la piscine.

Utiliser la fonction essentielle demandée

3 Repérez le COD et écrivez chaque phrase au passif en soulignant le complément d'agent.

1. À cause de l'accident, la police a dévié la circulation. 2. Le gouvernement proposera une nouvelle loi. 3. Le public avait beaucoup apprécié ce film. 4. Le vent secouait les arbres. 5. Un étrange bruit réveilla les habitants du quartier.

4 Complétez chaque phrase par le complément essentiel demandé.

1. Personne n'a cru (GN, COI).
2. (groupe infinitif, sujet) ne sert à rien.
3. Êtes-vous (adjectif, attribut du sujet) ? Dites (pronom, COD) (pronom, COS).
4. Le suspect a avoué (GN, COS) (subordonnée conjonctive, COD).
5. (subordonnée conjonctive, sujet) m'étonne.

Retenir

4 Les fonctions par rapport à la phrase

Certains compléments **complètent la phrase**, ce sont les **compléments circonstanciels.** Ils **peuvent être supprimés** et **souvent déplacés**, la phrase continuant à rester grammaticalement correcte et cohérente.

Le complément circonstanciel de lieu

Le complément circonstanciel de lieu peut être :

– un groupe prépositionnel	*Ils possèdent une maison* ***dans le Midi.***
– un adverbe	***Au loin,*** *nous apercevions les sommets des Alpes.*

Attention : Parfois un complément indiquant le lieu ne peut être ni supprimé ni déplacé. Il s'agit alors d'un complément **essentiel** de lieu.

Je vais ***au cinéma*** *ce soir.*

Le complément circonstanciel de temps

Le complément circonstanciel de temps peut être :

– un nom ou un groupe nominal	***Tous les soirs,*** *il fait un jogging.*
– un adverbe	*Je l'ai vu* ***hier.***
– un groupe prépositionnel	***Pendant les vacances,*** *il lit beaucoup.*
– un gérondif	***Tout en écrivant,*** *il chantonnait.*
– une subordonnée conjonctive	*Il regarde la télé* ***quand il a fini son travail.***
– une proposition participiale	***Son travail scolaire fini,*** *il regardera la télé.*

Le complément circonstanciel de manière

Le complément circonstanciel de manière peut être :

– un adverbe	*Le vent souffle* ***violemment.***
– un groupe prépositionnel	*Ils avancent* ***avec difficulté.***
– un gérondif	*Elle donna le papier* ***en tremblant.***

Le complément circonstanciel de moyen

Le complément circonstanciel de moyen peut être :

– un groupe prépositionnel	*Il les a avertis* ***d'un geste de la main.***

Retenir

Le complément circonstanciel de cause
Le complément circonstanciel de cause peut être :
– un groupe prépositionnel *Il n'ose pas* ***à cause de son père.***
– une proposition participiale ***L'été finissant,*** *je suis triste.*

Le complément circonstanciel de conséquence
Le complément circonstanciel de conséquence peut être :
– un groupe prépositionnel *Elle fut émue* ***au point de pleurer.***

Le complément circonstanciel de but
Le complément circonstanciel de but peut être :
– un groupe prépositionnel *Ils se réunissent* ***pour organiser une fête.***

S'exercer

Repérer les fonctions par rapport à la phrase

1 Indiquez la fonction des groupes de mots soulignés.

1. Étant émus, ils ne pouvaient plus parler. **2.** Ce matin, avant de partir à l'école, j'ai révisé mes leçons. **3.** On trouve des mûres dans les buissons protégés du soleil. **4.** Il nous faut repeindre ce portail pour le protéger. **5.** Le président du club a chaleureusement félicité l'équipe gagnante. **6.** Nous sommes trop fatigués pour veiller plus longtemps.

2 Relevez les compléments circonstanciels. Indiquez leur nature et les nuances qu'ils expriment (temps, lieu, cause…).

1. Elle s'isole pour apprendre ses leçons **2.** L'été, le jardin est magnifique. **3.** Les élèves écoutent attentivement les explications du professeur. **4.** Les ouvriers débarrassent les gravats avec une brouette. **5.** Le suspect a été relâché faute de preuves. **6.** Le voleur a déclenché l'alarme en fracturant la porte. **7.** Grâce à une subvention de l'État, la ville a restauré le vieux moulin. **8.** Quand j'aurai fini ce devoir, j'irai me promener.

Utiliser la fonction demandée par rapport à la phrase

3 Complétez chaque phrase par le complément de phrase demandé.

1. (G. prépositionnel, CC de cause), les transports urbains sont paralysés.

2. La grille s'ouvre (gérondif, CC de manière).

3. J'ai cherché mes clés (adverbe, CC de lieu) mais je ne les ai pas retrouvées.

4. Je me rappelle les livres que je dévorais (subordonnée conjonctive, CC de temps).

5. Ce festival a été organisé (G. prépositionnel, CC de but).

4 Complétez les phrases suivantes par au moins un complément circonstanciel dont vous préciserez la nuance (cause, lieu, temps…).

1. Le sommet de la montagne est couvert de neige. **2.** Les pompiers ont éteint l'incendie. **3.** Nous avons pu nous réchauffer. **4.** Ils ramassèrent des broussailles. **5.** Elle voyage. **6.** Il prépare l'itinéraire. **7.** Ils ont tous fui. **8.** Il a saigné.

Évaluer ses connaissances

Lisez les textes et indiquez la nature et la fonction de chaque mot ou groupe de mots en italique. (20 points)

1. *Après avoir suivi les détours de ce chemin pittoresque* […], vous apercevez un renfoncement assez sombre, *au centre duquel est cachée la porte de la maison à Monsieur Grandet.*
Honoré de Balzac, *Eugénie Grandet*, 1833.

2. Il était petit, maigre, un peu tors, *avec de grandes mains pareilles à des pinces de crabes.*
Guy de Maupassant, *Le Père Milon*, 1883.

3. Le lendemain du bal, Vanina remarqua que son père […] fermait avec beaucoup d'attention *la porte d'un petit escalier qui conduisait à un appartement situé au troisième étage du palais.* Cet appartement avait des fenêtres *sur une terrasse garnie d'orangers.*
Stendhal, *Vanina Vanini*, 1829.

4. *Les soirées d'automne et d'hiver* étaient d'une autre nature. *Le souper fini et les quatre convives revenus à table,* ma mère se jetait *en soupirant* sur un vieux lit.
François-René de Châteaubriand, *Mémoires d'outre-tombe*, 1848-1850 (posth.).

5. Jean Cornbutte, *pour prévenir les effets funestes du scorbut*[1], fit distribuer *à tout le monde* quelques gouttes de jus de citron.
Jules Verne, *Un hivernage dans les glaces*, 1855.

1. **Scorbut** : maladie due à un manque de vitamine C dans l'alimentation.

La fonction apposition

Observer

1. Le petit déjeuner, un repas qui couvre un quart des besoins énergétiques de la journée, ne doit pas être sauté.

2. Il prépare son petit déjeuner : un chocolat chaud, un croissant et un jus d'orange.

Observez les deux groupes de mots soulignés.

1. Peut-on les supprimer ?

2. À quel groupe nominal chacun de ces groupes apporte-t-il un complément d'information ?

Retenir

1 Qu'est-ce que la fonction apposition ?

La fonction apposition est exercée par un mot, un groupe de mots ou une proposition qui **ajoute une précision à un GN ou à un pronom mais qui en est séparé par une virgule ou deux points**. Une apposition informe ou introduit un commentaire.

*Jérôme, **mon neveu,** vient de m'annoncer une excellente nouvelle **: il a obtenu son bac avec mention très bien.***

mon neveu est une apposition au nom propre *Jérôme* ; *il a obtenu son bac avec mention très bien* est une apposition au GN *une excellente nouvelle*.

Remarque :

Il ne faut pas confondre l'apposition avec l'apostrophe (figure par laquelle un énonciateur s'adresse à son interlocuteur) ou avec le complément circonstanciel qui complète la phrase.

***Pour fêter l'événement,** il réunit, **ce soir,** ses amis chez lui.*

Pour fêter l'événement et *ce soir* sont des compléments circonstanciels.

***Objets animés,** avez-vous donc une âme ?* (Lamartine)

Objets animés est une apostrophe.

2 Quelle peut être la nature d'une apposition ?

La fonction apposition peut être exercée par :

– un **nom commun**, un **nom propre** ou un **GN**

*Maupassant, **auteur du roman** Bel-Ami, a aussi écrit des nouvelles et des contes.*

– un **pronom**

*Des livres, **les tiens,** traînent sur la table.*

– un **adjectif qualificatif**, un **participe passé employé comme adjectif** ou un **groupe adjectival ou participial**

***Passionné de mangas,** il en lit beaucoup.*

– une **proposition subordonnée relative**

*Ce livre, **dont je t'ai parlé la semaine dernière,** vient de recevoir le prix Goncourt.*

– une **proposition subordonnée complétive introduite par** ***que***

*Elle a posé une condition à votre participation au voyage **: que vous vous comportiez correctement.***

– un **infinitif** ou un **groupe infinitif**

*Il n'a qu'un souhait **: aller vivre en Australie.***

S'exercer

Repérer et caractériser les appositions

1 Pour chacun des éléments soulignés, vous direz s'il s'agit oui ou non d'une apposition.

1. Fatigués par notre voyage, nous sommes allés nous coucher tôt.
2. Le matin, je bois du thé.
3. Prêt à bondir, le guépard attend dans un fourré.
4. Maman, j'ai besoin de ton aide.
5. Les joueurs, très motivés par leur dernière victoire, s'entraînent pour leur prochain match.
6. Vous pouvez venir, elle est repartie.
7. Elle est sortie, écœurée par ce qu'elle venait d'entendre.

2 Relevez les mots ou groupes de mots exerçant la fonction apposition et dites à quel GN ou pronom ils sont apposés.

1. *Les Misérables*, un roman de Victor Hugo, ont pour héros Jean Valjean.
2. Une jeune fille, svelte et légère comme un oiseau, danse sur la piste.
3. Ce chemin, qui n'est pas goudronné, convient parfaitement à la pratique du jogging.
4. Je n'ai qu'un souhait : que tu sois heureux.
5. Nous ne voyons qu'une solution : déménager dès l'été prochain.
6. Cette voiture, la mienne, a été emmenée à la fourrière.

3 Indiquez la nature des appositions relevées dans l'exercice 2.

Utiliser l'apposition

4 Trouvez le mot ou le groupe de mots mis en apposition et ajoutez la ponctuation manquante.

1. Mes parents eux-mêmes ne peuvent croire la nouvelle.
2. Cette année il n'a qu'un but réussir son examen.
3. Fatiguée de toujours répéter la même chose elle se fâcha.
4. L'enfant bougonne furieux de ne pas avoir eu la moyenne.
5. Los Angeles et San Francisco qui se trouvent de part et d'autre d'une faille courent le risque de subir un tremblement de terre de grande ampleur.

5 Réécrivez chaque phrase en intégrant l'information entre parenthèses sous la forme d'une apposition.

1. L'écuyère montait un cheval blanc. (elle était gracieuse et souriante)
2. Gutenberg est le créateur du livre moderne. (il a inventé la première presse à imprimer)
3. Ce problème me paraît facile. (j'ai déjà fait ce problème)
4. Elle tenait beaucoup à son projet. (elle voulait travailler dans l'humanitaire)
5. Ce nageur s'entraîne beaucoup. (il est désireux d'améliorer ses performances)
6. Nous ne désirons qu'une chose. (notre fils guérit au plus vite)
7. Damien est venu hier soir. (je ne l'apprécie pas particulièrement)
8. Le proviseur convoqua dans son bureau les élèves qui avaient commis les dégradations. (il est un homme d'une apparence redoutable)

6 Ajoutez au GN ou au pronom souligné une apposition de la nature indiquée.

Ex. : *Jules Verne a passionné des générations de lecteurs. (GN)*
→ *Jules Verne, romancier d'une grande imagination, a passionné des générations de lecteurs.*

1. Éric est resté absent une semaine. (adjectif qualificatif)
2. La foire a lieu le 25 novembre. (GN)
3. Notre action a un but. (proposition subordonnée complétive introduite par *que*)
4. Je l'ai pris dans mes bras. (groupe adjectival)
5. Ma mère est chargée d'une nouvelle mission. (groupe infinitif)
6. La *Joconde* est exposée au musée du Louvre. (proposition subordonnée relative)
7. Léa a répondu immédiatement à ma demande. (pronom)

7 Ajoutez au texte suivant des appositions de natures variées. Ces appositions enrichiront le portrait de D'Artagnan, de son cheval et du gentilhomme de Meung.

D'Artagnan partit pour Paris et il s'arrêta dans une auberge de Meung. Là, une foule l'entoura aussitôt. La laideur de son cheval attisait la curiosité de tous. D'Artagnan provoqua alors en duel un gentilhomme qui se moquait de lui et de son cheval.
D'Artagnan remporta la victoire.

Évaluer ses connaissances

Lisez le texte ci-dessous.

Les chasseurs, qui avaient chassé tout le jour sur les terres de Maître Blondel, le maire d'Éparville, achevaient leur dîner, encore bottés, rouges, animés, allumés. C'étaient de ces demi-seigneurs normands, mi-hobereaux, mi-paysans, riches et vigoureux, taillés pour casser les cornes des bœufs lorsqu'ils les arrêtent dans les foires.

D'après **Guy de Maupassant**, *Histoire vraie*, 1885.

1. **Relevez les dix appositions. (10 points)**
2. **Indiquez à quel GN elles sont mises en apposition. (2 points)**
3. **Donnez la nature de chaque apposition. (8 points)**

Grammaire **FICHE 11**

Les connecteurs spatiaux

Observer

On fermait la boutique et toute la famille montait se coucher. […] En haut, le logement se composait de trois pièces. L'escalier donnait dans une salle à manger qui servait en même temps de salon. À gauche était un poêle de faïence dans une niche ; en face se dressait un buffet ; puis des chaises se rangeaient le long des murs, une table ronde, tout ouverte, occupait le milieu de la pièce. Au fond, derrière la cloison vitrée, se trouvait une cuisine noire. De chaque côté de la salle à manger, il y avait une chambre à coucher.

Émile Zola, *Thérèse Raquin*, 1867.

Observez les groupes de mots soulignés.

1. Réécrivez le texte en supprimant les mots ou groupes de mots soulignés et en faisant toutes les modifications que vous jugez nécessaires pour que le texte reste grammaticalement correct.

2. Quel est le rôle de ces mots ou groupes de mots soulignés ?

Retenir

1 Quel est le rôle des connecteurs spatiaux ?

- Les **connecteurs spatiaux** sont des **mots ou groupes de mots** qui **relient des propositions, des phrases,** ou **des parties de texte.**
- **Détachés en tête de proposition, de phrase ou de paragraphe,** ils servent à **organiser une description,** cette description pouvant aller du détail à l'ensemble ou inversement et du premier plan à l'arrière-plan ou inversement.

> *La scène représente le cabinet d'un commissaire de police.* ***À droite,*** *une fenêtre praticable.* ***À gauche,*** *petite porte donnant sur un cabinet noir où sont les provisions de combustible pour l'hiver.* ***Au fond,*** *une porte à deux battants.* ***Au fond*** *aussi, mais* ***un peu vers la gauche,*** *une cheminée avec feu.*

Georges Courteline, *Le commissaire est bon enfant*, 1899.

- Ils permettent de **situer dans un espace donné** :
  - **des éléments par rapport à un repère précis ;**

> ***À l'entrée de la salle, sur la droite,*** *se trouvait un petit secrétaire.*
> ***Au milieu,*** *on pouvait voir une table en chêne.*
> ***Dans le fond,*** *un large buffet.*

  - **des éléments les uns par rapport aux autres.**

> ***À gauche de ce buffet,*** *un fauteuil de velours rouge ;* ***au-dessus de ce fauteuil,*** *un tableau représentant une scène de chasse.*

2 Quelle est la nature des connecteurs spatiaux ?

- Les **connecteurs spatiaux** sont :
  - souvent des **adverbes et locutions adverbiales de lieu** (*à droite, devant, en haut…*) ;

> ***Là, tout près,*** *j'aperçois une église !* ***Devant,*** *la porte est ouverte et laisse entrevoir l'autel.* ***À droite,*** *le presbytère.* ***Non loin de là,*** *un verger.*

  - parfois des **groupes prépositionnels de lieu** (*en face de la mairie, sur ma droite…*).

> ***En haut du clocher,*** *un coq tourne au vent.*

REMARQUE :
Si on déplace ou si on supprime les connecteurs spatiaux, le texte perd en cohérence car ceux-ci constituent des points de repère pour la compréhension.

S'exercer

Connaître les connecteurs spatiaux

1 Retrouvez les couples de locutions adverbiales qui peuvent jouer le rôle de connecteurs spatiaux en associant un terme de la liste A à un terme de la liste B.

Liste A : devant • à gauche • dessus • au loin • dehors • en haut • là-bas • partout

Liste B : en bas • ici • nulle part • dedans • tout près • derrière • à droite • dessous

2 Relevez les mots ou groupes de mots qui peuvent remplir le rôle de connecteurs spatiaux.

après • en effet • près de la maison • puis • à l'intérieur • or • au-dessus • la veille • à l'ouest • à mes pieds • plus tard • le lendemain • sur les côtés • ainsi • devant elle • alors • d'abord • à gauche de la porte • par exemple • à bâbord • depuis son retour • pourtant • en face de la gare

Repérer les connecteurs spatiaux

3 Donnez à ce texte un titre qui indique de manière explicite ce qui est décrit et repérez les mots ou groupes de mots employés comme connecteurs spatiaux.

Quelques meubles délabrés garnissaient la crypte ; ici, un lit ou plutôt un grabat en vieux cœur de chêne, sur lequel étaient jetés différents objets de literie ; là, un escabeau aux pieds tors, une table fixée au mur par des tenons de fer. Sur la table se trouvaient divers ustensiles, un large broc rempli d'eau, un plat contenant un morceau de venaison froide, une grosse miche de pain, semblable à du biscuit de mer. Dans un coin murmurait une vasque, alimentée par un filet liquide, et dont le trop-plein s'écoulait par une perte ménagée à la base de l'un des piliers.

Jules Verne, *Le Château des Carpathes*, 1892.

4 Indiquez la nature des connecteurs spatiaux que vous avez repérés dans l'exercice précédent.

5 Indiquez pour chaque connecteur spatial en italique s'il sert à situer par rapport à un repère précis ou s'il sert à situer un élément par rapport à un autre.

Leur regard fut tout d'abord arrêté par la montagne à cime neigeuse, qui se dressait à une distance de six ou sept milles. *Depuis ses premières rampes jusqu'à deux milles de la côte*, s'étendaient de vastes masses boisées, relevées de grandes plaques vertes dues à la présence d'arbres à feuillage persistant. Puis, *de la lisière de cette forêt jusqu'à la côte même*, verdoyait un large plateau semé de bouquets d'arbres capricieusement distribués. *Sur la gauche*, on voyait par instants étinceler les eaux de la petite rivière, à travers quelques éclaircies, et il semblait que son cours assez sinueux la ramenait vers les contreforts de la montagne, entre lesquels elle devait prendre sa source.

Jules Verne, *L'Île mystérieuse*, 1874.

Utiliser les connecteurs spatiaux

6 Rédigez une description organisée à l'aide des trois connecteurs spatiaux proposés.

Je sortis de la gare. À gauche..., à droite..., devant moi...

7 Utilisez des connecteurs spatiaux pour décrire la chambre de Vincent Van Gogh.

Vincent Van Gogh, *La Chambre de Vincent Van Gogh à Arles*, 1889, musée Van Gogh, Amsterdam.

Évaluer ses connaissances

Lisez le texte suivant.

À perte de vue un fouillis de mâts, de vergues, se croisant dans tous les sens [...]. Les navires au ras du quai, les beauprés arrivant sur la berge comme des rangées de baïonnettes. Au-dessous les naïades, les déesses, les saintes vierges et autres sculptures de bois peint qui donnent le nom au vaisseau [...]. Dans l'enchevêtrement des vergues, des nuées de mouettes faisant de jolies taches sur le ciel bleu, des mousses qui s'appelaient dans toutes les langues. Sur le quai, au milieu des ruisseaux qui venaient des savonneries, verts, épais, noirâtres, chargés d'huile et de soude, tout un peuple de douaniers, de commissionnaires, de portefaix. [...] Partout, un encombrement prodigieux de marchandises de toute espèce. Là-bas, le quai au blé. [...] Plus loin, le bassin de carénage.

Alphonse Daudet, *Tartarin de Tarascon*, 1872.

1. Ce texte est une description. Justifiez cette affirmation et donnez un titre au texte. (2 points)

2. Repérez les huit connecteurs spatiaux qui permettent au lecteur de localiser les différents éléments de ce lieu. (8 points)

3. Indiquez la nature de chacun de ces connecteurs spatiaux. (8 points)

4. Ajoutez à cette description un élément supplémentaire que vous localiserez par un connecteur spatial. (2 points)

Les connecteurs temporels

Observer

La légende de Saint Dimitri

Il avait rendez-vous dans la steppe avec Dieu lui-même, et il se hâtait lorsqu'il rencontra un paysan dont la voiture était embourbée. Alors Saint Dimitri l'aida. La boue était épaisse, la fondrière profonde. Il fallut batailler pendant une heure. Et quand ce fut fini, Saint Dimitri courut au rendez-vous. Mais Dieu n'était plus là.

Albert Camus, *Les Justes*, 1949, © éd. Gallimard, 1973.

Observez les mots ou groupes de mots soulignés.

1. Lesquels pouvez-vous supprimer sans gêner la compréhension du texte ?
2. Quel est le rôle de ces mots ou groupes de mots soulignés ?

Retenir

1 Quel est le rôle des connecteurs temporels ?

- Les connecteurs temporels sont des **mots ou groupes de mots** qui **relient des propositions, des phrases**, ou **des parties de texte**.
- **Souvent détachés en tête de proposition, de phrase ou de paragraphe**, ils servent à **organiser une narration.**

  Cet été, nous sommes allés en Italie. D'abord, le 7 et le 8 juillet, nous avons visité Venise. Puis, pendant trois jours, nous nous sommes passionnés pour le patrimoine architectural et artistique de Florence.

- Ils permettent :
  - de **situer** les événements **dans le temps** en général,

    Cet été, nous sommes allés en Italie.
  - de **situer** les événements **les uns par rapport aux autres**,

    D'abord, il s'installa au volant. Puis il mit sa ceinture. Enfin, il démarra.
  - d'indiquer la **durée** d'un événement,

    Et pendant trois jours, le vent souffla.
  - d'indiquer la **fréquence** d'un événement.

    Chaque mercredi après-midi, il joue au foot.

2 Quelle est la nature des connecteurs temporels ?

- Les connecteurs temporels sont :
  - le plus souvent des **adverbes et locutions adverbiales de temps**,

    D'abord elle s'assit, puis elle prit la carte et, tout de suite, elle commanda.
  - parfois des **groupes nominaux** ou des **groupes prépositionnels de temps**,

    Quelques minutes plus tard, le serveur revint.
  - parfois aussi des **subordonnées de temps**.

    Quand elle fut servie, elle dégusta alors lentement sa pâtisserie et son thé.

REMARQUE :

La conjonction de coordination *et* joue parfois le rôle de connecteur temporel.

Il enfila son manteau et (= en même temps) *sa femme fit de même.*

S'exercer

Connaître les connecteurs temporels et leurs valeurs

1 Ordonnez ces connecteurs temporels depuis le passé le plus ancien jusqu'à l'avenir le plus lointain.

après-demain soir • ce matin • ce soir • demain • hier • dans deux millions d'années • dans un instant • il y a une seconde • l'an prochain • la semaine dernière • maintenant • il y a deux siècles

2 Classez les connecteurs temporels suivants selon le tableau proposé.

à plusieurs reprises • après son arrivée • à 7 heures • cet été • chaque jour • d'abord • depuis plusieurs jours • depuis qu'il est revenu • dès son réveil • de temps en temps • enfin • ensuite • jadis • la veille • le lendemain • le 11 novembre 1918 • longtemps • parfois • pendant qu'il était absent • pendant un mois • puis • quand il arriva • quelquefois • souvent • tous les soirs • un jour

Indique la fréquence	
Indique la durée	
Situe les événements les uns par rapport aux autres	
Situe dans le temps en général	

Repérer les connecteurs temporels et connaître leur nature

3 Lisez le texte et relevez les connecteurs temporels employés.

Depuis au moins vingt-cinq ans, c'était l'usage chez les Bonnicar de manger des petits pâtés le dimanche. À midi très précis, quand toute la famille – petits et grands – était réunie dans le salon, un coup de sonnette vif et gai faisait dire à tout le monde : « Ah ! voilà le pâtissier. »

Alors, avec un grand renversement de chaises, un froufrou d'endimanchement, une expansion d'enfants rieurs devant la table mise, tous ces bourgeois heureux s'installaient autour des petits pâtés symétriquement empilés sur le réchaud d'argent.

Ce jour-là, la sonnette resta muette.

Alphonse Daudet, *Les Petits Pâtés*, 1873.

4 Indiquez la nature des connecteurs temporels que vous avez repérés dans le texte de l'exercice 3.

5 Imaginez une fable dont le héros sera une hirondelle. Vous utiliserez dans l'ordre proposé les connecteurs ci-après.

Lorsque la saison de semer le lin fut venue • Quand le lin fut prêt à sortir de terre • Lorsque l'Hirondelle vit que le lin commençait à mûrir • Depuis ce temps-là

Utiliser les connecteurs temporels

6 Voici la première et les deux dernières phrases d'un récit de Jacques Sternberg. Imaginez ce qui arrive entre le début et la fin de l'histoire. Vous utiliserez des connecteurs temporels pour marquer la chronologie des événements et vous donnerez un titre à votre histoire.

La publicité pour détergents l'avait toujours fait rire. [...] Depuis, il vit très heureux à la prison centrale. Il y a des milliers de barreaux à astiquer.

Évaluer ses connaissances

Lisez le texte suivant.

Le narrateur vient d'acheter un meuble chez un marchand d'antiquités.

Vraiment, pendant huit jours, j'adorai ce meuble. J'ouvrai à chaque instant ses portes, ses tiroirs ; je le maniais avec ravissement, goûtant toutes les joies intimes de la possession.

Or, un soir, je m'aperçus, en tâtant l'épaisseur d'un panneau, qu'il devait y avoir là une cachette. Mon cœur se mit à battre, et je passai la nuit à chercher le secret sans le pouvoir découvrir.

J'y parvins le lendemain en enfonçant une lame dans une fente de la boiserie. Une planche glissa et j'aperçus, étalée sur un fond de velours noir, une merveilleuse chevelure de femme ! [...]

Quand je rentrai chez moi, j'éprouvai un irrésistible désir de revoir mon étrange trouvaille ; et je la repris, et je sentis, en la touchant, un long frisson qui me courut dans les membres. [...]

Dès que je rentrais, il fallait que je la visse et que je la maniasse. Je tournais la clef de l'armoire avec ce frémissement qu'on a en ouvrant la porte de la bien-aimée, car j'avais aux mains et au cœur un besoin confus, singulier, continu, sensuel de tremper mes doigts dans ce ruisseau charmant de cheveux morts.

Puis, quand j'avais fini de la caresser, quand j'avais refermé le meuble, je la sentais là toujours, comme si elle eût été un être vivant, caché, prisonnier ; je la sentais et je la désirais encore ; j'avais de nouveau le besoin impérieux de la reprendre, de la palper, de m'énerver jusqu'au malaise par ce contact froid, glissant, irritant, affolant, délicieux.

Guy de Maupassant, *La Chevelure*, 1884.

1. Ce texte est un récit. Justifiez cette affirmation et donnez un titre à cet extrait. (2 points)

2. Repérez les dix connecteurs temporels qui permettent au lecteur de comprendre la chronologie des événements évoqués. (10 points)

3. Indiquez la nature de chacun de ces connecteurs temporels. (8 points)

Les connecteurs argumentatifs

Observer

Il est plus pratique d'acheter par correspondance que d'aller dans les magasins. En effet, on perd moins de temps car on évite les trajets et les attentes. De plus, on peut choisir le moment où l'on fait sa commande.

Relevez les mots qui soulignent l'organisation du raisonnement.

Retenir

1 Quel est le rôle des connecteurs argumentatifs ?

- Les connecteurs argumentatifs sont des **mots ou groupes de mots** qui **relient des propositions, des phrases**, ou **des parties de texte.**

- Souvent **détachés en tête de proposition**, de phrase ou de paragraphe, ils servent à **organiser une explication ou une argumentation.**

  Je n'avais pas encore tous les éléments, ***c'est pourquoi*** *je n'ai pas terminé ce travail hier.*

- Ils permettent :

  – **de classer les idées,**

  Internet est ***d'une part*** *une source d'informations et* ***d'autre part*** *un outil de communication.*

  – **de développer une idée** après l'avoir introduite (cause, explication, justification, conséquence),

  Internet est un outil de recherches remarquable. ***En effet,*** *en quelques clics, l'internaute accède à un grand nombre de données.*

  – **de nuancer une idée** qui a été émise (restriction, opposition, concession),

  Le haut débit est un progrès ***mais*** *beaucoup d'internautes n'en bénéficient pas encore.*

  – **de reformuler ou résumer une idée** qui a été émise.

  En somme, *Internet est une révolution comparable à l'imprimerie.*

2 Quelle est la nature des connecteurs argumentatifs ?

- Les connecteurs argumentatifs sont :

  – les **conjonctions de coordination** *car, donc, et, mais, or,*

  Il le savait ***car*** *nous lui en avions parlé.*

  – certains **adverbes et locutions adverbiales** (*cependant, par conséquent…*),

  Il le savait, ***cependant*** *il n'a rien dit.*

  – certains **groupes prépositionnels** et **expressions** (*pour cette raison, c'est pourquoi…*),

  Ils sont très proches. ***C'est pourquoi*** *il le savait déjà.*

  – certaines **conjonctions** ou **locutions conjonctives de subordination** (*parce que, alors que…*).

  Il le savait ***alors qu'****il n'est pas venu à la réunion.*

REMARQUE :
Les connecteurs argumentatifs vont parfois par deux pour bien mettre en évidence le raisonnement (par exemple : *non seulement… mais encore…*)

Certes *je n'ai pas réussi ce devoir* ***mais*** *il en reste d'autres pour me rattraper.*

S'exercer

Connaître les connecteurs argumentatifs et leurs valeurs

1 Les connecteurs suivants permettent de classer les idées.

aussi • d'abord • d'ailleurs • de même • de plus • d'une part… d'autre part… • deuxièmement • également • en dernier lieu • enfin • en outre • en premier lieu • ensuite • et • finalement • non seulement… mais encore • par ailleurs • pour terminer • premièrement • puis

Placez chaque connecteur argumentatif dans un tableau.

sert à	
débuter une argumentation	
ajouter une idée ou coordonner des idées	
conclure une argumentation	

2 Les connecteurs suivants permettent de développer une idée qui a été introduite.

alors • ainsi • à savoir • aussi • car • c'est-à-dire • c'est pourquoi • comme • donc • de là • dès lors • de sorte que • d'où • entre autres • en effet • en particulier • notamment • parce que • par conséquent • par exemple • pour cette raison • plus exactement • puisque • soit

Placez chaque connecteur argumentatif dans un tableau.

sert à	
avancer une explication ou une justification	
avancer une conséquence	
illustrer une idée	

3 Les connecteurs suivants permettent de nuancer une idée émise.

alors que • au contraire • cependant • certes • en revanche • mais • malgré cela • néanmoins • or • pourtant • tandis que • toutefois

Placez chaque connecteur argumentatif dans un tableau.

sert à	
avancer une opposition (contradiction entre deux faits)	
avancer une concession (conséquence non attendue)	

4 Retrouvez l'intrus dans cette liste de connecteurs argumentatifs qui servent à introduire une reformulation ou un résumé de ce qui a déjà été dit.

à l'inverse • au fond • autrement dit • bref • en d'autres termes • en définitive • en un mot • en somme • en résumé • tout compte fait

Utiliser les connecteurs argumentatifs

5 Complétez chaque phrase avec un connecteur argumentatif. Il peut y avoir plusieurs solutions.

1. Myope, il a cassé ses lunettes … il n'y voit plus rien. **2.** Elle a mauvais caractère … elle a bon cœur … nous l'aimons bien. **3.** La voiture ralentit pour s'arrêter … le feu passe à l'orange. **4.** Je fais mes courses sur Internet … je ne vais plus dans les grands magasins. **5.** … tu ne veux pas te déplacer, j'y vais moi-même. **6.** Ce jouet a été interdit à la vente … il est dangereux.

6 Complétez les phrases de manière à rendre cohérent l'emploi du connecteur argumentatif.

1. Mes parents sont d'accord : non seulement … mais encore … . **2.** Nous décidâmes d'aller voir le CPE mais … . **3.** Je ne pense pas qu'il soit malade. D'ailleurs, … . **4.** Ils ne partiront pas en vacances cette année : d'une part … d'autre part … . **5.** Va au cinéma puisque … **6.** Son frère habite Paris alors que … .

7 Vous devez vous séparer de toutes vos affaires et ne garder qu'un objet. Rédigez le texte dans lequel vous défendez votre choix. Vous utiliserez des connecteurs argumentatifs variés.

Évaluer ses connaissances

Frosine parle à Harpagon de la jeune fille qu'il souhaite épouser.

FROSINE. – Oui. Premièrement, elle est nourrie et élevée dans une grande épargne de bouche ; c'est une fille accoutumée à vivre de salade, de lait, de fromage et de pommes, et à laquelle par conséquent il ne faudra ni table bien servie, ni consommés exquis, ni les autres délicatesses qu'il faudrait pour une autre femme ; et cela ne va pas à si peu de chose, qu'il ne monte bien, tous les ans, à trois mille francs pour le moins. Outre cela, elle n'est curieuse que d'une propreté fort simple, et n'aime point les superbes habits, ni les riches bijoux, ni les meubles somptueux, où donnent ses pareilles[1] avec tant de chaleur ; et cet article-là vaut plus de quatre mille livres par an. De plus, elle a une aversion horrible pour le jeu, ce qui n'est pas commun aux femmes d'aujourd'hui.

Molière, *L'Avare*, acte II, scène 5, 1668.

1. **Ses pareilles** : les femmes.

1. **Ce texte est une argumentation. Justifiez cette affirmation et donnez un titre à cet extrait. (2 points)**

2. **Repérez les six connecteurs argumentatifs qui permettent au lecteur de bien comprendre l'argumentation de Frosine. (6 points)**

3. **La jeune fille qu'Harpagon veut épouser est dépensière. Imaginez l'argumentation de Frosine. Vous utiliserez des connecteurs argumentatifs variés. (12 points)**

Les verbes intransitifs, transitifs et attributifs

Observer

Les hordes tartares envahissent la Sibérie et détruisent le télégraphe. Michel Strogoff est capitaine des courriers du tsar. Au péril de sa vie, il porte au frère du tsar un courrier l'avertissant de la présence d'un traître dans son entourage.

Observez les cinq groupes de mots soulignés.

1. Supprimez ces groupes. Les phrases obtenues sont-elles encore satisfaisantes du point de vue du sens ?

2. Quel est le groupe qui apporte une information sur le sujet et est attribut du sujet ?

3. Quelle est la fonction des autres groupes ?

Retenir

On **classe les verbes selon leur construction**, c'est-à-dire selon le type de compléments qu'ils appellent.
On distingue ainsi les **verbes intransitifs**, les **verbes transitifs** et les **verbes attributifs**.

1 Qu'est-ce qu'un verbe intransitif ?

Les verbes intransitifs sont les **verbes ou locutions verbales** qui **n'appellent jamais de complément d'objet**.

*Le soleil **brille**. Ce chanteur **fait salle comble** à chaque spectacle.*

2 Qu'est-ce qu'un verbe transitif ?

Les verbes transitifs sont les **verbes ou locutions verbales** qui **appellent un complément d'objet**. On distingue :

– **les verbes transitifs directs qui ont un complément d'objet direct.**

*Le professeur **ramasse** les copies* (COD).
Suite à des fautes graves, son patron l'(COD) ***a mis à la porte.***

– **les verbes transitifs indirects qui ont un complément d'objet indirect.**

*Je **réfléchis** à une autre solution* (COI).
***Pense** à venir* (COI) *quand tu le peux.*

– **les verbes à double construction qui ont deux compléments d'objet.**

*L'enfant **offre** des fleurs* (COD) *à sa mère* (COS).
*L'enfant **parle** de ses vacances* (COI) *à ses parents* (COS).

3 Qu'est-ce qu'un verbe attributif ?

Les **verbes attributifs** sont les **verbes ou locutions verbales qui appellent un attribut du sujet**. On distingue :

– les verbes **essentiellement attributifs** : *être, demeurer, devenir, paraître, sembler, rester, avoir l'air, passer pour…*

*Il **semble** en forme. Elle **a l'air** heureuse.*

– les verbes **occasionnellement attributifs** :

➤ certains verbes intransitifs : *naître, partir, revenir, sortir…*

*Ils **vécurent** heureux.*

➤ certains verbes pronominaux : *s'appeler, se croire, se nommer…*

*Elle **se croit** excellente comédienne.*

➤ certains verbes à la voix passive : *être considéré comme, être déclaré…*

*Camille et Mélanie **ont été élues** déléguées de classe.*

REMARQUE : Quand les verbes *être, demeurer, rester* ont le sens de *se trouver* (être à un endroit), ils ne sont pas attributifs.

*Il **demeure** à Paris.*

S'exercer

Classer les verbes selon leur construction

1 Observez la construction des verbes et locutions verbales qui sont en italique et classez-les selon leur construction.

1. Les décors de ce spectacle *sont* somptueux.
2. *Entrez* et *prenez* place.
3. La police *a arrêté* l'auteur des lettres anonymes.
4. *J'ai prêté* mon livre à ma voisine de derrière.
5. Ce boxeur *est surnommé* l'Ange blanc.
6. Elle *se souvient* du jour de leur rencontre.
7. Nous *pensons* que tu *mens*.
8. Le chien *obéit* aux ordres de son maître.

2 Indiquez si les verbes et locutions verbales en italique sont transitifs directs, transitifs indirects ou transitifs à double construction.

1. J'*ai offert* un livre à ma sœur pour son anniversaire.
2. *Aie rangé* ta chambre avant ce soir.
3. Elle *a peur* de prendre l'avion.
4. Que tu *penses* cela me *contrarie*.
5. Ils étaient innocents, les policiers les *ont relâchés*.
6. On *remplacera* bientôt ces arbres morts.
7. Qui *assistera* à la réunion ?
8. Caroline et Kévin nous *ont prévenus* hier de leur départ pour le Japon.

3 Recopiez les phrases dans lesquelles le verbe conjugué est attributif.

1. Depuis son opération, elle *reste* fatiguée.
2. Mes grands-parents *restent* encore quelques jours à la maison.
3. Cette voiture *est* là depuis hier matin.
4. Aux échecs, il *est* un joueur redoutable.
5. Le plus important *est* d'être à l'heure.
6. Cette voiture *est* à moi.
7. Les résultats de cet élève *sont demeurés* excellents.
8. Nous *avons* longtemps *demeuré* rue des Rôtisseurs.
9. Vue sous cet angle, la situation *paraît* bien compliquée.
10. Le soleil *paraît* à l'horizon.

Employer des verbes de construction différente

4 Utilisez chacun des verbes suivants dans une phrase où il aura une double construction. Indiquez quel groupe est COD et quel groupe est COS.

cacher • emprunter • envoyer • prévenir • promettre • remettre

5 Inventez deux phrases pour chaque verbe : dans l'une la construction sera directe (COD), dans l'autre indirecte (COI).

assister • compter • manquer • répondre • veiller

6 Rédigez un court paragraphe qui évoque le passé de l'homme représenté dans l'illustration ci-dessous. Votre texte commencera par « Il avait été autrefois… » et se terminera par « Maintenant il se dirigeait vers Digne ». Vous utiliserez au moins un verbe de chaque catégorie.

Gravure pour *Les Misérables*, de Victor Hugo, 1862.

Évaluer ses connaissances

Lisez le texte suivant.

Vers le milieu de l'hiver 1764, les froids **furent** excessifs et les loups **devinrent** féroces.
Ils **attaquaient** même des paysans attardés, **rôdaient** la nuit autour des maisons, **hurlaient** du coucher du soleil à son lever et **dépeuplaient** les étables.
Et bientôt une rumeur **circula**. On **parlait** d'un loup colossal, au pelage gris, presque blanc, qui **avait mangé** deux enfants, **avait dévoré** le bras d'une femme, **avait étranglé** tous les chiens de garde du pays et qui pénétrait sans peur dans les enclos pour venir flairer sous les portes. Tous les habitants **affirmaient** avoir senti son souffle qui faisait vaciller la flamme des lumières.

Guy de Maupassant, *Le Loup*, 1882.

1. **Relevez les verbes attributifs. (2 points)**
2. **Remplacez dans la première phrase *les froids* par *le froid* et *les loups* par *le loup*. (4 points)**
3. **Classez les formes verbales en caractères gras selon leur construction : verbe intransitif, verbe transitif direct, verbe transitif indirect. (10 points)**
4. **Remplacez *parler* par *évoquer* et *manger* par *s'emparer* dans l'extrait : « On parlait […] deux enfants ». Quelle remarque pouvez-vous faire sur la construction de ces verbes ? (4 points)**

La forme pronominale

Observer

Chaque matin, la mère **se lève** à 6 heures. Elle **se douche**, **s'habille** et **se dépêche** pour attraper le bus de 6 heures 43.

Observez les formes verbales en gras.

1. Réécrivez ce texte en remplaçant *la mère* par *je* puis par *nous*. Qu'en concluez-vous ?

2. La mère ne fait plus ces actions sur elle-même mais sur son enfant. Réécrivez le texte en évitant la répétition de *son enfant*. Quelle remarque pouvez-vous faire ?

Retenir

1 Qu'est-ce que la forme pronominale ?

Un **verbe** est employé à la forme pronominale quand il est **accompagné d'un pronom personnel** complément de la même personne et du même nombre que le sujet. Ce pronom est appelé **pronom réfléchi**.

> ***Je me regarde dans la glace*** (*je* et *me* sont de la première personne du singulier, le verbe *regarder* est à la forme pronominale).

Remarque :
Un **verbe à la forme pronominale** et **à l'infinitif** est **toujours précédé du pronom *se***. Il se conjugue **à un temps composé avec l'auxiliaire *être***.

> ***Elles se sont téléphoné hier*** *(se téléphoner).*

2 Quelles sont les différentes catégories de verbes employés à la forme pronominale ?

Les verbes dont le pronom réfléchi est analysable :

– les **verbes pronominaux de sens réciproque** (*s'apprécier, s'écrire, se rencontrer…*)
Ces verbes expriment une action que deux personnes font l'une sur l'autre : on peut compléter par *mutuellement*, *l'un l'autre* ou *les uns les autres*. Le pronom complément est soit COD soit COI.

> ***Nous nous*** (COD) ***apprécions beaucoup. Ils se*** (COI) ***téléphonent chaque jour.***

– les **verbes pronominaux de sens réfléchi** (*s'acheter, se baigner…*)
Ces verbes expriment une action que le sujet fait sur lui-même ou à lui-même. Le pronom complément est soit COD soit COS.

> ***Tu te*** (COD) ***peignes. Il s'***(COS) ***achètera un nouveau vélo.***

Les verbes dont le pronom réfléchi n'est pas analysable :

– les **verbes essentiellement pronominaux**
Ce sont des verbes qui n'existent qu'à la forme pronominale (*s'absenter, se méfier…*) ou des verbes qui existent aussi à la forme non pronominale mais avec un sens très différent (*se douter, se reposer…*).

> ***Je me souviens de son mariage. Après son travail, il se repose.***

– les **verbes pronominaux de sens passif** (*s'allumer, se jouer, se vendre…*)
Ces verbes sont équivalents à des verbes conjugués à la voix passive sans complément d'agent. Le sujet subit l'action et l'agent de l'action n'est pas exprimé.

> ***Les nouveaux textiles se lavent facilement*** (= sont lavés).

Remarque :
Certains verbes appartiennent tantôt à une catégorie tantôt à une autre. C'est le **contexte** qui définit la catégorie.

> ***Elle s'aperçoit dans la glace*** (sens réfléchi) ***; elles se sont aperçues à la réunion*** (sens réciproque) ***; elle s'aperçut de son erreur*** (essentiellement pronominal)***, la ville s'aperçoit de loin*** (sens passif).

S'exercer

Repérer le verbe à la forme pronominale et sa catégorie

1 Relevez les phrases qui ont un verbe à la forme pronominale.

1. Il se réveille tous les jours à 7 heures.
2. Cette odeur réveille en moi des souvenirs.
3. Elle demande son chemin à un passant.
4. Je me demande s'ils ont bien fait.
5. Comme prévu, nous nous sommes retrouvées devant le cinéma.
6. Vous aviez égaré vos clefs mais vous les avez heureusement retrouvées.
7. Tu es fatiguée, accorde-toi un week-end de repos.
8. Son patron lui a accordé une augmentation de salaire.

2 Relevez les verbes pronominaux de ce texte et mettez-les à l'infinitif.

Un mannequin présente son métier.

Dans mon métier, les journées sont longues. Je me lève tôt et après avoir pris mon petit-déjeuner, je me lave, je m'habille et je pars au studio. Je me dépêche pour ne pas arriver en retard. Avant la séance de photos, je me fais maquiller par une maquilleuse professionnelle, ensuite je me change et je me coiffe avec l'aide du coiffeur de studio. Puis la séance de photos démarre. J'enchaîne les tenues et les photos. Je n'ai qu'une courte pause le midi. J'en profite pour me reposer un peu et manger légèrement avant de reprendre la séance de photos. À la fin de la journée, je suis fatiguée, je rentre, je dîne légèrement et je me couche tôt.

3 Reproduisez le tableau ci-dessous et classez les verbes en gras.

essentiellement pronominaux	
pronominaux de sens passif	
pronominaux de sens réfléchi	
pronominaux de sens réciproque	

1. Les amies **se racontent** leurs vacances.
2. Elle **s'impatiente** : son amie est encore en retard.
3. Les espoirs de qualification **s'envolent** après cette défaite cuisante de l'équipe de foot.
4. Elle **s'habille** et **se maquille** pour la soirée.
5. Fais attention ! Les papiers ne **se jettent** pas dans la rue.
6. Un prisonnier **se serait évadé** cette nuit.
7. Depuis notre dispute, nous ne **nous parlons** plus.
8. Le thé **se boit** chaud ou froid.

Conjuguer le verbe à la forme pronominale

4 Supprimez la formule *Il faut que...* et conjuguez à l'impératif présent le verbe qui est à la forme pronominale.

1. Il faut que tu te dépêches.
2. Il faut que vous vous fassiez opérer du genou.
3. Il faut que nous nous voyions demain.
4. Il faut que tu te plies au règlement.
5. Il faut que nous préparions sérieusement le prochain devoir.
6. Il faut que vous vous posiez la question.

5 Remplacez pour chacune des phrases le sujet du verbe à la forme pronominale par le sujet proposé entre parenthèses.

1. Les promeneurs **s'extasient** devant l'incroyable beauté du paysage. (*je*)
2. Tu **te taisais** alors que nous attendions tous impatiemment ton avis. (*vous*)
3. Elle **se blessait** régulièrement. (*tu*)
4. Les pèlerins **s'agenouillèrent** et **se mirent** à prier. (*il*)
5. Il **se méfiera** toujours des flatteurs. (*elles*)

6 Relevez les verbes pronominaux employés dans chacune des phrases et indiquez le mode et le temps de chacun.

1. Terrassé par une crise cardiaque, il s'est subitement écroulé.
2. Tu te présenteras demain matin à l'heure indiquée sur ta convocation.
3. Tout se passa comme prévu.
4. Tu ne t'étais jamais posé la question ?

7 Employez chaque verbe de la liste ci-dessous, dans une phrase, à la forme pronominale et, dans une autre phrase, à la forme non pronominale.

chercher • débarrasser • préparer • présenter

Évaluer ses connaissances

Un besoin impérieux saisit le chasseur de se jeter dans cette eau transparente. Il se dévêtit et s'élança dans le courant. C'était un très grand et très fort garçon, vigoureux et hardi nageur.

Il se laissait flotter doucement, l'âme tranquille, frôlé par les herbes et les racines, heureux de sentir contre sa chair le glissement léger des lianes.

Guy de Maupassant, *La Peur*, 1884.

1. **Relevez les verbes employés à la forme pronominale. (4 points)**
2. **Indiquez la catégorie de chaque verbe à la forme pronominale. (4 points)**
3. **Réécrivez le texte à partir de *Il se dévêtit* en remplaçant *Il* par *Ils*. (12 points)**

La forme impersonnelle

Observer

1. Nous irons chercher Éric à l'aéroport : il **arrive** à 13 heures.
2. J'aime aller dans les brocantes : il **arrive** que j'y trouve des objets intéressants.

1. Quel est le sujet du verbe *arriver* dans chacune des phrases ?
2. Quel mot ou groupe nominal ce pronom remplace-t-il ?

Retenir

1 Comment reconnaître un verbe employé à la forme impersonnelle ?

Un verbe (ou une locution verbale) est employé à la forme impersonnelle quand il a pour sujet le pronom *il* et que ce pronom *il* ne remplace aucun nom, aucun groupe nominal.

Il pleut depuis ce matin.

REMARQUE :
Il est parfois remplacé par *ce* ou *ça*.

C'est trop tôt pour l'appeler, elle ne peut pas être arrivée.
Ça barde à côté.

2 Quels sont les verbes employés à la forme impersonnelle ?

On distingue :

- les **verbes essentiellement impersonnels qui ne s'emploient qu'à la forme impersonnelle.** Ce sont les verbes *s'agir, falloir, s'en falloir*… et tous les verbes ou locutions verbales évoquant un phénomène météorologique ou de la nature (*neiger, faire nuit*…).

Il y va de votre santé.
Il faut qu'il pleuve.

- les **verbes qui s'emploient occasionnellement à la forme impersonnelle.** Certains verbes (*arriver, se pouvoir, tomber*…), qui se conjuguent habituellement à toutes les personnes, peuvent s'employer aussi à la forme impersonnelle.

Il y a un livre sur la table.
Il semble qu'il tombe de grosses gouttes.

REMARQUE :
La forme impersonnelle peut parfois se combiner avec la forme pronominale ou la voix passive.

Il se peut que nous partions en Égypte pendant les vacances de Noël. (forme impersonnelle + forme pronominale)

Il a été aperçu un loup dans la forêt. (forme impersonnelle + voix passive)

3 Comment se construit un verbe impersonnel ?

- Les **verbes indiquant un phénomène météorologique ou de la nature** (locutions verbales avec *faire* : *faire beau, chaud*…) **se construisent sans complément.**

Il fait nuit très tôt en décembre.
Il pleut à verse depuis ce matin.

- Les **autres verbes** (ou locutions verbales) **employés à la forme impersonnelle se construisent obligatoirement avec un complément** : groupe nominal, infinitif, groupe infinitif ou proposition subordonnée complétive introduite par *que*.

Il tombe de grosses gouttes. (GN)
Il est raisonnable de nous arrêter. (groupe infinitif)

REMARQUE :
Le verbe de la subordonnée complétive introduite par *que* peut être conjugué au mode indicatif ou au mode subjonctif.

Il est vrai qu'il est absent. (indicatif)
Il est possible qu'il soit absent. (subjonctif)

S'exercer

Reconnaître la forme impersonnelle

1 Repérez dans les phrases suivantes les verbes qui sont employés à la forme impersonnelle.

1. Le client reste perplexe devant la réponse du vendeur.
2. Il nous reste peu de temps pour terminer le travail.
3. Il nous est arrivé bien des déboires lors de nos dernières vacances.
4. Des nouvelles de mon grand-père ! Il arrive dans quelques jours.
5. Mon frère, il se passe bien de mes conseils.
6. Il se passe des événements bizarres dans ce château.
7. Le soleil paraît à l'horizon.
8. Il paraît qu'elle est gravement malade.
9. Nous espérons qu'il fera meilleur demain.
10. Il fait la moue chaque fois qu'on le contrarie.

Utiliser la forme impersonnelle

2 Transformez les phrases suivantes en utilisant la tournure impersonnelle *il faut que…*

1. Soyez partis avant 14 heures.
2. Aie une tenue correcte pour ton entretien.
3. Revenons demain.
4. Parlez moins fort.
5. Écris-lui.

3 Complétez chaque tournure impersonnelle par la proposition entre parenthèses. Faites attention à la construction et au mode employé quand il s'agit d'une subordonnée.

1. Il est nécessaire (*faire un effort*).
2. Il est certain (*il, venir demain*).
3. Il est probable (*je, aller leur rendre visite demain*).
4. Il est utile (*parler plusieurs langues*).
5. Il est indispensable (*tu, revoir tes leçons avant un devoir*).
6. Il est important (*vous, faire votre possible*).
7. Il est impossible (*tout savoir*).

4 Transformez les phrases suivantes afin de faire apparaître la forme impersonnelle.

Ex. : *Deux lettres sont arrivées ce matin.* → *Il est arrivé deux lettres ce matin.*

1. Partir à sa recherche est encore possible.
2. Un regrettable accident est arrivé hier.
3. Une rumeur très inquiétante s'est répandue dans tout le quartier.
4. Trois mariages ont été célébrés ce samedi.
5. Se concentrer pour réussir un devoir est nécessaire.
6. Des phénomènes étranges se produisent la nuit dans cette maison.

5 Complétez chaque phrase par le verbe à la forme impersonnelle qui peut convenir.

1. Il … à torrents lors de l'inauguration du nouveau stade.
2. Il … beaucoup de camions sur cette route.
3. Il … un temps magnifique.
4. Il n'… personne pendant votre absence.
5. Il ne … jurer de rien.

6 Imaginez les conseils que peut donner la jeune femme debout à la jeune femme assise qui s'essaie au piano. Vous emploierez des tournures impersonnelles variées.

Pierre Auguste Renoir, *La Leçon de piano*, 1889, Joslyn Art Museum, Omaha.

Évaluer ses connaissances

1. Repérez le verbe (ou la locution verbale) à la forme impersonnelle dans chacun de ces proverbes et indiquez si le verbe (ou la locution verbale) est essentiellement ou occasionnellement impersonnel. (7 points)

1. Il faut que jeunesse se passe.
2. Il n'y a que la vérité qui blesse.
3. Il n'est pire sourd que celui qui ne veut pas entendre.
4. S'il pleut à la Saint-Médard, il pleut quarante jours plus tard.
5. Il est bon de parler, et meilleur de se taire.
6. Il vaut mieux être seul que mal accompagné.
7. Toutes les fois qu'il tonne, le tonnerre ne tombe pas.

2. Imaginez les conseils qu'un guide peut donner à des randonneurs avant une course en haute montagne. Vous emploierez les tournures impersonnelles suivantes. (13 points)

il faut • il est nécessaire • il est indispensable • il est conseillé • il est préférable • il y a • il est important.

Les verbes du troisième groupe

Retenir

1 Les verbes en *-dre*

- Les verbes en ***-dre*** (*vendre, coudre, mordre, répandre, tondre…*), ***prendre*** et ses dérivés se terminent par ***-ds***, ***-ds***, ***-d*** aux trois personnes du **singulier au présent de l'indicatif** et ont le **passé simple en *-i***.
  - *J'attends, il mord, je répondis*
- Les verbes en ***-indre*** (*craindre, éteindre, joindre, restreindre…*) se terminent par ***-s***, ***-s***, ***-t*** aux trois personnes du **singulier au présent de l'indicatif** et ont le **passé simple en *-i***.
  - *Je plains, il éteint, j'atteignis*
- Les verbes en ***-soudre*** se terminent par ***-s***, ***-s***, ***-t*** aux trois personnes du singulier au présent de l'indicatif et ont le **passé simple en *-u***.
  - *J'absous, il dissout, il résolut*

Infinitif	Présent de l'indicatif	Futur simple de l'indicatif	Passé simple de l'indicatif	Présent du subjonctif
vendre	je vends, il vend nous vendons	je vendrai	je vendis	que je vende
prendre	je prends, il prend nous prenons	je prendrai	je pris	que je prenne
peindre	je peins, il peint nous peignons	je peindrai	je peignis	que je peigne
résoudre	je résous, il résout nous résolvons	je résoudrai	je résolus	que je résolve

S'exercer

1 Conjuguez les verbes suivants à la 3e personne du singulier du présent et du passé simple de l'indicatif.

répondre • craindre • attendre • résoudre • rejoindre • perdre • mordre • repeindre • descendre

2 Conjuguez les verbes suivants à la 3e personne du singulier du présent du subjonctif.

Ex. : *défendre : qu'il défende.*

découdre • étendre • correspondre • plaindre • mordre • joindre • teindre • rendre

Retenir

2 Les verbes en *-tre*

- Les verbes en ***-ttre*** (***battre*** et ses dérivés, ***mettre*** et ses dérivés) se terminent par ***-ts***, ***-ts***, ***-t*** aux trois personnes du **singulier au présent de l'indicatif** et ont le **passé simple en *-i***.
  - *Je permets, il combat, je promis*
- Les verbes en ***-aître*** et ***-oître*** se terminent par ***-s***, ***-s***, ***-t*** aux trois personnes du **singulier au présent de l'indicatif** et ont le **passé simple en *-u***.
  - *J'accrois, il disparaît, je connus*

Attention : ***naître*** a son **passé simple en *-i*** : *je naquis*
croître prend un **accent circonflexe** pour toutes les formes qui peuvent se confondre avec celles de *croire* : *je croîs/je crois*

Infinitif	Présent de l'indicatif	Futur simple de l'indicatif	Passé simple de l'indicatif	Présent du subjonctif
mettre	je mets, il met nous mettons	je mettrai	je mis	que je mette
paraître	je parais, il paraît nous paraissons	je paraîtrai	je parus	que je paraisse

S'exercer

1 Conjuguez les verbes suivants à la 3e personne du singulier du présent et du passé simple de l'indicatif.

permettre • combattre • disparaître • transmettre • renaître • croître • remettre

2 Conjuguez les verbes suivants à la 2e personne du singulier du présent du subjonctif.

Ex. : *admettre : que tu admettes.*

débattre • reconnaître • remettre • accroître • omettre • comparaître • promettre

3 Conjuguez les verbes suivants aux trois personnes du singulier du futur simple de l'indicatif.

naître • commettre • abattre • admettre • apparaître • méconnaître • soumettre • omettre

4 Conjuguez les verbes suivants à la 1re personne du singulier et du pluriel du passé simple de l'indicatif.

compromettre • disparaître • démettre • débattre • transparaître • rebattre • s'ébattre

Retenir

3 Les verbes en *-ir*

- Les verbes en *-ir* (*sentir, dormir, mentir, partir, sortir…*) se terminent par *-s, -s, -t* aux trois personnes du **singulier au présent de l'indicatif** et ont le **passé simple en *-i***.

  Je dors, il fuit, je servis

- ***Tenir*** et ses dérivés, ***venir*** et ses dérivés se terminent par *-s, -s, -t* aux trois personnes du **singulier au présent de l'indicatif** et ont le **passé simple en *-in***.

  Je tiens, il maintient, je devins

- ***Courir*** et ses dérivés (*accourir, parcourir, secourir…*) se terminent par *-s, -s, -t* aux trois personnes du **singulier au présent de l'indicatif** et ont le **passé simple en *-u***.

  Je secours, il accourt, je parcourus

ATTENTION :
courir et *mourir* prennent deux « r » au futur simple et au conditionnel présent.

- ***Cueillir, offrir, souffrir, ouvrir*** se terminent par *-e, -es, -e* aux trois personnes du **singulier au présent de l'indicatif** et ont le **passé simple en *-i***.

  J'offre, il souffre, j'ouvris

Infinitif	Présent de l'indicatif	Futur simple de l'indicatif	Passé simple de l'indicatif	Présent du subjonctif
partir	je pars, il part nous partons	je partirai	je partis	que je parte
venir	je viens, il vient nous venons ils viennent	je viendrai	je vins	que je vienne que nous venions qu'ils viennent
courir	je cours, il court nous courons	je courrai	je courus	que je coure
cueillir	je cueille, il cueille nous cueillons	je cueillerai	je cueillis	que je cueille

S'exercer

1 Conjuguez les verbes suivants à la 3e personne du singulier du présent et du passé simple de l'indicatif.

accueillir • appartenir • convenir • tressaillir • ressentir • repartir • endormir • parcourir • resservir • découvrir • ressortir

2 Conjuguez les verbes suivants à la 2e personne du pluriel du présent du subjonctif.

Ex. : *que vous souffriez*

courir • intervenir • mentir • recueillir • maintenir • se repentir • secourir • entrouvrir • prévenir

3 Conjuguez les verbes suivants aux trois personnes du singulier du futur simple de l'indicatif.

couvrir • assaillir • souffrir • se dévêtir • servir • provenir • se souvenir • requérir • se rendormir

4 Conjuguez les verbes suivants à toutes les personnes, au présent de l'indicatif puis au présent du subjonctif.

consentir • s'enfuir • conquérir • desservir • concourir • entretenir • subvenir • encourir • recouvrir

Retenir

4 Les verbes en *-oir*

▸ ***Voir*** et ses dérivés ***entrevoir***, ***prévoir*** et ***revoir*** se terminent par ***-s, -s, -t*** aux trois personnes du **singulier au présent de l'indicatif** et ont le **passé simple en *-i***.

Je vois, il entrevoit, je revis

Remarque :
prévoir fait au futur simple *je prévoirai*

▸ Les verbes en ***-cevoir*** (*apercevoir, recevoir, décevoir…*) se terminent par ***-s, -s, -t*** aux trois personnes du **singulier au présent de l'indicatif** et ont le **passé simple en *-u***.

Je conçois, il déçoit, je perçus

Infinitif	Présent de l'indicatif	Futur simple de l'indicatif	Passé simple de l'indicatif	Présent du subjonctif
voir	je vois, il voit nous voyons ils voient	je verrai	je vis	que je voie que nous voyions qu'ils voient
apercevoir	j'aperçois nous apercevons ils aperçoivent	j'apercevrai	j'aperçus	que j'aperçoive que nous apercevions qu'ils aperçoivent

▸ Quelques autres verbes en ***-oir*** :

– ***Devoir*** et ***savoir*** se terminent par ***-s, -s, -t*** aux trois personnes du **singulier au présent de l'indicatif** et ont le **passé simple en *-u***.

– ***Pouvoir***, ***vouloir*** et ***valoir*** se terminent par ***-x, -x, -t*** aux trois personnes du **singulier au présent de l'indicatif** et ont le **passé simple en *-u***.

– ***Falloir*** ne se conjugue **qu'à la troisième personne du singulier**.

Infinitif	Présent de l'indicatif	Futur simple de l'indicatif	Passé simple de l'indicatif	Présent du subjonctif
devoir	je dois nous devons ils doivent	je devrai	je dus	que je doive que nous devions qu'ils doivent
savoir	je sais nous savons	je saurai	je sus	que je sache
pouvoir	je peux (puis-je) nous pouvons ils peuvent	je pourrai	je pus	que je puisse
vouloir	je veux nous voulons ils veulent	je voudrai	je voulus	que je veuille que nous voulions qu'ils veuillent
valoir	je vaux nous valons	je vaudrai	je valus	que je vaille que nous valions qu'ils vaillent
falloir	il faut	il faudra	il fallut	qu'il faille

S'exercer

1 Conjuguez les verbes suivants à la 3e personne du singulier du présent et du passé simple de l'indicatif.

savoir • entrevoir • décevoir • devoir • vouloir • valoir • équivaloir

2 Conjuguez les verbes suivants à la 1re et à la 3e personne du pluriel du présent du subjonctif.

Ex. : *que nous percevions / qu'ils perçoivent*

concevoir • valoir • pouvoir • savoir • émouvoir

Retenir

5 Les verbes en *-re*

▸ ***Sourire, rire, suivre*** et ses dérivés et les **verbes en *-ire*** (*dire, écrire, suffire...*) se terminent par : ***-s, -s, -t*** aux trois personnes du **singulier au présent de l'indicatif** et ont le **passé simple en *-i*** : ***Je souris, il interdit, j'écrivis.***

ATTENTION :
– Seuls, ***dire*** et ***redire*** font au **présent de l'indicatif** : *vous dites, vous redites*
– ***Maudire*** fait au **présent de l'indicatif** : *nous maudissons* et au **subjonctif présent** ***que je maudisse.***

▸ Les verbes en ***-lire*** se conjuguent **comme *lire*** : ils se terminent par ***-s, -s, -t*** au **présent de l'indicatif** et ont le **passé simple en *-u*** : ***Je relis, il élit, je lus.***

▸ ***Plaire*** et ***déplaire*** se terminent par ***-s, -s, -t*** au **présent de l'indicatif** et ont le **passé simple en *-u*** : ***Je plais, il déplaît, je déplus.***

▸ ***Distraire, extraire, soustraire, traire, braire*** se terminent par ***-s, -s, -t*** au **présent de l'indicatif et n'ont pas de passé simple** : ***Je soustrais, il extrait.***

▸ ***Faire*** et ses dérivés (*défaire, refaire, satisfaire...*) se terminent par : ***-s, -s, -t*** au **présent de l'indicatif** et ont le **passé simple en *-i*** : ***Je défais, il satisfait, je refis.***

ATTENTION :
Faire et ses dérivés font au **présent de l'indicatif** : *vous faites* et au **subjonctif présent** ***que je fasse.***

▸ Les verbes en ***-uire*** (*conduire, construire, cuire, luire...*) se terminent par : ***-s, -s, -t*** au **présent de l'indicatif** et ont le **passé simple en *-i*** : ***Je détruis, il déduit, je produisis***

Infinitif	Présent de l'indicatif	Futur simple de l'indicatif	Passé simple de l'indicatif	Présent du subjonctif
dire	je dis, nous disons	je dirai	je dis	que je dise
rire	je ris, nous rions	je rirai	je ris	que je rie que nous riions
écrire	j'écris nous écrivons	j'écrirai	j'écrivis	que j'écrive
lire	je lis, nous lisons	je lirai	je lus	que je lise
plaire	je plais nous plaisons	je plairai	je plus	que je plaise
distraire	je distrais nous distrayons	je distrairai	*inusité*	que je distraie que nous distrayions
taire	je tais, nous taisons	je tairai	je tus	que je taise
conduire	je conduis nous conduisons	je conduirai	je conduisis	que je conduise

S'exercer

1 **Conjuguez les verbes suivants à la 3e personne du singulier du présent et du passé simple de l'indicatif.**
interdire • distraire • produire • poursuivre • déplaire • séduire

2 **Conjuguez les verbes suivants à la 1re personne du pluriel du présent du subjonctif.**
Ex. : *satisfaire : que nous satisfassions*
défaire • maudire • inscrire • contredire

Évaluer ses connaissances

1. Conjuguez les verbes suivants au présent et au futur simple de l'indicatif. (10 points)

abattre (*il*) • vouloir (*tu*) • croire (*il*) • accourir (*je*) • éteindre (*tu*) • concevoir (*nous*) • prévoir (*tu*) • valoir (*il*) • voir (*ils*)

2. Conjuguez les verbes suivants au passé simple de l'indicatif puis au présent du subjonctif. (10 points)

décevoir (*tu*) • émettre (*il*) • croître (*il*) • secourir (*ils*) • se souvenir (*nous*) • mentir (*tu*) • obtenir (*il*) • perdre (*nous*) • savoir (*ils*) • revoir (*je*) • pouvoir (*ils*)

Le subjonctif

Observer

1. On a volé la cassette d'Harpagon !
2. Que personne ne parte !
3. Que quelqu'un veuille bien la lui rendre !
4. Harpagon veut qu'on prenne le voleur.

1. La phrase 1 exprime-t-elle un fait certain ou seulement possible ? Quel est le mode de son verbe ?

2. Phrases 2 et 3 : qu'expriment ces phrases ? À quel mode ?

3. Phrase 4 : à quel mode est le verbe de la subordonnée ? Le verbe de la proposition principale exprime-t-il une certitude ou un souhait ?

Retenir

1 La conjugaison du subjonctif présent

Les terminaisons sont les mêmes pour tous les verbes : *-e, -es, -e, -ions, -iez, -ent*.

1er groupe	2e groupe	3e groupe	
parler	**remplir**	**vivre**	**voir**
que je parle que tu parles qu'il parle que nous parlions que vous parliez qu'ils parlent	que je remplisse que tu remplisses qu'il remplisse que nous remplissions que vous remplissiez qu'ils remplissent	que je vive que tu vives qu'il vive que nous vivions que vous viviez qu'ils vivent	que je voie que tu voies qu'il voie que nous voyions que vous voyiez qu'ils voient

ATTENTION :

– **Certains verbes du 3e groupe changent de radical au subjonctif présent.** Pour les conjuguer plus facilement, vous pouvez utiliser *Il faut que…*

Il faut que j'aille. Il faut que je sache. Il faut que je fasse. Il faut que je puisse. Il faut que je prenne. Il faut que je veuille.

– **Il ne faut pas oublier le *i* aux deux premières personnes du pluriel des verbes en *-yer, -ier, -iller, -gner*.**

que vous envoyiez, que vous appréciiez, que vous travailliez, que vous gagniez.

2 Les emplois du subjonctif

- Le subjonctif présente des actions et des faits que l'on envisage par la pensée, que l'on souhaite : ils sont **possibles, virtuels, mais ne se réaliseront peut-être pas.**

Le professeur veut que nous fassions un brouillon. / Nous faisons un brouillon.
(fassions : subjonctif présent ; faisons : indicatif présent)

- Le subjonctif s'emploie en **proposition indépendante** pour exprimer :
  – un **souhait**, une **prière** : *Pourvu qu'elle vienne !*
  – un **ordre** ou une **interdiction** : *Qu'il vienne !* **Il remplace alors l'impératif :** *Venez !*
  – la **surprise** ou l'**indignation** : *Lui, qu'il se permette de nous conseiller !*

- **Le subjonctif s'emploie dans une proposition complétive introduite par *que* :**
  – **lorsque la subordonnée est sujet.**

  Que la paix revienne dans ce pays me surprendrait beaucoup.

  – **lorsque la subordonnée est COD de verbes exprimant des sentiments : le désir, le doute, le regret, la crainte.**

  J'aimerais tellement qu'il vienne. Je doute qu'il vienne. Je crains qu'il ne puisse pas venir.

  – **lorsque la principale est négative ou interrogative.**

  Je ne pense pas qu'il vienne. Crois-tu qu'il vienne ?

S'exercer

Reconnaître et conjuguer le subjonctif présent

1 Conjuguez les verbes entre parenthèses au subjonctif présent.

1. Qu'il (*sortir*) immédiatement.
2. Il faut que nous (*partir*) très tôt.
3. Je regrette qu'elle ne (*réussir*) pas à se décider.
4. Je doute que vous (*partager*) notre avis.
5. Il est indispensable que nous (*persévérer*).
6. Ils refusent que vous (*exposer*) vos arguments.

2 Même consigne.

1. Il faut que tu (*prendre*) un taxi.
2. Je regrette que tu ne (*vouloir*) pas venir.
3. Je doute que tu (*savoir*) la vérité.
4. Il faut que j'(*aller*) à la bibliothèque.
5. Je crains que nous n'(*avoir*) pas terminé.
6. Je ne crois pas qu'il (*être*) très motivé.

3 À quel mode est employé chaque verbe en gras ? Si vous hésitez, demandez-vous s'il exprime un fait certain ou seulement possible.

1. Je veux qu'il **voie** la photographie.
2. Je ne pense pas qu'il me **croie**.
3. Je sais qu'il me **croit**.
4. Il faut qu'il me **croie**.
5. Je souhaite qu'il **chante**.
6. Pourvu qu'il **chante** !
7. Je répète qu'il **chante** très bien.
8. Il serait préférable qu'il **chante**.
9. Je refuse qu'il **chante**.
10. Je ne crois pas qu'il **chante**.

4 Réécrivez les phrases suivantes en remplaçant le pronom personnel *tu* par *nous*.

1. Je souhaite que tu rejoignes la côte.
2. Je veux que tu travailles sérieusement cette année.
3. Il préfère que tu essayes de refaire l'exercice.
4. Il aimerait que tu lui envoies une carte postale.
5. Elle aimerait que tu ne cries pas.
6. Il préfère que tu ne plies pas l'enveloppe.

Employer le subjonctif

5 Quelle est la valeur du subjonctif dans ces phrases simples ?

1. Qu'il n'oublie pas mon livre !
2. Vous, que vous croyiez de telles histoires !
3. Que tous les enfants puissent manger à leur faim !
4. Pourvu qu'il ne pleuve pas !
5. Qu'il fasse l'exercice pour demain !

6 Justifiez l'emploi du subjonctif dans les propositions complétives des phrases suivantes.

1. Nous regrettons que tu ne **comprennes** pas notre point de vue.
2. Penses-tu qu'il **atteigne** son objectif ?
3. Je ne suis pas certaine que tu **saisisses** l'intérêt de ma question.
4. J'aime qu'on **soit** énergique.
5. Qu'il **accepte** la proposition m'étonnerait beaucoup.

7 Conjuguez les verbes entre parenthèses au présent du subjonctif ou de l'indicatif. Justifiez votre choix.

CLÉANTE. – Voulez-vous que je (*trahir*) mon cœur ?
HARPAGON. – Encore ? Avez-vous envie de changer de discours ?
CLÉANTE. – Hé bien, puisque vous voulez que je (*parler*) d'autre façon ; souffrez, Madame, que je me (*mettre*) ici à la place de mon père ; et que je vous (*avouer*), que je n'ai rien vu dans le monde de si charmant que vous ; que je ne (*concevoir*) rien d'égal au bonheur de vous plaire, et que le titre de votre époux est une gloire, une félicité que je préférerais aux destinées des plus grands princes de la terre.

Molière, *L'Avare*, acte III, scène 7, 1668.

8 Complétez ces phrases par une subordonnée au subjonctif.

1. J'aimerais beaucoup que ...
2. Il est surprenant que ...
3. Que ... a étonné tous les élèves.
4. Penses-tu que ... ?
5. Je ne crois pas que ...
6. Nous apprécions tous que ...

Évaluer ses connaissances

Qu'Harpagon se méfie ! Lui, qu'il épouse la jeune Mariane ! Ce serait bien surprenant ! Que son fils Cléante renonce à la jeune fille paraît tout aussi improbable ! Il n'est pas évident non plus que sa fille lui obéisse. Harpagon doit s'attendre à bien des surprises ! Mais l'avare souhaite avant tout qu'on lui rende son argent.

1. **Justifiez l'emploi du subjonctif dans les deux premières phrases. (6 points)**
2. **Imaginez une troisième phrase simple au subjonctif exprimant un souhait. (3 points)**
3. **Conjuguez le verbe *se méfier* à la 1re personne du pluriel du subjonctif présent. (2 points)**
4. **Relevez trois autres verbes du texte au subjonctif. Pour chacun d'eux, justifiez l'emploi de ce mode. (9 points)**

Faire l'analyse complète du verbe

Retenir

Analyser un verbe, c'est repérer sa **nature**, sa **conjugaison**, sa **voix** et sa **forme**.

1 Repérer la nature du verbe

Donner la nature du verbe, c'est indiquer son **infinitif** et le **groupe auquel il appartient.**

Il se rend compte (verbe : *se rendre compte*, 3e groupe) *de son erreur et la corrige* (verbe *corriger*, 1er groupe).

RAPPELS :

– L'infinitif peut être un mot ou une suite de mots. Quand l'infinitif est une suite de mots, on parle de **locution verbale.**

arriver, battre, garder (verbes)
arriver à bon port, battre la chamade, garder son sérieux (locutions verbales)

– Les verbes se répartissent en **trois groupes** :

➤ Les verbes dont l'infinitif se termine par ***-er*** appartiennent au **1er groupe.**

distinguer, employer, parler

➤ Les verbes dont l'infinitif se termine par ***-ir*** et dont le participe présent se termine par *-issant* appartiennent au **2e groupe.**

finir, jaunir, refroidir

– **Tous les autres verbes ainsi qu'*aller*** appartiennent au **3e groupe.**

plaire, sortir, vaincre, voir

2 Repérer la conjugaison du verbe

Donner la conjugaison du verbe, c'est indiquer la **personne**, le **mode**, le **temps auxquels il est conjugué.**

- Le verbe peut être conjugué au maximum à **6 personnes** : 1re, 2e, 3e personne du singulier (*je, tu, il/elle/on*) et 1re, 2e, 3e personne du pluriel (*nous, vous, ils/elles*).

- Le verbe peut être conjugué à un **mode impersonnel** ou à un **mode personnel**. Les modes impersonnels, qui n'utilisent pas les personnes, sont le **mode infinitif** (*savoir*) et le **mode participe** (*sachant*). Les modes personnels, qui utilisent les personnes, sont les **modes indicatif** (*il savait*), **subjonctif** (*que je sache*) et **impératif** (*sachez*).

- Le verbe peut être conjugué à **différents temps**. Les temps servent à exprimer le **passé,** le **présent,** l'**avenir** ou le fait qu'une action soit **antérieure, simultanée** ou **postérieure** à une autre. Le nombre de temps varie selon les modes.

Il faut que nous venions pour 18 heures.

faut : falloir, 3e personne du singulier, indicatif, présent
venions : venir, 1re personne du pluriel, subjonctif, présent

3 Repérer la voix du verbe

Donner la voix du verbe, c'est indiquer, pour un verbe **transitif direct,** s'il est employé à la **voix active** (le sujet du verbe accomplit l'action) ou à la **voix passive** (le sujet du verbe subit l'action).

L'arbitre a sifflé un coup franc. (voix active)
Un coup franc a été sifflé par l'arbitre. (voix passive)

4 Repérer la forme du verbe

Donner la forme du verbe, c'est indiquer si le verbe est employé à la **forme pronominale ou à la forme impersonnelle** (voir leçons 15 et 16).

Nous nous sommes rencontrés (forme pronominale, *se rencontrer*) *par hasard.*
Il faut (forme impersonnelle) *qu'il travaille.*

S'exercer

Maîtriser les critères d'analyse du verbe

1 Relevez l'intrus de chaque série et expliquez votre choix.

a. parce qu'il appartient à un autre verbe

1. Ils firent, ils feront, ils furent
2. Nous éteignons, nous étreindrons, nous éteindrions
3. Je supplierai, je supplée, je suppléais
4. Vous raillez, vous rallierez, vous ralliez

b. parce qu'il appartient à un autre groupe

1. Il finit, il obéit, il prit
2. Cueille, donne, offre
3. Ils ont donné, ils ont écouté, ils ont remis
4. Il ploie, il voit, il croit
5. Rêvons, créons, rendons

c. parce qu'il appartient à un autre mode

1. Nous écrivons, tu écrives, vous écriviez
2. Faites, vous faites, vous faisiez
3. Tu vois, il voie, il vit
4. Partir, revenir, je partais
5. Il soit parti, étant parti, partant

d. parce qu'il appartient à un autre temps

1. Ils prirent, j'eus pris, je pris
2. Vous pourriez, il pourra, nous pourrons
3. Je faisais, nous faisons, nous faisions
4. Je voudrais, ils voudraient, je voudrai

e. parce que ce n'est pas un verbe

1. Rôle, enrôle, prône
2. Économise, chemise, caramélise
3. Parais, connais, épais

2 Relevez parmi les verbes suivants ceux qui peuvent être employés à la voix passive.

arriver • attraper • comprendre • devenir • dormir • fermer • garder • obéir • paraître • rendre • voler

3 Relevez les formes verbales à la voix passive.

1. Le jardin était entouré de hauts murs.
2. Cet hiver-là, à cause du gel, le terrain de sport avait été impraticable.
3. Ayez rendu vos devoirs avant lundi.
4. Ces arbres ont été arrachés par la tempête, au mois de décembre.
5. Je suis gênée par le bruit.
6. Les voleurs ont fui très vite.
7. Ils auront sûrement pris un raccourci.
8. Ce problème sera évité si nous prenons de bonnes précautions.
9. Même les petites rivières seraient polluées par les engrais.
10. Tu aurais vu le voleur.

4 Relevez les formes verbales à la forme pronominale.

1. Si tu ne t'étais pas endormi, tu aurais compris le film.
2. Le moindre bruit la réveillait.
3. Je me rendis compte trop tard qu'on se moquait de moi.
4. Nous nous retrouvâmes le lendemain devant l'hôtel.
5. Les délégués de classe ont été élus fin septembre.

5 Relevez dans les phrases suivantes les formes verbales à la forme impersonnelle.

1. Il restait parfois de longues semaines sans donner de ses nouvelles.
2. Il s'agit de se mettre au travail rapidement.
3. Il a plu toute la journée.
4. Il m'avait demandé la permission.
5. Il nous est arrivé une incroyable aventure.
6. L'immeuble ! Il se serait écroulé en quelques minutes !

Appliquer la méthode d'analyse

6 Ajoutez les indications manquantes pour que chaque verbe souligné soit correctement analysé.

Il <u>arrive</u> assez fréquemment que, par temps de neige, les vols <u>aient du retard</u>. Mais, hier, certains voyageurs, excédés par de longues heures d'attente, <u>se sont fâchés</u> et <u>ont pris à partie</u> le ministre des Transports, qui <u>aurait</u> même <u>été insulté</u>.

1. *arrive* : 1er groupe, 3e personne du singulier
2. *aient du retard* : 3e personne du pluriel, présent
3. *se sont fâchés* : 1er groupe, indicatif
4. *ont pris à partie* : locution verbale *prendre à partie*, indicatif
5. *aurait été insulté* : verbe *insulter*, 1er groupe

7 Corrigez les erreurs qui se sont glissées dans ces analyses de verbes.

Après qu'il <u>eut coupé</u> le bois, il <u>a fallu</u> qu'il <u>tonde</u> la pelouse.

1. *eut coupé* : verbe *couper*, 1er groupe, 3e personne du pluriel, indicatif, passé simple, voix passive
2. *a fallu* : verbe *faire*, 3e groupe, 3e personne du singulier, impératif, passé composé, forme pronominale
3. *tonde* : verbe *tordre*, 3e groupe, 3e personne du singulier, indicatif, présent, voix active, forme impersonnelle

8 Analysez complètement toutes les formes verbales de l'exercice 3.

Évaluer ses connaissances

Analysez les formes verbales soulignées. (20 points)

1. Elles <u>seraient parties</u> hier.
2. J'<u>eus préféré</u> que vous <u>veniez</u> plus tôt
3. Tu <u>fis</u> ce que nous t'<u>avions indiqué</u>.
4. Que tu <u>te sois trompé</u> de cahier m'<u>étonne</u>.
5. <u>Sachez</u> qu'il <u>est interdit</u> de fumer dans une gare.

La situation d'énonciation et ses composantes

Observer

« Après avoir dévoré ce roman que tu m'as offert il y a quinze jours, j'ai envie de lire d'autres livres d'Alexandre Dumas. »

1. Quels mots dans cette phrase renvoient à celui qui parle ?

2. Quel mot renvoie à celui qui reçoit le message ?

3. Dans quelle circonstance cette phrase est-elle prononcée ?

Retenir

1 Les composantes de la situation d'énonciation

- L'**énonciation** est le fait de **communiquer** par la parole ou par l'écriture avec une personne (ou un groupe de personnes) dans un **endroit précis**, à un **moment précis**.
- L'**énoncé** est la suite de mots émise par celui qui parle ou écrit.
- La **situation d'énonciation** est la **situation concrète** dans laquelle l'énoncé est produit.

2 Les indices de la situation d'énonciation

> *« Je t'apporterai demain le livre que tu m'as demandé.* (Caroline à Claire)
> *– Je t'en remercie. »* (Claire à Caroline)

Les **indices d'énonciation** sont tous les mots qui n'ont de sens que par la situation d'énonciation dans laquelle l'énoncé est produit. Ce sont :

- Les **indices** qui marquent **la présence de l'énonciateur** (celui qui parle ou écrit) : les pronoms personnels de la 1re personne (*je, nous…*), des GN comportant un déterminant possessif de la 1re personne (*mon, notre…*), les pronoms possessifs de la 1re personne (*le mien, les nôtres…*).
Dans la première réplique, *je* et *m'* désignent Caroline ; dans la deuxième réplique, *je* désigne Claire.

- Les **indices** qui marquent **la présence du destinataire :** les pronoms personnels de la 2e personne (*tu, vous…*), des GN comportant un déterminant possessif de la 2e personne (*ton, votre…*), les pronoms possessifs de la 2e personne (*le tien, les vôtres…*).
Dans la première réplique, *t'* et *tu* désignent Claire ; dans la deuxième réplique *t'* désigne Caroline.

- Les **indices de temps** qui situent un moment par rapport à celui de l'énonciation : certains adverbes de temps (*maintenant, hier…*) ou des GN, CC de temps (*dans une semaine, l'année dernière…*).
demain désigne le jour suivant le moment de l'énonciation.

- Les **indices de lieu** qui situent un lieu par rapport à celui de l'énonciation (là où se trouve l'énonciateur) : certains adverbes ou locutions adverbiales de lieu (*ici, à droite…*), des GN comportant le plus souvent un déterminant démonstratif (*ce, cette, ces*), les pronoms démonstratifs (*ceci, ceux-là…*).

> *« Donne-moi ce livre et pose-le là. »*

Ce désigne un livre situé près de l'énonciateur et du destinataire et *là* désigne un lieu visible mais plus éloigné de l'énonciateur et du destinataire.

- Les **temps verbaux** qui permettent de situer dans le temps par rapport au moment de l'énonciation. Le présent indique que les faits se déroulent au moment de l'énonciation. Le passé composé situe les faits avant le moment de l'énonciation. Le futur simple les situe après.

> *« On m'informe que les guichets ont ouvert à 9 heures. »*

Le passé composé *ont ouvert* indique que l'ouverture des guichets a eu lieu avant le moment de l'énonciation.

S'exercer

Connaître les indices liés à l'énonciation

1 Complétez chaque phrase par l'indication de temps liée au moment de l'énonciation et évoquant la même idée que l'indication de temps en italique non liée au moment de l'énonciation.

dans un an • il y a un an • l'année dernière • l'année prochaine

1. Elle promit qu'elle reviendrait *l'année suivante*.
→ C'est promis, je reviendrai … .
2. Elle avait été opérée *un an plus tôt*.
→ J'ai été opérée … .

2 Les mots ou groupes de mots suivants permettent de situer par rapport au moment de l'énonciation, placez-les au bon endroit dans un tableau.

après-demain • aujourd'hui • avant-hier • ce mois-ci • dans une heure • demain • en ce moment • hier • il y a deux jours • la semaine prochaine • l'année dernière • maintenant

avant le moment de l'énonciation	au moment de l'énonciation	après le moment de l'énonciation

3 Relevez les phrases pour lesquelles l'indication de lieu en italique est liée au moment de l'énonciation et justifiez votre réponse.

1. Depuis le matin, les enfants jouaient *dans la cour*. • Depuis ce matin, les enfants jouent *dans la cour*.
2. La circulation sera interdite demain *en ville*. • Après avoir déposé leurs bagages, ils se promenèrent *en ville*.
3. Tous ceux qui allaient *là-bas* revenaient émerveillés. • Ton ballon est *là-bas* près de ma voiture.
4. Donne-moi le stylo qui est *à ta gauche*. • En tâtonnant, il trouva *à gauche* l'interrupteur.
5. *Face à la jetée* se trouvait un petit bistrot typique du pays breton. • Je mets la plante *face à cette table*.

4 Reproduisez le tableau et classez les indices d'énonciation soulignés dans la bonne rubrique.

énonciateur	
destinataire	
temps	
lieu	

1. Viens ici afin que nous te montrions le tableau que nous avons acheté ce matin.
2. Tu me rapporteras ce livre demain.
3. Vous venez de payer votre cotisation et donc, à partir d'aujourd'hui, vous pouvez venir vous entraîner dans cette salle chaque soir.
4. Les élèves sont partis en stage hier.
5. Je te rapporterai dans deux jours les livres que je t'ai empruntés le mois dernier.
6. Comment trouves-tu mon nouveau blouson ? Je l'ai acheté avant-hier, près d'ici.

5 Repérez les temps verbaux qui permettent de situer par rapport au moment de l'énonciation.

1. Nous sommes arrivés en retard au collège en raison des embouteillages.
2. Tu m'aideras à faire mon devoir ?
3. Brrr ! Il fait vraiment froid ici !
4. La banque a ouvert ses portes à 10 heures du matin.

Imaginer la situation d'énonciation

6 Imaginez une situation d'énonciation (énonciateur, destinataire, lieu et moment de l'énonciation) dans laquelle chaque phrase peut être prononcée.

1. C'est celui-ci qui me plaît.
2. Vas-y ! Moi, je n'en peux plus.
3. Je ne pense pas que tu l'aies perdue ici.
4. Que veux-tu que je fasse de ça ?
5. Pourquoi pleures-tu ?

7 Choisissez une phrase de l'exercice 6 et intégrez-la dans un texte qui en éclairera le sens.

8 Imaginez deux situations d'énonciation différentes dans lesquelles chaque phrase peut être dite. Vous vous appuierez sur les différents sens possibles de chaque phrase.

1. Je vais prendre la température.
2. Tu ne dois pas accepter de porter le chapeau.
3. Vous êtes sur la bonne voie !
4. Mais que va-t-il faire dans cette galère ?
5. Ne prends pas la mouche !

Évaluer ses connaissances

1. Relevez les mots qui font référence à la situation d'énonciation. (10 points)

a. Vite ! Prends ces livres près de mon sac, là-bas sur la table basse du fond !

b. Je suis sans voiture, j'aimerais que tu me prêtes la tienne demain.

c. Cette tasse et la mienne sont fêlées, jette-les ici dans cette poubelle.

d. Celle-ci me plaît beaucoup, mais elle est vraiment beaucoup trop chère.

e. Je vous assure que je ne voulais vraiment pas vous fâcher en disant cela.

2. Indiquez à quel élément de la situation d'énonciation chaque mot relevé fait référence. (10 points)

Les mots exclamatifs, les interjections et les onomatopées

Observer

Les fonds marins sont encombrés de sinistres épaves. Combien d'existences brisées dans ces naufrages ! Combien de victimes entraînées sous les flots ! Ah ! quelle sinistre histoire serait à faire que celle de ces fonds marins !

D'après **Jules Verne**, *Vingt Mille Lieues sous les mers*, 1869.

1. Relevez les phrases exclamatives.
2. Par quel mot chacune d'elles est-elle introduite ?

Retenir

1 Les mots exclamatifs et leur rôle

▶ Pour **renforcer l'intensité d'une exclamation**, on utilise parfois des **mots exclamatifs** (*combien, comme, que, quel…*).

Comme c'est ennuyeux !

ATTENTION : Le déterminant exclamatif *quel* s'accorde en genre et en nombre avec le nom qu'il détermine.

Quel cri ! Quelle musique !

Observer

Le monde entier est un cactus, […]
Moi je me pique de le savoir,
Aïe, aïe, aïe, ouille, aïe, aïe ! […]

Les Cactus, chanson écrite par **Jacques Lanzmann**.

Quel sentiment les mots soulignés évoquent-ils ?

Retenir

2 Les interjections et leur rôle

▶ L'interjection est un **mot bref** que le locuteur utilise pour exprimer une **sensation**, un **sentiment**, une **émotion**, une **réaction vive**.
Souvent, l'interjection accompagne une phrase exclamative.

Aïe ! que j'ai mal !

ATTENTION : Certaines interjections n'ont qu'un seul sens (*chut, aïe…*). D'autres peuvent exprimer des sentiments variés et c'est le contexte qui permet de les interpréter.

Oh ! quelle horreur ! (répulsion) *Oh ! que c'est beau !* (admiration)

Observer

Dou, ba, dou ba da, dou di dou di dou di da, dou, ba, dou ba da, wa dou ba, wa dou ba
Je suis une autruch' foll' de jazz et de scat, je chante en faisant des clics et des clacs
Des plics et des plocs, des tics et des tocs, et je laisse aux horloges le soin de faire tic, tac, tic, tac…

Philippe Chatel, *Chanson de l'autruche*.

Relevez les mots qui servent à évoquer des bruits.

Retenir

3 Les onomatopées et leur rôle

▶ Les onomatopées sont des **suites de lettres, consonnes** et (ou) **voyelles** qui font entendre un **bruit** ou un **cri** (*crac, dring, splash…*). Elles sont très **fréquentes dans la bande dessinée et la chanson**.

▶ Dans la BD, la taille des lettres qui composent l'onomatopée indique l'**intensité** du bruit ou du cri et la multiplication des lettres indique la **durée** du bruit ou du cri.

DRRRIIIIINNGGGG

S'exercer

Connaître les mots exclamatifs, les interjections, les onomatopées

1 Complétez chaque phrase exclamative par le mot exclamatif qui convient : combien • comme • que • quelle.

1. … tu as grandi !
2. … belle journée !
3. … d'eau !
4. … de fois faut-il te le dire !

2 Dites à quels sentiments, sensations ou émotions correspondent les interjections suivantes.

bravo ! • bah ! • beurk ! • hélas ! • heureusement ! • hourra ! • quoi !

3 Un intrus s'est glissé dans chaque série d'interjections. Retrouvez-le et justifiez votre choix.

1. ah ! • aïe ! • bingo ! • ouille !
2. flûte ! • hourra ! • mince ! • purée !
3. chic ! • chouette ! • oui ! • zut !

4 Mettez en relation chaque onomatopée et le verbe qui évoque l'action en lien avec le bruit évoqué par l'onomatopée.

1. bang ! • boum ! • paf ! • pchhhhhh ! • ploc, ploc ! • scraaatch ! • scrunch ! • splash ! • vlan !
2. claquer • déchirer • éclabousser • éclater • gifler • manger • percuter • pleuvoir • se répandre

5 Cherchez des vignettes de bande dessinée présentant des onomatopées et donnez le sens de ces onomatopées.

6 Repérez dans ces textes les mots exclamatifs et les interjections et dites à quel sentiment ils correspondent.

DON SALLUSTE. – Ah ! C'est un coup de foudre !… – oui, [mon règne est passé,
Gudiel[1] ! – renvoyé, disgracié, chassé ! –
Ah ! Tout perdre en un jour ! –

Victor Hugo, *Ruy Blas*, acte I, scène 1, 1838.

1. **Gudiel** : confident de Don Salluste.

IPHIGÉNIE. – Que cette amour m'est chère !
Quel plaisir de vous voir et de vous contempler
Dans ce nouvel éclat dont je vous vois briller !
Quels honneurs ! Quel pouvoir ! Déjà la renommée
Par d'étonnants récits m'en avait informée ;
Mais que voyant de près ce spectacle charmant,
Je sens croître ma joie et mon étonnement !
Dieux ! avec quel amour la Grèce vous révère !
Quel bonheur de me voir la fille d'un tel père !

Jean Racine, *Iphigénie*, acte II, scène 2, 1674.

Utiliser les mots exclamatifs, les interjections, les onomatopées

7 Pour chacun des sentiments suivants : *colère, déception, douleur, joie, surprise, tristesse*, inventez une phrase exclamative avec mot exclamatif.

8 Imaginez une histoire dans laquelle apparaîtront dans l'ordre qui vous convient les interjections et onomatopées suivantes :

aïe ! • boum ! • chut ! • dring ! • heu ! • toc, toc, toc !

9 Complétez les phrases suivantes avec une interjection qui convienne.

1. … tu es là ! mais où étais-tu passé ?
1. …, je suis très en retard !
1. …, qu'elle est belle !
1. …, taisez-vous !

Évaluer ses connaissances

Choisissez un tableau et décrivez-le à la manière de Diderot en faisant apparaître votre émotion (admiration ou dégoût). Vous utiliserez des mots exclamatifs et des interjections. (20 points)

Jean-Baptiste Greuze, *La Jeune Fille qui pleure son oiseau mort*, 1765, galerie nationale d'Écosse, Édimbourg.

Elle est de face ; sa tête est appuyée sur sa main gauche : l'oiseau mort est posé sur le bord supérieur de la cage, la tête pendante, les ailes traînantes, les pattes en l'air. Comme elle est naturellement placée ! que sa tête est belle ! qu'elle est élégamment coiffée ! que son visage a d'expression ! Sa douleur est profonde ; elle est à son malheur, elle y est tout entière. Le joli catafalque[1] que cette cage ! que cette guirlande de verdure qui serpente autour a de grâces ! Ô la belle main ! la belle main ! le beau bras !

Denis Diderot, *Salon de 1765*.

1. **Catafalque** : estrade ornée sur laquelle est placé un cercueil.

L'antithèse, l'hyperbole, l'ironie

Observer

Jean Valjean, le héros des Misérables *de Victor Hugo, sermonne Montparnasse qui vient de l'agresser pour le voler et lui dit :*
« N'entreprends pas cette pénible besogne d'être un paresseux. »

1. Quelle expression de la phrase s'oppose à l'expression soulignée ?
2. Explicitez ce que pense Jean Valjean du « métier de voleur ».

Retenir

1 Qu'est-ce qu'une antithèse ?

- L'antithèse consiste **à rapprocher**, dans une phrase ou dans un texte, **deux mots, deux expressions, deux idées** tout à fait **opposés**.
- Cette figure d'opposition sert souvent à **expliquer** ou à **argumenter.**

*Tu veux **une bague au doigt,** tu auras **un carcan au cou.*** (Victor Hugo, *Les Misérables*)

En rapprochant *une bague au doigt* de *un carcan au cou*, Jean Valjean souligne le **contraste** entre la vie de riche rêvée par Montparnasse et la vie de bagnard qui sera la sienne s'il est voleur.

S'exercer

Repérer les antithèses

Repérez les antithèses et expliquez le fonctionnement de chacune d'elles.

1. Une main de fer dans un gant de velours.
2. À père avare, fils prodigue.
3. Tel qui rit vendredi, dimanche pleurera. (Racine)
4. La France a perdu une bataille, mais la France n'a pas perdu la guerre. (de Gaulle)
5. Un noble, s'il vit chez lui dans sa province, il vit libre mais sans appui ; s'il vit à la cour, il est protégé mais il est esclave. (La Bruyère)
6. L'avarice perd tout en voulant tout gagner. (La Fontaine)
7. Innocents dans un bagne, anges dans un enfer, / Ils (*les enfants*) travaillent. (Hugo)
8. Le prisonnier avait une figure digne et grave. Le directeur des ateliers était un homme bref et tyrannique. (Hugo)

Observer

Voici le slogan d'une marque de lessive.
« Notre lessive lave plus blanc que blanc. »

1. Expliquez l'expression soulignée.
2. Quel but poursuit la marque de lessive en exagérant les performances de son produit ?

Retenir

2 Qu'est-ce qu'une hyperbole ?

- L'hyperbole est une figure de style qui consiste à **exagérer** volontairement la réalité des choses pour **impressionner**. Elle est beaucoup utilisée dans l'épopée et la **publicité**.
- Elle se marque par l'emploi :
  - de **mots de sens très fort par nature** (*champion, fantastique*… ; mots ayant un préfixe augmentatif : *archi-, hyper-, super-*… ; mots ayant un suffixe augmentatif ou péjoratif : *-issime, -âtre, -ailler*…).

    *Un travail **titanesque** m'attend ce soir.* (= j'ai beaucoup de travail ce soir)
  - des **degrés de comparaison de l'adjectif** (comparaison : *plus… que*, superlatif : *le plus…, extrêmement…*).

    *C'est un homme **excessivement grand.*** (= très grand)
  - de **comparaisons** ou de **métaphores**

    *Elle est mince **comme un fil de fer.*** (= très mince) *C'est un **nain.*** (= il est de petite taille)

Remarque : La langue courante utilise souvent l'hyperbole.

*Cela fait **cent fois** que je te le dis !* (= je te l'ai déjà dit de nombreuses fois)

S'exercer

Repérer les hyperboles

1 Repérez les hyperboles et expliquez le fonctionnement de chacune.

1. Nous avons reçu une avalanche de cadeaux.
2. C'est à se casser la tête.
3. Ce bruit aurait réveillé un mort !
4. Elle a versé un torrent de larmes.
5. Ma mère me tuera si je ne travaille pas.
6. J'ai couru pendant une heure : je suis morte...

Utiliser l'hyperbole

2 Rédigez la suite du texte ci-après en continuant à utiliser un langage hyperbolique.

Je vais vous raconter la chose la plus étonnante, la plus surprenante, la plus merveilleuse, la plus extraordinaire, la plus incroyable... une chose dont on ne trouve pas d'exemple dans les siècles passés.

D'après **Madame de Sévigné**.

Observer

Un passant vient de se faire mordre par un chien et il raconte :
« [...] Le charmant animal a alors planté ses crocs dans mon mollet... »

Quelle expression employée par le passant ne vous semble pas appropriée à la situation ?

Retenir

3 Qu'est-ce que l'ironie ?

- L'ironie consiste à **laisser entendre autre chose que ce que l'on dit**. Elle sert à se moquer ou à dénoncer.
- Les procédés au service de l'ironie sont :
  - l'**hyperbole,** la **comparaison** et la **métaphore**
    - *C'est un génie !* (une métaphore pour se moquer d'une personne peu intelligente)
  - l'**antiphrase** qui consiste à dire le contraire de ce que l'on veut exprimer.
    - *Quel courage !* (pour dénoncer la lâcheté de quelqu'un)

REMARQUES :

- À l'oral, le non-verbal (intonation, mimiques, gestes...) participe aussi de l'ironie.
  - *Tu es... en avance aujourd'hui !* Si un professeur, en faisant un large sourire, dit cela à un élève qui arrive en retard, il exprime son mécontentement par l'ironie (marquée par le sourire, la pause après *tu es* et l'antiphrase).
- Pour percevoir l'ironie, il faut donc bien comprendre la situation d'énonciation, en particulier connaître les idées de l'énonciataire.

S'exercer

Comprendre l'ironie

1 Expliquez le fonctionnement des antiphrases en précisant ce que pense réellement l'énonciateur.

1. Sans mentir, si votre ramage/Se rapporte à votre plumage,/Vous êtes le phénix des hôtes de ces bois. (La Fontaine)
2. 15 degrés au plein mois d'août. Quel bel été !
3. Seulement 18 sur 20 à ce devoir de français. Quelle catastrophe !

Utiliser l'ironie

2 À l'aide d'antiphrases, d'hyperboles, de comparaisons ou de métaphores, vous dénoncez de façon ironique :

1. la qualité des repas servis à la cantine
2. le dopage des sportifs
3. la maladresse de quelqu'un
4. le sans-gêne de quelqu'un

Évaluer ses connaissances

Voici douze règles à appliquer pour faire de son enfant un « bon délinquant » publiées par la direction de la police de Seattle (États-Unis).

1. Dès l'enfance donnez-lui tout ce qu'il désire. Il grandira ainsi en pensant que le monde lui doit tout.
2. S'il dit des grossièretés, riez, il se croira très malin.
3. Ne lui dites jamais : c'est mal ! Il pourrait faire un complexe de culpabilité. Et plus tard, lorsqu'il sera arrêté pour vol de voitures, il sera persuadé que c'est la société qui le persécute.
4. Que tous ses désirs soient satisfaits : nourriture, boisson, confort, sinon il sera frustré.

1. Expliquez en quoi ce texte est ironique. Détaillez les procédés utilisés. (10 points)
2. Imaginez cinq conseils pour faire un « bon cancre ». Vous utiliserez les procédés de l'ironie. (10 points)

Le pluriel des noms composés

Observer

1. des autostoppeurs
2. des sapeurs-pompiers
3. des essuie-glaces
4. des après-midis
5. des pommes de terre

Observez les noms ci-dessus.

1. De quoi sont-ils formés ? Indiquez la nature des éléments qui servent à former chacun de ces mots.
2. Ces noms sont tous au pluriel. Quel élément porte la marque du pluriel ?

Retenir

1 Rappel

Un **nom composé** est **construit** :

– soit en **assemblant des mots simples.**

un rouge-gorge, un arc-en-ciel, une chauve-souris, un porte-bonheur

– soit en **assemblant des éléments issus du latin ou du grec.**

une bibliothèque (grec *biblio-* = livre + grec *-thèque* = lieu)

2 Comment forme-t-on le pluriel des noms composés ?

Le nom composé s'écrit en **un seul mot.**
Seul le second élément prend la marque du pluriel.

des passeports ; des coincoins ; des bibliothèques

EXCEPTIONS :

des bonshommes ; des gentilshommes ; messieurs ; mesdames ; mesdemoiselles

Le nom composé s'écrit en **plusieurs mots.**
Il faut tenir compte de sa formation et de la nature des mots qui le constituent.
Si le nom composé est formé :

– **par juxtaposition** (avec ou sans trait d'union) **de deux noms, d'un adjectif et d'un nom ou de deux adjectifs, les deux éléments prennent la marque du pluriel.**

des oiseaux-mouches ; des comptes rendus ; des sourds-muets ; des procès-verbaux

EXCEPTIONS : dans les noms composés, les adjectifs ***demi-***, ***mi-*** et ***semi-*** sont **invariables.**

des demi-sœurs ; des mi-bas ; des semi-remorques

– **par juxtaposition** (avec trait d'union) **d'un verbe et d'un nom ou d'une préposition et d'un nom, seul le nom prend la marque du pluriel** (seulement et toujours lorsque le mot est au pluriel).

des pèse-lettres ; des après-midis

– **par juxtaposition de deux noms reliés par une préposition, seul le premier nom se met au pluriel.**

des arcs-en-ciel ; des clins d'œil ; des chefs-d'œuvre

QUELQUES EXCEPTIONS :

des pot-au-feu ; des tête-à-tête ; des pied-à-terre…

– **par nominalisation d'une expression ou d'une phrase, tous les éléments sont invariables.**

des savoir-faire ; des vade-mecum ; des pince-sans-rire ; des m'as-tu-vu

REMARQUE : Il est recommandé de consulter un dictionnaire dans une édition récente pour vérifier l'orthographe du nom composé (soudé ou pas, avec ou sans trait d'union) avant de le mettre au pluriel.

S'exercer

Connaître les règles

1 Relevez dans ce texte les noms composés et expliquez comment ils ont été construits.

Pour fêter leurs retrouvailles, ils avaient décidé de passer un week-end ensemble à Marseille et avaient pris le TGV en fin d'après-midi. Dans la voiture-bar, ils étaient tous là, les anciens amis de la 3e B. Avec vingt ans de plus et des professions très différentes : hôtesse d'accueil pour Florence, audioprothésiste pour Camille, webmaster pour Émilie, sage-femme pour Caroline, sapeur-pompier pour Pierre, garçon de café pour Romain, médecin-conseil pour Samuel et maître-chien pour Corentin. Installés sur les tabourets, ils rappelaient leurs souvenirs communs tout en mangeant un croque-monsieur avec un café crème.

2 Écrivez ces noms composés au singulier.

des médecins-conseils • des chauffe-eaux • des haut-le-cœur • des chassés-croisés • des maréchaux-ferrants • des crocs-en-jambe • des vol-au-vent • des après-skis • des tam-tams • des choux-fleurs

3 Mettez au singulier les noms composés en italique et justifiez le pluriel de chacun.

1. Toutes ces accusations reposent sur des *on-dit*. **2.** Les *eaux-fortes* sont des gravures. **3.** Il vend des *pots-pourris* de différentes fragrances. **4.** À notre époque, les *sous-marins* sont nucléaires. **5.** Tracez deux *demi-cercles*. **6.** Les *haut-parleurs* de la chaîne hifi sont en panne. **7.** Les *fers-à-cheval* et les trèfles à quatre feuilles sont considérés comme des *porte-bonheurs*. **8.** Les *pieds-de-poule* sont des tissus formant un petit damier.

4 À l'aide de la définition et de l'élément fourni, retrouvez le nom composé et mettez-le au pluriel

1. Bande de terre cultivée dans un jardin : une ...- bande

2. Immeuble d'une très grande hauteur comportant plusieurs étages : un gratte - ...

3. Petit passereau dont la gorge et la poitrine sont d'un roux vif : un ... - gorge

4. Clef faite de telle façon qu'elle peut ouvrir des serrures différentes : un ... - partout

5. Plante dont les fleurs s'épanouissent en hiver : un ou une ... -neige

6. Récipient qui permet à des substances aromatiques de se consumer en répandant leur odeur : un brûle- ...

7. Prune de couleur dorée qui doit son nom à la première femme du roi François Ier : une ... -claude

Appliquer les règles

5 Mettez au pluriel les noms composés suivants.

un chauffe-biberon • un camion-citerne • un loup-garou • un non-lieu • une mi-chaussette • un tic-tac • un remonte-pente • un portemonnaie

6 Mettez au pluriel les noms composés en italique dans les phrases suivantes.

1. Des *machine-outil* neuves viennent d'arriver dans l'atelier. **2.** Les *aigue-marine* sont des pierres fines, couleur d'eau de mer. **3.** Des cambrioleurs, armés de *passe-partout* et de *pied-de-biche*, ont visité les maisons du quartier dont les propriétaires étaient en vacances. **4.** Les *langue-de-chat* sont de petits gâteaux secs. **5.** Les *patte-d'oie* sont des carrefours à plusieurs voies de circulation. **6.** Les cambrioleurs sont passés par là : les *tiroir-caisse* et les *coffre-fort* sont vides.

7 Complétez chaque phrase par le nom composé qui convient. Vous choisirez le mot composé dans la liste ci-dessous et vous n'oublierez pas de le mettre au pluriel.

un aéroclub • un pet-de-nonne • un œil-de-bœuf • un faire-part • une gueule-de-loup • un haut-fourneau • un nid-de-poule • un pied-d'alouette • un millefeuille

1. Pour annoncer leur mariage, ils ont envoyé des ... .

2. Cette chaussée avec ses nombreux ... est dangereuse.

3. Ce pâtissier propose souvent de savoureux ... et des ... délicieux.

4. Certains greniers sont éclairés par des ... .

5. Les métallurgistes travaillent près des ... .

6. Les ... proposent parfois des baptêmes de l'air gratuits.

7. Les ... et les ... sont des fleurs.

8 Trouvez deux noms composés formés avec chacun de ces mots, mettez-les au pluriel puis employez-les dans une phrase.

après • bouteille • chef • garde • porte • sous • tout

9 C'était le vide-grenier dans votre ville le week-end dernier. Racontez votre promenade. Essayez d'inclure dans ce récit un maximum de noms composés que vous emploierez au pluriel.

Évaluer ses connaissances

Lisez le texte suivant.

Autrefois, dans les ports, derrière les brise-lames, on croisait des corsaires. Ces marins, spécialistes des courses-poursuites, avaient mauvaise réputation et étaient traités de sacs à vin car, quand ils descendaient à terre, ils buvaient beaucoup dans des auberges qui étaient de véritables coupe-gorges.

1. Relevez les quatre noms composés au pluriel. (4 points)

2. Mettez-les au singulier. (4 points)

3. Justifiez le pluriel de chaque nom composé. (4 points)

4. Mettez au pluriel ces noms composés. (4 points)

une longue-vue • un radio-réveil • un lave-linge • un bouton-d'or

5. Mettez au singulier ces noms composés. (4 points)

des cinéclubs • des cafés-théâtres • des sous-sols • des villes-dortoirs

Accorder le verbe avec son sujet

Observer

Dans un récit fantastique **se côtoient** éléments réalistes et détails étranges qui nous **poussent** peu à peu au doute et à l'interrogation. La situation des personnages nous **semble** inexplicable.
Les objets, les lieux, les gens, tout *paraît* étrange. Il nous *reste* de moins en moins de certitudes. Peu de lecteurs *gardent* l'esprit clair. La plupart d'entre eux *sont* troublés, pas un ne *reste* indifférent. La majorité des lecteurs *se laisse* submerger par le mystère.

1. a. Identifiez les sujets des verbes en gras.
b. Quelles remarques pouvez-vous faire quant à la place et la nature de ces sujets ?
2. Observez l'accord en nombre des verbes en italique et identifiez leurs sujets respectifs.

Retenir

1 Les accords simples

- **Le verbe s'accorde en personne et en nombre avec son sujet.** Pour le repérer :
  – se poser la question *Qui est-ce qui ?* (ou *Qu'est-ce qui ?*) + verbe ;
  – l'encadrer à l'aide de *c'est / ce sont… qui.*
  Nos parents nous préviendront. Ce sont nos parents qui nous préviendront.
- Quelques rappels :
  – Le sujet n'est pas toujours placé devant le verbe.
  Vers la place du village se précipitent les enfants curieux qui sortent de l'école.
  – Il arrive que le sujet soit éloigné du verbe.
  Un cirque, avec son chapiteau flamboyant et ses caravanes, s'est installé sur la place.
  – Plusieurs verbes peuvent avoir le même sujet.
  Les artistes se préparent et vérifient leur matériel.
  – Un verbe peut avoir plusieurs sujets.
  Équilibristes, magiciens, clowns et dompteurs répètent le spectacle.

2 Les accords complexes

- Quand il y a plusieurs sujets :
  – repris par **un pronom collectif**, l'**accord** est **au singulier**.
  Gradins, projecteurs, tapis, tout est prêt.
  – **reliés par *ni*, ou *soit… soit***, deux accords sont possibles.
  Ni mon frère ni mon cousin ne ratera / ne rateront le spectacle.
- Quand le sujet est **un groupe nominal, le verbe s'accorde avec son nom-noyau.**
  Le costume multicolore des clowns émerveille les plus jeunes.
  – Si le nom-noyau est un **nom collectif précédé d'un article indéfini, l'accord** est avec le **nom collectif ou avec son complément.**
  Une foule de spectateurs se bousculent à l'entrée du chapiteau.
  – Si le nom-noyau est un **nom collectif précédé d'un article défini, l'accord** est **au singulier.**
  La majorité des spectateurs a moins de 15 ans.
- Quand le sujet est un **pronom relatif**, il faut bien identifier **son antécédent** (nombre et personne).
  C'est mon camarade et moi qui l'attendons déjà.
- Si le sujet est **un adverbe de quantité** *beaucoup, peu, la plupart, combien, assez, tant, peu de…*, l'**accord est au pluriel.**
  Beaucoup d'enfants s'impatientent. La plupart des enfants s'impatientent.
- Si le sujet est ***on, chacun, aucun, plus d'un, tout le monde,*** l'**accord** est **au singulier.**
  Chacun prend place sur les gradins. Tout le monde attend.

S'exercer

Identifier les sujets inversés ou éloignés

1 Identifiez le sujet des verbes en gras.

La petite fête à laquelle ils sont invités les **réjouit** beaucoup. **Espèrent**-ils y retrouver d'anciens amis perdus de vue depuis longtemps ? Ils le **croient** certainement et **attendent** impatiemment samedi. Leur impatience et leur attitude puérile me **surprennent** beaucoup.

2 Identifiez le sujet des verbes entre parenthèses et accordez ces verbes en les conjuguant au présent de l'indicatif.

Le Kenya où (*vivre*) mon cousin (*se situer*) en Afrique de l'Est. Le climat, bien que chaud et humide le long des côtes, (*pouvoir*) être froid dans les hautes terres centrales. Les parcs naturels dont tout le monde a entendu parler (*attirer*) nombre de touristes qui dans un paysage grandiose (*découvrir*) les animaux sauvages qui (*faire*) la fierté de ce pays. Buffles, éléphants, antilopes, léopards (*s'ébattre*) en liberté.

3 Repérez le sujet des verbes que vous accorderez en les conjuguant au temps indiqué.

La voix de M. de Peyrehorade (*troubler – passé simple*) le triomphe de son fils : mon hôte, fort étonné de ne point le trouver présidant aux apprêts de la calèche neuve, le (*être – passé simple*) bien plus encore en le voyant tout en sueur la raquette à la main. M. Alphonse (*courir – passé simple*) à la maison, (*se laver – passé simple*) la figure et les mains, (*remettre – passé simple*) son habit neuf et ses souliers vernis, et cinq minutes après, nous étions au grand trot sur la route de Puygarrig. Tous les joueurs de paume de la ville et grand nombre de spectateurs nous (*suivre – passé simple*) avec des cris de joie.

D'après **Prosper Mérimée**, *La Vénus d'Ille*, 1847.

Accorder le verbe avec un groupe nominal sujet

4 a. Accordez-vous le verbe avec le nom-noyau ou le complément du groupe nominal en gras ?
b. Pour quelles phrases les deux accords sont-ils possibles ?

1. Le recueil de poèmes semble/semblent agréable à lire. **2. Le troupeau de vaches** traverse/traversent la route. **3. Une nuée de moustiques** s'approche/s'approchent de notre tente. **4. Une foule de manifestants** envahit/envahissent la rue. **5. La mère des deux garçons** donne/donnent l'autorisation de rentrer à 21 heures. **6. Un groupe de collégiens** sort/sortent en criant.

Singulier ou pluriel avec un adverbe de quantité ou un pronom ?

5 Accordez les verbes au temps indiqué.

1. Peu d'élèves (*réussir – passé composé*) à faire l'exposé sans lire de notes. **2.** La plupart des jeunes (*jeter – imparfait*) un œil à leur cahier. **3.** Certains d'entre nous n'(*arriver – imparfait*) pas à regarder la classe. **4.** Plus d'un (*sembler – imparfait*) vraiment mal à l'aise. **5.** La majorité des élèves (*avoir – imparfait*) pourtant bien préparé l'exposé. **6.** Chacun (*envisager – présent*) de s'entraîner à cet exercice difficile que tout le monde (*maîtriser – présent*) mal.

6 Que font les personnages de ce célèbre tableau ? Rédigez un paragraphe dont les verbes auront pour sujet : tout le monde • la plupart • certains • pas un • chacun.

Pierre Auguste Renoir, *Le Déjeuner des canotiers*, 1881, collection Phillips, Whashington.

Évaluer ses connaissances

Recopiez le texte en accordant correctement les verbes entre parenthèses que vous conjuguerez au présent de l'indicatif. Soulignez les sujets. (20 points)

M. de Peyrehorade, que les antiquités (*passionner*), (*venir*) de découvrir une très ancienne statue de Vénus dont tout le monde (*saluer*) la beauté. Celle-ci, que tous (*admirer*), (*présenter*) sur son socle une inscription latine signifiant « Prends garde à toi si elle t'(*aimer*) ».
M. de Peyrehorade qui (*marier*) son fils dans quelques heures (*offrir*) des roses à la statue : il les (*déposer*) aux pieds de Vénus et la (*prier*) de protéger le futur couple.
Son fils Alphonse, pourtant déjà habillé pour les festivités, (*participer*) à une partie de jeu de paume. Gêné par la bague qu'il (*destiner*) à sa future épouse, il l'(*ôter*) et la (*glisser*) au doigt de la statue. Alphonse qui ne (*parvenir*) pas à retirer la bague du doigt de pierre, (*passer*) un autre anneau au doigt de sa fiancée.
Le lendemain, on (*retrouver*) le jeune marié mort sur son lit nuptial, couvert de contusions. La jeune femme, qui (*prétendre*) que la statue a tué son mari en le serrant dans ses bras, (*sembler*) avoir perdu la raison… Plus d'un villageois (*s'interroger*) sur les pouvoirs de la Vénus d'Ille.

D'après **Prosper Mérimée**, *La Vénus d'Ille*, 1847.

Les familles de mots régulières

Observer

abord, abordable, abordage, aborder, bord, border, bordereau, bordure, déborder, débordement, hors-bord, rebord, transborder, transbordement.

Observez cette liste de mots.
1. Quels sont les mots formés par dérivation ? Quel est le mot formé par composition ?
2. Quel est le radical commun à tous ces mots ?

Retenir

1 Rappel

Les mots se forment, soit par dérivation (ajout d'un préfixe, d'un suffixe ou des deux) soit par composition (juxtaposition de deux mots autonomes).

➤ ***effeuiller* – *feuillage* – *feuilleter* – *feuillu*** sont des mots de la famille de *feuille* formés par dérivation ;

➤ ***portefeuille*** est un mot de la famille de *feuille* formé par composition.

2 Qu'est-ce qu'une famille de mots ?

Une famille de mots est un **ensemble de mots formés à partir du même mot racine et se rapportant à la même idée.**
Les mots de la famille de *dur* (latin *durus*, idée de résistance) qui sont formés à partir du radical *dur-* sont :

➤ ***dur, durcir, un durcissement, un durcisseur, durement, la dureté, un durillon, endurcir, l'endurcissement, endurer, endurant, l'endurance.***

3 Qu'est-ce qu'une famille de mots régulière ?

Une famille de mots est régulière quand, **pour tous les mots de la famille, le mot racine conserve la même orthographe, le même radical.**
La famille de *fil* (latin *filum*) est une famille régulière par le radical *fil-* :

➤ ***le fil, un filament, filandreux, une filature, un fil de fer, filer, un filet, un fileur, une filière, un filin, un défilé, défiler, enfiler, se faufiler.***

Remarque :
Des mots peuvent se ressembler et ne pas appartenir à la même famille. Donc, pour savoir si des mots sont de la même famille, il faut vérifier dans un dictionnaire leur étymologie (de quelle langue ils viennent, comment ils ont évolué au cours des siècles).

Laver, lavable, un lavabo, un lave-linge sont de la famille de ***laver*** (latin *lavare*) par le radical ***lav-*** mais la *lave* n'appartient pas à cette famille (italien *lava*, latin *labes* = éboulement).

S'exercer

Repérer des familles de mots régulières à partir du radical

1 Repérez les familles de mots régulières.

1. aimer : amabilité • amoureux • aimé • aimable • amant • amateur • bien-aimé • aimablement • amour • amateurisme • mal-aimé • aimant.

2. dent : dentiste • dentaire • dentier • cure-dents • édenter • dentifrice • bucco-dentaire • dentition.

3. jour : abat-jour • journaliste • journée • ajourer • journellement • ajourner • journal • aujourd'hui • journalier • contre-jour • toujours • séjourner.

2 Repérez les radicaux et reconstituez les deux familles de mots. Quelle est la famille régulière ? Si nécessaire, consultez le dictionnaire.

terre • enterrer • terroriser • terrain • terreur • terrier • déterrer • terrorisme • atterrer • terrine • atterrir • terrassier • terroriste • territoire • terrestre • souterrain • terril

3 Repérez le radical commun et reconstituez les trois familles de mots. Si nécessaire, consultez l'étymologie de ces mots. Parmi ces trois familles, lesquelles sont régulières ?

collecte • collerette • colle • col-de-cygne • coller • collier

• collecter • autocollant • cache-col • thermocollage • collage • colleter • collant • col • collecteur • décoller • décollement • collagène • collet

4 Trouvez l'intrus et donnez le radical dans chaque famille de mots. Si nécessaire, consultez l'étymologie de ces mots.

1. alignement • lignage • interligne • entre-ligne • surligner • ligne • lignée • ligneux • souligner • arrière-ligne
2. cycle • cyclisme • cycliste • cyclable • cyclamen • bicyclette • tricycle • cyclomoteur • recycler • cyclique • cyclone • anticyclone
3. lent • lenteur • lentement • lentille • ralenti • ralentir • ralentisseur • ralentissement

5 Repérez le radical de chaque famille de mots et retrouvez, en utilisant un dictionnaire, l'étymologie commune à chaque famille.

1. bravoure • bravo • brave • bravement • braver • bravissimo • bravade
2. grandissime • agrandissement • grand • grandeur • agrandir • grandement • super-grand

6 Repérez les mots qui appartiennent à la même famille de mots et qui participent au comique de cet extrait du *Médecin volant* de Molière.

SGANARELLE. – Ah! Voilà de l'urine qui marque grande chaleur, grande inflammation dans les intestins: elle n'est pas tant mauvaise pourtant.
GORGIBUS. – Hé quoi? Monsieur, vous l'avalez?
SGANARELLE. – Ne vous étonnez pas de cela; les médecins, d'ordinaire, se contentent de la regarder; mais moi, qui suis un médecin hors du commun, je l'avale, parce qu'avec le goût je discerne bien mieux la cause et les suites de la maladie. Mais, à vous dire la vérité, il y en avait trop peu pour asseoir un bon jugement: qu'on la fasse encore pisser.
SABINE. – J'ai bien eu de la peine à la faire pisser.
SGANARELLE. – Que cela? voilà bien de quoi! Faites-la pisser copieusement, copieusement. Si tous les malades pissent de la sorte, je veux être médecin toute ma vie.
SABINE. – Voilà tout ce qu'on peut avoir: elle ne peut pas pisser davantage.
SGANARELLE. – Quoi ? Monsieur Gorgibus, votre fille ne pisse que des gouttes? voilà une pauvre pisseuse que votre fille; je vois bien qu'il faudra que je lui ordonne une potion pissative. N'y aurait-il pas moyen de voir la malade?

Molière, *Le Médecin volant*, scène 4, 1645.

Construire des familles de mots régulières

7 Complétez ces phrases par un mot de la famille de *barque*.

1. Les dockers ... la cargaison de bananes du bateau.
2. Le ... des Alliés en Normandie a eu lieu en juin 1944.
3. L'avion pour New York décolle à 14 h : les passagers ... dans cinquante minutes.
4. La cuisinière conditionne le plat qu'elle vient de préparer dans des ... afin de le congeler.

8 Complétez ces phrases par un mot de la famille de *chausser*.

1. Le ... facilite l'entrée du pied dans la chaussure.
2. Les ... étaient au Moyen Âge une culotte qui recouvrait le corps de la ceinture jusqu'aux genoux.
3. Il faut se ... avant d'entrer dans une mosquée.
4. Le ... est un fabricant ou un marchand de chaussures.
5. Dans la maison, je ne garde pas de chaussures mais je mets des ... .
6. Les ... sont des bas ne montant que légèrement plus haut que la cheville.

9 Complétez chacune de ces phrases par un mot de la famille de *pâte*.

1. Le ... est une composition culinaire composée d'un hachis de viandes ou de poissons épicés cuit dans une terrine et consommé froid.
2. Un visage gonflé par la graisse est un visage ... .
3. Le ... travaille la pâte afin de confectionner des gâteaux.
4. Une soupe épaisse pour animaux est une ... .
5. Le morceau de pâte destiné à former un pain et prêt à être enfourné s'appelle un ... .
6. Quand on est malade, on a la bouche ... .

10 Complétez chaque phrase par un mot de la famille de *saut*.

1. Les moineaux ... dans la pelouse.
2. La ... est un insecte vert ou jaune à longues pattes postérieures.
3. Nous mangeons du ... de lapin ce midi.
4. Elle porte au cou un ... .
5. Les enfants jouent à ... .
6. Un grand bruit a fait ... toute l'assemblée.

Évaluer ses connaissances

Constituez un « jeu de familles » dans lequel vous ne demanderez pas un parent mais un élément grammatical : nom, verbe, adjectif, adverbe et affrontez-vous lors d'un tournoi de « familles ». (20 points)

Ex. : *Dans la famille de long, je demande le nom* (longueur, allongement, prolongation, long-courrier), *le verbe* (longer, allonger, prolonger) *l'adjectif* (longuet, oblong, allongé, prolongé) *et l'adverbe* (longuement).

Les séries préfixales

Observer

inattendu • imbattable • inconnu • illogique • impossible • irréparable

1. Décomposez les mots pour faire apparaître le radical et le préfixe.
2. Rappelez le sens du préfixe.
3. Que pouvez-vous conclure sur l'orthographe du préfixe commun à ces mots ?

Retenir

Savoir écrire les mots commençant par un préfixe

Certains préfixes ont une **orthographe variable, souvent en fonction de l'initiale du radical**.

- Le préfixe ***ad-*** (idée de direction vers…, d'évolution vers…) : ***adjoindre***
  - ***ad-*** + *c* = ***ac-*** (***accourir***) ; ***ad-*** + *f* = ***af-*** (***affiner***) ; ***ad-*** + *g* = ***ag-*** (***aggraver***) ;
    ad- + *l* = ***al-*** (***allumer***) ; ***ad-*** + *n* = ***an-*** (***annuler***) ; ***ad-*** + *p* = ***ap-*** (***apporter***) ;
    ad- + *r* = ***ar-*** (***arrondir***) ; ***ad-*** + *s* = ***as-*** (***assouplir***) ; ***ad-*** + *t* = ***at-*** (***atterrir***).
  - ***ad*** devient ***a*** pour certains mots (***agrandir***, ***aligner***…).

- Le préfixe ***bi-*** (idée de « deux fois ») : ***bicyclette***
  bi- devient ***bis*** pour ***bisaïeul***, ***bisannuel***, ***biscornu***, ***biscuit***, ***bissectrice***, ***bissextile***.

- Le préfixe ***co-*** (idée d'« avec », d'« ensemble ») : ***cofondateur***, ***coopérer***
  - ***co-*** + *m* ou *p* ou *b* = ***com-*** (***commémorer***, ***comporter***, ***combattre***) ;
    co- + *l* = ***col-*** (***collaborer***) ; ***co-*** + *r* = ***cor-*** (***correspondre***) ;
    co- + *n* = ***con-*** (***connoter***) ; ***co-*** + *i* = ***coï-*** (***coïnculpé***).

  Exceptions : ***colocataire***, ***copain***, ***copropriétaire***, ***corégent***

- Le préfixe ***dé-*** (idée de séparation, de cessation) : ***débrancher***, ***déplier***
  - ***dé-*** + *s* = ***des-*** (***dessaisir***, ***desserrer***).

  Exceptions : ***désensibiliser***, ***déstabiliser*** et leurs dérivés
  - ***dé-*** + **une voyelle** ou un ***h*** **muet** = ***dés-*** (***désaccord***, ***déshabituer***).
  - ***dé-*** devient ***dis-*** pour certains mots (***disjoindre***…).

- Le préfixe ***en-*** (idée de « mettre dans », d'éloignement) : ***encaisser***, ***s'enfuir***
  - ***en-*** + *m* ou *p* ou *b* = ***em-*** (***emmener***, ***emporter***, ***embarquer***) ;
  - ***en-*** devient pour certains mots ***in-*** (***inclure***, ***inflation***, ***inscrire***…) ;
    im- devant *m*, *p* et *b* (***immigrer***, ***implorer***, ***imbriquer***).

- Le préfixe ***in-*** (idée de « qui n'est pas », « privé de ») : ***inexact***
  - ***in-*** + *m* ou *p* ou *b* = ***im-*** (***immobile***, ***impossible***, ***imbuvable***) ;
    in- + *l* = ***il-*** (***illégal***) ;
    in- + *r* = ***ir-*** (***irrégulier***).
  - ***in-*** devient ***en-*** pour certains mots (***ennemi*** : ***in-*** + ***ami***…).

  Exceptions : ***inlassablement***, ***inracontable***

- Le préfixe ***re-*** (idée de répétition, de sens inverse, de « complètement ») : ***redire***, ***repartir***, ***recouvrir***
  - ***re-*** + *s* = ***res-*** (***ressaisir***) ;
  - ***re-*** + **voyelle** ou ***h*** **muet** = ***r-*** ou ***ré-*** (***ranimer***, ***réanimation***, ***rhabiller***, ***réhydrater***).

  Exceptions : ***raconter***, ***rafraîchir***, ***ragaillardir***, ***resaler***, ***resalir***, ***résonner***

- Le préfixe ***sous-*** (idée de « en-dessous ») : ***sous-main***
  - ***sous-*** est le plus souvent **uni au radical par un trait d'union** (***sous-bois***) ;
  - ***sous-*** devient ***sou-*** pour certains mots (***souterrain***, ***soutenir***…) ;
  - ***sous-*** devient ***sub-*** pour certains mots (***submersible***, ***subordonnée***…).

- Le préfixe ***trans-*** (idée de « à travers », de changement) : ***transatlantique***, ***transplanter***
  Exceptions : le ***trépas*** (= mort) et ***trépasser*** (mourir)

S'exercer

Orthographier correctement les préfixes à orthographe variable

1 Complétez ces mots en ajoutant le préfixe *ad-* ou une de ses variantes orthographiques.

...néantir • ...coutumer • ...cueillir • ...faiblir • ...juster • ...longer • ...lourdir • ...lunir • ...mettre • ...paiser • ...percevoir • ...prendre • ...tirer

2 Complétez ces mots en ajoutant le préfixe *bi-* ou sa variante orthographique *bis-*.

...annuel • ...athlon • ...colore • ...corne • ...mensuel • ...moteur • ...pède • ...sextile

3 Complétez ces mots en ajoutant le préfixe *co-* ou une de ses variantes orthographiques.

...auteur • ...bustion • ...courir • ...équipier • ...frère • ...lectionner • ...mander • ...pagnon • ...opérer • ...sinus • ...riger

4 Complétez ces mots en ajoutant le préfixe *dé-* ou une de ses variantes orthographiques.

...armer • ...colorer • ...espérer • ...faire • ...illusion • ...ranger • ...ordre • ...paraître • ...proportionné • ...sécher • ...voiler

5 Complétez ces mots en ajoutant le préfixe *en-* ou une de ses variantes orthographiques.

...baller • ...carner • ...dosser • ...fouir • ...fluer • ...merger • ...murer • ...planter

6 Complétez ces mots en ajoutant le préfixe *in-* ou une de ses variantes orthographiques.

...battable • ...capable • ...habituel •...logique • ...mortel • ...oubliable • ...patient • ...responsable • ...stable • ...utile

7 Complétez ces mots en ajoutant le préfixe *re-* ou une de ses variantes orthographiques.

...assurer • ...abaisser • ...élire • ...envoyer • ...habiller • ...hausser • ...utiliser • ...animer • ...ouverture • ...saler • ...sentir • ...servir • ...sortir

8 Complétez ces mots en ajoutant le préfixe *sous-* ou une de ses variantes orthographiques.

...alterne • ...coupe • ...directeur • ...division • ...mettre • ...lever • ...ligner • ...qualifié • ...tasse • ...vêtement

9 Écrivez un nouveau verbe avec le préfixe *trans-*.

figurer • former • fuser • mettre • paraître • passer • percer • porter • poser • vider

10 Formez des mots en ajoutant un préfixe à chaque rédical.

...unir • ...latéral • ...rompre • ...espoir • ...aquatique • ...cuit • ...exister • ...porter • ... tendre

Distinguer les préfixes qui ont la même orthographe

11 Classez les mots selon le sens du préfixe : *in-* a un sens privatif, *in-* est une variante de *en-*.

incarcéré • incliné • incomplet • incontournable • indiqué • infini • inorganisé • inscrit • insoutenable

12 Repérez les mots pour lesquels le préfixe *a-* est une variante de *ad-*.

abaisser • acompte • amincir • amorphe • anoblir • apesanteur • apitoyer • asymétrique • athée • s'aliter

Expliquer la formation des mots

13 Repérez les mots formés avec un préfixe à orthographe variable et justifiez leur orthographe.

1. Le comportement de cette femme est instable et immature. On dirait une enfant capricieuse.
2. Le jeune homme dont l'état s'était aggravé ces dernières heures a subi une transplantation cardiaque.
3. La réunion des copropriétaires a eu lieu vendredi. La dératisation de l'immeuble a été votée.
4. Le juge a été dessaisi de l'affaire suite à des indiscrétions faites aux journalistes.
5. Déconcerté par les bruits ambiants, il n'a pas su se ressaisir et a donc abordé l'épreuve dans de mauvaises conditions.
6. La France doit importer du pétrole.
7. Après la disparition de son enfant dans des circonstances tragiques, cette femme a été soutenue par sa famille et ses amis.
8. L'appauvrissement et le dépeuplement de cette région sont inévitables.
9. Achète donc cette veste bicolore réversible.

Évaluer ses connaissances

Lisez ce poème de Jean Tardieu.

Les préfixes

(Accent méridional.)

À mesure que je bois
j'oublie, j'oublie
j'oublie ce que je vois !

À mesure que je pense
je dépense, je dépense !

À mesure que je vis
je dévie, je dévie !

Mais à mesure que je meurs
je demeure, je demeure.

Jean Tardieu, *Monsieur, monsieur*, © éd. Gallimard, 1951.

1. Observez le procédé d'écriture des trois dernières strophes et expliquez-le. (10 points)

2. Continuez le poème en utilisant le même procédé et les préfixes vus à la page précédente. (10 points)

Les séries suffixales

Observer

une clochette • un accoudoir • un receveur • la méfiance • la présence • stationner

1. Décomposez les mots pour faire apparaître le radical et le suffixe.
2. Rappelez le rôle du suffixe.

Retenir

Comment écrire les mots se terminant par certains suffixes ?

-et/-ette /-ète

Les suffixes *-et* et *-ette* (idée de diminution) servent à **former** respectivement des noms et adjectifs qualificatifs **masculins et féminins.**

un garçonnet (garçon) *gentillet* (gentil), *une fillette* (fille) *gentillette*

REMARQUE :
Neuf exceptions se terminent par *-ète* au féminin : *complet, concret, désuet, discret, incomplet, indiscret, inquiet, replet, secret*

-oir/-oire

Les suffixes *-oir* et *-oire* servent à **former** respectivement, à partir d'un radical verbal, des noms **masculins et féminins** désignant **l'endroit où se passe l'action ou l'instrument servant à accomplir l'action.**

un parloir (parler) *; un grattoir* (gratter) *; une patinoire* (patiner) *; une bouilloire* (bouillir)

REMARQUE :
Des **exceptions** sont à retenir : *un conservatoire ; un laboratoire ; un observatoire ; un purgatoire ; un réfectoire*

-onner /-oner

Les **verbes du premier groupe** formés à partir d'un nom ou d'un adjectif qualificatif **se terminant par** *-on* s'écrivent *-onner*.

actionner (action) *; savonner* (savon)

REMARQUE :
Des **exceptions** sont à retenir : *détoner* (= exploser), *s'époumoner*, *ramoner*, *téléphoner*

-eur/-ateur

Les suffixes *-eur* et *-ateur* servent à **former, à partir de verbes, le nom de celui qui accomplit l'action.**

un directeur (diriger) *; un vendeur* (vendre) *; un collaborateur* (collaborer)

REMARQUE :
Des **exceptions** sont à retenir : quelques noms empruntés à des langues étrangères conservent leur orthographe d'origine (*un dealer, un leader, un manager, un speaker…*).

-ance/-ence

Le suffixe *-ce* sert à former **à partir d'adjectifs qualificatifs en *-ant* ou *-ent* et d'adjectifs verbaux en *-ant* de nombreux noms.**

l'importance (important) *; la corpulence* (corpulent) *; la résistance* (résistant)

REMARQUE :
Des **exceptions** sont à retenir : *l'exigence* (exigeant) ; *l'existence* (existant)

-ot/-otte /-ote

Les suffixes *-ot*, *-ote* ou *-otte* servent à **former** respectivement, à partir d'un radical adjectif ou nominal, des noms ou des adjectifs qualificatifs **masculins et féminins** désignant un **habitant** ou un **diminutif**.

un Solognot (Sologne), *Pierrot* (Pierre), *pâlot, pâlotte* (pâle)

REMARQUE :
Une **exception** à retenir : *rigolo, rigolote*

S'exercer

Orthographier correctement les suffixes

1 Donnez le diminutif de ces noms en utilisant le suffixe qui convient (*-et, -ette*). Certains radicaux peuvent changer.

une affiche • un bâton • un balai • un château • une caisse • une chanson • un cordon • une histoire • un jardin • un livre • un os • une pendule • un porc • une statue • un wagon

2 Complétez chaque phrase avec le bon diminutif trouvé dans l'exercice 1.

1. Une ... en plâtre représentant la Sainte Vierge était posée sur la console de l'entrée.
2. Je vais te raconter une ... qui va te plaire.
3. D'un coup de ..., il dégagea les cendres du foyer.
4. Le ... scolaire témoigne du parcours scolaire de tout élève.
5. Le marteau, l'enclume et l'étrier sont les trois ... de l'oreille moyenne.

3 Formez à partir de ces verbes le nom de lieu dérivé en *-oir* ou *-oire*.

abattre • abreuver • dormir • fumer • isoler • observer • patiner • purger (sa peine) • trotter

4 Trouvez les noms d'objets en *-oir* ou *-oire* correspondant aux définitions proposées.

1. objet servant à arroser
2. objet servant à se baigner
3. objet servant à se balancer
4. objet servant à ranger le nécessaire pour écrire
5. objet servant à faire égoutter
6. objet servant à faire bouillir de l'eau
7. objet servant à plonger
8. objet servant à se raser
9. objet servant à se regarder
10. objet servant à faire sécher
11. objet servant à faire rôtir

5 Trouvez le verbe en *-onner* ou *-oner* formé à partir des noms suivants.
Ex. : *un baillon* ➜ *baillonner*

un abandon • un béton • un chant • un éperon • une fonction • un goudron • une impression • un maçon • un pardon • un poumon • une raison • un son • un téléphone • un tronçon

6 Trouvez le nom de celui qui agit à chaque définition proposée.

1. Il accuse. **2.** Il campe. **3.** Il court. **4.** Il dirige l'école. **5.** Il dompte les fauves. **6.** Il entraîne une équipe. **7.** Il gère la carrière d'un artiste ou d'un sportif. **8.** Il joue au basket. **9.** Il livre des colis. **10.** Il occupe la tête d'une course. **11.** Il skie.

7 Écrivez les noms en *-ance* ou *-ence* dérivés de ces adjectifs qualificatifs ou de ces adjectifs verbaux.

arrogant • brillant • compétent • cohérent • fréquent • important • innocent • insuffisant • négligent • patient • persévérant • véhément

8 Écrivez les noms en *-ance* ou *-ence* dérivés de ces verbes.

adhérer • connaître • diverger • endurer • exister • influencer • maintenir • obéir • prévoir • surveiller • tendre

9 Complétez chaque phrase par le nom en *-ance* ou *-ence* dérivé du verbe entre parenthèses.

1. Nous ne partageons pas les mêmes ... *(croire)*.
2. L'... *(espérer)* de vie moyenne pour un homme est en France de 81 ans.
3. Une ... *(résider)* secondaire est une maison de vacances ou de week-end.
4. L'... *(ne pas tolérer)* religieuse conduit souvent à des persécutions voire des guerres.

10 Complétez chaque phrase par un nom ou un adjectif qualificatif terminé par *-ot, -otte* ou *-ote*. Chaque mot est dérivé du mot proposé dans la parenthèse.

1. Je n'ai pas leurs goûts casaniers et leurs idées ... *(vieux)*.
2. C'est un plaisantin qui aime beaucoup raconter des histoires ... *(rigoler)*.
3. Les petits ... *(ange)* joufflus foisonnent dans les églises baroques.
4. Elle surnomme son fils ... *(Jacques)*.
5. La chienne s'occupe de ses trois ... *(chien)*.
6. Les ... *(île)* insalubres du centre-ville doivent être prochainement rasés.
7. Ma grand-mère m'appelait toujours ma ... *(petit)*.

Évaluer ses connaissances

Trouvez le suffixe qui convient pour compléter les mots. N'oubliez pas les accords. (20 points)

1. Les magazines sont sur un présent... .
2. Les pêch... côtiers souhaitent une révision des quotas.
3. Ses collègues plus âgés le traitent de jeun... .
4. Les spectateurs s'époumon... à crier leur mécontentement à l'arbitre.
5. Son caractère a changé sous l'influ... de ses amis.
6. Travaillez avec persévér... et vos notes s'amélioreront !
7. À la grande joie des cyclistes et des piétons, la municipalité a décidé de ne pas goudron... certains chemins communaux.
8. Épluchez la carotte et détaillez-la en petits bâton... .
9. Certaines villes de la banlieue parisienne sont des cités-dort... .
10. Les vendeuses sont derrière le compt... .

Distinguer quelques homophones

Observer

Dès son retour, il a posé **sur** son bureau ce devoir **hors** sujet et s'est plongé **dans** la lecture d'un roman **sans** grand enthousiasme.
Il était pourtant sûr d'en avoir compris la consigne or le professeur venait de lui prouver le contraire. Il s'en voulait et ressassait des idées noires.

1. Quelle est la classe grammaticale des mots en gras ?

2. Pour chacun de ces mots trouvez un homophone dans le second paragraphe, et donnez sa classe grammaticale.

Retenir

Les homophones sont des mots que l'on prononce de la même façon mais dont l'orthographe est différente. Pour les distinguer, il faut s'interroger sur leur **classe grammaticale** et sur leur **sens**.

1 Distinguer quelques prépositions de leurs homophones

Rappel : Les prépositions sont **généralement placées devant un mot** ou **un groupe de mots** et **introduisent un groupe prépositionnel complément**.

Sur la table, il a posé le livre de mon frère.

Prépositions	Comment les reconnaître ?	Exemples	Ne pas confondre avec
dès	Un accent grave sur le *e*.	***Dès*** *l'enfance, il a aimé la lecture.*	des, déterminant Ex. : *Il a lu* ***des*** *histoires.*
sur	Sans accent. Il signifie généralement *au dessus de*. Contraire de *sous*. Attention : il a un homographe : *sur* adjectif qui signifie *aigre*	*Le livre est posé* ***sur*** *la table.* *(Cette pomme est* ***sure****.)*	sûr, adjectif qui signifie *certain*. Il a toujours un accent circonflexe. Ex. : *Il est* ***sûr*** *de lui.*
hors	Signifie *en dehors de*.	*Son devoir est* ***hors*** *sujet.*	or, conjonction de coordination indiquant une légère opposition. Ex. : *Il connaît la règle,* ***or*** *il s'est trompé.*
dans	Indique un lieu.	*Il entre* ***dans*** *la pièce.*	d'en, préposition élidée + pronom adverbial (*de là*) Ex. : *Le cinéma, il vient* ***d'en*** *sortir.*
sans	Contraire de *avec*.	*Il a réussi* ***sans*** *une hésitation.*	s'en, pronom personnel réfléchi + pronom adverbial Ex. : Il ***s'en*** doute.

S'exercer

Distinguer les prépositions de leurs homophones

1 Complétez par *des* ou *dès*, *or* ou *hors*.

(*Des/Dès*) les premiers beaux jours, nous partons à la pêche. Nous préparons le matériel nécessaire : (*des/dès*) cannes, (*des/dès*) hameçons, (*des/dès*) appâts, et (*dès/des*) que nous sommes prêts, nous bondissons (*hors/or*) de la maison pour aller à la recherche (*des/dès*) meilleurs endroits.

2 Choisissez l'homophone qui convient.

(*Des/Dès*) son plus jeune âge, Louis avait montré (*des/dès*) dispositions pour la lecture. Il ne pouvait (*sans/s'en*) passer et empruntait quatre livres par semaine à la bibliothèque, (*sur/sûr*) de les rendre le vendredi suivant. À peine venait-il (*dans/d'en*) finir un qu'il se plongeait avec délectation (*dans/d'en*) le suivant. Il était devenu un lecteur (*or/hors*) normes. (*Sans/s'en*) (*sans/s'en*) apercevoir, il avait acquis une grande culture.

Observer

Tu m'as donné ta réponse mais **ma** solution m'a semblé plus simple.

1. Quels sont les deux homophones du déterminant possessif *ma* ?
2. Comment sont-ils formés ?

Retenir

2 Distinguer quelques déterminants de leurs homophones

▸ RAPPEL : **Les déterminants sont toujours suivis d'un nom qu'ils déterminent en genre et en nombre.**

▸ Il ne faut pas confondre les déterminants avec un pronom élidé (*l', m', t', s' c'*) suivi d'un auxiliaire **au présent de l'indicatif ou du subjonctif** (*ai, as, a, ont, aie, aies, ait, es, est*).

*C'est **mon** opinion. Ils **m'ont** donné leur opinion.*
*C'est **ma** solution. Elle **m'a** donné la solution. Tu **m'as** donné la solution.*
*Ce sont **mes** préférences. La solution, elle **m'est** donnée.*
***Ton** avis est juste. Ils **t'ont** donné la solution.*
***Ta** solution est exacte. Il **t'a** donné la solution.*
*Voici **tes** amis. Je **t'ai** rencontré. Bien que je **t'aie** rencontré… Il **t'est** arrivé un ennui.*
*Tu **t'es** trompé.*
***Ses** réponses sont fausses. **Ces** réponses-là sont fausses. Il **s'est** trompé. **C'est** fini.*
***La** réponse, il **l'a** trouvée. Toi aussi, tu **l'as** trouvée.*
*J'ai **les** solutions. La solution, je **l'ai** donnée. Bien que je **l'aie** expliquée, la solution est compliquée. Bien que tu **l'aies** expliquée… Bien qu'il **l'ait** expliquée…*

ATTENTION :
Les **peut aussi être pronom personnel.**

*Les solutions, je **les** ai données.*

S'exercer

Distinguer les déterminants de leurs homophones

1 Complétez par *c'est, s'est, ses* ou *ces*.

(*C'est/S'est/Ses/Ces*) Harpagon qui veut épouser Mariane. Pourtant la jeune fille (*c'est/s'est/ses/ces*) montrée désagréable avec lui et a expliqué (*c'est/s'est/ses/ces*) sentiments pour Cléante à Frosine qui (*c'est/s'est/ses/ces*) d'ailleurs ralliée à sa cause. Quant à Élise que son père (*c'est/s'est/ses/ces*) promis de marier au vieil Anselme, elle (*c'est/s'est/ses/ces*) éprise de Valère, l'intendant d'Harpagon. La Flèche, qui a trouvé le trésor du vieillard, vient en aide à (*c'est/s'est/ses/ces*) jeunes gens embarrassés. Puis survient Anselme : (*c'est/s'est/ses/ces*) révélations vont bouleverser les projets d'Harpagon.

2 a. Inventez une phrase comportant les homophones *c'est/s'est/ses*.
b. Inventez une phrase comportant les homophones *ton/t'ont*.

3 Recopiez le texte en choisissant l'un des homophones entre parenthèses.

Au voleur ! au voleur ! à l'assassin ! au meurtrier ! Justice ! juste Ciel ! Je suis perdu, je suis assassiné ! on (*m'a/ma*) coupé la gorge, on (*m'a/ma*) dérobé (*mon/m'ont*) argent ! […] Arrête ! Rends-moi (*mon/m'ont*) argent, coquin ! […] Hélas, (*mon/m'ont*) pauvre argent, (*mon/m'ont*) pauvre argent, (*mon/m'ont*) cher ami, on (*m'a/ma*) privé de toi ; et puisque tu (*mes/m'es*) enlevé, j'ai perdu (*mon/m'ont*) support, (*m'a/ma*) consolation, (*m'a/ma*) joie, tout est fini pour moi, et je n'ai plus que faire au monde. Sans toi, il (*mes/m'es/m'est*) impossible de vivre. C'en est fait, je n'en puis plus, je me meurs, je suis mort, je suis enterré. N'y a-t-il personne qui veuille me ressusciter, en me rendant (*mon/m'ont*) cher argent, ou en m'apprenant qui (*l'a/la/l'as*) pris ?

Molière, *L'Avare*, acte IV, scène 7, 1668.

Observer

1. **On aime** le calme.
2. **On n'aime pas** le bruit.

1. Lisez les deux phrases à haute voix. Les prononcez-vous de la même façon ? Sont-elles écrites de la même façon ?
2. Quelle est la forme grammaticale de chaque phrase ?
3. Comment expliquez-vous la différence d'orthographe ? et la similitude de la prononciation ?

Retenir

3 Liaison ou négation ?

- La phrase est affirmative : j'écris ***on.***
  On arrive immédiatement.
- La phrase est négative : j'écris ***on n'*** **devant un verbe commençant par une voyelle**. Dans ce cas, je cherche le second élément de la négation (*pas, plus, que, qu'*).
  On n'arrive qu'à trois heures.

4 Distinguer d'autres homophones grâce au sens

	Classe grammaticale	Comment le reconnaître ?
quand	**Conjonction de subordination**	Remplaçable par ***lorsque*** Ex. : *Quand il arrivera, nous lui expliquerons le problème.*
quand	**Adverbe interrogatif**	Remplaçable par ***à quel moment*** Ex. : *Quand arrive-t-il ?*
quant	**Préposition**	Signifie : ***pour ma part, en ce qui concerne*** Toujours suivi de ***à, au*** **ou** ***aux*** Ex. : *Quant aux résultats, nous les attendons avec impatience.*
ATTENTION : Les liaisons ne doivent pas nous induire en erreur : *Quant à Pierre, il est sûr de son résultat. Quand il viendra, Pierre t'expliquera le résultat.*		
qu'en	***Que*** (conjonction ou pronom relatif élidé) + ***en*** (préposition ou pronom)	***ne… qu'*** signifie ***seulement*** Remplaçable par ***de cela*** Ex. : *Cet acteur ne voyage qu'en 1re classe. Qu'en penses-tu ?*
prêt	**Adjectif qualificatif**	Signifie ***préparé, décidé*** Ex. : *Il est prêt à partir.* Peut s'accorder au féminin Ex. : *Elle est prête à partir.*
près	**Préposition** **Adverbe de lieu**	Remplaçable par ***à côté (de)*** Ex. : *Il se tient près de moi. Il est tout près.*
plus tôt	**Locution adverbiale**	Exprime **le temps** Contraire de ***plus tard*** Ex. : *Il est arrivé plus tôt que prévu.*
plutôt	**Adverbe**	Signifie ***de préférence, plus exactement,*** ou ***assez*** Ex. : *Écris au stylo plume plutôt qu'au feutre. Cet enfant est plutôt timide.*
peut-être	**Adverbe**	Signifie ***sans doute*** Ex. : *Il a peut-être oublié le rendez-vous.*
peut être	**Verbe *pouvoir* à la 3e pers. du sing. du présent suivi de *être***	**On peut remplacer l'infinitif *être* par un autre infinitif** Ex. : *Il peut être (arriver) en retard. Il peut être (se sentir) fatigué.*

S'exercer

1 a. Réécrivez les phrases suivantes en remplaçant *il* par *on*. b. Puis mettez les phrases obtenues à la forme négative.

1. Il envisage de changer de profession.
2. Il apprend toujours les exemples.
3. Il a regardé le film.
4. Il a oublié les clefs.

2 Complétez par *on* ou *on n'*.

Lorsqu'(*on/on n'*) a treize ans, on refait son avenir chaque jour. (*On/On n'*) a beaucoup de doutes et beaucoup de projets. (*On/On n'*) a pas choisi de métier, (*on/on n'*) en change tous les jours : d'abord, (*on/on n'*) envisage de parcourir le monde, puis (*on/on n'*) éprouve plus l'envie de voyager et (*on/on n'*) aura une vie plus calme : (*on/on n'*) aura cinq enfants et une maison pleine d'animaux.

3 Remplacez chacun des groupes soulignés par le pronom *en*.

1. Que pensez-vous du projet de Paul ?
2. Que fais-tu de ces vêtements trop petits ?
3. Que dites-vous de cette nouvelle maquette ?
4. Que déduisez-vous de son attitude ?

4 Complétez par *quand*, *quant* ou *qu'en*.

Je sais (*quand/quant/qu'en*) lisant, je parviens à tout oublier. Ce n'est (*quand/quant/qu'en*) ouvrant un bon roman que je réussis à m'évader. (*Quand/Quant/Qu'en*) à mes préoccupations et mes soucis, ils disparaissent comme par enchantement. Je les retrouverai (*quand/quant/qu'en*) je refermerai le livre et (*quand/quant/qu'en*) mes parents me rappelleront à la réalité.

5 Complétez par *plutôt* ou *plus tôt*.

Le roman que nous avons lu est ... intéressant. Il raconte la vie d'une bourgeoise ... naïve qui se marie avec le premier venu. Elle tombe enceinte ... qu'elle l'aurait souhaité et essaie d'élever son enfant correctement. Son mari ne l'aide pas et se montre ... négligent.

6 Aidez Camille à corriger la lettre qu'elle s'apprête à envoyer à sa cousine Marie : elle a confondu onze homophones.

Chère Marie,

Je suis heureuse de t'annoncer que ma famille compte un membre de plus : prêt de moi ronronne un adorable chaton crème ou plus tôt café au lait qui ses vite installé dans ma chambre et semble déjà près à dormir toute la journée sur mon lit. Il c'est couché sur le papier quant j'ai commencé à écrire. Peut être auras-tu l'occasion de le voir aux vacances de Noël. Ces avec impatience que j'attends ta venue et j'espère que tu arriveras plutôt que l'an dernier car les vacances passent toujours trop vite qu'en nous sommes ensemble. Quand penses-tu ?

Réponds-moi vite.

Camille

7 Complétez le texte en ajoutant cinq homophones rencontrés dans la leçon. Pour justifier votre choix, vous remplacerez chacun d'eux par un synonyme.

... le charpentier travaille le soir, son fils, ... de lui, tient une chandelle. Ce n'est ... s'appliquant ou ... se concentrant qu'il arrivera ... à terminer son travail.

Georges de La Tour, *Saint Joseph charpentier*, vers 1640, musée du Louvre, Paris.

Évaluer ses connaissances

Recopiez ce texte en choisissant l'un des homophones entre parenthèses. (20 points)

(*Dès/Des*) que sa mère entre, Jean est (*sur/sûr*) que les nouvelles sont bonnes. Elle est revenue (*plutôt/plus tôt*) que prévu et (*s'est/c'est*) bon signe. Il (*l'a/la*) rejoint (*s'en/sans*) hésitation et s'assied (*près/prêt*) d'elle. Elle (*s'est/c'est*) déjà préparé un café et a sorti une enveloppe du sac qu'elle a posé (*sûr/sur*) (*l'a/la*) table. Elle (*l'a/la*) tend à son fils qui (*sans/s'en*) empare joyeusement.

« Alors, quelles nouvelles, maman ?

– Tu avais raison, Jean, (*on/on n'*) a retenu ma demande de mutation. (*On/On n'*) a pas trouvé de poste à Brest mais les directeurs (*m'ont/mon*) proposé d'aller à Quimper (*dans/d'en*) quinze jours. Es-tu (*près/prêt*) à partir ? (*Quant/Qu'en/Quand*) penses-tu ?

– Nous partons (*quand/quant/qu'en*) tu veux, maman. Je suis (*plus tôt/plutôt*) heureux que tu aies obtenu satisfaction. »

L'orthographe de *nul, quel, tel* et *tel quel*

Retenir

L'orthographe de *nul, quel, tel* et *tel quel* dépend de leur classe grammaticale.

1 *Nul, tel* et *quel* sont des pronoms

- ***Nul*** (= personne) et ***tel*** (= quelqu'un) sont **pronoms indéfinis.** Ils s'emploient généralement au masculin singulier.
  - *Tel est pris qui croyait prendre. À l'impossible, nul n'est tenu.*
- ***Quel*** **est pronom interrogatif.** Il est employé avec le verbe *être*, est attribut du sujet et s'accorde en genre et en nombre avec le sujet.
  - *Quel est donc ton problème* (sujet) *? Je ne sais quelles seront les conséquences de sa décision* (sujet).

2 *Nul, tel, quel* sont des déterminants

- ***Nul*** (= aucun, pas un) et ***tel*** (un certain) sont des **déterminants indéfinis.** Ils s'emploient généralement au masculin ou féminin singulier.
  - *On n'entendait nul bruit. Telle ville me plaît davantage.*
- ***Quel*** est un **déterminant interrogatif ou exclamatif.** Il **s'accorde en genre et en nombre avec le nom-noyau** du groupe nominal auquel il appartient.
  - *Quelle première mi-temps ! Quelle heure est-il ?*

REMARQUE : Cette règle s'applique également au déterminant indéfini *n'importe quel*.
- *Nous ne pouvons accepter n'importe quelles conditions de travail.*

3 *Nul, tel* et *tel quel* sont adjectifs

Nul (= sans valeur, sans résultat), ***tel*** (= pareil, si grand) et ***tel quel*** (= sans changement, sans modification) **s'accordent en genre et en nombre avec le nom** qu'ils qualifient.
- *Avec ce brouillard, la visibilité est nulle. De tels propos me scandalisent. Les enfants ont tout chamboulé, telle une tornade. Je laisserai la maison telle quelle.*

S'exercer

Apprendre les règles

1 Justifiez l'orthographe de chaque mot souligné en donnant sa classe grammaticale.

1. Quels seront les invités ?
2. Nul n'est censé ignorer la loi.
3. Quelle agréable journée !
4. Il m'a dit telle et telle chose.
5. Voici le résultat : une année scolaire nulle.
6. Rien ne justifie une telle peur.
7. Pour l'endormir, raconte-lui n'importe quelle histoire.
8. C'est un menteur. Telle est mon opinion.
9. Je n'ai nulle envie de la recevoir.

Appliquer les règles

2 Recopiez ces phrases et accordez si nécessaire les mots entre parenthèses.

1. Nous refusons de travailler dans de *(tel)* conditions. **2.** *(Nul)* n'est certain de son avenir. **3.** *(Quel)* diplômes préparez-vous ? **4.** Ces faits, je vous les rapporte *(tel quel)*. **5.** Il a dû lire cette information dans *(tel)* revue. **6.** Il a agi sans *(nul)* crainte. **7.** *(Quel)* sont les réponses possibles ? **8.** *(Tel)* qui rit vendredi, dimanche pleurera. **9.** Les Français seraient *(nul)* en langues étrangères. **10.** *(Quel)* joie de te revoir !

Évaluer ses connaissances

Accordez si nécessaire les mots entre parenthèses et justifiez l'accord. (20 points)

1. Elle a une *(tel)* chance !
2. Dites-moi *(quel)* épreuves du baccalauréat vous avez déjà passées.
3. Peu m'importe que *(tel)* ou *(tel)* numéro sorte, je n'ai pas joué au loto.
4. *(Quel)* sont les sept merveilles du monde ?
5. *(Nul)*, mieux que lui, n'est capable de les convaincre.
6. Ils ont adopté les projets *(tel quel)*.
7. Ces élections sont *(nul)* puisqu'il y a eu tellement de tricherie.
8. *(Tel)* mère, *(tel)* fille.
9. Il n'a *(nul)* intention de venir.
10. Même s'ils ne sont pas avares, ils passent pour *(tel)*.

Les déterminants numéraux

Retenir

1 Que sont les déterminants numéraux ?

- Les **déterminants numéraux cardinaux**, comme tout déterminant, précèdent le nom. Ils **indiquent une quantité chiffrée**. Ils s'écrivent en lettres dans les textes littéraires et poétiques.

- Ils peuvent être **simples** (les seize premiers nombres ; les nombres indiquant les dizaines jusqu'à soixante ; cent et mille) ou **composés** par **addition** ou (et) **multiplication**.

trois autobus ; six cent trente kilomètres (6 x 100 + 30)

ATTENTION :

– Les numéraux ordinaux sont des adjectifs (*premier, quatrième...*).

– *millier, million, milliard, dizaine, centaine, tiers, quart, dixième, millième...* sont des noms.

trois cents (déterminant numéral) *milliards* (nom) *d'astres.*

2 Quelle est l'orthographe des déterminants numéraux ?

- Les **déterminants numéraux inférieur à cent** et **formés par juxtaposition** sont **reliés par un trait d'union***.

cent trente-cinq ; huit cent vingt-quatre

REMARQUE : Lorsque les déterminants numéraux sont coordonnés, la conjonction de coordination *et* remplace le trait d'union (*soixante et onze*).

– Les **déterminants numéraux cardinaux** sont **invariables**.

→ **sauf *un* qui varie en genre**

mille et un projets ; mille et une réalisations

→ **sauf *vingt* et *cent* qui prennent un *s* quand ils sont multipliés et non suivis d'un autre numéral (ou de *mille, million, milliard*)**

vingt ; quatre-vingts (4 x 20) *; quatre-vingt-dix* (4 x 20 + 10) *; cent ; cinq-cents* (5 x 100)

REMARQUE : Quand les déterminants numéraux ont une valeur ordinale, ils se placent après le nom et sont tous invariables (*la page un ; la page deux cent ; l'an huit cent*).

* *Les Rectifications de l'orthographe*, publiées au *Journal Officiel* le 6 décembre 1990, autorisent l'insertion d'un trait d'union partout à l'intérieur d'un déterminant numéral cardinal (*ving-et-un*).

S'exercer

Appliquer les règles

1 Écrivez en toutes lettres les déterminants numéraux.

1. 12 personnes **2.** 31 étages
3. 95 kilos **4.** 180 contrôles
5. 300 euros **6.** 1743 points
7. 36 000 habitants
8. 65 073 482 Français au 1er janvier 2009
9. 28 418 057 613 bouteilles

2 Accordez ce qui doit l'être.

1. deux douzaine d'œufs
2. plusieurs millier de spectateurs
3. trois mille neuf cent personnes
4. cinq dixième de seconde
5. soixante-dix-sept jours
6. les trois quart du litre
7. deux mille huit cent quatre-vingt habitants

Évaluer ses connaissances

1. Voici quelques données concernant la tour Eiffel. Utilisez-les pour rédiger un petit texte qui présentera ce célèbre monument. (18 points)

Durée de la construction : 795 jours
Coût de la construction : 7 800 000 francs or (1889)
Hauteur avec antenne : 324 mètres
Nombre de marches : 1665
Poids total : 10 100 tonnes
Poids de la charpente métallique : 7 300 tonnes
Nombre de pièces métalliques : 18 038
Nombre de rivets : 2 500 000
Nombre de visiteurs au 31 décembre 2009 depuis sa construction : 249 976 000

2. Indiquez l'âge de la tour Eiffel en jours sachant que sa date officielle d'ouverture est le 3 mars 1889. (2 points)

Le vocabulaire des sentiments

Observer

Dieu présente le modèle de la mère qu'il vient de créer à l'ange. Celui-ci interroge alors Dieu sur une particularité de la mère.

– [...] Cela s'appelle une *larme*.
– À quoi cela sert-il ?
– À exprimer la joie, la tristesse, la déception, la douleur, l'orgueil, l'enthousiasme.
– Seigneur, vous êtes un génie ! s'exclama l'ange. C'était justement ce qui manquait pour compléter le modèle. [...]

Paulo Coelho, « Dieu crée la mère », dans *Histoires d'enfance*, © éd. Robert Laffont, 1998.

1. Quelle particularité Dieu a-t-il donné à la mère et à quoi sert-elle ?

2. Sous quel terme générique peut-on classer ce que les larmes permettent d'exprimer ?

Retenir

1 Qu'est-ce qu'un sentiment ?

▶ Un sentiment est une **émotion stable et durable** en réaction à quelque chose que nous percevons du monde extérieur : événement(s) ou individu(s).
On éprouve de l'***horreur*** à la vue ou à la pensée d'une chose affreuse, on éprouve de la ***haine*** pour quelqu'un.

▶ Il peut aussi **être partagé par deux ou plusieurs personnes.**
Ainsi, l'***allégresse*** est une joie très vive qui se manifeste collectivement. (La fin de la Seconde Guerre mondiale a été fêtée dans l'***allégresse*** générale.)

▶ Les sentiments les plus courants sont la peur, la colère, la tristesse, l'amour et la joie.

2 Comment exprimer les sentiments ?

Pour exprimer les sentiments, on peut :

▶ **choisir** parmi une palette riche de **noms**, de **verbes**, d'**adjectifs qualificatifs**, d'**adverbes** les mots **qui traduisent** le plus précisément possible l'**intensité** et la **nuance du sentiment** que l'on veut exprimer.
Par exemple, ***la sympathie, l'amitié, l'amour*** sont trois degrés différents d'une émotion durable ressentie par un individu pour un autre individu.

▶ choisir **d'utiliser les expressions imagées** que la langue met à disposition pour exprimer les sentiments.
Ainsi on peut dire de quelqu'un de très joyeux qu'il est ***gai comme un pinson***.

▶ choisir **d'évoquer les manifestations physiques liées au sentiment à exprimer.**
Le visage, les paroles, le corps, les gestes, le comportement trahissent en effet les sentiments.
Ainsi, la peur peut se manifester par les ***jambes qui tremblent***.

REMARQUE :
Une même manifestation physique peut évoquer divers sentiments.
Ainsi une rougeur peut exprimer la **honte** ou l'**amour** selon la situation.

▶ utiliser une **ponctuation expressive.**

> ***Cette fois, je ne suis pas fou. Je l'ai vu... je l'ai vu... je l'ai vu ! J'ai froid jusque dans les ongles...*** (Maupassant)

Les points de suspension et le point d'exclamation sont utilisés pour traduire l'angoisse de l'énonciateur.

S'exercer

Identifier les sentiments

1 Classez ces différents noms de sentiments qu'on éprouve envers l'autre ou les autres dans un tableau.

admiration • adoration • affection • amitié • amour • antipathie • compassion • confiance • envie • estime • gratitude • haine • jalousie • méfiance • mépris • pitié • sympathie • rancune • tendresse

sentiment positif envers quelqu'un	
sentiment négatif envers quelqu'un	

2 Classez dans un tableau ces différents noms de sentiments liés à un événement.

admiration • amertume • angoisse • chagrin • crainte • déception • douleur • effroi • espoir • étonnement • excitation • extase • fatalisme • fierté • horreur • impatience • indifférence • inquiétude • joie • nostalgie • peine • plaisir • regret • résignation • satisfaction • soulagement • triomphe

avant un événement	
pendant un événement	
après un événement	
absence de réaction à un événement	

3 a. Parfois, le sentiment éprouvé n'est lié ni à un événement ni à autrui. Il est envers soi-même ou traduit une manière d'être, un état d'esprit. Classez ces différents noms de sentiments dans un tableau.

bonheur • cafard • culpabilité • dépression • désespoir • détresse • entrain • euphorie • fierté • gaité • honte • mélancolie • nervosité • optimisme • orgueil • pessimisme • remords • sérénité • tristesse

traduit le bien-être	
traduit le mal-être	
traduit une opinion positive de soi	
traduit une opinion négative de soi	

b. Dans la colonne « bien-être », quel est le mot souvent utilisé quand on veut signifier que ce sentiment est partagé par un grand nombre de personnes ?

c. Dans la colonne « mal-être », quel est le mot souvent utilisé quand on veut signifier que ce sentiment est une maladie ?

4 Ces expressions (B) évoquent un sentiment. Associez chacune au sentiment (A) qu'elle évoque.

A) bonheur • chagrin • colère • haine • honte • indifférence • joie • mépris • peur • surprise • tristesse

B) avoir des sueurs froides • avoir du vague à l'âme • avoir le cafard • avoir le cœur brisé • avoir les bras qui en tombent • avoir les jetons • avoir une dent contre • en rester comme deux ronds de flan • être au septième ciel • être aux anges • être dans ses petits souliers • monter sur ses grands chevaux • ne pas en croire ses yeux • ne plus savoir où se mettre • prendre la mouche • regarder de haut • rester de marbre • se mettre en boule • sentir son sang se glacer dans ses veines • se ronger les sangs • sortir de ses gonds • tomber des nues

5 Les couleurs sont également utilisées dans des expressions imagées évoquant les sentiments. Complétez chaque expression par la couleur qui convient en tenant compte du sentiment indiqué.

avoir une peur ... de quelqu'un ou de quelque chose • broyer du ... (tristesse) • entrer dans une colère ... • être ... de peur • être ... de colère • faire ... mine (tristesse) • parler d'une voix ... (peur) • pousser les choses au ... (pessimisme) • regarder d'un œil ... (colère) • se fâcher tout ... (colère) • se faire des cheveux ... (inquiétude) • voir la vie en ... (optimisme) • voir ... (colère)

6 Complétez la locution verbale avec le sentiment qui convient.

A) bouillir de • crever de • rayonner de • rougir de • sauter de • trembler de

B) bonheur • colère • honte • jalousie • joie • peur

7 Relevez, dans cet extrait, les différents moyens utilisés par le narrateur pour exprimer sa peur.

C'est la nuit. Le narrateur qui voyage seul, à pied, sur les routes de Bretagne, est témoin d'un phénomène étrange.

Je vis passer contre moi une brouette, qui courait... toute seule, personne ne la poussant... Oui... une brouette... toute seule...

Mon cœur se mit à bondir si violemment que je m'affaissai sur l'herbe et j'écoutais le roulement de la roue qui s'éloignait, qui s'en allait vers la mer. Et je n'osais plus me lever, ni marcher, ni faire un mouvement ; car si elle était revenue, si elle m'avait poursuivi, je serais mort de terreur.

Je fus longtemps à me remettre, bien longtemps. Et je fis le reste du chemin avec une telle angoisse dans l'âme que le moindre bruit me coupait l'haleine.

Guy de Maupassant, *La Peur*, 1882.

8 Quel sentiment les phrases exclamatives suivantes expriment-elles ?

1. Oh ! Mon gâteau est brûlé !
2. Chic ! Nous partons en vacances avec ma cousine !
3. Comme tu as grandi depuis l'année dernière !
4. Remarquable, cette jeune pianiste japonaise !

S'exercer

9 Lisez ce texte.

À Londres, dans une ménagerie, un lion et un petit chien vivent dans la même cage.

Le lion et le petit chien vécurent une année entière dans la même cage. Un jour, le petit chien tomba malade et mourut. Le lion refusa alors de manger ; il ne cessait de flairer le petit chien que pour le caresser, et il le touchait de sa patte. Quand il eut compris que son compagnon était mort, il bondit, hérissa son poil, se frappa les flancs de sa queue, se jeta sur les barreaux et se mit à ronger les verrous de sa cage et à mordre le plancher. Sa fureur dura toute la journée. Il se précipitait de tous les côtés en rugissant. Vers le soir seulement, apaisé, il se coucha à côté du petit chien mort. Le gardien voulut enlever le cadavre ; mais le lion ne laissait approcher personne. [...] Puis il prit le petit chien mort entre ses pattes et, cinq jours durant, il resta couché en le tenant ainsi embrassé.
Le sixième jour, le lion mourut.

Léon Tolstoï, « Le lion et le petit chien », *Histoires vraies*, traduction Ch. Salomon, © éd. Gallimard, 1936.

1. Quel est le sentiment éprouvé par le lion à la mort du petit chien ?

2. Relevez les différentes manifestations physiques de ce sentiment.

10 Lisez ce texte.

À sa sortie de prison, Monte-Cristo retrouve sa fiancée Mercédès. Celle-ci a depuis épousé l'homme qui a contribué à le faire jeter en prison quatorze ans plus tôt : le comte Morcef.

Mercédès, répéta Monte-Cristo, Mercédès ! Eh bien ! oui, vous avez raison, ce nom m'est doux encore à prononcer, et voilà la première fois, depuis bien longtemps, qu'il retentit si clairement au sortir de mes lèvres. Oh ! Mercédès, votre nom, je l'ai prononcé avec les soupirs de la mélancolie, avec les gémissements de la douleur, avec le râle du désespoir ; je l'ai prononcé, glacé par le froid, accroupi sur la paille de mon cachot ; je l'ai prononcé, dévoré par la chaleur, en me roulant sur les dalles de ma prison, Mercédès, il faut que je me venge, car quatorze ans j'ai souffert, quatorze ans j'ai pleuré, j'ai maudit ; maintenant, je vous le dis, Mercédès, il faut que je me venge ! »

Alexandre Dumas, *Le Comte de Monte-Cristo*, 1844.

1. Quels sont les deux sentiments successivement éprouvés par Monte-Cristo ?

2. Envers qui éprouve-t-il ces sentiments ?

Nuancer l'expression d'un sentiment

11 a. Classez ces noms qui expriment l'idée de peur du degré le plus faible au degré le plus fort.
affolement • angoisse • anxiété • appréhension • crainte • effroi • épouvante • frayeur • frousse • hantise • horreur • inquiétude • panique • terreur • trac

b. Quel est le nom utilisé pour désigner la peur avant une épreuve ou avant d'affronter un public ?

c. Quel est le nom utilisé pour désigner la peur dans le langage familier ? Par quel verbe (ou locution verbale) indique-t-on dans le langage familier que l'on a peur ?

12 Faites correspondre chaque adjectif pouvant qualifier la peur avec sa définition.
A) ancestrale • contagieuse • insurmontable • irraisonnée • morbide • rétrospective
B) qui échappe à la raison • que l'on ne peut pas maîtriser • qui est héritée des premiers hommes de notre espèce • qui marque un dérèglement de l'esprit • qui se communique • qui se manifeste après coup

13 La peur peut devenir maladive. On parle alors de phobie. Associez chaque phobie à son objet. Aidez-vous du sens des éléments grecs ou latins utilisés pour former le mot. Si nécessaire, consultez le dictionnaire.
Ex. : *acrophobie = acro + phobie ; acropole = site élevé qui servait de citadelle aux anciennes cités grecques ; acrophobie = peur des hauteurs*
A) agoraphobie • arachnophobie • claustrophobie • cynophobie • hématophobie • héliophobie • hydrophobie • nyctalophobie • thalassophobie
B) araignées • chiens • eau • espaces clos • lieux publics • mer • nuit • sang • soleil

14 Ces adjectifs qualificatifs, ou participes passés employés comme adjectifs, expriment à divers degrés le sentiment de peur. Classez-les selon le degré (faible ou fort).
angoissé • anxieux • craintif • effaré • effrayé • épouvanté • froussard • horrifié • inquiet • peureux • paniqué • soucieux • terrifié • terrorisé • timoré • tracassé • tourmenté

15 Retrouvez des expressions qui décrivent les manifestations de la peur en faisant référence aux parties du corps suivantes.
chair • cheveux • cœur • dents • front • jambes • sang

16 Ces adjectifs qualificatifs, ou participes passés employés comme adjectifs, expriment à divers degrés le sentiment de joie. Classez-les selon le degré (faible ou fort).
béat • charmé • comblé • content • émerveillé • enchanté • enthousiaste • euphorique • excité • fou de joie • gai • guilleret • hilare • joyeux • ravi • satisfait

17 Ces adjectifs qualificatifs, ou participes passés employés comme adjectifs, expriment à divers degrés le sentiment de tristesse. Classez-les selon le degré (faible ou fort).
abattu • anéanti • attristé • bouleversé • chagriné • consterné

S'exercer

• contrarié • déçu • désespéré • désolé • effondré • ennuyé • maussade • mélancolique • morose • navré • peiné • triste

18 **Ces adjectifs qualificatifs, ou participes passés employés comme adjectifs, expriment à divers degrés le sentiment de surprise. Classez-les selon le degré (faible, fort, très fort).**

abasourdi • ahuri • assommé • dépaysé • désemparé • ébahi • éberlué • épaté • estomaqué • étonné • hébété • impressionné • interdit • interloqué • médusé • pantois • pétrifié • sidéré • stupéfait

19 **Ces adjectifs qualificatifs, ou participes passés employés comme adjectifs, expriment à divers degrés le sentiment de colère. Classez-les selon le degré (faible ou fort).**

agacé • contrarié • courroucé • écœuré • exaspéré • excédé • fâché • furibond • furieux • grognon • horripilé • indigné • ivre de rage • mécontent • révolté • scandalisé • ulcéré

20 **Classez ces noms qui expriment l'idée de haine selon le degré (du plus faible au plus fort).**

antipathie • aversion • haine • horreur • hostilité • inimitié • rancune • répulsion • ressentiment

21 **a. Classez ces verbes ou locutions verbales qui expriment l'idée de haine selon le degré (du plus faible au plus fort).**

abominer • avoir en horreur • avoir dans le nez • détester • exécrer • haïr • honnir • maudire • ne pas pouvoir souffrir • ne pas pouvoir sacquer • ne pas pouvoir voir en peinture

b. Quelles locutions verbales appartiennent au langage familier ?

22 **Classez ces noms qui permettent de définir l'intensité du sentiment amoureux du plus intense au plus faible.**

adoration • affection • amour • amourette • ardeur • attachement • idolâtrie • passade • passion • penchant • tendresse

23 **Regroupez les phrases synonymes qui traduisent le comportement amoureux.**

A) Il avoue son amour. • Il éprouve de l'amour pour elle dès leur première rencontre. • Il la courtise. • Ils se promettent fidélité. • Ils se donnent des preuves d'un amour partagé. • Son amour lui fait perdre la tête. • Il la regarde amoureusement.

B) Il a un coup de foudre. • Il est fou d'amour. • Il conte fleurette. • Il lui fait les yeux doux. • Il fait sa déclaration. • Ils échangent des serments. • Ils filent le parfait amour.

Utiliser le vocabulaire des sentiments

24 **Inventez une phrase exclamative pour chacun des sentiments suivants.**

Ex. : *Quoi ! Tu n'as pas encore appris ta leçon !* (colère)

déception • douleur • joie • surprise • tristesse

25 **Sculpteur, vous venez de terminer votre œuvre : une femme d'une beauté parfaite. Mais soudain, votre chef-d'œuvre s'anime et se métamorphose en un monstre de laideur et de méchanceté. Vous racontez cet événement en évoquant vos sentiments successifs et leurs manifestations physiques.**

Évaluer ses connaissances

Harpagon, un vieillard très riche et avare, est amoureux de la jeune et jolie Mariane. Or son fils Cléante est lui aussi secrètement amoureux de Mariane. Harpagon, qui ignore tout de l'amour de son fils, reçoit Mariane. Cléante ôte du doigt de son père le diamant que celui-ci porte et le met au doigt de Mariane.

CLÉANTE, *se mettant au-devant de Mariane, qui le veut rendre.* – Nenni. Madame, il est en de trop belles mains. C'est un présent que mon père vous fait.
HARPAGON. – Moi ?
CLÉANTE. – N'est-il pas vrai mon père, que vous voulez que madame le garde pour l'amour de vous ?
HARPAGON, *bas à son fils.* – Comment !
CLÉANTE. – Belle demande ! Il me fait signe de vous le faire accepter.
MARIANE. – Je ne veux point...
CLÉANTE. – Vous moquez-vous ? Il n'a garde de le reprendre.
HARPAGON, *à part.* – J'enrage !
MARIANE. – Ce serait...
CLÉANTE, *en empêchant toujours Mariane de rendre la bague.* – Non, vous dis-je, c'est l'offenser.
MARIANE. – De grâce...
CLÉANTE. – Point du tout.
HARPAGON, *à part.* – Peste soit...
CLÉANTE. – Le voilà qui se scandalise de votre refus.
HARPAGON, *bas, à son fils.* – Ah ! traître !
CLÉANTE. – Vous voyez qu'il se désespère.
HARPAGON, *bas, à son fils, en le menaçant.* – Bourreau que tu es !
CLÉANTE. – Mon père, ce n'est pas ma faute. Je fais ce que je puis pour l'obliger à la garder, mais elle est obstinée.
HARPAGON, *bas, à son fils, avec emportement.* – Pendard !

Molière, *L'Avare*, acte III, scène 7, 1668.

1. Quel sentiment anime Mariane ? Quels indices le prouvent ? (5 points)

2. Quel sentiment anime Harpagon ? Quels indices le prouvent ? (5 points)

3. Mariane est partie. Cléante et Harpagon restent en tête à tête. Imaginez leurs répliques : chacun exprime à l'autre les sentiments qui sont les siens. (10 points)

Vocabulaire FICHE 32

Le vocabulaire du jugement

Observer

Je me doutais que cette soirée serait merveilleuse mais ce fut encore mieux que je ne l'imaginais. Le repas fut délicieux et fin. Les conversations furent très intéressantes.

1. L'énonciateur est-il satisfait ou pas de sa soirée ?
2. Relevez les termes qui témoignent de son jugement.

Retenir

1 Qu'est-ce qu'un jugement ?

- Un **jugement** est une **opinion** émise sur ce que nous percevons du monde extérieur : nature, objets, événement(s), individu(s)…

- Les **jugements** sont :
  – **esthétiques** (beauté/laideur) quand ils **portent sur l'aspect** (personne, objet, nature…),
  – **moraux** (bien/mal) quand ils **portent sur le comportement** ou **le caractère** (individu, groupe d'individus) ou sur **des événements**,
  – **valorisants** (mélioratifs) ou **dévalorisants** (péjoratifs).

> *C'est un escroc de la pire espèce.* (jugement moral dévalorisant)
> *Cette femme est d'une beauté sublime.* (jugement esthétique valorisant)

REMARQUE :
Le sens valorisant ou dévalorisant d'un terme est parfois lié au **contexte** d'emploi.

> *C'est un rêveur : il est incapable de gérer ses affaires.* (jugement moral dévalorisant)
> *C'est un rêveur qui se bat pour ses idéaux.* (jugement moral valorisant)

2 Comment exprimer les jugements ?

> *J'admire énormément ce brillant musicien et je vais à chacun de ses concerts.*

- Pour exprimer les jugements, on peut :
  – choisir de les évoquer avec des **verbes ou locutions verbales de jugement** (*se réjouir, être choqué…*) ou avec la **forme impersonnelle** (*il est bon de…, il est intolérable…*).
  J'admire indique l'opinion favorable que l'énonciateur a sur le musicien.

  – choisir parmi une palette riche de **noms, d'adjectifs qualificatifs, d'adverbes, de verbes** les mots **qui traduisent le plus précisément possible l'appréciation esthétique ou l'appréciation morale, valorisante ou dévalorisante, que l'on veut exprimer.**
  L'adverbe *énormément* et l'adjectif qualificatif *brillant* contribuent à faire comprendre que l'énonciateur émet un jugement élogieux sur le musicien.
  De même, *exemplaire* et *scandaleux* sont deux termes qui permettent d'exprimer un jugement moral, un jugement valorisant pour *exemplaire*, un jugement dévalorisant pour *scandaleux*.

  REMARQUE :
  Certains **suffixes** de noms, d'adjectifs qualificatifs ou de verbes ont une **valeur dévalorisante** (péjorative). Ce sont les suffixes ***-aille(r), -ard , -asse(r), -âtre, -aud, -ot(ter)***.

  > *Un chauffard a percuté le piéton et pris aussitôt la fuite.*

  Chauffard fait comprendre que l'énonciateur porte un jugement dévalorisant sur le conducteur qui a renversé le piéton.

  – choisir d'utiliser les **expressions imagées** que la langue met à disposition pour exprimer les jugements.
  Ainsi on peut dire de quelqu'un « *c'est une perle* » pour valoriser ses qualités.

S'exercer

Connaître le vocabulaire du jugement

1 **Classez dans un tableau ces différents noms d'habitations.**
une baraque • une bicoque • une cabane • un château • une demeure • un logis • une gentilhommière • un gourbi • un hôtel particulier • un logement • un manoir • une maison • une masure • un palais • un palace • un squat • un taudis • une villa

vocabulaire valorisant	
vocabulaire neutre	
vocabulaire dévalorisant	

2 **Classez dans un tableau ces différents noms de repas.**
un banquet • une bouffe • un déjeuner • un dîner • un étouffe-chrétien • un festin • un gueuleton • un lunch • une mangeaille • un pique-nique • une pitance • un régal • un repas • un souper

vocabulaire valorisant	
vocabulaire neutre	
vocabulaire dévalorisant	

3 **Classez dans un tableau ces différents noms servant à désigner des vêtements.**
des atours • des guenilles • des hardes • des haillons • une parure • une toilette

vocabulaire valorisant	
vocabulaire neutre	
vocabulaire dévalorisant	

4 **Classez dans un tableau ces différents noms servant à désigner un homme.**
un adonis • un bellâtre • un apollon • une canaille • une crapule • une femmelette • un hercule • un lascar • un loustic • une mauviette

vocabulaire valorisant	
vocabulaire dévalorisant	

5 **Classez dans un tableau ces différents noms servant à désigner un (des) enfant(s).**
un bambin • un bout de chou • un chenapan • un garnement • un marmot • un moutard • un polisson • un vaurien

vocabulaire valorisant	
vocabulaire dévalorisant	

6 **Classez dans un tableau ces différents noms qui évoquent le fait de porter un jugement.**
une apologie • une critique • une diatribe • un éloge • un pamphlet • un plaidoyer • une satire

on dit du bien de…	
on dit du mal de…	

7 **Distinguez les adjectifs qualificatifs qui servent à exprimer un jugement moral de ceux qui servent à exprimer un jugement esthétique.**
affreux • colossal • cruel • élégant • exigu • généreux • immonde • infâme • irresponsable • méprisable • repoussant • robuste • sinistre

8 **Classez dans un tableau ces adjectifs qui permettent de porter un jugement esthétique sur l'aspect.**
abominable • admirable • affreux • charmant • disgracieux • enchanteur • féérique • gracieux • hideux • horrible • magnifique • merveilleux • mignon • monstrueux • plaisant • ravissant • repoussant • répugnant • splendide • superbe

vocabulaire valorisant	
vocabulaire dévalorisant	

9 **Classez dans un tableau ces adjectifs qui permettent de porter un jugement moral sur le comportement d'un individu.**
agressif • aimable • brutal • cruel • crapuleux • déloyal • désagréable • diabolique • dur • exécrable • généreux • haineux • honteux • ignoble • indigne • immoral • malfaisant • malhonnête • médisant • odieux • prévenant

vocabulaire valorisant	
vocabulaire dévalorisant	

10 **Classez les verbes suivants en deux séries selon qu'ils consistent à dire du bien de quelqu'un ou de quelque chose ou au contraire à en dire du mal.**
blâmer • complimenter • critiquer • décrier • dénigrer • encenser • glorifier • louanger • louer • rendre hommage • saluer • vanter

11 **Classez ces verbes ou locutions verbales en deux séries selon qu'ils servent à introduire une opinion favorable ou une opinion défavorable.**
adorer • aimer • apprécier • approuver • détester • estimer • haïr • il est dommage que… • il est heureux que… • il est regrettable que… • il est scandaleux de… • louer • se passionner pour • s'intéresser à • regretter • avoir en horreur

12 **Formez à partir des verbes et des expressions verbales proposées un verbe dérivé en utilisant un suffixe péjoratif que vous choisirez parmi les suivants : *-ailler, -asser, -oter, -nicher, -ocher, -onner*.**
crier • discuter • écrire • former de petites boules en surface (laine) • jouer du piano • pleurer • traîner • rêver • se conduire comme un papillon • se défaire en fils par usure

S'exercer

13 **Retrouvez le nom ou l'adjectif qualificatif dévalorisant qui correspond à chaque définition proposée. Vous utiliserez l'un des suffixes péjoratifs suivants : *-ard, -asse, -aud, -ot*.**

1. Se dit d'une personne dont le visage est trop rouge
2. Se dit de quelque chose de vieux et démodé
3. Vin de mauvaise qualité
4. Se dit d'une couleur de mauvais goût
5. Personne qui fait la fête à l'excès
6. Personne fière d'elle-même comme pourrait l'être un enfant

14 **La langue familière utilise beaucoup les suffixes péjoratifs. Associez chaque mot à sa définition : *fayot* • *miraud* • *mollasson* • *parigot* • *péquenot* • *saligaud* • *soûlard*.**

1. Nom donné à un campagnard
2. Nom donné à une personne qui abuse de la boisson
3. Nom donné à une personne abjecte
4. Nom donné à un habitant de Paris
5. Nom donné à une personne qui fait du zèle pour être bien vue
6. Nom donné à une personne très myope
7. Nom donné à une personne qui est molle et manque de dynamisme

15 **Indiquez si les métaphores suivantes sont valorisantes ou dévalorisantes.**

1. Cette femme est une déesse.
2. Ce film est un navet.
3. Vous êtes mon étoile.
4. Cet homme est un ours.
5. Cette enfant est un ange.
6. Ma voisine est une vipère.
7. Ce devoir est un torchon.

16 **Associez à chacun des noms ci-dessous un adjectif qualificatif permettant de porter un jugement de valeur. Vous pouvez choisir cet adjectif dans les exercices précédents.**

un acteur • un comportement • un élève • une émission • un gâteau • un livre • un paysage • une soirée • un spectacle • un tableau

Repérer le vocabulaire du jugement

17 **Lisez ce texte.**

Tout cela [il s'agit de deux familles paysannes normandes] vivait péniblement de soupe, de pommes de terre et de grand air. À sept heures, le matin, puis à midi, puis à six heures, le soir, les ménagères réunissaient leurs mioches pour donner la pâtée, comme des gardeurs d'oies assemblent leurs bêtes. Les enfants étaient assis, par rang d'âge, devant la table en bois, vernie par cinquante ans d'usage. Le dernier moutard avait à peine la bouche au niveau de la planche. On posait devant eux l'assiette creuse pleine de pain molli dans l'eau où avaient cuit les pommes de terre, un demi-chou et trois oignons ; et toute la ligne mangeait jusqu'à plus faim. La mère empâtait elle-même le petit.

Guy de Maupassant, *Aux champs*, 1882.

1. **Quel jugement est porté par l'énonciateur sur les deux familles ?**
2. **Quels sont les termes qui permettent de dégager ce jugement ?**

18 **Lisez ce texte.**

Bientôt [Madame Vauquer] se montre, attifée de son bonnet de tulle sous lequel pend un tour de faux cheveux mal mis ; elle marche en traînassant ses pantoufles grimacées. Sa face vieillotte, grassouillette, du milieu de laquelle sort un nez à bec de perroquet ; ses petites mains potelées, sa personne dodue comme un rat d'église, son corsage trop plein et qui flotte, sont en harmonie avec cette pension où suinte le malheur [...].

Honoré de Balzac, *Le Père Goriot*, 1835.

1. **Quel jugement de valeur sur la propriétaire de la pension l'énonciateur laisse-t-il transparaître ?**
2. **Relevez l'ensemble des termes qui témoignent de ce jugement.**

19 **Relevez, dans cette critique de *Moonfleet*, tous les moyens utilisés pour valoriser le roman de John Meade Falkner.**

Jusqu'aux trois quarts de roman, *Moonfleet* est une formidable histoire qui rappelle *L'île au trésor* de Stevenson. Le suspense est à chaque page. Mais ensuite, c'est encore mieux, plus profond, plus vaste, avec une force et une fermeté surprenantes qui présagent le drame final. Ah ! que c'est beau ! *Moonfleet* se lit d'une traite. Malheur à vous si vous le commencez un soir, vous risquez de passer une nuit blanche.

Utiliser le vocabulaire du jugement

20 **Modifiez les énoncés suivants de façon à faire apparaître un jugement valorisant ou dévalorisant selon votre choix.**

1. Picasso est un peintre.
2. Le froid fait chaque année plusieurs morts parmi les sans-abri.
3. Elle a réussi son examen.
4. Il est malade.
5. Cela sent mauvais.

21 **Choisissez un film que vous avez vu récemment et présentez-le de façon subjective en exprimant votre jugement (valorisant ou dévalorisant).**

S'exercer

22 **Faites l'éloge d'un animal habituellement méprisé (araignée, crapaud, pou, etc.). Vous utiliserez un vocabulaire valorisant.**

23 **Lisez ce texte.**

Cette jeune fille devait avoir de seize à dix-sept ans. Sa tête, véritablement charmante, présentait le type slave dans toute sa pureté, – type un peu sévère, qui la destinait à devenir plutôt belle que jolie, lorsque quelques années de plus auraient fixé définitivement ses traits. D'une sorte de fanchon qui la coiffait s'échappaient à profusion des cheveux d'un blond doré. Ses yeux étaient bruns avec un regard velouté d'une douceur infinie. Son nez droit se rattachait à ses joues, un peu maigres et pâles, par des ailes légèrement mobiles. Sa bouche était finement dessinée, mais il semblait qu'elle eût, depuis longtemps désappris à sourire. [...]
Elle portait une longue pelisse de couleur sombre, sans manches, qui se rajustait gracieusement à son cou par un liséré bleu. Sous cette pelisse, une demi-jupe, sombre aussi, recouvrait une robe qui lui tombait aux chevilles, et dont le pli inférieur était orné de quelques broderies peu voyantes.

Jules Verne, *Michel Strogoff*, 1876.

Ce portrait n'est pas totalement objectif.

1. **Relevez les termes qui trahissent le jugement de l'énonciateur.**

2. **Exagérez cette subjectivité en utilisant des procédés qui valoriseront encore plus la jeune fille.**

3. **Rédigez, en conservant la même structure, un portrait dévalorisant de cette même jeune fille.**

24 **Observez le dessin ci-dessous.**

Poisson, dessin du XVIIIe siècle.

Rédigez un texte dans lequel vous utiliserez le vocabulaire du jugement pour dénoncer à votre manière le phénomène de mode évoqué par le dessin de Poisson. Vous utiliserez des noms ou adjectifs évaluatifs, des verbes d'opinion, des adverbes évaluateurs…

25 **Écrivez un texte qui présentera, à l'aide d'un vocabulaire dévalorisant, la journée actuelle d'un collégien et qui se terminera par la phrase : « Il faut donc raccourcir la journée scolaire des collégiens. »**

Évaluer ses connaissances

À Monsieur Alphand

Monsieur et cher compatriote,

Nous venons, écrivains, peintres, sculpteurs, architectes, amateurs passionnés de la beauté jusqu'ici intacte de Paris, protester de toutes nos forces, de toute notre indignation, au nom du goût français méconnu, au nom de l'art et de l'histoire français menacés, contre l'érection en plein cœur de notre capitale, de l'inutile et monstrueuse tour Eiffel.

Sans tomber dans l'exaltation du chauvinisme, nous avons le droit de proclamer bien haut que Paris est la ville sans rivale dans le monde. Au-dessus de ses rues, de ses boulevards élargis, le long de ses quais admirables, du milieu de ses magnifiques promenades, surgissent les plus nobles monuments que le génie humain ait enfantés. Allons-nous donc laisser profaner tout cela ? La ville de Paris va-t-elle donc s'associer à un constructeur de machines, pour s'enlaidir irréparablement et se déshonorer ?

Car la tour Eiffel, c'est le déshonneur de Paris. Chacun le sent, chacun le dit et lorsque les étrangers viendront visiter notre Exposition, ils s'écrieront, étonnés : « Quoi ? C'est cette horreur que les Français ont trouvée pour nous donner une idée de leur goût si fort vanté ? »

Il suffit d'ailleurs, pour se rendre compte de ce que nous avançons, de se figurer un instant une tour vertigineusement ridicule, dominant Paris, ainsi qu'une noire et gigantesque cheminée d'usine, écrasant de sa masse barbare Notre-Dame, la Sainte-Chapelle, la tour Saint-Jacques, le Louvre, le dôme des Invalides, l'Arc de triomphe. Et pendant vingt ans nous verrons s'allonger comme une tache d'encre l'ombre odieuse de l'odieuse colonne de tôle boulonnée.

Article paru dans le journal *Le Temps*, 14 février 1887.

1. **De quel monument en construction est-il question dans ce texte ? (1 point)**

2. **Quel jugement de valeur les auteurs de la lettre émettent-ils sur cette construction ? (2 points)**

3. **Relevez tous les termes qui témoignent de ce jugement. (17 points)**

Le vocabulaire des genres et des registres

1. La poésie lyrique

Observer

Orphée descend aux Enfers afin de prier Hadès de lui rendre Eurydice, mordue par un serpent.

Tandis qu'il parlait ainsi, faisant résonner les cordes de sa lyre, au rythme de ses paroles, les âmes exsangues pleuraient [...]. Pour la première fois alors, dit-on, les larmes mouillèrent les joues des Euménides, vaincues par ce chant. Ni la royale épouse ni le dieu qui règne aux Enfers n'ont le cœur d'opposer un refus à sa prière ; ils appellent Eurydice.

Ovide, *Les Métamorphoses*, traduction de J. Chamonard, © éd. Garnier-Flammarion, 1966.

Alexandre Séon, *Lamentation d'Orphée*, 1896, musée d'Orsay, Paris.

1. De quel instrument Orphée accompagne-t-il son chant ?

2. Que parvient-il à provoquer et à obtenir ?

Retenir

Orphée, poète et musicien de la mythologie grecque, avait le pouvoir de charmer grâce à ses chants, non seulement les hommes et les animaux, mais aussi les plantes et les rochers. Orphée est donc le symbole de la poésie et de l'émotion qu'elle suscite chez ceux qui l'écoutent.

1 Comprendre ce qu'est la poésie lyrique

- **Les origines :** l'adjectif **lyrique** vient du nom de l'instrument de musique : la lyre. À l'origine indissociable de la musique, la poésie lyrique associe **musicalité** et **expression des sentiments.**
- **Les thèmes :** le poète parle de sa vie, de ses joies et de ses peines. Il exprime ses sentiments et ses émotions : l'amour, la mélancolie, le bonheur de vivre en harmonie avec la nature.

2 Quelques formes poétiques fixes

Le rondeau : trois strophes le plus souvent constituées d'octosyllabes.
La ballade : trois strophes et un envoi au dédicataire.
L'ode : plusieurs strophes comportant le même nombre de vers de même longueur (souvent des octosyllabes).
Le sonnet : deux quatrains et deux tercets de décasyllabes ou d'alexandrins.

3 Le vocabulaire de la poésie

- **La disposition : les vers** portent des noms différents en fonction du nombre de syllabes qu'ils comportent : l'alexandrin (12 syllabes), le décasyllabe (10 syllabes) et l'octosyllabe (8 syllabes) sont les plus courants.

Pour compter le nombre de syllabes : **on ne prononce pas le *e* à l'intérieur d'un vers lorsqu'il est suivi d'une voyelle.** À la fin du vers, il ne se prononce jamais : on dit qu'il est muet.

Il/ pleu / re / dans / mon / cœur
1 2 3 4 5 6
Com / m(e) il / pleut / sur / la / ville.
1 2 3 4 5 6
Quel / l(e) est / cet / te/ lan / gueur
1 2 3 4 5 6
Qui / pé / nè / tre / mon / cœur ?
1 2 3 4 5 6

Paul Verlaine, *Romances sans paroles*, 1874.

Retenir

Les strophes sont composées de plusieurs vers : deux vers forment un distique ; trois vers forment un tercet ; quatre vers forment un quatrain ; cinq vers forment un quintil.

La musicalité

Les poèmes jouent sur la répétition des mêmes sonorités :

– **À la fin des vers**, on parle de **rimes** : **plates** (ou suivies) AABB, **croisées** ABAB ou **embrassées** ABBA.

Les rimes sont dites **féminines** quand elles se terminent par un *e* muet, **masculines** quand elles se terminent par un autre son.

rêve / lève (rime féminine) *; manteau / oiseau* (rime masculine)

– **À l'intérieur des vers**, on parle **d'assonances pour la répétition d'un son de voyelle** et **d'allitérations pour la répétition d'un son de consonne.**

On prononce généralement un peu plus fort la dernière syllabe d'un groupe de mots : on parle alors de syllabe accentuée. Le **rythme** du vers dépend de la répartition de ces syllabes accentuées.

S'exercer

Reconnaître un poème lyrique

1 Lisez le poème et répondez aux questions suivantes : a. Qui sont les Muses ? b. Qu'est-ce qu'un luth ? De quel autre instrument est-il l'équivalent ? c. Comment comprenez-vous les mots de la Muse : « Poète, prends ton luth » ? d. Pourquoi la poésie peut-elle se rapprocher de la musique ? e. Imaginez sous la forme d'un quatrain la réponse du poète à la Muse.

La Muse

Poète, prends ton luth et me donne un baiser ;
La fleur de l'églantier sent ses bourgeons éclore,
Le printemps naît ce soir ; les vents vont s'embraser ;
Et la bergeronnette[1], en attendant l'aurore,
Aux premiers buissons verts commence à se poser.
Poète, prends ton luth et me donne un baiser. [...]

Alfred de Musset, *La Nuit de Mai*, 1835.

1. **Bergeronnette** : oiseau.

2 a. Qu'est-ce qui permet de dire que ces trois poèmes sont lyriques ?
b. Quels sentiments chaque poète exprime-t-il ?
Un peu d'aide :
Poème A : Que traduit la comparaison du vers 3 ?
Poème B : Le poète a-t-il trouvé la cause de ce qu'il éprouve ?
Poème C : Relevez tous les mots qui s'opposent.

A) *Victor Hugo se souvient de sa fille Léopoldine qui s'est noyée dans la Seine en 1843.*

Elle avait pris ce pli dans son âge enfantin
De venir dans ma chambre un peu chaque matin ;
Je l'attendais ainsi qu'un rayon qu'on espère ;
Elle entrait, et disait : Bonjour, mon petit père ;
Prenait ma plume, ouvrait mes livres, s'asseyait
Sur mon lit, dérangeait mes papiers, et riait,
Puis soudain s'en allait comme un oiseau qui passe.
[...]

Victor Hugo, *Les Contemplations*, « Aujourd'hui », 1856.

B)

Il pleure dans mon cœur
Comme il pleut sur la ville.
Quelle est cette langueur
Qui pénètre mon cœur ?

Ô bruit doux de la pluie
Par terre et sur les toits !
Pour un cœur qui s'ennuie,
Ô le chant de la pluie !

Il pleure sans raison
Dans ce cœur qui s'écœure.
Quoi ! Nulle trahison ?
Ce deuil est sans raison.

C'est bien la pire peine
De ne savoir pourquoi,
Sans amour et sans haine,
Mon cœur a tant de peine.

Paul Verlaine, *Romances sans paroles*, 1874.

C)

Je vis, je meurs ; je me brûle et me noie ;
J'ai chaud extrême en endurant froidure :
La vie m'est et trop molle et trop dure.
J'ai grands ennuis entremêlés de joie.

Tout à un coup je ris et je larmoie,
Et en plaisir maint grief tourment j'endure ;
Mon bien s'en va, et à jamais il dure ;
Tout en un coup je sèche et je verdoie.

Ainsi Amour inconstamment me mène ;

S'exercer

Et, quand je pense avoir plus de douleur,
Sans y penser je me trouve hors de peine.

Puis, quand je crois ma joie être certaine,
Et être au haut de mon désiré heur,
Il me remet en mon premier malheur.

Louise Labé, *Sonnets*, 1556.

Employer le vocabulaire de la poésie

3 **Quelle forme poétique fixe reconnaissez-vous parmi les trois poèmes de l'exercice 2 ? Justifiez votre réponse.**

4 **Quels types de rimes choisit Louise Labé pour son poème ?**

5 **a. De quelles strophes est composé le poème de Verlaine ?**
b. Quelles assonances et allitérations relevez-vous ?
c. Quelle est l'allitération principale ? Que semble-t-elle imiter ?
d. Quels sentiments les assonances expriment-elles ?

6 **a. Quel type de rimes Hugo choisit-il pour son poème ?**
b. Recopiez les deux premiers vers et découpez-les en syllabes.
c. Devez-vous prononcer le *e* de *âge* et de *chambre* ? Rappelez la règle.

À vos plumes !

7 **Vous sentez-vous parfois au cœur de la tempête ? Rédigez quelques vers dans lesquels vous exprimerez vos sentiments de désespoir ou de révolte.**

William Turner, *Tempête de neige en mer*, 1842, Tate Gallery, Londres.

8 **Imaginez les sentiments de la jeune femme au panier.**
Vous écrirez à la première personne deux quatrains de vers de 10 à14 syllabes.
Votre poésie comportera des rimes.

Pierre Auguste Renoir, *Les Parapluies*, 1885, National Gallery, Londres.

9 **Continuez ce poème en rédigeant deux autres quatrains sur le même thème.**

Les dimanches sous le soleil ou la pluie,
Les rues ont perdu leur parfum de bonheur.
Les enfants et les ballons les fuient aussi ;
L'ombre d'un chien rase les murs par erreur.

10 **Continuez ce poème :**

L'eau de tes yeux je vois boire
Et même à l'ultime larme
Mes lèvres désirent croire
Je suis un voleur sans arme.

Évaluer ses connaissances

Sensation

Par les soirs bleus d'été, j'irai dans les sentiers,
Picoté par les blés, fouler l'herbe menue :
Rêveur, j'en sentirai la fraîcheur à mes pieds.
Je laisserai le vent baigner ma tête nue.

Je ne parlerai pas, je ne penserai rien :
Mais l'amour infini me montera dans l'âme,
Et j'irai loin, bien loin, comme un bohémien,
Par la Nature, – heureux comme avec une femme.

Arthur Rimbaud, 1870.

1. Pourquoi peut-on dire qu'il s'agit d'un poème lyrique ? Vous rédigerez un paragraphe dans lequel vous expliquerez en quoi ce texte illustre bien ce qu'est la poésie lyrique. (14 points)

2. Recopiez les vers 4 et 8 en séparant leurs syllabes à l'aide d'un trait vertical. Quels vers reconnaissez-vous ? (4 points)

3. Que pouvez-vous dire au sujet des rimes ? (2 points)

2. La nouvelle fantastique

Observer

Devant le Crédit Lyonnais, un chien grogna. Je tournai par la rue de Grammont, je me perdis ; j'errai, puis je reconnus la Bourse aux grilles de fer qui l'entourent. Paris entier dormait, d'un sommeil profond, effrayant. Au loin pourtant un fiacre roulait, un seul fiacre, celui peut-être qui avait passé devant moi tout à l'heure. Je cherchais à le joindre, allant vers le bruit de ses roues, à travers les rues solitaires et noires, noires, noires comme la mort.

Je me perdis encore. Où étais-je ? Quelle folie d'éteindre si tôt le gaz ! Pas un passant, pas un attardé, pas un rôdeur, pas un miaulement de chat amoureux. Rien.

Où donc étaient les sergents de ville ? Je me dis : « Je vais crier, ils viendront. » Je criai. Personne ne me répondit.

Guy de Maupassant, *La Nuit*, 1891.

1. Relevez les indices qui ancrent dans le réel le décor dans lequel évolue le narrateur.
2. Relevez les détails et les indices qui provoquent la peur du narrateur.

Retenir

Le récit fantastique se développe en Europe au XIXe siècle sous la forme de récits courts appelés **nouvelles** ou **contes**.

Les auteurs français les plus connus de récits fantastiques sont **Théophile Gautier** (*La Cafetière*, 1831), **Prosper Mérimée** (*La Vénus d'Ille*, 1837), **Villiers de L'Isle-Adam** (*Contes cruels*, 1883) et **Guy de Maupassant** (*Le Horla*, 1887).

1 Comprendre ce qu'est le fantastique

- Le fantastique s'inscrit dans un monde qui est **familier** au lecteur. Dans **cet univers réel** surviennent des **faits inexpliqués**. Il est impossible au lecteur de savoir si ces faits peuvent s'expliquer de façon rationnelle ou s'ils échappent à la raison.
- C'est de ce **doute**, de cette **incertitude** que naît le fantastique. L'incapacité à comprendre suscite l'**inquiétude**, la **peur** voire la **terreur**. Les **descriptions** contribuent à installer **cet univers troublant**.
- Le narrateur raconte souvent les faits à la **1re personne** : le lecteur peut vivre la situation et s'interroger à son sujet.

Le fantastique s'oppose au **merveilleux** (fréquent dans les contes). Dans un récit merveilleux, le lecteur, transporté, se trouve dans un univers surnaturel, peuplé d'êtres merveilleux et d'objets magiques, mais il n'éprouve aucune frayeur car il sait que ce monde ne peut envahir son quotidien.

2 Exprimer l'incertitude

Le narrateur exprime le trouble qui l'envahit grâce à l'emploi :

- de **phrases de type exclamatif et interrogatif**, de **phrases brèves ou non verbales :**

  > *« Où étais-je ? Quelle folie d'éteindre si tôt le gaz ! Pas un passant, pas un attardé, pas un rôdeur, pas un miaulement de chat amoureux. Rien. »*

- de **verbes** et d'**adverbes** ou **locutions adverbiales :** *sembler, paraître, croire, avoir le sentiment que, probablement, peut-être, sans doute…*
- du **mode conditionnel :** *on aurait dit que…*
- de **comparaisons** qui traduisent la difficulté du narrateur à rendre compte de ce qui se produit : *« les rues solitaires et noires, noires, noires comme la mort. »*

3 Exprimer la peur

- grâce à des noms : *l'appréhension, la crainte, l'anxiété, l'inquiétude, l'angoisse…*
- grâce à des adjectifs : *inquiet, anxieux, angoissé, troublé, préoccupé, oppressé, affolé…*
- grâce à des expressions : *se faire du souci, se faire du mauvais sang, se faire un sang d'encre, avoir les nerfs tendus…*
- en précisant les réactions physiques : *être pris de frissons, vaciller, claquer des dents, être pétrifié, pâlir, être trempé de sueur…*

S'exercer

Créer un univers inquiétant

1 Relevez les éléments de cette description qui contribuent à créer une atmosphère troublante.

C'était l'hiver dernier, dans une forêt du nord-est de la France. La nuit vint deux heures plus tôt, tant le ciel était sombre. J'avais pour guide un paysan qui marchait à mon côté, par un tout petit chemin, sous une voûte de sapins dont le vent déchaîné tirait des hurlements. Entre les cimes, je voyais courir des nuages en déroute, des nuages éperdus qui semblaient fuir devant une épouvante. Parfois, sous une immense rafale, toute la forêt s'inclinait dans le même sens avec un gémissement de souffrance ; et le froid m'envahissait, malgré mon pas rapide et mon lourd vêtement.

Guy de Maupassant, *La Peur*, 1882.

2 Modifiez ces phrases de façon à créer un paragraphe dans lequel vous créerez une atmosphère troublante.

Les rues étaient désertes. Seul un chat rasait les murs. Le ciel était gris.

L'expression de la peur et de l'incertitude

3 a. Relevez les termes qui traduisent l'émotion grandissante du narrateur.
b. Relevez les marques d'incertitude.

Le fleuve était parfaitement tranquille, mais je me sentis ému par le silence extraordinaire qui m'entourait. Toutes les bêtes, grenouilles et crapauds, ces chanteurs nocturnes des marécages, se taisaient. Soudain, à ma droite, contre moi, une grenouille coassa. Je tressaillis : elle se tut ; je n'entendis plus rien, et je résolus de fumer un peu pour me distraire. […]
Pendant quelque temps, je demeurai tranquille, mais bientôt les légers mouvements de la barque m'inquiétèrent. Il me sembla qu'elle faisait des embardées gigantesques, touchant tour à tour les deux berges du fleuve ; puis je crus qu'un être ou qu'une force invisible l'attirait doucement au fond de l'eau et la soulevait ensuite pour la laisser retomber. J'étais ballotté comme au milieu d'une tempête ; j'entendis des bruits autour de moi ; je me dressai d'un bond ; l'eau brillait, tout était calme.
Je compris que j'avais les nerfs un peu ébranlés et je résolus de m'en aller. […]
Soudain, un petit coup sonna contre mon bordage. Je fis un soubresaut, et une sueur froide me glaça des pieds à la tête. Ce bruit venait sans doute de quelque bout de bois entraîné par le courant, mais cela avait suffi et je me sentais envahi de nouveau par une étrange agitation nerveuse.

Guy de Maupassant, *Sur l'eau*, 1881.

4 a. Introduisez des marques d'incertitude dans les phrases suivantes en variant les procédés. (Relisez la seconde partie de la leçon.)

La statue avait bougé.
Les yeux de la statue s'étaient fermés.
J'entendis une plainte.

b. À partir de vos phrases, rédigez un paragraphe fantastique dans lequel vous exprimerez la peur croissante du narrateur.

Évaluer ses connaissances

Des deux textes suivants, lequel est fantastique ? Justifiez votre réponse en un paragraphe argumenté. (20 points)

1. La lune donnait sur les carreaux et projetait dans la chambre sa lueur bleue et blafarde. De grandes ombres, des formes bizarres, se dessinaient sur le plancher et sur les murailles. La pendule sonna un quart ; la vibration fut longue à s'éteindre ; on aurait dit un soupir. Les pulsations du balancier, qu'on entendait parfaitement, ressemblaient à s'y méprendre au cœur d'une personne émue.
Je n'étais rien moins qu'à mon aise et je ne savais trop que penser. Un furieux coup de vent fit battre les volets et ployer le vitrage de la fenêtre. Les boiseries craquèrent, la tapisserie ondula. Je me hasardai à regarder du côté d'Omphale, soupçonnant confusément qu'elle était pour quelque chose dans tout cela. Je ne m'étais pas trompé.
La tapisserie s'agita violemment. Omphale se détacha du mur et sauta légèrement sur le parquet ; elle vint à mon lit en ayant soin de se tourner du côté de l'endroit. Je crois qu'il n'est pas nécessaire de raconter ma stupéfaction.

Théophile Gautier, *Omphale*, 1834.

2. Un jour qu'elle était à cette fontaine, il vint à elle une pauvre femme qui la pria de lui donner à boire.
– Oui-da, ma bonne mère, dit cette belle fille.
Et, rinçant aussitôt sa cruche, elle puisa de l'eau au plus bel endroit de la fontaine et la lui présenta, soutenant toujours la cruche, afin qu'elle bût plus aisément.
La bonne femme, ayant bu, lui dit :
– Vous êtes si belle, si bonne et si honnête, que je ne puis m'empêcher de vous faire un don ; car c'était une fée qui avait pris la forme d'une pauvre femme de village, pour voir jusqu'où irait l'honnêteté de cette jeune fille. Je vous donne pour don, poursuivit la fée, qu'à chaque parole que vous direz, il vous sortira de la bouche ou une fleur, ou une pierre précieuse.

Charles Perrault, *Les Fées*, 1695.

Le vocabulaire abstrait

Observer

1. *L'Aventure de Walter Schnaffs* est une nouvelle de Maupassant qui met en scène un soldat lâche.

2. Dans *Voyage de santé*, une autre nouvelle de Maupassant, le héros, M. Panard, est un hypocondriaque.

1. Donnez la définition de chacun des mots soulignés.

2. Pouvez-vous dessiner une nouvelle, un soldat lâche, un héros, un hypocondriaque ?

3. À quels signes reconnaît-on alors qu'un soldat est lâche, qu'un homme est hypocondriaque ?

Retenir

1 Qu'est-ce qu'un mot abstrait ?

- **Les mots abstraits s'opposent aux mots concrets.**
- Les mots **concrets** désignent ce que **nos sens** (vue, ouïe, toucher, odorat, goût) peuvent **percevoir**, ce qui a donc une existence réelle, palpable, ce qu'on peut se représenter sans la réflexion.

  Chanson (ouïe) et *spaghetti* (vue, toucher, odorat, goût) sont des noms concrets.
- Les mots **abstraits** désignent ce que l'on peut percevoir seulement **par la pensée, par l'esprit.**

  Amitié, courageux, crainte, honneur, impatience, justice, libre, paix sont des mots abstraits.
- Le vocabulaire concret est donc le vocabulaire des sensations, de la nature, des objets, de l'action tandis que le **vocabulaire abstrait** est le **vocabulaire de la pensée**, le **vocabulaire moral**, le **vocabulaire philosophique**.

2 Quelles sont les catégories de mots abstraits ?

- Les mots abstraits rendent comptent des **valeurs intellectuelles, sociales** et **morales** liées à la vie en société.
- Ainsi de nombreux mots abstraits sont des noms et des adjectifs qualificatifs qui évoquent des **idées**, des **croyances**, des **activités intellectuelles**, des **sentiments** et des **émotions**, des **comportements sociaux**, des **traits de caractère**.

  La justice est la reconnaissance et le respect des droits de chacun.

3 Quand utilise-t-on les mots abstraits ?

On utilise souvent des noms abstraits pour évoquer les **traits de caractère des individus,** les **comportements humains** et pour mener à bien une **réflexion,** émettre un **jugement,** donner son **opinion** et débattre des **grandes idées** qui animent la société.

REMARQUE :
Il arrive que le même mot soit abstrait ou concret selon son emploi.

La peinture est un art difficile. (*peinture* = nom abstrait)
Il a refait toutes les peintures du salon. (*peintures* = nom concret)

S'exercer

Connaître le vocabulaire abstrait

1 Les noms soulignés dans cet extrait du monologue de Don Diègue appartiennent au vocabulaire abstrait. Justifiez pour chaque nom cette affirmation.

Ô rage ! ô désespoir ! ô vieillesse ennemie !
N'ai-je donc tant vécu que pour cette infamie ?
Et ne suis-je blanchi dans les travaux guerriers
Que pour voir en un jour flétrir tant de lauriers ?
Mon bras qu'avec respect toute l'Espagne admire,
Mon bras, qui tant de fois a sauvé cet empire,
Tant de fois affermi le trône de son roi,
Trahit donc ma querelle, et ne fait rien pour moi ?
Ô cruel souvenir de ma gloire passée !
Œuvre de tant de jours en un jour effacée !
Nouvelle dignité fatale à mon bonheur !
Précipice élevé d'où tombe mon honneur !
Faut-il de votre éclat voir triompher le comte,
Et mourir sans vengeance, ou vivre dans la honte ?

Pierre Corneille, *Le Cid*, acte I, scène 4, 1637.

2 Lisez ce texte.

La marquise Dorimène est amenée par le comte Dorante chez M. Jourdain, un bourgeois qui voudrait se hisser au niveau des nobles et qui s'est épris d'elle.

MONSIEUR JOURDAIN. – Madame, ce m'est une gloire bien grande de me voir assez fortuné pour être si heureux que d'avoir le bonheur que vous ayez eu la bonté de m'accorder la grâce de me faire l'honneur de m'honorer de la faveur de votre présence ; et si j'avais aussi le mérite pour mériter un mérite comme le vôtre, et que le Ciel... envieux de mon bien... m'eût accordé... l'avantage de me voir digne... des...
DORANTE. – Monsieur Jourdain, en voilà assez : Madame n'aime pas les grands compliments, et elle sait que vous êtes homme d'esprit. *(Bas, à Dorimène.)* C'est un bon bourgeois assez ridicule, comme vous voyez, dans toutes ses manières.
DORIMÈNE. – Il n'est pas malaisé de s'en apercevoir.

Molière, *Le Bourgeois gentilhomme*, acte III, scène 16, 1670.

1. Relevez, dans ce texte, tous les mots qui appartiennent au vocabulaire abstrait.
2. Quel effet produit sur le lecteur cette profusion de termes abstraits employés par Monsieur Jourdain ?

3 Associez chaque nom abstrait (liste A) évoquant une aptitude ou un trait de caractère à sa définition (liste B).

A) ambition • compréhension • cynisme • désinvolture • optimisme • paresse • patience • pessimisme • réticence • sérieux • volonté

B) 1. Attitude de celui qui met son énergie au service de ses projets.
2. Attitude de celui qui se moque des principes moraux, des convenances.
3. Attitude de celui qui est appliqué dans son travail.
4. Attitude de celui qui prend les choses du bon côté.
5. Attitude de celui qui ne s'énerve pas et supporte avec constance désagréments ou malheurs.
6. Attitude de celui qui admet facilement le point de vue des autres.
7. Attitude de celui qui cherche à s'élever socialement, intellectuellement.
8. Attitude de celui qui agit de façon insolente, impertinente.
9. Attitude de celui qui hésite à agir ou à dire ses pensées.
10. Attitude de celui qui refuse l'effort.
11. Attitude de celui qui pense que tout va mal.

4 Classez dans un tableau ces adjectifs qualificatifs abstraits évoquant le comportement social.

acariâtre • accueillant • acerbe • affable • agressif • aimable • arrogant • bougon • brutal • cruel • chaleureux • charitable • dévoué • distant • égoïste • généreux • grincheux • grossier • impoli • indifférent • infidèle • insolent • méchant • parjure • prévenant • querelleur • revêche • serviable

se comporte de façon désagréable avec l'autre	
se comporte de façon agréable envers l'autre	
ignore l'autre	
trahit l'autre	

5 Classez dans un tableau ces adjectifs qualificatifs qui évoquent les degrés de volonté d'une personne.

assidu • buté • capricieux • décidé • déterminé • entêté • hésitant • indécis • inflexible • intransigeant • obstiné • perplexe • persévérant • tenace • têtu • volontaire

fait preuve de volonté	
fait preuve d'un manque de volonté	

6 Relevez, dans la liste d'adjectifs qualificatifs proposés dans l'exercice 5, ceux qui servent à traduire une volonté à un degré tel qu'elle en devient un défaut.

7 Classez dans un tableau ces adjectifs qualificatifs qui évoquent les degrés du courage d'une personne.

audacieux • brave • courageux • froussard • hardi • héroïque • intrépide • lâche • poltron • sournois • stoïque • téméraire • vaillant • valeureux

fait preuve de courage	
fait preuve d'un manque de courage	

S'exercer

8 **Chassez l'intrus dans chaque série d'adjectifs qualificatifs évoquant un comportement ou un trait de caractère.**

1. amorphe • apathique • énergique • indolent
2. chaste • grossier • pudique • réservé
3. doucereux • franc • hypocrite • mielleux
4. courtois • effronté • insolent • impudent
5. goinfre • gourmand • sobre • vorace

9 **Classez, dans un tableau, ces adjectifs qualificatifs abstraits qui rendent compte d'une réflexion sur le monde.**

admirable • affreux • barbare • bluffant • criminel • déplorable • épatant • formidable • génial • insupportable • intolérable • juste • lamentable • magistral • minable • monstrueux • navrant • prodigieux • remarquable • scandaleux

jugement positif	
jugement négatif	

Utiliser le vocabulaire abstrait

10 **Retrouvez l'adjectif qualificatif abstrait qui correspond au trait de caractère ou au comportement évoqué par chaque expression imagée.**

blanc-bec • boute-en-train • brise-tout • casse-cou • tête brûlée • tête de lard • tête de linotte • tire-au-flanc

11 **Complétez chacune des phrases par un adjectif qualificatif évoquant un comportement agréable.**

1. La famille de mon correspondant a été très ... avec moi lors de mon séjour en Angleterre.
2. La vendeuse répond de façon ... au client.
3. Il est ... et fait l'aumône aux plus démunis.
4. La secrétaire est ... à son patron.
5. C'est un garçon ... et ..., toujours prêt à aider.

12 **Complétez chaque phrase par l'adjectif qualificatif qui convient pour traduire la volonté.**

1. Cet enfant est ... et ses efforts seront récompensés.
2. Mon père est ..., il ne veut pas que je sorte samedi soir avec mes amis.
3. Jérôme est un élève ... : il n'est jamais absent.
4. C'est un enfant ... qui refuse d'entendre raison.
5. Elle est d'un caractère ... et, de ce fait, elle a beaucoup de peine à prendre sa décision.
6. Cette actrice, en star ..., a eu d'incroyables exigences.

13 **Complétez chaque phrase par l'adjectif qualificatif qui convient pour évoquer le degré de courage.**

1. Elle s'est montrée ... à la mort de son mari.
2. Il reste ... malgré sa douleur.
3. Un soldat ... fuit devant l'ennemi.
4. Indiana Jones est un aventurier ... qui ne craint pas le danger.

14 **En imitant la structure de ce texte et en utilisant un vocabulaire abstrait, décrivez le comportement des parisiens de nos jours.**

Edmond, le héros, qui a quitté son village, se plaint à sa famille de l'indifférence des Parisiens.

Au premier coup d'œil que l'on jette sur le peuple de Paris, il paraît tout le contraire de nos citadins de province : nulle attention les uns pour les autres ; très peu d'égards dans les occasions même qui le demandent ; on voit que tous ces gens-là sont des pièces séparées, qui ne forment point un tout. Je crois que la politique y gagne ; mais l'humanité sûrement y perd. Si un homme que des voleurs assassinent se sauve dans une boutique, il en est pour l'ordinaire inhumainement repoussé par le maître qui le voit massacrer de sang-froid à sa porte.

Restif de la Bretonne, *Le Paysan perverti*, 1776.

15 **Observez ce tableau d'Alfred Stevens qui a été peint en 1854 pour illustrer le sort des plus pauvres.**

Alfred Stevens, *Ce qu'on appelle le vagabondage*, 1854, musée d'Orsay, Paris.

Rédigez un texte commentant ce tableau.

a. **Vous utiliserez du vocabulaire concret pour décrire la scène.**

b. **Vous utiliserez du vocabulaire abstrait pour l'interprétation que l'on peut faire de ce tableau et de son titre.**

Évaluer ses connaissances

1. **Retrouvez le nom abstrait évoquant un comportement social ou un trait de caractère et correspondant à chacune des expressions imagées. (10 points)**

avoir de la suite dans les idées • avoir le cœur sur la main • faire ses coups en douce • n'en faire qu'à sa tête • ne pas avoir froid aux yeux • ne pas avoir de sang dans les veines • se laisser vivre • se soucier de quelque chose comme de l'an quarante • tenir bon • tirer la couverture à soi.

2. **Choisissez une expression et imaginez un récit qui l'illustre. (10 points)**

FICHE 35

Lire une image

Le champ	
Notions	**Définitions**
Le champ	➤ Il est délimité par le cadre de la photographie ou du tableau. Il définit l'espace donné à voir dans l'image.
La vignette	➤ Elle définit l'espace donné à voir dans une bande dessinée.
Le contre-champ	➤ Il se trouve en face du champ. Selon les cas, on peut le deviner ou le voir.
Le hors champ	➤ C'est ce qui ne figure pas dans le cadre (mais qui peut être imaginé).
L'angle de prise de vue – L'angle normal – La plongée – La contre-plongée	➤ Il désigne le point d'où est vu le champ. ➤ Celui qui regarde est sur le même plan que les personnes ou objets observés. ➤ Le paysage ou le personnage sont vus d'en haut, ce qui les place dans une position peu avantageuse. ➤ Ils sont vus d'en bas, ce qui est souvent la marque d'une position dominante.
Le cadrage de l'image – Le plan d'ensemble – Le plan moyen – Le plan américain – Le plan rapproché – Le gros plan	➤ Il élargit ou rétrécit le champ. ➤ Il présente le cadre où évoluent des personnages. ➤ Les personnages sont encore vus en entier. ➤ Les personnages sont coupés à mi-cuisses. ➤ Les personnages sont coupés au niveau de la poitrine. ➤ Il insiste sur un détail.

La composition et l'organisation dans une photographie ou un tableau	
Notions	**Définitions**
La profondeur de champ – Le premier plan – Le second plan – L'arrière-plan	➤ Elle est créée par les différents plans. ➤ Ce qui est le plus près du spectateur. ➤ Ce qui est immédiatement après le premier plan. ➤ Ce qui est au fond de l'image.
Les lignes de force Les lignes de fuite Le rapport des couleurs entre elles	➤ Elles traversent l'image de façon plus ou moins visible ; elles sont horizontales, verticales, obliques. ➤ Elles inscrivent l'effet de perspective dans un tableau. ➤ Il est défini par l'opposition, la répétition, la répartition.
La valeur des couleurs	➤ Elle peut être chaude (le rouge) ou froide (le bleu).
L'origine, l'intensité et la répartition de la lumière	➤ Elles créent des zones sombres et claires (effet de clair-obscur).
La touche du pinceau ou le trait	➤ Elle est plus ou moins marquée.

Georges de La Tour (1593-1652), *Le Tricheur à l'as de carreau*, huile sur toile, musée du Louvre, Paris.

Questions

1. Existe-t-il plusieurs **plans** dans ce tableau ? Pourquoi l'artiste a-t-il choisi cette **composition** ?

2. Que raconte la scène décrite ? Quels en sont les deux personnages principaux ? Lequel est dans la **lumière** ? Lequel est dans l'**ombre** ? Pourquoi, selon vous ?

3. Montrez que l'observateur (quiconque regarde le tableau) est impliqué dans l'action qui se déroule sur la toile.

4. Comment l'artiste a-t-il mis en valeur les mains ? Pourquoi leur donne-t-il cette importance ?

Affiche de Cataldo pour le salon du polar et de la BD, Noves, 2005.

Questions

1. Définissez l'**angle de vue** et justifiez votre réponse. Quel effet produit-il ?

2. Quel est le **cadrage** choisi ?

3. Comment les **lignes de fuite** sont-elles mises en valeur ?

4. Commentez le choix des **couleurs** et l'effet produit.

5. Quelle impression générale ces différents choix sont-ils destinés à créer ?

6. Imaginez la situation dans laquelle se trouve la jeune femme au moment décrit.

FICHE 36

Lire la bande dessinée

Glossaire

Vignette (ou case) : image généralement cernée d'un trait qui constitue l'unité de base de la narration dans la bande dessinée.

Strip : case longue proposant une image globale (à mi-chemin de la bande et de la planche).

Contour : ligne entourant une case.

Intercase ou **gouttière :** espace entre deux cases qui n'est pas nécessairement blanc.

Bande ou **bandeau :** ligne de cases de gauche à droite sur une page.

Bulle ou **phylactère :** espace contenant du dialogue mais aussi les pensées d'un personnage ou une exclamation.

Queue ou **indice :** pointeur qui relie la bulle à l'orateur.

Récitatif : élément narratif situé dans un cadre à l'intérieur d'une vignette et assurant la cohérence et la progression du récit.

Les procédés spécifiques à la bande dessinée

Le format de la vignette et ses effets

Le cadre de la vignette est en général de forme rectangulaire ou carrée. Ses dimensions varient en fonction du type de plan représenté, la lisibilité d'un plan d'ensemble demandant une surface plus importante que celle d'un plan moyen ou d'un gros plan. Le format de la vignette a une fonction particulière : il permet d'exprimer **le rythme du récit**.

Le format horizontal

Ce format est utilisé pour la description de paysages. Il correspond à **un ralentissement du récit**. L'impression d'étirement du temps est d'autant plus grande que la vignette occupe une place importante dans la largeur de la page. Parfois, le format déborde des limites de la planche et s'étire jusqu'à occuper les dimensions d'une double page, suggérant **l'effet du cinémascope**.

Le format vertical

Il convient pour décrire certaines réalités (rues étroites, buildings, abîme rocheux ou marin, pic montagneux). Le format vertical constitue le plus souvent **une rupture dynamique** dans l'organisation globale de la planche. Il est utilisé quand une rupture dans les événements implique une verticalité (ascension, escalade, chute, explosion), mais aussi lors de l'arrivée ou de la sortie d'un personnage, d'une rencontre, de la réponse à une invitation ou à un interdit.

C'est la mise en relation des deux types de format, horizontal et vertical, qui permet de créer des effets de rythme et de jouer sur le ralentissement ou l'accélération du récit.

Paroles et phylactères

La bulle ou phylactère

Le dessinateur lui donne la forme de son choix : il peut placer les paroles des personnages dans des rectangles délimités ou privilégier les formes arrondies. Certains contours correspondent à des conventions : un bord légèrement dentelé signifie que des paroles sont prononcées au téléphone ou transmises par la radio. La forme du phylactère contribue à **la valeur expressive de l'échange** : un contour très agressif, hérissé de pointes, exprime la colère d'un personnage.

La distribution de la parole

C'est l'orientation du phylactère qui permet de savoir qui parle. Le plus souvent, le personnage qui s'exprime est représenté en plan moyen ou en gros plan. Il arrive qu'il soit perdu dans un plan d'ensemble ou caché par une construction ou un véhicule. Dans ce cas, l'appendice du phylactère et le trait qui le prolonge désignent précisément la place occupée par le personnage resté invisible.

Plan de la conscience

Pour exprimer qu'un personnage pense, on relie le phylactère à son crâne par une série de petites formes arrondies discontinues dont la taille diminue progressivement. Le phylactère peut comporter des symboles qui expriment états d'âme ou émotions : agressivité (crâne, gants de boxe, marteau…), désir d'évasion et optimisme (soleil, palmiers, parasol…), sentiments amoureux (cœur, lèvres, jolie fille), idée lumineuse (ampoule ou bougie allumée…).

Effets graphiques et typographiques

La taille et la grosseur des caractères augmentent en fonction de l'intensité du volume de la voix. Dans l'expression de la colère, le texte envahit parfois le phylactère jusqu'à le déborder. L'utilisation de caractères différents dans l'expression de la pensée peut avoir une valeur symbolique dramatique : ils expriment des temps forts de la pensée et peuvent constituer une anticipation de l'action.

Expressivité du dessin et de la couleur

Alors que la bande dessinée comique recourt souvent au graphisme pur et simplifie le dessin pour ne pas détourner l'attention de la visée principale – faire rire –, la bande dessinée réaliste ou fantastique donne de l'importance au contexte et crée une atmosphère en jouant sur le trait et la couleur.

Le rôle du dessin

On constate un effet de dramatisation obtenu par l'utilisation de larges à-plats noirs ou de formes géométriques (ponts, immeubles…), l'utilisation des lois de la perspective communiquant l'illusion de la vraisemblance.

La fonction de la couleur

Le brun et l'ocre sont couramment utilisés pour suggérer la chaleur et la menace. Les scènes de violence sont traitées dans la gamme du rouge orange. Le mystère est volontiers traduit par une harmonie des teintes froides, en bleu vert, violet. Un même album peut jouer sur des tonalités colorées et des traitements graphiques différents pour traduire l'opposition entre plusieurs registres ou univers (réalité opposée au rêve).

Questions

1. **Repérez, dans l'extrait suivant, une vignette, une gouttière, un bandeau, une bulle, un strip.**

2. **Voyez-vous un récitatif ?**

3. **Pour chacune des deux dernières vignettes, que signale le changement de typographie ?**

Jacques Tardi, *Adèle et la Bête*, © éd. Casterman, 1976.

Tableaux de conjugaison

AVOIR

	TEMPS SIMPLES	TEMPS COMPOSÉS
INDICATIF	**présent** j'ai tu as il a nous avons vous avez ils ont	**passé composé** j'ai eu tu as eu il a eu nous avons eu vous avez eu ils ont eu
	imparfait j'avais tu avais il avait nous avions vous aviez ils avaient	**plus-que-parfait** j'avais eu tu avais eu il avait eu nous avions eu vous aviez eu ils avaient eu
	passé simple j'eus tu eus il eut nous eûmes vous eûtes ils eurent	**passé antérieur** j'eus eu tu eus eu il eut eu nous eûmes eu vous eûtes eu ils eurent eu
	futur j'aurai tu auras il aura nous aurons vous aurez ils auront	**futur antérieur** j'aurai eu tu auras eu il aura eu nous aurons eu vous aurez eu ils auront eu
CONDITIONNEL	**présent** j'aurais tu aurais il aurait nous aurions vous auriez ils auraient	**passé** j'aurais eu tu aurais eu il aurait eu nous aurions eu vous auriez eu ils auraient eu
SUBJONCTIF	**présent** que j'aie que tu aies qu'il ait que nous ayons que vous ayez qu'ils aient	**passé** que j'aie eu que tu aies eu qu'il ait eu que nous ayons eu que vous ayez eu qu'ils aient eu
IMPÉRATIF	**présent** aie ayons ayez	**passé** aie eu ayons eu ayez eu
INFINITIF	**présent** avoir	**passé** avoir eu
PARTICIPE	**présent** ayant	**passé** (ayant) eu

ÊTRE

	TEMPS SIMPLES	TEMPS COMPOSÉS
INDICATIF	**présent** je suis tu es il est nous sommes vous êtes ils sont	**passé composé** j'ai été tu as été il a été nous avons été vous avez été ils ont été
	imparfait j'étais tu étais il était nous étions vous étiez ils étaient	**plus-que-parfait** j'avais été tu avais été il avait été nous avions été vous aviez été ils avaient été
	passé simple je fus tu fus il fut nous fûmes vous fûtes ils furent	**passé antérieur** j'eus été tu eus été il eut été nous eûmes été vous eûtes été ils eurent été
	futur je serai tu seras il sera nous serons vous serez ils seront	**futur antérieur** j'aurai été tu auras été il aura été nous aurons été vous aurez été ils auront été
CONDITIONNEL	**présent** je serais tu serais il serait nous serions vous seriez ils seraient	**passé** j'aurais été tu aurais été il aurait été nous aurions été vous auriez été ils auraient été
SUBJONCTIF	**présent** que je sois que tu sois qu'il soit que nous soyons que vous soyez qu'ils soient	**passé** que j'aie été que tu aies été qu'il ait été que nous ayons été que vous ayez été qu'ils aient été
IMPÉRATIF	**présent** sois soyons soyez	**passé** aie été ayons été ayez été
INFINITIF	**présent** être	**passé** avoir été
PARTICIPE	**présent** étant	**passé** (ayant) été

	AIMER		ÊTRE AIMÉ	
	TEMPS SIMPLES	TEMPS COMPOSÉS	TEMPS SIMPLES	TEMPS COMPOSÉS
INDICATIF	**présent**	**passé composé**	**présent**	**passé composé**
	j'aime tu aimes il aime nous aimons vous aimez ils aiment	j'ai aimé tu as aimé il a aimé nous avons aimé vous avez aimé ils ont aimé	je suis aimé tu es aimé il est aimé nous sommes aimés vous êtes aimés ils sont aimés	je suis aimé tu es aimé il est aimé nous sommes aimés vous êtes aimés ils sont aimés
	imparfait	**plus-que-parfait**	**imparfait**	**plus-que-parfait**
	j'aimais tu aimais il aimait nous aimions vous aimiez ils aimaient	j'avais aimé tu avais aimé il avait aimé nous avions aimé vous aviez aimé ils avaient aimé	j'étais aimé tu étais aimé il était aimé nous étions aimés vous étiez aimés ils étaient aimés	j'avais été aimé tu avais été aimé il avait été aimé nous avions été aimés vous aviez été aimés ils avaient été aimés
	passé simple	**passé antérieur**	**passé simple**	**passé antérieur**
	j'aimai tu aimas il aima nous aimâmes vous aimâtes ils aimèrent	j'eus aimé tu eus aimé il eut aimé nous eûmes aimé vous eûtes aimé ils eurent aimé	je fus aimé tu fus aimé il fut aimé nous fûmes aimés vous fûtes aimés ils furent aimés	j'eus été aimé tu eus été aimé il eut été aimé nous eûmes été aimés vous eûtes été aimés ils eurent été aimés
	futur	**futur antérieur**	**futur**	**futur antérieur**
	j'aimerai tu aimeras il aimera nous aimerons vous aimerez ils aimeront	j'aurai aimé tu auras aimé il aura aimé nous aurons aimé vous aurez aimé ils auront aimé	je serai aimé tu seras aimé il sera aimé nous serons aimés vous serez aimés ils seront aimés	j'aurai été aimé tu auras été aimé il aura été aimé nous aurons été aimés vous aurez été aimés ils auront été aimés
CONDITIONNEL	**présent**	**passé**	**présent**	**passé**
	j'aimerais tu aimerais il aimerait nous aimerions vous aimeriez ils aimeraient	j'aurais aimé tu aurais aimé il aurait aimé nous aurions aimé vous auriez aimé ils auraient aimé	je serais aimé tu serais aimé il serait aimé nous serions aimés vous seriez aimés ils seraient aimés	j'aurais été aimé tu aurais été aimé il aurait été aimé nous aurions été aimés vous auriez été aimés ils auraient été aimés
SUBJONCTIF	**présent**	**passé**	**présent**	**passé**
	que j'aime que tu aimes qu'il aime que nous aimions que vous aimiez qu'ils aiment	que j'aie aimé que tu aies aimé qu'il ait aimé que nous ayons aimé que vous ayez aimé qu'ils aient aimé	que je sois aimé que tu sois aimé qu'il soit aimé que nous soyons aimés que vous soyez aimés qu'ils soient aimés	que j'aie été aimé que tu aies été aimé qu'il ait été aimé que nous ayons été aimés que vous ayez été aimés qu'ils aient été aimés
IMPÉRATIF	**présent**	**passé**	**présent**	**passé**
	aime aimons aimez	aie aimé ayons aimé ayez aimé	sois aimé soyons aimés soyez aimés	aie été aimé ayons été aimés ayez été aimés
INFINITIF	**présent**	**passé**	**présent**	**passé**
	aimer	avoir aimé	être aimé	avoir été aimé
PARTICIPE	**présent**	**passé**	**présent**	**passé**
	aimant	(ayant) aimé	étant aimé	(ayant été) aimé

Tableaux de conjugaison

	FINIR		PRENDRE	
	TEMPS SIMPLES	TEMPS COMPOSÉS	TEMPS SIMPLES	TEMPS COMPOSÉS
INDICATIF	**présent**	**passé composé**	**présent**	**passé composé**
	je finis tu finis il finit nous finissons vous finissez ils finissent	j'ai fini tu as fini il a fini nous avons fini vous avez fini ils ont fini	je prends tu prends il prend nous prenons vous prenez ils prennent	j'ai pris tu as pris il a pris nous avons pris vous avez pris ils ont pris
	imparfait	**plus-que-parfait**	**imparfait**	**plus-que-parfait**
	je finissais tu finissais il finissait nous finissions vous finissiez ils finissaient	j'avais fini tu avais fini il avait fini nous avions fini vous aviez fini ils avaient fini	je prenais tu prenais il prenait nous prenions vous preniez ils prenaient	j'avais pris tu avais pris il avait pris nous avions pris vous aviez pris ils avaient pris
	passé simple	**passé antérieur**	**passé simple**	**passé antérieur**
	je finis tu finis il finit nous finîmes vous finîtes ils finirent	j'eus fini tu eus fini il eut fini nous eûmes fini vous eûtes fini ils eurent fini	je pris tu pris il prit nous prîmes vous prîtes ils prirent	j'eus pris tu eus pris il eut pris nous eûmes pris vous eûtes pris ils eurent pris
	futur	**futur antérieur**	**futur**	**futur antérieur**
	je finirai tu finiras il finira nous finirons vous finirez ils finiront	j'aurai fini tu auras fini il aura fini nous aurons fini vous aurez fini ils auront fini	je prendrai tu prendras il prendra nous prendrons vous prendrez ils prendront	j'aurai pris tu auras pris il aura pris nous aurons pris vous aurez pris ils auront pris
CONDITIONNEL	**présent**	**passé**	**présent**	**passé**
	je finirais tu finirais il finirait nous finirions vous finiriez ils finiraient	j'aurais fini tu aurais fini il aurait fini nous aurions fini vous auriez fini ils auraient fini	je prendrais tu prendrais il prendrait nous prendrions vous prendriez ils prendraient	j'aurais pris tu aurais pris il aurait pris nous aurions pris vous auriez pris ils auraient pris
SUBJONCTIF	**présent**	**passé**	**présent**	**passé**
	que je finisse que tu finisses qu'il finisse que nous finissions que vous finissiez qu'ils finissent	que j'aie fini que tu aies fini qu'il ait fini que nous ayons fini que vous ayez fini qu'ils aient fini	que je prenne que tu prennes qu'il prenne que nous prenions que vous preniez qu'ils prennent	que j'aie pris que tu aies pris qu'il ait pris que nous ayons pris que vous ayez pris qu'ils aient pris
IMPÉRATIF	**présent**	**passé**	**présent**	**passé**
	finis finissons finissez	aie fini ayons fini ayez fini	prends prenons prenez	aie pris ayons pris ayez pris
INFINITIF	**présent**	**passé**	**présent**	**passé**
	finir	avoir fini	prendre	avoir pris
PARTICIPE	**présent**	**passé**	**présent**	**passé**
	finissant	(ayant) fini	prenant	(ayant été) pris

ALLER

	TEMPS SIMPLES	TEMPS COMPOSÉS
INDICATIF	**présent** je vais tu vas il va nous allons vous allez ils vont	**passé composé** je suis allé tu es allé il est allé nous sommes allés vous êtes allés ils sont allés
	imparfait j'allais tu allais il allait nous allions vous alliez ils allaient	**plus-que-parfait** j'étais allé tu étais allé il était allé nous étions allés vous étiez allés ils étaient allés
	passé simple j'allai tu allas il alla nous allâmes vous allâtes ils allèrent	**passé antérieur** je fus allé tu fus allé il fut allé nous fûmes allés vous fûtes allés ils furent allés
	futur j'irai tu iras il ira nous irons vous irez ils iront	**futur antérieur** je serai allé tu seras allé il sera allé nous serons allés vous serez allés ils seront allés
CONDITIONNEL	**présent** j'irais tu irais il irait nous irions vous iriez ils iraient	**passé** je serais allé tu serais allé il serait allé nous serions allés vous seriez allés ils seraient allés
SUBJONCTIF	**présent** que j'aille que tu ailles qu'il aille que nous allions que vous alliez qu'ils aillent	**passé** que je sois allé que tu sois allé qu'il soit allé que nous soyons allés que vous soyez allés qu'ils soient allés
IMPÉRATIF	**présent** va allons allez	**passé** sois allé soyons allés soyez allés
INFINITIF	**présent** aller	**passé** être allé
PARTICIPE	**présent** allant	**passé** (étant) allé

FAIRE

	TEMPS SIMPLES	TEMPS COMPOSÉS
INDICATIF	**présent** je fais tu fais il fait nous faisons vous faites ils font	**passé composé** j'ai fait tu as fait il a fait nous avons fait vous avez fait ils ont fait
	imparfait je faisais tu faisais il faisait nous faisions vous faisiez ils faisaient	**plus-que-parfait** j'avais fait tu avais fait il avait fait nous avions fait vous aviez fait ils avaient fait
	passé simple je fis tu fis il fit nous fîmes vous fîtes ils firent	**passé antérieur** j'eus fait tu eus fait il eut fait nous eûmes fait vous eûtes fait ils eurent fait
	futur je ferai tu feras il fera nous ferons vous ferez ils feront	**futur antérieur** j'aurai fait tu auras fait il aura fait nous aurons fait vous aurez fait ils auront fait
CONDITIONNEL	**présent** je ferais tu ferais il ferait nous ferions vous feriez ils feraient	**passé** j'aurais fait tu aurais fait il aurait fait nous aurions fait vous auriez fait ils auraient fait
SUBJONCTIF	**présent** que je fasse que tu fasses qu'il fasse que nous fassions que vous fassiez qu'ils fassent	**passé** que j'aie fait que tu aies fait qu'il ait fait que nous ayons fait que vous ayez fait qu'ils aient fait
IMPÉRATIF	**présent** fais faisons faites	**passé** aie fait ayons fait ayez fait
INFINITIF	**présent** faire	**passé** avoir fait
PARTICIPE	**présent** faisant	**passé** (ayant) fait

VERBES IRRÉGULIERS

INFINITIF	INDICATIF PRÉSENT	PASSÉ SIMPLE	FUTUR SIMPLE	SUBJONCTIF PRÉSENT	PARTICIPES
Acquérir et verbes en ***-quérir***	j'acquiers nous acquérons ils acquièrent	j'acquis nous acquîmes	j'acquerrai nous acquerrons	que j'acquière que nous acquérions	acquérant acquis
Apercevoir et verbes en ***-cevoir***	j'aperçois nous apercevons ils aperçoivent	j'aperçus nous aperçûmes	j'apercevrai nous apercevrons	que j'aperçoive que nous apercevions	apercevant aperçu
Appuyer et verbes en ***-uyer***	j'appuie nous appuyons	j'appuyai nous appuyâmes	j'appuierai nous appuierons	que j'appuie que nous appuyions	appuyant appuyé
Asseoir	j'assieds *ou* j'assois nous asseyons *ou* nous assoyons	j'assis nous assîmes	j'assiérai *ou* j'assoirai nous assiérons *ou* nous assoirons	que j'asseye *ou* que j'assoie que nous asseyions *ou* que nous assoyions	asseyant *ou* assoyant assis
Atteindre et verbes en ***-eindre***	j'atteins nous atteignons	j'atteignis nous atteignîmes	j'atteindrai nous atteindrons	que j'atteigne que nous atteignons	atteignant atteint
Battre	je bats nous battons	je battis nous battîmes	je battrai nous battrons	que je batte que nous battions	battant battu
Boire	je bois nous buvons ils boivent	je bus nous bûmes	je boirai nous boirons	que je boive que nous buvions	buvant bu
Conclure et **exclure**	je conclus nous concluons	je conclus nous conclûmes	je conclurai nous conclurons	que je conclue que nous concluions	concluant conclu
Courir	je cours nous courons	je courus nous courûmes	je courrai nous courrons	que je coure que nous courions	courant couru
Craindre et verbes en ***-aindre***	je crains nous craignons	je craignis nous craignîmes	je craindrai nous craindrons	que je craigne que nous craignions	craignant craint
Croire	je crois nous croyons ils croient	je crus nous crûmes	je croirai nous croirons	que je croie que nous croyions qu'ils croient	croyant cru
Cueillir	je cueille nous cueillons	je cueillis nous cueillîmes	je cueillerai nous cueillerons	que je cueille que nous cueillions	cueillant cueilli

VERBES IRRÉGULIERS

INFINITIF	INDICATIF PRÉSENT	PASSÉ SIMPLE	FUTUR SIMPLE	SUBJONCTIF PRÉSENT	PARTICIPES
Devoir	je dois nous devons ils doivent	je dus nous dûmes	je devrai nous devrons	que je doive que nous devions	devant dû, dus, due, dues
Dire	je dis nous disons vous dites	je dis nous dîmes	je dirai nous dirons	que je dise que nous disions	disant dit
Essayer et verbes en *-ayer*	j'essaie *ou* j'essaye nous essayons	j'essayai nous essayâmes	j'essaierai *ou* j'essayerai nous essaierons *ou* nous essayerons	que j'essaie *ou* que j'essaye que nous essayions	essayant essayé
Mettre	je mets nous mettons	je mis nous mîmes	je mettrai nous mettrons	que je mette que nous mettions	mettant mis
Naître	je nais il naît nous naissons	je naquis nous naquîmes	je naîtrai nous naîtrons	que je naisse que nous naissions	naissant né
Pouvoir	je peux, je puis nous pouvons ils peuvent	je pus nous pûmes	je pourrai nous pourrons	que je puisse que nous puissions	pouvant pu
Savoir	je sais nous savons	je sus nous sûmes	je saurai nous saurons	que je sache que nous sachions	sachant su
Tenir et **venir**	je tiens nous tenons ils tiennent	je tins nous tînmes	je tiendrai nous tiendrons	que je tienne que nous tenions	tenant tenu
Valoir	je vaux nous valons	je valus nous valûmes	je vaudrai nous vaudrons	que je vaille que nous valions qu'ils vaillent	valant valu
Vivre	je vis nous vivons	je vécus nous vécûmes	je vivrai nous vivrons	que je vive que nous vivions	vivant vécu
Voir	je vois nous voyons ils voient	je vis nous vîmes	je verrai nous verrons	que je voie que nous voyions qu'ils voient	voyant vu
Vouloir	je veux nous voulons ils veulent	je voulus nous voulûmes	je voudrai nous voudrons	que je veuille que nous voulions qu'ils veuillent	voulant voulu

Acrostiche : poème dans lequel les initiales de chaque vers forment un mot qui se lit verticalement.
Voir p. 162-163.

Alexandrin : vers de douze syllabes.
Ex. : *Ô rage ! ô désespoir ! ô vieillesse ennemie !* (*Le Cid* de Corneille)

Allégorie : représentation d'une idée abstraite par un personnage. Ex. : Marianne, coiffée de son bonnet phrygien, est l'allégorie de la République française.

Allitération : retour d'un même son consonantique.

Anaphore : répétition de mots en début de phrase ou de vers.

Antiphrase : figure de style qui consiste à dire le contraire de ce que l'on veut exprimer.
Voir p. 337.

Antithèse : figure de style qui consiste à rapprocher, dans une phrase ou dans un texte, deux mots, deux expressions, deux idées tout à fait opposés.
Voir p. 336.

Antonyme : mot de sens contraire. Ex. : *joie* est l'antonyme de *tristesse*.

Aparté : paroles qu'un personnage de théâtre prononce « à part » et que seul le public entend.

Assonance : retour d'un même son vocalique.

Calligramme : poème dont la disposition graphique sur la page forme un dessin, généralement en rapport avec le sujet du texte. *Voir p. 162.*

Caricature : accentuation d'un défaut.
Voir dossier p. 124-129.

Champ lexical : ensemble des mots (verbes, noms, adjectifs, adverbes) qui se rapportent à un même thème, une même notion. Par exemple, *frayeur*, *redouter*, *terrifiant* appartiennent au champ lexical de la *peur*.

Champ sémantique : ensemble des sens d'un mot.

Chute : phrase finale d'un texte qui crée la surprise.
Voir p. 38.

Comique : tonalité propre à la farce ou à la comédie qui visent à faire rire. On distingue le comique de gestes, le comique de mots, le comique de caractère et le comique de situation. *Voir p. 212.*

Commedia dell'arte : théâtre populaire d'origine italienne.

Comparaison : figure de style qui rapproche deux éléments (un comparant et un comparé), qui ont un point commun, au moyen d'un outil de comparaison. Ex. *Nager comme un poisson dans l'eau*.

Connecteurs : mots ou groupes de mots qui relient des propositions, des phrases, ou des parties de textes : **connecteurs spatiaux** *(voir p. 312-313)* ; **connecteurs temporels** *(voir p. 314-315)* ; **connecteurs argumentatifs** *(voir p. 316-317)*.

Description : partie d'un texte qui caractérise ou qualifie un lieu, un objet, un personnage ou un sentiment.

Destinataire : celui à qui s'adressent un envoi, une lettre, de façon générale tout message écrit ou oral ; dans ce dernier cas, il peut avoir pour synonymes *interlocuteur* (s'il s'agit d'un dialogue), *auditeur* (s'il s'agit d'un discours).

Didascalie : dans un texte de théâtre, indications par lesquelles l'auteur précise le jeu des acteurs, les déplacements, la mise en scène. *Voir chapitres 7 et 8.*

Dramatique : 1. relatif au théâtre. 2. susceptible d'émouvoir.

Ellipse : *voir p. 38.*

Énoncé : suite de mots émise par celui qui parle ou écrit.
Voir p. 332-333.

Énonciation (situation d') : situation concrète dans laquelle l'**énoncé*** est produit.
Voir p. 332-333.

Épopée : très long récit en vers chantant les aventures et exploits des héros légendaires.

Étymologie : origine d'un mot.

Explicite : qui est exprimé. Antonyme : **implicite***.

Figure de style : façon particulière d'utiliser les mots pour produire un effet spécial.

Figuré (sens) : par opposition au sens propre, sens d'un mot qui repose sur une image. Ex. : *être dans la lune*.

Forme fixe : poème dont la forme suit des règles strictes.

Genre (littéraire) : catégorie à laquelle appartient une œuvre littéraire, en fonction de ses caractéristiques (roman, théâtre, poésie, fable…).

Hémistiche : demi-vers. Ex. : un alexandrin comporte deux hémistiches de six syllabes chacun.

Hyperbole : figure de style qui consiste à exagérer volontairement la réalité des choses pour impressionner.
Voir p. 336.

Implicite : qui n'est pas dit, qui est sous-entendu. Antonyme : **explicite***.

Indice : élément du texte à partir duquel on peut tirer un certain nombre d'informations (indice de lieu, de temps, indice lexical).

Ironie : procédé qui consiste à laisser entendre autre chose que ce que l'on dit. L'ironie sert à se moquer ou à dénoncer. *Voir p. 337.*

Lyrisme, poésie lyrique : poésie chantée – à l'origine, accompagnée par la *lyre* – suggérant les sentiments produits dans l'âme du poète et qu'il fait éprouver à celui qui le lit ou l'écoute. *Voir chapitre 9.*

Mélioratif (terme) : adjectif formé sur le mot latin *melior*. Un terme mélioratif exprime donc un jugement favorable. Antonyme : **péjoratif***.

Métaphore : figure de style qui assimile un élément à un autre. C'est une comparaison sans outil de comparaison. Ex. : *Cet homme est doux comme un agneau* (comparaison). *C'est un agneau* (métaphore).

Mètre : synonyme de **vers**.

Mise en abyme : procédé qui consiste à répéter un élément à l'intérieur d'autres éléments similaires au premier, sur le principe des poupées gigognes. En littérature, ce terme désigne l'enchâssement d'un récit dans un autre. Au théâtre, le procédé du **théâtre dans le théâtre** est utilisé, par exemple dans *Cyrano de Bergerac* : les spectateurs qui assistent à une représentation de *Cyrano* voient le rideau se lever sur des comédiens jouant eux-mêmes le rôle de spectateurs du XVIIe siècle venus admirer un comédien sur scène. On retrouve ce procédé dans d'autres formes artistiques, telle la peinture. *Voir p. 252-253.*

Mode (verbe) : façon de penser l'action (indicatif, impératif, subjonctif, infinitif, participe).

Monologue (du grec *monos*, « seul », et *logos*, « discours ») **:** paroles qu'un personnage s'adresse à lui-même, à voix haute ou intérieurement (monologue intérieur). *Voir p. 232-233.*

Mythe : récit légendaire présentant les exploits d'êtres fabuleux ou expliquant le monde, et de portée allégorique.

Narrateur : celui qui raconte.

Pause (dans un récit) : *voir p. 38.*

Péjoratif : adjectif formé sur le mot latin *pejor*, qui signifie *plus mauvais*. Un terme péjoratif exprime donc un jugement négatif, dévalorisant. Antonyme : **mélioratif***.

Périphrase : figure de style qui consiste à remplacer un mot par une expression plus longue. Ex. : *le roi des animaux*, pour parler du *lion*.

Point de vue : dans un récit, angle selon lequel l'histoire est racontée. On distingue le **point de vue omniscient** (le narrateur sait tout de la situation et des personnages), le **point de vue interne** (il choisit le point de vue d'un des personnages) et le **point de vue externe** (le narrateur regarde les personnages de l'extérieur et ne sait rien de ce qu'ils pensent et ressentent). *Voir p. 38.*

Préfixe : élément qu'on ajoute devant un radical ou un mot pour former un nouveau mot de même nature grammaticale. Ex. : *dire / prédire*. *Voir p. 344-345.*

Prose : forme ordinaire de l'expression orale ou écrite (par opposition aux **vers**).

Protagoniste : personnage principal, celui qui joue le rôle le plus important.

Quatrain : strophe de quatre vers.

Quiproquo (du latin *qui*, « quelqu'un », *pro*, « à la place de », et *quo*, « quelqu'un ») **:** méprise qui consiste à prendre une personne ou une chose pour une autre. *Voir chapitre 7.*

Réplique : au théâtre, parole qu'un personnage prononce en réponse à des paroles qui lui sont adressées.

Ressorts (du comique) : éléments qui agissent de façon à provoquer (le rire). *Voir chapitre 7.*

Rime : répétition de sonorités à la fin de plusieurs vers d'un poème.

Scène narrative : *voir p. 38.*

Sens propre : sens premier d'un mot.

Sommaire (dans un récit) : *voir p. 38.*

Sonnet : poème composé de quatorze vers, deux quatrains et deux tercets.

Strophe : ensemble cohérent de plusieurs vers dans un poème.

Suffixe : élément qu'on ajoute à un radical pour former des mots pouvant appartenir aux différentes classes de mots. Ex. : *sentir / sent**iment***. *Voir p. 346-347.*

Suspense : procédé qui consiste à raconter les événements de façon telle que le lecteur attend la suite avec angoisse.

Symbole : objet ou fait qui évoque, par sa forme ou sa nature, une idée abstraite. Ex. : La colombe est le symbole de la paix.

Synonyme : mot de sens proche et de même nature. Ex. : *adversaire* est synonyme d'*ennemi*.

Tercet : strophe de trois vers.

Tonalité : caractérise l'état affectif, émotionnel, qu'un énoncé vise à créer par ses effets chez son **destinataire***.

Tragique : tonalité propre à la tragédie qui vise à émouvoir, susciter la terreur et / ou la pitié. La tragédie met en scène des êtres humains qui, malgré tous leurs efforts, ne peuvent échapper à leur destin.

Index des auteurs

Première de couverture :
© France2 / JM Productions / Christophe L
© Raphaël Gaillarde / Gamma
© Photo.Josse / Leemage
© Roger-Viollet
BIS / Ph. Coll. Archives Bordas

Pages :
14 BIS / © Archives Larbor
16 © Patrice Schmidt / Musée d'Orsay Dist. RMN
18 haut © Costa / Leemage
18 bas © Kharbine-Tapabor
19 © AKG-images
20 gauche BIS / Ph. Coll. Archives Nathan
20 bas © Roger-Viollet
22 © Kharbine-Tapabor
23 © France 2 / JM Productions / Christophe L
25 © Laurent Lecat / AKG-images
26 © AKG-images
28 © Bridgeman-Giraudon
30 © Ulf Andersen / Epicureans
32 BIS / Ph. Hubert Josse © Archives Larbor
33 haut © Bridgeman-Giraudon
33 bas © Bridgeman-Giraudon
© Adagp, Paris 2011
36 © Sotheby's / AKG-images
38 © Erich Lessing / AKG-images
40 © DEA Picture Library / De Ago / Akg-images
42 © BPK Berlin, Dist RMN / Image BStGS
© Adagp, Paris 2011
44 haut © Bibliothèque nationale de France
44 bas Prod DB © Warner Bros Pictures-Legendary Pictures/DR
45 haut © Collection Christophe L
45 bas gauche © Archives Charmet / Bridgeman-Giraudon
45 bas droite Prd DB © Universal / DR
46 haut BIS / Ph. Coll. Archives Larbor
46 bas © André Held / AKG-images
© Adagp, Paris 2011
48 haut BIS / Ph. Reutlinger - Coll. Archives Larbor
48 bas © SuperStock / Leemage
50 droite © Julie Bourges / Picturetank
50 gauche BIS / Ph. Coll. Archives Larbor
52 haut BIS / Ph. Coll. Archives Nathan
52 bas © Gunther Deichmann / ANA
54 © Raphaël Gaillarde / Gamma
56 © IAM / AKG-images / World History Archive
57 haut © Angelo / Leemage
57 bas © Bridgeman-Giraudon
59 © Luisa Ricciarini / Leemage
67 © D.R.
69 gauche © D.R.
69 droite Prod DB © Universal Pictures - Relativity Media - Stuber Productions / DR
70 © Roger-Viollet
71 BIS / Ph. © Musée de l'Affiche - Archives Larbor
72 haut © Hervé Lewandowski / RMN
72 bas BIS / Ph. Coll. Archives Nathan
73 haut © AKG-images
73 milieu BIS / Ph. Coll. Archives Larbor
73 bas © Christophe L
74 BIS / Ph. Nadar - Coll. Archives Larbor
75 Prod DB © Les Films Modernes / DR
76 BIS / Ph. Olivier Ploton © Archives Larbor
78 BIS / Ph. Coll. Archives Nathan
79 © AKG-images
80 BIS / © Archives Larbor
81 BIS / Ph. Ralph Kleinhempel © Archives Larbor
82 gauche BIS / Ph. Jeanbor © Archives Larbor
82 droite BIS / Ph. Coll. Archives Nathan
84 gauche © Guillaume Collanges / Argos / Picturetank
84 droite © CASTERMAN
86 © Collection Sirot-Angel / Leemage
87 haut © Photo. Josse / Leemage
87 bas © Artedia / Leemage
91 © Erich Lessing / AKG-images
94 © Michèle Bellot / RMN
96 © Franck Raux / RMN
97 © RDA / Rue des Archives
98 haut © Heritage Images / Leemage
98 bas BIS / Ph. R. Lecouvette - Coll. Archives Larbor
99 haut BIS / Ph. Jeanbor © Archives Larbor
99 bas © Erich Lessing / AKG-images
99 bas © RMN (Château de Versailles) / D.R.
100 gauche BIS / © Archives Nathan
100 droite © Benoite Fanton / Wikispectacle
101 © Christophe L
102 © Bridgeman-Giraudon
104 Prod DB © TCD / DR
106 © Christophe L
107 © Stéphane Piera / Maisons de Victor Hugo / Roger-Viollet
108 © Emmanuel Pain / Fedephoto
109 © Loeiza Jacq / Hoa-Qui
110 © RDA / Rue des Archives
111 haut © RDA / Rue des Archives
111 © RDA / Rue des Archives
114 © Chris Stowers / Panos-REA
115 © Maisons de Victor Hugo / Roger-Viollet
118 © Costa / Leemage
120 BIS / Ph. Coll. Archives Larbor
121 haut © AKG-images
121 bas Prod DB © R.P. Productions-Runteam Ltd. / DR
122 Prod DB © R.P. Productions-Runteam Ltd. / DR
123 haut gauche © Christophe L
123 haut droite © Christophe L
124 haut © Gusman / Leemage
124 bas © Roger-Viollet
125 haut BIS / Ph. Coll. Archives Larbor
125 bas © Plantu
126 haut © Erich Lessing / AKG-images
126 bas BIS / © Musée Carnavalet, Paris / Ph. Coll. Archives Nathan
127 haut © Bibliothèque nationale de France
127 bas © DR
128 haut © Selva / Leemage
128 bas BIS / Ph. Studio le Monnier, Bayeux © Archives Larbor
129 haut © Jean Bernard / Leemage
129 bas © Roger-Viollet
130 © Ph.Guignard / Air-images.net
131 © Youngtae / Leemage
132 gauche © Gusman / Leemage
132 droite © Selva / Leemage
133 haut © Erich Lessing / AKG-images
133 bas BIS / Ph. Jean-Loup Charmet © Archives Bordas.
134 gauche BIS / © Archives Nathan
134 droite © G. Dagli-Orti / The Picture Desk
135 © ND / Roger-Viollet
136 haut © Adoc-Photos
136 bas BIS / © Archives Nathan
138 BIS / Ph. Jeanbor © Archives Larbor
139 © Erich Lessing / AKG-images
140 haut BIS / Ph. H. Josse © Archives Larbor
140 bas © Jacques Sierpinski / Epicureans
142 © Bigot / Andia.fr
143 BIS / Ph. Coll. Archives Nathan
144 BIS / Ph. Hubert Josse © Archives Larbor
145 haut © MuCEM, dist.RMN
145 bas © éditions Glénat-2010
152 © AKG-images
154 haut © Photo. Josse / Leemage
154 bas © Photo. Josse / Leemage
155 haut © Dagli-Orti / The Picture Desk
155 bas © DR
157 © AKG-images
159 © BPK Berlin, Dist.RMN / Jörg P. Anders
© Adagp, Paris 2011
160 haut © AKG images / Nimatallah
160 bas Prod DB © Lorimar-Warner Bros / DR
160 bas droite © DR
161 haut © AKG-images
161 haut gauche © DR
161 bas gauche © Gusman / Leemage
162 haut © RMN-Gestion d'auteur René-Jacques © Ministère de la Culture-Médiathèque du Patrimoine, Dist.RMN / René Jacques
162 bas gauche BIS / Ph. © Archives Larbor
162 bas droite © DR
164 haut BIS / © Archives Nathan
164 bas © Photo. Josse / Leemage
165 BIS / Ph. Scala © Archives Bordas
166 BIS / Ph. Jeanbor © Archives Larbor
167 gauche © Photo. Josse / Leemage
167 droite BIS / Ph. Jeanbor © Archives Larbor
168 haut BIS / Ph. Jeanbor © Archives Larbor
168 bas © Hervé Champollion / AKG-images
170 haut BIS / Ph. Jeanbor © Archives Larbor

170 bas © Christophe L
171 © Roger-Viollet
172 haut BIS / Ph. Jean Tarascon © Archives Larbor
172 bas © AKG-images
173 © Franck Raux / RMN
174 BIS / Ph. © Archives Nathan
175 © Erich Lessing / AKG-images
176 The Granger Collection NYC / Rue des Archives
177 © Library of the Congress, Washington
178 © AKG-images
179 haut © AKG-images
179 bas © Erich Lessing / AKG-images
186 © Tal / Rue des Archives
188 gauche © Pascal Victor / ArtcomArt
188 droite Prod DB © Pan Européenne Production / DR
189 haut Prod DB © Pan Européenne Production / DR
189 bas Prod DB © Pan Européenne Production / DR
190 © Superstock / Leemage
191 Prod DB © Pan Européenne Production / DR
192 © Vincent Pontet / Wikispectacle
194 haut © Photo. Josse / Leemage
194 bas © René-Gabriel Ojéda / RMN
195 gauche © Pacôme Poirier / Wikispectacle
195 droite © Victor Tonelli / ArtComArt
196 BIS / Ph. Luc Joubert © Archives Larbor
197 © Pascal Victor / ArtComArt
198 BIS / Ph. Luc Joubert © Archives Larbor
199 © Pacôme Poirier / Wikispectacle
200 gauche BIS / © Archives Nathan
200 droite © Polo Garat / Odessa
202 gauche BIS / Ph. Hubert Josse © Archives Larbor
202 droite © Benoite Fanton / Wikispectacle
205 © Pacôme Poirier / Wikispectacle
206 © Luisa Ricciarini / Leemage
207 haut © AKG-images © Adagp, Paris 2011
207 bas © Vincent Pontet / Wikispectacle
210 © Margie Hurwich / Arcangel / Plainpicture
214 © Agostino Pacciani / Enguerand / CDDS
216 bas BIS / Ph. Jeanbor © Archives Larbor
216 haut © Agence Bernand / CDDS
217 © Photo.Vincent Parot / Association de la Régie Théâtrale
218 haut © Studio Lipnitzki / Roger-Viollet
218 bas © Adoc-Photos.
219 haut gauche © Studio Lipnitzki / Roger-Viollet
219 haut droite © Agence Bernand / CDDS
219 bas © Bridgeman - Giraudon
221 haut © Robert Terzian / fedephoto.com
221 bas © Ramon Senera / CIT en scène
222 haut © Pascal Victor / ArtComArt
222 bas © Photo. Josse / Leemage
223 © Pascal Victor / ArtComArt
224 haut BIS / Ph. Luc Joubert © Archives Larbor
224 bas © Pascal Gely / CDDS
226 gauche BIS / Ph. H. Josse © Archives Larbor
226 droite © Benoite Fanton / Wikispectacle
228 BIS / Ph. DR Coll. Archives Larbor
229 © Ramon Senera / CIT en scène
230 © Adam Rzepka / Coll. Centre Pompidou, Dist.RMN © Succession Giacometti - Adagp, Paris 2011
232 gauche BIS / Ph. H. Josse © Archives Larbor
232 droite © Pascal Victor / ArtComArt
233 BIS / Ph. Hubert Josse © Archives Larbor
234 © Agence Bernand / CDDS
235 © Studio Lipnitzki / Roger-Viollet
236 haut © Ramon Senera / CIT en scène
236 bas © Benoite Fanton / Wikispectacle
237 © Pascal Victor / ArtComArt
240 © Pascal Victor / ArtComArt
246 gauche © AKG-images
246 droite BIS / Ph. Coll. Archives Larbor
247 BIS / Ph. Michel Didier © Archives Larbor
248 gauche © Raphaël Gaillarde / Gamma
248 droite © Raphaël Gaillarde / Gamma
249 haut © Raphaël Gaillarde / Gamma
249 milieu © Christophe L
249 bas TCD/ BOUTEILLER
250 © Jean Dubout, www.dubout.fr
252 © Roger-Viollet
253 BIS / Ph. E. Tweedy © Archives Larbor
255 © Luisa Ricciarini / Leemage © Adagp, Paris 2011
256 haut © Bridgeman-Giraudon
256 bas © Hervé Lewandowski / RMN
257 haut © Photo. Josse / Leemage
257 milieu © Aisa / Leemage
257 bas © Luisa Ricciarini / Leemage © Adagp, Paris 2011
258 gauche BIS / Ph. Coll. Archives Nathan
258 droite © AKG-images
259 © Archives Alinari, Florence, Dist.RMN / Mauro Magliani CAL
260 haut © Bridgeman-Giraudon
260 bas © Mélanie Frey / Fedephoto
261 © Philippe Migeat / Collection Centre Pompidou, Dist. RMN © Adagp, Paris 2011
262 BIS / © Archives Nathan
263 gauche BIS / Ph. X - Archives Larbor - DR
263 droite © Xavier Richer / Photononstop
264 gauche BIS / Ph. Martinie Coll. Archives Larbor
264 droite © Erich Lessing / AKG-images
266 gauche © RMN - Gestion droit d'auteur René Jacques © Ministère de la Culture - Médiathèque du Patrimoine, Dist RMN / René Jacques
266 droite © AKG-images © Succession Picasso 2011
267 BIS / Ph. Félix Tournachon dit Nadar © Archives Larbor
268 haut BIS / Ph. X - Archives Larbor - DR
268 bas © Erich Lessing / AKG-images
269 BIS / Ph. Coll. Archives Nathan
270 gauche BIS / Ph. Coll. Archives Larbor
270 droite © AKG-images
271 © Henri Martinie / Roger-Viollet
272 BIS / © Archives Nathan
273 © AKG-images
274 gauche © RMN - Gestion droit d'auteur René-Jacques © Ministère de la Culture - Médiathèque du patrimoine, Dist RMN / René-Jacques
274 droite © FineArtImages / Leemage © Adagp, Paris 2011
275 haut © Studio Lipnitzki / Roger-Viollet
275 bas © Fototeca / Leemage
276 © Electa / Leemage
277 haut © Varma / Rue des Archives
277 bas © Laurent Philippe / Fedephoto
279 © Electa / Leemage © The Munch-Museum / the Munch-Ellingsen Group-Adagp, Paris 2011
281 BIS / Ph. H. Josse © Archives Larbor
284 © AKG-images
286 © Archives Alinari, Florence, Dist. RMN / Fratelli Alinari CSE
289 © AKG-images
291 © D.R.
293 © De Agostini / Leemage
295 gauche BIS / Ph. Olga Alexandrova © Archives Sejer
295 droite © Cuboimages / Leemage
297 © Christophe L
303 © Bridgeman-Giraudon
313 BIS / © Archives Larbor
319 BIS / Ph. Coll. Archives Larbor
323 © Photo. Josse / Leemage
335 BIS / Ph. © National Gallery of Scotland, Edimbourg / Coll. Archives Nathan
341 © AKG-images
351 BIS / Ph. Hubert Josse © Archives Bordas
361 © Selva / Leemage
362 © Photo. Josse / Leemage
364 gauche © Erich Lessing / AKG-images
364 droite © Bridgeman-Giraudon
369 © Photo. Josse / Leemage
371 haut BIS / Ph. H. Josse © Archives Larbor
371 bas © DR
373 © CASTERMAN

MIXTE
Papier issu de sources responsables
FSC® C022030
FSC www.fsc.org
IMPRIM'VERT
N° de projet : 10172810
Dépôt légal : Août 2011
Imprimé par Maury à Malesherbes - France